Informatik-Fachberichte 136

Herausgegeben von W. Brauer
im Auftrag der Gesellschaft für Informatik (GI)

Datenbanksysteme in Büro, Technik und Wissenschaft

GI–Fachtagung

Darmstadt, 1.–3. April 1987

Proceedings

Herausgegeben von
H.-J. Schek und G. Schlageter

Springer-Verlag
Berlin Heidelberg New York
London Paris Tokyo

Herausgeber

H.-J. Schek
Technische Hochschule Darmstadt
Fachgebiet Datenverwaltungssysteme I
Fachbereich Informatik
Alexanderstr. 24, 6100 Darmstadt

G. Schlageter
FernUniversität Hagen
Fachbereich Mathematik und Informatik
Postfach 940, 5800 Hagen

CR Subject Classifications (1987): D.2.6, H.2, H.3, H.4.1,
I.2.1, I.2.3-4, I.3.5, J.6

ISBN-13:978-3-540-17736-4   e-ISBN-13:978-3-642-72617-0
DOI: 10.1007/978-3-642-72617-0

2145/3140-543210

Vorwort

In den letzten Jahren wird in wachsendem Maße Datenbankunterstützung für Anwendungsgebiete gefordert, für die traditionelle Datenbanksysteme nicht gedacht waren. Unter Schlagworten wie "non-standard" oder "nicht-konventionell" lassen sich hier Anwendungen in den Bereichen der Büroinformationssysteme, der Technik (CAD/CAM) sowie der Wissenschaft erwähnen. Charakteristisch für diese Anwendungen ist, daß sie im Zusammenhang mit globalen und lokalen Rechnernetzen auftreten und häufig eingebettet sind in eine integrierte Konzeption von Datenbank- und Expertensystemen.

Nach der ersten gelungenen Fachtagung im Jahre 1985 in Karlsruhe, die sich bereits intensiv dieser Thematik widmete, war man sich im Fachausschuß 2.5 "Rechnergestützte Informationssysteme" der Gesellschaft für Informatik einhellig und spontan einig, eine weitere Tagung zu diesem Thema zu veranstalten. Die große Resonanz der ersten Tagung und die fruchtbare, lebendige Diskussion ließen ja erwarten, daß ein großer Bedarf für eine solche Veranstalung besteht.

Es freut uns außerordentlich, daß sich diese Erwartung bestätigt hat: Die Anzahl der zur Tagung eingereichten Arbeiten hat sich gegenüber der ersten Tagung in Karlsruhe beinahe verdoppelt. Das Programmkomitee konnte – oder, besser gesagt, mußte – aus ungefähr 50 eingereichten Langbeiträgen und 30 Kurzbeiträgen das Programm für diese Tagung zusammenstellen.

Wir möchten an dieser Stelle ausdrücklich den vielen Autoren von Langbeiträgen danken, daß sie die Mühe des Schreibens auf sich genommen haben. Insbesondere bedanken wir uns auch bei denen, die mit ihrem Beitrag nicht in diesem Tagungsband vertreten sind. Bei der Entscheidung über Annahme und Ablehnung eines Beitrages wurde die Meinung von drei Gutachtern herangezogen und häufig war dann die thematische Orientierung bei fast durchweg hoher wissenschaftlicher Qualität und Originalität der Grund für eine Nichtberücksichtigung. Die Auswahl der Langbeiträge ist dem Programmkomitee daher nicht leicht gefallen.

Bei den Kurzbeiträgen wurde lediglich aufgrund einer eingereichten ein- bis zweiseitigen Kurzfassung eine Vorauswahl getroffen. Unsere Absicht dabei war es, das breite Spektrum der Forschungsrichtungen, Projekte und Erfahrungen aus Anwendungen zu erfassen. Wir hoffen, daß mit der so entstandenen Mischung aus 16 Langbeiträgen und 30 Kurzbeiträgen sowohl wissenschaftlich gesicherte Ergebnisse behandelt werden als auch über Projekte berichtet wird, die sich zum Teil noch in der Anfangsphase befinden.

Zur Abrundung der eingereichten Beiträge konnten vier namhafte Vertreter aus Forschung und Entwicklung mit eingeladenen Beiträgen gewonnen werden. Sie beschäftigen sich mit der Deduktions- und Datenbankunterstützung für Expertensysteme, mit neuen Ansätzen für Informationsverwaltung, mit Erweiterungen der Datenbanktechnologie zur Objektorientierung und nicht zuletzt mit dem Gebiet der Technischen Datenbanken.

Die Fachbeiträge wurden dann thematisch den Bereichen Büro-, Softwareproduktions-, Geo- und CAD-Datenbanken, der Architektur und Realisierung sowie speziellen Anwendungen zugeordnet. Wir hoffen, daß der vorliegende Band zur Diskussion anregt und die Beschäftigung mit diesem Gebiet vertieft.

Wir möchten allen Personen und Institutionen danken, die zum Gelingen der Tagung beigetragen haben. Dies sind nicht nur jene, an die man spontan denkt, etwa die Autoren, die Mitglieder des Programm- und Organisationskomitees, die Gutachter, die Mitglieder des Fachausschusses. Es sind auch die Mitglieder der Verwaltung der Technischen Hochschule Darmstadt, die es auf sich genommen haben, Räume trotz der abzuhaltenden Prüfungen freizubekommen, die Sekretärinnen, die die Mehrarbeit als Selbstverständlichkeit betrachteten, bis hin zu den studentischen Hilfskräften, die bei den verschiedensten wichtigen Aufgaben, aber auch bei "Kleinigkeiten" geholfen haben.

Unser Dank gilt den Firmen und Institutionen, die durch Spenden zum finanziellen Erfolg beigetragen haben und auch durch aktive und passive Teilnahme ein Gelingen der Konferenz ermöglichten. Ebenfalls unseren Dank möchten wir dem Springer Verlag ausprechen, der uns hilfreich und geduldig bei der Erstellung der Proceedings unterstützt hat.

Ganz besonders bedanken möchten wir uns bei den Mitgliedern des Organisationskomitees unter der Leitung von Prof. Dr. Lausen. Die Zusammenarbeit mit ihnen hat Freude gemacht.

Darmstadt/Hagen, im Februar 1987

H.-J. Schek   G. Schlageter

Tagungsleitung

Prof. Dr. H.-J. Schek (Vorsitz)
Prof. Dr. J. Encarnação
Prof. Dr. G. Lustig
Technische Hochschule Darmstadt

Programmkomitee

Prof. Dr. G. Schlageter, FernUni Hagen (Vorsitz)
Prof. Dr. K. Bauknecht, Uni Zürich
Prof. Dr. R. Bayer, TU München
Dr. H. Biller, Siemens AG München
Dr. A. Blaser, IBM Deutschland GmbH Heidelberg
Dr. K. Dittrich, FZI Karlsruhe
Prof. Dr. J. Encarnação, TH Darmstadt
Prof. Dr. T. Härder, Uni Kaiserslautern
Prof. Dr. G. Lustig, TH Darmstadt
Prof. Dr. B. Meyer, FH Heilbronn
Dr. R. Munz, Nixdorf GmbH Berlin
Prof. Dr. B. Radig, Uni Hamburg
Dr. E. Raubold, GMD Darmstadt
Prof. Dr. H.-J. Schek, TH Darmstadt
Prof. Dr. J.W. Schmidt, Uni Frankfurt
Dr. P. Schnupp, InterFace GmbH München
Prof. Dr. W. Stucky, Uni Karlsruhe (TH)
Prof. Dr. H. Wedekind, Uni Erlangen-Nürnberg

Organisationskomitee

Prof. Dr. G. Lausen (Vorsitz)
U. Deppisch
D. Köhler
Dr. G. Knorz
M. Kreiter
A. Oberweis
M. Ungerer
G. Weikum
Technische Hochschule Darmstadt

Die Tagung wurde in großzügiger Weise unterstützt von:
Hottinger Baldwin Meßtechnik GmbH, Darmstadt
IBM Deutschland GmbH, 7000 Stuttgart
M.A.N.-Roland Druckmaschinen Aktiengesellschaft, Offenbach
Nixdorf GmbH, 1000 Berlin
Telenorma - Telefonbau und Normalzeit GmbH, Frankfurt
Zentrum für Graphische Datenverarbeitung e.V., Darmstadt

**Als Gutachter standen dem Programmkomitee
zur Verfügung:**

- Th. Berkel
- G. v. Bültzingsloewen
- A.B. Cremers
- P. Dadam
- U. Deppisch
- H. Eckhardt
- H.-D. Ehrich
- B. Freitag
- J. Freytag
- R.M. Güting
- A. Hotz
- M. Jarke
- P. Kandzia
- U. Kelter
- P. Klahold
- H.P. Kriegel
- K. Küspert
- G. Lausen
- H. Lehmann
- K. Lehnert
- R.-P. Liedtke
- V. Linnemann
- P.C. Lockemann
- J. Müller
- V. Obermeit
- H.-B. Paul
- P. Peinl
- P. Pistor
- T. Raupp
- A. Reuter
- M. H. Scholl
- B. Seeger
- H.W. Six
- R. Studer
- R. Unland
- J. Voss
- B. Walter
- W. Waterfeld
- G. Weikum
- T. Wenner
- W. Wilkes

Inhaltsverzeichnis

Eingeladene Beiträge

Sitzungen

Büro-Datenbanken

Software-Produktions-Datenbanken

Architektur und Realisierung

Geo-Datenbanken

CAD-Datenbanken

Spezielle Anwendungen

Modelle und Aspekte der Verteilung

Bürosysteme und Wissensbasierte Systeme

Verteilte Systeme und Implementierungsaspekte

Deduktions– und Datenbankunterstützung für Expertensysteme

Prof. R. Bayer, Ph.D.

Prof. Dr. U. Güntzer

Institut für Informatik TU München

Dr. W. Kießling

W. Strauß

MAD Intelligent Systems München

J. K. Obermaier

TU München

1. Einleitung

Alle Methoden zur Konstruktion von Expertensystemen haben ein gemeinsames Ziel: Expertenwissen in möglichst natürlicher, nicht algorithmischer Form zu erfassen und es in dieser Form ohne weitere Aufbereitung durch den Menschen vom Rechner möglichst direkt interpretieren zu lassen und somit nutzbar zu machen. Dieser idealisierte Ansatz gelingt allerdings nur in seltenen, besonders einfachen Fällen.

Es gibt heute drei besonders wichtige, konkrete Ausprägungen dieses Ansatzes:

1. PROLOG

2. LISP mit Erweiterungen in Richtung Wissensrepräsentation, Objektorientierung und Regelverarbeitung. Dazu zählen Entwicklungsumgebungen wie LOOPS und Expertensystem Shells wie KEE und Art.

3. Deduktive Datenbanksysteme.

Wesentliches Ziel aller Ansätze ist es, über die Ebene der algorithmischen Formulierung hinauszukommen, also von unwichtigen algorithmischen Details zu abstrahieren und Wissen auf der Ebene der (allerdings eingeschränkten) Prädikatenlogik zu spezifizieren.

Es ist aufschlußreich, an dieser Stelle einen kurzen Vergleich mit der historischen Entwicklung der Programmiertechnik anzustellen. Wir möchten versuchen, dabei die wesentliche Qualität dieser neuen Generation von Rechensystemen, die man ja auch wissensbasierte Systeme nennt und für die Expertensysteme nur spezielle Anwendungsbeispiele sind, herauszukristallisieren.

Zur Illustration möchten wir ein besonders einfaches Beispiel verwenden, um den Übergang von der zweiten zur dritten Generation von Rechensystemen zu erläutern. Wir beginnen mit Generation 3:

```
(P3)        function F (N:integer) integer;
               begin
                  var M, H : integer; { N ≧ 1 }
                  H:= 1;
                  for M:= 1 step 1 until N do
                     H:= H * M;
                     F:= H
               end
```

Diese algorithmische Fassung der Fakultätsfunktion ist für jeden mit einer elementaren Mathematik–Ausbildung ohne längere Erläuterung verständlich.

Vergleichen Sie damit die Assemblerfassung in einer selbsterklärenden Modellsprache für Einadreßbefehle:

```
(P2)        load          1
            store         H
            load          0
            store         M
loop:       load          M
            add           1
            store         M
            mult          H
            store         H
            load          N
            sub           M
            jumpgreater   loop
            load          H
            store         F
```

Diese Fassung ist wesentlich schwieriger zu schreiben und noch viel schwieriger zu verstehen.

Der Unterschied zwischen beiden Programmfassungen ist eindrucksvoll:

(P3) zeigt eine einfache Struktur, die für jeden faßbar ist, der rechnen kann und einfache algorithmische Konzepte wie Variable und Iteration versteht.

(P2) zeigt fast keine Struktur mehr. Um (P2) zu verstehen, benötigt man wenigstens einfache Kenntnisse über die Funktionsweise eines Rechners, über seinen Befehlssatz, seine Register- und Speicherstruktur. Selbst wenn man diese Kenntnisse besitzt, bleibt der Programmierstil unübersichtlich.

Die Programmierebene (P3) erlaubt es, sich auf das Problem und seine algorithmische Lösung zu konzentrieren. Um (P2) zu schreiben, muß man sich dagegen von der algorithmischen Ebene lösen und sich auf die Arbeitsweise des Rechners konzentrieren.

Offensichtlich ist (P3) eine viel angenehmere und effizientere Ebene zum Programmieren als (P2), aber man benötigt dafür viel kompliziertere Techniken und Werkzeuge, nämlich Hochsprachen, Übersetzer und recht intelligente Optimierer, und zahlt mit zusätzlichem Rechenaufwand.

Der Übergang von der zweiten zur dritten Generation von Programmiersystemen (repräsentiert durch die Beispiele (P2) bzw. (P3)) läßt sich wie folgt charakterisieren: Abwendung von den Details im Umgang mit einer speziellen Rechenmaschine und Hinwendung zu den wesentlichen Eigenschaften der Problemlösung.

Der Übergang zur 4. und 5. Generation von Programmiersystemen kann in ähnlicher Weise charakterisiert werden: Abwendung von den algorithmischen Details von Lösungsverfahren und Hinwendung zur abstrakten, nicht algorithmischen formalen Spezifikation eines Problems in der Zuversicht, daß Verfahren automatisch konstruiert werden können, um Problemlösungen mit akzeptabler Effizienz zu finden.

Man betrachte nochmals das Beispiel der Fakultät und seine Spezifikation auf der Ebene der Logik-Programmierung, hier als Horn-Klauseln formuliert:

(P5)   Fakultät(1,1)
        Fakultät(N,F$*$N) ← Fakultät(N-1,F)

Diese Anhebung der Programmierebene wurde zunächst in einer noch stark eingeschränkten Form mit Hilfe der nicht mehr prozeduralen aber noch nicht rekursiven Query-Sprachen der Datenbanksysteme versucht, insbesondere durch SQL. Im Rückblick wurden diese Programmiersysteme zur 4. Generation erklärt. Im Prinzip versucht man, durch diesen Abstraktionsschritt einen ähnlichen Qualitätssprung zu erreichen wie mit der Einführung der algorithmischen Hochsprachen.

Der Ansatz der Logik-Programmierung scheint vor allem dann erfolgversprechend, wenn die Problemstellung folgende Charakteristika zeigt: Umfangreiche und komplexe Fallunterscheidungen und Fallkombinationen, die durch eine Vielzahl von Regeln beschreibbar sind, die nur schwer explizit und vollständig anzugeben sind und deshalb allmählich erfaßt, gewartet und fortgeschrieben werden müssen. Expertenwissen scheint das hervorragende Beispiel für diese Art von Problemstellung zu sein. Die Spezifikation solchen Wissens in prädikatenlogischer Form scheint viel einfacher und bequemer zu sein als Programmierung in einer algorithmischen Sprache.

Dieser logische Ansatz der Programmierung bringt nach unserer Überzeugung aber nur dann echte Vorteile, wenn die folgenden zwei Zusatzbedingungen erfüllt sind:

1. Das Problem muß sich in natürlicher Weise prädikatenlogisch formulieren lassen ohne wesentliche Verwendung der algorithmischen Zusätze, die "Logiksprachen" in verkappter Form anbieten.

2. Die Umsetzung der logischen Spezifikation in einen "ausführbaren" effizienten Algorithmus muß relativ einfach sein und mit allgemeinen automatisierbaren Optimierungstechniken auskommen. Menschliche Intuition und kreative Paradigmenwechsel dürfen für die Algorithmisierung also nicht erforderlich sein.

Vieles spricht dafür, daß ein großer Teil der für die Praxis wichtigen Problemstellungen beide Randbedingungen erfüllt.

Aus der Beobachtung heraus, daß man nicht-algorithmisch (die ehrliche Begriffsbildung ist "prä-algorithmisch") spezifizieren kann, wird manchmal der Umkehrschluß suggeriert, daß man deshalb mit diesem Ansatz auch Probleme lösen könnte, die grundsätzlich nicht algorithmisierbar sind. Für diesen Umkehrschluß gibt es keine wissenschaftliche Basis.

Bei genauer und ehrlicher Betrachtung der Logik-Programmierung bleibt also nur noch das theoretisch recht bescheidene, aber praktisch höchst erstrebenswerte Ziel, bei der Programmierung und SW-Konstruktion einen wesentlichen Fortschritt zu schaffen, der in seiner Bedeutung vielleicht sogar mit dem Übergang von den Assemblersprachen der 2. Generation zu den algorithmischen Hochsprachen der 3. Generation von Rechensystemen vergleichbar sein könnte.

2. Fixpunkt–Semantik versus PROLOG–Semantik

Der heute bekannteste und in Europa und Japan populärste Ansatz zur Logik–Programmierung wird durch PROLOG repräsentiert. Mit der Logik–Programmierung verfolgt man eigentlich das Ziel, auf der Ebene des Prädikatenkalküls, zumindest in der eingeschränkten Form der Horn–Klauseln, zu spezifizieren und zu programmieren. Die natürliche Semantik auf dieser Ebene ist die Fixpunkt–Semantik.

Leider hat PROLOG, bedingt durch die Einbeziehung von prozeduralen Elementen und durch seine spezielle Interpretation, die auf SLD–Resolution basiert, keine natürliche Fixpunkt–Semantik mehr. Sobald man über die allereinfachsten Beispiele in PROLOG hinausgeht, wird man das mit Bedauern und Enttäuschung feststellen.

Das folgende Horn–Klausel Programm ist ein einfaches Beispiel, um diese Beobachtung zu erläutern:

Uncle (X,Y)	$\leftarrow$	Father(X,Z), Brother(Z,Y)
Brother(X,Y)	$\leftarrow$	Brother(Y,X)
Father (j,m)	$\leftarrow$	
Father (a,r)	$\leftarrow$	
Father (n,m)	$\leftarrow$	
Father (t,e)	$\leftarrow$	
Brother (m,r)	$\leftarrow$	
Brother (e,r)	$\leftarrow$	
Brother (m,e)	$\leftarrow$	

Als Logik–Programm betrachtet hat dieses Beispiel für viele PROLOG–Interpretierer eine andere Semantik als seine "natürliche" Fixpunkt Semantik, die durch sein kleinstes Herbrand–Modell charakterisiert wird. Dieser Fixpunkt kann von unten her z.B. durch eine systolische Iteration [5], [1], [7] berechnet werden, die nach den einzelnen Iterationsschritten folgende Zwischenergebnisse für die Extension der Prädikate Father, Brother und Uncle liefert und nach drei Iterationsschritten den Fixpunkt erreicht:

Father	Brother	Uncle	
(j,m)	(m,r)		1. Iterationsschritt
(a,r)	(e,r)		
(n,m)	(m,e)		
(t,e)			
(j,m)	(m,r)	(j,r)	
(a,r)	(e,r)	(j,e)	
(n,m)	(m,e)	(n,r)	2. Iterationsschritt
(t,e)	(r,m)	(n,e)	
	(r,e)	(t,r)	
	(e,m)		
(j,m)	(m,r)	(j,r)	
(a,r)	(e,r)	(j,e)	
(n,m)	(m,e)	(a,m)	
(t,e)	(r,m)	(a,e)	
	(r,e)	(n,r)	3. Iterationsschritt
	(e,m)	(n,e)	
		(t,r)	
		(t,m)	

Obwohl jetzt der Fixpunkt schon erreicht ist, muß noch ein vierter Iterationsschritt ausgeführt werden, der sogar noch teurer ist als der dritte Iterationsschritt, um festzustellen, daß der Fixpunkt erreicht ist und die Iteration abgebrochen werden kann. Es ist offensichtlich, daß die Relation der Paare, für die Uncle true ist, durch eine Join–Operation zwischen den entsprechenden Relationen für Father und Brother mit einer nachfolgenden Projektion entsteht. Die rekursive Definition von Brother führt letztlich zur iterativen Berechnung.

Es liegt deshalb nahe, Logik–Programme, die als Horn–Klausel Systeme formuliert sind, mit Hilfe der relationalen Algebra zu behandeln. Dabei muß die relationale Algebra auf der Spezifikationsebene durch die Rekursion erweitert werden. Die Auswertung geschieht dann durch geeignete iterative Techniken zur Bestimmung des kleinsten Fixpunktes.

Man erreicht mit diesem Ansatz drei völlig unabhängige Vorteile gleichzeitig:

- Die Logik–Programmierung erhält wieder die natürliche Fixpunkt–Semantik.

- Die ausgereiften Optimierungstechniken der relationalen Datenbanktechnologie werden für die Logik–Programmierung nutzbar.

- Relationale Datenbanksysteme lassen sich ohne semantischen Bruch im Programmierstil leicht mit Logik–Programmiersystemen integrieren.

3. Optimierung der Fixpunktberechnungen

Die iterative Fixpunktberechnung mit Hilfe der relationalen Algebra erlaubt die Ausnutzung von Optimierungsverfahren, die für relationale Datenbanksysteme entwickelt wurden. Die wichtigsten Verfahren sind:

- Selektion vor Join

- Ausnutzung gemeinsamer Teilausdrücke

- Filter und Semijoins [9]

- Ausnutzung von Indexen

- Reihenfolge von Join–Operationen

- Pipelining zwischen Operationen

- Predicate – Splitting [10]

- Δ–Optimierung

Eine Reihe dieser Optimierungstechniken wurde in [7] an einfachen Beispielen ausführlich diskutiert. Pipelining und Predicate Splitting wurden in unserem relationalen Datenbanksystem MERKUR stark ausgenützt [11].

Viele dieser Techniken lassen sich auf PROLOG nur schwer übertragen, da sie auf einer Änderung der Reihenfolge der Operationen beruhen, und da die Semantik von PROLOG Programmen i. a. sehr stark von der Reihenfolge der Programmklauseln und der Literale abhängen. Hier macht sich das Fehlen einer sauberen Fixpunkt–Semantik bei PROLOG sehr nachteilig bemerkbar.

Hier soll nochmals auf die Δ–Optimierung eingegangen werden, [7], [1], die für die Auswertung rekursiver Programme und für Truth–Maintenance wichtig ist. Wir gehen zunächst vom einfachsten Fall der Fixpunktberechnung aus, i.e. systolische Iteration mit kollateraler, vollständiger, einmaliger Auswertung aller Programmklauseln in jedem Iterationsschritt. Die dabei entstehenden, abgeleiteten Grundklauseln im i–ten Iterationsschritt sollen in einer relationenwertigen Variablen A_i für die Programmklauseln mit Kopf A aufgehoben werden.

Für unser Beispiel aus Kap. 2 benötigen wir die Variablen $Father_i$, $Uncle_i$ für i=0,1,2,... Der einzelne Iterationsschritt läßt sich nun (ohne die Einheitsklauseln für

Father and Brother, die nur für den 1. Iterationsschritt benötigt werden) als kollaterale Wertzuweisung so schreiben mit

$$Father_0 = Brother_0 = Uncle_0 = \emptyset$$

$$Uncle_{i+1}(X,Y) \quad := \quad Uncle_i(X,Y) \quad + Father_i(X,Z) * Brother_i(Z,Y)$$

$$Brother_{i+1}(X,Y) \quad := \quad Brother_i(X,Y) + Brother_i(Y,X)$$

Bezeichnet man die Differenz $A_i - A_{i-1}$ mit ΔA_i und kürzt Uncle, Father, Brother mit U, bzw. F, B ab, so erhält man:

$$U_{i+1}(X,Y) \quad := \quad U_i(X,Y) + (F_{i-1}(X,Z) + \Delta F_i(X,Z)) * (B_{i-1}(Z,Y) + \Delta B_i(Z,Y))$$

$$B_{i+1}(X,Y) \quad := \quad B_i(X,Y) + B_{i-1}(Y,X) + \Delta B_i(Y,X)$$

Das Distributivgesetz für Join $*$ und Union $+$ liefert dann unter Weglassung der Variablenbezeichnungen X, Y, Z:

(1) $\quad U_{i+1} \quad := \quad U_i + F_{i-1} * B_{i-1} + F_{i-1} * \Delta B_i + \Delta F_i * B_{i-1} + \Delta F_i * \Delta B_i$

(2) $\quad B_{i+1} \quad := \quad B_i + B_{i-1} + \Delta B_i$

Außerdem ist $F_{i-1} * B_{i-1} = U_i$, deshalb ergibt sich aus (1)

(1.1) $\quad \Delta U_{i+1} \subseteq F_{i-1} * \Delta B_i + \Delta F_i * B_{i-1} + \Delta F_i * \Delta B_i$

Da Father nur durch eine Menge von Einheitsklauseln definiert ist, wird nur

$$\Delta F_1 \neq \emptyset, \text{ aber } \Delta F_2, \Delta F_3, \ldots = \emptyset.$$

Daher ist F_i konstant für $i \geq 1$. Somit wird aus (1.1)

(1.2) $\quad \Delta U_{i+1} \subseteq F_1 * \Delta B_i \qquad$ für $i = 2,3,\ldots$

Der Fixpunkt ist offensichtlich erreicht, sobald $\Delta B_i = \emptyset$. Die dementsprechende Fixpunktberechnung liefert dann:

Father		**Brother**		**Uncle**	
ΔF_1 :	(j,m) (a,r) (n,m) (t,e)	ΔB_1 :	(m,r) (e,r) (m,e)	$\Delta U_1 =$	$\emptyset$
$\Delta F_2 =$	$\emptyset$	ΔB_2 :	(r,m) (r,e) (e,m)	ΔU_2 :	(j,r) (j,e) (n,r) (n,e) (t,r)
$\Delta F_3 =$	$\emptyset$	$\Delta B_3 =$	$\emptyset$	ΔU_3 :	(a,m) (a,e) (t,m)

Man vergleiche dies mit der in Kap. 2 angegebenen Fixpunktberechnung ohne die Δ-Optimierung.

Die grundsätzliche Δ-Optimierungstechnik ist inzwischen weiterentwickelt und genauer untersucht worden [1], [3], [12], [13]. In [12] wurden mehrere Varianten entwickelt und an den Beispielen "Transitive Hülle" und "Kürzeste Wege Probleme" auf ihre Leistungsfähigkeit hin verglichen. Dabei zeigte sich, daß einige dieser Varianten wesentlich schneller sind als der Warshall Algorithmus und außerdem wesentlich kleinere Zwischenergebnisse erzeugen. Außerdem wurde dort eine sehr detaillierte Analysetechnik entwickelt, die auch intuitiv einleuchtende Erklärungen für die unterschiedliche Qualität der einzelnen Algorithmen-Varianten liefert.

4. Struktur eines Logik-Programmier-Systems

Insgesamt ergibt sich für unseren Ansatz, der als Prototyp an der TU-München entsteht, ein System mit der Schichten-Architektur von Bild 4.1.

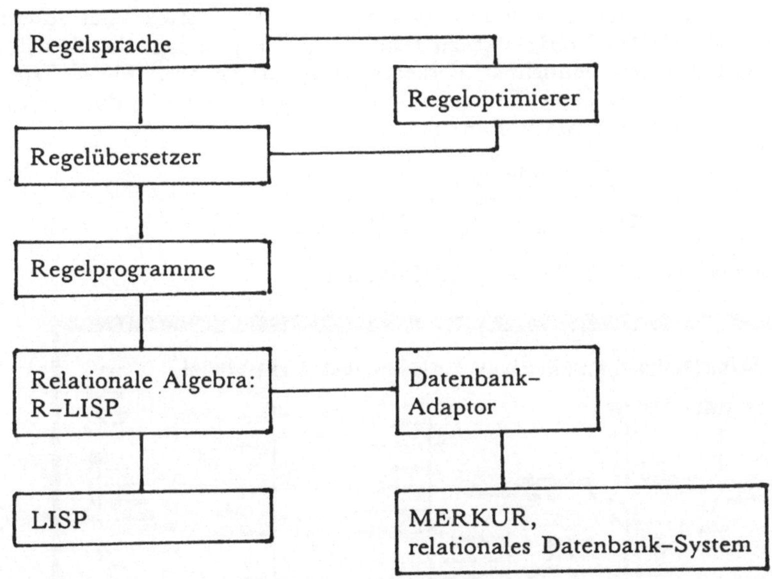

Bild 4.1
Schichten-Architektur des Programmiersystems
für Horn-Klausel Programme

Die Regelsprache sollte sowohl logische als auch funktionale Programmierung ermöglichen und ein sauberes Typkonzept umfassen, um eine der Problemstellung möglichst adäquate Beschreibung zu erlauben. Der Optimierer und der Übersetzer für Horn-Klausel Programme sind noch nicht fertiggestellt. Die Übersetzung auf die Ebene lauffähiger Regelprogramme wird noch manuell durchgeführt. So entstehen LISP-Programme, die mit Hilfe der sehr mächtigen Operationen der relationalen Algebra geschrieben sind und bei denen die Rekursion durch Fixpunktiteration ersetzt ist. In Kap.5 wird ein Beispiel für eine Regel und ihre übersetzte Form aus einem realistischen Anwendungsbeispiel angegeben.

Die relationale Algebra ist möglichst effizient in LISP implementiert. Wir nennen diese Ebene R-LISP. Diese Sprachebene umfaßt – vor allem wenn sie für kommerzielle Produkte genutzt werden soll [15] – neben der reinen relationalen Algebra eine ganze Reihe von Hilfsfunktionen, insbesondere für die Datendefinition und für den Anschluß relationaler Datenbanksysteme über R-LISP an die LISP Programmierumgebung.

Die Optimierung eines Horn-Klausel Programms hängt aber von den aktuellen Parametern ab, z.B. von der konkreten Form von Restriktionen für die Variablen bei Anfragen. Deshalb wird die Ausführung nicht wie bei den klassischen algorithmischen Sprachen aus einem Übersetzungs- und Optimierungsschritt gefolgt von einem Auswertungsschritt bestehen, sondern insgesamt komplizierter werden. Solche Fragen werden in [14] behandelt.

5. MVV-Experte

Ein interessantes realistisches Anwendungsbeispiel, um die Effektivität unseres Ansatzes und der entwickelten Werkzeuge zu testen, war die prototypische Erstellung eines Expertensystem für den Münchner Verkehrs-Verbund, genannt MVV-Experte [2]. Das System kann Fahrstrecken-, Fahrzeiten- und Fahrpreisberatung durchführen. Einige wichtige Kenngrößen des MVV-Experten sind :

97	Linien
932	Haltestellen
5002	Umsteigemöglichkeiten

Bild 5.1 zeigt den Plan für die S-Bahnen und U-Bahnen.

Bild 5.1

Bild 5.2 zeigt einen Ausschnitt aus dem Regelsystem, nämlich den Teil, der die Fahrtrouten zwischen einer Menge von möglichen Starthaltestellen zu einer Menge von möglichen Zielhaltestellen spezifiziert. Bei der Fahrtroutenwahl wird die Anzahl der notwendigen Umsteigevorgänge minimiert.

Der gesamte MVV-Experte umfaßt heute 120 Regeln zur Definition von 66 Prädikaten. Davon brauchen 8 Regeln Negation, 51 sind direkt rekursiv und 6 sind verschränkt rekursiv.

Die Faktenbasis des MVV-Experten zur Beschreibung von Fahrtlinien, Fahrtzeiten, Sehenswürdigkeiten und Kostentarifdaten umfaßt 12 Relationen mit insgesamt 8763 Tupeln und 953 Kilobytes Speicherbedarf, i.e. 109 Bytes pro Tupel im Mittel.

Die Benutzeroberfläche wurde graphisch gestaltet und zeigt das MVV-Streckennetz, wobei die Haltestationen aktive Fenster sind. Die Kommunikation mit dem Benutzer geschieht im geführten Dialog mit Maus- und Fenstertechnik. Hier zeigte sich ein weiterer wichtiger Vorteil unseres Ansatzes, die Logik-Programmierung direkt als Erweiterung in eine moderne, sehr komfortable Entwicklungsumgebung einzubetten: Die Mächtigkeit von Interlisp-D konnte für die Gestaltung der Benutzer-Schnittstelle des MVV-Experten mit großem Gewinn ausgenutzt werden.

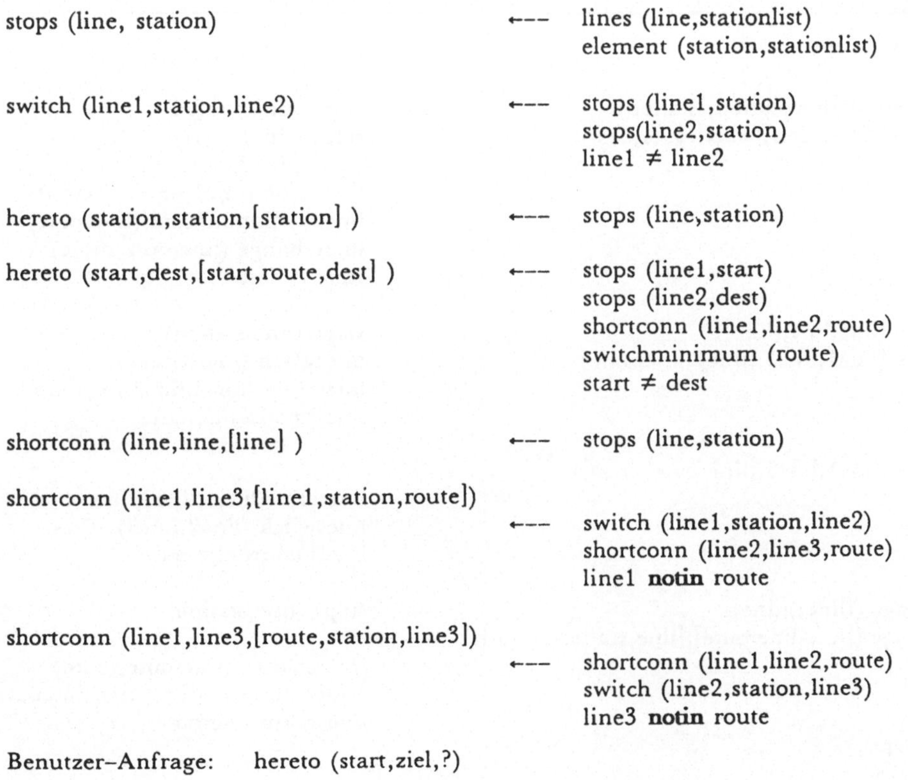

Bild 5.2
Ausschnitt aus Regelsystem für MVV-Experten.

Übersetzung und Optimierung der MVV-Regeln auf die Ebene von R–LISP wurde manuell durchgeführt. Ein einfaches Beispiel ist die Übersetzung der Switch-Regel aus Bild 5.2. Die Switch-Regel beschreibt z.B. die allgemein bekannte Umsteigeregel:

"Man kann am Bahnhof **station** von der Linie l1 in die Linie l2 umsteigen, wenn beide Linien verschieden sind und wenn beide Linien am Bahnhof **station** halten."

Auf der Ebene der Regel-Programme, auf der die Regeln als lauffähige LISP-Funktionen mit Hilfe der relationalen Algebra formuliert sind, sieht die Switch-Funktion dann so aus:

```
(defun switch (line1 station line2)
   (selectdifferent
       (naturaljoin (stops line1 station)
                    2 2
                    (stops line2 station))
          1 3))

     Aufrufe:   switch (S2, ?, ?)
                switch (?, Königsplatz, ?)
```

```
lineswitch (l1,l2)                            ←——   switch (l1,station,l2)

starttodest (station,station,[station])       ←——   stops (line,station)
starttodest (start,dest,[start,route,dest])   ←——   stops (line1,start)
                                                     stops (line2,dest)
                                                     linetoline (line1,line2,lineroute)
                                                     lineswitchminimum (lineroute)
                                                     interchange (lineroute,route)
                                                     start ≠ dest

linetoline (line,line,[line])                 ←——   stops (line,station)
linetoline (line1,line3,[line1,lineroute])    ←——   lineswitch (line1,line2)
                                                     linetoline (line2,line3,lineroute)
                                                     line1 notin lineroute

linetoline (line1,line3,[lineroute,line3])    ←——
                                                     linetoline(line1,line2,lineroute)
                                                     lineswitch (line2,line3)
                                                     line3 notin lineroute

interchange ([line],[line])                   ←——   stops (line,station)
interchange ([line,lineroute],[line,station,route])  ←——
                                                     interchange (lineroute,route)
                                                     switch (line,station,(first lineroute)
                                                     line notin lineroute
```

Bild 5.3
Alternatives MVV-Regelsystem

Diese Arbeit macht nur einen relativ kleinen Anteil des gesamten Konstruktionsaufwands aus. Wir sind deshalb zuversichtlich, daß wir mit den jetzigen rudimentären Techniken und Werkzeugen schon eine sehr effektive Methodik für die Konstruktion von Expertensystemen geschaffen haben.

Interessant ist noch die Wirksamkeit der einzelnen Optimierungstechniken beim MVV-Experten. Nach den Beobachtungen und Abschätzungen, die wir bei der Entwicklung des MVV-Experten machten, brachten die einzelnen Optimierungsschritte Beschleunigungen um etwa folgende Faktoren:

Gemeinsame Teilausdrücke	Zeitfaktor 50
schnelle rationale Algebra mit Hashindexen als Zugriffsstrukturen	Zeitkomplexität kritischer Algorithmen sinkt von $O(n^2)$ auf $O(n)$, Zeitfaktor 50 bis 100
optimierte Suchstrategie	Zeitfaktor 4

Weitere erhebliche Gewinne wurden durch Verwendung permanenter Indexe und durch den Einsatz von Filtern erreicht. Diese erzielen einen ähnlichen Optimierungseffekt wie die Unifikation von Variablen mit Grundtermen in PROLOG, welche wiederum mit der DB-Optimierungstechnik verwandt ist, Selektionen vor Joins auszuführen.

Solche Optimierungen sind bei Datenbanksystemen allgemein üblich und lassen sich nach unseren Erfahrungen mit gutem Erfolg auch auf die Ebene der Logik-Programmierung mit Fixpunkt-Semantik übertragen.

Man sollte dabei aber nicht übersehen, daß wichtige Optimierungen schon durch alternative Spezifikationen des Problems vorgezeichnet oder verbaut werden können, da Horn-Klausel Spezifikationen den Typ des Algorithmus durch die zugeordneten Fixpunkt-Gleichungen bestimmen. So liefert das Horn-Klausel Programm von Bild 5.3 z.B. einen alternativen Ansatz zur Fahrtroutenberechnung schon auf der noch recht abstrakten Ebene der Programmspezifikation.

6. Datenbank Anschluß

Die relationale Algebra Schnittstelle R-LISP von Bild 4.1 kann so gestaltet werden, daß relationale Ausdrücke wahlweise innerhalb des LISP-Systems oder über ein relationales Datenbanksystem ausgewertet werden können.

Um Erfahrung für eine geeignete Koppelung zu gewinnen wurde zunächst das relationale Datenbanksystem MERKUR an LISP gekoppelt, und R-LISP wurde vollständig über MERKUR abgewickelt. Alle Operationen von R-LISP wurden also von MERKUR ausgeführt und Zwischenergebnisrelationen wurden in MERKUR gespeichert [4]. Dabei ergab sich die Systemstruktur von Bild 6.1.

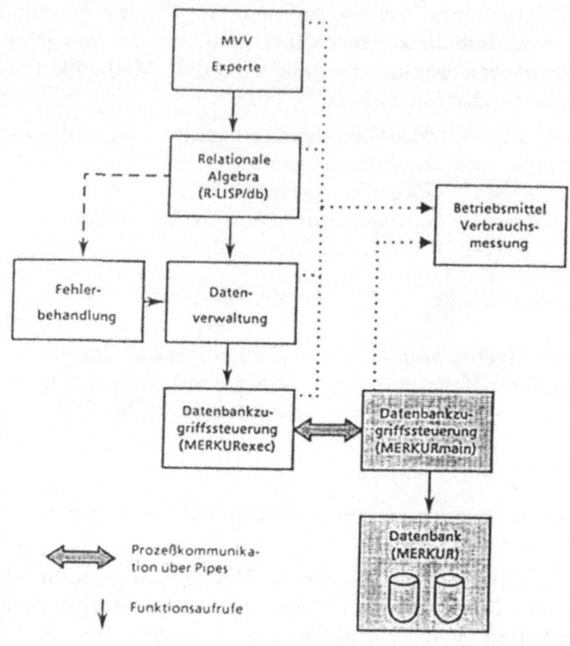

Bild 6.1
Struktur der Koppelung des MVV über R-LISP an das
relationale Datenbanksystem MERKUR

Die Datenbankzugriffssteuerung besteht aus mehreren Funktionen: MERKURexec ist
eine in C geschriebene Funktion, die von LISP aus aufgerufen wird und eine
CALL-Schnittstelle zu MERKUR liefert. Mit ihr werden Transaktionen gestartet und
gesteuert, MQL-Queries (MQL ist ein SQL-Dialekt) oder DDL-Statements als
Parameter an MERKUR übergeben, übersetzt und ausgewertet. Neben MER-
KURexec gehören zur Datenbankzugriffssteuerung eine Reihe von Funktionen zur
Konvertierung zwischen bestimmten Datenstrukturen in LISP und C.

Die Datenverwaltung und Anfrageerzeugung bewerkstelligt die eigentliche Umsetzung
der R-LISP Schnittstelle in Aufträge an MERKUR, die dann mit Hilfe von MER-
KURexec an MERKUR übergeben werden. Die Funktionen der Datenverwaltung
lassen sich in folgende Gruppen einteilen:

-   Session- und Transaktionssteuerung

-   Relationsverwaltung

-   Indexverwaltung

-   Informationen über Relationen

-   Anfragegenerierung

-   Transport von Relationen zwischen MERKUR und LISP

-   Hilfsfunktionen

R-LISP/DB bildet die ursprüngliche R-LISP Schnittstelle nach, wickelt die einzelnen
Operationen jetzt aber nicht arbeitsspeicherintern über LISP-Funktionen, sondern
über MERKUR ab. Zusätzlich müssen Relationen und Hilfsvariablen über

MERKUR anstatt über LISP verwaltet werden.

Da die R–LISP Schnittstelle identisch übernommen wurde, ist der MVV–Experte darauf lauffähig. Bei Verwendung der Tupel–SS, um Ergebnisse von MERKUR an R–LISP zu übergeben, ergab sich ein recht langsames System, weil die einzelnen Tupel von der C–Darstellung in die LISP–Darstellung umgewandelt werden mußten und außerdem pro Tupel ein Prozeßwechsel anfiel. Typische Rechenzeiten dafür waren [4]:

> 326 ms für Tupelkonvertierung DB → LISP

> 146 ms für Tupelkonvertierung LISP → DB

Es wurde deshalb noch eine andere Koppelung implementiert: MERKUR Ergebnisse wurden in eine Plattendatei gespoolt und dann von LISP aus über die Dateischnittstelle eingelesen und umgekehrt.

Dies lieferte folgende Zeiten:

> 13.67 ms für Transport DB → LISP

> 31.13 ms für Transport LISP → DB

Insgesamt liefert dies gegenüber der Tupel–Schnittstelle eine Beschleunigung etwa um den Faktor 10. Interessant ist noch, wieviel Datenbankaufrufe sich insgesamt für eine MVV–Anfrage ergeben. Der grobe Ablauf sieht dabei so aus:

1. Starte Session und Transaktion

2. Für jede R–LISP Operation:

    2.1 Richte die benötigten Operanden in MERKUR ein, falls sie dort noch nicht vorhanden sind

    2.2 Sende eine Query oder ein Statement in MQL formuliert an MERKUR

    2.3 Führe die Query oder das Statement aus

    2.4 Lege das Ergebnis in einer Zwischenrelation in MERKUR ab

3. Spiele das Ergebnis von MERKUR nach LISP zurück

4. Schließe die Transaktion mit einem <u>abort</u> ab, um Zwischenergebnisrelationen zu löschen und den früheren Datenbankzustand zu restaurieren

Ein Ablauf-Protokoll an der Schnittstelle zwischen LISP und MERKUR, genau zwischen MERKURexec und MERKURmain, ist aus Bild 6.2 ersichtlich.

Unsere bisherigen Erfahrungen mit der Koppelung zwischen LISP und dem relationalen Datenbanksystem MERKUR sind sehr positiv, obwohl die Koppelung unter harten Randbedingungen – Koppelung zweier völlig unabhängig entstandener, fertiger Systeme – durchzuführen war. Dadurch entsteht ein System, das sicher keine optimale Gesamtlösung darstellt. Einige Beispiele für nicht–optimale Lösungen sind:

- geschachtelte R–LISP Funktionen werden nicht zu einer MQL–Query zusammengefaßt, sondern einzeln abgehandelt. Dadurch entstehen Ineffizienzen und manche Fähigkeiten des MQL–Optimierers werden nicht ausgenutzt.

- Das Typenkonzept heutiger relationaler Datenbanksysteme ist unzureichend für Expertensystem–Entwicklungen. Das gilt aber noch schärfer für heutige Logik–Programmierung.

- LISP und MERKUR laufen als zwei Prozesse. Ihre Kommunikation über Pipes ist ineffizient.

- Relationale-Algebra-Ausdrücke werden von R–LISP nach MQL übersetzt, dann wieder in Operatorbäume, die der ursprünglichen relationalen Algebra ziemlich ähnlich sind.

- Optimierungen auf der Ebene der Horn–Klauseln und im Datenbanksystem werden völlig unabhängig voneinander durchgeführt und behindern sich möglicherweise.

- Noch völlig offen erscheint die Frage, ob man die Funktionalität eines DB–Systems erweitern oder einschränken sollte. Eine Erweiterung, z.B. um einen Fixpunktoperator mit Δ–Optimierungen, würde ein mächtigeres Werkzeug für die Logik–Programmierung liefern. Eine Abmagerung, z.B. auf Queries über eine einzige Relation, würde eine integrierte Optimierung auf Logik–Ebene und Datenbank–Ebene erleichtern.

Unabhängig davon, welche Lösungen sich letztlich durchsetzen werden, ist abzusehen, daß Datenbanktechnologie und Logik–Programmierung nicht nur die von der Theorie her bekannte Verwandtschaft besitzen, sondern sich auch in der Praxis hervorragend ergänzen können.

Literatur:

1. Bayer, R., Güntzer, U., Kießling, W.: *On the Evaluation of Recursion in (Deductive) Database Systems by Efficient Differential Fixpoint Iteration.* 3rd Intern. Conf. on Data Engineering, Feb. 2-6, 1987, Los Angeles, Calif., Conf. Proceedings, IEEE Computer Society (to appear).

2. Strauß, W.: *Erweiterung des MVV–Experten in R–LISP.* Techn. Universität München, Diplomarbeit, November 1986.

3. Schmidt, H.: *Implementierung von Delta–Iterationsverfahren auf R–LISP.* Techn. Universität München, Diplomarbeit, November 1986.

4. Obermaier, J.: *Koppelung des Expertensystems MVV über R–LISP an DBSM.* Techn. Universität München, Diplomarbeit, November 1986.

5. Lloyd, J.W.: *Foundations of Logic Programming.* Springer Verlag Berlin, Heidelberg, New York, Tokyo 1984.

6. Clocksin, W.F., Mellish, C.S.: *Programming in Prolog.* Springer Verlag, Berlin, Heidelberg, New York, Tokyo 1984.

7. Bayer, R.: *Database Technology for Expert Systems.* in: Intern. GI–Kongress, Wissensbasierte Systeme, Informatik Fachberichte 112, Okt. 1985, pp. 1–16.

8. Gallaire, H., Minker, J., Nicolas, J.-M.: *Logic and Databases: A Deductive Approach.* ACM Computing Surveys, 16, 2, 153–186 (June 1984).

9. Kießling, W.: *Datenbanksysteme für Rechenanlagen mit Intelligenten Subsystemen: Architektur, Optimierung.* Dissertation und Techn. Report TUM–I83007, Techn. Universität München 1983.

10. Elhardt, K.: *Support for Query Optimization by Optimal Predicate Splitting.* (submitted for publication).

11. Elhardt, K., Killar, D., Lehnert, K., Seibt, C.: *The Database System MERKUR.* Techn. Report Techn. Universität München.(submitted for publication).

12. Heigert, J.: *Effiziente Algorithmen für relationale Datenbanksysteme mit Rekursion.* Dissertation und Techn. Report TUM–I8613, Techn. Universität München, Juli 1986.

13. Güntzer, U., Kießling, W., Bayer, R.: *Evaluation Paradigms for Deductive Databases: from Systolic to As–You–Please.* Techn. Report TUM–I8605, Techn. Universität München, März 1986.

14. Schmidt, H., Kießling, W., Güntzer, U., Bayer, R.: *Compiling Exploratory or Goal-Directed Deduction into Sloppy Delta Iteration.* (in preparation).

15. Kießling, W., Schmidt, H.: *Towards AI/DB Integration: Relational and Logic Programming Extensions to Common Lisp.* MAD Intelligent Systems, 1986 (submitted for publication).

Bild 6.2 Ablaufprotokoll

A.1. Freising → Königsplatz

```
0_(mvv)

Geben Sie die Liste Ihrer Ausgangshaltestellen ein:
(freising)

Geben Sie nun die Liste Ihrer Zielhaltestellen ein:
(koenigsplatz)

•db_access• dbSattach: <begin session>

•db_access• dbSattach: <begin transaction>

•db_access• dbSload_rels_on_db: spool into transfer: select st.tname, st.colno from systable st

•db_access• dbScreate: create relation _0tmp_1 (string a1) key is a1

•db_access• dbSput_spool: spool _0tmp_1 from sorted transfer

•db_access• dbScreate: create relation _0fromlist (string a1, string a2) key is a1, a2

•db_access• dbSjoin: insert into _0fromlist: select unique r1.a1, r2.a1 from _0tmp_1 r1, stops r2 where
r1.a1 = r2.a2

•db_access• dbSjoin: <eval>

•db_response• dbSjoin: 1 tuple(s) inserted

•db_access• dbSerase: drop relation _0tmp_1

•db_access• dbScreate: create relation _0tmp_2 (string a1) key is a1

•db_access• dbSput_spool: spool _0tmp_2 from sorted transfer

•db_access• dbScreate: create relation _0tolist (string a1, string a2) key is a1, a2

•db_access• dbSjoin: insert into _0tolist: select unique r1.a1, r1.a2 from stops r1, _0tmp_2 r2 where
r1.a2 = r2.a1

•db_access• dbSjoin: <eval>

•db_response• dbSjoin: 1 tuple(s) inserted

•db_access• dbSerase: drop relation _0tmp_2

•db_access• dbScreate: create relation _0c (string a1, string a2, string a3) key is a1, a2, a3

•db_access• dbSjoin: insert into _0c: select unique r1.a1, r1.a2, r2.a2 from _0fromlist r1, _0tolist r2 where
r1.a2 = r2.a1

•db_access• dbSjoin: <eval>

•db_response• dbSjoin: 0 tuple(s) inserted

•db_access• dbScreate: create relation _1fromlist (string a1, string a2, string a3, string a4) key is a1, a2, a3,
a4

•db_access• dbSjoin: insert into _1fromlist: select unique r1.a1, r1.a2, r2.a2, r2.a3 from _0fromlist r1,
switch r2 where r1.a2 = r2.a1

•db_access• dbSjoin: <eval>

•db_response• dbSjoin: 125 tuple(s) inserted

•db_access• dbSerase: drop relation _0fromlist
```

•db_access• dbScreate: create relation _1c (string a1, string a2, string a3, string a4, string a5) key is a1, a2, a3, a4, a5

•db_access• dbSjoin: insert into _1c: select unique r1.a1, r1.a2, r1.a3, r1.a4, r2.a2 from _1fromlist r1, _0tolist r2 where r1.a4 = r2.a1

•db_access• dbSjoin: <eval>

•db_response• dbSjoin: 3 tuple(s) inserted

•db_access• dbSerase: drop relation _0c

•trapped_error• dbSmisc_error_handler: trapped error: Unbound Variable: c

•db_access• dbSget_spool: spool into transfer: select • from _1c a

•db_access• dbSerase: drop relation _1c

•db_access• dbSdetach: <abort transaction>

•db_access• dbSdetach: <end session>

```
**********************************************************************
* * * * * * * * * * *  resource utilization  * * * * * * * * * * *
**********************************************************************
*  begin of evaluation :  Tue Nov 18 15:28:25 1986                  *
*    end of evaluation :  Tue Nov 18 15:30:38 1986                  *
**********************************************************************
*  processor time used by                                          *
*  LISP system (without GC) :  0.466667 sec                        *
*  Garbage Collector        :  0.000000 sec   for 0 gc's           *
**********************************************************************
*  resource utilization       * main process    * subprocesses    *
**********************************************************************
*             user time used :        0.47 sec        57.29 sec *
*           system time used :        1.09 sec        12.05 sec *
*     maximum resident set size :     1066 kb           850 kb  *
*   integral shared memory size :    21278 kb*sec   1764716 kb*sec *
*   integral unshared data size :   111816 kb*sec   1326578 kb*sec *
* integral unshared stack size :         0 kb*sec         0 kb*sec *
*               page reclaims :        473              33       *
*                 page faults :         42             167       *
*                       swaps :          0               0       *
*        block input operations :        9             409       *
*       block output operations :       18             583       *
*               messages sent :         77              51       *
*           messages received :         50              78       *
*            signals received :          0               0       *
*    voluntary context switches :      130             700       *
*  unvoluntary context switches :       51               0       *
**********************************************************************
```

Sie muessen 1 mal umsteigen
Es gibt 3 Moeglichkeiten hierfuer:

Geben Sie an, wieviele Sie davon sehen wollen
(geordnet nach Zahl der Haltestellen):
3

(freising s1 hauptbahnhof u8 koenigsplatz)
zahl der haltestellen = 14

(freising s1 giesing u8 koenigsplatz)
zahl der haltestellen = 27

(freising s1 neuperlach-sued u8 koenigsplatz)
zahl der haltestellen = 36

nil

1_(bye)
Goodbye.

Simplifying Complex Objects:
The PROBE Approach to Modelling and Querying Them *

Umeshwar Dayal, Frank Manola, Alejandro Buchmann, Upen Chakravarthy,
David Goldhirsch, Sandra Heiler, Jack Orenstein, Arnon Rosenthal

Computer Corporation of America, Cambridge, Massachusetts U.S.A.

ABSTRACT

Several recent papers have described application requirements, data model capabilities, or implementation approaches for supporting objects with a complex internal structure. These "complex objects" are interesting because they are often found in interesting new applications of databases, such as engineering. Unfortunately, the requirements for complex objects have typically been described without relating them to specific new capabilities required from the DBMS, and frequently the extensions have been tied to the relational model. This paper attempts to clarify the requirements for such capabilities in a model-independent way. It shows that a relatively small number of capabilities are really needed, and outlines how we are trying to incorporate many of them into PROBE, an object-oriented DBMS being developed at CCA.

1. Introduction

The application of database technology to new application domains, such as CAD/CAM, geographic information systems, software engineering, and office automation, is an extremely active area of database research. Many of these new applications deal with highly structured objects that are composed of other objects. For example, a part in a part hierarchy may be composed of other parts; an integrated circuit module may be composed of other modules, pins, and wires; a complex geographic feature such as an industrial park may be composed of other features such as buildings, smokestacks, and gardens; a program module may be composed of other program modules, each with a declaration part and a body; a document may be composed of sections and front matter, and the sections themselves may be composed of section headings, paragraphs of text, and figures.

In many applications these complex objects are the units for storage, retrieval, update, integrity control, concurrency control, and recovery. For instance, in a design application, it may be necessary to lock an entire part assembly (i.e., a part together with its component parts) if the part is to be redesigned. Similarly, if an instance of an integrated circuit module is deleted from a design, the deletion must be propagated atomically to all its components.

The basic problem is that in conventional (e.g., relational) database systems, a complex object is typically represented by many tuples scattered among several relations. Consider, for example, a 4-input AND gate built up of three 2-input AND gates [LORI83].

* This work was supported by the Defence Advanced Research Projects Agency and by the Space and Naval Warfare Systems Command under Contract No. N00039-85-C-0263. The views and conclusions contained in this paper are those of the authors and do not necessarily represent the official policies of the Defense Advanced Research Projects Agency, the Space and Naval Warfare Systems Command, or the U.S. Government.

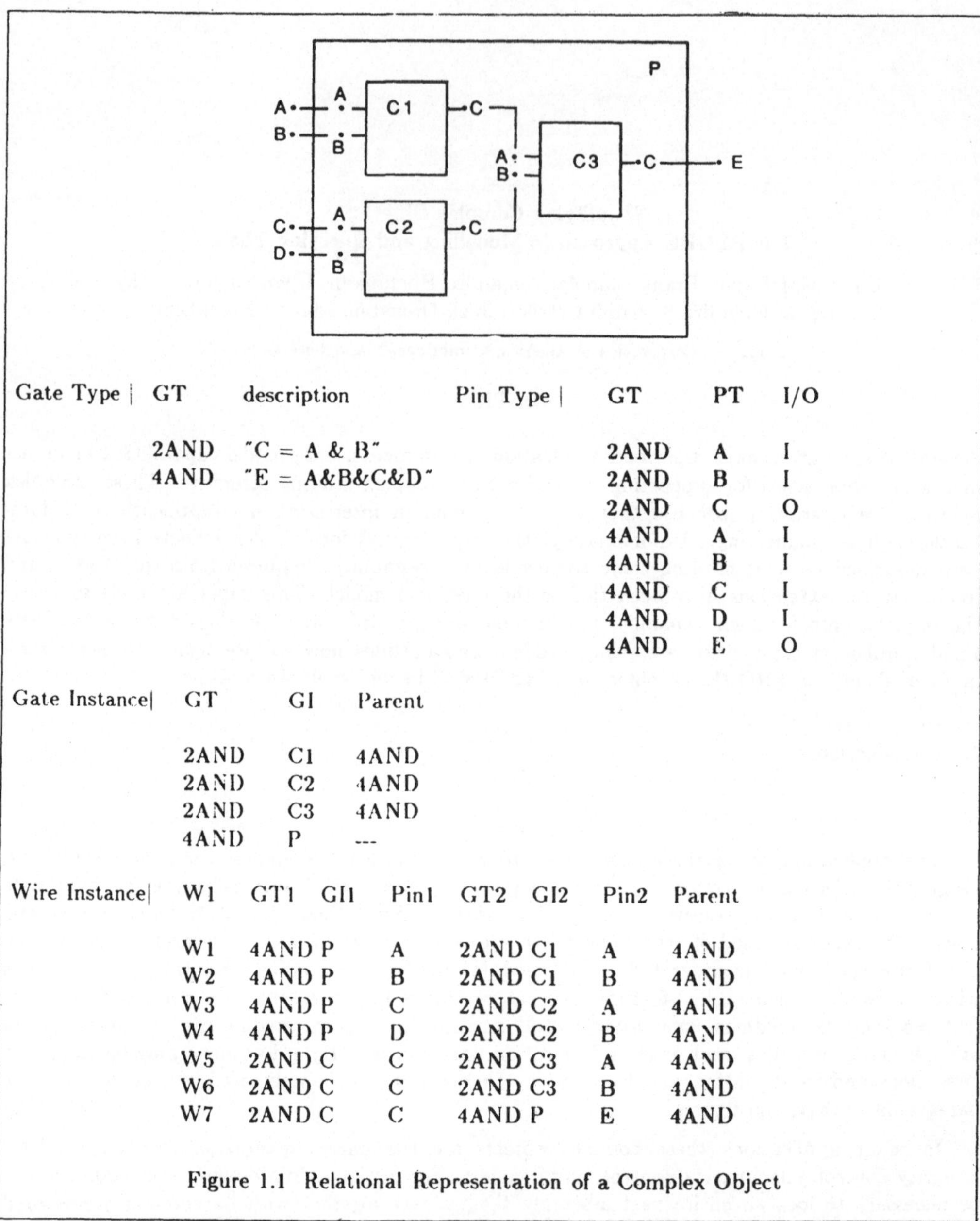

Gate Type	GT	description	Pin Type	GT	PT	I/O
	2AND	"C = A & B"		2AND	A	I
	4AND	"E = A&B&C&D"		2AND	B	I
				2AND	C	O
				4AND	A	I
				4AND	B	I
				4AND	C	I
				4AND	D	I
				4AND	E	O

Gate Instance	GT	GI	Parent
	2AND	C1	4AND
	2AND	C2	4AND
	2AND	C3	4AND
	4AND	P	---

Wire Instance	W1	GT1	GI1	Pin1	GT2	GI2	Pin2	Parent
	W1	4AND	P	A	2AND	C1	A	4AND
	W2	4AND	P	B	2AND	C1	B	4AND
	W3	4AND	P	C	2AND	C2	A	4AND
	W4	4AND	P	D	2AND	C2	B	4AND
	W5	2AND	C	C	2AND	C3	A	4AND
	W6	2AND	C	C	2AND	C3	B	4AND
	W7	2AND	C	C	4AND	P	E	4AND

Figure 1.1 Relational Representation of a Complex Object

This object and a collection of relations to represent it are shown in figure 1.1. The Gate Type and Pin Type relations describe the two types of gates and the pins for each gate type, respectively. The Gate Instance relation indicates that each instance of a 4-input AND gate is built up of three instances of 2-input AND gates. The Wire Instance relation shows that each instance of a 4-input AND gate contains seven wires, each connecting a pair of pins. For instance, wire W1 connects the (external) input pin A of the 4-input AND gate to pin A of its first component 2-input AND gate.

The tuples in these different relations that together constitute the complex object have toPbe logically linked together by value (in this case, by values of the parent attributes of the Gate Instance and Wire Instance relations). There is no way to explicitly specify to the DBMS that all these linked tuples form a single, complex object. Thus, operations on the complex object as a whole must typically consist of several relational commands.

The focus of previous work on complex objects was largely to overcome this deficiency of the relational model. [HASK82, LORI83] propose enhancements to the relational model to represent entities and hierarchical relationships. The proposed enhancement is to provide links between tuples comprising a "complex object". This is accomplished by first introducing system-generated identifiers or surrogates [CODD79] of tuples. The GT, GI, and WI attributes are declared to be IDENTIFIER attributes; values of these attributes will be automatically generated by the system when tuples are stored in these relations and these values are system-wide unique and never reused. Then, the Parent attributes are declared to be COMPONENT-OF attributes connecting to the Gate Type relation; the values of these attributes will be identifiers of the Gate Type relation. Although operations on these linked relations are not explicitly described, it is not too hard to imagine how the system can trace these links to propagate retrieval, deletion, locking requests, etc. to all the components of a complex object.

More recently, the relational model has been extended to more directly represent hierarchical structures through the notion of nested (or non first normal form) relations, i.e., relations whose attribute values may themselves be relations. The relational algebra and calculus have correspondingly been extended to manipulate and retrieve such hierarchically structured objects [SCHE86, FISC83, BANC86a]. Storage structures and query processing techniques for non first normal form relations are currently being investigated [DEPP86, KHOS87].

Other requirements of complex objects have been studied in [BATO84, BATO85, KATZ86]. This has led to the introduction of some additional modelling concepts. [BATO84] introduced the concept of *molecular aggregation*. The motivation for this concept was to represent a complex object at different levels of abstraction. Specifically, a complex object was defined to have an *interface*, describing its external characteristics, and an *implementation*, describing its internal structure. In our example, the interface of the 4-input AND gate would consist of the second tuple in the Gate Type relation and the last five tuples of the Pin Type relation shown in figure 1.1. The implementation would consist of all the tuples of the Gate Instance and Wire Instance relations. Four categories of molecular aggregation were identified. The result was a framework that distinguishes between objects that share and that do not share structure; and between objects in which instances of a type (e.g., Part) can appear as components of other instances of the same type, and those in which this cannot happen.

In [BATO85], additional concepts for modelling objects in VLSI CAD applications were introduced. These new concepts are: *version generalization*, which permits versions of a complex object to inherit its interface (but not its implementation); *component instantiation*, which permits more than one instance of a component to be used in the implementation of a complex object (the instances may differ in some attribute values, e.g., the three 2-input AND gate instances that are used in the 4-input AND gate are all at different locations); and *parametrized versions*, which permits a designer to identify the component types that are used to implement complex objects without specifying which versions of these components are to be used.

[KATZ86] adopts a similar approach, introducing modelling constructs for representing three distinguished relationships: COMPONENT-OF, IS-A (generalization), and VERSION-OF.

In the course of developing an advanced DBMS, PROBE, aimed at these new applications, we naturally studied the various published concepts of "complex objects". Understanding these concepts was made difficult by several problems. First, the requirements were often identified in application-oriented terms without translating them into data-model-oriented terms. This sometimes made it unclear whether what was required was actually an enhancement to the data model or other DBMS capabilities, or just a particular database design technique, or perhaps a well-designed set of view definitions.

Second, the requirements were usually described as enhancements to the relational data model. This made it hard to determine whether enhancements would be needed if some *other* data model was used or were due solely to limitations of the relational model.

Third, the specific enhancements proposed were sometimes special cases of more general facilities. Given the applications involved, it seemed likely that these facilities would have to be provided in their full generality anyway.

This paper attempts to more precisely identify the requirements for complex objects that arise in many new DBMS applications. We also survey requirements that almost invariably accompany complex objects, yet are often omitted from papers on the subject. We argue that support for complex objects per se imposes few new requirements. Most of the required data modeling features are already provided in entity-based semantic data models, such as DAPLEX [SHIP81], which serves as the starting point for our investigations. Those that are not (such as special operations) are not readily definable by a simple operation propagation facility associated with a special type of relationship (viz., the COMPONENT-OF relationship); rather, a general facility for defining tailored operations is needed.

Specifically, the PROBE approach is to provide general capabilities rather than introduce *ad hoc* special-purpose constructs. We believe that an object-oriented database approach [DITT86, LOCH86] provides most of the requisite general capabilities. Such an approach allows other related requirements of the applications, not dealt with directly by previous approaches to complex objects, to be satisfactorily supported.

This approach of providing general rather than special capabilities is also being pursued by the POSTGRES group [STON86]. [ROWE86] describes how hierarchical objects can be implemented using the general facilities of POSTGRES. However, while POSTGRES extends a relational DBMS, PROBE starts with a semantic data model that already provides many of the necessary basic features (entities, functions, and inheritance).

The rest of this paper is organized as follows. Section 2 lists the requirements for modelling complex objects and associated relationships, and describes the approaches that we are exploring for meeting these requirements in PROBE. Section 3 addresses issues in querying and manipulating complex objects, and describes an object-oriented algebra that we have developed for this purpose. Section 4 briefly comments on implementation issues.

2. Complex Objects and Relationships

This section identifies the data model requirements for complex objects. For each requirement, we describe how we propose to meet it in PROBE. We start from DAPLEX, a semantic data model and query language [SHIP81, SMIT81], which already provides some of the necessary basic features, and enhance it to a full object-oriented data model. We refer to the enhanced model as PDM (PROBE Data Model).

Entity Identity:

Supporting complex objects first requires supporting some notion of "entity" or "object" to which components and attributes can be related. The primary characteristic of an entity is its existence distinct from that of any other entity known to the system, or of any collection of attribute values. Since entities are distinct from ordinary values, special operators are required to deal with them (e.g. to specify that a new entity is to be created, to compare entities for identity, to create entity relationships).

PDM, like DAPLEX and other semantic data models, directly supports the notion of entities to model real-world objects, and provides the necessary operators. (We defer discussion of the operators to the next section.) Properties of entities, relationships between entities, and operations on entities are all uniformly represented in PDM as *functions*. Functions may be single-valued or set-valued, and either scalar-valued or entity-valued. Also, functions are allowed to have multiple input arguments and multiple output arguments. Entities that have the same functions are grouped into *entity types*. For the example of Figure 1.1, we can define the following entity type and functions on it:

```
entity GATE TYPE is ENTITY
function Name (GATE TYPE) --> STRING
function Description (GATE TYPE) --> STRING
function Pins (GATE TYPE) --> set of PIN TYPE
function Gate Components (GATE TYPE) --> set of GATE INSTANCE
function Wire Components (GATE TYPE) --> set of WIRE INSTANCE
```

Here, Name and Description are single-valued, scalar-valued functions, and Pins is a set-valued, entity-valued function. (Each of these functions has a single input argument and a single output argument. Later we shall see examples of functions with more than one input or output argument.) Unlike the relational model, or extensions to it [CODD79, HASK82, LORI83], no "primary key" attributes or "surrogate" attributes have to be explicitly defined. The system automatically generates and maintains internal identifiers for each entiity.

Object-Component Relationships:

A complex object is composed of other objects, and the relationship between the complex object and its components must be modelled.

In the relational representation of figure 1.1, the object-component relationship is modelled through the foreign key attribute, Parent, of the Wire Instance and Gate Instance relations. In [HASK82, LORI83], these foreign key attributes are specified to be COMPONENT-OF attributes; the system maintains *referential integrity*, i.e., when the parent object is deleted, the deletion is propagated automatically to the component objects. In [BATO84, BATO85], the component objects are hidden inside the implementation part of the molecular aggregate.

However, all models support some means of representing relationships among model objects, and so one must determine what special requirements, if any, exist for *component* relationships. In general, any special requirements must be either at the logical level (e.g., propagating deletions from the complex object to its components) or at the physical level (e.g., clustering of the components near the "parent" object). Our observation is that such requirements exist for a variety of relationships, not just for the COMPONENT-OF relationship associated with complex objects, and that the requirements may differ from one occurrence of a relationship to another. For example, in some applications it may be desirable to cluster objects based not on the COMPONENT-OF relationship, but on some other relationship (e.g., DESIGNED-BY). Similarly, in some applications it may be mandated that the deletion of a complex design cause the deletion of all subdesigns; in other applications, the subdesigns may be important in their own right and should not be deleted.

This suggests that a general facility for specifying arbitrary relationships and their behavioural properties is needed, instead of some small number of distinguished relationships with fixed semantics.

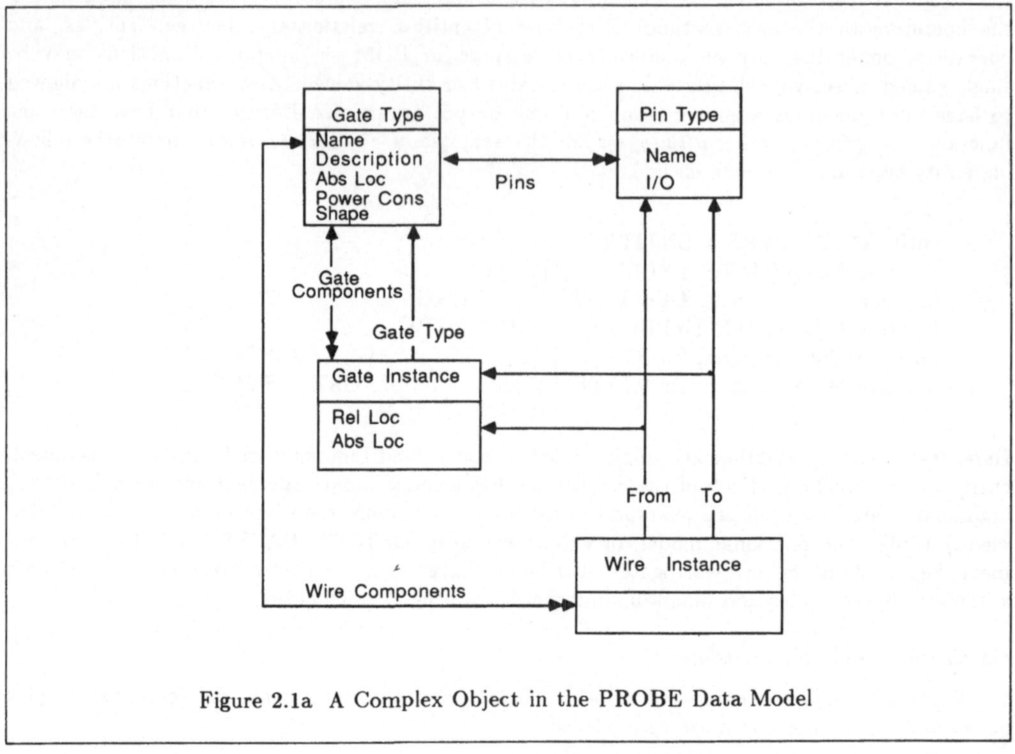

Figure 2.1a A Complex Object in the PROBE Data Model

In PDM, the complex object *and* its components are modelled as entities; relationships between the complex object and its components, and among components, are modelled by entity-valued (possibly set-valued) functions. Thus, the schema includes both the interface and the implementation (to use the terminology of [BATO84, BATO85]) of a complex object, together with one or more explicit functions that represent the relationship(s) between them. This is illustrated in figure 2.1, which corresponds to the complex object shown in the relational representation of figure 1.1 (plus some additional functions). (Figure 2.1a shows the schema in diagram form: entity types are depicted by boxes; entity-valued functions by arrows. Figure 2.1b lists the entity types and functions in this schema.)

Incidentally, figure 2.1 also illustrates that we can model more than one named relationship (Gate Components and Wire Components) between a complex object and its components, something that is not conveniently supported by the more rigid models of [HASK82, LORI83, BATO84, BATO85].

Entities and entity-valued functions can also be used to emulate the other modelling constructs for VLSI CAD objects, introduced in [BATO85, KATZ86]. Figure 2.2 illustrates how this is done for parameterized versions.

```
entity      GATE TYPE is ENTITY
function    Name (GATE TYPE) → STRING
function    Description (GATE TYPE) → STRING
function    Abs Loc (GATE TYPE) → POINT
function    Rel Loc (GATE TYPE) → POINT
function    Shape (GATE TYPE) → BOX
function    Pins (GATE TYPE) → set of PIN TYPE
function    Gate Components (GATE TYPE) → set of GATE INSTANCES
function    Wire Components (GATE TYPE) → set of WIRE INSTANCES

entity      PIN  TYPE is ENTITY
function    Name (PIN TYPE) → STRING
function    I/O (PIN TYPE) → "I", "O"

entity      GATE INSTANCE is ENTITY
function    Gate Type (GATE INSTANCE) → GATE TYPE
function    Rel Loc (GATE INSTANCE) → POINT
function    Abs Loc (GATE INSTANCE) → POINT

entity      WIRE INSTANCE is ENTITY
function    From (WIRE INSTANCE) → (GATE INSTANCE, PIN TYPE)
function    To (WIRE INSTANCE) → (GATE INSTANCE, PIN TYPE)
```

Figure 2.1b Entity Types and Functions for the Complex Object

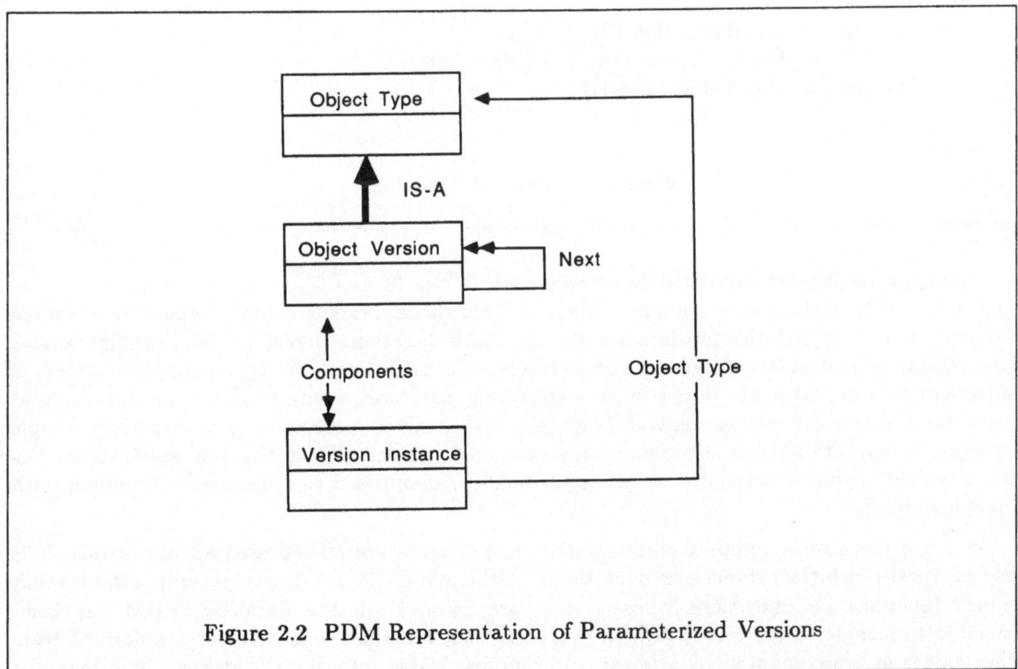

Figure 2.2 PDM Representation of Parameterized Versions

Our point here is that, like molecular aggregation itself, concepts such as COMPONENT-OF and parameterized versions are application-specific "packages" of capabilities. Instead of "building in" these specific packages, more generality can be obtained by breaking the packages down into their component facilities, and providing generalizations of these individual facilities. These generalized facilities can then be combined in powerful ways to meet the requirements of many other applications.

Derived Values in Complex Objects and Components:

Although a complex object will probably have attributes distinct from those of its components, some attribute values of the complex object may be derived from attribute values of its components. For example, the weight of a part assembly is the sum of the weights of its component parts; the delay through a circuit may be computed from the delays through its components; the earliest completion time of a task schedule is the sum of the start time and the durations of the tasks on the critical path. Conversely, some attribute values of the components may be derived from attribute values of the parent complex object. For example, the absolute location of a part in an assembly may be derived recursively from its relative location with respect to its parent, and so on up the part hierarchy.

```
for gt in GATE TYPE
  define
    Power Cons (gt) := sum (Power Cons (gt2 in GATE TYPE
      where gt2 isin Gate Type (Gate Components (gt))))
end

for gi in GATE INSTANCE
  define
    Abs Loc (gi) := transformation (Rel Loc (gi),
                Abs Loc (gt in GATE TYPE where
        gi isin Gate Components (gt)))
end
```

Figure 2.3 Derived Functions

Though a facility for derived data computation is clearly useful for complex objects, its usefulness is hardly *restricted* to complex objects. Data model designers have frequently observed the need to provide facilities for deriving data in "both directions" along 1-n relationships among data objects of conventional types. For example, one might wish to aggregate the salaries of employees in a department. Even in an engineering database, many of the computations that might be invoked are rather general (e.g. test and analysis procedures), rather than simple aggregate computations over the components of a single object. Thus, the new applications justify providing a general derived data definition facility, as opposed to some special bundling with "complex objects".

In PDM, because a complex object and its components are all represented as entities, it is easy to specify arbitrary functions over them. Although DAPLEX supports only *extensionally defined* functions i.e., functions whose values are "stored" in the database, PDM has been extended to include *intensionally defined* functions, i.e., functions whose values are derived from other values or are computed by arbitrary procedures. These intensionally defined functions can be used to specify that some attributes of a complex object are derived from attributes of its components and vice versa. Figure 2.3 illustrates this capability, using DAPLEX-like syntax. The Absolute Location of a Component Instance entity is defined to be a geometric transformation of its Relative Location and the Absolute Location of its parent Gate entity. Conversely, the Power Consumption of a Gate entity is defined to be the sum of the Power Consumptions of its components. (Note that these may be recursive computations, in general, if we think of more than two levels of the component hierarchy. We describe the PROBE approach to recursion in the next section.) This capability is also not described in previous papers on complex objects.

3. Operations and Constraints on Complex Objects

In this section, we identify the requirements for querying or manipulating complex objects. As in the previous section, we argue that these requirements are best met through facilities that are useful in general, not just for some restricted notion of complex objects.

Operations on Complex Objects:

Perhaps the most fundamental requirement of a complex object is that the user be allowed to manipulate it as a whole. This requirement can be broken down into three sub-requirements. First is the ability to apply generic DBMS operations (such as deletion or display) to entire complex objects. Second is the ability to define arbitrary, application-specific operations on objects. The new applications generally require a variety of specialized operations associated with aspects of objects not considered in conventional applications, such as the orientation of objects in space and time. For example, it frequently is necessary to express operations such as geometric rotations and intersection of objects in space, search conditions based on geometric or pattern-oriented conditions, and constraints based on timing requirements. Third is the ability to automatically propagate operations to the components along relationships.

Operations on complex objects and propagation rules have been around since AUTOMATIC set membership was included in the CODASYL model. The model of [HASK82, LORI83] supports the propagation of retrieval, deletion, and lock operations. The IPIP system supports the definition and propagation of global operations, such as deletion, on CODASYL structures [JOHN83]. [BATO85] describes various deletion propagation rules for the modelling constructs it introduces for VLSI CAD objects.

However, it does not seem possible to attach a single fixed semantics for propagating operations along any of these relationships, because the semantics of these relationships are application-dependent. In some applications, it may be mandated that the latest version of an object be used in a design. As a new version is released, it may be important to replace automatically all instances of old versions in a design with the new version, or at least to alert designers that a new version has been released. In other applications, once a version is selected for a design, it may never be changed, except through a special authorized operation. For derived properties of a complex object, it may be important in some cases to propagate changes immediately; in other cases, it may be desirable to defer the propagation.

For PROBE, we have developed an algebra (the PDM algebra) that (a) provides generic operations on entities and functions, (b) permits the definition of application-specific operations, and (c) permits the specification of rules for propagating operations along relationships.

The algebra is a modification of relational algebra, and contains operations such as selection, projection, Cartesian product, and set operations. For purposes of the algebra, functions are viewed as relations, and entity types are viewed as zero-argument functions (i.e., unary relations containing all the entities of the type). The operations are viewed as operating on functions and producing functions. For example, the selection operation Select(F, P) selects those tuples of function F that satisfy predicate P (predicates are viewed as Boolean-valued functions). Project(F, L) projects the tuples of F on the functions in list L. Instead of a join operation, the algebra contains an "apply and append" operation: Apply-Append(F, G) applies function G to arguments taken from the tuples of function F; the result is a new function formed by appending to F columns containing the results of evaluating G on the tuples of F.

Given the schema of Figure 2.1, the query "Retrieve the names of the pins of a 4-input AND gate", would be expressed by the following sequence of statements in the PDM algebra:

T1 := Apply-Append (, GATE TYPE: GT)
T2 := Apply-Append (T1, Name(GATE TYPE: GT, STRING: S))
T3 := Select (T2, EQ(S, "4AND"))
T4 := Apply-Append (T3, Pins(GATE TYPE: GT, PIN TYPE: P))
T5 := Apply-Append (T4, Name(PIN TYPE: P, STRING: N))
T6 := Project (T5, N)

(Labels such as GT are used to relate arguments of the functions referenced in the various operations.)

The algebra also contains aggregation operations, update operations, and metadata operations for creating new entities and functions. For example, in Figure 3.1, we show how the two derived functions of Figure 2.3 can be expressed in the algebra. The interested reader is referred to [MANO86b] for more details of PDM algebra.

---

a. Definition of Power Cons (GATE TYPE) --> REAL:
  T0 := Apply-Append (, GATE TYPE: GT1)
  T1 := Apply-Append (T0, Gate Components (GATE TYPE: GT1, GATE INSTANCE: GI))
  T2 := Apply-Append (T1, Gate Type (GATE INSTANCE: GI, GATE TYPE: GT2))
  T3 := Apply-Append (T2, Power Cons (GATE TYPE: GT2, REAL: R))
  T4 := ggregate (T3, [GT1], Sum (R, REAL: RSUM))
  The tuples of of T3 are first grouped by GT1, then aggregated.
  T5 := Project (T4, [GT1, RSUM])

b. Definition of Abs Loc (GATE INSTANCE) --> POINT:
  T0 := Apply-Append (, GATE TYPE: GT)
  T1 := Apply-Append (T0, Gate Components (GATE TYPE: GT, GATE INSTANCE: GI))
  T2 := Apply-Append (T1, Rel Loc (GATINSTANCE: GI, POINT: P1))
  T3 := Apply-Append (T2, Abs Loc (GATE TYPE: GT, POINT: P2))
  T4 := Apply-Append (T3, Transformation (POINT: P1, POINT: P2, POINT: RES))
  T5 := Project (T4, [GI, RES])

Figure 3.1 Using the PDM Algebra to Define Derived Functions

PDM algebra is not intended to be an end-user query language; rather, it can serve as the basis for defining the semantics of query languages, and for studying query processing issues.

Additional operations on specific entity types can be introduced via intensionally defined functions, whose values are computed by procedures (written in some suitable programming language), rather than being stored in the database. Examples of such operations are "the center of gravity of a part" (computed from the shape of the part), "rotate part X through angle A", and the "transformation" function in Figure 2.3. Since these application-specific operations are modelled by functions, they, too, are evaluated over a set of entities through the Apply-Append operation of the PDM algebra, as illustrated by the second example of Figure 3.1. Furthermore, like all functions, operations, too, are inherited by subtypes from their supertypes.

With the enhancements described here, DAPLEX becomes an "object-oriented" data model, because entities of a given type can be accessed and manipulated only through the functions (operations) that have been defined for that type. Moreover, PROBE objects (entities) not only encapsulate behavior, but can be interrelated through entity-valued functions to construct arbitrarily complex structures.

Because a complex object is itself modelled as an entity of some defined entity type, the generic operations of PDM can be applied to the complex object. In addition, application-specific data types and operations can be added by defining them as new entity types and functions.

Recognizing that many of the objects that occur in the applications to be supported by PROBE deal with spatial and temporal data, we have given special treatment to spatial and temporal semantics. This is accomplished through the definition of special *point set* entities and operators for manipulating them. A point set is a member of the PTSET type, which is a subtype of the root type ENTITY. Further specializations for PTSETs of different dimensions and for space and time domains of different characteristics (e.g. discrete or continuous) can be defined.   The Box and Point entity types of Figure 2.1 are defined as specializations of the generic PTSET type:

    entity BOX is PTSET
    function Bottom Left (BOX) $\rightarrow$ POINT
    function Top Right (BOX) $\rightarrow$ POINT

    entity Point is PTSET
    function X (POINT) $\rightarrow$ REAL
    function Y (POINT) $\rightarrow$ REAL

In this model, object versions (which have received special treatment in [BATO85, KATZ86]) are treated as temporal objects. The model is general enough to support many different notions of space and time. For example, the Next function in Figure 2.2, which orders the Object Versions, may be defined to be a partial order. The spatial and temporal aspects of PDM are described in more detail in [MANO86].

The rules for propagating operations along relationships are incorporated into the procedures defining the operations. This general mechanism is illustrated in Figure 3.2. Here, the delete-complex function on GATE TYPE is defined to delete not just the particular GATE TYPE entity, but also the related PIN, GATE INSTANCE, and WIRE INSTANCE entities.

```
Delete_complex (GATETYPE, P) :=

        for gt in GATE TYPE where P(gt)
           begin
               delete Pins(gt)
               delete gi in Gate Components(gt)
               delete wi in Wire Components(gt)
               delete gt
           end for
```

Figure 3.2 Expressing Operation Propogation Rules

Constraints on Component Relationships:

Not only is it important to model the components of a complex object, but it is equally important to capture any constraints on their interrelationships. In some cases, it is possible to capture such constraints within the DBMS. For example, the components of a circuit must satisfy connectivity constraints; the tuples of the Wire Instance relation in Figure 1.1 in effect establish these constraints. However, many of these constraints are too complex to be succinctly expressed and efficiently verified and enforced by a general-purpose DBMS. For example, there may be design constraints on the total power consumption of a circuit; the various components of the boundary representation of a 3D solid must be connected in a structure satisfying various geometric and graph-theoretic constraints. In such cases, it may be necessary to implement these constraints by special procedures (e.g., VLSI design rule checkers) outside the DBMS. However, it may still be desirable to declare these procedures to the DBMS, which can then automatically invoke the appropriate procedure when an operation that potentially violates a constraint is to be executed.

The DBMS response to a constraint violation is also an issue. Existing DBMSs always abort requests that violate constraints. This may be too restrictive for many design, decision support, and military command and control applications. Some constraints may be physically inviolable, e.g., absolute temperatures cannot be negative. Others may be design guidelines that are generally to be enforced, but may be violated in special cases (particularly when contradictory rules may be applicable). Facilities for specifying the action to be taken when a constraint is violated and for handling exceptions are necessary. These may involve notifying or alerting users, invoking compensatory procedures or exception handlers [BORG85, BUCH85].

In PROBE, the rules for specifying how and when to check constraints, and the rules for invoking exception handlers, are incorporated into the procedures that implement the various operations. Hence, like the operations themselves, these rules are definable by the user or application developer.

Multiple Levels of Abstraction:

A frequent requirement of modelling complex objects is the ability to view them at different levels of abstraction. The concept of molecular aggregation distinguishes two levels: the interface (at which only the aggregate characteristics of the object are visible) and the implementation (which describes the internal structure of the object in terms of its components).

In practice, however, the two-level concept of molecular aggregation may be too restrictive -- arbitrary views may have to be supported. For example, an application that lists components of circuits may not need to "see" the WIRE INSTANCE entities of figure 2.1. An application that tests for short circuits may need to "see" only the WIRE INSTANCE entities and not the GATE INSTANCE entities. Another example occurs in geographic information processing, where entirely independent representations of objects (e.g., maps) at different levels of resolution have to coexist.

Furthermore, the interface or external properties of an object type that are exported to other types may need to change over time. For instance, the definers of the POINT and BOX entity types may initially suppress all representation information. However, if later an operation POINT-IN-BOX is to be defined, the implementor of this operation may need to access some details of the internal representations of the POINT and BOX types. These details (previously hidden in the implementation parts of the types) may now have to be added to the interface.

Again, the need to look at objects at multiple levels of abstraction or to support evolution is hardly limited to complex objects. Moreover, for the reasons cited above, the facility required is rarely as simple as that supported by molecular aggregation.

View mechanisms appear to already provide much of the required functionality. In PROBE, the PDM algebra can be used to restructure the entities and functions in the database for inclusion in views. Thus, we can define one view that includes only the GATE TYPE and PIN TYPE entity types and the Pins function relating them, and another view that includes all of the schema of figure 2.1. That is, the interface and implementation parts of a complex object are easily defined as views. However, unlike the concept of molecular aggregation, no particular views are built in, so arbitrarily many other views could be defined, as needed. The multiple representations problem is also easily solved: The entities and functions needed for the different representations are all included in the database, and are related to the "native" entity type (e.g., MAP) via appropriate functions (e.g., a set-valued REPRESENTATIONS function). The representations may themselves be related via functions (to show, for example, that a representation at a finer resolution can be transformed into one at a coarser resolution by an aggregation operation, or vice-versa by a zoom operation). Finally, the problem of evolution can also be easily solved by defining a new view that includes more detail.

In conventional DBMSs, operations on a view are translated automatically into operations on the underlying database; most update operations are prohibited because unique automatic translations may not exist. In PROBE, because arbitrary operations can be specified for entity types, the view definition can include rules for translating operations on the view entities into operations on the underlying entities. The same mechanism is used for this purpose as for specifying the propagation of operations among related entities or for computing derived values; essentially, our viewpoint is that view entities are (implicitly) related to the underlying entities from which they are derived.

The connection between views and complex objects was also explored in [WIED86]. However, the model there was that the database contains relations (as in Figure 1.1), and objects are defined as views. In contrast, our approach is object-oriented: complex objects, their components, relationships, operations, etc., are all specified in the database schema; views are used as an abstraction device to suppress detail or to tailor the objects for use by an application.

Recursion:

Complex objects that are composed of sub-objects to an arbitrary number of levels require recursion to permit traversal of the entire object. Examples of such objects abound in CAD/CAM (part hierarchies), cartography (feature hierarchies), planning and scheduling (task networks), information retrieval (hierarchically organized subject indices), software engineering (nested program structures), and deduction (proof trees).

Recursion requires both self-referencing types and support for recursive queries over them. While self-referencing entity types can be stored in records in existing database systems, operations over them cannot be defined in the first-order query languages of these DBMSs [AHO79], nor can derived data be defined recursively. The complex object types of [HASK83, LORI83] cannot even be self-referencing nor is recursive processing possible in SQL, the query language of the underlying DBMS. The molecular aggregates of [BATO84, BATO85] allow recursion, but no query language is described. It is, of course, always possible to implement recursive computations in the host application programming languages supported by most DBMSs. However, [DAYA85, DAYA86] show that several orders of magnitude performance improvement can be obtained if the DBMS is enhanced to directly support some forms of recursion.

The inclusion of recursion in DBMSs, especially to support PROLOG-style deduction over relational databases, has become an extremely active area of research [BANC86b]. Rather than adding general recursive PROLOG-style rule processing, which is potentially inefficient and not guaranteed to terminate, to a DBMS, we have identified a special class of recursion, called *traversal recursion*, that has two crucial properties. First, it is powerful enough to express the recursive computations needed for complex objects. Second, very efficient algorithms, based on graph traversal, exist for performing these computations. Traversal recursions generalize transitive closure computations on the database viewed as a labelled directed graph. For these examples, the nodes of the graph to be traversed are the GATE TYPE entities and the edges are the GATE INSTANCE entities. Given an Absolute Location of one GATE TYPE, a traversal recursion can specify the computation of the Absolute Locations of all its components, then of their components, and so on down the hierarchy. Conversely, the computation of Power Consumption can be specified by a traversal recursion that proceeds "up" the component hierarchy.

PDM algebra is augmented with a traversal recursion operator. To use this operator in a query, various parameters have to be specified: the node and edge entities of the graph to be traversed; the functions of the nodes or edges to be computed recursively; a recipe for computing each of these functions in terms of the function values computed for the immediate predecessors or successors (e.g., the expressions in Figure 2.3); and any selection conditions on the nodes, edges, or paths traversed (e.g., compute the power consumption of only the 4-input AND gate; find the shortest path from Boston to New York that does not include more than 50 miles of secondary highways).

We have defined different flavours of traversal recursion, which differ depending upon properties of the graph (is it acyclic or cyclic? is it reconvergent or not?), properties of the functions (e.g., Power Consumption is monotonic, component objects are spatially enclosed within their parent objects), and properties of the computations (how are the values of the predecessors' functions aggregated?) See [ROSE86] for details of traversal recursion.

Flexible Transaction Management

The traditional methods of transaction management have been found to be inappropriate for many applications that manipulate complex objects. Instead, techniques that permit the extraction of a complex object into a private workspace, and the subsequent restoration of the object into the public database have been described in [LORI83] and elsewhere. However, it is not clear that these techniques are general enough for all applications. For example, in a military application it may be important to immediately propagate certain updates on the shared database to an extract, and vice versa; changes to one extract may have to be propagated to other extracts within a given time window. In design applications, if one part of a design is changed, other designers may have to be notified; it may sometimes be acceptable to permit concurrent activity on different parts of a design, and provide means to reconcile inconsistencies before the designs are reinstalled in the database; and so on.

The general problem of extract management, change notification, and version control to support cooperative work has not yet been solved. It may be that for complete flexibility, a rule based mechanism is necessary.

4. Implementation Issues

In this section we briefly examine approaches to efficiently supporting the requirements identified in Sections 2 and 3. First, we consider physical data structures and access methods for complex objects. Then, we discuss query optimization issues. Many of these issues have not been addressed in detail for the design of the PROBE breadboard (currently under implementation), which will be used to demonstrate some of the concepts discussed in this paper. These issues may be addressed more fully in the future. PROBE's architecture is deliberately designed to be extensible, so that as new access methods or query processing techniques are developed in the future, they can be incorporated into the system.

Physical Data Structures

Because complex objects may be represented by links between entities, the system must implement links efficiently, especially under update. One such mechanism for strictly hierarchical complex objects is described in [LORI83]. A more general mechanism for implementing links uses entity directories and hybrid pointers [CHAN81]. Other mechanisms are described for non-first normal form relations in [DEPP86, DADA86, VLDB86, MAIE86]. Not surprisingly, these mechanisms are adapted from storage structures and access methods (e.g., physical clustering of components along 1:n relationships, pointer arrays, hierarchical indexed sequential files) that were prevalent in older, hierarchical or network DBMSs (e.g., IMS, CODASYL). An access method for large, untyped objects is described in [CARE86].

The most promising of these approaches appears to be the use of entity directories and hybrid pointers to support links, together with physical clustering for frequently accessed 1:n relationships, hierarchical indices for use when physical clustering is inappropriate or impossible (e.g., when sub-objects are shared), and support for large objects. We believe that a full prototype of an object-oriented DBMS should include at least these mechanisms.

In addition, the PROBE architecture permits the inclusion of functionally specialized hardware or software processors (e.g., geometry modellers) for application-specific data types.

Query Optimization

Very little previous work on optimizing queries over complex objects has been reported (with the exception of [KHOS87], which looks only at very restricted special cases). The PDM algebra is based upon the relational algebra, and so relational query optimization techniques may be expected to apply. However, major extensions of these techniques are necessary. We discuss these extensions below.

1. Optimizing recursion: Because PDM algebra contains recursion operators, we have to optimize recursive queries. Our approach is to tailor fast graph traversal algorithms for the various flavours of traversal recursion. There are three generic classes of algorithms: breadth first search, one-pass traversal, and main memory techniques. The optimizer uses information gleaned from the user's query and from metadata about the size and properties of the graph to be traversed, the properties of the functions, and the properties of the computations to be performed, to select the best algorithm for a given query. It also uses heuristics to truncate the computation when certain monotonicity properties hold, and to reduce the volume of data returned by a query. Details of these techniques are described in [ROSE84, ROSE86].

2. Optimizing spatial and temporal queries: Point set entities and operations are generally useful abstractions for a wide variety of spatial and temporal applications. PROBE offers good performance for these applications through the use of a *geometry filter*, a dimension- and representation-independent processor that implements the point set abstractions. The geometry filter uses simple approximate geometric representations (based on space-filling curves) and corresponding fast query processing algorithms that produce approximate answers to spatial queries. To use PROBE for a spatial application, it usually is necessary to add an object class that provides a specific detailed representation for individual spatial objects (e.g., a boundary representation of POLYGON), and that implements operations on individual instances of the representation. Spatial queries are first processed by the geometry filter and then by the specialized processor. Because the filter works with a set of objects at a time, it can dramatically reduce the number of objects that must subsequently be examined by the specialized processor, which manipulates one or two instances at a time of the detailed representation. For details, see [OREN86].

---

a. Query against Complex Object:

```
for g in GATE TYPE where Name(g) = '4AND'
            retrieve Complex(g)
end for
```


b. Multiple Queries:

```
for gt in GATE TYPE where Name(gt) = '4AND'
            retrieve Description(gt)
end for

for pt in PIN TYPE where for some gt in GATE TYPE: Name(gt) = '4AND'
            and pt is in Pins(gt)
                retrieve Name(pt), I/O(pt)
end for

for gi in GATE INSTANCE where for some gt in GATE TYPE: Name(gt) = '4AND'
            for gt2 in Type(gi)
                retrieve Name(gt2), Description(gt2)
            end for
end for

for wi in WIRE INSTANCE where for some gt in GATE TYPE: Name(gt) = '4AND'
            retrieve From(wi), To(wi)
end for
```

Figure 4.1 Replacing a Complex Query with Multiple Queries

---

3. Optimizing multiple queries: Because operations can be propagated along relationships, a single query against a complex object may spawn a collection of interrelated queries. For example, the query (in figure 4.1a) to retrieve the 4-input AND gate, its pins, gate components, and wire components, and their details, will result in the collection of queries shown in figure 4.1b. (For succinctness, we have used DAPLEX-like syntax, instead of the PDM algebra.) Multiple query optimization has only recently received some attention [CHAK85, SELL86]. The richer set of data structures (e.g., physical clustering) makes the optimization problem even harder. For our example, if the PIN TYPE entities, GATE INSTANCE entities, and WIRE INSTANCE entities are physically clustered near their parent GATE TYPE entities, the optimizer must recognize that several of the "joins" in the queries can be solved simultaneously in one scan of the file.

```
    for gt in GATE TYPE where Name(gt) = '4AND'
          retrieve Description(gt)
          for pt in Pins(gt)
                retrieve Name(pt), I/O(pt)
          end for
          for gi in Gate Components(gt)
                for gt2 in Typ(gi)
                      retrieve Name(gt2), Description(gt2)
                end for
          for wi in Wire Components(gt)
                retrieve From(wi), To(wi)
          end for
    end for
```

Figure 4.2 A Single Hierarchical Retrieval Query

It may seem that this problem arises because PDM algebra (and the DAPLEX-like language we have used in our examples) are based on first normal form relations. It is not too difficult to extend the algebra and the DAPLEX-like syntax along the lines suggested in [SCHE86, FISC83, BANC86a] to express the retrieval of hierarchical objects in a single query (in fact, DAPLEX already has this capability [SMIT82] - see figure 4.2). However, we believe that the problem of optimizing such queries is no easier than the multiple query optimization problem. Furthermore, these languages cannot specify the manipulation of non-hierarchical objects.

4. Optimizing user-defined operations: Traditional query optimization techniques assume complete knowledge of the file structures and access methods, and cost statistics of alternative implementation methods for the operators of the query language. For the PDM algebra, however, the optimization of queries that include the Select and Apply-Append operators is a difficult problem, in general, because these operators can reference user-defined functions. In the pure object-oriented approach, the implementations of these functions (perhaps by specialized hardware or software processors) would be treated as black boxes. No optimization would then be possible.

For object-oriented DBMSs, we believe that the right approach is to strike a balance between the conflicting requirements of information hiding (data independence) and performance. While implementation details are still hidden from the end user, some information about the entity types and functions is revealed to the optimizer through a separte interface. This information includes the algebraic properties (e.g., commutativity, associativity, distributivity) of the operations supported, and cost and result size estimates. (Other physical information such as the property that the result is left in a sorted state may also be important.) This extensible query optimization problem is still the subject of active research.

In some cases, it is too expensive to compute an intensionally-defined function on demand (i.eyyyy., at query execution time). It may be cheaper to precompute and cache its values, instead. For query processing purposes, then, the function may be treated as an extensionally-defined function. However, updates to the function's arguments may cause the cached values to become obsolete, requiring propagation of the updates. [STON86, ROWE86, LIND86, HUDS86] describe techniques for maintaining these computed values. Of course, these same techniques can be used for maintaining materialized views and derived values (the motivation for materializing views is the same as for precomputing functions -- improving the response time for selected queries).

5. Summary and Conclusions

We have attempted to identify the requirements for complex objects, and to survey other requirements that almost invariably arise in applications of complex objects (but that have largely been ignored in previous work on complex objects). These requirements were then related to specific capabilities for data modelling and manipulation.

Many of the necessary data modelling features were shown to exist in entity-based semantic data models such as DAPLEX. In particular, the semantic models support definition of and generic operations on entities, relationships between entities, and constraints on these entities and relationships. Other necessary features, such as user-defined operations and operation propagation, are part of more general capabilities or general data model requirements, rather than specific requirements associated only with complex objects. Once these features are provided in their more general forms, the requirements for complex objects can be handled as special cases. We described the PROBE Data Model and Algebra and showed how they satisfy the general requirements.

The modelling requirements also imply extended requirements on DBMS implementation facilities. We discussed approaches to providing these extended capabiltiies.

We have attempted to apply this interpretation of requirements in developing PROBE, in terms of choosing an existing data model to start with, in determining what enhancements to make to the data model, and in designing an open architecture that facilitates the integration of new applications and new implementation methods, and the evolution of old ones.

6. References

[BANC86a]
>Bancilhon, F., and S. Khoshafian, "A Calculus for Complex Objects," *Proc. ACM SIGACT-SIGMOD Symposium on Principles of Database Systems*, 1986.

[BANC86b]
>Bancilhon, F., and R. Ramakrishnan, "An Amateur's Introduction to Recursive Query Processing Strategies," *Proc. ACM SIGMOD International Conference on Management of Data*, 1986.

[BATO84]
>Batory, D.S., and A.P. Buchmann, "Molecular Objects, Abstract Data Types, and Data Models: A Framework," *10th Intl. Conf. on Very Large Data Bases*, Singapore, 1984.

[BATO85]

Batory D.S., and W. Kim, "Modeling Concepts for VLSI CAD Objects," *ACM Trans. Database Systems, 10* No. 3 (September 1985).

[BORG85]

Borgida, A., "Language Features for Flexible Handling of Exceptions in Information Systems," *ACM Trans. Database Systems, 10* No. 4 (December 1985).

[BUCH85]

Buchmann, A., and C. Perez de Celis, "An Architecture and Data Model for CAD Databases," *11th Intl. Conf. on Very Large Data Bases*, Stockholm, Sweden, 1985.

[CARE86]

Carey, M., et. al., "Object and File Management in the EXODUS Extensible Database System," *Proc. International Conference on Very Large Databases*, 1986.

[CHAK86]

Chakravarthy, U.S., and J. Minker, "Multiple Query Processing in Deductive Databases Using Query Graphics," *Proc. International Conference on Very large Databases*, 1986.

[CHAN82]

Chan, A., et al, "Storage and Access Structures to Support a Semantic Data Model," *8th Intl. Conf. on Very Large Data Bases,*, Mexico City, 1982.

[CODD79]

Codd, E.F., "Extending the Database Relational Model to Capture More Meaning," *ACM Trans. Database Systems, 4,* No. 4 (December 1979).

[DADA86]

Dadam, P., et. al., "A DBMS Prototype to Support Extended NF2 Relations: An Integrated View On Flat Tables and Hierarchies," *Proc. ACM SIGMOD International Conference On Management of Data*, 1986.

[DAYA85]

Dayal, U., et.al., "PROBE - A Research Project in Knowledge-Oriented Database Systems: Preliminary Analysis," Technical Report CCA-85-03, Computer Corporation of America, July 1985.

[DAYA86]

Dayal, U., and J.M. Smith, "PROBE: A Knowledge-Oriented Database Management System," in M.L. Brodie and J. Mylopoulos (eds.), *On Knowledge Base Management Systems: Integrating Artificial Intelligence and Database Technologies*, Springer-Verlag, 1986.

[DEPP86]

Deppisch, U., H-B Paul, and H-J Schek, "A Storage System for Complex Objects," *Proc. International Workshop on Object-Oriented DBMS*, 1986.

[DITT86]

Dittrich, K. and U. Dayal (eds). *Proceedings International Workshop On Object-Oriented Database Systems*, 1986.

[FISC83]

Fischer, P., and S. Thomas, "Operators for Non-First-Normal Form Relations," *Proc. COMPSAC*, November 1983.

[HUDS86]

Hudson, S.E., and R. King, "CACTIS: A Database System for Specifying Functionally Defined Data," 1986.

[JOHN83]

Johnson, H.R., J.E. Schweitzer, and E.R. Warkentine, "A DBMS Facility for Handling Structured Engineering Entities," *Proc. Database Week: Engineering Design Applications*, IEEE Computer Society, 1983.

[KATZ86]

Katz, R.H., E. Chang, R. Bhateja, "Version Modelling Concepts for Computer-Aided Design Databases," *Proc. ACM SIGMOD International Conference on Management of Data*, 1986.

[KHOS87]

Khoshafian, S., et. al., "A Query Processing Algorithum for the Decomposed Storage Model," *Proc. International Conference on Data Engineering*, 1987.

[LIND86]

Lindsay, B., et. al., "A Snapshot Differential Refresh Algorithum," *Proc. ACM SIGMOD International Conference on Management of Data*, 1986.

[LOCH86]

Lochovsky, F. (ed.), *Database Engineering*, Vol. 8, No. 4, Special Issue on Object-Oriented Systems, 1986.

[LORI82]

Lorie, R.A., "Issues in Database for Design Applications," in J. Encarnacao and F.-L. Krause (eds.), *File Structures and Data Bases for CAD*, North-Holland, 1982.

[LORI83]

Lorie, R.A., and W. Plouffe, "Complex Objects and Their Use in Design Transactions,," Proc. 1983 ACM Engineering Design Applications, San Jose, CA (May 1983).

[MAIE86]

Maier, D., and J. Stein, "Indexing in an Object-Oriented DBMS," *Proc. International Workshop on Object-Oriented Database Systems*, 1986.

[MANO86]

Manola, F.A., and J.A. Orenstein, "Toward a General Spatial Data Model for an Object-Oriented DBMS," *Proc. International Conference on Very Large Databases*, 1986.

[MANO86G]

Manola, F., and U. Dayal, "PDM: An Object-Oriented Data Model," *Proc. International Workshop on Object-Oriented Databases*, 1986.

[OREN86]

Orenstein, J., "Spatial Query Processing in an Object-Oriented Database System," *Proc. 1986 ACM-SIGMOD Intl. Conf. on Management of Data*.

[ROSE86]

Rosenthal, A., et al., "A DBMS Approach to Recursion," *Proc. 1986 ACM-SIGMOD Intl Conf. on Management of Data*.

[ROSE84] Rosenthal, A., S. Heiler, and F. Manola, "An Example of Knowledge-Based Query Processing in a CAD/CAM DBMS," *Proc. International Conference on Very Large Databases,* 1986.

[ROWE86] Rowe, L.A., "A Shaped Object Hierarchy," *Proc. International Workshop on Object-Oriented DB Systems,* 1986.

[SCHE86] Schek, H-J., and M.H. Scholl, "The Relational Model with Relation-Valued Attributes," *Information Systems,* 11, no. 4, (1986).

[SELL86] Sellis, T.K., "Global Query Optimization," *Proc. ACM SIGMOD International Conference on Management of Data,* 1986.

[SHIP81] Shipman, D., "The Functional Data Model and the Data Language DAPLEX," *ACM Trans. Database Systems,* 6,1 (March 1981).

[SMIT81] Smith, J.M., et al., "ADAPLEX Rationale and Reference Manual," Technical Report CCA-83-08, Computer Corporation of America (May 1983).

[STON83] Stonebraker, M., B. Rubenstein, and A. Guttman, "Application of Abstract Data Types and Abstract Indices to CAD Databases," *Proc. Database Week: Engineering Design Applications,* IEEE Computer Society, 1983.

[STON86] Stonebraker, M., "Object Management in POSTGRES Using Procedures," *Proc. International Workshop on Object-Oriented DB Systems,* 1986.

[VALD86] Valduriez, P., S. Khoshafian, and G. Copeland, "Implementation Techniques for Complex Objects," *Proc. International Conference on Very Large Databases,* 1986.

[WIED86] Wiederhold, G. "Views, Objects, and Databases," *IEEE Computer,* 19, no. 12, (December 1986).

Technische Datenbanken
Ein Erfahrungsbericht aus der industriellen Praxis

Werner Fischer
Messerschmitt-Bölkow-Blohm GmbH, München

I. Einleitung

Der heute gebräuchliche Begriff "technische Datenbanken" zeigt zweierlei: erstens haben wir es mit einer anderen Qualität zu tun als bei den klassischen Datenbanksystemen (die kommerziell bzw. administrativ ausgerichtet sind), zweitens wurde die technisch-wissenschaftliche Datenverarbeitung datenbankseitig bislang sträflich vernachlässigt.

Zwangsläufig in den Vordergrund gerückt sind die technischen Datenbanken im Zuge der intensiven Bemühungen, zu einer integrierten Informationsverarbeitung zu kommen. Hier hat sich ja bekanntlich in wenigen Jahren das Schlagwort CIM (Computer Integrated Manufacturing) als Sammelbegriff für die gesamte produktbezogene (d.h. technische und administrative) Informationsverarbeitung durchgesetzt. CIM bedeutet, daß ein vollständig und durchgängig rechnerunterstützter Informations- und Verarbeitungsfluß der Entwicklungs-, Planungs- und Fertigungsdaten durch die gesamte Organisation auf der Basis eines gemeinsamen rechnerinternen Produktmodells aufgebaut wird. Der Produktionsprozeß der Zukunft wird danach bestehen aus modularen, aber integrierten Teilsystemen, die auf dezentralen Rechnern bearbeitet werden und über entsprechende Netzwerke gekoppelt sind.

Dazu bedarf es ganz eindeutig eines gut und aktuell funktionierenden, vielschichtigen und aufwendigen Informationsflusses im gesamten betrieblichen Ablauf. Eine solche zunehmende Fülle an Informationen ist heute manuell nicht mehr zu bewältigen. Hier ist eben als Instrumentarium zur CIM-Realisierung die alles umfassende, maschinelle Informationsverarbeitung gefordert, der sich die Datenverarbeitung alter Prägung als Teilmenge unterordnet. Im Zentrum steht hierbei die Datenbankthematik.

Die CIM-Realisierung ist eine Herausforderung an die Datenbankfachleute (Hochschulen, Hersteller, Anwendungsentwickler und -integratoren).

Qualität und Quantität dieser Informationsverarbeitung ist natürlich abhängig vom Charakter der Produkte. Außerdem bedingt CIM eine adäquate fachliche und organisatorische Kompetenz im Unternehmen, um überhaupt zu funktionieren und die beabsichtigten Effekte zu erzielen. Im selben Maße gilt das für den "Integrator" Datenbank.

Die Entstehung, Verarbeitung und Weitergabe von Informationen während des Entstehens- und Lebenszyklusses eines technischen Produktes wird immer vielschichtiger und aufwendiger. So kommt beispielsweise mit der Faserverbundtechnologie, also anisotropen Materialien, eine völlig neue Qualität auf der technisch-geometrischen Seite ins Spiel. Dabei werden die Zeiträume für Entwicklung, Produktion und Einsatzzeitraum dieser Produkte immer kürzer. Diese Beschleunigung resultiert einmal aus dem Fortschritt der Informations- und Kommunikationstechnik, zum anderen aus dem zunehmenden Rationalisierungs- und Konkurrenzdruck in der Industrie.

Das Informationsvolumen eines Produktes wird, angefangen von der Ideenfindung bis zur Fertigung, sowohl qualitativ als auch quantitativ, immer größer. Einen entscheidenden Einfluß auf die Produktoptimierung bzw. -güte hat dabei notwendigerweise der Informationsfluß zwischen den Fachabteilungen. Dieser sollte möglichst im Sinne eines optimierenden Regelkreises authentisch und ohne Zeitverlust mehrfach mit feed back ablaufen können. Ein Beispiel eines solchen Informationsnetzes enthält Abb. 1.

Bekanntermaßen läßt sich der Ausdruck CIM etwa in folgende Formel bringen:

```
.---------------------------------------------------.
| CIM = CAD + CAE + CAM + CAP bzw. PPS |
'---------------------------------------------------'
```

Außerdem sind flankierend zur eigentlichen Produkterstellung die gesamte Qualitätssicherung (CAQ) und die Anschlüsse an den kommerziellen Aufgabenbereich - angegliedert an PPS - zu sehen, die ins Informationsmodell des Unternehmens genauso integriert werden müssen.

Im allgemeinen bestehen zwischen den verschiedenen CAx-Teilbereichen noch Abgrenzungs- bzw. Zuordnungsunterschiede; so werden NC-Systeme oft dem CAP zugeschlagen, andererseits sind sie im Oberbegriff CAD/CAM impliziert. Dies ist jedoch für die CIM-Gesamtproblematik ohne Belang.

Einen besseren Einblick in die Zusammenhänge des technischen CIM-Teils gibt die allgemeine CIM-Prozeßkette mit ihren integrierten CAx-Abläufen (siehe Abb. 2). Hier fällt die oft intensive Wechselwirkung (natürlich produktspezifisch) zwischen CAD und CAE auf (Computer Aided Engineering wird im Flugzeugbau auf Grund seiner Wichtigkeit nicht unter CAD subsumiert, auch nicht umgekehrt). Das ist nun nichts anderes als die alte Ingenieurstugend, nämlich methodisches Konstruieren, natürlich nunmehr rechnergestützt. Das heißt ganz klar, ingenieurmäßiges Vorgehen muß auch im zukünftigen CIM-Verbund zulässig sein.

Das bedeutet, wir haben es nicht nur mit Generationsversionen zu tun, sondern wir müssen auch Parallelversionen der verschiedenen Ingenieursabteilungen führen und verwalten im Rahmen der Optimierung (trial and error).

Um auch quantitativ einen Eindruck zu geben, ein modernes Flugzeug hat größenordnungsmäßig 100 000 Einzelteile (im Vergleich sind es beim Kfz ca. 10 000 Einzelteile).

Ein typischer Flugzeugspant (siehe Abb. 3) benötigt zur rechnerinternen Darstellung nur der Geometrie im theoretisch günstigsten Falle ca. 2 Mio Bytes, bei ungünstiger Geometriedarstellung dagegen bis zu 30 Mio Bytes (jeweils kalkuliert für die im Flugzeugbau notwendigen Genauigkeiten bzw. Toleranzen).

Typische CAE-FEM-Modelle bewegen sich in ähnlichen Größenordnungen, abhängig vom Grad der Verfeinerung (Beispiel siehe Abb. 4).

So wie die CIM-Realisierung aus einem technisch-geometrischen Teil und einem technisch-administrativen Teil und deren Verknüpfung besteht, so ist auch das Problem der technischen Datenbanken in Verbindung mit den klassischen Datenbankfragestellungen zu lösen, um zu einer optimalen Integration zu kommen.

II. Anforderungen an technische Datenbanken

Ich möchte für meinen Bericht an dieser Stelle bezüglich technische Datenbanken bzw. DV eine Eingrenzung machen. Ausgeklammert sind hier CAx-Systeme für elektronische Schaltkreisentwicklung (VLSI), die bekanntermaßen auch sehr hohe Ansprüche an die Datenbankthematik stellen.

Weiter möchte ich hier außer Betracht lassen die sogenannten "embedded systems", also Prozeßdatensysteme und vor allem Echtzeitsysteme. Solche operationellen Systeme sind im Flugzeugbau eine äußerst wichtige Komponente, sie verlangen reproduzierbare Reaktionszeiten, das wiederum bedingt einen minimalen Systemoverhead und einen definierten Datenraum. Konventionelle Datenbanksysteme kommen für einen derartigen Einsatz überhaupt nicht in Betracht. In praxi wird das in der Sprachumgebung abgewickelt (Pearl, C, Concurrent Pascal, Ada).

Eine weitere ingenieursmäßig zu behandelnde Disziplin, das Software Engineering, verlangt zunehmend nach technischen Datenbanken. M. E. sind starke Analogien zum CAD/CAM vorhanden, ich glaube sogar, daß die Zukunft der Software Entwicklung graphisch-interaktiv aussieht. Doch ist dies ein anderes Thema.

Alle heutigen CIM-Strategien haben zum Ziel ein integriertes, effizientes und zukunftssicheres CIM-Gesamtsystem. Aus dessen Eigenschaften lassen sich die Anforderungen an technische Datenbanken ableiten. Dabei bedeuten:

Integriert: * <u>Einmalige Datenerstellung bzw. -erfassung</u> mit maschineller Weitergabe und Weiterverarbeitung
1. Automatisch (u.a. durch Einsatz von Expertensystemen)
2. Interaktiv   (z.B. 2D-Graphik auf 3D-Modelle erweitern)
* <u>Voll maschineller Datenfluß</u>:
Hohe Umlaufgeschwindigkeit im Netz
Entwicklung -> Fertigungsüberleitung -> Fertigung
* <u>Datenqualität und quantität</u>:
Exaktheit und Eindeutigkeit der Informationen bei kompletter und zusammenhängender maschineller Darstellung (z.B. konsistente Geometriemodelle mit unlimitierter Größe)

Effizient: * <u>Wirtschaftliche und abgesicherte Realisierung (von CIM)</u> <u>und Produktion (mit CIM)</u>:
Stufenweises Vorgehen unter Miteinbeziehung von vorhandenen bzw. zugekauften Teilsystemen mit folgenden Aspekten:
1. modernen Datenstrukturen und passenden Operatoren für Geometrie-processing (offene Systeme)
2. notwendigen Funktionserweiterungsmöglichkeiten
3. datentechnischer Verknüpfung
4. guter Performance
5. dynamischer Konsistenz und hoher Ausfallsicherheit
6. niedrigen Betriebskosten, dezentrale Rechner, intelligente Terminals, Workstations

Zukunftssicher: * Einsatz auf verschiedenen, auch zukünftigen Rechnern inkl. graphischer Peripherie und Erweiterungsmöglichkeit der Anwendungen durch
1. höhere Programmiersprachen (z.B. portables Fortran 77, PASCAL, C)
2. Portable Software Tools

3. Universelle Datenstrukturen und Schnittstellen
4. Moderne verteilte technische Datenbanksysteme
   für CIM

Insbesondere sind dabei zu berücksichtigen:

* Informationsqualität der Daten
  - 2D/3D-Geometrien (inkl. Verbundwerkstoffe)
  - Kinematik (bewegliche Teile, Robotics)
  - Topologie (= Zusammenhänge)
  - Physik (z.B. Materialeigenschaften)
  - Assoziation der administrativen Systeme und Daten (PPS)

* Informationsquantität der Daten
  - ausreichende File- und Modellgrößen durch dynamische Speicherver-
    waltungs- und Übertragungstechnik
  - einheitliches, flexibles, alle Produkte und Bauteile (einfache und
    komplexe) fassendes Informationsmodell für alle Informationsquali-
    täten

* Datenschutz und -sicherheit (wie bisher)
  - Kontrolle/Inspektion der Datenübertragung (z.B. graphisch-interak-
    tiv)
  - Absicherung gegen Ausfälle (Back up, Restart)
  - Zugriffs- und Datenübertragungsverwaltung

* Benutzertolerierte Antwortzeiten in
  - Verarbeitung
  - Übertragung

Ein Datenbanksystem übernimmt ja bekanntlich für ein Anwendungssystem
die Organisation der Datenspeicherung und -verwaltung. Dies bietet
drei entscheidende Vorteile:
1. Für das Anwendungssystem braucht diese Datenorganisation nicht
   dediziert programmiert zu werden
2. Das Anwendungssystem ist damit leichter erweiterbar
3. Die Anwendungsdaten können anderen Anwendungssystemen auch zugänglich gemacht werden (über Standardschnittstellen)

Somit sind Datenbanksysteme [Schlageter, Stucky 83] in gewissem Sinn
die Verwirklichung des Gedankens der integrierten Datenverarbeitung
[Lockemann, Mayr 78]. Ihre Implementierung ist sozusagen eine Voraussetzung für moderne Informationssysteme [Härder 78].

Ohne dieses klare Auseinanderhalten von Applikations- und Systemsoftware läßt sich das Gesamtproblem nicht in Griff bekommen.

Technisch-wissenschaftliche Daten sind im Vergleich zu administrativen
sehr viel schwieriger zu strukturieren [Encarnaçao, Schlechtendahl 83]
und zu verwalten (heterogen, rekursiv, Parallelversionen, alternative
Sichten) [Eberlein 84].

Auf Grund der komplexen Datenqualitäten und Datenquantitäten von CAD/
CAM-Systemen, sowie der mehrschichtigen Versionshaltung, lassen sich
integrierte CIM-Systeme nur unter Verwendung von geeigneten technischen Datenbanksystemen realisieren.

Die speziellen Anforderungen an das Gesamtsystem bzw. die Schnittstellen sind aus den Notwendigkeiten der Datenspeicherung, des Datenzu-
griffs und des Datenaustausches zwischen den Einzelsystemen abzuleiten, unter Einbeziehung des distributed processing mit verteilten
Datenbanken.

Zu optimieren ist dabei neben den funktionalen und systembezogenen Anforderungen für einen wirtschaftlichen Einsatz in der Praxis auch die Performance (Abb. 5)

III. Technische Datenbanken heute

Die heutige CIM-Welt am Beispiel Flugzeugbau zeigt Abb. 6. Zu beachten ist vor allem eine zusätzliche Anforderung, nämlich die Miteinbeziehung der Systeme von Partnerfirmen (Datenaustausch). Ähnliches gilt beispielsweise für das Verhältnis der Automobilhersteller zu ihren Unterlieferanten. Hier leistet die VDAFS-Schnittstelle bereits gute Dienste.

MBB ist heute Deutschlands größter CAD/CAM-Anwender. Im Einsatz befinden sich über 400 graphische CAD/CAM-Bildschirme mit stark steigender Tendenz, wobei der Trend ganz eindeutig zu farbigen Rasterbildschirmen und Workstations geht. Geschult wurden in gut 10 Jahren in dieser graphisch-interaktiven Arbeitsweise ca. 2400 Mitarbeiter, davon sind heute produktiv tätig mit dem System CADAM bzw. CODEM (2D-Konstruktion) ca. 1600 Mitarbeiter und mit dem System CATIA (3D) ca. 100 Mitarbeiter. Hiermit ist natürlich schon ein Teil des CIM-Rationalisierungspotentials vorweggenommen: die Produktivitätssteigerung bei Neuerstellung von Zeichnungen mit CADAM beträgt Faktor 4, bei Änderungen Faktor 10 - 20 gegenüber dem Zeichenbrett. Der Kostensenkungsfaktor für das Arbeiten am Schirm beträgt 2, da die Konstruktionsstunde mit CAD ungefähr das Doppelte kostet wie die konventionelle. Für spezielle 3D-Probleme sind die Vorteile noch gravierender (z.B. Kinematik-Fahrwerksuntersuchungen am Flugzeug), so daß sich ein 3D-System bereits heute schon für isolierte, anspruchsvolle Aufgabenstellungen rentiert.

Festzustellen ist auch eine über die Jahre gestiegene hohe Akzeptanz der Mitarbeiter. Die Veränderung der Arbeitswelt (Arbeitsplätze und Tätigkeiten) wird insgesamt gut bewältigt.

Im allgemeinen ist zu sagen, daß heute schon sehr gute und sich rechnende Teillösungen bestehen, vorwiegend im CAD-Bereich. Durch Speziallösungen kann man heute schon beachtlich rationalisieren, so hat MBB beispielsweise durch eine graphisch-interaktive Verschachtelungstechnik in der Zuschnittsoptimierung deutliche Einsparungen erzielt.

Trotzdem, die heute im Einsatz befindlichen DV-gestützten Systeme haben mehr oder weniger singulären bzw. autonomen Charakter (Insellösungen) und sind darüber hinaus zumeist funktional und auch datentechnisch noch verbesserungsbedürftig (z.B. Probleme bei großen Datenmengen - limited model size).

In der Verbindung von CAx-Systemen (sprich CIM-Integration) sind allerdings Effizienz, Performance und Wirtschaftlichkeit noch äußerst unbefriedigend. Insbesondere besteht noch ein tiefer Graben zwischen dem geometrisch-technischen CIM-Teil (CAD/NC/CAM) einerseits und dem technisch-administrativen CIM-Teil (CAP,PPS) andererseits. Hier sind die vorhandenen Systeme funktional zu erweitern und datentechnisch zu überarbeiten bzw. zu modernisieren ("offene Systeme" mit geeigneten Schnittstellen), um damit die Integration voranzutreiben.

Die mathematisch exakte Integration von technisch-geometrischen CAx-Systemen macht auf Grund unterschiedlicher Geometrie- und rechnerinterner Darstellung noch die größten Probleme. Die heutigen Standards (wie IGES) sind sehr mühsam [Enderle 84]. Da sind Punkt zu Punkt Kopplungen (noch) erheblich besser (z.B. CADAM-CATIA) oder strenge Geometrievorschriften, wie bei der "Automobilschnittstelle" [VDAFS

85]. Neuere Ansätze (wie CAD*I) versprechen mehr Erfolg [Schlechten-
dahl 85].

An Datenbanksystemen, die natürlich einen engen Konnex zu der Schnitt-
stellenproblematik haben, lassen sich heute systematischerweise 3
Klassen finden:

1. "Versteckte" Datenbanken

Fast alle eingeführten CAD/CAM-Systeme haben eine Datenbasis, die
nicht durch ein gesondertes Datenbanksystem verwaltet wird und deren
Weiterentwicklung und Integration dadurch erschwert oder sogar verhindert wird. Dies gilt z.B. für APT, das nur eine Scratchgeometrie
kennt, die temporär während der Übersetzung des Teileprogramms existiert. So werden oft die Geometriedaten in einer nicht portablen Form
im Realspeicher verwaltet, wobei die Modellspeichergröße durch das
verwendete Sicherungskonzept stark eingeschränkt ist.

Diese Systeme sind so nicht "datenbankfähig", da sie einfach entwick-
lungshistorisch mit einer eigenen, selbstgemachten, ins Anwendungsprogramm "eingestrickten" Speicherverwaltung, der rechnerinternen Modell-
darstellung, gewachsen sind. Diese ist aber nur für dieses System
brauchbar und stellt eben das Charakteristikum für geschlossene Systeme dar (intrinsic database). Entscheidendes Plus ist (heute noch) die
Performance (Assembler, betriebssystem-affin).

2. Konventionelle Datenbanken

Hierunter sind einmal die klassischen kommerziellen Datenbanksysteme
zu verstehen wie IMS, ADABAS, IDMS etc., aber auch Neuentwicklungen
von relationalen Datenbanksystemen wie ORACLE, DB2, etc.

Erste Gruppe ist aus Gründen der Flexibilität und der Performance wohl
nur für Hintergrund-Speicherung von kompletten ("eingekapselten")
Geometriemodellen einzusetzen. Ein positiver Aspekt ist hierbei u.U.
die Nähe zu den administrativen Anwendungssystemen.

Die zweite Gruppe der relationalen Datenbanksysteme bietet per se
ausreichend Flexibilität. Das Performance-Verhalten bedarf noch sorg-
fältiger Untersuchungen bzw. Optimierungen, das zeigen auch bereits
veröffentlichte Transaktionsvergleiche [Inmon 86]. Eine differenzierte
Vorgehensweise ist m.E. angebracht: relational (nur) soweit als nötig.
Ein genereller Einsatz von rein relationalen Systemen würde zum Verar-
beitungschaos führen (mit den heutigen Rechnerarchitekturen).

3. Technische Datenbanksysteme

Technische Datenbanksysteme haben leider noch keine große Verbreitung
und Reife, auch weil das befruchtende "Zusammenspiel" mit den heutigen
CAD-Systemen nur vereinzelt gegeben ist. Dabei gibt es hier schon ganz
ausgezeichnete Vertreter dieser speziellen Klasse von Datenbanksystemen.

Ein Beispiel ist das CAD-Datenbanksystem PHIDAS (von Philips), ein
CODASYL-System mit standardisiertem Netzwerkmodell. Es ist in FORTRAN
IV geschrieben, damit weitgehend portabel sowie mehrbenutzerfähig und
eingesetzt im CAD-System PHILIKON [Fischer 83]

Ein weiteres bekanntes Beispiel ist TORNADO [Ulfsby 82], ebenfalls ein
CODASYL-System, neuerdings mit verbesserter Performance, eingesetzt im
CAD-System GPM.

Relational sein oder nicht, das ist hier die Frage. Forschungen im Hochschulbereich spiegeln große Anstrengungen wider, von einer einsetzbaren Gesamtlösung ist man noch weit entfernt [Dittrich et al. 85]

Der Vergleich dieser 3 Datenbank-Klassen zeigt: für den Bereich der lokalen CAD/CAM-Datenhaltung sind spezifische Systeme mit hoher Performance notwendig (kurze Anwortzeiten), deshalb scheidet die 2. Klasse aus. Aus diesem Grunde wurde bei MBB das portable System RMI (Root Modelling Interface) entwickelt. [Fischer et al. 85]

RMI erlaubt die Definition und Manipulation netzwerkartig verknüpfter Datenstrukturen über CODASYL-ortientierte Schnittstellen. Es ist als vollwertiges Modellmanagement-System mit hoher Performance, praktisch unbegrenztem Modellspeicher und integriertem Sicherungsverfahren konzipiert. Durch die Anlehnung an CODASYL bleibt der Weg frei, der Anwendung andere entsprechende Datenbanksysteme ohne Änderung zu unterlegen und vergleichende Untersuchungen durchzuführen.

Die Leistungsmerkmale von RMI sind im einzelnen:

* Speicherorientiert mit Protokollierung der Veränderungen auf einem Hintergrundspeicher. Die Größe des Modellspeichers ist nur durch die Größe des Adressraums begrenzt.

* Langzeitspeicherung einer praktisch unbegrenzten Anzahl von Modellen. Kopieren und Weiterbearbeitung gespeicherter Modelle oder Teilen davon.

* Kurzzeitspeicherung der Entwickungstufe eines Modells mit der Möglichkeit, auf die gespeicherte Entwicklungsstufe zurückzugehen.

* Unversehrtheit des Datenbestands durch Kurz- und Langzeitsicherungsverfahren.

* Beliebig vernetzte Datenstrukturen.

* Variable Länge der Objekte.

* Trennung der Datendefinition von der Datenmanipulation und CODASYL-orientierte Schnittstellen, damit gegebenenfalls auch andere Datenbanksysteme ohne Änderung der Anwendungsprogramme eingesetzt werden können

* Hoher Durchsatz (bedingt durch single using)

Bei NCG, einem graphisch-interaktiven NC-System [Fischer 86] mit etwas einfacherer Datenstruktur (2 ½ D) wurde die Umstellung auf RMI erfolgreich (ohne Performance-Einbußen!) durchgeführt. Doch lassen sich damit auch komplexere Geometriemodelle (siehe Abb. 6) definieren [Fischer, Eckert 84].

Um konkreter auf die Situation bei MBB einzugehen, hier besteht - typisch für einen Großkonzern - eine heterogene Vielfalt in Hard- und Software. Diese ist überwiegend IBM-orientiert, im CAE-Bereich ist auch DEC sehr stark vertreten. Unterschiedliche Hardwaresystme (inklusive Betriebssysteme) erschweren die Integrationsproblematik bekanntermaßen zusätzlich.

Produktiv eingesetzte konventionelle Datenbanksysteme sind IMS und ADABAS im kommerziell-administrativen Bereich, für den technischen Bereich sind SQL-Datenbanken in Untersuchung bzw. im Test (DB2, SQL-DS, ORACLE). Entwickelt wird derzeit an der Archivierung von CAD- und

CAE-Daten, also an der Problemstellung maschinengestützter Versionsführung für den Ingenieur. Faktum ist, daß der Ingenieur heute diese Dinge alle noch selbst überwiegend von Hand machen muß.

Für den Teil der geometrienahen Strukturierung wird neben dem erwähnten RMI auf die systemeigenen Dateimanagement zurückgegriffen. Mit reinen SQL-Datenbanksystemen und den heutigen Rechnerarchitekturen ist hier nichts zu machen. Hier brauchen wir die Differenzierung (Surrogates, hierarchische (eingefrorene) und mehrschichtige Relationen, etc.) [Schek, Scholl 86].

Ein Performance-Vergleich zwischen ORACLE, TORNADO und RMI mit typischen Transaktionen an einem repräsentativen Geometriemodell zeigte dies ganz deutlich. In etwa ergaben sich folgende Zeitverhältnisse ORACLE um Faktor 40, TORNADO um Faktor 4 langsamer als RMI [Grill et al. 86]

Eine solche zweiteilige Hybridlösung (lokales incore modelling und zentrale Hintergrundspeicherung) ist zur Zeit das einzig machbare und ist darüber hinaus auch zu einem hohen Maße ausreichend in der Praxis. Außerdem lassen sich vorhandene Altsysteme in ein Hybridkonzept relativ leicht integrieren, die stufenweise CIM-Realisierung wird somit möglich.

MBB geht auf diesem Wege, dem Stand der Technik entsprechend, systematisch vor: Informationsbedarfsanalyse, Entityrelationship, Modellierung [Chen 76], logisches Design, physisches Design. Als Tools hierfür wird PRISMA auf der Basis ROCHADE eingesetzt (mit graphischem Output).

IV. Ausblick

Auf dem bevorstehenden Weg zur CIM-Zukunft sind grundsätzlich zwei Dinge zu tun:

1. Die CIM-Analyse

Keine übertriebenen Anforderungen an das CIM-System und seine Datenbanken stellen, also die betrieblichen Abläufe klar analysieren: wer braucht wann was in welcher Form?

Wichtigster Aspekt aus der Praxis: der Konstrukteur bzw. Ingenieur an der Workstation im lokalen Netz arbeitet als single user. Er hat, außer bei Übertragungen, kein concurrency-Problem. Das aufwendige Mehrfachschreibzugriff-feature hat bei dem lokalen incore modelling nichts zu suchen.

Daraus ist bereits heute ganz klar abzusehen: CIM wird ein verteiltes System sein (müssen) mit lokalen und zentralen Anteilen.

Verteilte Datenbanken haben die bekannten Vorteile:
- Lastverteilung entsprechend Rechnerkapazität
- Speicherung der Daten beim (wichtigsten) Benutzer
- Vermeidung von unnötigen Mehrfachspeicherungen und daraus resultierenden Inkonsistenzen
- bessere Ausnutzung der Betriebsmittel
- Anpassung an funktionelle und organisatorische Struktur
- hohe Verfügbarkeit

Das sind alles Forderungen, die sich im CIM-Konzept widerspiegeln. Dem entgegen stehen natürlich die Anforderungen an die verteilten Datenbanksysteme:

- Portierbarkeit der Programme
- Transparenz bezüglich Lokalisierung und möglicher Umverteilung der Daten
- Verteilung gleichartiger Daten auf verschiedene Knoten
- Kontrollierte Datenredundanz
- Koordination der Zugriffe auf einen oder mehrere Netzknoten
- Datensicherheit

2. Die CIM-Synthese

Die notwendige Entwurfsmethoden bzw. -instrumente wie konzeptuelles Schema, kanonische Synthese, Normalisierung, Daten- bzw. Informationsmanagement (inkl. DV-gestützter Data Dictionaries) sind heute hinlänglich bekannt. Eine derartige Vorgehensweise, und zwar maschinengestützten, exzellenten Tools (eine conditio sine qua non), ist Voraussetzung dafür, die gesamte heutige Informationsverarbeitung überhaupt erfolgreich zu behandeln: vollständig (integriert), stabil (logisch konsistent) und zukunftssicher (langlebig und doch erweiterbar bei neuen Anforderungen).

In die Konzeption sind rechtzeitig, neben bereits Vorhandenem, die absehbaren Entwicklungen in Hard- und Software miteinzubeziehen (Zukunftssicherheit). Hierzu zählen neue Bildschirme bzw. workstations (die Graphikschnittstelle GKS spielt hier eine zunehmende Rolle) oder relationale Datenbanksysteme mit SQL-Schnittstelle, die m.E. die evolutionär wachsende CIM-Gesamtlösung erheblich fördern werden.

Die Komplexität eines solchen übergreifenden CIM-Konzeptes und auch der gewachsene Istzustand lassen bei der Realisierung derartiger Systeme keinen generalisierenden TOP-DOWN Ansatz zu. Die pragmatische BOTTOM-UP Vorgehensweise trägt in der Realisierungsphase technischen, zeitlichen, finanziellen und organisatorischen Aspekten besser Rechnung. Bestehende sowie geplante Insellösungen müssen schrittweise zu einem durchgängigen Gesamtsystem mit einer einheitlichen Datenbasis integriert werden. Die fortlaufende Integration von Unternehmensfunktionen bietet die Chance, die Entwicklung auf einem zunehmend höheren Produktivitätsniveau fortzusetzen.

Dies hat selbstverständlich alles zu geschehen mit der Einbeziehung des gesamten Fachwissens der Einzelbereiche, sowie der betrieblichen Abläufe mit all den zukünftig damit verbundenen Rückwirkungen und strukturellen Veränderungen.

So wird mit der fortschreitenden Weiterentwicklung bzw. Integration des CIM-Bereiches im Rahmen der gesamten Informationsverarbeitung und den im gleichen Zuge rapide zunehmenden Anwendungsvolumina die moderne und konsistente Datenbasis immer wichtiger. Die Behandlung der Datenqualitäten und -quantitäten, sowie deren Zusammenhänge (Topologie, Assoziationen, Relationen) muß zuerst systematisch in einem (logischen) CIM-Produktmodell erfolgen.

Wegen des Umfangs bzw. der Komplexität muß das CIM-Produktmodell verschiedene Informationsebenen oder -schichten sowie Teilansichten, sog. Subschematas (Beispiel siehe Abb. 7) haben. Dieses Gesamtmodell muß - wie erwähnt - DV-gestützt geführt und gepflegt werden, um später zu einem gesicherten und weiterentwickelbaren Einsatz in den CIM-Applikationssystemen zu kommen.

Für den Datenaustausch zwischen verschiedenen CIM-Teilsystemen und zur Zentrale hin sind flexible, d.h. programmierbare Schnittstellen zu definieren bzw. zu realisieren (Stichwort: Produktdefinierende Daten).

Hierbei stehen die Geometriedatenstrukturen bzw. -modelle im Vordergrund, da sie erheblich komplizierter sind als vergleichsweise kommerzielle Modelle.

Die Abstraktion der Daten, d.h. ihre Austauschbarkeit bzw. Portabilität zwischen verschiedenen Systemen (auch unterschiedlicher Hardware) im gesamten Informationsnetz darzustellen und zu ermöglichen, ist sicherlich mit die anspruchsvollste und weitreichendste Aufgabe des CIM.

Inzwischen wird im Zuge des CIM-Fortschritts immer deutlicher, daß die technische und die administrative Seite viel stärker und intensiver miteinander integriert werden müssen. Separate Optimierungen auf jeder Seite sind heute bei weitem nicht mehr ausreichend. So geht der Weg zur wirtschaftlich gesamtoptimierten Fertigungsautomatisierung nicht ohne eine maschinengestützte, online-fähige und integrierte Administration des Komplexes CAD/NC/CAM. Die Teilegeometrien entstehen bzw. kommen nämlich aus dem CAD-Bereich, werden NC-programmiert und im CAM-Bereich gefertigt. Flankierend soll PPS die technischen Teilbereiche verwalten und einander zuordnen (z.B. Stücklisten, aber auch konsistente Archivierung der Geometrien und NC-Teileprogramme), im CAM-Bereich darüberhinaus die gesamte Fertigungsplanung und -steuerung abwickeln. Hierin liegen mit weitem Abstand die stärksten Rationalisierungspotentiale.

Die Lösung der Informationsübertragung zwischen den verschiedenen Systemen im CIM-Verbund hat den bereits erwähnten hybriden Charakter, nämlich eine maximale datentechnische Separation der technisch-administrativen und der technisch-geometrischen Aufgaben. Diese Nahtstelle hat dann auch rein administrativen Charakter, wobei PPS nicht nur die technischen Teilsysteme (hier CAD, NC und CAM) einseitig verwalten soll, vielmehr braucht PPS auch Informationen aus diesen technischen Bereichen. Heute werden solche Daten überwiegend manuell aufbereitet und eingegeben.

Wichtig hierbei ist, PPS-Systeme brauchen keine direkten Geometrieinformationen, höchstens abgeleitete Angaben z.B. Gewichtsbedarf eines Werkstücks, die aber durchaus am graphischen Arbeitsplatz zu erstellen sind.

Ein weiteres Beispiel soll dies verdeutlichen: ein modernes NC-System (wie NCG) berechnet Fräserwege wegoptimal (d.h. kürzester Gesamtweg). Die Vorschübe, Fräser- und Maschinenwerte werden bei der Teileprogrammierung eingegeben. Dies zusammen sind genau die Informationen, aus denen sich die Maschinenstückzeiten ableiten lassen.

Die zugehörigen Arbeitspläne ließen sich somit (interaktiv angestoßen) automatisch errechnen. Voraussetzung hierfür ist eine interaktive und integrierte Arbeitsweise, also auch für APE (Arbeitsplanerstellung) bzw. PPS den gemeinsamen graphisch-interaktiven Arbeitsplatz.

Eine solche schnelle, sichere und fehlerfreie Generierung von Daten ist entscheidend für die Aktualität der Planungsergebnisse. Hierzu gehört auch die Implementierung einer DV-gestützten Betriebsdatenerfassung und -ausgabe (BDE/BDA) in der Produktion, die aktuelle Produktionsdaten direkt an den Arbeitsplatz bringt und von dort abholt.

Die Integration des technisch-geometrischen Bereichs (CAD/CAM mit CAE) ist erheblich schwieriger. In Fortführung der ganzen Schnittstellenstandardisierungsbemühungen (wie IGES, VDAFS, STEP, CAD*I) ist m.E. eine dem Stand der Technik entsprechende Art modernes BUS-Konzept anzustreben, etwa mit einer universellen (abstrahierten) Geometrieda-

tenstrukturschnittstelle (siehe Abb. 8). Hier sind sowohl logische wie
physikalische Aspekte (Effizienz in Speicherung und Übertragung) zu
berücksichtigen.

Eine große Verbesserung bringt dabei die non-native Methode, d.h.
Geometriedaten sind bi-parametrische Daten (krummlinige Koordinaten)
plus den zugehörigen Evaluatoren, die die Umrechnungsvorschriften ins
kartesische System beinhalten. Empfangende Systeme können damit fremd
erzeugte (non-nativ) Geometriemodelle original und authentisch behandeln. In APT4-SS ist dies bereits realisiert.

In der Übertragung von technischen Modellen könnte auch der Einsatz
von künstlicher Intelligenz einen technologischen Sprung bringen (z.B.
automatisches Erkennen des Sendesystems und automatische Aufbereitung
des Modells für das Empfangssystem).

Expertensysteme bieten zusammen mit neuen Technologien wie Farbraster-
schirme, lokale Intelligenz durch workstation ein immenses Verbesse-
rungspotential in der Benutzerkommunikation (passendes Stichwort:
Navigierungshilfe). Höhere Produktivität, bessere Ergonomie und ange-
nehmeres Arbeiten lassen sich so vereinen.

Auch läßt sich zukünftig das physische Design automatisieren, entsprechend dem Lastverhalten (evtl. die Lösung des SQL-Performance-Pro-
blems).

Das quantitative Datenproblem wird über verteilte Datenbanken zu lösen
sein. Weil sich nun das Datenbankproblem gleichermaßen zweiteilen
wird, nämlich einmal in ein lokales Incore-modelling für schnelle
Performance innerhalb eines Applikationssystemes, und ein zentrales
Outcore-modelling, also einer zentralen Hintergrunddatenbank, in der
die gesamten Informationen, zumindest logisch zusammenhängend, gehalten und verwaltet werden, sind für das Incore-modelling Systeme wie
das erwähnte RMI (Root Modelling Interface) gefordert, und zwar SQL-
fähig.

Für die Weiterentwicklung bzw. Umstellung von technischen CIM-Teilsystemen bezüglich Datenbanken ist zuerst eine Bereinigung der Datenstruktur und Geometriezugriffe nötig. Dies bedeutet allerdings meist
eine komplette Überarbeitung des Systems. Nach dieser Umstellung auf
eine standardisierte Datenbankschnittstelle (nach CODASYL ist nun
SQL,auf Grund der hohen Flexibilität, ganz stark im Kommen) ist die
Integrierfähigkeit und Zukunftssicherheit gegeben.

Der Fragestellung, inwieweit SQL sinnvoll eingesetzt werden kann, nach
vielleicht notwendigen Erweiterungen, kommt eine hohe Bedeutung zu.

In der ersten Realisierungsstufe wird man aus Performancegründen zu
Hybridlösungen kommen. Grob gesprochen werden hierbei Geometriemodelle
in der zentralen Datenbank "abgekapselt" gespeichert; sie sind dann
nur im lokalen Bereich im offenen Zugriff bis zur Einzelelementebene,
und zwar wieder im originären System oder in einem Empfängersystem,
das die Geometrie "versteckt".

Die Probleme, die im Bereich (verteilter) technischer Datenbanken
trotz guter Ansätze, beispielsweise [Mitschang 84] bestehen, lassen
sich m.E. zusammen mit dem vorgeschlagenen Hybridkonzept absehbar
lösen.

Grundvoraussetzung für eine erfolgreiche CIM-Realisierung ist die dem
Thema entsprechende organisatorische Struktur im Unternehmen, insbesondere ist die Anbindung des Vorhabens direkt an die Leitung unab-

dingbar. Nur so werden die autonomen und unkoordinierten Insellösungen einmal der Vergangenheit angehören.

Die CIM-upgrades auf dem Wege zur Integration müssen in verkraftbaren Stufen erfolgen, d.h. der laufende Produktionsprozeß darf durch die Umstellung nicht nachhaltig beeinträchtigt werden.

Im Zuge des CIM-Fortschritts werden selbstverständlich die Arbeitsplätze und damit die Ansprüche an die Mitarbeiter immer höherwertiger. Dies ist gleichzeitig eine große Herausforderung an unsere Ausbildungsstätten. Die Ausbildung und Bereitstellung von CIM-fähigen Nachwuchsleuten, sowohl qualitativ als vor allem auch quantitativ wird m.E. die Schlüsselfunktion auf dem Weg zur der anvisierten CIM-Zukunft sein.

Dabei ist einmal zu unterscheiden nach versierten CIM-Anwendern (das sind in Zukunft hochqualifizierte Arbeitsplätze) und zum andern nach den CIM-Realisierern (-Analytiker, -Integratoren) zweifellos mit hohem Theorie- und Informatikanteil.

Literatur

[Chen 76]
Chen, P.P: The Entity-Relationship Model - Toward a Unified View of Data. ACM ToDS, Vol. 1, No. 1, 1976, pp 9 - 36.

[Dittrich et al. 85]
Dittrich K.R., Kotz A.M., Mülle J.A., Lockemann P.C.: Datenbankunterstützung für den ingenieurwissenschaflichen Entwurf. Informatik-Spektrum 8, 1985, S. 113 -125.

[Eberlein 84]
Eberlein, W.: CAD-Datenbanksysteme. Springer 1984

[Encarnaçao, Schlechtendahl 83]
Encarnaçao, J., Schlechtendahl, E.G.: Computer Aided Design. Springer 1983

[Enderle 84]
Enderle, G.: IGES (Das aktuelle Schlagwort). Informatik-Spektrum, Band 7, Heft 1, 2/84, S. 45

[Fischer 83]
Fischer, W.E.: Datenbanksystem für CAD/CAM Anwendungen. ZWF 78 (1983) 2, S. 68 - 73

[Fischer, Eckert 84]
Fischer, W., Eckert H.: Produktdefinierende Daten im Flugzeugbau. Inforamtik-Fachberiche, Bd. 89, Springer 1984

[Fischer et al. 85]
Fischer, W. Eckert, H., Längle D., Geissendörfer, K.: Root Modelling Interface (RMI), eine effiziente und zukunftssichere Geometriedatenstruktur-Schnittstelle. Informatik-Fachberichte, Bd. 108, Springer 1985.

[Fischer 86]
Fischer, W.: Graphisch-interaktives NC-Teileprogrammiersystem. ZWF, Heft 2, 2/86, S. 82 - 84

[Grill et al. 86]
Grill, E., Flittner, J., Rausch, W.: Integration von CAD/CAE/CAM über relationale Datenbanken. Datenbank-Forum '86, CW-CSE, 10/86

[Härder 78]
Härder, T.: Implementierung von Datenbanksystemen. Hanser 1978

[Inmon 86]
Inmon, W.: A new measure of software speed narrows DBMS buyer's choice. Computerworld, Sep. 8, 1986, (S. 79)

[Lockemann, Mayr 78]
Lockemann, P.C., Mayr, H.C.: Rechnergestützte Informaionssysteme. Springer 1978

[Mitschang 84]
Mitschang, B.: Datenbankgestützte Informationssysteme für Non-Standard-Anwendungen - ein Modellierungs- und Entwurfskonzept -, Interner Bericht, Sonderforschungsbereich 124, Universität Kaiserslautern, 1984

[Schek, Scholl 86]
     Schek H.J.,   Scholl M.H.:   The Relational Model with Relation-
     valued Attributes. Information Systems, Vol. 11, No. 2, pp. 137-
     147, 1986

[Schlageter, Stucky 83]
     Schlageter, G., Stucky W.: Datenbanksysteme: Konzepte und Model-
     le. Teubner 1983

[Schlechtendahl 85]
     Schlechtendahl, E.G.: CAD*I Status Report 2, CAD Interfaces,
     ESPRIT Project 322, Kernforschungszentrum Karlsruhe, 12/85

[Ulfsby 82]
     Ulfsby, S., Meen, S., Oian, J.: Tornado: a database management
     system for graphics applications. IEEE Comp. Grahics Appl., 5/82

[VDAFS 85]
     Deutsches Institut für Normung (DIN): Industrielle Automation -
     Rechnergestütztes Konstruieren - Format zum Austausch geometri-
     scher Information (VDA-FS), DIN 66301 (1985)

Abb. 1:   Informationsfluß im Flugzeugbau

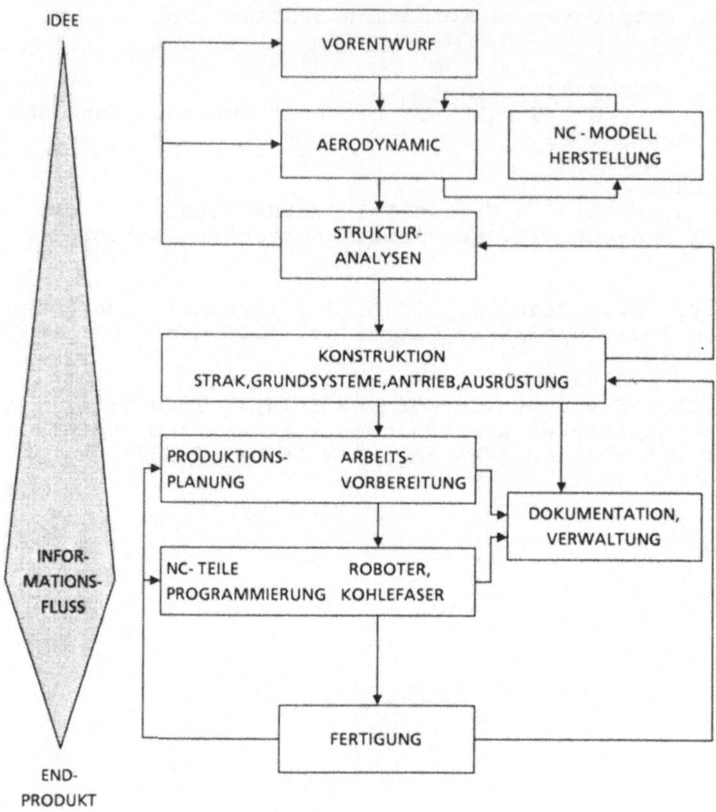

Abb. 2:   Integrierte CAx-Abläufe

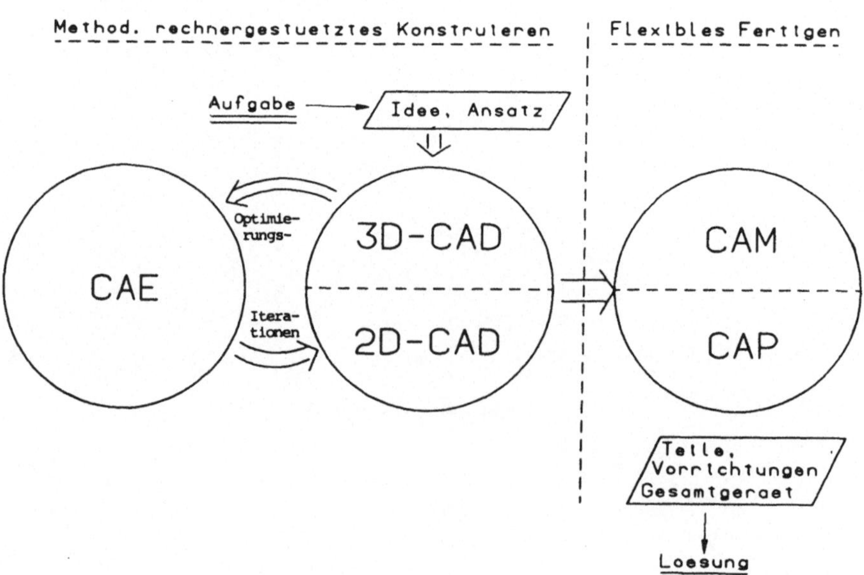

Abb. 3:   Typischer Flugzeugspant

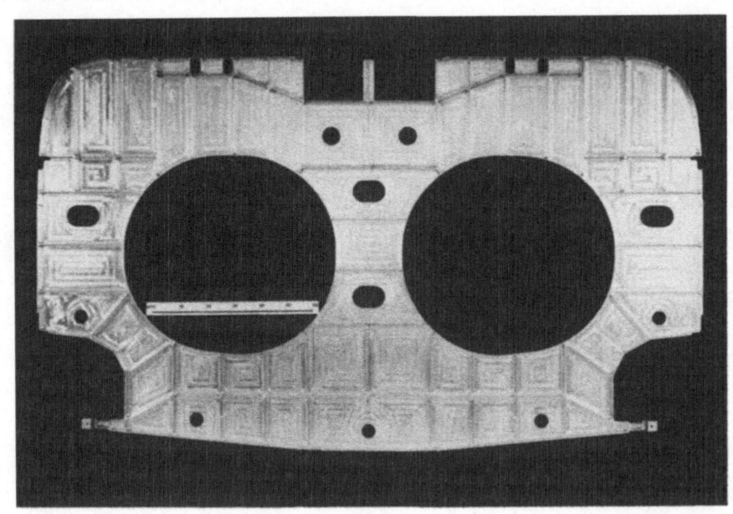

Abb. 4:   Idealisiertes Airbus FEM-Modell

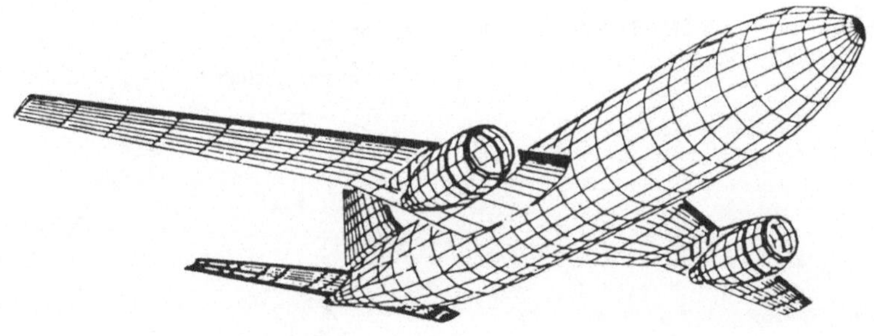

Abb. 5:   Systemperformance

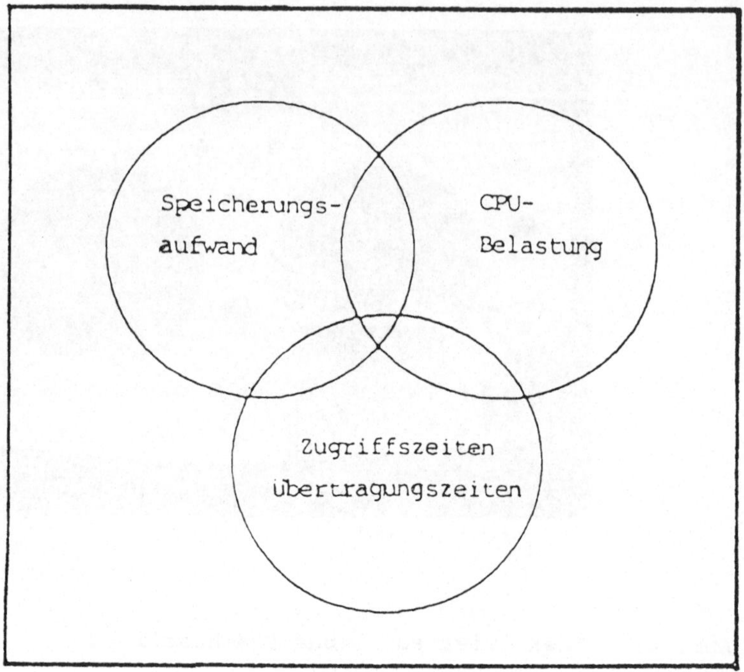

Abb. 6:   CIM-Systeme im Flugzeugbau

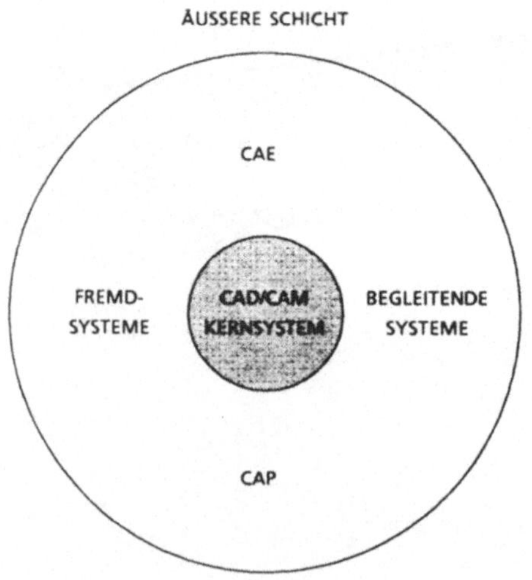

MBB-Kernsystem   = CADAM + CATIA + GEOLAN + NCG + APT
                   (2D-CAD)   (3D-CAD)   (STRAK)   (2D-CNC) (3D-CNC)

CAE   = Computer Aided Engineering (z.B. NASTRAN)

CAP   = Computer Aided Planning (z.B. Stückliste)

Begleitsysteme   = Technisch administrative Systeme (z.B. Dokumentation)

Fremdsysteme   = Systeme von Partnerfirmen (z.B. NMG, SYSTRID)

Abb. 7:   Produktmodell

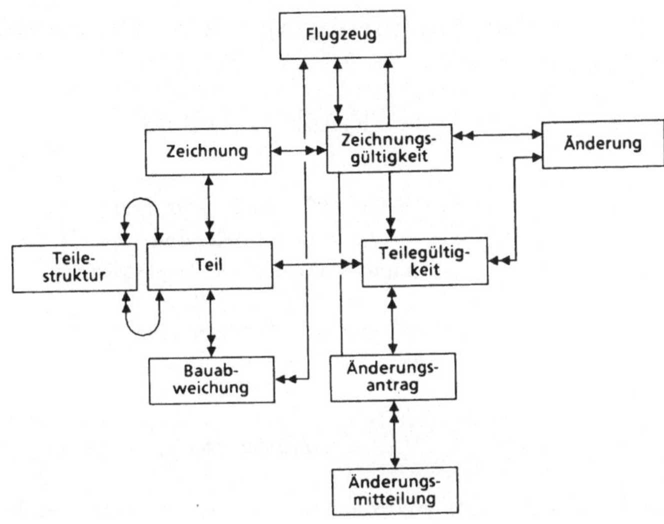

Abb. 8:   Neue Geometriedatenstruktur

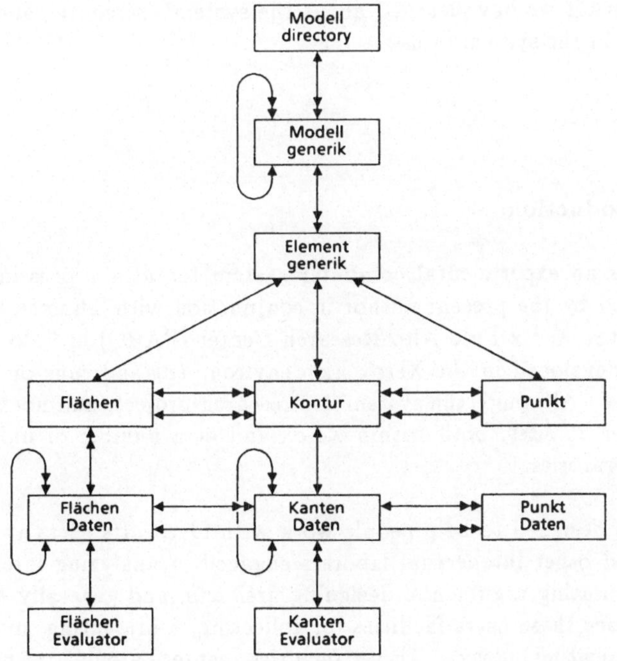

NoteCards: An Experimental Environment
for Authoring and Idea Processing

Frank G. Halasz

Software Technology Program
Microelectronics and
Computer Technology Corp. (MCC)
9390 Research Blvd.
Austin, TX 78759 USA

Abstract

NoteCards is an extensible environment designed to help people formulate, structure, compare, and manage ideas. NoteCards provides the user with a "semantic network" of electronic notecards interconnected by typed links. The system provides tools to organize, manage, and display the structure of the network, as well as a set of methods and protocols for creating programs to manipulate the information in the network. NoteCards is currently being used by more than 50 people engaged in idea processing tasks ranging from writing research papers through designing parts for photocopiers. In this paper we briefly describe NoteCards, examine a prototypical NoteCards application, and discuss what we have learned about the system's strengths and weaknesses from our observations of the system in use.

1.   Introduction

NoteCards is an experimental computer system for idea processing and authoring that was developed by the present author in conjunction with Thomas P. Moran and Randall H. Trigg at the Xerox Palo Alto Research Center (PARC) in Palo Alto, California. The system was developed in the Xerox Lisp environment and runs on the Xerox 1100 series Lisp machines. Although the system is a research project (and not a Xerox product), it is in use at over 25 sites, both within Xerox and at a number of university and industrial research laboratories.

NoteCards is designed to help people work with ideas. Its users are authors, researchers, designers, and other intellectual laborers engaged in analyzing information, constructing models, formulating arguments, designing artifacts, and generally processing ideas. The system provides these users facilities for collecting, representing, managing, interrelating, and communicating ideas. These facilities center around a network of electronic notecards interconnected by typed links. This network serves as a medium in which the user can represent collections of related ideas. It also functions as a structure for organizing, storing, and retrieving information. The system provides the user with tools for displaying, modifying, manipulating, and navigating through this network. It also includes a set of methods and protocols for creating programs to manipulate the information in the network.

NoteCards combines into one system the features and functionality of several different classes of computer systems including relational and object-oriented databases, knowledge bases, and user interface management systems. NoteCards is a database in the sense that it serves to store and retrieve information. It is both relational and object-oriented because its stores information in very general 'objects' called notecards whose relationships are explicitly encoded using links. The system, however, does not provide the rich query and search capabilities found in standard relational database systems.

NoteCards is also a knowledge base that is ideally suited for capturing, organizing, and representing large amounts of loosely or irregularly structured knowledge. In the system's semantic network structure, the nodes can contain arbitrary types of 'informal' knowledge (e.g., the notes, documents, sketches, etc. from a research project) and can be combined into arbitrarily complex knowledge structures using typed links and specialized organizational nodes. Much of the power of NoteCards as a knowledge base derives from the fact that these representational facilities are the same as the information storage and retrieval mechanism. Thus, the user need make no distinction between knowledge representation and information storage/retrieval.

Finally, NoteCards is a user interface management system that provides a common metaphor and a common user interface to all of the information and functionality in the system. In particular, the concept of a notecard and the procedures and tools for manipulating these notecards provide a uniform user interface not only to passive information (e.g., text) but to active information (e.g., animations) and processes (e.g., database search) as well.

This characteristic of including database, knowledge representation, and user interface functionality into a single system is a property shared by other hypertext and hypermedia systems in addition to NoteCards. Systems such as Intermedia (Yankelovich, Meyrowitz & van Dam, 1985), Neptune (Delisle & Schwartz, 1986), and Augment (Engelbart, 1984) share many of the features and functionality of NoteCards, although they focus on supporting different task domains.

2. Basic Concepts

The basic construct in NoteCards is a network composed of notecards connected by typed links. Each notecard contains an arbitrary amount of information embodied in text, graphics, images, or some other editable substance. Links are used to represent binary connections between cards. NoteCards provides two specialized types of cards, Browsers and FileBoxes, that help the user to manage networks of cards and links.

Notecards. A notecard is an electronic generalization of the 3x5 paper notecard. Each notecard contains an arbitrary amount of some editable "substance" such as a piece of text, a structured drawing, or a bitmap image. Each card also has a title. Although the intent is that each card should contain about the same amount of information as a typical 3x5 card, the system imposes no constraints on the size of a notecard. On the screen, cards are displayed using standard Xerox Lisp windows as shown in Figure 1.

Every notecard can be 'edited', i.e., retrieved from the database and displayed on the screen in an editor window that provides the user with an opportunity to modify the card's substance. There are various types of notecards, differentiated (in part) by the nature of the substance (e.g., text or graphics) that they contain. In addition to a set of standard card types, NoteCards includes a facility for adding new types of cards, ranging from small modifications to existing card types (e.g., Text-based forms) to cards based on entirely different substances (e.g., animation cards).

Links. Links are used to interconnect individual notecards into networks or structures of related cards. Each link is a typed, directional connection between a source card and a destination card. The type of a link is a user-chosen label specifying the nature of the relationship being represented. In general, it is up to each user to decide how to take advantage of these link types to help organize a network of notecards.

The links are anchored at a particular location in the substance of their source card by a link icon but point to their destination card as a whole. Link icons optionally display the type/title of their destination card and/or the type of the link. Clicking in the link icon with the left mouse button *traverses* the link, i.e., retrieves the destination card of the link and displays it on the screen ready to be read or edited. In Figure 1 each of the two cards contains two link icons.

Browsers. A Browser is a notecard that contains a structural diagram of a network of notecards. Figure 2 shows a Browser card for a network composed of 8 cards and 8 links. The cards from this network are represented in the Browser by their title displayed in a box. The links in the network are represented by edges between the boxed titles. Different dashing styles distinguish different types of links.

The diagrams in Browser cards are computed for the user by the system. Once created, Browsers function like standard notecards. The boxed titles representing cards in the Browser are in fact link icons representing a link between the Browser and the referenced card. By traversing this link, the user can easily retrieve the referenced card.

Browsers support two levels of editing. First, the user can edit the underlying structure of a network of notecards by carrying out operations on the nodes and edges in the Browser. Second, the user can add and delete nodes and edges in the Browser diagram without making corresponding changes to the underlying network structure in order to experiment with and compare potential network organizations.

FileBoxes. FileBoxes are specialized cards that can be used to organize or categorize large collections of notecards. A FileBox is a card in which other cards, including other FileBoxes, can be filed. Figure 2 shows 3 FileBoxes in addition to the Browser.

NoteCards requires that every notecard (including FileBoxes) must be filed in one or more FileBoxes and that the FileBox structure form a true hierarchy (i.e., a directed acyclic graph). Filing is implemented using two system-supported link types.

FileBoxes were designed to help users manage large networks of interlinked notecards by encouraging them to use hierarchical category structures for efficient storage and retrieval of cards independently of their network interconnections.

3. Interacting with NoteCards

Accessing information. Navigation is the primary means for accessing information in NoteCards. The user moves through the network by following links from card to card, deciding at each step which link(s) to traverse next based on the information localized in the link icons (destination titles, link types, etc.) as well as in the cards displayed on the screen. Alternatively, the user can create an overview Browser for some subnetwork and traverse the links from the Browser to the referenced cards. NoteCards also provides several limited search facilities (encapsulated as specialized notecard types) that can locate all cards matching some user-supplied specification (e.g., a particular string in the card's title or text).

NoteFiles. All of the information relevant to a network of cards and links is stored in a structured file called a NoteFile, the details of which are transparently managed for the user by the system. A single user may simultaneously access any number of NoteFiles. In the current implementation, links across NoteFiles are possible but function somewhat differently from within-NoteFile links.

In general, a NoteFile can reside on a shared file server, but it can be accessed by only a single user at a time. A specialized NoteFile server is currently being tested. This server allows any number of users at separate workstations to share a single NoteFile. Locking occurs at notecard level, with only a single user at a time allowed to hold a modification 'lock' on a notecard. However, multiple users many simultaneously read a notecard, even if there is an active modification lock.

User interface. The NoteCards user interface is mouse- and menu-based. Operations are initiated either by direct manipulation or by choosing commands from menus associated with the various icons and windows on the screen. Whenever possible specification of objects is done deictically, with the user pointing to the referent on the screen with the mouse. Beyond these generalities, the NoteCards user interface incorporates a diversity of specific interaction styles. NoteCards was implemented on top of a variety of existing Xerox Lisp packages, each of which incorporates its own unique style of user interaction and presentation graphics. Although NoteCards attempts to minimize the differences, it has inherited much of the diversity of these underlying Lisp packages.

4. Extensibility

NoteCards is fully integrated into the Xerox Lisp programming environment. It includes a widely used programmer's interface consisting of over 100 Lisp functions that allow the user to create new types of notecards, develop programs that monitor or process a network of notecards, integrate Lisp programs (e.g., an animation editor) into the NoteCards environment, and/or integrate NoteCards into another Lisp-based environment (e.g., an expert system). The programmer's interface is designed to accommodate both small modifications such as changing the way a card is displayed and large system developments such as integrating NoteCards as a front-end to an expert system.

There is some degree of (non-programming) user tailorability in NoteCards as well. The system includes a large set of parameters that users can set to tune the exact behavior of the system (e.g., how links are displayed or the default size of notecards). In addition, users often create template cards or structures of cards that can be copied to create instances of the template.

5. Experience with NoteCards

From its inception, the design and development of NoteCards has been driven by the needs of its user community. Currently, there are over 70 "registered" NoteCards users within Xerox. At least 25 of these are serious NoteCards users, doing real work in their NoteFiles at least once a week. This user community has provides feedback on the strengths and weaknesses of NoteCards as applied to a variety of tasks including document authoring, legal, scientific, and public-policy argumentation, design and development of instructional materials, design and analysis of copier parts, and competitive market analysis. Perhaps the most common use of NoteCards is a database for storing personal information such as as notes to oneself, clippings from electronic mail messages, quick ideas "jotted down", sections of a paper in progress, etc.

A typical NoteCards application will serve to illustrate how the system can be used to support idea structuring and generic authoring. While this example cannot capture the diversity of existing NoteCards uses, it does demonstrate how the system can be used to support interesting real-world tasks.

A key participant in the early development of NoteCards was a history graduate student who used the system to research and write a 25-page paper critically examining NATO's recent decision to place missiles in Europe. Many of NoteCards' features were developed and refined in response to the feedback derived from his project.

Figure 3 shows a Browser of the FileBox hierarchy from the NoteFile created during this project. The author made a habit of keeping this Browser on his screen at all times (albeit often "shrunk" to an icon) as a way of speeding up the process of filing and accessing cards. This hierarchy was made up of 40 FileBoxes and contained 268 (non-FileBox) cards.

The cards in Figure 1 are taken from this hierarchy. In general, cards stored in the hierarchy contain a short (average of about 100 words) quote or paraphrase taken from an article or book. Every card has a Source link to a bibliography card describing its source. About half of the cards have additional links embedded in their substance. As a rule, these were See or Unspecified links and were placed at the end of the card's text preceded by the word 'See'. There are also a few dozen Support, Argument, and Comment links between cards, although these links do not appear function any differently than the See and Unspecified links.

The author used this FileBox hierarchy primarily as a filing structure that insured easy access to information as it was needed. The structure of the paper he wrote only vaguely reflected the structure of his FileBox hierarchy, suggesting that he organized the paper outside the context of NoteCards. Although he created links between the non-FileBox cards, he did not appear to use these links while outlining and writing the paper (Monty & Moran, 1986).

6. A Cursory Evaluation of NoteCards

NoteCards is an experimental system whose design is constantly evolving in response to feedback from its users. The present section discusses what we have learned from the NoteCards user community about the system's strengths and weaknesses on a number of critical dimensions.

Information management. Information management is a significant component of most existing NoteCards applications. The system provides an ideal environment for storing, organizing, and managing large heterogeneous collections of textual and graphical information of the sort found in typical personal and project information bases.

The following characteristics appear to be responsible for this success:

> The NoteCards interface for accessing and managing information is uniform across all possible kinds of information. Accessing and organizing graphics, images, and even animations is done in exactly the same manner as accessing and organizing text, i.e., by manipulating cards and links.

> NoteCards provides an object-oriented, spatial, direct manipulation, navigational interface not only to information stored in the network, but also to the organizational structure of that information.

> NoteCards is specifically designed to allow users the opportunity to organize their information into arbitrary (e.g., non-hierarchical) network structures tailored to their specific applications.

> The NoteCards programmer's interface and other aspects of NoteCards' extensible nature have allowed the system to be tailored to each user's specific task requirements.

> NoteCards is optimized to handle relatively small chunks of information on the order of a sentence to a paragraph making it ideally suited to personal information bases that typically consist of small "scraps" such as notes to oneself,

clippings from electronic mail, papers in progress, etc.

Idea processing. NoteCards was designed first and foremost to be a tool for capturing, representing, and processing ideas. Unfortunately, many users have found the task of structuring and processing their ideas in NoteCards to be relatively difficult.

Representing and manipulating ideas in NoteCards is a task that requires considerable strategic planning. Most users start with an unorganized and poorly understood collection of ideas. Their first task is to design and construct a network structure that represents and/or organizes these ideas. They find this task to be problematic. They aren't quite sure how to segment their ideas and information into notecards; e.g., whether to put each paragraph or each section or each whole document in a separate notecard. They find it difficult to decide whether to use the existing FileBox structure or to create their own classification mechanism. They don't quite know how to use links to build relational structures or even whether such relational networks would be appropriate for their task.

The NoteCards user community senses a need for help. One of the most frequent requests made by NoteCards users is for a 'strategy manual' outlining the issues involved in designing a NoteCards network and suggesting possible design strategies and implementation tactics suitable for a range of specific tasks.

Collaboration. One of the biggest limitations of NoteCards is the lack of support for collaborative work. Our experience suggests that most idea processing tasks are inherently collaborative, with groups of varying from two to ten people working in a single area or on a single project. Moreover, collaboration frequently involves sharing a common information space (e.g., a NoteFile). Unfortunately, NoteCards does not adequately support NoteFile sharing.

Extending NoteCards to support collaborative work involves improvements in two interrelated areas: supporting the mechanics of sharing NoteCards networks and supporting the social interactions inherent in collaborative activity. Work is currently in progress to remedy NoteCards' deficiencies in both of these areas (Trigg, Suchman, & Halasz, 1986).

Extensibility. The NoteCards programmer's interface has been extremely successful. Several large systems have been built on top of NoteCards (i.e., with NoteCards as one of their critical components) using the programmer's interface. These systems include an environment for the design and delivery of computer-aided instruction. This latter project involved the development of a number of interesting new card types including animation cards and video cards (with the video controlled by Notecards but played from a videotape player onto an adjacent screen), as well as the development of a control program that allowed notecards to behave like the display frames commonly found in computer-assisted instruction systems.

The user tailorability features of Notecards are heavily used, but are clearly insufficient. NoteCards would be greatly improved if the degree of tailorability possible in the programmer's interface could be made accessible to the non-programming user.

Information displays. NoteCards lacks tools for displaying and manipulating very large or complex information structures such as Browser graphs. It is not unusual for Browser graphs to occupy twenty 8x11 sheets if hardcopied, and to depict a complex web with many different types of links between nodes. Browers lack the facility for moving quickly around such large structures. Moreover, they provide only a minimal amount of information regarding the properties of the cards and links shown. Browsers could benefit from an increase in the amount and perspicuity of the information displayed about the cards and links being represented. The development of better tools for displaying large and complex information structures is one current focus of the NoteCards project.

7. Concluding Remarks

This paper has presented a very brief overview of the NoteCards project. More detailed discussion of the system and its extensible nature can be found in Halasz, Moran, and Trigg (1987; in preparation). More extensive description of the NoteCards user community and the lessons to be drawn from observing the system in use can be found in Halasz, Trigg, and Moran (in preparation).

Our ongoing research on NoteCards and similar hypermedia systems focuses on a number of the issues noted in this paper. One vector of research focuses on the problem of extending NoteCards to better serve groups of users collaborating, on a common idea processing task. Another vector focuses on the problem of introducing search and query as primary access mechanisms to complement the current reliance on navigational access to the information stored in the network. This would allow users to efficiently manipulate information spaces too large to be explored by simple browsing. A third vector of research focuses on expanding the representational 'language' of NoteCards to include concepts beyond just nodes and links. For example, inclusion hierarchies might best be built deeper into the NoteCards model than is the current FileBox hierarchy, which implements inclusion using links. Finally, the NoteCards system itself continues its incremental development. Features such as versioning and simultaneous sharing of NoteFiles are currently being released into the user community for evaluation.

8. References

Delisle, N. & Schwartz, M. (1986) Neptune: a hypertext system for CAD applications. *Proceedings of ACM SIGMOD '86*, Washington, D.C., May 28-30, 1986, 132-142.

Engelbart, D.C. (1984) Authorship Provisions in Augment. *IEEE 1984 COMPCOM Proceedings*, Spring 1984, 465-472.

Halasz, F.G., Moran, T.P., & Trigg, R.H. NoteCards in a Nutshell. In the *Proceedings of the ACM/SIGCHI Conference on Human Factors in Computer Systems (CHI+GI '87)*, Toronto, Ontario, Canada, April 5-9, 1987.

Halasz, F.G., Moran, T.P., & Trigg, R.H. (in preparation) *NoteCards: An extensible environment for information management and idea processing.* Xerox Palo Alto Research Center Technical Report.

Halasz, F.G., Trigg, R.H., & Moran, T.P. (in preparation) *Experience with the NoteCards idea processing system.* Xerox Palo Alto Research Center Technical Report.

Monty, M.L. & Moran, T.P. (1986) A longitudinal study of authoring using NoteCards. Poster presented at CHI'86 Human Factors in Computing Systems conference (Boston, April 13-17, 1986).

Trigg, R., Suchman, L. and Halasz, F. (1986) Supporting collaboration in NoteCards. Paper presented at the Conference on Computer Supported Cooperative Work, Austin, Texas, December 3-5, 1986.

Yankelovich, N., Meyrowitz, N, & van Dam, A. (1985) Reading and writing the electronic book. *Computer,* October 1985, 15-30.

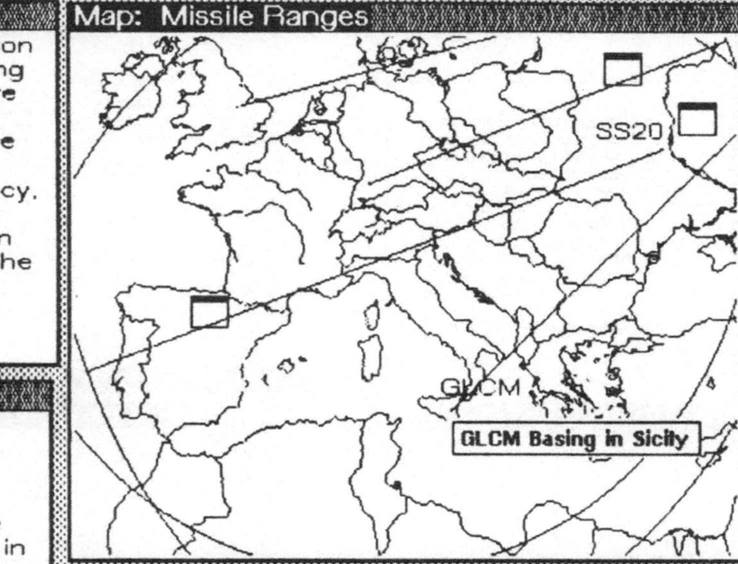

Figure 1:   Example notecards with embedded link icons.

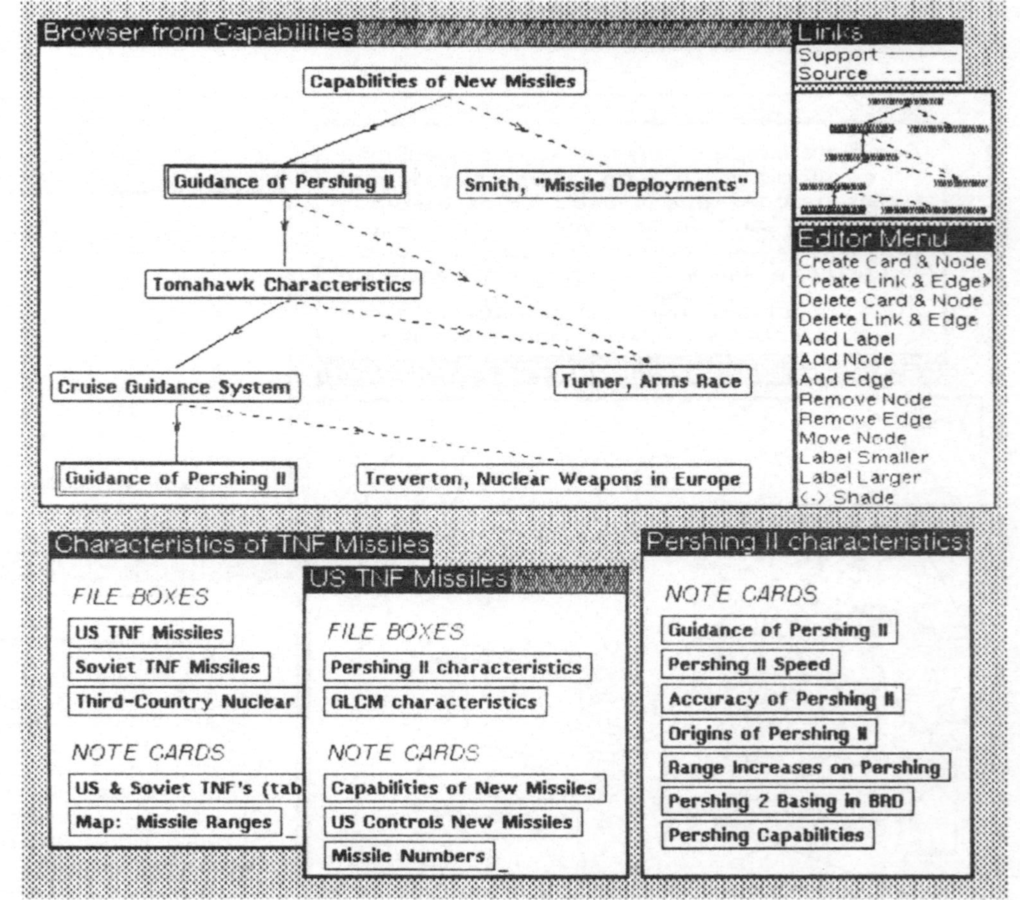

Figure 2: Example Browser card (top) and FileBox cards.

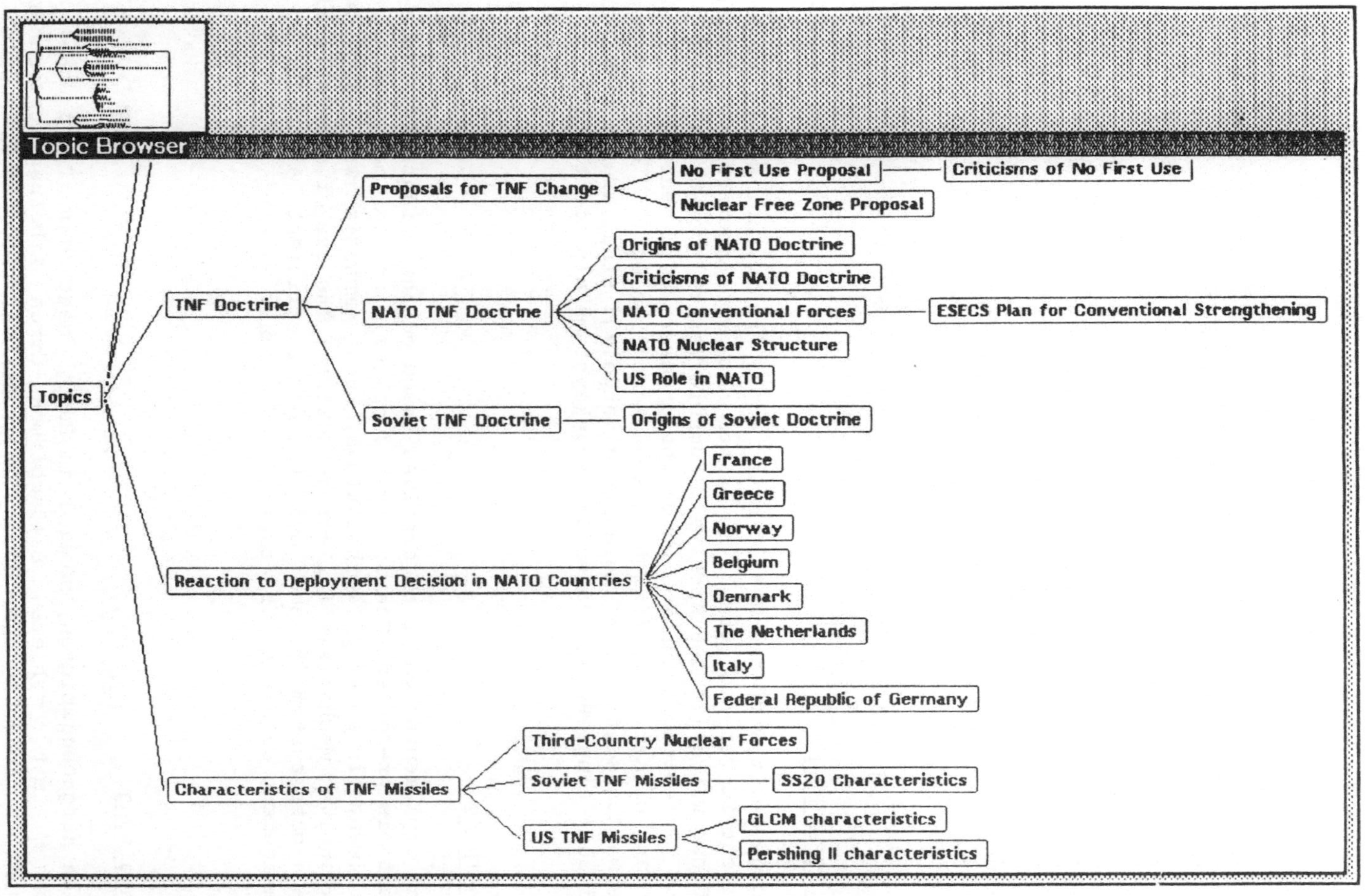

Figure 3:   Browser of the FileBox hierarchy from the public policy (Nato-missiles) NoteFile.

Das Archiv im TA M32 Büroinformationssystem

H. v. Kleist-Retzow

TA TRIUMPH-ADLER AG
Neue Technologien / Basisentwicklung
Fürther Str. 212
8500 Nürnberg 80

<u>KURZFASSUNG</u>

Vorgestellt wird die Realisierung eines Archivs auf der Basis des Client/Server-Konzepts. In einem Netz von Arbeitsplatzrechnern können mit Hilfe des Archivs Dokumente zentral verwaltet werden. Aus Datenschutzgründen wurde besonderer Wert auf den Einbau umfangreicher Zugriffsschutzmechanismen gelegt.   Obwohl die Verwaltungsdaten als Relationen angelegt sind, erwies sich der Einsatz eines Relationalen Datenbanksystems als nicht effektiv.

<u>ABSTRACT</u>

The implementation of an archives based on the client/server concept is presented. The archives supplies a central management of documents in a net of workstations. Much emphasis was laid on extensive mechanisms for access control. The use of a relational data base system turned out to be inefficient although the management data are structured as relations.

1. Einleitung

In vielen Aufgabengebieten, so auch im Büro, geht der Trend dahin, Großrechner mit mehreren Bildschirmen durch Arbeitsplatzrechner abzulösen. Einzelne Rechner haben den großen Vorteil, die Rechnerleistung einem Benutzer lokal bereitzustellen. Eine Verschlechterung des Antwortzeitverhaltens kann so durch andere Teilnehmer nicht eintreten.

Durch die Aufteilung auf mehrere Rechner ist ein Datenaustausch, bzw.

der Zugriff auf gemeinsame Daten nicht mehr möglich. Aus diesem Grund werden die Arbeitsplatzrechner wieder gekoppelt und in einem Netz zusammengefaßt.

Eine weitere Tendenz bei Rechnern zielt in Richtung einer verständlichen Benutzerschnittstelle. Der Rechner soll sich dem Menschen und nicht der Mensch sich dem Rechner in seiner Arbeitsweise anpassen. Ein Schritt dabei ist die Abstraktion der Daten. In der Büroumgebung werden Daten unter dem Begriff des Dokuments gebraucht. Die Daten eines Dokuments können dabei in ein oder mehreren Dateien gespeichert sein (man denke an Dokumente mit Text, Bild und Sprache).

Ein Teil der Dokumente soll mehreren Benutzern zugänglich sein. Der Benutzer soll auf die Dokumente zugreifen können, ohne sich komplizierte Pfade und Aufrufsequenzen merken zu müssen.

Zur Sicherstellung eines geregelten Zugriffs auf die Dokumente wird eine Verwaltung notwendig, die einerseits die Dokumente als Einheiten verwaltet und andererseits eine sichere Zugriffskontrolle ausübt. Die Verwaltung gemeinsamer Dokumente wird als Archiv bezeichnet.

Die Konzepte eines Archivs werden im folgenden Kapitel vorgestellt. Unter Anwendung des Client/Server-Konzepts /SVOB84/ wurde ein Archiv entwickelt, in dem neben der Dokumentenverwaltung großer Wert auf den Zugriffsschutz gelegt wurde.

Das 3. Kapitel beschreibt das realisierte Archiv. Im 1. Abschnitt wird die Verwaltungsstrategie erläutert, mit der die Dokumente im Archiv geordnet werden können. Neben der Verwaltung hat der Archivserver weitere Aufgaben, die im 2. Abschnitt zusammengefaßt sind. Der 3. Abschnitt erklärt die Mechanismen für den Zugriffsschutz und die Kontrollfunktionen. Der 4. Abschnitt gibt eine Einführung in die Struktur des Archivservers und erläutert seine Arbeitsweise. Die Schnittstelle des Client zum Archivserver wird im 5. Abschnitt beschrieben, während der 6. Abschnitt die darauf aufbauende Benutzersicht erläutert. Der 7. Abschnitt befaßt sich mit den im Archivserver verwendeten Datenstrukturen. Der letzte Abschnitt beantwortet die Frage, warum sich der Einsatz eines existierenden Datenbanksystems bei der Realisierung des Archivs nicht gelohnt hat.

2. Konzepte für ein Archiv

2.1. Einführung

Gemeinsame Dokumente können entweder verteilt auf einzelnen Systemen oder zentral auf einem System gehalten werden.

Bei einem verteilten Archiv liegen die Dokumente auf mehreren Rechnern. Der Vorteil hierbei besteht darin, daß weniger Daten über das Netz transportiert werden müssen, da einige Zugriffe lokal abgewickelt werden können. Diese Lösung bringt aber eine Vielzahl von Nachteilen mit sich wie z.B. hohen Verwaltungsaufwand, nur begrenzt realisierbaren Zugriffsschutz und aufwendige Datensicherung.

Ein Zentralarchiv hält dagegen alle Dokumente lokal auf einem Rechner, benötigt damit nur eine lokale Verwaltung und erlaubt einen umfangreichen Zugriffsschutz. Der Zugriff auf die Dokumente erfordert aber immer die Übertragung auf die Zielstation.

Bei einem Zentralarchiv ist das Client/Server-Konzept /SVOB84/ /BERT85/ /CONS86/ hervorragend anwendbar. Der folgende Abschnitt stellt das Client/Server-Konzept vor und zeigt die Vorteile dieser Methode. Eine Alternative dazu beschreibt der 3. Abschnitt.

2.2. Das Client/Server-Konzept

Das Client/Server-Konzept wurde von L. Svobodova /SVOB84/ umfassend erläutert. Es sollen hier nur kurz die Punkte erwähnt werden, die in unserem Zusammenhang interessant sind.

Ein Server ist autonom. In einem Netz kann es mehrere Server geben, wobei ein Server keinerlei Kenntnis von anderen Servern im Netz hat. Ein Server verwaltet ausschließlich Daten, die auf seinem System liegen. Er bietet Dienste an, die von anderen Systemen, "Clients" genannt, in Anspruch genommen werden können. Er hat dazu eine Kommando-Schnittstelle, die die Clientschnittstelle bildet. Die möglichen Clients müssen dem Server nicht bekannt sein. Ein Client befindet sich normalerweise auf einem anderen System, kann aber auch auf dem gleichen System liegen.

Das Client/Server-Konzept bietet eine Reihe von Vorteilen, die für die Realisierung eines Archivs sehr interessant sind und hier erläutert werden sollen:

1.) Der Zugriff mehrerer Benutzer auf gemeinsame Daten ist kontrollierbar.

2.) Die einzelnen Arbeitsplatzrechner benötigen keinen großen Speicherplatz für Daten, da lokal nur Daten von gerade bearbeiteten Dokumenten gehalten werden müssen.

3.) Ein Client kann mehrere Server ansprechen. Verschiedene Clients können auch unterschiedliche Mengen ansprechbarer Server haben.

4.) Ein Benutzer kann von verschiedenen Systemen aus auf die gleichen Daten zugreifen. Er ist nicht an genau ein System gebunden.

5.) Ein Server kann einen umfangreichen Zugriffsschutz anbieten. Da jeder Datenwunsch eines Client als Auftrag vom Server bearbeitet wird, kann der Server eine beliebig komplexe Prüfung durchführen, bevor er die Daten bereitstellt.

2.3. Datenverbund

Sind die einzelnen Arbeitsplatzrechner vernetzt, so kann z.B. auf der Grundlage der "Newcastle Connection" /RAND82/ ein Datenverbund ermöglicht werden. In einem solchen Datenverbund ist ein netzweiter Zugriff auf Dateien, Geräte, Programme und Dienste möglich. Von jedem System im Netz kann auf diesem Weg jede Datei im Verbund angesprochen werden. Dabei treten aber folgende Gefahren auf:

- Der gleichzeitige Zugriff von verschiedenen Stellen auf eine Datei kann nicht verhindert werden. Dadurch können mehrere Benutzer gleichzeitig dieselbe Datei ändern. Hier müßte ein zusätzlicher Sperrmechanismus für jede Datei eingerichtet werden.

- Ein Zugriffsschutz kann nur mit den vom Betriebssystem angebotenen Rechten realisiert werden.

- Die Verwaltung muß verteilt von den einzelnen Systemen vorgenommen werden. Dies kann zu Inkonsistenzen führen.

- Die Verwaltungsroutinen müssen lokal auf jedem System liegen und es muß eine Synchronisation stattfinden.

3. Das Archiv im System TA M32

Die Vorteile des Client/Server-Konzepts gaben den Ausschlag dafür, das Archiv innerhalb des Systems TA M32 nach diesem Konzept zu entwickeln, obwohl ein Datenverbund analog der "Newcastle Connection" /RAND82/ vorhanden ist. Der Archivserver wird auf einem beliebigen Arbeitsplatzrechner im Netz installiert und wartet auf Aufträge, die von einem Client im Netz kommen können.

Alle Dokumente im Archiv werden zentral auf dem System des Archivadministrators abgelegt. Damit wird eine einfache Verwaltung der Daten und ein sicherer Zugriffsschutz möglich.

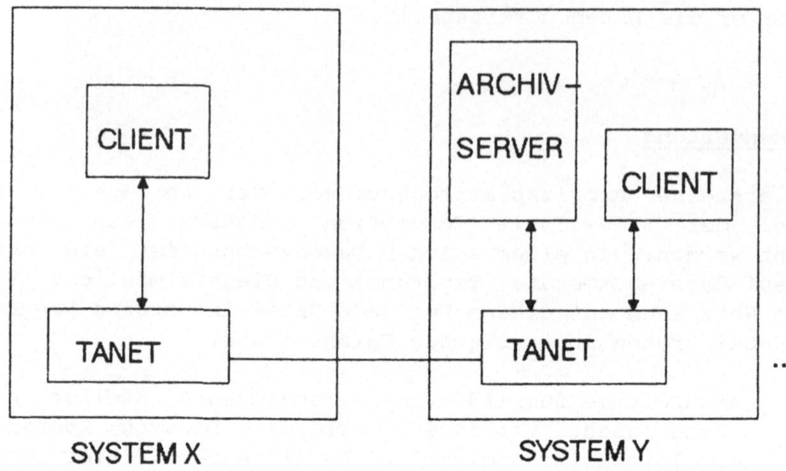

Bild 1. Die Client/Server-Architektur

3.1. Die Dokumentenverwaltung

In einem Archiv muß dem Benutzer die Möglichkeit gegeben werden, die
Dokumente zu ordnen und unter bestimmten Gesichtspunkten zusammenzufassen. In einem Büro werden dazu Ordner verwendet. Dieser Begriff
wurde übernommen und dahingehend erweitert, daß in einem Ordner selbst
wieder Ordner enthalten sein können, so daß eine beliebig tiefe
Schachtelung möglich ist.

Diese Ordnungsstruktur läßt sich als Baum veranschaulichen, in dem die
Knoten Ordner und die Blätter Dokumente repräsentieren.

Diese Baumstruktur bildet eine starre Ordnung und macht den Zugriff
auf einzelne Dokumente recht mühsam, wenn dazu mehrere Ordner geöffnet
werden müssen. Dafür erlaubt die beliebige Schachtelung, die durch die
Speicherung auf einem Rechner möglich ist, eine gute Übersicht.

Gegenüber der Büroorganisation bieten Rechner weiterhin den Vorteil,
Zeiger auf ein Dokument anlegen zu können und so verschiedene Wege zu
demselben Dokument anlegen zu können. Damit wird ein weiterer
Ordnungsbegriff, die Vorgangsmappe, eingeführt.

Vorgangsmappen dienen der Zusammenfassung von Zeigern. Dokumente aus
unterschiedlichen Ordnern können auf diese Art elegant zu einem Vorgang zusammengefaßt werden, ohne daß sie dazu aus ihren Ordnern
herausgezogen werden müssen. Ein Dokument kann gleichzeitig in
mehreren Vorgangsmappen auftreten.

Ebenso wie bei den Ordnern lassen sich auch die Vorgangsmappen als ein
Baum darstellen. Jeder Knoten kennzeichnet eine Vorgangsmappe, jedes
Blatt einen Zeiger.

Allen Vorgangsmappen und Ordnern wird eine gemeinsame Wurzel über-
geordnet, die als "Archivordner" bezeichnet wird.

Die gleiche Baumstruktur wird auch bei den einzelnen Clients benutzt.
Jeder Client verwaltet auf diese Art seine persönlichen Dokumente. Die
Wurzel ist dort der "Elektronische Schreibtisch".

Für den Benutzer stellt sich das Archiv als ein weiterer Schreibtisch
dar, der von seinem Schreibtisch aus eingesehen werden kann.

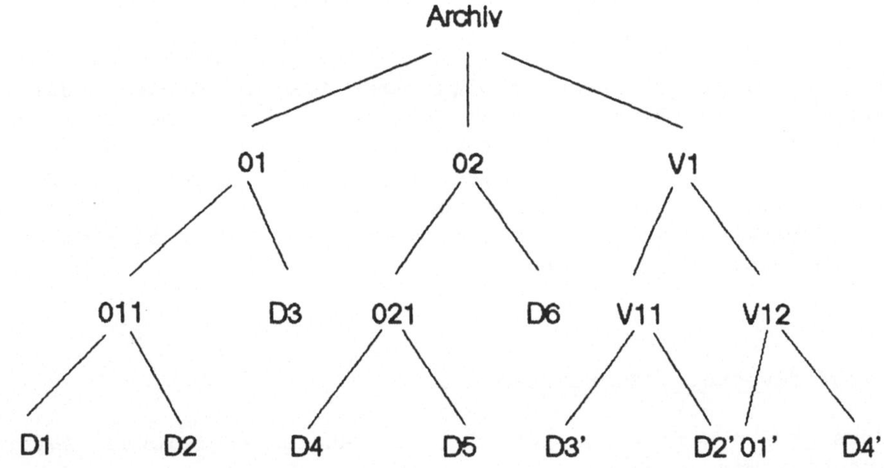

Bild 2. Die Dokumentenverwaltung

3.2. Weitere Aufgaben des Archivservers

Neben der Dokumentenverwaltung ermöglicht der Archivserver den
Benutzern, Dokumente von ihrem Schreibtisch in das Archiv zu übertragen und so einerseits auf ihrem System Platz für neue Dokumente zu
schaffen und andererseits Dokumente anderen Benutzern zugänglich zu
machen.

Alle Objekte (Ordner, Vorgangsmappen und Dokumente) können innerhalb
des Archivs verschoben, also in einen anderen Ordner bzw. eine andere

Vorgangsmappe übertragen werden. Ebenso ist ein Kopieren möglich.

Der Zugriff auf Objekte kann durch das Anlegen von Zeigern vereinfacht werden. Diese Operation wird als "Merken" bezeichnet.

Der Archivserver bietet keine Funktionen zum Lesen oder Bearbeiten von Dokumenten an. Dafür existieren Bürobasisprogramme. Das Archiv stellt lediglich die Daten des gewünschten Dokuments dem jeweiligen Client bereit. Soll ein Dokument bearbeitet werden, so wird es für alle anderen Benutzer zum Ändern gesperrt. Diese Sperre bleibt solange bestehen, bis der Benutzer die Bearbeitung beendet hat.

Der Archivserver sorgt dafür, daß die vom Benutzer ins Archiv gestellten Dokumente in dem angegebenen Ordner abgelegt werden. Der Benutzer kann dabei für jedes Objekt eine Menge von Zugriffsrechten vergeben. Diese Zugriffsrechte müssen vom Archivserver verwaltet werden.

Der Zugriff auf ein Dokument erfolgt immer über die Ordner oder Vorgangsmappen. Ein Benutzer kann aber auch einen Suchauftrag an das Archiv geben, um so über Deskriptoren wie Name, Datum, Stichwörter, u.s.w. eine Teilmenge der Archivobjekte zu selektieren. Das Ergebnis der Suche wird in einer Vorgangsmappe zusammengestellt. Die Suche kann im gesamten Archiv, aber auch in einem Ordner oder einer Vorgangsmappe durchgeführt werden.

3.3. Zugriffsschutz, Zugriffskontrolle

Besonders großen Wert wurde auf den Einbau umfangreicher Zugriffsschutzmechanismen gelegt.

Die in einem XENIX-basierten Betriebssystem angebotenen Rechte für Verzeichnisse (directories) und Dateien sind für das Archiv nicht ausreichend:

1.) Rechte können für den Besitzer, die Gruppe und den "Rest der Welt" vergeben werden. Es besteht nicht die Möglichkeit, mehreren Gruppen und erst recht nicht speziellen Benutzern jeweils eigene Rechte auf eine Datei zu geben.

2.) Es ist kein Recht "Löschen" vorgesehen. Ein Benutzer kann jede Datei löschen, auch wenn er nicht einmal das Lese- oder Schreibrecht hat.

Im Archiv sind deshalb mehrere Schutzstufen realisiert:

1.) Welche Benutzer dürfen auf das Archiv zugreifen?

2.) Welcher Benutzer darf von welchem System aus zugreifen?

3.) Welche Objekte kann der Benutzer sehen?

4.) Welche Objekte darf der Benutzer ändern?

5.) Welche Objekte darf der Benutzer löschen?

Diese einzelnen Zugriffsstufen werden im folgenden erläutert.

Bei der Installation eines Archivservers ist vom Installierenden anzugeben, welcher Benutzerkreis überhaupt die Erlaubnis haben soll, auf das Archiv zugreifen zu dürfen. Diese Schutzstufe hat mehrere Gründe: An dieser Stelle kann bereits festgelegt werden, daß ein Archiv nur einem eingeschränkten Personenkreis zur Verfügung stehen soll. Alle anderen Benutzer haben keinen Zugang zu diesem Server. Es soll weiterhin damit verhindert werden, daß unerwünschte Benutzer Objekte in diesem Archiv ablegen. Diese Überprüfung findet bei jedem Verbindungswunsch eines Client statt und verhindert, daß sich ein Benutzer als Client beim Server anmeldet, obwohl er keine Erlaubnis dafür besitzt.

Die 2. Stufe sorgt dafür, daß einem Client die Erlaubnis gegeben wird, auf das Archiv zuzugreifen. Dazu muß auf der Client-Seite der Archivserver bekanntgegeben werden. Normalerweise reicht diese Stufe aus, um einem Benutzer die Erlaubnis für einen Archivzugriff zu gewähren. Die oben beschriebene 1. Stufe ist lediglich ein zusätzlicher Schutz, um dem vorzubeugen, daß sich ein Benutzer durch die Manipulation der internen Datenstrukturen auf dem Client beim Archivserver anmeldet. Da es auf einem System mehrere Elektronische Schreibtische geben kann, muß pro Benutzer festgelegt werden, ob er auf das Archiv zugreifen darf oder nicht.

Die weiteren Schutzstufen betreffen die Zugriffsrechte auf einzelne Objekte im Archiv. Pro Objekt und Benutzer werden 3 Rechte vergeben:

Das Recht "<u>Lesen</u>" erlaubt dem Benutzer, sich dieses Objekt anzusehen und eine Kopie davon zu erstellen.

Das Recht "<u>Schreiben</u>" erlaubt die Modifikation des Objekts. In Ordnern und Vorgangsmappen dürfen Objekte hinzugefügt oder gelöscht werden.

Das Recht "<u>Löschen</u>" ist erforderlich, um das Objekt in den Papierkorb oder aber an eine andere Stelle zu übertragen. Wird ein Objekt z.B. aus dem Archiv auf einen Elektronischen Schreibtisch übertragen, so wird es im Archiv gelöscht und existiert nur noch bei diesem Benutzer.

Jedes Objekt hat einen Besitzer. Dieser ist der einzige (außer dem Archivadministrator), der für das Objekt Rechte vergeben darf. Vergibt er keine Rechte, so hat niemand außer ihm ein Recht auf dieses Objekt. Es ist also nur für den Besitzer im Archiv sichtbar. Alle anderen Benutzer wissen nichts von der Existenz dieses Objekts. Für jeden Benutzer, der auf dieses Objekt zugreifen soll, muß vom Besitzer mindestens das Leserecht vergeben werden.

Die Zugriffsrechte eines Objekts können zu jedem Zeitpunkt vom Besitzer geändert werden.

Um nun dem Besitzer nicht zuzumuten, womöglich hunderte von Benutzernamen und Rechten eintragen zu müssen, wurden zwei Vereinfachungen eingeführt:

a.) Mehrere Benutzer können zu einer Gruppe zusammengefaßt werden. Dabei wird das XENIX-Konzept für Gruppen verwendet. Ein Benutzer kann in mehreren Gruppen eingetragen sein.

b.) Jeder Benutzer kann sich eine Liste von "Allgemeinrechten" definieren, die jedem Objekt automatisch vergeben wird, das von ihm in das Archiv eingefügt wird. Der Benutzer kann diese Liste jederzeit ändern.

<u>Prüfung des Zugriffsrechts eines Benutzers auf ein Objekt</u>

Für jedes Objekt, das in einem Auftrag angesprochen wird oder als Ergebnis eines Auftrags dem Benutzer bekanntgegeben werden soll, wird folgender Prüfalgorithmus angewandt:

```
Falls für den Benutzer ein eigener Eintrag vorhanden ist
dann  gilt dieser Eintrag
sonst solange der Benutzer zu einer (weiteren) Gruppe gehört
         tu Falls die Gruppe das notwendige Recht hat
            dann gilt dieser Eintrag
            end-falls
      end-tu
      Falls ein Eintrag für die Allgemeinheit existiert
      dann  gilt dieser Eintrag
      sonst ist kein Recht für dieses Objekt vorhanden
      end-falls
end-falls
```

3.4. Der Aufbau des Archivservers

Der Archivserver besteht aus mehreren Prozessen. Normalerweise wird mit dem Start des Systems der "Master"-Prozeß gestartet. Dieser Prozeß hat die Aufgabe, auf Verbindungswünsche von Clients zu warten. Wird ein solcher Wunsch über Netz an den Server herangetragen, so wird eine logische Verbindung eingerichtet. Der Master startet einen Subprozeß, an den er die Verbindung abgibt. Die Aufträge des Client gehen nun direkt an diesen Prozeß. Die weitere Kommunikation läuft also nicht über den Master-Prozeß.

Der Client kann einen oder mehrere Aufträge abarbeiten lassen, ehe er die Verbindung wieder auflöst. Sobald die Verbindung getrennt wird, erhält der Master davon Kenntnis, so daß er die Verbindungswünsche dieses Client von nun an wieder entgegennehmen kann.

Jeder Client kann immer nur einen Auftrag zur Zeit bearbeiten lassen.
Er muß auf das Ergebnis warten, solange der Auftrag vom Server bearbeitet wird.

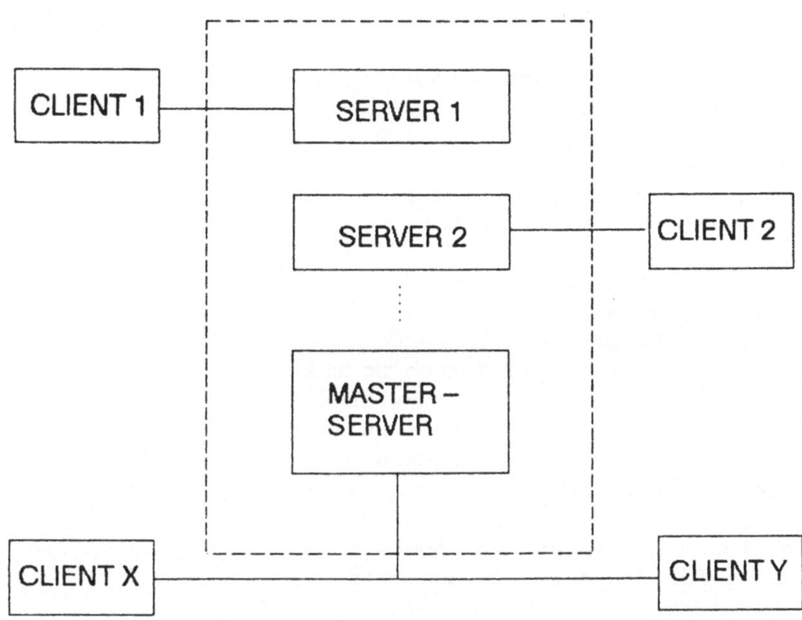

Bild 3. Der Aufbau des Archivservers

Der Archivserver setzt auf einer vom Betriebssystem zur Verfügung
gestellten Netzschnittstelle auf. Diese Schnittstelle wird als "Remote
Transaction Service" (RTS) bezeichnet /SYSH86/ /SVOB84/. Sie vermittelt Aufträge von Anwendungsprogrammen, die sich an zur Verfügung
gestellte Dienste (Server) richten. Spezielle Prozeduren erlauben es,
gleichzeitig auf Verbindungswünsche von mehreren Prozessen zu warten.
Ein Prozeß kann damit Verbindungswünsche von verschiedenen Stellen aus
entgegennehmen und behandeln. Desweiteren gibt es Routinen, um
bestehende Verbindungen an andere Prozesse abzugeben, und analog dazu
Routinen, um Verbindungen anderer Prozesse zu übernehmen. Zur
eigentlichen Auftragsabwicklung dienen Prozeduren zum Übergeben und
zum Akzeptieren eines Auftrags, sowie zur Übermittlung der Daten
zwischen den Prozessen.

Der Archivserver hätte auch in einem einzigen Prozeß realisiert werden
können.   In diesem Fall könnte jedoch immer nur ein Auftrag zur Zeit
bearbeitet werden. Da pro Client ein eigener Prozeß die Aufträge
abwickelt, können Aufträge von verschiedenen Clients parallel behandelt werden. Der Zugriff auf gemeinsame Tabellen und Dateien wird
dabei über Semaphore synchronisiert.

3.5. Die Clientschnittstelle

Einem Client wird vom Archivserver eine Menge von Funktionen angeboten. Da als Client immer nur ein Elektronischer Schreibtisch (also
ein Programm) in Frage kommt, wird diese Schnittstelle für den
Benutzer nicht sichtbar.

An der Clientschnittstelle treten nur objektorientierte Aufträge auf.

Folgende Funktionen werden angeboten:
-    An- und Abmelden beim Archiv
-    Einfügen eines Objekts in das Archiv
-    Löschen eines Objekts
-    Liste der Kinder zu einem Objekt
-    Übertragen innerhalb des Archivs
-    Anlegen eines Zeigers
-    Kopieren innerhalb des Archivs
-    Lesen eines Dokuments
-    Sperren eines Dokuments
-    Zurückschreiben eines geänderten Dokuments
-    Lesen und Setzen der Rechte eines Objekts
-    Lesen und Setzen der Stichwörter zu einem Objekt
-    Ändern des Besitzers eines Objekts
-    Inhaltsorientierte Suche

Weitere Funktionen dienen nur zu Administrationsaufgaben. Sie haben
keine Bedeutung für den normalen Benutzer.

3.6. Die Archivschnittstelle

Die Clientschnittstelle ist eine reine Programmschnittstelle, die von
einem Benutzer nicht direkt benutzt werden kann. Dem Benutzer wird auf
dem Elektronischen Schreibtisch eine Reihe von Funktionen angeboten,
um Aufträge an den Archivserver abzusetzen. Folgender Vorrat steht
ihm dabei zur Verfügung:
-    An- und Abmelden beim Archiv
-    Übertragen
     *   in das Archiv
     *   aus dem Archiv heraus
     *   innerhalb des Archivs
-    Kopieren
     *   in das Archiv
     *   aus dem Archiv heraus
     *   innerhalb des Archivs
-    Merken
     Zu einem Objekt wird ein Zeiger angelegt.
-    Lesen eines Dokuments
     Das gesamte Dokument wird auf den Elektronischen Schreibtisch
     kopiert. Nachdem das Lesen beendet wurde, wird die Kopie auf dem
     Elektronischen Schreibtisch gelöscht.

- Bearbeiten eines Dokuments
  Auf dem Elektronischen Schreibtisch wird eine Kopie des Dokuments angelegt, wobei das Dokument im Archiv zum Ändern gesperrt wird. Nach dem Abschluß wird die Kopie in das Archiv zurückübertragen und ersetzt das ursprüngliche Dokument.
- Bearbeiten eines Ordners oder einer Vorgangsmappe
  Es werden die Objekte im Verzeichnis bestimmt und dem Benutzer angezeigt.
- Suche
  Der Benutzer kann eine Suche nach verschiedenen Kriterien starten. Dabei muß angegeben werden, in welcher Objektmenge gesucht werden soll. Die Suche kann im gesamten Archiv oder in einem Unterbaum, der durch einen Ordner oder eine Vorgangsmappe angegeben wird, ausgeführt werden. Das Ergebnis der Suche wird als eine Vorgangsmappe zusammengestellt. Diese Vorgangsmappe kann der Ausgangspunkt für eine erneute Suche sein, so daß die Ergebnismenge auf diese Art weiter eingeschränkt werden kann. Als Suchkriterien können folgende Eigenschaften in Frage kommen:
  + Stichwort über regulären Ausdruck
  + Besitzer eines Objekts
  + Erstelldatum (Vergleich < > =)
  + Änderungsdatum (Vergleich < > =)
  + Name des Objekts über regulären Ausdruck
  + Zugriffsrechte
  + Objekttyp
  + Verknüpfungen der obigen mit und/oder/nicht
- Eigenschaften eines Objekts
  Die Eigenschaften eines Objekts wie Name, Besitzer, Erstelldatum, Zugriffsrechte des Benutzers, Stichwörter, u.s.w. werden dem Benutzer angezeigt.
- Zugriffsrechte
  Der Besitzer des Objekts kann sich die bisher vergebenen Zugriffsrechte auf dieses Objekt anzeigen lassen und Änderungen vornehmen.
- Ändern des Besitzers
  Der Besitzer eines Objekts kann dem Objekt einen neuen Besitzer zuteilen. Von da an hat der bisherige Besitzer nur noch die Rechte eines normalen Benutzers.

3.7. Datenstrukturen

Alle im Archiv verwendeten Verwaltungsdaten wurden als Relationen angelegt.

Folgende Relationen werden benutzt:
1.) Objekte
2.) Stichwörter
3.) Allgemeinrechte
4.) Benutzer
5.) Filesysteme
6.) Gesperrte Dokumente
7.) Zum Löschen markierte Objekte
8.) Zugriffsrechte

Die Baumstruktur der Objekte wird durch spezielle Attribute "Erstes Kind", "Vater" und "Nächstes Geschwisterobjekt" abgebildet. Auf das erste Recht zu einem Objekt weist das Attribut "Recht" und die weiteren Rechte zu diesem Objekt sind in der Relation Zugriffsrechte durch das Attribut "Nächstes Recht" verkettet. Alle Abhängigkeiten zwischen verschiedenen Relationen und innerhalb einer Relation werden durch derartige Attribute hergestellt. Durch diese zusätzlichen Attribute werden Objekte verzeigert, so wie es in einer netzwerk-orientierten Datenbank erfolgt. Jeder Satz kann so über seinen Primärschlüssel bestimmt werden.

Für die Suche wurden Indexstrukturen eingeführt, da ein Zugriff über Primärschlüssel hier nicht möglich ist. Ein Index kann dabei für jedes Attribut eingerichtet werden.

Die Baumstruktur der Objekte macht es erforderlich, eine spezielle Indexstruktur zu verwenden. Pro Knoten wird eine Indexliste geführt. In diesen Listen pro Index stehen alle Werte, die in dem Unterbaum dieses Knotens vorkommen. Bei der Suche kann damit schnell ein vollständiger Unterbaum als nicht in Frage kommend herausgefiltert werden.

3.8. Der Einsatz eines Datenbanksystems

Ursprünglich war beim Archiv an den Einsatz eines Datenbanksystems (DBS) gedacht. Inzwischen wurde in einer Untersuchung festgestellt, daß viele von einem DBS angebotenen Funktionen beim Archiv nicht verwendet werden.

Um einen Vergleich vornehmen zu können, wurde das DBS "Unify" /UNIF85/ auf das System TA M32 portiert. Die unten genannten Zahlen zum Speicherbedarf und Antwortzeitverhalten beziehen sich somit auf dieses DBS und lassen nicht unbedingt Rückschlüsse auf andere DBS zu.

Die von einem DBS angebotenen Funktionen zur Datendefinition werden nicht benötigt. Alle Relationen sind festgelegt und eine Änderung oder Ergänzung von Relationen tritt im Normalfall nicht auf.

Die gesamte Benutzerschnittstelle eines DBS (mit Masken und Menüs) wird nicht benötigt, da das Archiv als ein Server implementiert ist, der von sich aus keine Ein- und Ausgaben vornehmen kann.

Der Einsatz eigener Suchfunktionen sollte nicht zu einer Einschränkung der Komplexität der Suchanfragen führen, die dem Benutzer interessante Informationen vorenthalten könnte. Andererseits ist es unsinnig, dem Benutzer Suchanfragen auf interne Informationen zu erlauben. Von unserer Seite wurde deshalb die oben erwähnte Liste von Suchfunktionen (siehe 3.6.) festgelegt, nach der eine Suchanfrage zusammengestellt werden kann. Pro Suchanfrage ist nur eine Verknüpfung erlaubt. Da das Ergebnis einer Suche wieder als Ausgangsmenge einer weiteren Suchanfrage benutzt werden kann, sind beliebig komplexe Verknüpfungen möglich.

Im Archiv wird dem Benutzer die Suche auf einer Untermenge aller Objekte angeboten. In "UNIFY" ist dies nur durch die Oder-Verknüpfung weiterer Suchkriterien möglich. Der Primärschlüssel eines jeden Objekts, das zu diesem Unterbaum gehört, müßte in der Suchanfrage mit angegeben werden. Die Suche wird damit erheblich aufwendiger.

Für die Sicherheit der Daten bietet ein DBS eine Reihe wichtiger Funktionen, die beim Archiv bisher nicht in dem Umfang realisiert sind. Ein Backup und das entsprechende Zurückspielen sind im Archiv enthalten. Der im Archiv implementierte Zugriffsschutz und die Überprüfung der Zugriffsberechtigung sind bereits erheblich umfangreicher, als sie in einem DBS angeboten werden. Das Archiv bietet jedoch keine Möglichkeit, mehrere Operationen (Änderungen) zu einer Transaktion zusammenzufassen. Ebenso ist kein "Undo" oder "Redo" bisher enthalten.

Der notwendige Externspeicherbedarf bei einem DBS stellte sich als sehr viel aufwendiger als bei der eigenen Archivversion heraus. Ein DBS belegte bei einer Datenbank mit 10000 Objekten und den entsprechenden zusätzlichen Daten etwa 3-mal soviel Platz wie unsere Archivversion (u.a. zusätzliche Hash-Tabelle).

Auch im Antwortzeitverhalten schneidet unsere Archivversion insgesamt besser ab als "UNIFY". Während die Zeiten beim Zugriff über den Primärschlüssel in etwa gleich waren, gab es große Unterschiede beim Zugriff mit mehreren Suchkriterien. In unserer Archivversion (ohne Indexstrukturen) spielte die Anzahl der Suchkriterien praktisch keine Rolle. Beim DBS spielte sowohl die Anzahl der Suchkriterien, als auch die Indizierung eine Rolle. Sobald in etwa ein Drittel alle Sätze die Suchkriterien erfüllen, steigt der Zeitbedarf über den bei Verwendung keines Index. Die Verwendung von 2 Suchkriterien verdoppelte, die von 3 Suchkriterien verdreifachte, u.s.w., die Zeit einer Suche mit 1 Suchkriterium. Speziell bei der Suche auf einer Untermenge werden viele Suchkriterien benötigt, so daß hierbei "UNIFY" sehr schlecht abschneidet.

Die Zeit für eine Suche mit einem Suchkriterium ohne Index entsprach der in unserer Archivversion.

Hervorgehoben werden muß an dieser Stelle die Möglichkeit der Suche auf einem Unterbaum in unserer Archivversion. Die Suchzeit kann dadurch erheblich verkürzt werden, da der Zeitbedarf nur von der Anzahl durchsuchter Sätze abhängt. Im obigen Vergleich wurde in der Archivversion immer auf dem gesamten Archiv gesucht. Die Suche im gesamten Archiv dürfte nicht der Normalfall sein. Meist ist dem Benutzer in etwa klar, wo die gesuchten Dokumente im Archiv abgelegt sind.

Die Kosten sprechen eindeutig gegen den Einsatz eines DBS. Beim Einsatz eines DBS muß der Erwerber ebenfalls eine Lizenz für das DBS erwerben.

All die oben genannten Gründe haben uns dazu bewogen, auf den Einsatz eines DBS zu verzichten.

4. Zusammenfassung

Dieser Artikel stellte das Archiv vor, das in der "Triumph-Adler Büro-Organisations-Systemsoftware" (TABOS) des Systems TA M32 eingesetzt wird.

Die Grundlage bildet das Client/Server-Konzept, das sich hier als sehr geeignet erwies. Das Archiv liegt auf einem beliebigen System im Netz und wird von einem Server verwaltet. Jeder Zugriff läuft über den Server, wodurch gute Kontrollmöglichkeiten gegeben sind.

Zunächst war daran gedacht, ein Relationales Datenbanksystem zur Verwaltung der Dokumente im Archiv einzusetzen. Ein Datenbanksystem bietet jedoch viele Funktionen, die nicht benötigt werden, ist damit entsprechend teuer und umfangreich und braucht für den Datenzugriff unter bestimmten Voraussetzungen zu lange. Anhand eines portierten Datenbanksystems wurde in einer Untersuchung festgestellt, daß dessen Einsatz im Archiv nicht lohnt.

Wäre es nicht eine Überlegung wert, ein reduziertes Datenbanksystem anzubieten, das in derartigen Anwendungsgebieten einsetzbar ist?

5. Literaturhinweise

/BERT85/ E. BERTINO, S. GIBBS, F. RABITTI, C. THANOS, D. TSICHRITZIS, "Architecture of a Multimedia Document Server", Proc. 2nd ESPRIT Technical Week, 1985

/CONS86/ P. CONSTANTOPOULOS, Y. YEORGAROUDAKIS, M. THEODORIDOU, D. KONSTANTAS, K. KREPLIN, H. EIRUND, A. FITAS, P. SAVINO, A. CONVERTI, L. MARTINO, F. RABITTI, E. BERTINO, C. THANOS, "Office Document Retrieval in MULTOS", Proc. 3rd ESPRIT

Technical Week, 1986

/SYSH86/ TRIUMPH-ADLER AG, "Systemhandbuch Software, System M32", 1986

/SVOB84/ L. SVOBODOVA, "File Servers for Network-based Distributed Systems", Comput. Surv., Vol. 16, No. 4, 353-398, Dez. 1984

/RAND82/ B. RANDELL, "The Newcastle-Connection", Software Practice and Experience, Dez. 1982

/UNIF85/ UNIFY CORPORATION, "UNIFY, Tutorial Manual", Lake Oswego, Oregon, 1985

Dokumentenmodell und automatische Klassifikation
im Bürodokumentenarchiv MULTOS

Helmut Eirund
Klaus Kreplin

TA Triumph-Adler AG
Neue Technologien / Basisentwicklung
Fürther Str. 212
8500 Nürnberg 80

Zusammenfassung

Für ein Bürodokumentenarchiv wurde ein Dokumentenmodell
entwickelt, das die Beschreibung der im Dokument vorkommenden Konzepte vorsieht. Durch Gruppierung und Spezialisierung dieser Beschreibungen gelangt man zu einer Menge
hierarchisch angeordneter Dokumenttypen, vergleichbar mit
einem erweiterten Datenbankschema. Die Typ-Dokument-
Zuordnung bildet eine Zugriffsstruktur, die die Bearbeitung von Anfragen über semantische Einheiten, Konzepte,
anstelle von syntaktischen Elementen ermöglicht. Zur
Unterstützung des Einfügens von Dokumenten dient eine
wissensbasierte Klassifikationskomponente, die die konzeptuelle Beschreibung eines Dokuments automatisch erzeugt
und das Dokument einem passenden Typ zuordnet. Die Klassifikation wird durch die Typhierarchie gesteuert, wobei
der relevante Inhalt jeder konzeptuellen Komponente über
einen Satz von inhaltsbeschreibenden Prädikaten definiert
wird.

Abstract

To describe the conceptual components of documents in an
office document archive, a document model is presented. By
grouping and generalizing these descriptions we get a set
of hierarchically structured document types that can be
compared with an extended data base schema. With the
type-document relation an additional access structure is
established that provides the evaluation of queries on
semantic units (concepts) rather than on syntactic elements. A knowledge based classification system automatically generates the conceptual description of a document
to be stored by means of content analysis and associates
the document to an appropriate type. This task is conducted by the type hierarchy where the relevant content
for each conceptual component of a type is defined by a
set of content description predicates.

Diese Arbeit entstand im Rahmen des von der Kommision der europäischen
Gemeinschaften geförderten ESPRIT-Projekts Nr. 28. Partner dieses
Projekts sind Ing. C. Olivetti S.p.A. (I), Cretan Research Center
(GR), Consiglio Nazionale delle Ricerche (I), TA Triumph-Adler AG (D),
Battelle Institut e.V. (D), Mnemonica Computer Services Ltd. (GR),
Estudios y Realizaciones en Informatica Aplicada S.A. (E)

1. Einleitung

Beachtliche Fortschritte wurden in den letzten Jahren auf dem Gebiet der Arbeitsplatzrechner erzielt, die das Erzeugen, Bearbeiten und Darstellen multimedialer Dokumente (bestehend aus Text, Grafik, Bild, Sprache) erlauben. Diese Entwicklung hat einen erhöhten und noch steigenden Bedarf an Archivsystemen für (multimediale) Dokumente, insbesondere in der Büroumgebung, mit sich gebracht. Diese Systeme müssen in der Lage sein, eine sehr große Anzahl (z. B. 50.000 - 100.000) teilweise sehr umfangreicher Dokumente (z. B. einige MByte) effizient zu verwalten.

Bürodokumente sind sehr unterschiedlich strukturiert, die Palette reicht von streng formatierten Formularen über Geschäftsbriefe mit standardisiertem Aufbau bis hin zu völlig unstrukturierten Memos. Klassen strukturell ähnlicher Dokumente treten häufig auf, z. B. Angebot, Rechnung etc.

Klassische Information-Retrieval-Systeme /Salt83/ decken die Büroanforderungen nicht ab, da sie von wesentlich weniger komplexen Objekten ausgehen und meist auf Text beschränkt sind /Sacc84/. Insbesondere das häufig verwendete Prinzip des Schlagwort-Match ist nicht hinreichend, beispielsweise wenn in einer Einkaufsabteilung alle Angebote der Firma "Sally" gesucht werden, in denen das Produkt "M32" angeboten wird. Das System muß dann in der Lage sein, Angebote von Rechnungen unterscheiden zu können und zwischen angebotenen Produkten und sonstigen vergleichbaren Produktnamen zu differenzieren, die ebenfalls in Angeboten vorkommen können.

In diesem Fall benötigen wir eine abstraktere Sicht, die Identifikation von konzeptuellen Objekten in Dokumenten in Analogie zum konzeptuellen Schema von Datenbanksystemen. Unterschiedliche Ansätze sind gemacht worden, um Datenbanksysteme für die Verwaltung textueller oder auch multimedialer Datenobjekte zu erweitern. Formular-orientierte Systeme, z.B. /Yao84/, in der Regel auf relationale Datenbanksysteme aufgesetzt, decken nur einen Teil der Bürodokumente ab. Im NF2-Modell /Sche86/ und im rekursiven Datenmodell /Lame85/ wurde das relationale Datenmodell erweitert, um so ein Datenbanksystem mit zusätzlicher Funktionalität auszustatten. In /Gall86/ wird ein Ansatz für ein multimedia Datenbanksystem vorgestellt, das spezialisierte Systeme für Text, Bild, Grafik, Sprache, Attribute unter einer gemeinsamen Schnittstelle kombiniert. /Chri84,Tsic85,Gibb86/ kombinieren Techniken von Datenbank- und Information Retrieval Systemen zu Multimedia Filing Systemen.

Im Rahmen des ESPRIT-Projekts 28 (MULTOS) /Cons86,Bert85,Bert86/ wurde ein Modell für die Repräsentation multimedialer Dokumente erarbeitet. Zentraler Punkt dieses Modells ist ein schwaches Typkonzept, mit dem Klassen unterschiedlich stark strukturierter Dokumente dargestellt werden können. Jedem Dokument ist eine konzeptuelle Struktur als Instanziierung eines Typs zugeordnet, über die auf semantische Einheiten des Dokuments zugegriffen werden kann. In Kap. 2 stellen wir dieses kurz Modell vor, eine ausführlichere Beschreibung wird in /Barb85/ gegeben.

Mit einem derartigen Dokumentenmodell erhebt sich die Frage nach der Erzeugung der konzeptuellen Struktur. Zwar kann sie Schritt für Schritt bei der Erzeugung eines Dokuments durch einen Editor konstruiert werden. Diese Möglichkeit reicht für ein offenes System jedoch nicht aus, das Dokumente von beliebigen Quellen akzeptieren muß, einschließlich solcher ohne konzeptuelle Struktur. Deshalb umfaßt das MULTOS System auch eine Klassifikationskomponente, die auf der Basis einer Menge gegebener Typdefinitionen die konzeptuelle Struktur automatisch konstruiert. Dabei dienen die Typdefinitionen als Muster für mögliche konzeptuelle Strukturen, die entsprechend einer Menge von Spezialisierungsregeln und Dokumentanalyseregeln unter Einbeziehung von Anwendungswissen instanziiert werden. In Kapitel 3 beschäftigen wir uns ausführlich mit diesem Thema.

2. Das MULTOS - Dokumentenmodell

Zum Zwecke des Austauschs multimedialer Dokumente zwischen heterogenen Systemen sind unterschiedliche, zum Teil standardisierte Modelle entwickelt worden. Dazu gehören DCA/DIA (IBM), SGML (ISO) und ODA (ECMA). Sie erlauben nicht nur die Darstellung, sondern auch die weitere Bearbeitung ausgetauschter Dokumente auf dem Zielsystem. Diese Modelle beinhalten ein Typkonzept, das sich von Typkonzepten in Datenbanksystemen unterscheidet. Ihr Typ- (oder Klassen-) Konzept kann als Skelett angesehen werden, das die Erzeugung neuer Dokumentinstanzen durch vordefinierte Teilstrukturen und Inhalte unterstützt. Außerdem dient es dazu, das gleiche Dokument in unterschiedlichen Layouts darzustellen /Furu82/.

In Datenbanksystemen dient ein Typkonzept zur Spezifikation der Struktur und der Komponenten, die allen Instanzen des Typs gemeinsam sind (Records, Tupel, Formulare). Auf der Basis der Typdefinitionen können Zugriffsstrukturen erzeugt werden, die ein effizientes Abspeichern und Wiederauffinden der Instanzen unterstützen /Lock78/.

Für Bürodokumentenarchive sind derartige strenge Typkonzepte zu restriktiv, weil inhaltlich ähnliche Dokumente unterschiedliche Strukturen haben können. Stattdessen wird ein schwaches Typkonzept benötigt, in dem die gemeinsamen Eigenschaften aller Dokumente einer Klasse beschrieben werden können, das jedoch für die einzelnen Instanzen eine viel feinere und komplexere Struktur zuläßt /Barb85,Lame85/.

2.1. Die konzeptuelle Struktur

Um ein einheitliches Modell für die Dokumentenbearbeitung und die Archivierung zu gewährleisten, wurde die Office Document Architecture /ECMA85/, kurz ODA, als Ausgangspunkt gewählt. In ODA wird die syntaktische Struktur eines Dokuments einmal aus der logischen Sicht (z.B. als Folge von Paragraphen), zum anderen aus der Layoutsicht (z.B. als Seiten, Rahmen, Blöcke) beschrieben. Das MULTOS-Modell fügt als dritte Sicht die Beschreibung der Semantik in Form der "konzeptuellen Struktur" hinzu (kurz CSD: conceptual structure definition). Die konzeptuelle Struktur identifiziert und benennt all jene semantischen Einheiten (Komponenten) eines Dokuments, die vom Standpunkt einer Anwendungswelt her für das Retrieval relevant sind.

Drei Modellierungsprinzipien wurden der konzeptuellen Beschreibung zugrundegelegt: Aggregation, Typisierung und Generalisierung.

Aggregation
    Mittels der Aggregation werden Objekte zu abstrakteren Objekten

zusammengefaßt /Smit77/ , so daß sich eine baumförmige Struktur ergibt. Den Knoten des Baumes werden Bezeichner zugeordnet, den Blättern zusätzlich Wertebereiche. Hier unterscheiden wir zwischen Attributen (mit Wertebereichen wie Integer, Datum, String) sowie Text, Sprache oder Bild. Blätter verweisen einerseits auf Inhaltsstücke des Dokuments oder auf Profilattribute /ECMA85/, andererseits aber auch auf frei hinzugefügte Beschreibungen (Deskriptoren, Kommentare). Einer anwendungsadäquaten Wahl der Bezeichner kommt eine große Bedeutung zu, weil auf sie in Anfragen Bezug genommen wird und sie deshalb dem Benutzer die natürliche Semantik vermitteln sollen.

Typisierung
Ähnliche konzeptuelle Strukturen werden zu Klassen zusammengefaßt, deren gemeinsame Eigenschaften durch eine Typdefinition beschrieben werden. Die notwendige Flexibilität eines schwachen Typkonzepts wird zum einen durch Konstruktionsregeln (Auswahl, Sequenz, Wiederholung, kardinale Restriktion) erreicht. Zum anderen ist es möglich, unspezifizierte Blätter im Baum zu definieren, die als "Knospen" für neue Teilbäume angesehen werden können. Erst bei der Instanziierung werden sie konkretisiert. Die Instanziierung besteht darin, den Blättern der Typdefinition Inhaltsstücke zuzuordnen, ggf. nach vorheriger Verfeinerung des Typs durch die Anwendung von Konstruktionsregeln oder Konkretisierung von Knospen.

Spezialisierung
Durch die genannten Verfeinerungsregeln lassen sich, ausgehend von einem gegebenen Typ, nicht nur Instanzen beschreiben, sondern auch neue Klassen von Instanzen. So gelangt man zu einer Verfeinerungsrelation über Typen.

Abb. 1 zeigt ein Beispiel einer Hierarchie von Typen mit einfachen konzeptuellen Strukturen und zugeordneten Instanzen. In Abb. 2 wird ein Dokument mit seiner CSD gezeigt, wobei diese CSD eine Instanziierung des <COMPUTER-OFFER-TYPE> ist.

Ähnlich der logischen und der Layoutstruktur von ODA läßt sich die konzeptuelle Struktur mit Hilfe einer kontextfreien Grammatik beschreiben. Diese Grammatik wird sowohl für die Definition von Typen verwendet (wir sprechen dann von der Typ-CSD), als auch für Instanzen (Dokument-CSD). Zwischenknoten der konzeptuellen Struktur bezeichnen wir im folgenden als "komplexe Komponenten", Blätter als "Basiskomponenten" bzw. als "Knospen".

2.2. Verwendung der konzeptuellen Struktur für das Retrieval

Die Anfragesprache läßt Bedingungen sowohl über den Inhalt als auch über die konzeptuelle Struktur der Dokumente zu. Bedingungen über die konzeptuelle Struktur spezifizieren das Vorkommen bestimmter konzeptueller Komponenten; Inhaltsbedingungen spezifizieren die Präsenz spezieller Datenwerte, z.B. Attributwerte oder das Vorkommen bestimmter Wörter in Textstücken, bezogen auf eine konzeptuelle Komponente.

Die Abarbeitung von Anfragen geht von der Annahme aus, daß jedes Dokument dem speziellsten definierten Typ zugeordnet ist. Damit läßt sich

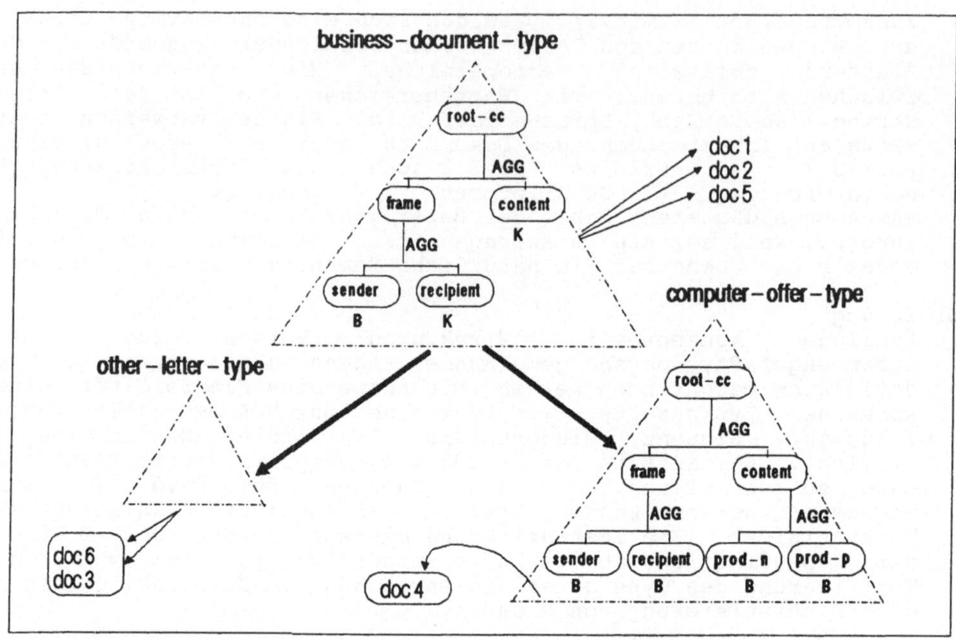

Abb. 1: Typ Hierarchie und Typ-CSD's
(B:Basiskomponente, K:Knospe, AGG:Aggregation)

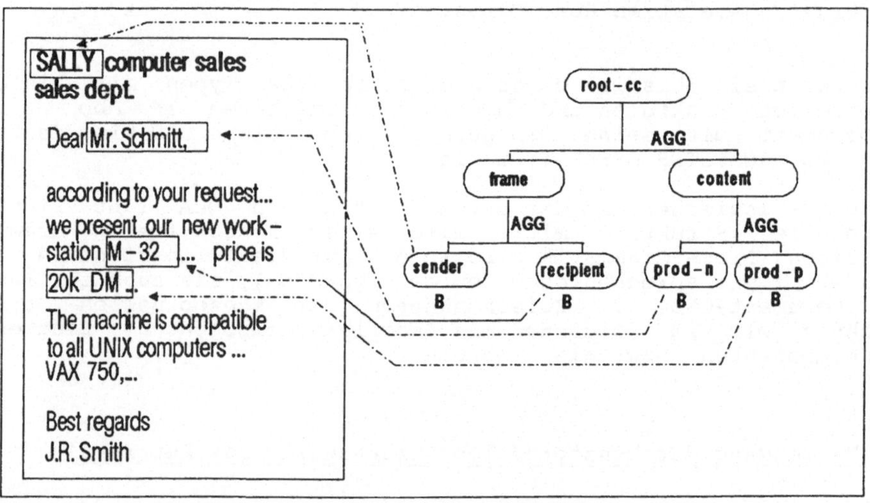

Abb. 2: Dokument mit Dokument-CSD

die Abarbeitung auf die Typen und ihre Instanzen beschränken, die in
der Anfrage angesprochen sind. Außer dem angesprochenen Typ kommen
all seine Subtypen in Betracht, die ja Verfeinerungen sind, nicht
jedoch generellere Typen. Diese a priori vorgenommene Einschränkung
der Dokumentenmenge beschleunigt insbesondere die Auswertung von
Textbedingungen.

Für den Anwender wird nicht die Kenntnis sämtlicher Typdefinitionen vorausgesetzt. Enthält seine Anfrage keinen explizit vorgegebenen Typ, dann bestimmt das System selbst alle Typen, die die in der Anfrage angegebenen konzeptuellen Komponenten enthalten. Diese Vorgehensweise ist vergleichbar mit der Berechnung relevanter Join-Pfade im Universal-Relation Modell /Maie84/.

2.3. Zugriffsstrukturen

Der typorientierte Ansatz bietet zwei Möglichkeiten, Zugriffsstrukturen zur effizienten Abarbeitung von Anfragen aufzubauen.

(a) Die Typhierarchie kann weiter ausgebaut werden, indem ein neuer Subtyp für all die Dokumente definiert wird, die eine bestimmte "typische" Eigenschaft besitzen (z. B. ein Typ TA-Geschäftsbrief für alle Geschäftsbriefe, die in der Organisation TA produziert wurden). Somit kann die Typhierarchie selbst als Indexbaum angesehen werden, im Extremfall kann ein neuer Subtyp für jeden Wert einer Eigenschaft definiert werden. Von dieser Möglichkeit wird jedoch nur Gebrauch gemacht, wenn es nur wenige verschiedene Werte für eine Eigenschaft gibt.

(b) Wird häufig nach dem Wert einer bestimmten Komponente gefragt, z. B. nach der Komponente "Absender-Firma", dann kann über diese Komponente ein Index eingerichtet werden. Eine Anfrage nach Briefen von der Absender-Firma TA wird durch Indexzugriffe abgearbeitet. Besitzt der Typ Subtypen, so werden auch deren Instanzen in diesem Index eingetragen, da sie durch die Verfeinerung die indizierte Komponente geerbt haben.

Die letztgenannte Methode ist jedoch nur für Basiskomponenten der Art Attribut anwendbar. Für Text-Komponenten wird die Signaturtechnik eingesetzt. Signaturen sind eine mittels eines Hashverfahrens komprimierte Repräsentation des Texts /Tsic83,Falo85/. Über Bilder und Sprache können Existenzbedingungen in der Anfrage gestellt werden oder es kann nach einem zugeordneten Titel bzw. nach dem Sprecher gesucht werden.

3. Dokumentenklassifikation

3.1. Das Klassifikationsproblem

Ein wichtiger Punkt für die Güte des Systems ist die Klassifikation, d.h. die passende Erstellung einer konzeptuellen Struktur für die Dokumente. Dadurch kann ein Dokument dem Typ zugeordnet werden, der die Semantik des Dokuments am genauesten beschreibt.

Dieses Problem der Klassifikation von Dokumenten findet sich auch in anderen Anwendungsgebieten des Information-Retrieval, etwa bei Bibliothekssystemen. Ein Ansatz, mit statistischen Verfahren ein Ähnlichkeitsmaß über der Dokument-Wortmenge zu definieren, durch das das Dokument (als Ganzes) bestimmten Deskriptoren einer gegebenen

Deskriptormenge zugeordnet wird, findet sich z.B. in /Knor84/ oder /Zimm83/.

Büro-Archiv-Systeme müssen aber nicht nur Dokumente als Ganzes sondern auch die Werte der kleinsten semantischen Einheiten wie z.B. Anbieter, Produktname und Preis in einem Angebotsbrief identifizieren und benennen können. (Zum Unterschied Büro- Bibliotheks- Welt siehe z.B. /Sacc84/). Dies setzt ein "Textverstehen" voraus, das über die rein syntaktische Ebene hinausgeht, allerdings wegen der äußersten Komplexität dieses (noch ungelösten) Problems unterhalb der "vollständigen Textanalyse" bleiben muß (dazu ein Überblick in /Guen86/).

In MULTOS wird ein Mittelweg beschritten durch die a priori Definition konzeptueller Typen, die in der Klassifikation benutzt werden und Bedingungen an Dokumentteile enthalten, die deren Zuordnung zu konzeptuellen Komponenten eines Typs festlegen. Abschnitt 3.2 verdeutlicht diesen Ansatz. Die Herleitung einer Regelmenge aus den gegebenen Typen zur Steuerung des Klassifikationsprozesses wird in 3.3 vorgestellt. In Kapitel 3.4 geben wir einen Überblick über die Architektur des Klassifikationssystems.

3.2. Der Klassifikationsansatz

Der hier vorgestellte Klassifikationsprozeß geht von einem Typ aus und versucht, dessen konzeptuelle Komponenten in dem zu klassifizierenden Dokument zu identifizieren. Die Instanziierung der CSD des Typs ist dann eine passende Dokument-CSD, in der die Konstruktionsregeln angewandt und allen Inhaltsverweisen der Basiskomponenten "passende" Inhaltsteile zugeordnet worden sind. Um den am besten passenden Typ zu finden wird die Typhierarchie von der Wurzel her durchlaufen. Für jeden Typ wird überprüft, ob das Dokument dessen spezifizierte Komponenten aufweist. Ist dies der Fall, dann werden alle Subtypen dieses Typs entsprechend überprüft. Auf diese Weise wird der feinste für das Dokument passende Typ in der Typhierarchie bestimmt.

Für die Identifizierung von Inhaltsteilen zu konzeptuellen Komponenten reichen die Angaben in der Typ-CSD (Name, Wertebereich) nicht aus. Es müssen Bedingungen für die Komponenten der CSD, d.h. für die Konzepte in den Typen angegeben werden, die den relevanten Inhalt beschreiben und dadurch dessen Identifizierung im Dokument ermöglichen. Dabei erhalten auch komplexe Komponenten solche Prädikate, die in einem Top-Down-Durchlauf durch die Typ-CSD den Suchbereich für die Suche nach relevanten Inhaltsteilen zu Subkomponenten einschränken (sukzessive Ausfilterung des relevanten Inhalts). Außerdem werden dadurch Beziehungen zwischen den Subkomponenten SC1,..,SCn einer komplexen Komponente CC hergestellt: die für SC1,..,SCn relevanten Inhaltsteile liegen alle im gleichen Inhaltsteil, nämlich in dem durch CC identifizierten Inhalt.

Die Beschreibung von Konzepten wird u.a. auch in dem Volltext Information-Retrieval System RUBRIC vorgenommen /Tong85/. In einer Anfrage wird hier durch syntaktische Bezüge sowie mit einfachen Layoutbeschreibungen und einer Synonymrelation die Menge der qualifizierten Dokumente beschrieben. Das in /Crof86/ vorgestellte IR-System läßt noch weitergehende Beschreibungen von Konzepten in Anfragen zu, etwa Beziehungen zwischen Konzepten und einfaches Parsen. In dem in MULTOS verwandten CSD-Modell muß aber die Identifizierung von einzel-

nen Inhaltsteilen bereits zur Speicherzeit ohne Benutzerinteraktion
möglich sein.

Dazu werden die Prädikate, denen relevante Inhalte genügen müssen, in
einer im folgenden vorgestellten "Content Description Language" (CDL)
spezifiziert. Diese Sprache ermöglicht die Beschreibung nicht nur von
syntaktischen Bezügen und Layout-Formen, sondern auch von semantischen
und linguistischen Relationen. Abb. 3 faßt die wichtigsten
Beschreibungsmittel der CDL zusammen.

```
            Content Description Language ( CDL )

    CDL Prädikate spezifizieren relevanten Inhalt durch:

        - Layout-Prädikate (sentence*, word*, line*, ...)
        - Positionsbedingungen (TOP, FIRST, AFTER, ...)
        - Wortmatch, Muster
        - semantische Relationen (instance_of*, part_of*, ...)
        - grammatikalische Beziehungen (possessive*, temporal*, ...)
        - Referenzen auf den relevanten Inhalt anderer Komponenten
          (VALUE_OF)
        und
        - Kombinationen von CDL-Prädikaten durch logische und/oder
          Mengenoperatoren
```

Abb. 3: Hauptbestandteile der Content Description Language CDL

Neben der Möglichkeit einer weitgehend genauen Beschreibung von
Konzepten verfolgen wir mit diesem Ansatz zwei Ziele :

Flexibilität:
    Konzepte werden in verschiedenen Kontexten oder Dokument-Typen
    unterschiedlich identifiziert. Dies ist durch die Verwendung ver-
    schiedener CDL-Prädikate zur Beschreibung von gleichbenannten
    konzeptuellen Komponenten möglich.

Einfachheit der Beschreibung:
    Allgemeines Wissen, das für die Beschreibung von Konzepten
    verwendendet wird (z.B. Layoutformen, Semantische Relationen
    -siehe auch 3.4) ist in der CDL in Form von eingebauten
    Prädikaten ansprechbar.

Im folgenden sollen die Möglichkeiten der Inhaltsidentifizierung am
Beispiel des <COMPUTER-OFFER-TYPE> veranschaulicht werden (siehe auch
Abb. 4) :

- der relevante Inhalt für die Wurzelkomponente "root-cc" ist das
  ganze Dokument, ohne weitere Einschränkungen.

- für "frame" ist der Inhalt des ersten Paragraphen zusammen mit
  der Anrede-Zeile relevant.

- der für die Komponente "content" relevante Inhalt sollen alle
  Paragraphen nach dem ersten (Adress-) Paragraphen sein, in denen
  (irgendwo) ein Synonym von "offer" vorkommen muß.

- der (ein) Firmenname innerhalb des "frame" zugeordneten Suchbereichs wird der Basiskomponente "sender" zugeordnet.

- der für "recipient" relevante" Inhalt ist der Name genau nach der Anredefloskel.

- der zu "product-name" assoziierte Inhaltsteil ist ein Computername, der außerdem in einem possessiven Kontext zu der AbsenderFirma steht (1).

- der "product-price" Inhalt hat ein bestimmtes Preismuster und muß innerhalb des Satzes, der auch das angebotene Produkt enthält, vorkommen.

Die Identifikation von Inhaltsteilen arbeitet mit einem bereits aufbereiteten Dokument. Dabei werden z.B. einfache Layout-Formen erkannt und markiert (Wort, Satz,...), Worte zusammengeführt und einfache Referenzen aufgelöst (z.B. "wir"<->Absender, "Ihr/Sie"<-> Adressat,...). Abb. 5 zeigt ein Beispiel für ein Dokument des <COMPUTER-OFFER-TYPE> mit den entsprechend den in Abb. 4 gegebenen CDL-Prädikaten identifizierten Inhaltsteilen.

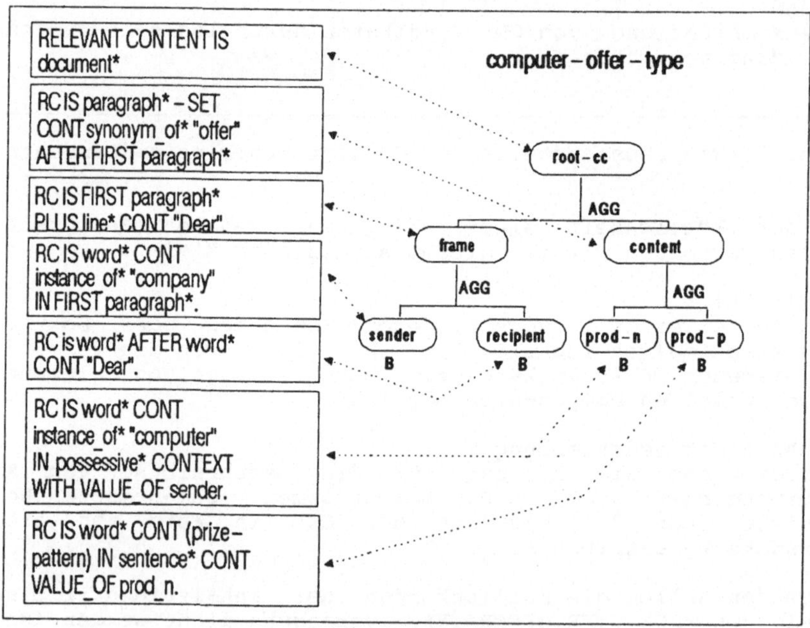

Abb. 4: CDL Prädikate zu <COMPUTER-OFFER-TYPE>

---

(1) Solche linguistischen Prädikate werden in einem partiellen Parsen gezielt in dem kleinen Kontext gesucht. Dabei wird ein Ansatz ähnlich dem in /Rost79/ vorgestellten verfolgt, in dem linguistische Beziehungen durch einfache kontextfreie Grammatiken und Schlüsselwortmengen definiert sind.

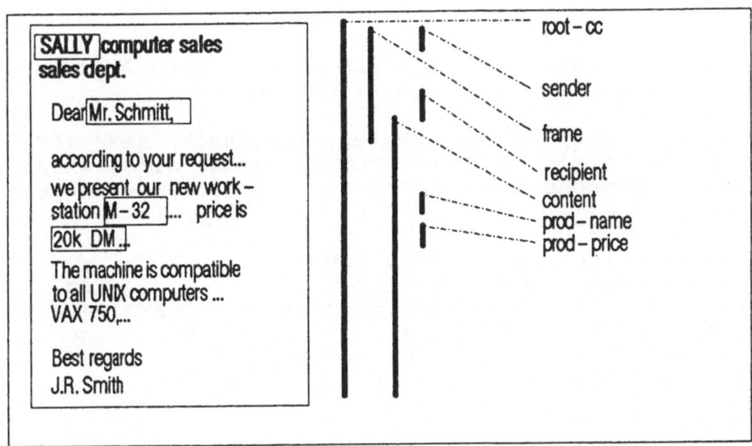

Abb. 5:   Dokument mit erkannten relevanten Inhaltsteilen

3.3. Die Herleitung von Regelwissen aus Dokumenttypen

Die Erzeugung einer passenden konzeptuellen Struktur (CSD) zu einem
Dokument D und damit die Klassifikation von D zu einem "am besten
passenden Typ" T wird dadurch erreicht, daß

(a)   die Behauptung "D paßt zu T", oder genauer: "es läßt sich eine
      Instanziierung der CSD von T konstruieren, die zu D paßt"
      bewiesen wird und

(b)   diese Behauptung für feinere Typen bewiesen wird, bis es keinen
      feineren Typ mehr gibt, für den die Behauptung wahr ist. Die
      zuletzt erzeugte Dokument-CSD ist dann die "passendste" und D
      wird dem entsprechenden Typ zugeordnet.

Die Behauptung (a) wird dabei konstruktiv bewiesen über eine Menge von
Regeln, in denen sich der Unifikationsmechanismus (/Nils80/) zu Nutze
gemacht wird. Diese Regeln werden automatisch aus den Beschreibungen
der konzeptuellen Komponenten generiert, in der Form:

        constructable ("<C.name>", CCdoc, CONTdoc) <=>...

mit der Bedeutung: "die uninstanziierter CSD Komponente CCdoc ist
instanziierbar (konstruierbar) entsprechend der Regel, die aus der
Beschreibung der Typ-Komponente <C.name> generiert wurde, innerhalb
des gegebenen Dokument-Suchbereichs CONTdoc".

Als Beispiel soll die Generierung dieser Regelmenge für den
<COMPUTER-OFFER-TYPE> gemäß Abb. 4 beschrieben werden:

Sei 'doc' ein Dokument. Die Wurzelkomponente "root-cc" ist konstruierbar, genau dann wenn:

-     der Name der (Wurzel-)Komponente in der CSD von 'doc' ebenfalls
      "root-cc" ist,

-     ein nichtleerer relevanter Inhalt CONTrel identifiziert wird (im

gegebenen Dokument-Suchbereich CONTdoc (2)), der das CDL-Prädikat
von "root-cc" erfüllt (3),
-    die Struktur dieser komplexen Komponente eine Aggregation zweier
     Subkomponenten ist (in Zeichen: CLX AGG)

-    und alle diese Subkomponenten innerhalb des für "root-cc"
     relevanten Inhalt CONTrel konstruierbar sind, entsprechend den
     aus den Subkomponenten von "root-cc" generierten Regeln:

```
    constructable ("root-cc", CCdoc, CONTdoc)
      <=> equal ( CCdoc.name, "root-cc")                    and
          satisfy(CONTdoc, cdl-pred.of"root-cc", CONTrel) and
          equal ( CCdoc.type, ("CLX", "AGG", C1, C2) ) and
          constructable ("frame", C1,   CONTrel)        and
          constructable ("content", C2, CONTrel)
```

Die aus den anderen komplexen Komponenten ableitbaren Regeln werden
entsprechend generiert:

```
    constructable ("frame", CCdoc, CONTdoc)
      <=> equal ( CCdoc.name, "frame")                       and
          satisfy( CONTdoc, cdl-pred.of"frame", CONTrel) and
          equal ( CCdoc.type, ("CLX", "AGG", C1, C2) )    and
          constructable ("sender",    C1, CONTrel)        and
          constructable ("recipient", C2, CONTrel)
```

```
    constructable ("content", CCdoc, CONTdoc)
      <=> ...
```

In den Regeln zu den Basiskomponenten werden die Inhaltsverweise
(CONTLINK) zu den relevanten Inhaltsteilen im Dokument bestimmt. Die
Basiskomponente "sender" hat den Attribut-Typ string (in Zeichen: BS
STR):

```
    constructable ("sender", CCdoc, CONTdoc)
      <=> equal ( CCdoc.name, "sender")                        and
          satisfy( CONTdoc, cdl-pred.of"sender", CONTLINK) and
          equal ( CCdoc, ("BS", "STR", CONTLINK) )
```

Die Regeln zu den anderen Basiskomponenten ("recipient",
"product_name", "product_price") werden analog generiert.

Regeln wie oben beschrieben können sehr leicht in einer logischen Programmiersprache wie PROLOG ausgedrückt werden. Tatsächlich erhalten
wir dann mit dieser Generierung von Regeln genau "das PROLOG-Programm
zur Klassifizierung von Dokumenten des Typs <COMPUTER-OFFER-TYPE>".
Mit der Anwendung der Regel 'constructable ("root-cc", CCdoc, <Doku-
ment aus Abb.2>)' wird die Variable CCdoc instanziiert (unifiziert)
mit der Dokument-CSD aus Abb. 2.

---

(2) Der Suchbereich für die Wurzelkomponente ist immer das ganze
Dokument.
(3) Das Prädikat 'satisfy (CONTdoc, cdl-predicate, CONTrel)' ist
erfüllt, wenn die Variable CONTrel mit dem Inhaltsteil, der dem CDL-
Prädikat im Suchbereich CONTdoc genügt, instanziiert wird.

3.4. Die Architektur des Klassifikationssystems

Das Klassifikationssystem von MULTOS setzt sich zusammen aus dem
"Classification Handler" und den Wissensbasen (s. Abb. 6). Die
Eingabedaten bestehen aus den Typdefinitionen und dem zu klassi-
fizierenden Dokument. Als Ausgabe wird die konzeptuelle Struktur des
Dokuments als eine Instanziierung eines gegeben Typen produziert. Der
Classification Handler besteht seinerseits aus einer Steuereinheit
("Classification Control Unit") und einer Analysekomponente ("Document
Analysis Component"). Die Steuereinheit steuert die Auswahl der für
die Klassifikation benutzten Typen, baut die Dokument Struktur auf und
ruft die Analysekomponente auf, die die Überprüfung der CDL-Prädikate
am Dokument vornimmt, und ggf. entsprechende Inhaltsteile im Dokument
identifiziert.

Das in den Klassifikationsprozeß eingehende Wissen gliedert sich auf
in:

Strukturwissen:
    Wissen über Zusammenhang und Bedingungen innerhalb der Daten,
    d.h. die Typdefinitionen, bestehend aus CSD mit zugeordneten
    CDL-Prädikaten

anwendungsspezifisches Wissen:
    Expertenwissen über die Anwendungsumgebung des Systems (z.B. für
    TA-Umgebung definiere instance_of "computer", aber nicht
    instance_of "Auto")

allgemeines Wissen:
    vom Anwendungsgebiet unabhängiges Wissen für die Textanalyse
    (z.B. Grammatikregeln, Layout-Formen)

aktuelle Daten:
    das zu klassifizierende Dokument selbst

Die Typdefinitionen werden automatisch in PROLOG Prädikate transformiert, wie im vorhergehenden Abschnitt gezeigt. Aus Effizienzgründen
werden die CDL-Prädikate in logische Programme compiliert ("CDL-code",
nicht PROLOG). Das anwendungsspezifische Wissen wird durch den
pro_Ludwig Wissensrepräsentationsmechanismus dargestellt /Heye86/,
eine Frame-orientierte Erweiterung von PROLOG, ähnlich dem KL-ONE
System /Brac85/. Die Form der Repräsentation des Textanalysewissens
wird zur Zeit noch untersucht. Für den ersten Prototypen bedienten wir
uns einer direkten Darstellung in PROLOG.

4. Ergebnisse und Zusammenfassung

Wir haben ein Dokumenten-Modell vorgestellt, das speziell den
Bedürfnissen der Bürowelt gerecht wird. In diesem Modell wird der
Aufbau von Zugriffsstrukturen ermöglicht, die ein effizientes
Dokumenten-Retrieval über semantische Einheiten von Dokumenten erlau-
ben.

Die Voraussetzung dafür schafft die Erzeugung einer konzeptuellen
Struktur zur Speicherzeit und eine Klassifizierung der Dokumente
entsprechend a priori definierten Typen. In MULTOS wird ein
wissensbasiertes System entwickelt, das die Dokumenten-Struktur

automatisch erzeugt und das Dokument klassifiziert. Dabei wird neben anwendungsspezifischem Wissen und Textanalyse-Wissen auch die Regelmenge benutzt, die aus den in den Typen beschriebenen Strukturinformationen und inhaltsbeschreibenden Prädikaten generiert wird.

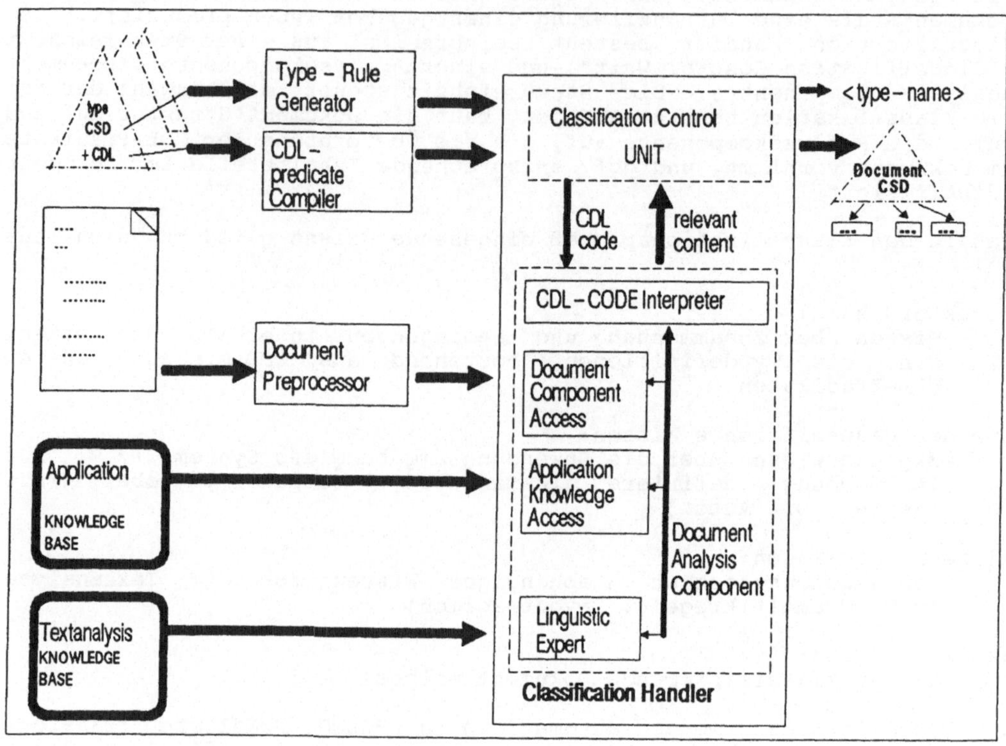

Abb. 6: Architektur des Klassifikations-Systems

Tests zur oben vorgestellten Erzeugung von semantischen Dokument-Strukturen und zur Klassifikation brachten erste Erkenntnisse. In einer kleinen Typwelt (7 Typen) wurden 100 unterschiedliche Dokumente, darunter 40 vom Typ "Angebot" untersucht. Nach Feedback aus Tests mit kleinen Stichproben (15 Angebote) und entsprechender Optimierung einer ersten Typbeschreibung (CSD + CDL-Prädikate) wurden gute Ergebnisse bzgl. der passenden Erzeugung der Dokument-CSDs erreicht.

Zur Zeit wird der Einsatz der Fuzzy Logic mit der Verwendung von Konfidenzen auf inhaltsbeschreibender Ebene untersucht, um den wachsenden Schwierigkeiten bei der Klassifikation in einer feineren Typ-Hierarchie zu begegnen. Ein weiteres noch nicht näher untersuchtes Problem ist eine unterschiedliche Sicht auf die Dokumente in verschiedenen Anwendungsbereichen, was unterschiedliche semantische Strukturen impliziert.

Literaturverzeichnis

Barb85.
F. Barbic and F. Rabitti, "The Type Concept in Office Document Retrieval," *Proc. 11th Conference on Very Large Data Bases*, Stockholm, 1985.

Bert85.
E. Bertino, S. Gibbs, F. Rabitti, C. Thanos, and D. Tsichritzis, "Architecture of a Multimedia File Server," *Proc. 2nd ESPRIT Technical Week*, 1985.

Bert86.
E. Bertino, S. Gibbs, F. Rabitti, C. Thanos, and D. Tsichritzis, "A Multimedia File Server," *Proc. 6th Advanced Database Symposium*, Information Processing Society of Japan, 1986.

Brac85.
R. J. Brachman and J. G. Schmolze, "An Overview of the KL-ONE Knowledge Representation System," *Cognitive Science*, vol. 9, 2, 1985.

Chri84.
S. Christodoulakis, "Framework for the Development of an Experimental Mixed-Mode Message System," *Proc. 3rd Joint BCS and ACM Symposium Research and Development in Information Retrieval*, Cambridge University Press, Cambridge, 1984.

Cons86.
P. Constantopoulos, Y. Yeorgaroudakis, M. Theodoridou, D. Konstantas, K. Kreplin, H. Eirund, A. Fitas, P. Savino, A. Converti, L. Martino, F. Rabitti, E. Bertino, and C. Thanos, "Office Document Retrieval in MULTOS," *Proc. 3rd ESPRIT Technical Week*, 1986.

Crof86.
W. B. Croft, "User-specific Domain Knowledge for Document Retrieval," *Proc. ACM Conf. on Research and Development in Information Retrieval*, ACM, Pisa, 1986.

ECMA85.
ECMA, *Office Document Architecture, Standard 101*, European Computer Manufacturers Association, September 1985.

Falo85.
C. Faloutsos, "Access Methods for Text," *Computing Surveys*, vol. 17, 1, ACM, 1985.

Furu82.
R. Furuta, J. Scofield, and A. Shaw, "Document Formatting Systems: Survey, Concepts, and Issues," *ACM Computing Surveys*, vol. 14,3, ACM, 1982.

Gall86.
S. Gallelli, C. Iacobelli, and P. Marchisio, "An Approach to Multimedia Information Management," *Proc. ACM Conf. on Research and Development in Information Retrieval*, ACM, Pisa, 1986.

Gibb86.
S. Gibbs and D. Tsichritzis, "Document Presentation and Query Formulation in MUSE," Proc. ACM Conf. on Research and Development in Information Retrieval, ACM, Pisa, 1986.

Guen86.
F. Guenther and H. Lehmann, "Verarbeitung natürlicher Sprache - ein Überblick," Informatik Spektrum, vol. 9, no. 3, Springer, 1986.

Heye86.
G. Heyer and B. Schneider, "Extending Prolog for Processing Natural Language Semantics," Technical Report T5.3, TA Triumph-Adler AG, Nürnberg, Nov. 1986.

Knor84.
G. Knorz, "Kooperatives (Referenz-)Retrieval," Forschungsbericht Projekt AIR, TH Darmstadt, FB Informatik, 1984.

Lame85.
W. Lamersdorf, "Semantische Repräsentation komplexer Objektstrukturen," Informatik Fachberichte 100, Springer, 1985.

Lock78.
P. C. Lockemann and H. C. Mayr, Rechnergestützte Informationssysteme, Springer, 1978.

Maie84.
D. Maier, J. D. Ullman, and M. Y. Vardi, "On the Foundations of the Universal Relation Model," TODS, vol. 9, 2, ACM, 1984.

Nils80.
N.J. Nilsson, Principles of Artifical Intelligence, Palo Alto, CA, 1980.

Rost79.
L. Rostek, "Methoden des partiellen Parsing für das automatische Indexing - Syntaxgraphen zur Analyse von Sprachmustern," Datenbanken, Datenbasen, Netzwerke, vol. 1, Saur Verlag, München, 1979.

Sacc84.
G. M. Sacco, "OTTER - An Information Retrieval System for Office Automation," Proc. 2nd ACM SIGOA Conference on Office Information Systems, Toronto, 1984.

Salt83.
G. Salton and M.J. McGill, Introduction to Modern Information Retrieval, McGraw Hill, 1983.

Sche86.
H.-J. Schek and M. H. Scholl, "An Algebra for the Relational Model with Relation-Valued Attributes," Information Systems, vol. 11, 2, 1986. Technical Report DVSI-1984-T1, TH Darmstadt, FB Informatik

Smit77.
J. M. Smith and D. C. P. Smith, "Database Abstractions: Aggregation," CACM, vol. 20,6, ACM, 1977.

Tong85.
R. M. Tong, V. N. Askman, J. F. Cunningham, and C. J. Tollander, "RUBRIC - An Environment for Full Text Information Retrieval," _Proc. 8th international ACM SIGIR conf. on Research and Development in Information Retrieval_, ACM, Montreal, 1985.

Tsic83.
D. Tsichritzis and S. Christodoulakis, "Message Files," _ACM TOOIS_, vol. 1,1, ACM, 1983.

Tsic85.
D. Tsichritzis, _Office Automation_, Springer, 1985.

Yao84.S.B. Yao, A.R. Hevner, Z. Shi, and D. Luo, "FORMANAGER: An Office Forms Management System," _TOOIS_, vol. 2,3, ACM, 1984.

Zimm83.
H. H. Zimmermann, "Ein Verfahren zur computergestützten Texterschließung," _Forschungsbericht ID 83-006 BMFT_, Universität des Saarlandes, Saarbrücken, 1983.

Graphische Unterstützung
beim Umgang mit Wissensbanken

Rainer Melchert
European Computer-Industry
Research Centre GmbH (ECRC)
8000 München 81, W.-Germany

Zusammenfassung. Für eine Entity-Relationship-Wissensbank wurde eine graphikgestützte Benutzerschnittstelle entwickelt. Das System erlaubt dem Benutzer die räumliche Orientierung im Schemagraphen der Wissensbank und die Erzeugung individueller Benutzersichten. Dabei werden Zugriffe auf Daten und Integritätsbedingungen interaktiv unterstützt und. soweit möglich. graphisch veranschaulicht. Eine regelbasierte Komponente erlaubt die Interpretation auch unvollständiger und mehrdeutiger Datenbank-Anfragen. - Die logischen Funktionen der Schnittstelle sind in Mu-Prolog, die graphischen in C auf Perq-Maschinen implementiert.

1 Einleitung

Benutzer. die zur Bearbeitung ihres Fachgebietes eine Datenbank benutzen müssen. selbst aber keine Erfahrung im Umgang mit Rechnern haben. empfinden dieses Organisationsmittel gelegentlich eher als Hindernis denn als wirkliche Hilfe. Zu unüberschaubar ist sein Inhalt. zu kompliziert die Formulierung von Suchfragen. Mit der Einführung von Wissensbanken wächst die Komplexität noch einmal aufgrund der hinzukommenden Integritätsbedingungen und Ableitungsregeln.

Zur Erleichterung des Umgangs mit einer Wissensbank wurde eine graphikgestützte Benutzerschnittstelle, das "**PASTA**"-System, entwickelt. Es unterstützt den Zugriff auf eine Wissensbank [Wallace 85]. die auf einer erweiterten Version des **Entity-Relationship-Modells** [Chen 76] beruht. Die Erweiterungen sind Attributvererbung in einer Hierarchie von Entitäten, Integritätsprüfung und Deduktion auf der Basis benutzerdefinierter Regeln. PASTA unterstützt den Benutzer in folgenden Punkten:

- Orientierung im Wissensbankschema (browsing)

- Erzeugung individueller Sichten auf das Schema

- Formulierung von Anfragen

- Interpretation unvollständig formulierter Anfragen

- Visualisierung von Integritätsbedingungen (in ihrem Kontext)

Der Benutzer steuert das System mit Hilfe einer "Maus". Auf einem Gaphikbildschirm können Symbole des Entity-Relationship-Schemas sowie Daten in Instanzentabellen selektiert werden; Operationen lassen sich über Menüs auswählen.

Die Architektur von PASTA ist zweigeteilt, je ein Modul ist zuständig für

- die logische Funktion.

- die Steuerung der Graphik.

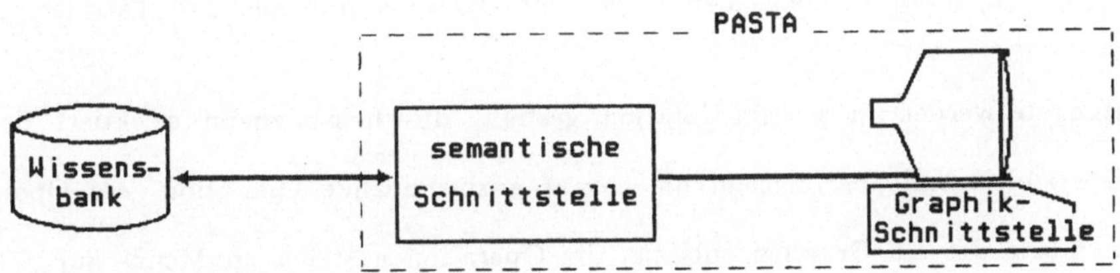

Abbildung 1:   Die zwei Moduln des PASTA-Systems und die Wissensbank

Alle logischen Funktionen. die zur Übersetzung der Selektionen am Bildschirm in entsprechende Wissensbankanfragen dienen. sind in der "semantischen **Schnittstelle**" in Mu-Prolog [Naish 82] implementiert. Diese Funktionen und ihre Repräsentation auf dem Bildschirm werden im folgenden beschrieben. Der Aufbau der Graphikschnittstelle, des zweiten Moduls von PASTA, ist nicht Gegenstand dieses Beitrags.

Die derzeitige Version von PASTA beschränkt sich auf die Visualisierung bereits vorgegebener Schemastrukturen, Fakten und Integritätsbedigungen. In einer späteren Version soll die Unterstützung auch auf die Manipulation von Daten und Schema ausgedehnt werden.

Um Schwierigkeiten beim Verständnis des **Anwendungsbeispiels** auszuschließen, wurde ein Modell von Münchens öffentlichem Verkehrsnetz, seinen Veranstaltungen, Kultur- und Sportstätten sowie Restaurants auf ein Entity-Relationship-Schema abgebildet.

2   Graphikgestützte Interaktion

Das PASTA-System benötigt als Hardware einen Arbeitsplatz mit hochauflösendem Graphikbildschirm und eine "Maus" als Zeigeinstrument. Alle zulässigen Anfragen können derzeit ausschließlich über Selektionen mit Hilfe der Maus formuliert werden. Dazu sind auf dem Bildschirm sogenannte "Maus-sensitive Bereiche" definiert. Flächen, die auf Selektion mit der Maus reagieren. Dazu gehören alle Bestandteile des Schemagraphen (siehe Abb. 2) sowie die einzelnen Felder der Operationenmenüs und Tabellen.

Anfragen werden in postfix-Notation gestellt. das heißt. zuerst selektiert der Benutzer die Operanden und abschließend die darauf anzuwendende Operation. Als Operanden sind alle Symbole des ER-Graphen zulässig. die Operationen stehen in Menüs zur Wahl.

Die graphische Schnittstelle allein bewältigt die Darstellung von Benutzersichten am Bildschirm und die Erkennung der Maus-Selektionen. Alle inhaltsorientierten Aufgaben, wie der logische Aufbau von Benutzersichten. die Interpretation der Selektionen als Anfragen. die Zugriffe auf die Wissensbank. werden *ausschließlich* von der semantischen Schnittstelle durchgeführt.

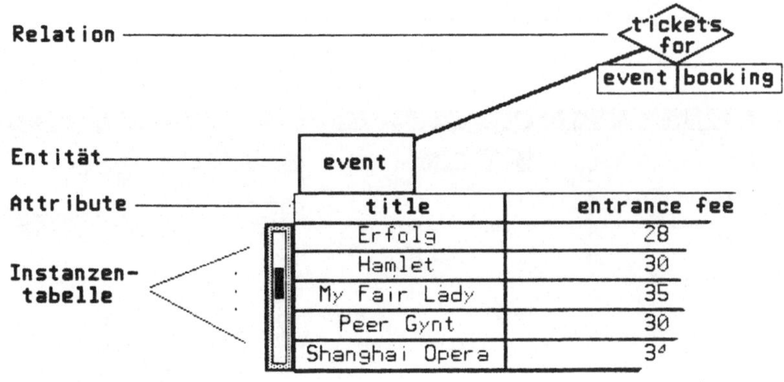

Abbildung 2:   Maus-sensitive Elemente des Entity-Relationship-Graphen

3 Schema und Benutzersichten

Bei der Benutzung einer Wissensbank steht der Benutzer anfangs grundsätzlich vor der Aufgabe. sich mit ihrer Struktur, dem Schema, vertraut zu machen. Ohne dieses Vorwissen wären keine zielgerichteten Anfragen möglich. - Da ein Entity-Relationship-Schema nicht nur alle modellierten Objekte sondern auch die Beziehungen zwischen ihnen explizit enthält. bietet es dem Benutzer alle nötige Strukturinformation.

Eine Sitzung am PASTA-System beginnt derzeit stets mit einer "**Schema-Übersicht**", die all jene Entitäten und deren relationale Verbindungen zeigt, die ganz oben in der Hierarchie stehen. Diese Übersicht und alle folgenden. noch zu definierenden Benutzersichten erscheinen in separaten "Fenstern" am Bildschirm. Von der globalen Schema-Übersicht aus kann der Benutzer durch schrittweise Selektion am Schemagraphen oder im Entitäten/Relationen-Verzeichnis ("dictionary", siehe Abb. 3) die gewünschten Benutzersichten, in PASTA sogenannte "**subschemas**". erzeugen. Auf dieser Zugriffsebene erhält der Benutzer lediglich Strukturinformation: die Attribute der Entitäten und

Relationen dagegen bleiben beim browsing verborgen.

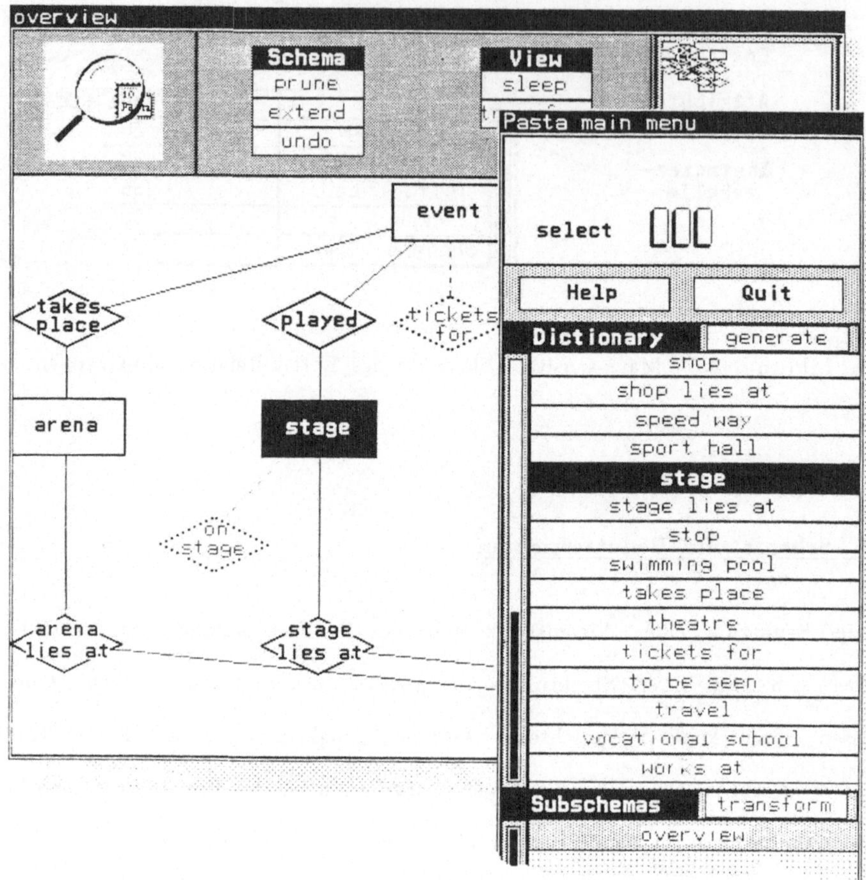

Abbildung 3:   Schema-Übersicht und ER-Verzeichnis in **PASTA**

In seiner derzeitigen Ausbaustufe erlaubt **PASTA** die Erzeugung von Benutzersichten als Teilgraphen des Gesamtschemas. Bislang kann eine Benutzersicht noch keine Elemente enthalten, die nicht schon im vorgegebenen Schema definiert sind. Es wird zur Zeit also ausschließlich die **Fokussierung** auf einen Schema-Ausschnitt unterstützt, während die Einführung benutzerdefinierter Elemente erst für die nächste Version von **PASTA** vorgesehen ist.

9.1 Erzeugung von Benutzersichten

Eine neue Benutzersicht läßt sich erzeugen. indem entweder ER-Symbole in einem bestehenden Fenster oder die entsprechenden Namen im "dictionary" des Hauptmenüs selektiert werden (siehe Abb. 3). Beide Arten der Selektion sind gleichbedeutend und lassen sich auch gemischt anwenden. Abschließend wählt der Benutzer das Feld "generate" im Hauptmenü. In Abbildung 4 ist unter solch einer Selektion zuerst das zu erwartende Resultat gezeigt. Darunter ist eine **erweiterte Anzeige** abgebildet, wie sie von der semantischen Schnittstelle des PASTA-Systems erzeugt wird.

Obwohl das einfache Resultat allein grundsätzlich ausreichte, ist die **erweiterte** Benutzersicht mit zusätzlicher **kontextueller Information** versehen, auch wenn der Benutzer nicht ausdrücklich danach gefragt hat. Die in grauer Umrandung wiedergegebenen Relationensymbole führen, bildlich gesprochen, aus der Benutzersicht hinaus und sind damit eine wichtige Grundlage für nachträgliche Erweiterungen des Schema-Ausschnitts.

Jede vom Benutzer selektierte Menge von ER-Symbolen wird von der semantischen Schnittstelle nach den folgenden vier **Regeln** vervollständigt:

1. Relationen zwischen selektierten Entitäten ergänzen

2. Unterklassen (subentities) der selektierten Entitäten hinzufügen

3. ebenso ihre Oberklassen, falls subentities selektiert wurden

4. Relationen anfügen. die aus der selektierten Menge "hinausführen"

Die Anwendung dieser Regeln gewährleistet, daß eine Benutzersicht stets einen weitgehend lückenlosen Ausschnitt aus dem Wissensbankschema darstellt. Um die Sicht davon abweichend zu modifizieren. dienen die im folgenden beschriebenen Operationen.

Selektion:

'stage' 'event' 'generate subschema'

Einfaches Resultat:

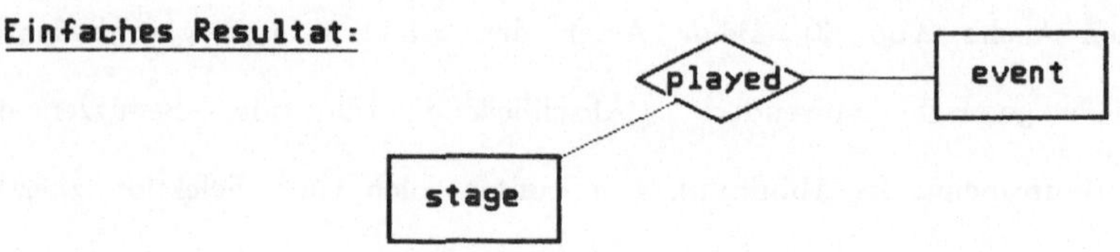

Erweitertes Resultat:

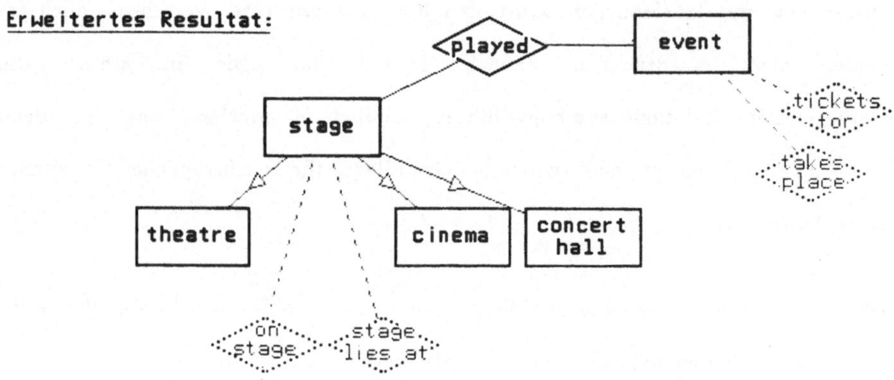

Abbildung 4:   Benutzersicht mit und ohne Erweiterung

3.2 Manipulation von Benutzersichten

Einmal geschaffene Benutzersichten lassen sich mit Hilfe lokal auf ein Fenster wirkender **Menü-Operationen** erweitern, beschneiden, löschen oder zwischenspeichern.

"Erweitere Benutzersicht". Diese Operation läßt sich auf die in grau angezeigten ER-Symbole anwenden. Entlang dieser Pfade kann eine Benutzersicht auf angrenzende Schemabereiche ausgedehnt werden.

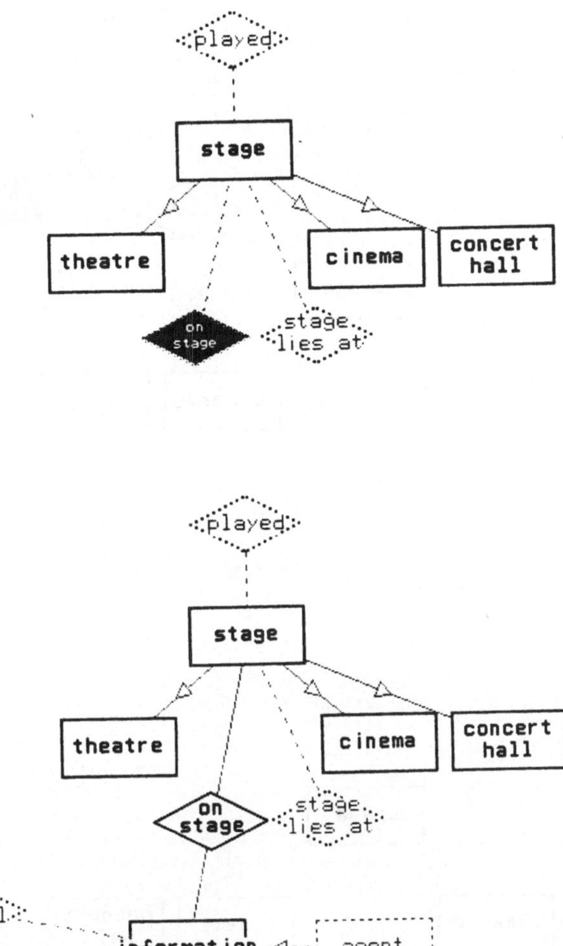

Abbildung 5: Benutzersicht vor und nach ihrer Erweiterung

Im Beispiel von Abbildung 5 wird mit der selektierten Relation zunächst die zweite angrenzende Entität *"information"* einbezogen und danach die oben genannten Regeln 1 bis 4 zur Erzeugung der Benutzersicht angewendet.

"Beschneide Benutzersicht". Umgekehrt wird zur Beschneidung einer Benutzersicht das selektierte Symbol zuerst gelöscht und die vier Regeln dann auf die verbleibenden Elemente angewendet (siehe Abb. 6).

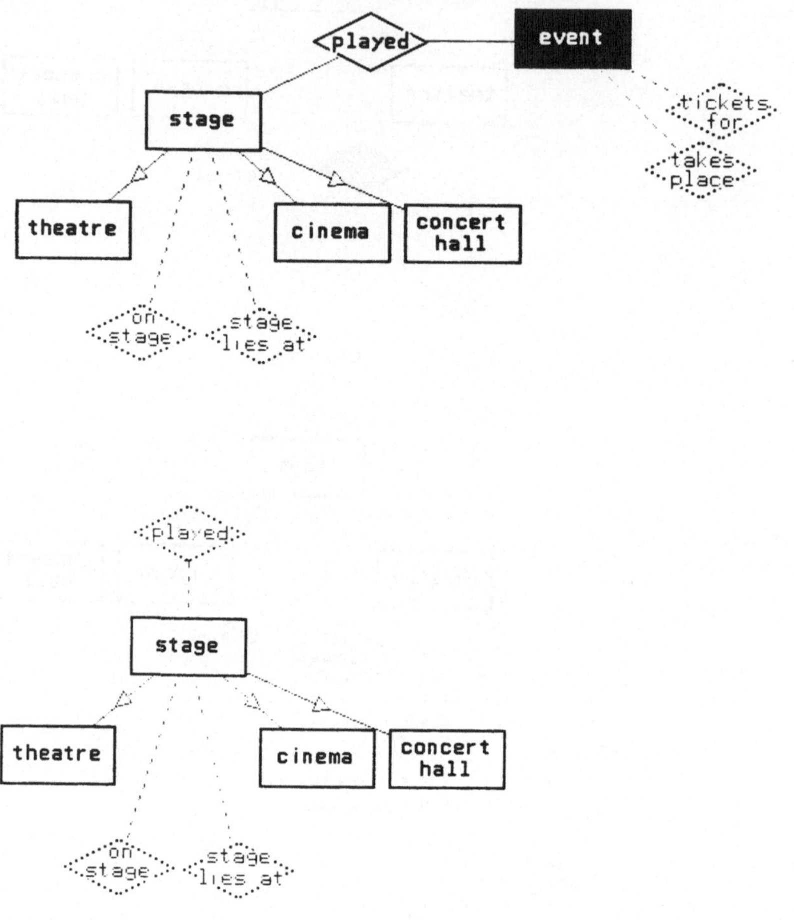

Abbildung 6: Benutzersicht vor und nach dem Löschen eines Symbols

"Lösche/Speichere Benutzersicht". Ein weiteres Menü bietet Operationen an, die eine Benutzersicht als Ganzes löschen oder lediglich vorübergehend das entsprechende Fenster vom Bildschirm verschwinden lassen. Im letzten Fall kann das Fenster bei Bedarf aus einer Liste im Hauptmenü wieder aktiviert werden.

4 Anfragen

Gewöhnlich kann ein Benutzer nur mit Hilfe einer **formalen Sprache** Anfragen an eine Datenbank oder eine Wissensbank richten. "SQL" und "QUEL" [Date 81, Ullman 80] sind Beispiele für relationale Anfragesprachen. Mit der Einführung von "Query By Example" [Zloof 77] wurde ein Schritt in Richtung Benutzerfreundlichkeit getan. Der Benutzer braucht seine Anfragen nicht mehr in einer abstrakten Sprache zu stellen, sondern kann durch Einsetzen von Konstanten, Variablen und Operatoren in die Relationentabellen auf anschaulichere Weise zu einem Ergebnis gelangen. Frühe Versuche, die Interaktion mit relationalen Datenbanken auf eine graphische Basis zu stellen, wurden mit "CUPID" und "FORAL LP" [McDonald 75, Senko 77] unternommen. Hier werden die Relationentabellen am Bildschirm angezeigt und können mit Lichtgriffel oder Maus selektiert werden.

Für den Zugriff auf **ER-Datenbanken** enstanden "CLEAR" [Poonen 78] und "CABLE" [Shoshani 78]. Auch für ER-Datenbanken wurden Benutzerschnittstellen entwickelt, die formalsprachliche Anfragen durch Selektionen und Verknüpfungen in einem Graphen aus Entitäten- und Relationensymbolen ersetzen, zum Beispiel "gql/ER" und "GORDAS" [Zhang 83, Elmasri 81, Elmasri 85].

4.1 Anfrageformulierung

Die Anfrageformulierung in PASTA lehnt sich an diejenige von QBE an. Nachdem der Benutzer zu den Entitäten einer Benutzersicht die Attribute und Instanzentabellen angefordert hat, kann er mit Hilfe von Projektion und Restriktion Anfragen formulieren:

- **Projektionen** ('.P'-Operation in QBE) werden durch Selektion von Attributen*namen* ausgedrückt und durch ein großes Fragezeichen quittiert.
- **Restriktionen** entstehen durch Selektion von Attribut*werten* (siehe Abb. 7). Pro Attribut ist nur eine einzige Restriktion zulässig; Kombinationen verschiedener Restriktionen durch "*oder*" für dasselbe Attribut sind derzeit noch nicht möglich. Mehrere Restriktionen auf verschiedenen Attributen derselben Entität werden implizit durch "*und*" verbunden.

Bei der Wahl der Projektionen und Restriktionen kommt es nicht auf deren Reihenfolge

an, der Benutzer ist völlig frei in seinem Vorgehen Die Anfrage wird durch die Selektion
der Menüzeile "Query" abgeschlossen.

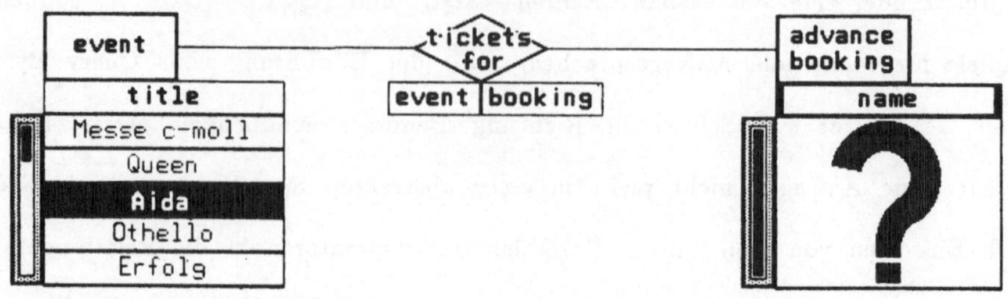

Abbildung 7: Anfrageformulierung im PASTA-System:
"Bei wem kann man eine Karte für 'Aida' kaufen ?"

So zustandegekommene Anfragen können nicht besonders kompliziert sein, zumal **PASTA**
eine explizite Verwendung logischer oder numerischer Operatoren zur Zeit noch nicht
unterstützt. Sie wurde zurückgestellt zugunsten der im folgenden beschriebenen
Funktionen.

4.2 Interpretation unvollständiger Anfragen

Die regelgestützte Interpretation unvollständig formulierter Anfragen [Imielinski 85] kann
als eines der Hauptmerkmale des PASTA-Systems gelten.

In Abbildung 7 beispielsweise brauchen in der Anfrage nur die beiden Entitäten
spezifiziert zu sein, die relationale Verbindung zwischen ihnen muß nicht angegeben
werden. PASTA findet solche **Verbindungspfade** bis zu einer Länge von zwei
Relationenbrücken. Anhand des Schemas führt es die entsprechenden *join*-Operationen
durch und gibt Warnungen aus. falls keine angemessene Interpretation der Anfrage
möglich ist oder *mehrere* gleich lange Pfade (= Interpretationen) gefunden wurden. Bei
diesem Vorgehen haben stets die Pfade der Länge 1 den Vorrang und führen zum
Abbruch der Suche nach weiteren. längeren Verbindungen.

Abbildung 8 gibt symbolisch die Regeln wieder, die bei der Interpretation von Anfragen Verwendung finden. Die Selektionslisten in eckigen Klammern stehen für die Anfragen. Sie geben an, wieviele Entitäten mit Restriktionen und Projektionen belegt wurden und wieviele Relationen der Benutzer zusätzlich selektiert hat. Auf der rechten Seite der Tabelle stehen Muster, die PASTA mit den Anfragen vergleicht. ER-Symbole mit Fragezeichen als Platzhalter deuten an, welche Pfade PASTA mit Hilfe des Schemas zu finden versucht, um die Elemente der Anfrage miteinander zu verbinden. Die Muster werden in der angegebenen Reihenfolge zum Vergleich herangezogen. Der erste Erfolg beendet die Suche, dann wird die ursprüngliche Abfrage um die dem Muster entsprechenden join-Operationen ergänzt und ausgewertet.

5 Visualisierung von Integritätsbedingungen

Sowohl bei der Auswertung von Anfragen wie auch beim Eintragen neuer Fakten werden Integritätsbedingungen geprüft. Es ist also ein berechtigtes Interesse des Benutzers, schon *vor* so einer Operation zu erfahren, welche Einschränkungen für deren Ausführung gelten. PASTA unterstützt folglich diese Art der Abfrage weiterer Schema-Information aus der Wissensbank.

Selektiert der Benutzer einige ER-Symbole in einem Subschema und danach die Operation "Constraints", so wird nach Integritätsbedingungen gesucht, die *mindestens* für diese selektierten Symbole gelten, möglicherweise aber auch noch weitere einbeziehen. Letztere werden der betreffenden Benutzersicht gegebenenfalls für die Dauer der Anzeige hinzugefügt, um eine volle Visualisierung zu ermöglichen. Bedingungs- und Konsequenzteil einer Integritätsbedingung werden in der graphischen Darstellung unterschieden. Jedes der beiden Teilfenster für sich allein ist Maus-sensitiv. Bei Berührung eines der Teilfenster mit dem cursor werden die dadurch angesprochenen ER-Symbole im Subschema invertiert dargestellt (siehe Abb. 9).

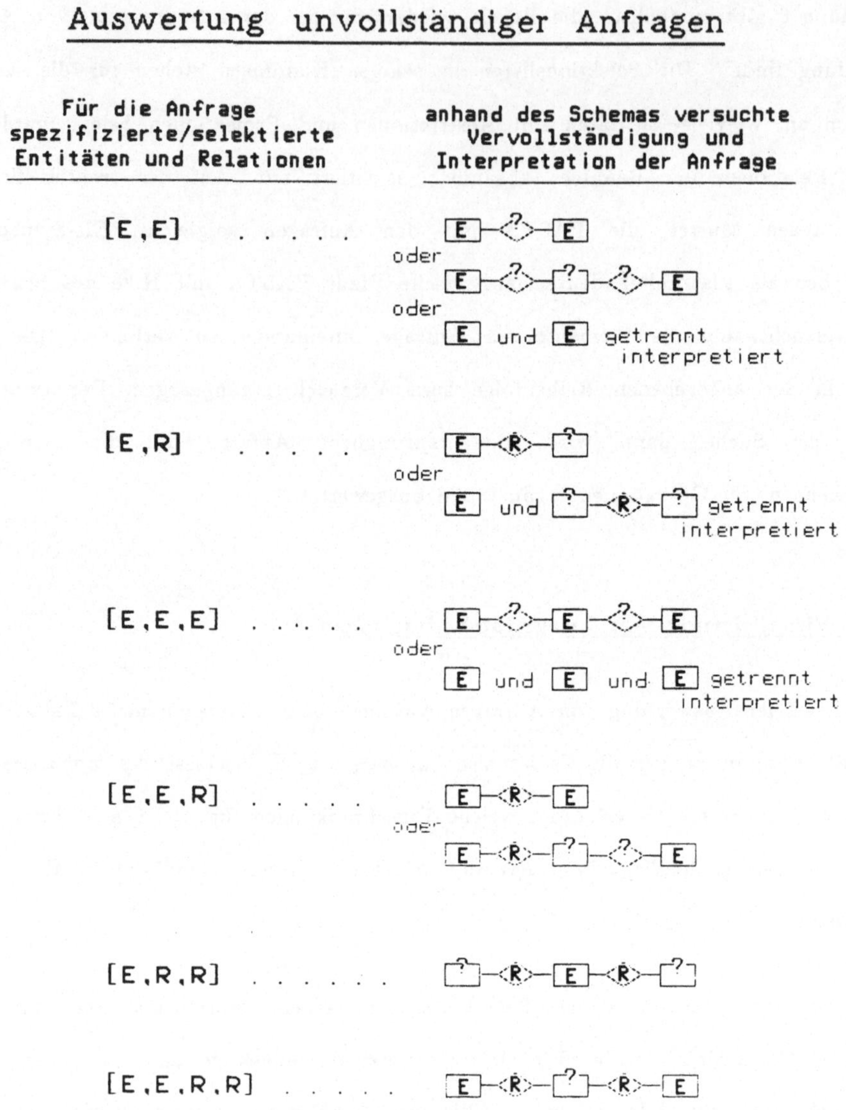

Auswertung unvollständiger Anfragen

Für die Anfrage spezifizierte/selektierte Entitäten und Relationen | **anhand des Schemas versuchte Vervollständigung und Interpretation der Anfrage**

[E,E] . . . . .

[E,R] . . . . .

[E,E,E] . . . . . .

[E,E,R] . . . . .

[E,R,R] . . . . . .

[E,E,R,R] . . . . .

Abbildung 8: Flexible Interpretation von Anfragen

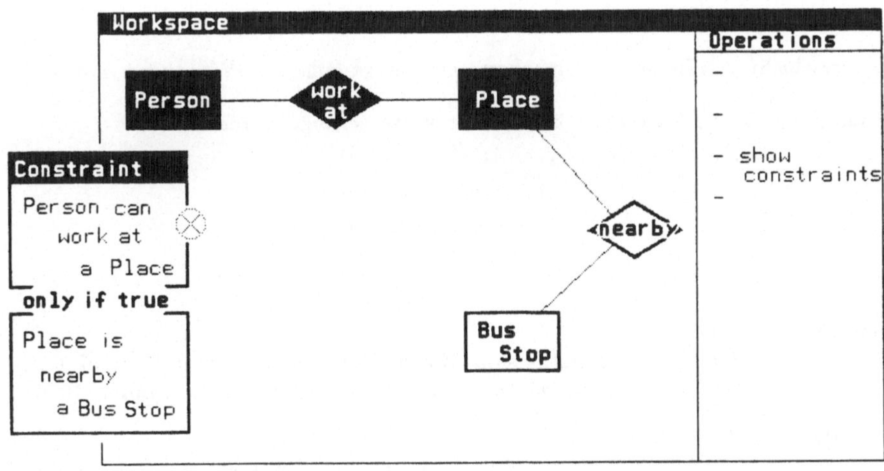

Abbildung 9: Integritätsbedingung mit betroffenen Entitäten/Relationen

6 Zusammenfassung

Das PASTA-System wurde entwickelt, um einem mit Wissensbanken nicht vertrauten Benutzer deren Benutzung zu erleichtern. Durch Verwendung und Visualisierung des Entity-Reationship-Modells war dazu eine wesentliche Voraussetzung geschaffen. Die bislang beschränkte Möglichkeit, Benutzersichten zu erzeugen, wird in der nächsten Version erweitert. Dann wird es möglich sein, vom vorgegebenen Schema abweichende Subschemata zu definieren.

Zur Steigerung der Flexibilität bei der Auswertung von Anfragen, wurde PASTA mit einer Menge von Interpretationsregeln versehen, die es erlauben, auch unvollständig oder mehrdeutig formulierte Anfragen sinnvoll zu bearbeiten. Zugunsten dieser Fähigkeit wurden unter anderem numerische Funktionen bislang vernachlässigt.

Integritätsbedingungen werden dem Benutzer auf relativ einfache Weise nahegebracht. Miteinander verknüpfte Bedingungen beispielsweise könnten in der vorgeschlagenen Weise nicht angemessen dargestellt werden. Gleiches gilt für verkettete Deduktionsregeln. - Die hier vorgestellte Lösung ist als Ansatz zu verstehen, Wissensbanken einer breiteren Benutzerschicht zugänglich zu machen. Der eingeschlagene Weg wird mit den folgenden Versionen des PASTA-Systems konsequent weiterverfolgt werden.

Literatur

[Chen 76] Chen, P. P.
The Entity-Relationship Model: Towards a Unified View of Data.
ACM Transactions on Database Systems 1(1):9-36, March, 1976.

[Date 81] Date, C. J.
The Systems Programming Series: An Introduction to Database Systems.
Addison Wesley, Reading, Massachusetts. 1981.
Third Edition.

[Elmasri 81] Elmasri, R.; Wiederhold, G.
GORDAS: A Formal High-Level Query Language for the Entity-
Relationship Model.
Entity-Relationship Approach to Information Modeling and Analysis.
ER Institute, 1981, pages 49-72.

[Elmasri 85] Elmasri, R. A.; Larson, J. A.
A Graphical Query Facility for ER Databases.
In *Proc. of 4th Internat. Conf. on Entity-Relationship Approach, Chicago,
Illinois,* pages 236-245. IEEE, October 28-30, 1985.

[Imielinski 85] Imielinski, T.: Rozenshtein, D.
*Towards a Flexible User Interface to Relational Database Systems:
Processing Simple Second Order Queries.*
Technical Report DCS-TR-142, Dept of Comp. Sci., Rutgers Univ., New
Brunswik. NJ, 1985.

[McDonald 75] McDonald, N.; Stonebraker, M.
CUPID - The Friendly Query Language.
In *Proc. of the 1975 ACM PACIFIC, San Francisco,* pages 127-131.
ACM. April. 1975.

[Naish 82] Naish, L.
An Introduction to Mu-Prolog.
Technical Report 82/2. Dept. of Comp. Science. Univ. of Melbourne. 1982.

[Poonen 78] Poonen. G.
CLEAR - a Conceptual Language for Entities and Relationships.
In *Proc. of the ICMOD Conference, Milano. Italy.* pages 194-215. IEEE,
August. 1978.

[Senko 77] Senko, M. E.
FORAL LP - Making Pointed Queries With a Light Pen.
In Gilchrist. B. (editor), *Proc. of the Information Processing 77,* pages
635-640. IFIP, 1977.
North-Holland Publishing Comp.

[Shoshani 78]   Shoshani, A.
CABLE a Language Based on the ER-Model.
Technical Report, Comp. Sci. and Applied Maths Dept. of Lawrence
Berkeley Lab., Berkeley, Calif., 1978.

[Ullman 80]   Ullman, J. D.
Principles of Database Systems.
Pitman Publishing Ltd., London, 1980.

[Wallace 85]   Wallace, M.
Prototype Knowledge Base: KB0.
Technical Report KB-2, ECRC GmbH, Munich, W. Germany, 1985.

[Zhang 83]   Zhang, Z.-Q.; Mendelzon, A.O.
A Graphical Query Language for Entity-Relationship Databases.
Entity-Relationship Approach to Software Engineering.
Elsevier Science Publishers B.V. (North Holland), 1983.

[Zloof 77]   Zloof, M. M.
Query-by-Example: a data base language.
IBM Systems Journal (4):324-343, 1977.

Datenbankunterstützung für Software-Produktionsumgebungen

K. Abramowicz, K. R. Dittrich, W. Gotthard, R. Längle,
P. C. Lockemann, T. Raupp, S. Rehm, T. Wenner

Forschungszentrum Informatik an der Universität Karlsruhe
Haid-und-Neu-Straße 10-14, D-7500 Karlsruhe 1

Kurzfassung

Integrierte Software-Produktionsumgebungen erfordern leistungsfähige Datenverwaltungskomponenten, um die zahlreichen anfallenden Dokumente einheitlich verwalten zu können. Konventionelle, marktübliche Datenbanksysteme sind jedoch kaum in der Lage, hier befriedigende Lösungen mit ausreichender Effizienz anzubieten, obwohl der Datenbankansatz grundsätzlich auch für Software-Produktionsumgebungen vorteilhaft ist. Die Ursachen für diesen Mangel liegen nicht zuletzt darin, daß die verfügbaren Datenmodelle nur unzulänglich geeignet sind, um die anfallenden komplexen Informationsstrukturen effizient zu handhaben.

Die Zielsetzung des *DAMOKLES*-Projektes besteht in der Entwicklung und prototypischen Implementierung eines speziell für Software-Produktionsumgebungen geeigneten Datenbanksystems. Ausgehend von einer Anforderungsanalyse stellt dieser Beitrag zunächst das Entwurfsobjekt-Datenmodell von *DAMOKLES* vor, insbesondere dessen Konzepte zur Modellierung und Manipulation von komplexen Objekten, von Versionen, Konfigurationen und Beziehungen. Der Einsatz des Datenmodells wird an einem durchgängigen Beispiel veranschaulicht. Darauf aufbauend werden die wesentlichen Implementierungsaspekte diskutiert.

Abstract

Powerful database management systems are indespensable components of truly integrated software engineering environments. However, presently available database systems cope only insufficiently with the special requirements of this application area — a fact that is ultimately reflected in unsatisfactory database performance. The reasons can be traced back to the complex structure of the documents to be represented in the database.

The goal of the *DAMOKLES* project is the development of a database management system which is particularly tailored to software engineering environments. Based on a requirements analysis, this paper first presents the salient features of the *DAMOKLES* Design Object Data Model including complex objects, object versions and relationships. The use of the data model is demonstrated by a comprehensive example. Some implementation issues of *DAMOKLES* are also discussed. Finally, we present first experiences in applying the data model.

1. Einleitung

Die in den siebziger Jahren zu Tage getretene und mit dem Schlagwort "Softwarekrise" umschriebene Entwicklung hat große Anstrengungen zur Verbesserung der Produktivität der Softwareerstellung sowie zur Verbesserung der Qualität der erstellten Software ausgelöst. So wurden zahlreiche Versuche unternommen, integrierte *Software-Produktionsumgebungen* [Hend84] zu entwickeln, die dem Software-Ingenieur eine Menge von *Werkzeugen* zur Automation der in den Phasen des *Software-Lebenszyklus* anfallenden Aufgaben zur Verfügung stellen. Die Integration wurde jedoch u. a. durch das Fehlen geeigneter und leistungsfähiger Datenverwaltungskomponenten erschwert, so daß auch heute das Problem der umfassend durch Werkzeuge unterstützten, ingenieurmäßigen Erstellung von Software keineswegs als befriedigend gelöst gelten kann. Prinzipiell erscheint hier der Datenbankansatz mit seinen Konzepten zur anwendungsorientierten Datenstrukturierung und -manipulation (Datenmodell), zur Datenintegration und Datenunabhängigkeit, zur Aufrechterhaltung von Datenkonsistenz u. a. m. geeignet, zur Schließung dieser Lücke beizutragen. Daß dennoch Software-Produktionsumgebungen sich bisher kaum auf marktübliche Datenbanksysteme abstützen, ist einem grundsätzlich andersartigen Anforderungsprofil dieser Anwendungsklasse zuzuschreiben.

Die Zielsetzung des gegenwärtig von uns durchgeführten *DAMOKLES*[1]-Projekts besteht in der Entwicklung von Datenbankkonzepten zur Unterstützung von Software-Produktionsumgebungen sowie in der Bereitstellung einer entsprechenden Prototypimplementierung. *DAMOKLES* ist ein Teilprojekt des vom Bundesminister für Forschung und Technologie geförderten Verbundprojekts UNIBASE[2], in dem sich Forschungseinrichtungen und Softwarehäuser zusammengeschlossen haben, um eine offene, integrierte und den gesamten Lebenszyklus durch Werkzeuge unterstützende Software-Produktionsumgebung zu entwickeln.

Der vorliegende Beitrag stellt die bisher in *DAMOKLES* erreichten Ergebnisse vor. Aufbauend auf einer Untersuchung der für die Datenverwaltung relevanten Eigenschaften von Software-Produktionsumgebungen und daraus resultierenden Anforderungen werden im 3. Kapitel die grundlegenden Konzepte des Datenmodells von *DAMOKLES*, des *Entwurfsobjekt-Datenmodells*, präsentiert und an einem Beispiel demonstriert. Einen weiteren Schwerpunkt stellt die Diskussion wesentlicher Implementierungsaspekte des *DAMOKLES*-Prototyps dar. Abschließend werden die bisher gewonnenen Ergebnisse und Anwendungserfahrungen zusammengefaßt und es wird ein Ausblick auf die weitere Entwicklung gegeben. Aufgrund des Projektablaufs stellt die Arbeit zwangsläufig eine Momentaufnahme dar. Einige Bestandteile des geplanten vollen *DAMOKLES*-Systems wurden noch nicht im Detail entwickelt. Die Behandlung etlicher Fragen, die den Leser interessieren könnten, muß daher späteren Arbeiten vorbehalten bleiben.

2. Software-Produktionsumgebungen als Datenbankanwendungen

2.1 Charakteristika ingenieurmäßiger Softwareentwicklung

Üblicherweise wird die komplexe und umfassende Aufgabe der Softwareentwicklung entsprechend einem Software-Lebenszyklus in handhabbare Teilaufgaben oder *Phasen* zerlegt [Boeh76], z. B.

$$\textit{Problemanalyse} \rightarrow \textit{Entwurf} \rightarrow \textit{Implementierung} \rightarrow \textit{Test} \rightarrow \textit{Installation} \rightarrow \textit{Wartung}$$

Phasen bestehen aus Teilphasen, diese ihrerseits aus Teilschritten usw., so daß man den gesamten Entwicklungsprozeß statisch durch eine baumartige Struktur von Arbeitseinheiten (*Schritten*) beschreiben kann. Die (Zwischen- oder End-) Ergebnisse von Schritten werden in Form von

---

(1) Database Management System of Karlsruhe for Environments for Software Engineering
(2) Software-Produktionsumgebung auf UNIX-Basis zur Erstellung von Anwendungssoftware

Dokumenten festgehalten, deren Aufbau und Inhalt durch die jeweils eingesetzten Werkzeuge bestimmt wird. Die resultierenden Dokumente einer Phase bezeichnet man auch als *Repräsentationen*. Die Kommunikation zwischen aufeinanderfolgenden Schritten erfolgt, indem Ergebnisdokumente als Eingabe für nachfolgende Schritte fungieren. Der dynamische Ablauf des Entwicklungsprozesses folgt i. a. nicht linear der statischen Struktur. Vielmehr treten in hohem Maße Iterationen auf, bei denen einzelne Schritte oder Gruppen von Schritten wiederholt werden. Ursachen hierfür sind u. a.,

- daß sich das Ergebnis eines Schrittes insofern als unbrauchbar erweist, als von ihm keine Lösung des Problems mehr erreichbar ist. In diesem Fall muß der Entwicklungsprozeß zurückgesetzt werden, um ein "besseres" (Zwischen-) Ergebnis zu produzieren (Versuch und Irrtum).

- daß die Entwicklungsmethode verlangt, daß ein Schritt iterativ durchlaufen und dabei jeweils auf das Ergebnis des letzten Durchlaufs angewandt wird (z. B. schrittweise Verfeinerung). Dabei entsteht eine Hierarchie von Dokumenten, wobei jedes Dokument durch eine Menge von Dokumenten gleichen Typs verfeinert wird.

- daß ausgehend von einem Dokument zu einer bestehenden Lösung eine weitere, alternative Lösung (*Variante*) entwickelt werden soll.

Die Verwaltung einer u. U. sehr großen Zahl von Dokumenten eines oder mehrerer Softwareprodukte (*Entwurfsobjekte*) in einer Software-Produktionsumgebung muß verschiedenen Anforderungen genügen. Bei einer genaueren Analyse ergeben sich folgende wesentlichen Punkte, die in [Lock85, Gott86, DAMO86] ausführlicher dokumentiert werden.

☞ (1) Die Dokumente aller Entwurfsschritte sowie die Abhängigkeiten zwischen Dokumenten verschiedener Schritte (z. B. "abgeleitet-aus", "wird-benutzt-von") sind zu verwalten.

☞ (2) Sowohl die Zerlegung (*Dekomposition*) eines Dokuments in eine Menge von Teildokumenten wie auch die Zusammenfassung (*Komposition*) von Dokumenten zu einem umfassenden Dokument sollte unterstützt werden. Verschiedene Hierarchien gleichen oder unterschiedlichen Typs können sich überlappen.

☞ (3) Das Dokumentenverwaltungssystem sollte *Versionen* von Dokumenten verwalten können, die zeitliche Fortentwicklungen (*Revisionen*) oder alternative Lösungsstrategien (*Varianten*) darstellen können.

☞ (4) Die Existenz von Versionen hat zur Folge, daß der Entwickler zu bestimmten Zeitpunkten eine Menge zusammengehörender Versionen (verschiedener Dokumente) auswählen muß (*Konfiguration*). Die Zusammenfassung von Versionen zu Konfigurationen sollte verwaltet werden können, ebenso wie die zur Konfigurierung notwendige Information.

☞ (5) Das Dokumentenverwaltungssystem sollte Arbeitseinheiten (Schritte) unterstützen, die von langer Dauer sind und wieder aus Schritten bestehen können. Man sollte nach *jedem* Schritt auf den Zustand vor dessen Beginn zurücksetzen können.

☞ (6) Die Zusammenarbeit von Entwicklern in einem Projektteam erfordert einen kontrollierten Austausch von Dokumenten. Neben einem privaten Arbeitsbereich je Entwickler sollte ein gemeinsamer Arbeitsbereich zur Integration der von verschiedenen Entwicklern erstellten Dokumente zur Verfügung stehen. Entsprechende Synchronisations- und Zugriffsüberwachungsmechanismen sind vorzusehen.

2.2 Werkzeuge und Dokumente in Software-Produktionsumgebungen

Zur Veranschaulichung der Anforderungen, die von Software-Werkzeugen ausgehen, betrachten wir im folgenden als einen typischen Vertreter die ISAC-Methode [Gerk84]. Bei ISAC handelt es sich um eine auf der Netztheorie basierende Methode zur Beschreibung von informationsverarbeitenden Systemen, deren Einsatzschwerpunkt in der Problemanalyse liegt. Die Methode unterstellt grundsätzlich ein top-down-Vorgehen. Der Entwickler konzentriert sich zunächst auf eine (Abstraktions-) Ebene und beschreibt die dort relevanten Aspekte durch zweisortige Netze bestehend aus *Aktivitäten* und *Informationen*, die durch gerichtete Kanten miteinander verbunden werden. Sowohl Aktivitäten wie auch Informationen einer Ebene lassen sich verfeinern, so daß das gesamte ISAC-Dokument letztlich aus einer Hierarchie zweisortiger Netze besteht. Ein Beispiel für ein solches Dokument zeigt Abbildung 2.1. Um ein im Sinne der Methode korrektes ISAC-Dokument zu erhalten, hat der Entwerfer u.a. folgende Regeln zu beachten:

(α) Es sind nur Kanten zwischen Knoten unterschiedlicher Sorten zulässig.

(β) Jede Aktivität hat mindestens je eine eingehende und eine ausgehende Information, d. h. Aktivitäten sind "informationsberandet".

(γ) Die Verfeinerung einer Aktivität, eine *Aktivitätsumrandung*, darf an ihrer "Schnittstelle" nur Aktivitäten aufweisen.

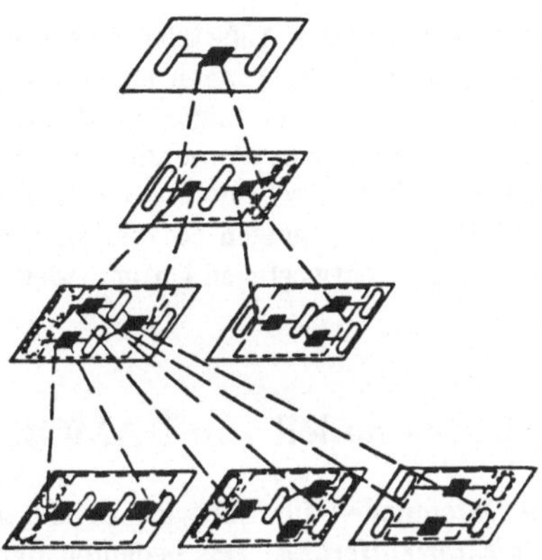

Abb. 2.1: Beispiel für ein ISAC-Dokument

Die Liste der relevanten Anforderungen läßt sich nunmehr wie folgt ergänzen:

☞ (7) Dokumente weisen i. a. eine interne Struktur auf, die sich als Baum oder Graph beschreiben läßt, wobei attributierte Knoten untereinander in Beziehungen treten.

☞ (8) Zahlreiche und komplexe Konsistenzbedingungen beschreiben den korrekten Aufbau einzelner Dokumente sowie die Beziehung verschiedener Dokumente zueinander.

☞ (9) Operationen sollten sowohl auf Dokumenten als Einheiten als auch auf deren internen Strukturen operieren können. Für die Schnittstelle der Werkzeuge zur Dokumentenverwaltung sind Operationen zur Navigation über die Dokumentstrukturen erforderlich.

☞ (10) Konsistenz der Dokumente wird i. a. erst nach einem umfassenden Schritt erreicht. Die Dokumentenverwaltung sollte es erlauben, zu vom Anwender definierbaren Zeitpunkten Prüfungen auslösen. Die Reaktion auf festgestellte Konsistenzverletzungen muß ebenfalls vom Anwender definierbar sein.

☞ (11) Grundsätzlich soll die Integration weiterer Werkzeuge in eine bestehende Umgebung möglich sein. Dies bedingt die Möglichkeit, einmal definierte Dokumentstrukturen zu beliebigen Zeitpunkten verändern zu können. Bereits integrierte Werkzeuge sollten solche Strukturänderungen nicht zwangsläufig zur Kenntnis nehmen müssen.

2.3 Datenbankunterstützung für Software-Produktionsumgebungen

In der Vergangenheit basierte die Dokumentenverwaltung in Software-Produktionsumgebungen i. a. auf Dateisystemen. Diese sind überwiegend nicht in der Lage, die meisten der geforderten Leistungen direkt zu erbringen [Nest86], so daß deren Realisierung entweder in den Bereich der Werkzeuge fiel oder von zusätzlichen "Insellösungen" erbracht werden mußte. Beispiele hierfür stellen die Systeme RCS [Tich85] und MAKE [Feld79] zur Versions- und Konfigurationsverwaltung dar.

Im Bereich betriebswirtschaftlich-administrativer Anwendungen haben sich konventionelle Datenbanksysteme durchgesetzt. Daß solche Systeme für den Einsatz in Entwurfsumgebungen grundsätzlich kaum geeignet sind, wurde bereits berichtet [Sidl80, Lock85, Härd86]. Speziell auch in Software-Produktionsumgebungen haben sich beim Einsatz relationaler Datenbanksysteme gravierende Leistungsprobleme gezeigt [Powe83, Lint84]. Prinzipielle Schwachstellen sind neben den traditionellen Datenmodellen die auf Arbeitseinheiten von kurzer Dauer zugeschnittenen Transaktions- und Konsistenzkonzepte. Grundsätzlich lassen aber Charakteristika wie anwendungsbezogene Datenmodellierung und -manipulation, Datenunabhängigkeit, Datenintegration, Konsistenzüberwachung, Datensicherheit und Zugriffskontrolle den Datenbankansatz auch für Software-Produktionsumgebungen attraktiv erscheinen, sofern der Datenbankunterstützung geeignete Konzepte zugrunde liegen.

Wie [Härd86] darlegt, kann prinzipiell durch das Aufsetzen einer objektorientierten Schnittstelle auf ein herkömmliches Datenbanksystem die Forderung nach einem adäquaten Datenmodell weitgehend erfüllt werden, jedoch nur auf Kosten eines ohnehin ungenügenden Leistungsverhaltens. Die Neuentwicklung von Datenbanksystemen, die die geforderten qualitativen Eigenschaften in Verbindung mit einem akzeptablen Leistungsverhalten erfüllen, scheint uns daher der einzig sinnvolle Weg, Datenbanktechnologie für Software-Produktionsumgebungen nutzbar zu machen. Eine solche Neuentwicklung muß in jedem Fall auf einem geeignet entworfenen Datenmodell basieren.

3. Das Entwurfsobjekt-Datenmodell von DAMOKLES

Die zentrale Anforderung an ein Datenmodell für Software-Produktionsumgebungen besteht in der Eigenschaft der (strukturellen) *Objektorientierung*. Das bedeutet, daß *jedes* Objekt des betrachteten Umweltausschnitts (d. h. jedes Dokument) in natürlicher Weise auf *ein* Datenbankobjekt abgebildet werden kann — und zwar unabhängig von seiner internen Struktur [Ditt86].

Bei der Festlegung des *Entwurfsobjekt-Datenmodells* (EODM) wurde versucht, allgemeine und flexibel einsetzbare Konzepte anstelle spezieller, auf bestimmte Anwenderstrategien zugeschnittener Konzepte anzubieten. Das EODM ist in der Klasse der *Entity-Relationship* (ER) Modelle anzusiedeln. Es erweitert die "klassischen" Konzepte aus [Chen76] um *strukturierte Objekte* und *Objektversionen* und unterscheidet sich damit von Ansätzen wie PCTE [PCTE85], CAIS [CAIS85] und ähnlichen, die zwar auch ein (einfaches) Objekt- und Beziehungskonzept vorsehen, aber davon ausgehen, daß die dokumentinternen Strukturen in Dateien abgelegt werden. Als ein weiterer auf dem ER-Modell basierender Ansatz zur Unterstützung der Software-Entwicklung bietet [Glin85] Konzepte an, baumartige Objekt-Unterobjekt-Strukturen zu modellieren. Darüber hinaus wird ein Vererbungsmechanismus zur Unterstützung der Verwaltung von Versionen eingeführt. Gemessen an den Anforderungen (und insbesondere an [Bato84]) erscheinen die Modellierungskonzepte nicht als ausreichend (nur baumartige Objekthierarchien, keine rekursiven Hierarchien, usw.). Neben den Modellierungskonzepten enthält [Glin85] eine Menge von Operatoren, die jedoch insofern unvollständig ist, als nur Operatoren auf atomaren Einheiten vorgeschlagen werden.

Der ER-Ansatz wurde in der Vergangenheit hauptsächlich zur semantischen Modellierung eingesetzt. Ein Schwerpunkt bei der EODM-Entwicklung lag deshalb auch auf der Bereitstellung einer geeigneten Menge generischer Operationen. Die Operationen sollen die reichhaltigen Strukturierungsmöglichkeiten, die das EODM vorsieht, unterstützen. Da aus der Sicht der Werkzeuge eine operationale Einzelobjektschnittstelle wichtiger als eine mengenorientierte Schnittstelle erscheint, betrifft dies v. a. die Navigation in Objekt-Beziehungs-Geflechten und die Operationen auf strukturierten Objekten.

Im folgenden werden die wesentlichen Konzepte des EODM kurz beschrieben. Für eine ausführliche Spezifikation insbesondere der Operationen sei auf [DAMO86] verwiesen.

3.1 Das Objektkonzept

Ein *Objekt* ist eine in der betrachteten Umwelt selbständig existierende Einheit. Objekte werden durch ihre Eigenschaften beschrieben. Objekte mit gemeinsamen Eigenschaften bilden *Objekttypen*. Bei den Objekteigenschaften werden zwei Arten unterschieden:

● *Deskriptive Eigenschaften:*
Deskripitive Eigenschaften werden wie in [Chen76] durch *Attribute* beschrieben, die Objekten Elemente *einfacher Wertemengen* zuordnen. Attribute oder Kombinationen von Attributen können Schlüsseleigenschaft haben. Für einfache Wertemengen werden neben den üblichen Basismengen Konstruktoren angeboten, die es erlauben, durch Reihung, Verbund-, Ausschnittbildung oder Aufzählung weitere Wertemengen zu definieren. Darüber hinaus erlaubt die Wertemenge LONG_FIELD [Hask82] die Abspeicherung von Byteketten beliebiger Länge als Attributwerte und ihre Manipulation in der Art direkter Dateien.

● *Strukturelle Eigenschaften:*
Strukturelle Eigenschaften beschreiben den Aufbau eines Objekts aus Unterobjekten, die miteinander in Beziehung stehen können (*strukturiertes Objekt*). Unterobjekte können wiederum strukturierte Objekte sein, so daß man auf diese Weise Objekthierarchien erhält. Bei der Definition eines strukturierten Objekttyps im Schema werden diejenigen Typen aufgezählt, deren Exemplare Komponenten des strukturierten Objekts sein können. Es gibt keinerlei Beschränkungen bzgl. des Aufbaus von Objekten aus Komponenten, so daß (vgl. [Bato84])

  — Objekte als Unterobjekte in mehreren strukturierten Objekten sowohl desselben Typs als auch verschiedener Typen auftreten können (Überlappung),

  — ein strukturiertes Objekt Objekte desselben Typs (unmittelbar oder mittelbar) als Unterobjekte enthalten kann (Rekursion).

Operatoren auf Objekten erlauben u. a.

● Erzeugen von Objekten (sowohl eigenständig als auch als Unterobjekte),

● Einfügen und Entfernen von Unterobjekten in/aus strukturierten Objekten,

● Lesen und Verändern von Attributwerten,

● Kopieren und Löschen von Objekten (sowohl einschließlich der Unterobjekte als auch lediglich der deskriptiven Eigenschaften),

● navigierende Suche aller Unterobjekte und -beziehungen ausgehend von einem strukturierten Objekt und umgekehrt,

● assoziativen Zugriff aufgrund von Attributwerten.

Objekte (und auch Beziehungen) erhalten beim Einfügen einen systemvergebenen Schlüssel (*Surrogat* — [Hall76]), der systemweit eindeutig ist, sich während der Lebensdauer des Objekts nicht ändert und danach nicht wieder an ein anderes Objekt vergeben wird. Die Operatoren zur Navigation liefern als Ergebnis das Surrogat des gefundenen Objekts.

3.2 Beziehungen

Beziehungen sind n-stellige ($n \geq 1$) Assoziationen von Objekten. Gleichartige Beziehungen werden zu Beziehungstypen zusammengefaßt. Objekte nehmen in Beziehungen *Rollen* ein. Auch Beziehungen können Attribute haben. Durch Angabe von *Kardinalitäten* können in einem Schema Konsistenzbedingungen formuliert werden. Wie bereits angedeutet, können auch Beziehungen als Komponenten strukturierter Objekte auftreten. Die Flexibilität des Beziehungskonzepts erlaubt es dabei, sowohl Beziehungen zwischen strukturierten Objekten (Inter-Dokument-Beziehungen) als auch zwischen Unterobjekten eines oder verschiedener strukturierter Objekte (Intra-Dokument-Beziehungen) zu etablieren.

3.3 Versionen und Konfigurationen

Versionen stellen (aus Benutzersicht) mehrfache Ausprägungen eines Dokuments dar. Das Versions-konzept des EODM erlaubt es, diese direkt auf mehrfache Ausprägungen eines Objekts abzubilden (vgl. [Ditt87]). *DAMOKLES*-Versionen haben folgende Eigenschaften:

- Jede Version bezieht sich immer auf genau ein "zugrundeliegendes" *generisches Objekt*.
- Das generische Objekt wie auch seine Versionen können deskriptive und strukturelle Eigenschaf-ten haben. Jede Version eines Objekts ererbt dabei dessen Eigenschaften, während die Versio-nen untereinander unterschiedliche Ausprägungen (jedoch gleichen Typs) aufweisen können.
- Die Menge der Versionen eines Objekts ist geordnet. Die Ordnung kann linear, baumartig oder im allgemeinsten Fall azyklisch definiert sein (es entsteht ein *Versionsgraph*).
- Versionen eines Objekts vom Typ <object name> sind Objekte vom Typ <object na-me>.VERSION; sie können an Beziehungen partizipieren, wie erwähnt Attribute und Unterob-jekte haben und sogar ihrerseits wiederum Versionen besitzen.

Operationen auf Versionen erlauben es, im Versionsgraphen eines Objekts zu navigieren, das generi-sche Objekt aufzusuchen, Versionen einzubringen und zu löschen.

Wie wir in den ersten Abschnitten erfahren haben, ist die Verwaltung von Versionen untrennbar mit der Verwaltung von Konfigurationen verbunden. Bei der Konfigurierung wählt der Entwerfer (oder ein Werkzeug) jeweils eine Version von verschiedenen Dokumenten aus. Dies erfordert in *DAMO-KLES* kein eigenständiges Konzept, sondern läßt sich mit dem Konzept der strukturierten Objekte und Versionen modellieren (vgl. Beispiel in Kapitel 4).

3.4 Diskussion

Grundsätzlich kann man die Erweiterungen des ER-Modells auch als spezielle Beziehungen auffassen: (*Objekt-Unterobjekt-Beziehung, Versionsbeziehung*). Somit wäre es prinzipiell möglich, ganz auf diese Erweiterungen zu verzichten. Folgende Gründe legen aber die Erweiterung in der geschilder-ten Weise nahe:

- Strukturierte Objekte und Versionen sind Standardanforderungen innerhalb des betrachteten Anwendungsbereichs. Entsprechende Konzepte des Datenmodells unterstützen den Anwender bei der semantischen Modellierung; das sich ergebende Schema wird zudem verständlicher.
- Nur aufgrund der speziellen Semantik der beiden Konzepte ist ein Datenbanksystem in der La-ge, effiziente Implementierungen hierfür vorzusehen (z. B. Objekt-Clusterung oder Differenz-mechanismen für Versionen [Dada84, Tich85]).

Insgesamt sollte man sich aber bei der Erweiterung aus Gründen der Komplexität und der effizienten Implementierbarkeit des Datenmodells auf eine kleine Anzahl von Konzepten beschränken. *DAMO-KLES* bietet deshalb z. B. keine speziellen Revisions- und Variantenkonzepte an.

4. Ein Beispiel

Die bisher beschriebenen EODM-Konzepte sollen an einem Beispiel veranschaulicht werden. Dazu betrachten wir nur die Phasen Problemanalyse und Implementierung. Demzufolge gibt es lediglich zwei Dokumenttypen ("Problemanalysedokument" und "Implementierungsdokument") und einen Be-ziehungstyp ("abgeleitet-aus") − vgl. Abbildung 4.1.

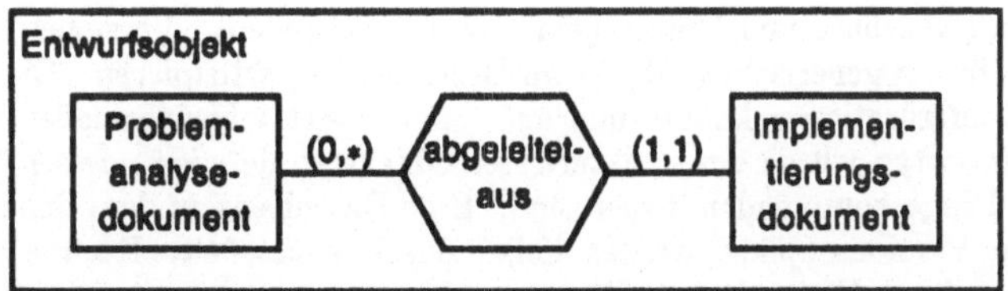

Abb. 4.1: Modellierung des Beispiel Software-Lebenszyklus

Objekte der Typen "Problemanalysedokument" und "Implementierungsdokument" sowie Beziehungen vom Typ "abgeleitet-aus" sind zu einem strukturierten Objekt vom Typ "Entwurfsobjekt" zusammengefaßt (graphisch durch Schachtelung der entsprechenden Typen dargestellt). Die Kardinalitäten geben an, daß jedes "Implementierungsdokument" genau aus einem "Problemanalysedokument" abgeleitet wird, daß aber aus einem "Problemanalysedokument" beliebig viele "Implementierungsdokumente" abgeleitet werden können. Ein entsprechender Datenbasiszustand wird in 4.2 dargestellt. Ein strukturiertes Objekt besteht dort aus einer beliebigen Anzahl von Unterobjekten, die untereinander in Beziehung stehen können, aber nicht müssen.

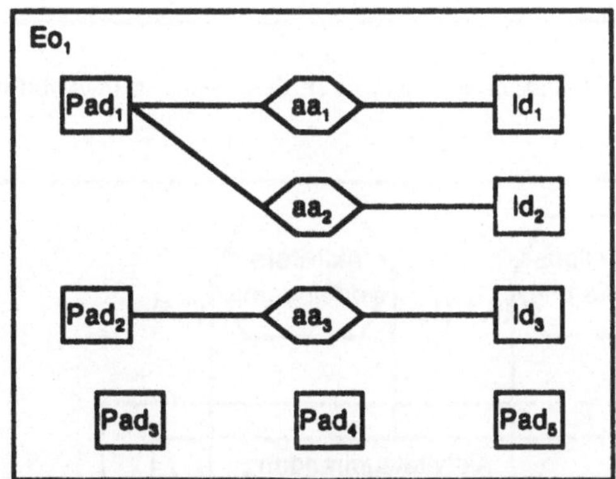

Abb. 4.2: Datenbasiszustand zu dem Schema in Abb. 4.1

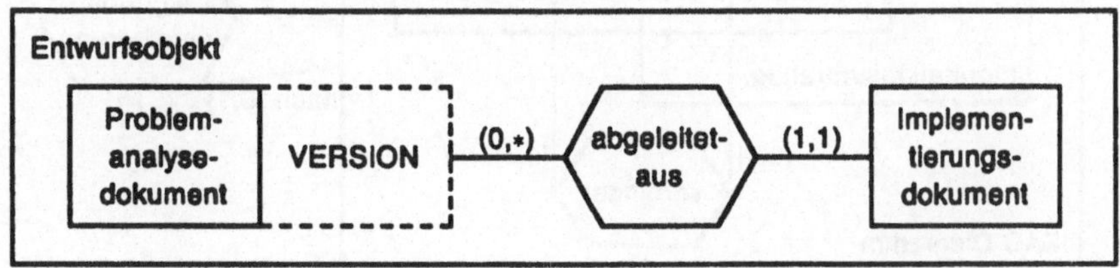

Abb. 4.3: Verfeinerung des Beispiel-Lebenszyklus aus Abb. 4.2

Der Beispiel-Lebenszyklus soll nun etwas verfeinert werden. Dazu wird angenommen, daß ein "Problemanalysedokument" in verschiedenen Versionen existiert. "Implementierungsdokumente" sollen demzufolge aus Versionen von "Problemanalysedokumenten" (und nicht mehr aus entsprechenden generischen Objekten) abgeleitet werden. Das zugehörige ER-Diagramm findet sich in Abbildung 4.3. In diesem Beispiel ererben alle Versionen eines "Problemanalysedokuments" (gestricheltes Rechteck) dessen Eigenschaften (Attribute und Unterobjekte, wenn vorhanden). Versionen von Objekten können unabhängig von ihrem generischen Objekt an Beziehungen partizipieren. Die Zusammenfassung von Versionen zu Konfigurationen könnte nun auf einfache Art folgendermaßen modelliert werden: für jeden Konfigurationstyp würde ein strukturierter Objekttyp definiert, dessen Unterobjekte gerade Versionen der in Frage kommenden Typen sind. Eine Datenbasis zu dem Schema in 4.3 zeigt die Abbildung 4.4. Die Versionsobjekte werden dabei durch gestrichelte Rechtecke, die Vorgänger-Nachfolger Beziehung durch Pfeile dargestellt.

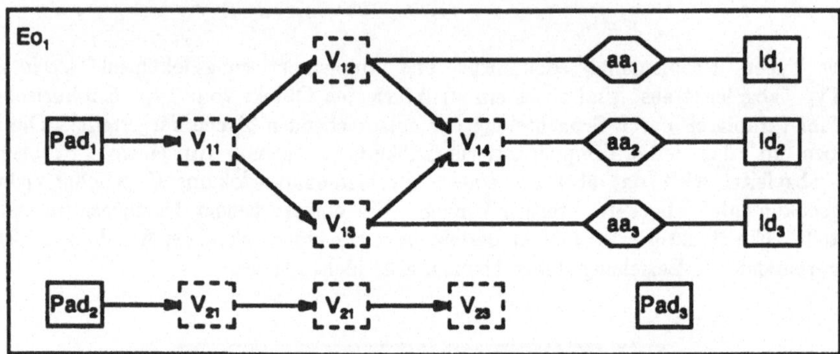

Abb. 4.4: Datenbasiszustand zu dem Schema in Abbildung 4.3

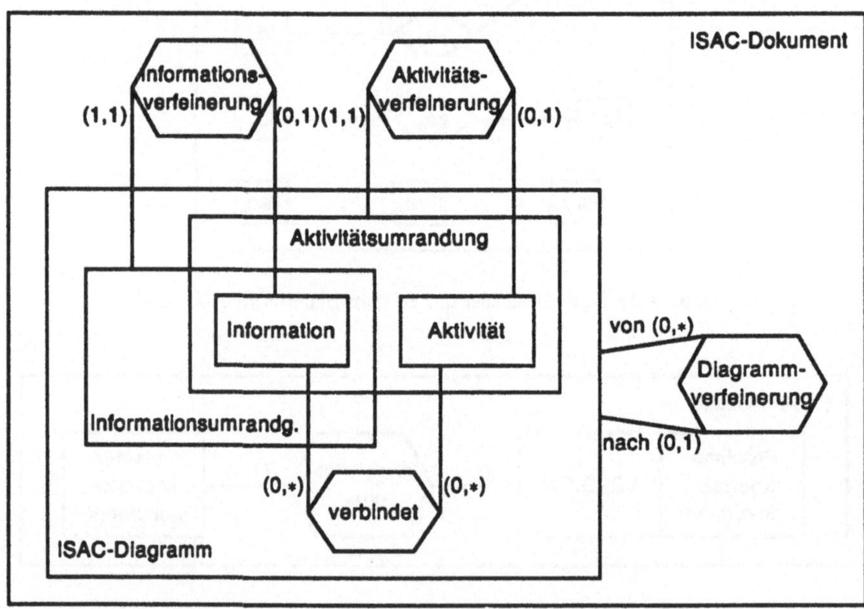

Abb. 4.5: ER-Diagramm für ISAC-Dokumente

In Abbildung 4.5 wird ein (vereinfachtes) ER-Diagramm eines ISAC-Dokuments vorgestellt. Jedes ISAC-Objekt wird durch einen Gegenstandstyp modelliert ("Information", "Aktivität", "Informationsumrandung", "Aktivitätsumrandung"). Die Umrandungen sind strukturierte Objekte. Eine "Informationsumrandung" enthält "Informationen", eine "Aktivitätsumrandung" "Informationen" und

"Aktivitäten" als Unterobjekte. Hier erkennt man, wie sich verschiedenartige Hierarchien überlagern können. "Informationen" und "Aktivitäten" sind durch einen Beziehungstyp "verbindet" verbunden. Im ER-Diagramm treten drei Verfeinerungsbeziehungen auf, die sämtlich als Komponenten im umgebenden "ISAC-Dokument"-Typ enthalten sind.

An dieser Stelle wird deutlich, daß durch diese Modellierung nicht alle Bedingungen eines "wohlgeformten" ISAC-Dokumentes erfaßt worden sind. Beispiele für solche nicht-modellierten Konsistenzbedingungen sind (β) und (γ) (siehe Abschnitt 2.2). Teilweise lassen sich diese Bedingungen durch eine andere Modellierung darstellen (wie zum Beispiel (β) durch eine Aufspaltung des Beziehungstyps "verbindet" in zwei Beziehungstypen für eingehende und ausgehende Informationen und Angabe jeweils der Minimalkardinalität von 1); für andere Bedingungen ist dies entweder nur sehr umständlich oder aber gar nicht möglich.

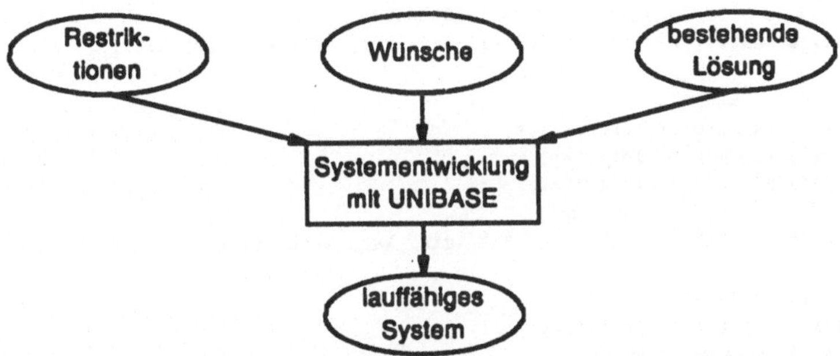

Abb. 4.6: Oberste Abstraktionsebene des UNIBASE-Lifecycle in ISAC-Darstellung. Informationen werden durch Ellipsen, Aktivitäten durch Rechtecke symbolisiert, während Pfeile den Informationsfluß repräsentieren.

Abschließend wollen wir einen Eindruck von der Anwendung der DML von *DAMOKLES* vermitteln. Abb. 4.7 zeigt ein Programmstück (in einer an PASCAL angelehnten Syntax), das zunächst die Bestandteile des ISAC-Diagramms aus Abb. 4.6 in eine Datenbasis einfügt und anschließend in dem eingefügten Objekt-Beziehungsgeflecht navigiert. Hierzu wird das in Abb. 4.5 vorgestellte Schema zugrundegelegt — ergänzt um Namensattribute für die Objekttypen AKTIVITÄT, INFORMATION und ISAC-DIAGRAMM sowie um ein Verbindungsartattribut für den Beziehungstyp VERBINDET. Nach den Zuweisungen an die Namensattribute (Zeilen 2, 5, 8, 11, 14, 17) erfolgt das Einfügen des Diagramm-, der Informations- und des Aktivitätsobjekts (3, 6, 9, 12, 15, 18). Informations- und Aktivitätsobjekte werden dabei als Unterobjekte des Objekts '*UNIBASE ISAC-Diagramm*' eingefügt (Parameter *ISAC-DIAGRAMM* und *diag_key* für Typ und Surrogat des Oberobjekts). In den Zeilen 20 bis 25 wird eine Beziehung vom Typ VERBINDET in die Datenbasis eingefügt. Als Rollenattribute dieser Beziehung fungieren das Informationsobjekt '*Wünsche*' und das Aktivitätsobjekt '*Systementwicklung mit UNIBASE*' (Parameter *roles*). Mit der Attributzuweisung in Zeile 20 wird ausgedrückt, daß es sich bei dieser Verbindung um eine Eingangsinformation für die Aktivität handelt. Das Einfügen der restlichen Eingangsverbindungen wird der Kürze wegen nicht aufgeführt. Die Zeilen 29 bis 32 beschreiben das Einfügen der Beziehung zwischen der Aktivität '*Systementwicklung mit UNIBASE*' und der Information '*lauffähiges System*'. Alle neu eingefügten Beziehungen werden wiederum als Unterobjekte des Objekts '*UNIBASE ISAC-Diagramm*' deklariert. Abschließend (34 ff.) werden alle Unterobjekte vom Typ INFORMATION des Objekts '*Oberste Ebene ISAC-Diagramm*' iterativ aufgesucht.

```
 1 BEGIN
 2   diag.name := 'UNIBASE ISAC-Diagramm';
 3   db_io(IN: ISAC-DIAGRAMM, diag, OUT: diag_key);
 4
 5   inf.name := 'Wünsche';
 6   db_io(IN: INFORMATION, ISAC-DIAGRAMM, diag_key, inf, OUT: inf1_key);
 7
 8   inf.name := 'Restriktionen';
 9   db_io(IN: INFORMATION, ISAC-DIAGRAMM, diag_key, inf, OUT: inf2_key);
10
11   inf.name := 'bestehende Lösung';
12   db_io(IN: INFORMATION, ISAC-DIAGRAMM, diag_key, inf, OUT: inf3_key);
13
14   inf.name := 'lauffähiges System';
15   db_io(IN: INFORMATION, ISAC-DIAGRAMM, diag_key, inf, OUT: inf4_key);
16
17   akt.name := 'Systementwicklung mit UNIBASE';
18   db_io(IN: AKTIVITÄT, ISAC-DIAGRAMM, diag_key, akt, OUT: akt_key);
19
20   verb.art := Eingang;
21   roles[2].ro_name := Information;
22   roles[2].ro_okey := inf1_key;
23   roles[1].ro_name := Aktivität;
24   roles[1].ro_okey := akt_key;
25   db_ir(IN: VERBINDET, ISAC-DIAGRAMM, diag_key, verb, roles, OUT: verb1_key);
26   ...
27   verb.art := Ausgang;
28   roles[1].ro_name := Aktivität;
29   roles[1].ro_okey := akt_key;
30   roles[2].ro_name := Information;
31   roles[2].ro_okey := inf4_key;
32   db_ir(IN: VERBINDET, ISAC-DIAGRAMM, diag_key, verb, roles, OUT: verb4_key);
33
34   db_fesor(IN: ISAC-DIAGRAMM, diag_key, INFORMATION, DB_FIRST, OUT: key1, name);
35   writeln(name);
36
37   REPEAT
38     db_fesor(IN: ISAC-DIAGRAMM, diag_key, INFORMATION, DB_NEXT, key1, OUT: key2, name);
39     writeln(name);
40     key1 := key2;
41   UNTIL EOT;
42 END.
```

Abb. 4.7: Anwendung der *DAMOKLES*-DML. Aus Gründen der Einfachheit wurden die Variablenvereinbarungen sowie innerhalb der DML-Aufrufe die Parameter 'Datenbasisdeskriptor' und 'Fehlerstatus' nicht aufgeführt.

5. Implementierung des Entwurfsobjekt-Datenmodells

Für die Implementierung traditioneller Datenbanksysteme hat sich eine *schichtenorientierte Architektur* [Härd78] durchgesetzt, in der die Aufgaben des Datenbanksystems hierarchisch angeordneten Systemebenen zugeordnet werden, die von bestimmten Aspekten der jeweils tieferen Ebene abstrahieren. Auch für "Nicht-Standard-Datenbanksysteme" schlagen verschiedene Autoren Schichtenarchitekturen vor ([Härd85], [Ditt85b]), so daß auch die *DAMOKLES*-Entwicklung sich auf dieses Architekturprinzip abstützte. Im weiteren wird die *DAMOKLES*-Architektur anhand des Plans in Abb. 5.1 diskutiert — mit besonderem Augenmerk auf den Unterschieden zu konventionellen Datenbank-Implementierungen. Auf die mit Konsistenz, Recovery sowie der Synchronisation zusammenhängenden Implementierungsaspekte wird in diesem Beitrag nicht näher eingegangen.

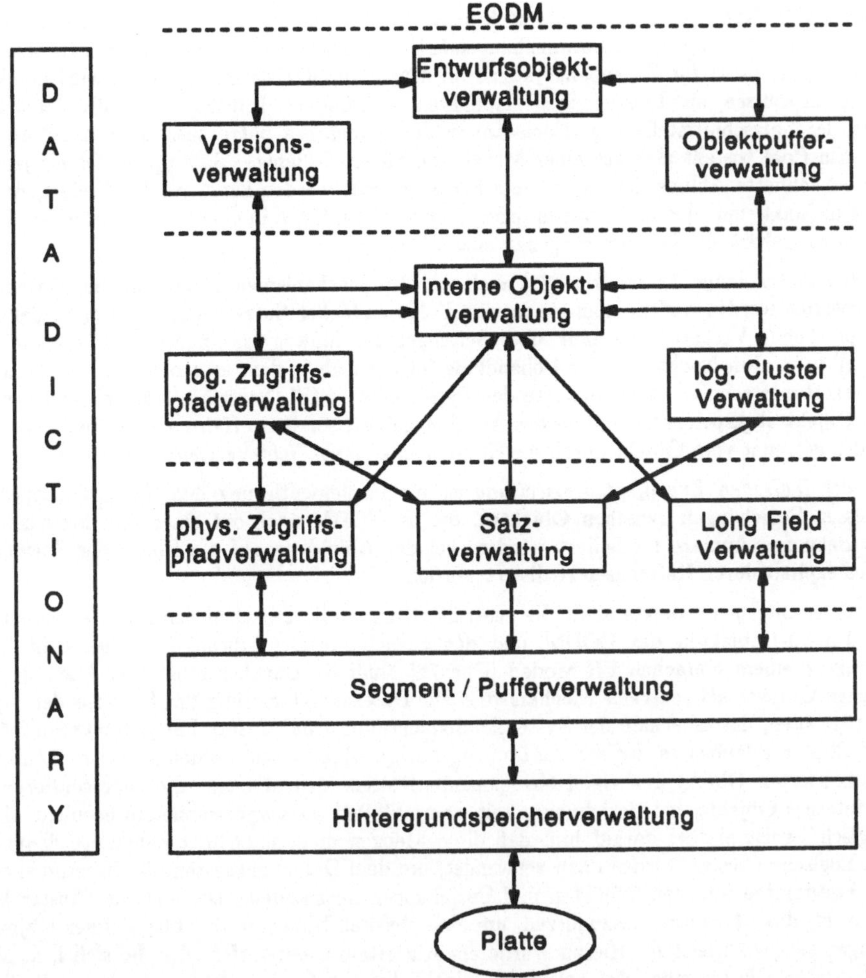

Abb. 5.1: *DAMOKLES* Gesamtarchitektur. Die Pfeile stellen die Kommunikations-
struktur zwischen den einzelnen Komponenten dar. Auf das Data Dictionary
können prinzipiell alle Komponenten zugreifen.

Es lassen sich zunächst vier Schichten im Systemaufbau von *DAMOKLES* herauskristallisieren:

(1) das *Speichersystem* (Hintergrundspeicher- und Segment-/Pufferverwaltung),

(2) die Ebene der *Speicherungsstrukturen* (physische Zugriffspfadverwaltung, Satzverwaltung und
Long-Field-Verwaltung),

(3) die Ebene der *internen Objektstrukturen* (logische Zugriffspfadverwaltung, interne Objektverwaltung und logische Cluster Verwaltung),

(4) die Ebene der *Entwurfsobjektstrukturen* (Versionsverwaltung, Entwurfsobjektverwaltung und
Objektpufferverwaltung).

Hintergrundspeicherverwaltung, *Segment-/Pufferverwaltung* und *physische Zugriffspfadverwaltung*
unterscheiden sich kaum von vergleichbaren Komponenten konventioneller Datenbanksysteme.

Den Ausgangspunkt für die *Satzverwaltung* bildet eine traditionelle Satzschnittstelle, d. h. die adres-
sierbaren Einheiten stellen Sätze dar, die aus einer Folge von Datenfeldern fester oder variabler Länge bestehen. Jeder Satz gehört zu einem bestimmten Satztyp, der eine Menge gleich strukturierter

Sätze beschreibt. Damit allein bestünde noch nicht die Möglichkeit, zusammengehörige Objekte und Beziehungen auch auf physisch zusammenhängende Speicherbereiche abzubilden. Ein flexibles physisches Clusterkonzept ist für Datenbanksysteme, in denen komplex strukturierte Entwurfsobjekte verwaltet werden müssen, aus Leistungsgesichtspunkten unabdingbar [Härd86]. Deshalb bietet *DAMOKLES* an der Satzschnittstelle sog. *Pools* an, in denen mehrere Sätze zusammen abgelegt werden können. Ein Pool besteht also aus einer Menge von Sätzen beliebiger Satztypen. Damit jedoch die physisch benachbarte Ablage der Sätze eines Pools erreicht werden kann, wird gefordert, daß Pools paarweise disjunkt sind. Da andererseits jeder Satz beim Einfügen in eine Datenbasis einem Pool zugeordnet wird, gehört ein Satz immer genau einem Pool an.

Prinzipiell könnten *lange Felder* [Hask82] auch mit den Mechanismen herkömmlicher Datenbanksysteme verwaltet werden, indem man sie in eine Folge einfacher Sätze zerlegt und diese dann durch eine entsprechende Verkettungstechnik über Seitengrenzen hinweg miteinander verbindet ("spanned record facility"). Ein Nachteil dieser Behandlung liegt jedoch in dem enormen Verwaltungsaufwand dieser Verkettungstechnik. Attributwerte des Typs LONG_FIELD werden deshalb nicht zusammen mit dem Objekt abgespeichert, zu dem das Attribut gehört, sondern erfahren eine Sonderbehandlung und werden getrennt vom Objekt durch die Komponente *Long-Field-Verwaltung* verwaltet.

Aufgabe der *logischen Zugriffspfadverwaltung* ist die Implementierung der Navigationsoperatoren. Dazu müssen Beziehungen zwischen Objekten, die im EODM noch auf einer rein logischen Ebene durch Beziehungsexemplare modelliert werden, bei der Abbildung auf die Ebene der Speicherungsstrukturen explizit durch Referenzen realisiert werden.

Die Ebene der internen Objekte stellt die zentrale Schnittstelle zwischen den mit viel Semantik behafteten Entwurfsobjekten des EODM und den Speicherungsstrukturen dar. Sie sieht in ihrer Grundstruktur einem einfachen ER-Modell [Chen76] ähnlich. Darüber hinaus wird auf der Ebene der internen Objekte als zentraler Mechanismus zur Datenstrukturierung das Konzept der *logischen Cluster* angeboten, das innerhalb der Systemkomponente *logische Cluster Verwaltung* realisiert wird. Logische Cluster erlauben es, logisch zusammengehörige Objekte und Beziehungen (z. B. alle zu einem strukturierten Objekt gehörigen Komponenten) zusammenzufassen. Sie repräsentieren damit Mengen interner Objekte und Beziehungen mit einem Objekt als ausgezeichnetem Element. Der Zusatz "logisch" weist hierbei darauf hin, daß diese Mengen nicht unbedingt paarweise disjunkt sein müssen. Logische Cluster werden dazu verwendet, um dem Datenbanksystem die Zusammengehörigkeit von bestimmten internen Objekten und Beziehungen mitzuteilen. Die logische Cluster Verwaltung versucht, diese Kenntnis auszunutzen, um eine physisch benachbarte Ablage dieser Objekte und Beziehungen zu gewährleisten. Hierzu wurde ein Algorithmus entworfen, der die sich i. a. überlappenden logischen Cluster möglichst optimal in eine Folge von Pools abbildet. Es hat sich allerdings gezeigt, daß die ständige Berechnung der optimalen Lösung im laufenden Betrieb zu teuer ist und deshalb nur zu geeigneten Reorganisationszeitpunkten vorgenommen werden kann. In der derzeitigen Implementierung wird statt dessen auf eine Heuristik zurückgegriffen. Längerfristig ist vorgesehen, dem Datenbankadministrator Möglichkeiten zur Beeinflussung dieser Abbildung anzubieten. Er kann dann entscheiden, wie bei Überlappung zu clustern ist oder ob für einen effizienten Zugriff eventuell (kontrollierte) Redundanzen in Kauf genommen werden sollen.

In der Komponente *Versionsverwaltung* werden die Operationen zum Suchen von Versionen durch die Navigationsoperatoren der logischen Zugriffspfadverwaltung sowie die Operationen zum Einfügen und Löschen von Versionen durch die entsprechenden Operationen zum Einfügen und Löschen von internen Objekten und Beziehungen realisiert.

Die *Entwurfsobjektverwaltung* implementiert die datenmodellabhängigen Teile der Benutzerschnittstelle von *DAMOKLES*. Hierzu wird das logische Clusterkonzept eingesetzt, indem alle *direkten* Unterobjekte und -beziehungen eines Objekts in einem logischen Cluster zusammengefaßt werden, wobei das Oberobjekt die Rolle des ausgezeichneten Elements einnimmt. Abbildung 5.2 illustriert diesen Sachverhalt an einem Beispiel.

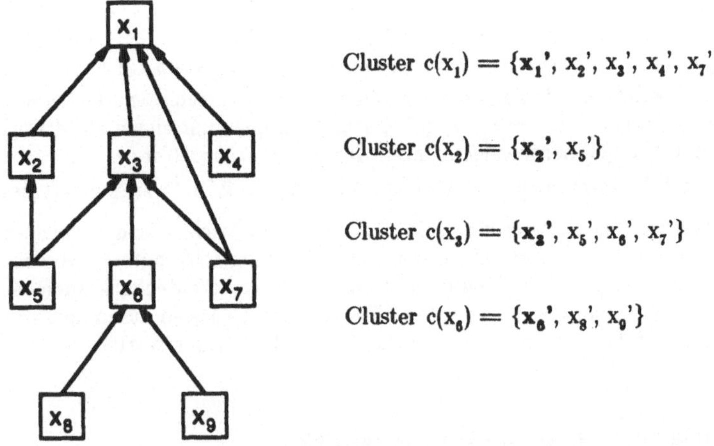

Abb. 5.2: Abbildung von Entwurfsobjekten auf interne Objekte und logische Cluster. Die x_i bezeichnen Objekte/Beziehungen des EODM, die x_i' die entsprechenden Bilder auf der internen Ebene ($i \in [1..9]$); $x_i \rightarrow x_j$ bedeutet, x_i ist direktes Unterobjekt von x_j; $c(x_i)$ bezeichnet das zu x_i gehörige logische Cluster. Die ausgezeichneten Elemente der logischen Cluster sind fettgedruckt.

Um den Zugriff der eingesetzten Werkzeuge auf die zu bearbeitenden Entwurfsobjekte zu beschleunigen, sieht das EODM die Möglichkeit vor, durch Aufruf einer PREPARE-Operation strukturierte Objekte vollständig in den Hauptspeicher einzulagern und sie dort für die Dauer der Bearbeitung in besonders günstiger Weise zu fixieren, bis sie durch die inverse RELEASE-Operation wieder freigegeben werden. Die *Objektpufferverwaltung* hat insbesondere Informationen darüber zu führen, welche Objekte durch PREPARE eingelagert sind und wo sich diese im Objektpuffer befinden. Der vom Datenbanksystem bereitgestellte Puffer zerfällt somit in zwei logisch getrennte Bereiche: den "normalen" Segmentpuffer, über den in üblicher Weise Segmentseiten ein- und ausgelagert werden, und den Objektpuffer für die durch PREPARE eingelagerten Objekte. Hierbei ist zu überlegen, wie der gesamte dem Datenbanksystem physisch verfügbare Hauptspeicher zwischen Segment- und Objektpuffer aufgeteilt wird. Insbesondere scheint hier eine dynamische Lösung denkbar, bei der die jeweilige Größe der beiden Puffer zur Laufzeit angepaßt werden kann.

Neben den beschriebenen Instanzen steht das *Data Dictionary*, das alle wichtigen Systemdaten zentral verwaltet. Hierzu zählen sämtliche Schemainformationen, die Transformations- oder Abbildungsregeln, wichtige Systemparameter sowie statistische Daten, im folgenden kurz *Metainformation* genannt. Es erweist sich als günstig, zur Darstellung der Metainformation die durch das EODM ohnedies vorhandenen Modellierungsmöglichkeiten zu nutzen, um damit auch dieselben Zugriffsprimitive einsetzen zu können (*integriertes* Data Dictionary). Damit wird nicht nur die Implementierung einer eigenen Datenhaltungskomponente vermieden, sondern durch die Gleichsetzung der Data Dictionary Schnittstelle mit der Anwendungsschnittstelle des Datenbanksystems wird auch das Arbeiten mit dem Datenwörterbuch für den Benutzer wesentlich vereinfacht.

6. Weitere Konzepte

Um für Software-Produktionsumgebungen umfassende Datenbankunterstützung anzubieten, sind neben dem Datenmodell weitere Konzepte erforderlich, um die der *DAMOKLES*-Prototyp schrittweise erweitert werden wird. Da sie in diesem Beitrag nicht im Detail vorgestellt werden können, sollen die wichtigsten wenigstens schlagwortartig aufgeführt werden:

- Ein flexibles *Subschemakonzept* zur Unterstützung der Integration von Softwarewerkzeugen.

- Ein allgemeiner *Event-Trigger-Mechanismus* [Ditt85a], der die geforderte Flexibilität beim Auslösen von Konsistenzprüfungen sowie bei der Reaktion auf Konsistenzverletzungen leistet.

- Die Möglichkeit, den gesamten Datenbestand in verschiedene Datenbasen zu unterteilen, die in einem Rechnernetz verteilt sein können, zusammen mit einem auf dem Checkout/Checkin-Paradigma [Hask82] beruhenden Konzept für *lange Transaktionen*.

- Ein auf die (hierarchischen) Objektstrukturen des EODM zugeschnittenes *Schutzkonzept*.

Die Akzeptanz des Systems und sein Nutzen für Entwickler und Anwender von Software-Produktionsumgebungen wird maßgeblich von seiner Leistung mitbestimmt werden. Insbesondere die o. g. Objektpufferung, die zur objektorientierten Hauptspeicherdatenbank ausgebaut werden soll (vgl. [De-Wi84, Katz85]), und der Einsatz von Clustertechniken lassen zusammen mit der Verwendung einer Workstation/Server-Architektur die erforderliche Effizienz erwarten.

7. Zusammenfassung und Ausblick

Zur Erleichterung der Integration von Werkzeugen und der Abdeckung des gesamten Software-Lebenszyklus sind speziell auf die Belange von Software-Produktionsumgebungen zugeschnittene Datenbanksysteme notwendig. Diese müssen wiederum auf geeigneten Datenmodellen basieren. Ausgehend von einer Anforderungsanalyse haben wir die wesentlichen Konzepte des Entwurfsobjekt-Datenmodells von *DAMOKLES* vorgestellt, ihre Anwendung demonstriert und ihre Implementierung beschrieben. Das EODM erweitert das klassische ER-Modell im wesentlichen um strukturierte Objekte und Objektversionen. Es ist damit in der Lage, sowohl für die Entwurfshierarchie wie auch für typische Werkzeuge die notwendigen Modellierungskonzepte bereitzustellen.

Das EODM ist inzwischen von den UNIBASE-Partnern verabschiedet worden [DAMO86]. Ein erster Prototyp von *DAMOKLES* ist seit Anfang 1987 verfügbar. Für die Software-Werkzeuge der einzelnen Projektpartner sind EODM-Schemata entworfen worden. Nach ersten Anlaufschwierigkeiten bei der Modellierung haben sich die Konzepte als angemessen herausgestellt, insbesondere im Hinblick auf die Integration von Werkzeugen. Dieser Prototyp wird erweitert werden um Konzepte für die Bereiche lange Transaktionen, objektorientierte Zugriffskontrolle, Mehrdatenbasisbetrieb sowie um einen Event-Trigger-Mechanismus zur flexiblen Konsistenzkontrolle. Geplant ist ferner die Übernahme des Prototyps durch Projektpartner mit dem Ziel, in absehbarer Zeit zu einer marktfähigen Produktversion von *DAMOKLES* zu gelangen.

8. Literatur

[Bato84]   Batory, D. S.; Buchmann, A. P.: *Molecular Objects, Abstract Data Types and Data Models: A Framework*. Proc. 10th VLDB, Singapore, 1984, pp. 172-184.

[Boeh76]   Boehm, B. W.: *Software Engineering*. IEEE Transactions on Computers, Vol. C-25, No. 12, December 1976, pp. 1226-1241.

[BTW85]   Blaser, A.; Pistor, P. (eds.): *Datenbank-Systeme für Büro, Technik und Wissenschaft*. GI-Fachtagung, Karlsruhe, Informatik-Fachberichte 94, Springer, 1985.

[CAIS85]   KAPSE Interface Team (KIT) and KIT-Industry-Academia (KITIA): *Military Standard Common Apse Interface Set (CAIS)*. Proposed MIL-STD-CAIS, Ada Joint Program Office, 31 January 1985.

[Chen76]   Chen, P. P.-S.: *The Entity-Relationship Model − Toward a Unified View of Data*. ACM Transactions on Database Systems, Vol. 1, No. 1, March 1976, pp. 9-36.

[Dada84]   Dadam, P.; Lum, V.; Werner, H.-D.: *Integration of Time Versions into a Relational Database System*. Proc. 10th VLDB, Singapore, 1984, pp. 509-522.

[DAMO86] Gotthard, W. et al.: *DAMOKLES: Das Datenmodell des UNIBASE-Entwicklungsdaten-banksystems*. Verbundprojekt UNIBASE, Projektbericht, Forschungszentrum Informatik, Karlsruhe, März 1986.

[DeWi84] DeWitt, D. J. et al.: *Implementation Techniques for Main Memory Database Systems*. Proc. ACM SIGMOD 1984, pp. 1-8.

[Ditt85a] Dittrich, K. R.; Kotz, A. M.; Mülle, J. A.: *Basismechanismen für komplexe Konsistenz-probleme in Entwurfsdatenbanken*. In: [BTW85], S. 73-90.

[Ditt85b] Dittrich, K. R.; Kotz, A. M.; Mülle, J. A.: *A Multilevel Approach to Design Databases and its Basic Mechanisms*. Proc. IEEE COMPINT, Montreal, 1985.

[Ditt86] Dittrich, K. R.: *Object-oriented Database Systems: The Notions and the Issues*. Proc. ACM/IEEE Int. Workshop on Object-oriented Database Systems, 1986.

[Ditt87] Dittrich, K. R.; Lorie, R. A.: *Version Support for Engineering Design Databases*. Accepted for: IEEE Transactions on Software Engineering, 1987.

[Feld79] Feldman, S. I.: *MAKE − A Program for Maintaining Computer Programs*. Software Practice and Experience, Vol. 9, 1979, pp. 255-265.

[Gerk84] Gerkens, R. M.; Winter, D.: *ISAC − Die Einbettung der Methode in eine Software-Pro-duktionsumgebung*. Proc. GI-Fachtagung Konstruktion bei der Entwicklung von Informationssystemen, Tutzing, Mai 1984.

[Glin85] Glinz, M.; Huser, H.; Ludewig, J.: *SEED − A Database System for Software Enginee-ring Environments*. In [BTW85], pp. 121-126.

[Gott86] Gotthard, W.; Dittrich, K. R.; Lockemann, P. C.: *Datenbanken in Software-Produk-tionsumgebungen: Das Projekt DAMOKLES und sein Entwurfsobjekt-Datenmodell*. Proc. GI-Fachtagung "Die Zukunft der Informationssysteme", Linz, Springer, 1986.

[Härd78] Härder, T.: *Implementierung von Datenbanksystemen*. Carl Hanser, München, 1978.

[Härd85] Härder, T.; Reuter, A.: *Architektur von Datenbanksystemen für Non-Standard-Anwen-dungen*. In: [BTW85], S. 253-286.

[Härd86] Härder, T.; Hübel, Ch.; Langenfeld, S.; Mitschang, B.: *KUNICAD − Ein datenbankge-stütztes geometrisches Modellierungssystem für Werkstücke*. Universität Kaiserslautern, Fachbereich Informatik, SFB 124, Bericht Nr. 22/86, Januar 1986.

[Hall76] Hall, P.; Owlett, J.; Todd, S.: *Relations and Entities*. In: Nijssen, G. M. (ed.): Modelling in Data Base Management Systems, North-Holland, 1976, pp. 201-220.

[Hask82] Haskin, R. L.; Lorie, R. A.: *On Extending the Functions of a Relational Database Sy-stem*. Proc. ACM SIGMOD 1982, pp. 207-212.

[Hend84] Henderson, P. (ed.): *Proc. ACM SIGSOFT/SIGPLAN Symposium on Practical Soft-ware Engineering Environments*. ACM Software Engin. Notes, 9(1984)3.

[Katz85] Katz, R. H.: *Information Management for Engineering Design*. Springer, 1985.

[Lint84] Linton, M. A.: *Implementing Relational Views of Programs*. [Hend84], pp. 132-140.

[Lock85] Lockemann, P. C. et al.: *Anforderungen technischer Anwendungen an Datenbanksyste-me*. In: [BTW85], S. 1-26.

[Lori77] Lorie, R. A.: *Physical Integrity in a Large Segmented Database*. ACM Transactions on Database Systems, Vol. 2, 1977, pp. 91-104.

[Nest86] Nestor, J.: *Toward a Persistent Object Base*. Proc. IFIP WG 2.4 Int. Workshop on Advanced Programming Environments, Trondheim, June 1986, pp. 365-387.

[PCTE85] BULL; The General Electric Company p. l. c.; ICL; NIXDORF COMPUTER AG; OLIVETTI SPA; SIEMENS AG: *PCTE − A Basis for a Portable Common Tool En-vironment: Functional Specifications*. Third Edition, Volume 1, 1985.

[Powe83] Powel, M. L; Linton, M. A.: *Database Support for Programming Environments*. Proc. of the Annual Meeting − Database Week − Engineering Design Applications, IEEE Computer Society, May 1983, pp. 63-70.

[Sidl80] Sidle, T.: *Weaknesses of Commercial Data Base Management Systems in Engineering Applications*. Proc. 17th Design Automation Conf., Minneapolis, 1980, pp. 57-61.

[Tich85] Tichy, W. F.: *RCS − A System for Version Control*. Software Practice and Experience, Vol. 15, No. 7, 1985, pp. 637-654.

Ein objekt-orientiertes Programmiersystem mit integrierter
Datenverwaltungs-Komponente

G.Schlageter[1], R.Unland[1], W.Wilkes[1],
R.Zieschang[2], G.Maul[2], M.Nagl[3], R.Meyer[1]

[1] FernUniversität Hagen   [2] Triumph-Adler
    Praktische Informatik I   ESW
    Postfach 940   Hundingstr. 11
    5800 Hagen   8500 Nürnberg
    West Germany   West Germany

         [3] Universität Osnabrück
             Angewandte Informatik
             Postfach 4469
             4500 Osnabrück
             West Germany

Zusammenfassung

In diesem Papier wird ein objekt-orientiertes Programmiersystem vorgestellt, das als Prototyp bereits verfügbar ist. Das Programmiersystem
besteht aus den folgenden beiden Komponenten:

- einer strikt typisierten objekt-orientierten Programmiersprache

- einer Datenbank.

Der Anwendungsprogrammierer muß keine Datenbankkenntnisse besitzen, da
alle Funktionen zur Datenverwaltung einheitlich in die Programmiersprache eingebunden sind. Diese Integration des objekt-orientierten
Ansatzes und der Datenbank-Welt bildet eine mächtige Grundlage für
viele neue Anwendungen, insbesondere für Bürosysteme und Expertensysteme.

1. Einführung

Die Bereiche Datenbanksysteme, Programmiersprachen und Künstliche
Intelligenz besitzen große Überschneidungen in vielen neueren Anwendungsgebieten (z.B. Büroanwendungen, CAD/CAM, Expertensysteme). Die
Anforderungen, die von diesen Anwendungen herangetragen werden, werden
aber von gegenwärtig verfügbarer Software nur unvollkommen erfüllt. So

zeigt z.B. die Diskussion im Bereich der "Non-Standard Databases", daß gegenwärtige Datenbanksysteme den gestiegenen Ansprüchen u.a. aus folgenden Gründen nicht mehr gewachsen sind (siehe z.B. /KSUW85/, /LOCK85/, /HaRe85/, /PrSc83/):

- es stehen zu wenig Datentypen zur Verfügung
- die Darstellung von Daten in Form von flachen Tupeln ist zu einfach, komplexere Objekte sind nicht oder nur schwer abbildbar
- Beziehungen zwischen Objekten (Daten) lassen sich häufig entweder gar nicht oder nur sehr umständlich realisieren
- das herkömmliche Transaktionskonzept ist zu einfach, lange und geschachtelte Transaktionen werden nicht unterstützt
- es können häufig keine oder nur sehr einfache Integritätsbedingungen formuliert werden. Deren Überwachung hat zudem noch einem hohen Effizienzverlust zur Folge
- die dynamische Modifikation vom konzeptuellen Schema wird nur in wenigen Systemen unterstützt
- Datendefinitions- und -manipulationssprachen untertützen in der Regel keine beliebige Manipulationen von Datenbank-Objekten, so daß eine Schnittstelle zu einer "General Purpose" Programmiesprache notwendig ist.

Schon diese kurze Aufzählung der Schwächen existierender Datenbanksysteme macht deutlich, daß eine Kombination bestehender Software nicht zu einer Befriedigung der Anforderungen neuerer Anwendungsumgebungen führen kann. Vielmehr scheint eine grundlegende Neuentwicklung interierter Softwareproduktionsumgebungen unumgänglich zu sein. Dieses Papier beschreibt Ideen aus einem Projekt, in dem ein solches System, OOPS (objekt-orientiertes Programmiersystem) genannt, auf der Basis des objekt-orientierten Ansatzes entwickelt wurde. OOPS wird von der Firma Triumph Adler in Kooperation mit der Universität Osnabrück und der FernUniversität Hagen konzipiert. Wesentliche Entwicklungsziele dieses Projektes sind die folgenden:

- umfangreiche Unterstützung aktueller Anwendungsprogrammierung (z.B. Büroanwendungen, Expertensysteme),

- Abdeckung möglichst aller Anforderungen an eine moderne Datenhaltung (siehe oben)

- Ünterstützung der Entwicklung von Expertensystemen mit großer Regel- und Faktenbasis.

Vieles deutet darauf hin, daß die objekt-orientierte Welt eine gute Basis für die Entwicklung eines Systems darstellt, das den oben genannten Anforderungen entspricht. Das wesentliche Problem existierender objekt-orientierte Umgebungen ist jedoch, daß sie keine ausreichenden Möglichkeiten zur Datenverwaltung bieten, wie sie z.B. durch Datenbanksysteme bereitgestellt werden.
Eine Integration einer Datenbank z.B. in SMALLTALK (GoRo83), wie sie in (CoMo84) vorgestellt wurde, bleibt sehr unbefriedigend, da SMALLTALK einige Unzulänglichkeiten bzgl. der Datenmodellierung, Programmiersicherheit und Effizienz aufweist. Stattdessen wurde beschlossen, eine neue, den spezifizierten Bedürfnissen entsprechende Programmierumgebung zu entwerfen. Das Resultat, OOPS, verbindet objektorientierte Programmierung mit moderner Datenverwaltung und zwar so, daß der Benutzer mit einer einheitlichen, integrierten Programmieroberfläche arbeitet.

Für die Datenverwaltung wurde ein spezielles Datenbank-System entworfen, ODBS (office database system) genannt, welches als eigenständiges System unterhalb der Programmierumgebung angesiedelt wurde.

Obwohl somit das Programmiersystem aus zwei Teilen besteht, der objekt-orientierten Programmiersprache OOPL und dem Datenbank-System ODBS, arbeitet der Benutzer nur in der Welt von OOPL. Die Schnittstelle zum Datenbank-System bleibt ihm verborgen.

Der weitere Aufbau des Papiers ist wie folgt:

Im Kapitel 2 werden wesentliche Eigenschaften der Programmierumgebung vorgestellt. Zunächst wird das strenge Typ-Konzept erläutert. Dann wird aufgezeigt, wie OOPL als Datenbank-Programmiersprache genutzt werden kann. Schließlich werden die Datendefinitions- und -manipulationsmöglichkeiten überblicksartig eingeführt.
Im Kapitel 3 wird kurz auf die Architektur des Programmiersystems eingegangen. Besonderes Gewicht wird dabei auf die Schnittstelle zwischen der objekt-orientierten Programmiersprache und dem Datenbanksystem gelegt.

2. Die objekt-orientierte Programmiersprache OOPL

OOPL ist eine objekt-orientierte Programmiersprache, d.h. sie basiert auf den Konzepten von Objekten, Methoden und Nachrichten, wie sie seinerzeit in SMALLTALK eingeführt wurden. Obwohl Konzepte aus SMALLTALK in OOPL wiedergefunden werden können, bestehen erhebliche Unterschiede zwischen diesen Sprachen. Ein grundleger Unterschied ist z.B. die Existenz eines strengen Typ-Konzeptes in OOPL. Dadurch wird die Programmiersicherheit erheblich verbessert.
Weiterhin werden mächtige Datendefinitions-Fähigkeiten angeboten. Damit werden die Anforderungen aus den Bereichen der Expertensysteme und der "Non-Standard" Datenbankanwendungen abgedeckt. Das Konzept ähnelt dem Frames-Konzept von Minsky (Mins80), das als Werkzeug für die Entwicklung von Expertensystemen entworfen wurde.
Eine weitere wesentliche Eigenschaft von OOPL ist die Existenz eines mächtigen Trigger-Konzeptes. Trigger erlauben als Reaktion auf gewisse Ereignisse (z.B: Zeit, Datum, Auftreten bestimmter Objektzustände, Ankunft gewisser Meldungen, usw.) die automatische Ausführung vorgegebener Methoden und sind daher ein äußerst wichtiges Hilfsmittel in vielen neueren Anwendungen.

2.1 Das Typkonzept von OOPL

OOPL ist eine streng typisierte, objekt-orientierte Sprache. Auf die Typisierung wurde sehr hoher Wert gelegt, da für die Benutzerfreundlichkeit nicht-typisierter Sprachen ein zu hoher Preis durch mangelnde Programmiersicherheit und große Effizienzverluste zu zahlen ist. Dies wäre für viele Anwendungsgebiete nicht akzeptabel.

In OOPL

- hat jedes Objekt einen Typ,
- ist jede Variable deklariert,
- muß jedes angewandte Auftreten mit dem deklarierten übereinstimmen.

Typen werden in OOPL durch Klassen ausgedrückt: Jede Variable und jeder Zeiger ist mit einer Klasse assoziiert, die festlegt, wie die zugeordneten Werte oder Objekte aussehen. Dadurch können sämtliche kontextsensitiven Überprüfungen sowie das Binden bereits zur Compile-

Zeit durchgeführt werden, was zu einem erhöhten Grad an Sicherheit und Effizienz führt.

Neben der Übereinstimmung zwischen deklariertem und angewandtem Auftreten müssen auch korrespondierende Objekte vom selben Typ sein, z.B.:

- linke und rechte Seite von Wertanweisungen,
- Formal- und Aktualparameter von Methoden,
- Typ eines Zeigers und Typ des Objektes, auf das der Zeiger zeigt.

Durch dieses strenge Typkonzept wird erzwungen, daß Programme zur Compile-Zeit vollständig sind, in dem Sinne, daß jedes Objekt deklariert ist. Dies verringert natürlich die Flexibilität bei der Programmerstellung, jedoch werden Werkzeuge zur Verfügung gestellt, die nur die Übersetzung kleiner Teile des Gesamtsystems erfordern. Das Ziel ist es, die Sicherheit des vollständigen Compilierens bei weitgehender Erhaltung der Flexibilität zu gewährleisten.

Wie in Smalltalk können Klassen (und damit Typen) durch den Mechanismus der Vererbung zueinander in Beziehung stehen. Eine Unterklasse erbt von übergeordneten Klassen Methoden und Rollen. Während Methoden dabei neu definiert werden können, ist eine Neudefinition von Rollen nicht zulässig.

Die Vererbungsbeziehung ist von großem praktischen Interesse und sie hat Auswirkungen auf das Typkonzept. Ein Objekt gehört nicht mehr nur zu einer Klasse, sondern auch zum Typ sämtlicher übergeordneter Klassen.

Beispiel:

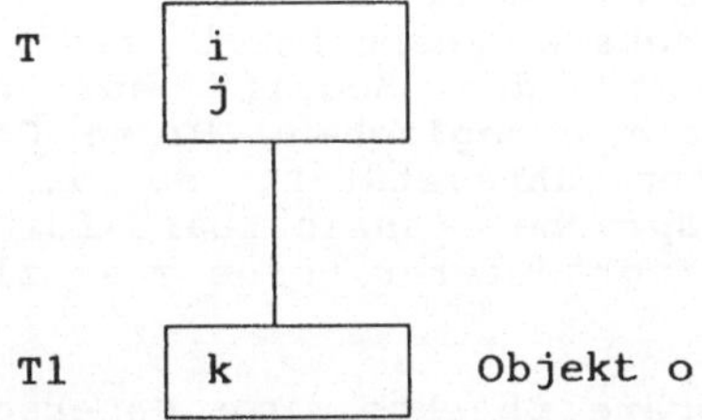

Abb. 2.1: Vererbungsbeziehungen und Typkonzept

Das Objekt o ist vom Typ T1 (siehe Abb. 2.1), es enthält zwei ererbte Rollen (i,j) und eine in T1 definierte spezielle Rolle (k). Betrachtet man nur die Projektion auf die ererbten Rollen, so entspricht es einem Objekt vom Typ T, der Superklasse von T1. Somit könnte eine Zuweisung von o an eine Variable t vom Typ T erlaubt sein, wenn die implizite Einschränkung gilt: Es wird nur die Projektion von o auf T an die Variable t zugewiesen. Diese Art von "Typprojektion" ist die Voraussetzung, um Algorithmen für verschiedene Objektklassen zu formulieren, die unabhängig von den spezifischen Eigenschaften der behandelten Objekte sind und nur deren gemeinsame Merkmale kennen und berücksichtigen.

2.2 OOPL als Datenbank-Programmiersprache

Ein wichtiger Einsatzbereich von OOPL ist die Verwendung als Daten-
bankprogrammier-Sprache. Üblicherweise werden Anwendungsprogramme, die
auf Datenbanken arbeiten, in herkömmlichen Programmiersprachen
geschrieben, in die Datenbank-Sprachen (z.B. SQL) eingebettet sind.

Die Benutzung zweier Sprachen wirft jedoch einige Probleme auf. In der
Regel unterstützen Programmiersprachen und Datenbanksprachen völlig
unterschiedliche Sprachkonzepte, und sie benutzen unterschiedliche
Datenstrukturen, so daß an der Schnittstelle Strukturen verloren gehen
können. Betrachten wir beispielsweise SQL und COBOL: Da COBOL nur auf
der Tupelebene operiert, geht die relationale Struktur von SQL
verloren.

Daher war es ein Ziel beim Entwurf von OOPL, eine homogene Programmierumgebung zu entwickeln, die Konzepte zur Datenverwaltung mit
allgemeinen Sprachkonzepten integriert. Der Programmierer braucht
keine Datenbankkonzepte zu kennen (mit Ausnahme des Begriffs der
Transaktion, der aber ursprünglich gar kein Datenbankkonzept
darstellt). Er sieht nur permanente oder temporäre Datenstrukturen
(Objekte).

Die mächtigen Konzepte objekt-orientierter Sprachen und deren Erweiterungen in OOPL erlauben

   - die Definition der Struktur und des Verhaltens komplexer Objekte,
   - die Definition von Beziehungen zwischen Objekten durch (Zeiger-
)Attribute,
   - die Definition von komplexen Integritätsbedingungen und von
     Regeln, wie bei Integritätsverletzungen zu verfahren ist,
   - die Benutzung eines mächtigen Triggermechanismus.

Neben der Funktion einer Klasse, die Struktur und das Verhalten von
Objekten zu definieren, repräsentiert sie die Menge der Objekte dieses
Typs (die Instanzen), die in der Datenbank gespeichert sind. Das
Klassenprotokoll enthält Operationen, die den Zugriff auf diese
Instanzen über Schlüssel oder Bedingungen ermöglichen. Diese Opera-
tionen werden durch das Datenbanksystem unterstützt, so daß die
Datenbank direkt aus der Programmiersprache (unsichtbar für den
Programmierer) aufgerufen wird und der Programmierer keine zusätzliche
Datenbanksprache benötigt.

OOPL unterscheidet permanente und temporäre Objekte. Die Unterscheidung wird durch den Programmierer vorgenommen, der Klassen als lokal
(zu seinem Programm) oder als permanent deklariert. Nur permanente
Objekte werden von der Datenbank verwaltet, lokale Objekte liegen in
einem lokalen Objekt-Speicher. Sie leben nur solange, wie sie refe-
renziert werden, und spätestens am Ende des Programms werden sie
gelöscht.

Eine besondere Art von Objekten stellen die "eingebetteten Objekte"
dar (man könnte sie auch Datentypen nennen). Eingebettete Objekte
können nur im Kontext eines anderen Objekts existieren. Dadurch können
komplexe Datenstrukturen direkt in einem Objekt als Rolle abgelegt
werden, und es ist nicht nötig, dies durch eine eigenständige
Beziehungsstruktur zwischen Objekten zu realisieren. Die Referenz-
attribute dienen damit nur dem Beziehungsaufbau zwischen eigenständigen Objekten, zur Realisierung von Datenstrukturen werden sie
nicht benötigt. Dies ist ein wichtiger Punkt für externe Speicher-

zugriffe: Beim Zugriff auf ein Objekt sind auch alle seine Komponenten sofort verfügbar.

Natürlich muß neben der hier skizzierten Programm-Schnittstelle auch eine Schnittstelle für Nicht-Programmierer angeboten werden. Diese Schnittstelle ist QBE-ähnlich und wird in diesem Papier nicht näher beschrieben.

2.3 Datendefinition

Im folgenden soll anhand eines Beispiels gezeigt werden, wie Klassendeklarationen in OOPL aussehen und wie mit ihrer Hilfe die Daten - auch der Datenbank - definiert werden. Das Beispiel beschreibt die Entities Lieferanten, Teile und Aufträge und ist zusammenfassend im Anhang dargestellt.

Die Klassendeklaration setzt sich aus vier Komponenten zusammen:

* Klassenkopf
    - Klassenname / Art der Klasse
    - Superklasse

* Klassenkomponenten
    - Klassenrollen
    - Klassenmethoden

* Objektkomponenten
    - Nominator
    - Rollen
    - Methoden

* Integritätsbedingungen und Trigger


```
+------------------------------------------------------------------+
! class        permanent        Teil                               !
+------------------------------------------------------------------+
! superclass   Objekt                                              !
+------------------------------------------------------------------+
```

Abb. 2.2: Klassenkopf

Klassenkopf

Abb. 2.2 zeigt den Klassenkopf der Klasse *Teil*, die permanent (also in der DB abzuspeichern) ist und als Superklasse nur die universale Superklasse *Objekt* hat.

```
+------------------------------------------------------------------+
! classRole    letzteTeileNr <- 0;                                 !
+------------------------------------------------------------------+
! classMethod                                                      !
!     (erzeugeTeileNr) : Integer                                   !
!     [letzteTeileNr <- letzteTeileNr +1;                          !
!     ^letzteTeileNr;],                                            !
+------------------------------------------------------------------+
```

Abb. 2.3: Klassenkomponenten

Klassenkomponenten

Die Klassen-Komponenten der Klasse *Teil* werden in Abb.2.3 gezeigt.
Teil hat nur die Klassen-Rolle *letzteTeileNr*, die die bisher höchste
Teile-Nr. enthält. *letzteTeileNr* wird mit 0 initiiert (d.h. bei der
Definition der Klasse erhält *letzteTeileNr* diesen Wert). Später wird
die Variable durch die Methode *erzeugeTeileNr* bei jedem Erzeugen eines
neuen Objektes vom Typ *Teil* hochgezählt (siehe unten).

```
+----------------------------------------------------------------+
! role                                                           !
!              teileNr : Integer <- Teil erzeugeTeileNr;         !
!              teilName : String [20];                           !
!     public   preis : DM;                                       !
!              bezugsbedingungen : ListOf Bezugsbedingung;       !
!              minimalBestand : Integer;                         !
!              bestand : Integer;                                !
!              bestellt : Integer;                               !
!              bestandReserviert : Integer;                      !
+----------------------------------------------------------------+
! nominator    teileNr                                           !
+----------------------------------------------------------------+
! method                                                         !
!                                                                !
!    (reserviere: anzahl: Integer)                               !
!    [bestandReserviert <- bestandReserviert + anzahl;];         !
!                                                                !
!    (wareneingang: anzahl: Integer)                             !
!    [bestellt <- bestellt - anzahl;                             !
!     bestand  <- bestand  + anzahl;];                           !
!                                                                !
!    (warenausgang: anzahl: Integer)                             !
!    [bestandReserviert <- bestandReserviert - anzahl;           !
!     bestand <- bestand - anzahl;];                             !
!                                                                !
!    (bestellteMenge: anzahl: Integer)                           !
!    [bestellt <- bestellt + anzahl];                            !
!                                                                !
!    (fuegeBezugsbedingungEin: bb: Bezugsbedingung)              !
!    [bezugsbedingungen add: bb];                                !
!                                                                !
!    (loescheBezugsbedingung: bb: Bezugsbedingung)               !
!    [ bezugsbedingungen enthaelt: bb                            !
!         ifTrue: [bezugsbedingungen remove: bb]];               !
!                                                                !
!    (lieferBedingungen: s: Lieferant): Bezugsbedingung          !
!    [^ bezugsbedingungen                                        !
!        using: bb                                               !
!        select:                                                 !
!        [bb.lieferant = s] first];                              !
+----------------------------------------------------------------+
```

Abb. 2.4: Objektkomponenten

Objektkomponenten

Teil besitzt den Nominator *teileNr* (s. Abb. 2.4). Der Nominator ist eine Rolle, die die Objekte der Klasse eindeutig kennzeichnet. Der Nominator kann zum direkten Zugriff auf Objekte benutzt werden (Nominator-Zugriff).

Einige der Rollen von Instanzen der Klasse *Teil* sind als "public" markiert. Auf diese Rollen kann von außerhalb des Objektes direkt lesend und schreibend zugegriffen werden (Punkt-Notation: ObjektReferenz.RollenName). Private Rollen sind außerhalb des Objektes nicht bekannt, sie können nur implizit durch Methoden bearbeitet werden.

Bei der Erzeugung eines Objektes können Rollen automatisch mit Initialwerten belegt werden. Diese Werte können durch Versenden von Nachrichten an andere Objekte oder Klassen berechnet werden. Beim Erzeugen eines neuen *Teil*-Objektes wird z.B. die Nachricht *erzeugeTeileNr* an die Klasse *Teil* gesandt, die den Start der entsprechenden Methode bewirkt. Das Ergebnis dieser Methode (eine neue Teile-Nr.) wird der Rolle *teileNr* des neu erzeugten Objektes zugewiesen.

Jede Rolle hat einen bestimmten Typ, der durch den Klassennamen festgelegt wird. Einige häufig benutzte Klassen (integer, string, etc.) sind vordefiniert; sie werden als eingebettete Klassen behandelt. Der Typ der Rolle *bezugsbedingungen* wird durch den Typkonstruktor "listOf" definiert. Dies bewirkt, daß *bezugsbedingungen* eine mehrwertige Rolle ist. Sie ist zusammengesetzt aus Objekten vom Typ *Bezugsbedingung*, die als Liste angeordnet sind. Weitere Typkonstruktoren sind *setOf, dictionaryOf*, etc., und sie bieten alle spezifische Operationen zur Handhabung der strukturierten Rollen an.

Das Konzept der Typkonstruktoren (vor allem im Zusammenhang mit den eingebetteten Objekten) erlaubt die Definition strukturierter (komplexer) Objekte. Die vordefinierten (und evtl. zusätzlich definierten) Operationen ermöglichen einen anwendungsorientierten Umgang mit ihnen. Die komplexen Rollen verhindern eine unnötige Zersplitterung zusammengehöriger Daten. Insbesondere können sie benutzt werden zur Darstellung von n:m-Beziehungen zwischen Objekten.

Die Methoden der Klasse *Teil* definieren die Manipulationsmöglichkeiten für Objekte dieses Typs. Durch die Methoden wird ein hoher Grad an Integritätswahrung gewährleistet, da sie als "komplexe Grundoperationen" die Semantik des Objektes beachten und konsistenzbewahrend formuliert werden können. In unserem Beispiel sind einige Methoden dargestellt, die die Zusammenhänge zwischen den Rollen *minimalBestand, bestand, bestandReserviert* und *bestellt* wahren. Darüberhinaus sind zwei Methoden definiert, die das Erweitern und Löschen der Liste *bezugsbedingungen* ermöglichen.

Integritätsbedingungen und Trigger

Alle bisher vorgestellten Teile der Klassendeklaration bestimmen den Typ eines Objektes, was heißt, daß sie zur Compile-Zeit vollständig überprüft und gebunden werden können. Die Überprüfungen von Integritätsbedingungen können dagegen erst zur Laufzeit vorgenommen werden. Integritätsbedingungen werden in der Klassendeklaration von OOPL in der "constraint-section" definiert (siehe Abb.2.5). Jede Integritätsbedingung erhält einen Namen, und sie besteht aus einem Block, der zu *true* oder *false* evaluiert. Außerdem werden die Rollen angegeben,

deren Änderung zu einem Check der Bedingung führen soll. Die Überprüfung wird nach der Beendigung der ändernden Methode oder nach dem
Transaktionsende angestoßen.

```
+---------------------------------------------------------------+
! constraint                                                    !
!                                                               !
!    bestandAusreichend                                         !
!    on    bestand, bestandReserviert, bestellt,                !
!          minimalBestand                                       !
!    [(bestand-bestandReserviert+bestellt)>minimalBestand]      !
+---------------------------------------------------------------+
! rule                                                          !
!                                                               !
!    on violation bestandAusreichend                            !
!                                                               !
!    [bezug: Bezugsbedingung; minimalPreis: DM ;                !
!                                                               !
!     /* Berechnung des minimalen Einkaufspreises*/             !
!     minimalPreis <- bezugsbedingungen min: tagespreis         !
!                                                               !
!     bezug <- bezugsbedingungen                                !
!                using: bb                                      !
!                select:                                        !
!                   [ bb.ekPreis                                !
!                     * bb.s.staat.tageskurs                    !
!                     = minimalPreis] first;                    !
!                                                               !
!     Auftrag  bestelltBei:  bezug.Lieferant                    !
!              artikel: self                                    !
!              umfang:  bezug.optLosGroesse                     !
!                                                               !
!     bestellt <- bestellt + bezug.optLosGroesse];              !
+---------------------------------------------------------------+
```

Abb.: 2.5: Integritaetsbedingungen und Trigger

Im Falle einer Integritätsverletzung wird die Änderung rückgängig
gemacht - auch eine evtl. umschließende Transaktion, aus der heraus
die Methode aufgerufen wurde, wird zurückgesetzt. Zusätzlich besteht
aber auch die Möglichkeit, in der Trigger-Section anzugeben, was im
Fehlerfall zu tun ist. Im Beispiel wird durch die Verletzung der
Integritätsbedingung *bestandAusreichend* eine Methode angetriggert, die
automatisch eine Bestellung aufgibt, um das Lager wieder aufzufüllen.

Trigger werden nicht nur durch Verletzungen von Constraints angestoßen, sie können auch an andere Ereignisse gekoppelt werden:

   - Uhrzeit, Datum
   - Eintreffen von Nachrichten
   - Zustandsänderungen von Rollen

Neben der Wiederherstellung der Integrität in Fehlerfällen sind die
Trigger somit auch ein mächtiges Mittel zur Programmierung von automatischen Arbeitsabläufen. Sie tun genau das, was in der Künstlichen
Intelligenz als "foreward reasoning" bezeichnet wird und sind daher in
vielen Fällen für die Realisierung von Expertensystemen einsetzbar.

2.4 Datenmanipulation

Wie in objekt-orientierten Systemen üblich, wird der Zugriff auf
Objekte ebenso wie die Veränderung von Objekten durch Methoden
realisiert.

Methoden bestehen aus zwei Komponenten:
  - Methoden-Filter
  - Methoden-Block

Der Methoden-Filter besteht aus der Spezifikation der Nachricht, die
die Methode aktiviert, sowie den zugehörigen Parametern (die in OOPL
ebenfalls typisiert sind). Der Methoden-Block enthält die Definition
interner Variablen und den Methodenkörper, eine Folge von Nachrichten
und Zuweisungen. Das Ergebnis der Ausführung einer Methode ist entweder ein Objekt, das an den Absender der auslösenden Nachricht zurückgeschickt wird (Funktions-Methode) oder eine Modifikation des
Empfänger-Objektes (Prozedur-Methode).

OOPL bietet noch eine weitere Möglichkeit, um auf Rollen eines Objektes zuzugreifen: Falls eine Rolle als "public" deklariert wird, kann
sie durch Punktnotation von außen gelesen werden (d.h. es existiert
eine implizite Methode für jede Rolle, die den Wert der Rolle zurück-
schickt). Ebenso können diese Rollen von außen verändert werden (d.h.
es existiert eine implizite Methode ".rolename:=", die den Wert der
Rolle zuweist). Dieser Mechanismus vereinfacht das Arbeiten mit der
Sprache, insbesondere bei Datenbank-Anwendungen, wo sehr häufig
einzelne Elemente von Objekten verändert werden müssen.

Ein wichtiges Konzept, das ausführlich im Datenbank-Bereich diskutiert
worden ist (und weiter diskutiert wird), ist das Konzept der Transaktion. In OOPL werden Transaktionen gestartet und beendet durch die
Versendung von Nachrichten an eine System Komponente (BOT- und EOT-
Nachrichten). Da Methoden andere Methoden aufrufen, ergeben sich geschachtelte Aufrufstrukturen, was auch zu geschachtelten Transaktionen
führt, wenn die inneren Methoden ebenfalls BOT- und EOT-Nachrichten
enthalten. In Erweiterung heutiger Datenbank-Technologie müssen daher
solche geschachtelte

Transaktionen durch ein Datenbanksystem zur Unterstützung
objekt-orientierter Systeme verwaltet werden können. Das Prototyp-
System unterstützt jedoch zunächst nur einstufige Transaktionen.

3.Die Architektur von OOPS

Die Architektur von OOPS ist in Bild 3.1 dargestellt.

Unterhalb des Programmiersystems ist das Datenbank-System angesiedelt.
OOS und ODBS kommunizieren miteinander über eine Ein-Tupel-Schnitt-
stelle. Die Datenbank enthält nicht nur alle Datenobjekte des Systems,
sondern auch alle Metainformationen, wie z.B. die Beschreibung aller
Objekttypen und ihrer Methoden, alle Methodenkörper sowie die komplette Beschreibung der Systemumgebung.

Oberhalb des Datenbanksystems ist das objekt-orientierte System OOS
installiert, das die Eigenschaften von OOPL realisiert. Der Programmierer arbeitet nur in der Welt von OOPL, was heißt, die Programmier-
schnittstelle baut auf dem Mechanismus des Nachrichten-Sendens an
Objekte auf.

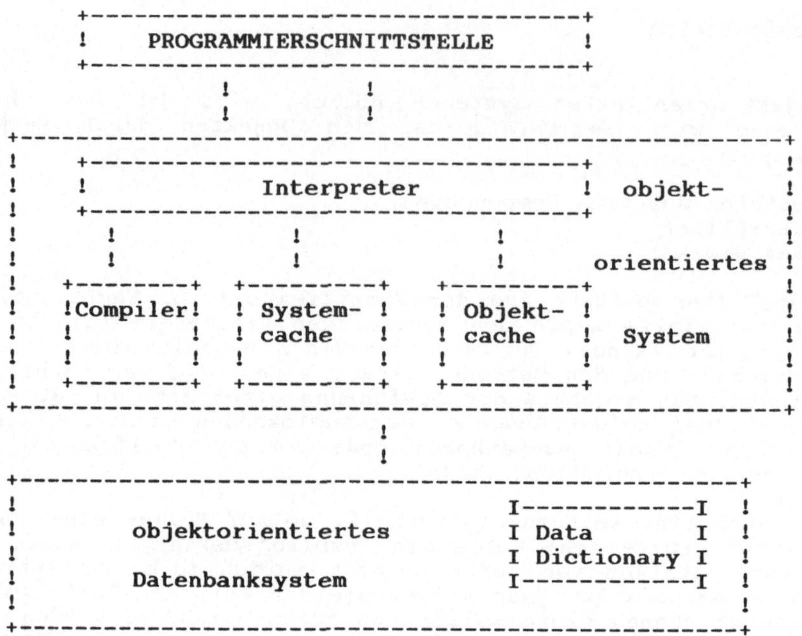

Abb. 3.1: Die Archiktektur von OOPS

Im folgenden sollen kurz die Komponenten von OOPS vorgestellt werden:

Die Programmierschnittstelle

Der Programmierer kann neue Klassen definieren und bestehende modifizieren oder löschen. Weiterhin kann er Methoden verändern oder löschen
sowie neue einfügen. Das Definieren einer neuen Klasse (Methode)
bedeutet, daß ein neues Objekt der Klasse class (method) erzeugt wird
und wird daher durch das Senden einer entsprechenden Nachricht an das
Objekt class (method) realisiert.
Jede Methode wird als Instanz von zwei Klassen abgelegt. Nach ihrer
Definition bzw. Änderung wird sie zunächst in der Klasse 'source-
methods' abgelegt. Sobald sie erfolgreich compiliert wird, wird zudem
der übersetzte Zwischencode in der Klasse 'compiled-methods' abge-
speichert. Eine Methode wird entweder automatisch vor ihrem ersten
Aufruf compiliert oder aber explizit durch Aufruf einer entsprechenden
Methode durch den Benutzer. Durch explizite Compilation kann der
Programmierer feststellen, ob eine Methode wie erwartet arbeitet.
Zusätzlich entfällt dann eine spätere zeitraubende Übersetzung im
Rahmen einer Anwendung.

Das objekt-orientierte System (OOS)

OOS besteht aus vier Komponenten, dem Interpreter, dem Compiler, dem System-Cache und dem Objekt-Cache.

Der Compiler

Um die Vorteile des Typkonzeptes voll ausnutzen zu können, ist ein Compilationsvorgang notwendig. Die Ausführung einer Methode erfolgt daher zweistufig. Zunächst werden in einem Compilationsschritt alle kontext-sensitiven Überprüfungen vorgenommen. Außerdem wird ein optimierter Zwischencode erzeugt, auf dem dann der Interpreter aufsetzt.

Der System-Cache und der Object-Cache

Alles, was entweder zur Beschreibung oder aber zum Inhalt von OOPS gehört, wird als Objekt abgelegt. Somit sind nicht nur die in den einzelnen Anwendungen definierten Daten als Objekte abgespeichert, sondern auch Methoden sowie Struktur- und Systembeschreibungen. Da Objekte somit unterschiedlichen Zielen dienen, sind sie auch getrennt abgelegt - Datenobjekt im Objekt-Cache, Beschreibungs-Objekte im System-Cache. Jeder Cache realisiert einen Puffer zwischen dem Datenbanksystem und dem objekt-orientierten System (OOS). Durch die Bereitstellung der häufig genutzen Objekte in einem Puffer werden Plattenzugriffe erheblich reduziert.

Da beide Puffer nur Objekte enthalten, können die gleichen Verwaltungsmechanismen auf sie angewandt werden. Der Interpreter agiert als Koordinator der Puffer, d.h. er wendet die Verwaltungsfunktionen an, um z.B. Objekte zu übertragen oder zu ändern oder um einen Cache-Überlauf zu beheben.

Bei jedem Aufruf des Programmiersystems wird eine grundlegende Menge von Struktur- und Systembeschreibungen sowie von Methoden in den System-Cache geladen. Zusätzlich benötigte "System-Objekte" werden bei Bedarf nachgeladen. Der Objekt-Cache ist zunächst leer, er wird nur auf Anforderung bestückt. Um jedoch die Zugriffszeiten auf Datenobjekte kurz zu halten, liest der Interpreter komplexe Objekte nicht immer vollständig aus der Datenbank. Werden zum Beispiel aktuell nur formatierte Daten benötigt, so werden die unformatierten Komponenten des komplexen Objektes nicht mitgeladen.

Entsteht ein Cache-Überlauf, entscheidet der Interpreter, welche (Teile von) Objekte(n) aus dem Cache entfernt werden sollen. Geänderte Objekte werden in die Datenbank zurückgeschrieben, während von allen anderen nur der Speicherplatz im Puffer freigegeben wird.

Die logische Übertragungseinheit zwischen dem objekt-orientierten System und der Datenbank ist das Objekt (oder der Teil eines Objektes) und nicht die (logische oder physikalische) Seite.

Der Interpreter

Der Interpreter ist für das Empfangen, Interpretieren, Ausführen und Beantworten von Nachrichten verantwortlich.

Im Einzelnen wird eine Nachricht, bestehend aus einem Empfänger-Objekt und einem Methoden-Protokoll (eine eindeutige Bezeichnung einer Methode) wie folgt abgearbeitet:

Schritt 1: Suchen nach der dazugehörigen Methoden- und Struktur-
          beschreibung.
   Zunächst greift der Interpreter auf den System-Cache zu, um aus der
   Klasse des Empfängerobjektes die angesprochene Methode zu holen.
   Wird die Methode nicht im Cache gefunden, wird sie aus der
   Datenbank nachgeladen. Wird auch dort keine entsprechende Methode
   gefunden, erfolgt eine Fehlermeldung. Als Resultat des Zugriffes
   auf den System-Cache wird entweder der Methodenkörper (der Teil der
   Methode, der den eigentlichen Programmcode enthält) geladen oder im
   Fehlerfalle, eine Fehlermeldung. Falls bereits eine aktuelle kompi-
   lierte Version des Methodenkörpers existiert, wird diese direkt
   zurückgesandt. Ansonsten wird der Methodenkörper erst zum Compiler
   geschickt.

Schritt 2: Bestimmen und Laden des Empfängerobjektes
   Falls die Methode eine Klassenmethode ist, stellt der Empfänger
   eine Klassenbeschreibung dar und wird daher vom System-Cache geladen. Ansonsten wird es aus dem Objekt-Cache gelesen.

Schritt 3: Ausführen der Methode
   Die auszuführende Methode enthält entweder weitere Nachrichten oder
   ist eine Primitiv-Methode (eine Methode, die nicht weiter zerlegt
   werden kann). Im ersten Falle verarbeitet der Interpreter die Nachrichten in einer rekursiven Weise so lange, bis er sie vollständig
   auf Primitiv-Methoden zurückgeführt hat, im anderen Falle wird die
   Primitiv-Methode ausgeführt. Falls ein Zugriff auf die Datenbank
   notwendig ist, geschieht dies unter Kontrolle des Interpreters. Er
   transferiert die Nachricht in eine Folge von Datenbank-Kommandos
   und überwacht deren korrekte Ausführung.

Das objekt-orientierte Datenbanksystem (ODBS)

Unterhalb des Programmiersystems liegt das Datenbanksystem. Es ist für
die Wartung aller langlebigen Objekte verantwortlich. Die Architektur
des Datenbanksystems ähnelt der moderner Datenbanksysteme, sie wurde
jedoch speziell an die Bedürfnisse des Programmiersystems angepaßt.
Neben der Speicherung (komplexer) Datenobjekte hält das ODBS auch alle
vom Programmiersystem benötigten Informationen in einem Data Dictionary. Das Data Dictionary enthält alle Klassenbeschreibungen und damit
u.a. die Beschreibungen der logischen Struktur und der physikalischen
Darstellungen aller Objekttypen sowie alle zu diesen Objekttypen
gehörigen Methoden.

Um eine einfache Änderung des konzeptuellen Schemas zu ermöglichen,
werden Versionen von Objekttypbeschreibungen verwaltet. Dadurch kann
das konzeptuelle Schema auf einfache Art und Weise 'Online' geändert
werden, ohne daß teure Reorganisationsmaßnahmen notwendig sind.

In Übereinstimmung mit den Datendefinitionsmöglichkeiten von OOPL
können Objekte strukturiert sein und/oder unformatiert. ODBS unterstützt beide Strukturarten explizit. Komplexe Objekte werden als eine
zusammenhängende Einheit abgespeichert, eine Aufsplittung z.B. in Sub-
Relationen erfolgt nicht. Wohl aber kann die Reihenfolge, in der Teilobjekte auf der Platte abgelegt werden, eine andere sein als die
logisch definierte, falls dadurch ein schnellerer Zugriff auf Teile
des Objektes zu erwarten ist (z.B. Aufteilung in einen formatierten
und einen unformatierten Objektbereich).

Die Tatsache, daß moderne Hardware sehr viel Hauptspeicher zur Verfügung stellt, wurde ausgenutzt, um eine optimierte Version des Daten-
bank-Cache /ElBo84/ zu implementieren. Bei diesem Verfahren werden

Puffer-Management und Recovery-Techniken miteinander kombiniert, mit dem Ergebnis, daß die Performance deutlich verbessert wird.

4. Schlußbemerkungen

In diesem Papier wurde eine objekt-orientierte Programmierumgebung vorgestellt, die die grundlegenden Konzepte einer objekt-orientierten Sprache mit den Eigenschaften eines modernen Datenbanksystems kombiniert. Dabei wird dem Programmierer eine einheitliche Programmier-schnittstelle zur Verfügung gestellt, die keine Unterscheidung zwischen der Programmiersprache und dem Datenbanksystem erkennen läßt.

Obwohl der Kern des Systems bereits entwickelt wurde, erfordern einige Komponenten des Systms noch weitere konzeptuelle Arbeit und/oder Implementierungsaufwand. Dazu gehören

- das Typkonzept (Installation von Typ-Hierarchien) und seine Einbeziehungen in die Abfragesprache
- das Transaktionskonzept, z.B.: lange und/oder geschachtelte Transaktionen
- Programmierwerkzeuge
- Datenschutz-Mechanismen.

Das System läuft als Prototyp auf einemm M32-UNIX-Rechner der Firma Triumph-Adler.

LITERATUR

/AlCO85/ Albano, A., Cardelli, C. and Orsini R.: *Galileo: A Strongly Typed, Interactive Conceptual Language.* ACM TODS 10, June 1985

/CoMa84/ G. Copeland, D. Maier: *Making Smalltalk a Database System.* Proceedings of ACM-SIGMOD 1984, Boston, MA

/ElBa84/ K. Elhardt, R. Bayer: *A Database Cache for High Performance and Fast Restart in Database Systems.* ACM TODS, Vol. 9, No. 4, Dec. 1984

/GoRo83/ Goldberg, A., Robson, D.: *Smalltalk-80 The Language and its implementation,* Addison-Wesley 1983

/HaLo82/ Haskin, R.L., Lorie, R.A.: *On Extending the Functions of a Relational Database System,* Proc. Sigmod, 82, pp. 207-212

/HaRe85/ T. Härder, A. Reuter: *Architektur von Datenbanksystemen für Non-Standard-Anwendungen.* (in German) GI-Jahrestagung 1985

/Ka85/ Katz, R. H.: *Information Management for Engineering Design,* Springer-Verlag, 1985

/KSUW85/ P. Klahold, G. Schlageter, R. Unland, W. Wilkes: *A Transaction Model Supporting Complex Applications in Integrated Information Systems.* Proceedings of ACM-SIGMOD 1985, Austin, Texas

/Lock85/ P. Lockemann, et. al.: *Anforderungen technischer Anwendungen an Datenbanksysteme.* (in German) GI-Jahrestagung 1985

/Lo81/ Lorie, R.A.: *Issues in Database for Design Application*, Proc. of the IFIP Conf. on CAD Data Bases, North-Holland, Publ. Co, 1981

/Mins80/ M. Minsky: *A Framework for Representing Knowledge.* in: Metzing D. : *Frame Conceptions and Text Understanding.* de Gruyter New York Berlin, 1980

/MNSZ85/ G. Maul, M. Nagl, G. Schlageter, R. Zieschang: *A short note on an object-oriented and strongly typed programming language for data base applications.* In "Notizen zu interaktiven Systemen", No. 14, May 1985, published by the Special Interest Group 'Interactive Systems' of the German 'Gesellschaft für Informatik'

/MyBW80/ Mylopoulos, J., Bernstein, P.A. and Wong, H.K.T.: *A Language Facility for Desiging Database-Intensive Applications.* ACM TODS 5, June 1980

/Si80/ Sidle, T.W.: *Weakness of Commercial Data Base Management Systems in Engineering Application*, Proc. of 17th Design Automation Conf., Minneapolis 1980, pp.57-61

ANHANG

```
+-------------------------------------------------------------------+
! class         permanent      Bezugsbedingung                      !
+-------------------------------------------------------------------+
! superclass    Objekt                                              !
+-------------------------------------------------------------------+
! role                                                              !
!     public    s : Lieferant;                                      !
!     public    ekPreis : Dollar;                                   !
!     public    optLosGröße : Integer;                              !
!     public    tagespreis : DM on access                           !
!                    s.staat.tageskurs*ekPreis;                     !
!     public    liefRabatt : Integer;                               !
+-------------------------------------------------------------------+
```

```
+----------------------------------------------------------->minimalBestand--+
! class          permanent      Teil                                         !
+----------------------------------------------------------------------------+
! superclass     Objekt                                                      !
+----------------------------------------------------------------------------+
! classRole      letzteTeileNr <- 0;                                         !
+----------------------------------------------------------------------------+
! role                                                                       !
!               teileNr : Integer <- Teil erzeugeTeileNr;                    !
!               teilName : String [20];                                      !
!      public   preis : DM;                                                  !
!               bezugsbedingungen : ListOf Bezugsbedingung;                  !
!               minimalBestand : Integer;                                    !
!               bestand : Integer;                                           !
!               bestellt : Integer;                                          !
!               bestandReserviert : Integer;                                 !
+----------------------------------------------------------------------------+
! nominator      teileNr                                                     !
+----------------------------------------------------------------------------+
! classMethod                                                                !
!     (erzeugeTeileNr) : Integer                                             !
!     [letzteTeileNr <- letzteTeileNr +1;                                    !
!     ^letzteTeileNr;],                                                      !
+----------------------------------------------------------------------------+
!method                                                                      !
!                                                                            !
!     (reserviere: anzahl: Integer)                                          !
!     [bestandReserviert <- bestandReserviert + anzahl;];                    !
!                                                                            !
!     (wareneingang: anzahl: Integer)                                        !
!     [bestellt <- bestellt - anzahl;                                        !
!      bestand  <- bestand  + anzahl;];                                      !
!                                                                            !
!     (warenausgang: anzahl: Integer)                                        !
!     [bestandReserviert <- bestandReserviert - anzahl;                      !
!      bestand <- bestand - anzahl;];                                        !
!                                                                            !
!     (bestellteMenge: anzahl: Integer)                                      !
!     [bestellt <- bestellt + anzahl];                                       !
!                                                                            !
!     (fuegeBezugsbedingungEin: bb: Bezugsbedingung)                         !
!     [bezugsbedingungen add: bb];                                           !
!                                                                            !
!     (loescheBezugsbedingung: bb: Bezugsbedingung)                          !
!     [ bezugsbedingungen enthält: bb                                        !
!         ifTrue: [bezugsbedingungen remove: bb]];                           !
!                                                                            !
!     (lieferBedingungen: s: Lieferant): Bezugsbedingung                     !
!     [^  bezugsbedingungen                                                  !
!        using: bb                                                           !
!        select:                                                             !
!         [bb.lieferant = s] first];                                         !
+----------------------------------------------------------------------------+
! constraint                                                                 !
!                                                                            !
!     bestandAusreichend                                                     !
!     on    bestand, bestandReserviert, bestellt,                           !
!           minimalBestand                                                   !
!     [(bestand-bestandReserviert+bestellt)>minimalBestand]                  !
```

```
+-------------------------------------------------------------------+
! rule                                                              !
!                                                                   !
!    on violation bestandAusreichend                                !
!                                                                   !
!    [bezug: Bezugsbedingung; minimalPreis: DM ;                    !
!                                                                   !
!     /* Berechnung des minimalen Einkaufspreises*/                 !
!     minimalPreis <- bezugsbedingungen min: tagespreis             !
!                                                                   !
!     bezug <- bezugsbedingungen                                    !
!               using: bb                                           !
!               select:                                             !
!                 [ bb.ekPreis                                      !
!                    * bb.s.staat.tageskurs                         !
!                    = minimalPreis] first;                         !
!                                                                   !
!    Auftrag bestelltBei:  bezug.Lieferant                          !
!            artikel: self                                          !
!            umfang:  bezug.optLosGröße                             !
!                                                                   !
!    bestellt <- bestellt + bezug.optLosGröße];                     !
+-------------------------------------------------------------------+


+-------------------------------------------------------------------+
! class           permanent       Auftrag                           !
+-------------------------------------------------------------------+
! superclass   Objekt                                               !
+-------------------------------------------------------------------+
! classRole    letzteAuftragsNr :  Integer <- 0                     !
+-------------------------------------------------------------------+
! role                                                              !
!         auftragsNr : Integer <- erzeugeAuftragsNr;                !
!         lief :       Lieferant;                                   !
!         auftragsDatum : Datum <- Tagesdatum;                      !
!         p :          Teil;                                        !
!         umfang :    Integer;                                      !
!         einzelPreis : DM;                                         !
!         gesamtPreis : DM;                                         !
!         stat :       status <- inVorbereitung                     !
+-------------------------------------------------------------------+
! nominator    auftragsNr                                           !
+-------------------------------------------------------------------+
! classMethod                                                       !
!                                                                   !
!    (erzeugeAuftragsNr): Integer                                   !
!    [letzteAuftragsNr <- letzteAuftragsNr + 1;                     !
!     ^letzteAuftragsNr];                                           !
!                                                                   !
!                                                                   !
+-------------------------------------------------------------------+
```

```
!      (bestelltBei:   s : Lieferant                               !
!       artikel:       p : Teil                                    !
!       umfang:        anzahl: Integer) : Auftrag                  !
!      [lief.staat.name  = 'BRD'                                   !
!         ifTrue:                                                  !
!           [ b : InnerdeutscherAuftrag !                         !
!             b <- InnerdeutscherAuftrag new;                      !
!             b.lief. <- s;                                        !
!             b.p     <- p;                                        !
!             b.umfang <- anzahl;                                  !
!             b.einzelPreis                                        !
!               <- (p lieferBedingungen: s).ekPreis;               !
!             b.gesamtPreis <- b.einzelPreis * b.umfang;           !
!             b.gesamtPreis                                        !
!               <- b.gesamtPreis * (1 + b.mehrwSt/100);            !
!             ^ b]                                                 !
!         ifFalse:                                                 !
!           [ b: AuslandsAuftrag !                                 !
!             b <- AuslandsAuftrag new;                            !
!             b.lief <- s;                                         !
!             b.p     <- p;                                        !
!             b.umfang <- anzahl;                                  !
!             b.zoll   <- s.staat.zoll at: p.teileNr;              !
!             b.zollPapiere                                        !
!                   <- s.staat.zollPapiere;                        !
!             b.einzelPreis                                        !
!                   <- (p lieferBedingungen: s).ekPreis           !
!                       * s.staat.tageskurs;                       !
!             b.gesamtPreis                                        !
!                   <- b.einzelPreis * anzahl                      !
!                       + b.zoll * anzahl;                         !
!             ^ b]                                                 !
+--------------------------------------------------------------------+
! methods                                                          !
!    .                                                             !
!    .                                                             !
!    .                                                             !
+--------------------------------------------------------------------+
! constraint                                                       !
+--------------------------------------------------------------------+
! rule                                                             !
+--------------------------------------------------------------------+


+--------------------------------------------------------------------+
! class      InnerdeutscherAuftrag                                 !
+--------------------------------------------------------------------+
! superclass  Auftrag                                              !
+--------------------------------------------------------------------+
! role    MehrwSt :        Integer <- 14                           !
+--------------------------------------------------------------------+
! methods                                                          !
!    .                                                             !
!    .                                                             !
!    .                                                             !
+--------------------------------------------------------------------+
```

```
+-----------------------------------------------------------------+
! class        AuslandsAuftrag                                    !
+-----------------------------------------------------------------+
! superclass   Auftrag                                            !
+-----------------------------------------------------------------+
! role                                                            !
!         zoll :    Fix[10][2];                                   !
!         zollPapiere : Text;                                     !
+-----------------------------------------------------------------+
! methods                                                         !
!     .                                                           !
!       .                                                         !
!         .                                                       !
+-----------------------------------------------------------------+



+-----------------------------------------------------------------+
! class        Lieferant                                          !
+-----------------------------------------------------------------+
! superclass   Objekt                                             !
+-----------------------------------------------------------------+
! classRole                                                       !
!              letzteLieferNr : Integer <- 0;                     !
+-----------------------------------------------------------------+
! role                                                            !
!   lieferNr :   Integer <- Lieferant erzeugeLieferNr;            !
!   liefName :   String[40];                                      !
!   liefAdr  :   Adresse;                                         !
!   angebot  :   ListOF Integer ;                                 !
+-----------------------------------------------------------------+
! nominator      lieferNr                                         !
+-----------------------------------------------------------------+
! classMethod                                                     !
!         (erzeugeLieferNr) : Integer                             !
!         [letzteLieferNr <- letzteLieferNr + 1;                  !
!          ^letzteLieferNr;],                                     !
+-----------------------------------------------------------------+
! method                                                          !
!   public       (erweitereAngebotUm: p : Teil                    !
!                     Preis:    pr: Fix[10][2]                     !
!                 rabatt: rab : Integer                           !
!                 umfang: anz: Integer)                           !
!                 [ bb : Bezugsbedingung;!                        !
!                   bb.s <- self;                                 !
!                   bb.ekPreis  <- pr;                            !
!                   bb.liefRabatt <- rab;                         !
!                   bb.optLosGröße  <- anz;                       !
!                   p fuegeBezugsbedingungEin: bb;                !
!                   angebot add: p;                               !
!                 ];                                              !
+-----------------------------------------------------------------+
!     .                                                           !
!     .                                                           !
!     .                                                           !
+-----------------------------------------------------------------+
```

```
+-------------------------------------------------------------+
! class         Staat                                         !
+-------------------------------------------------------------+
! superclass    Objekt                                        !
+-------------------------------------------------------------+
! role                                                        !
!         name : String[40];                                 !
!         tageskurs : Fix[10][2];                             !
!         zoll : DictionaryOf [Integer,Fix[10][2]];           !
!         zollPapiere : Text;                                 !
+-------------------------------------------------------------+
! methods              .                                      !
!                      .                                      !
+-------------------------------------------------------------+


+-------------------------------------------------------------+
! class         embedded    Datum                             !
+-------------------------------------------------------------+
! superclass    Objekt                                        !
+-------------------------------------------------------------+
! role                                                        !
!         tt,mm,jj : Integer;                                 !
+-------------------------------------------------------------+
! methods                                                     !
!      .                                                      !
!      .                                                      !
!      .                                                      !
+-------------------------------------------------------------+


                 .
                 .
                 .
```

Integritätssicherung für die datenbankgestützte Software-Produktionsumgebung INCOME

Georg Lausen[**], Helmut Müller[*], Tibor Németh[*],
Andreas Oberweis[**], Frank Schönthaler[*], Wolffried Stucky[*]

Schlüsselworte:

Software-Produktionsumgebung, Non-Standard-Datenbanksysteme, Konzeptuelles Schema, Integrität, Design-Dictionary.

I. Die Software-Produktionsumgebung INCOME

INCOME (Interactive Netbased COnceptual Modelling Environment) ist ein rechnergestützter Arbeitsplatz für die interaktive, grafikorientierte Software-Produktion. Die während des Entwurfsprozesses anfallenden Ergebnisse werden in einer zentralen Entwicklungsdatenbank abgelegt. Verwendet wird das Datenbanksystem DATENBANK-PASCAL mit integriertem Data-Dictionary [Kar84]. DATENBANK-PASCAL unterstützt auf der konzeptuellen Ebene ein erweitertes Entity-Relationship-Modell, auf der logischen Ebene das Relationenmodell und auf der externen Ebene ein Formularmodell.

Mit *INCOME* soll die Entwicklung von datenbankbasierter Software so unterstützt werden, daß die konzeptuelle Modellierung explizit in den Software-Lifecycle eingebunden wird und dabei ein integrierter Entwurf *statischer* und *dynamischer* Aspekte möglich ist. Ausgangspunkt der konzeptuellen Modellierung mit *INCOME* ist ein semiformales *funktionales Anforderungsschema* in Form einer Hierarchie von Objektflußdiagrammen ähnlich SADT [Ros77] oder ISAC [Lun82]. In einem dreistufigen interaktiven Prozeß wird unter Berücksichtigung von Detaillierungs- bzw. Vorgänger-/Nachfolger-Beziehungen zwischen Objektflüssen ein konzeptuelles *Datenstrukturschema* abgeleitet. Zur Beschreibung der konzeptuellen Datenstruktur wird ein semantisch-hierarchisches Datenmodell, ähnlich SHM+ [BrR84] und THM [FuN86], verwendet. Die Objektflußdiagramme der untersten Hierarchie-Ebene werden durch schrittweise Formalisierung in Prädikate/Transitionen-Netze [Ric83, Ric84] umgewandelt. Diese Netze werden zu einem globalen Netz – dem *Ablaufschema* – integriert, in dem das für den Benutzer sichtbare Systemverhalten durch Aktivitäten und zugehörige Objektflüsse beschrieben ist. Aktivitäten im Ablaufschema stellen elementare Operationen auf Benutzerebene (Transaktionen) dar. In einem Verfeinerungsschritt werden die Transaktionen als Abläufe atomarer Operationen auf Datenbank-Ebene in sogenannten Transaktionsnetzen genauer spezifiziert. Diese Netze bilden das *Transaktionsschema*. Detaillierte Informationen zur Konstruktion des konzeptuellen Schemas sind in [Lau85, OSL86] zu finden. In jeder Phase des konzeptuellen Entwurfsprozesses wird die *interpretative Ausführung* der bereits vorliegenden Ergebnisse über eine integrierte Prototyping-Komponente unterstützt. Daneben ist auch die *Transformation* des konzeptuellen Schemas in eine implementierte Form vorgesehen.

[*] Institut für Angewandte Informatik und Formale Beschreibungsverfahren, Universität Karlsruhe (TH), 7500 Karlsruhe
[**] Fachbereich Informatik, Technische Hochschule Darmstadt, 6100 Darmstadt

Diese Arbeit wurde teilweise von der Deutschen Forschungsgemeinschaft im Rahmen des Schwerpunktprogramms 'Interaktive betriebswirtschaftliche Informations- und Steuerungssysteme' unter der Nummer 'Stu 98/6' gefördert.

II. Chrarakteristika der INCOME-Entwicklungsdatenbank

Die *INCOME*-Entwurfsmethode ist charakterisiert durch die getrennte Spezifikation der verschiedenen Aspekte des konzeptuellen Entwurfs (Datenstrukturen, Systemverhalten auf Benutzer- bzw. Datenbankebene). Um dabei eine integrierte Vorgehensweise zu ermöglichen, müssen die vielfältigen *Wechselbeziehungen* zwischen den Teilschemata berücksichtigt werden. *INCOME* erlaubt es dem Benutzer, die Abfolge der Entwurfsschritte weitgehend selbständig zu bestimmen. Außerdem können einzelne Schritte entfallen oder wiederholt ausgeführt werden. Diese *Flexibilität beim Entwurf* muß dahingehend unterstützt werden, daß sämtliche Entwurfsschritte anhand der Informationen des Design-Dictionaries nachvollziehbar sein müssen. Besondere Probleme ergeben sich hierbei in Bezug auf die Integritätssicherung zwischen den Teilschemata.

Bei der Durchführung der konzeptuellen Entwurfsschritte sollen stets alle bereits in der Entwicklungsdatenbank vorliegenden Informationen berücksichtigt werden. Dafür ist es notwendig, die Teilschemata jeweils unter *verschiedenen Gesichtspunkten* betrachten zu können. Hierzu muß die *Bildung geeigneter Sichten* auf die Daten des Design-Dictionaries ermöglicht werden.

Um dem Designer eine größtmögliche Flexibilität beim Entwurf zu erlauben, kann ein konsistenter Datenbankzustand üblicherweise nur nach *Abschluß eines zusammenhängenden Entwurfsschrittes* gefordert werden. Eine Entwurfstransaktion umfaßt folglich diesen gesamten Schritt. Dessen Dauer kann sich über einen Zeitraum von Tagen oder gar Wochen erstrecken. Zudem kann er zeitweilig unterbrochen werden. Daraus ergeben sich Anforderungen an das Transaktionsmanagement, die vom eingesetzten Datenbanksystem nicht erfüllt werden.

Das Design-Dictionaries ist unter anderem charakterisiert durch große Datenmengen, die Vielzahl von Beziehungen zwischen Tupeln der Datenbank sowie eine erhebliche Anzahl von Suchschlüsseln. Zudem müssen lange Felder, d.h. unstrukturierte Zeichenketten unbestimmter Länge, verwaltet werden. Bezüglich Aufbau und Verwaltung des Design-Dictionaries ergeben sich Anforderungen, wie sie für Anwendungen von Non-Standard-Datenbanksystemen [HäR83] typisch sind.

Die folgende Abbildung zeigt einen Ausschnitt der Struktur des Design-Dictionaries. Für die Darstellung wird ein auf der Basis des Standardisierungsvorschlags der ISO [Gri82] erweitertes Entity-Relationship-Modell (vgl. [Kar84]) verwendet. Das funktionale Anforderungsschema wird durch Entities des Typs 'Funktion' repräsentiert sowie durch, den Objektflüssen entsprechende, Zweierbeziehungen zwischen Funktionen. Eine Menge von Zweierbeziehungen ('Objbez') zwischen Objekttypen bildet das Datenstrukturschema, wobei jeder dieser Beziehungen ein Strukturierungstyp (Aggregation, Generalisierung, Gruppierung) zugewiesen ist. Zur Konstruktion des Datenstrukturschemas müssen im Design-Dictionary Beziehungen zwischen Objektflüssen und Objekttypen ('Flobj'), sowie zwischen Objektflüssen und Objektbeziehungen ('Objkons') aufgebaut werden. Die Systemabläufe auf Benutzerebene werden durch bipartite Graphen (Netze) im Ablaufschema beschrieben. In der Entwicklungsdatenbank werden diese Graphen durch Entities vom Typ 'Stelle', 'Transition' und 'Objekt' sowie durch Beziehungen zwischen diesen repräsentiert ('Stetrans', 'Stobj'). Zustände von Ablaufnetzen werden durch Beziehungen zwischen Stellen und Objekttypen beschrieben ('Netzmark'). Zur Konstruktion des Ablaufschemas auf der Basis der Objektflußdiagramm-Hierarchie müssen in der Entwicklungsdatenbank Beziehungen zwischen Stellen und Objektflüssen ('Stefluss') sowie zwischen Transitionen und Funktionen ('Trfkt') aufgebaut werden. In diesem Ausschnitt sind die Bereiche Transaktionsmodellierung und Rapid Prototyping nicht berücksichtigt.

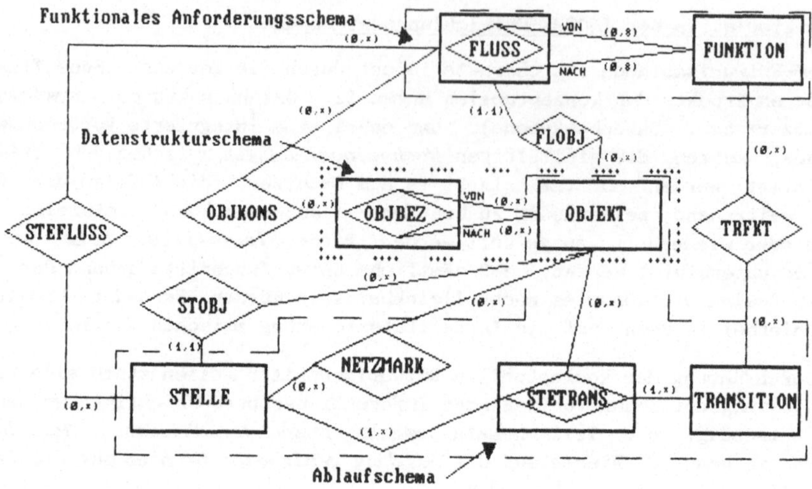

Abbildung: Ausschnitt des Design–Dictionaries

III. Lösungsansätze zur Integritätssicherung

In diesem Abschnitt soll das zur Sicherung der Datenintegrität in der *INCOME*-Entwicklungsdatenbank verwendete Konzept skizziert werden. Dabei sollen – entsprechend [DKM86], wo die generell in Entwicklungsdatenbanken auftretenden Integritätsprobleme aufgegriffen werden und eine Systematisierung dieses Bereichs vorgeschlagen wird – die folgenden Punkte berücksichtigt werden:

1. Umfang der Integritätsprüfungen
2. Überprüfungszeitpunkt der Bedingungen
3. Reaktion bei Verletzung der Bedingungen.

Bildung von Datenbankmodulen

Für die Arbeit auf dem Design–Dictionary wurden geeignete Datenbankmodule (vgl. [Reb83, Jus85]) implementiert. Ein Datenbankmodul arbeitet auf einer gegebenen Sicht auf die Entwurfsdaten und stellt dem Entwickler *Bausteine zur Bildung konsistenzerhaltender Benutzeroperationen* zur Verfügung. Diese Module entstehen durch Aggregation elementarer Grundoperationen auf dem Design–Dictionary. Durch die Bildung solcher Module werden der Überprüfungszeitpunkt der Integritätsbedingungen sowie die Menge der hierbei zu betrachtenden Datenobjekte exakt spezifiziert (Punkte 1 und 2 in obiger Liste) Außerdem ist hierdurch eine Standardisierung von Fehlerreaktionen gewährleistet. Datenbankmodule sind geeignet zur Wahrung *referentieller Integritätsbedingungen* (siehe hierzu [Dat83]), sofern diese nicht aus Gründen der Flexibilität beim Entwurf bewußt ungeprüft bleiben. Anders als bei [Reb83] sichert ein *INCOME*-Datenbankmodul jedoch nur die Integrität der zugrundeliegenden Sicht. Integritätsprobleme, die sich aufgrund langer Transaktionen ergeben, können durch die Verwendung von Datenbankmoduln jedoch nicht ausreichend behandelt werden. Beispielsweise kommt zur Erstellung einer Objektflußdiagramm–Hierarchie (funktionales Anforderungsschema) das Datenbankmodul 'Einfügen Objektfluß' zur Anwendung. Dieses Modul sichert insbesondere die Wahrung der referentiellen Integritätsbedingung, die die Existenz zweier Entities vom Typ 'Funktion' fordert, die über Rollennamen als Vorgänger– und Nachfolgerfunktion qualifiziert werden können. Das Modul erzwingt jedoch nicht das Vorhandensein eines zugehörigen Entities vom Typ 'Objekttyp' im Datenstrukturschema.

Prüfprozeduren

Das Ende der Transaktionen des *INCOME*-Systems kann nicht automatisch vom System erkannt werden. Der Designer muß das Ende einer Transaktion – also den Überprüfungszeitpunkt von Integritätsbedingungen – explizit bestimmen und löst dabei eine Reihe von Prüfprozeduren aus. Der Umfang richtet sich weitgehend nach dem aktuellen Stand des konzeptuellen Entwurfs. Dabei wird ein aussagekräftiges Prüfprotokoll erstellt, das folgende Informationen enthält:

1. Liste der automatisch behandelten Verletzungen der Integrität
2. Liste der verletzten schwachen Integritätsbedingungen
3. Liste der verletzten strengen Integritätsbedingungen
4. Vorschläge zur Behandlung von Verletzungen der Integrität

Unter *schwachen Integritätsbedingungen* verstehen wir nach [Zeh85] solche Bedingungen, die unter gewissen Umständen verletzt sein dürfen. *Strenge Integritätsbedingungen* sind stets von allen Transaktionen einzuhalten. Wurden beim Ablauf einer Prüfprozedur Verletzungen strenger Integritätsbedingungen erkannt, sorgt diese auch dafür, daß keine weiteren Entwurfsschritte ausgeführt werden.

Sichtenbildung durch interne Datenstrukturen

Die vorgestellten Ansätze bewirken zumeist eine *Erhöhung der Ausführungszeiten* von Datenbankoperationen. Dies wirkt sich besonders bei den Algorithmen aus, die durch eine hohe Anzahl von Retrieval-Operationen oder durch eine intensive Benutzerinteraktion charakterisiert sind. In diesen Fällen werden zu geeigneten Zeitpunkten Sichten in Form *programminterner Datenstrukturen* gebildet, die sich weitgehend an den Anforderungen der Algorithmen orientieren. Der Aufbau sowie das Zurückschreiben der internen Datenstrukturen in das Design-Dictionary geschieht über die oben beschriebenen Datenbankmodule. Bei dieser Sichtenbildung sind Projektionen auf Primärschlüsselbestandteile nicht zulässig. Damit ist das Zurückschreiben ohne Probleme möglich.

Wissensbasierte Integritätssicherungskomponente

Das für *INCOME* derzeit implementierte Konzept zur Integritätssicherung eignet sich nicht zur Behandlung des gesamten Bereichs der Integritätsproblematik. Für Integritätsbedingungen, die sich aus der Semantik des Entwurfsprozesses ergeben, ist dieses Konzept aufgrund des erheblichen Implementationsaufwands nur bedingt verwendbar. Als Beispiel hierzu könnte das im Rahmen der konzeptuellen Datenstrukturmodellierung auftretende Homonym-/Synonym-Problem zwischen Objekttypen genannt werden. Zur Lösung bietet sich die Abbildung solcher Integritätsbedingungen in eine Menge logischer Regeln an, die im Rahmen der Entwurfstransaktionen durch eine Integritätssicherungskomponente ausgewertet werden können. In [BrM86] werden Ansätze zur Anwendung von Verfahren der Logik zur Integritätssicherung in Datenbanken beschrieben. Die Ergänzung der Integritätssicherungskomponente von *INCOME* um eine solche deduktive Komponente ist geplant.

IV. Literatur

[BrM86]   Brodie, M.L., and Mylopoulos, J., Eds. *On Knowledge Base Management Systems. Integrating Artificial Intelligence and Database Technologies.* Springer-Verlag, New York, 1986.

[BrR84]   Brodie, M.L., and Ridjanovic, D. On the design and specification of database transactions. In *On Conceptual Modelling. Perspectives from Artificial Intelligence, Databases, and Programming Languages*, M.L. Brodie, J. Mylopoulos, and J.W. Schmidt, Eds. Springer-Verlag, New York, 1984.

[Dat83]   Date, C.J. *An Introduction to Database Systems, Volume II.* Addison-Wesley, Reading, Mass., 1983.

[DKM86]   Dittrich, K.R., Kotz, A.M., and Mülle, J.A. An event/trigger mechanism to enforce complex consistency constraints in design databases. *SIGMOD RECORD 15*, 3 (Sept. 1986), 22-36.

[FuN86]   Furtado, A.L., and Neuhold, E.J. *Formal Techniques for Data Base Design.* Springer-Verlag, Berlin, Heidelberg, 1986.

[Gri82]   Griethuysen, J.J. Ed. Concepts and Terminologie for the Conceptual Schema and the Information Base, Report of the ISO/TC97/SC5/WG3, Publication No. ISO/TC97/SC5 - N 695, March 1982.

[HäR83]   Härder, T., and Reuter, A. Database systems for non-standard-applications. In *Proceedings of the International Computing Symposium 1983 on Application Systems Development, Berichte des German Chapter of the ACM, Bd. 13*, H.J. Schneider, Ed. B.G. Teubner, Stuttgart, 1983.

[Jus85]   Just, S. Repräsentation und Verwaltung verschiedenartiger konzeptueller Schemata. In *Datenbank-Systeme für Büro, Technik und Wissenschaft*, A. Blaser, and P. Pistor, Eds. Springer-Verlag Berlin, Heidelberg, 1985.

[Kar84]   Karszt, J. DATENBANK-PASCAL: Ein ausbaubares Datenbanksystem nach einem ER-Modell für Personal-Computer-Anwendungen. Dissertation, Univ. of Karlsruhe, Germany, 1984.

[Lau85]   Lausen, G. Grundlagen einer netzorientierten Vorgehensweise für den konzeptuellen Datenbankentwurf. Univ. of Karlsruhe, Germany, 1985.

[Lun82]   Lundeberg, M. The ISAC approach to specification of information systems. In *Information Systems Design Methodologies: A Comparative Review*, T.W. Olle, H.G. Sol, and A.A. Verrijn-Stuart, Eds. North-Holland Publ. Comp., 1982.

[OSL86]   Oberweis, A., Schönthaler, F., Lausen, G., and Stucky, W. Net based conceptual modelling and rapid prototyping with INCOME. In *Proceedings of the 3rd Conference on Software Engineering* (Versailles, France, May 27-30). A.F.C.E.T., Paris, France, 1986, pp. 165-176.

[Reb83]   Rebsamen, J. Datenbankentwurf im Dialog - Integrierte Beschreibung von Strukturen, Transaktionen und Konsistenz. Dissertation, ETH-Zürich Nr. 7325, Zürich, Swiss, 1983.

[Ric83]   Richter, G. Netzmodelle für die Bürokommunikation - Teil 1. *Informatik-Spektrum 6*, 6 (Dez. 1983), 210-220.

[Ric84]   Richter, G. Netzmodelle für die Bürokommunikation - Teil 2. *Informatik-Spektrum 7*, 1 (Feb. 1984), 28-40.

[Ros77]   Ross, D.T. Structured analysis (SA): a language for communicating ideas. *IEEE Trans. Softw. Eng. SE-3*, 1 (Jan. 1977), 16-34.

[Zeh85]   Zehnder, C.A. *Informationssysteme und Datenbanken.* B.G. Teubner, Stuttgart, 1985.

Eine integrierte Dokumentenverwaltung für die Softwareentwicklung

Hans-Ulrich Kobialka

Gesellschaft für Mathematik und Datenverarbeitung mbH
Institut für Systemtechnik
5205 St. Augustin

Problemstellung

Die moderne Softwareproduktion erfordert das Erstellen und Verwalten einer Vielzahl von Dokumenten. Das Spektrum reicht hier von Programmen und Objektcode über verschiedenste Spezifikationen, Job-Control-Prozeduren, Testpläne, Testdaten, diverse Handbücher, Terminpläne, Aufträge, Protokolle etc. bis hin zu Problemmeldungen, Ideen, Vorschlägen u.ä. . Von vielen dieser Dokumente existieren mehrere Versionen, die verschiedenen Konfigurationen von Softwareprodukten angehören können. Darüberhinaus gilt es zahlreiche Beziehungen zu verwalten, wie z.B. den Sachverhalt, daß ein Programm aus einer Spezifikation generiert wurde bzw. zu dieser konsistent ist.

Heute werden in der Softwareentwicklung Dokumente überwiegend als Dateien in dem Dateisystem des jeweiligen Betriebsystems verwaltet. Dies bietet den Vorteil einer einheitlichen Sicht des Benutzers auf die von ihm zu verwaltenden Ergebnisse, unabhängig davon, von welchen Werkzeugen diese Ergebnisse erstellt bzw. bearbeitet wurden. Beziehungen und Abhängigkeiten zwischen Dateien werden verbreitet durch Namenskonventionen, Gruppierungen, o.ä. zum Ausdruck gebracht oder durch spezielle Werkzeuge unterstützt, wie z.B. make oder SCCS in UNIX[1] Trotz dieser Mittel ist es für den Benutzer oft nur mit einem genauen Kontextwissen und mit einer strengen Arbeitsdisziplin möglich, die verschiedenen Abhängigkeiten zwischen Dateien zu erkennen und bei seiner Arbeit die Konsistenz des Systems nicht zu verletzen.

Bei der Bestrebung, zu einer möglichst einfachen und konsistenten Verwaltung von Dokumenten zu gelangen, muß die Heterogenität der einzusetzenden (und meist schon existierenden) Entwicklungswerkzeuge und deren Dokumentenablage berücksichtigtigt werden. Während ein Werkzeug seine Dokumente auf einem modernen Datenbanksystem als komplexe Objekte realisiert, arbeitet ein anderes auf Dateien mit entsprechenden internen Formaten. Wiederum andere Werkzeuge legen ihre Dokumentversionen speicheroptimiert in bestimmten Deltastrukturen ab oder benutzen spezielle Archivierungstechniken.

---

(1) UNIX ist ein eingetragenes Warenzeichen der AT&T Bell Laboratories

Die Schwierigkeit, *große* Mengen von Entwicklungsdokumenten einheitlich zu verwalten und konsistent zu benutzen, führt zu der Notwendigkeit dem Entwickler eine integrierte Sicht auf die von ihm zu verwaltenden Dokumentenbestände und Funktionen zu deren konsistenter Verwaltung zur Verfügung zu stellen. Eine Dokumentenverwaltung sollte

- alle Dokumente, ihre Versionen und die Beziehungen zwischen ihnen einheitlich verwalten können,
- ein konsistentes Arbeiten in einem arbeitsteiligen Entwicklungsprozeß gewährleisten und
- die Integration von bestehenden Entwicklungswerkzeugen unterstützen, insbesondere dadurch, daß keine Vorgaben für die interne Struktur von Dokumenten und deren Ablage gemacht werden.

Konzept einer integrierten Dokumentenverwaltung

Der hier vorgestellte Ansatz für eine Dokumentenverwaltung beschränkt sich im wesentlichen darauf, den Begriff 'Dokument' und die mit ihm verbundene Funktionalität zu beschreiben. Dies beinhaltet die Versionsbildung, das Verwalten von Beziehungen und konsistenzunterstützende Mechanismen wie Zugriffskontrolle, Zugriffssynchronisation und einen Benachrichtigungsmechanismus. Ebenso wird gezeigt, wie Dokumente mit unterschiedlichen internen Strukturen in die Dokumentenverwaltung integriert werden können. Auf möglicherweise darauf aufsetzende Projekt- oder Produktmodelle bzw. Methoden und Werkzeuge zur Konfigurationsverwaltung wird hier nicht eingegangen.

Ein *Dokument* ist die atomare Einheit der Dokumentenverwaltung. Ein Dokument bildet quasi einen 'Behälter' für Inhaltsinformationen, vergleichbar mit den genormten Containern im Güterfernverkehr. Die Dokumentenverwaltung verwaltet die Dokumente unabhängig von ihrem Inhalt. Das Konzept "Dokument" stellt also eine Abstraktion von den jeweiligen Inhalten dar.
Alle Dokumente besitzen bestimmte Verwaltungsinformationen (Änderungsdatum, Autor, etc.) und können einheitlich behandelt werden (kopieren, löschen, Einrichten von Beziehungen, usw.). Dies ermöglicht eine einfache Sicht auf Dokumente und vereinfacht den Umgang mit ihnen.

Dokumente werden über einen Dokument-Identifier identifiziert. Dieser ist ein Pfadnamen, der ein Dokument entsprechend seiner Position in einer *baumartigen Directorystruktur* identifiziert, wie z.B. im UNIX-Filesystem.

Jedes Dokument kann eine Entwicklungsgeschichte besitzen, bestehend aus einer linearen Folge von *Dokumentversionen*. Es kann immer nur die aktuelle Version eines Dokumentes verändert werden, während bei älteren nur das Lesen bzw. das Löschen erlaubt ist.

Das Verzweigen in der Entwicklungsgeschichte, d.h. das Bilden einer Variante, wird durch das Erzeugen eines neuen Dokumentes modelliert, von dem wiederum linear Versionen gebildet werden können.

Die Dokumentenverwaltung bietet die Möglichkeit beliebige *Beziehungen*[2] zwischen Dokumenten bzw. Dokumentversionen zu erzeugen. Dieses Beziehungsmodell orientiert sich an dem Entity-Relationship-Modell von Chen[3] . Mit Hilfe solcher Beziehungen kann z.B. dokumentiert werden, aus welcher Spezifikation ein Modul generiert wurde, wie er getestet wurde (Beziehung zu einem Testprotokoll), welche Eingabedaten bei diesem Test verwendet wurden, u.ä. . Diese Beziehungen können durch den Benutzer einheitlich erzeugt, interpretiert, verändert oder zum Dokumenten-Retrieval benutzt werden.

Der entscheidende Vorteil eines Beziehungskonzeptes gegenüber implizit, z.B. in der Syntax einer Spezifikationssprache formulierten Verweisen muß in einer entsprechenden Unterstützung von Konsistenz liegen, da es sonst schwer fällt, Werkzeugentwickler zu bewegen, ihre vertrauten Konstrukte gegen ein neues Konzept einzutauschen. Aus diesem Grunde ist die Gewährleistung der *referenziellen Integrität* bei Beziehungen ein zentraler Punkt in dem hier vorgestellten Konzept. Ein weiteres wichtiges Hilfsmittel ist ein *Benachrichtigungsmechanismus*, mit dem festgelegt werden kann, daß bei einer bestimmten Veränderung ein bestimmter Benutzer benachrichtigt werden soll. So muß z.B. der Besitzer eines Modules darauf hingewiesen werden, wenn Schnittstellen, die dieses Modul benutzt, verändert werden.

Die Dokumentenverwaltung dient der Verwaltung von Dokumenten, ihrer Versionen und den Beziehungen zwischen ihnen; die *Interpretation und Bearbeitung von Dokumentinhalten* geschieht durch Werkzeuge, im einfachsten Falle durch einen Text-Editor. Ein Dokumentinhalt kann damit als eine Instanzierung eines abstrakten Datentyps angesehen werden, auf den nur über bestimmte Werkzeuge zugegriffen werden kann.

Der Zugang zu dem Inhalt eines Dokumentes erfolgt zum Zwecke der Zugriffskontrolle und -synchronisation unter der Kontrolle der Dokumentenverwaltung, analog zu dem Öffnen und Schließen von Dateien. Bei dem Öffnen eines Dokumentes erhält das Werkzeug als Ergebnis dieser Operation einen Zeiger auf den Inhalt dieses Dokumentes. Dieser Zeiger kann, je nach Ablageform des Inhalts, unterschiedlich sein, so z.B. ein File-Descriptor oder der DB-Key eines komplexen Objektes. Nach dem Eröffnen kann das Werkzeug den Dokumentinhalt z.B. mit einer entsprechnden DML lesen oder verändern. Am Ende muß ein Dokument wieder geschlossen werden, um die vollzogenen Änderungen wirksam werden zu lassen.

Im Falle einer Integration von Dokumenten, deren Inhalte anders als die der schon vorhandenen Dokumente abgelegt sind (z.B. in einer

---

(2) Beziehungen sind unabhängig von der Directorystruktur zu sehen, die primär der Identifizierung von Dokumenten dient.
(3) Chen, Peter P.-S.: The Entity-Relationship-Model - Toward a unified view of data; ACM ToDS 1976

anderen Datenbank), werden nur die Funktionen benötigt, mit denen man die internen Strukturen eines solchen Dokumentes kopiert, darauf zugreift bzw. diese löscht. Indem diese Funktionen der Dokumentenverwaltung zur Verfügung gestellt werden, können diese Dokumente wie alle anderen durch die Dokumentenverwaltung verwaltet werden. Die Schnittstelle der Dokumentenverwaltung bleibt dadurch unverändert. Die auf den 'neuen' Dokumenten arbeitenden Werkzeuge müssen nur minimal angepaßt werden, nämlich nur an den Umstand, daß nun der Dokumentenzugriff mit Hilfe der Dokumentenverwaltung erfolgt.

Die Werkzeuge operieren auf dieser Dokumentenverwaltung über die Operatoren einer Programmierschnittstelle. Um dem Entwickler eine komfortable Verwaltung seiner Dokumente direkt zu ermöglichen, ist es notwendig darauf aufbauend einen entsprechenden Kommandointerpreter, vergleichbar der UNIX-Shell, zusammen mit Werkzeugen zur Konfigurationsverwaltung anzubieten.

Acknowledgement :

Dieses Konzept ist aus den Problemstellungen und Diskussionen des Projektes UNIBASE heraus entstanden. UNIBASE ist ein Verbundprojekt zur Erstellung einer Softwareentwicklungsumgebung auf UNIX-Basis. Kooperationspartner in diesem Verbundprojekt sind die industriellen Unternehmen ACTIS, ADV/ORGA, die IABG und mbp Software & Systems sowie die wissenschaftlichen Institutionen Forschungszentrum Informatik an der Universität Karlsruhe (FZI), die Gesellschaft für Mathematik und Datenverarbeitung (GMD), die TU Berlin und das Zentrum für Graphische Datenverarbeitung (ZGDV).
Das Projekt UNIBASE wird durch den BMFT unter dem Kennzeichen "ITS 8308" gefördert.

MANAGING SCHEMA VERSIONS IN A TIME-VERSIONED NON-FIRST-NORMAL-FORM RELATIONAL DATABASE

P. Dadam and J. Teuhola[1]
IBM Wissenschaftliches Zentrum
Heidelberg, West Germany

Abstract

Support of time versions is a very advanced feature in a DBMS. However, full flexibility of history processing is achieved only if we can also change the database schema dynamically, without touching the history. A technique for achieving this goal is here presented, in the frames of the Non-First-Normal-Form (NF^2) relational data model. The environment is a pilot DBMS supporting this model, developed by the Advanced Information Management (AIM) project at the IBM Heidelberg Scientific Center. The technical solution pursues to minimize the storage space and the number of data versions. One way to achieve this is to avoid the immediate update of all data instances in the context of a schema change. Transformations between versions enable the correct interpretation of data. The management of time-related queries becomes complicated, when schema changes are involved. The paper describes a technique of applying global views over different schema versions, when formulating the queries and their results.

Kurzfassung

Die Unterstützung von Zeitversionen ist ein neuartiger Aspekt für Datenbank-Management-Systeme. Die volle Flexibilität für die Verarbeitung historischer Werte ist allerdings erst dann gegeben, wenn auch dynamische Änderungen des Datenbank-Schemas erlaubt sind. Der Beitrag setzt sich mit dieser Problematik auf Basis des NF^2-Relationenmodells auseinander und beschreibt einige Lösungsansätze. Als Referenz-Datenbanksystem dient hierbei der Advanced Information Management Prototype (AIM-P) des Wissenschaftlichen Zentrums in Heidelberg.

1. Introduction

Two kinds of changes may occur in a database: data update and schema update. The former is of course more common, whereas the latter causes more problems. The present DBMSs usually support very restricted kinds of schema changes. In System R [Astr76, Date81], e.g., columns can be added to a relation to the right of existing columns, but dropping columns is not allowed. New tables and indexes can be added (and old ones dropped) dynamically, but these are the easy cases, because the tables need not be restructured. Traditionally, database restructuring has been performed by special utility programs. An example is the EXPRESS system [Shu77] tailored to the hierarchical data model. Even with advanced tools the maintenance of application programs is usually a big problem. If **views** are supported by the DBMS, a certain degree of **data independence** (immunity to physical changes) can be achieved. Complete separation of conceptual and internal levels of description (as proposed by the ANSI/X3/SPARC work group [Tsic78]) is not common, probably because of the significant overhead caused by the mappings between the different levels.

The most typical reasons for changing the schema are the following:

- The application area extends — the existing applications do not change in essence but get integrated with the new ones.
- Some parts of the application become obsolete and thus can be dropped from the schema.
- The real world (application area) changes structurally, due to some internal or external event, decision or law.
- As stated above, full data independence is not easily attained in practice. Some choices made in the schema design affect also the performance. During database usage it must be possible to tune the schema to enhance the efficiency. This may concern indexes, references, structuring of data sets, etc., depending on the data model.

---

[1] On leave from the Univ. of Turku, Finland

Today's DBMSs normally support only current-state data. If versions of data are needed, they must be realized without assistance from the system by introducing additional (e.g. temporal) fields in data sets. That is, the versioning mechanism must be managed by hand. Recent efforts to support advanced applications have noticed also the need of data versioning. The advantages of an explicit temporal dimension were notified already ten years ago [Bube77], but only now are these ideas starting to get attention from the DBMS developers [Lum84, Snod85, Adib86, Shos86]. Time versioning is a linear way of representing the states of an object through history. It is well suited for an office environment, whereas e.g. in CAD applications it seems that more general mechanisms are needed [Katz84, Ditt85, Chou86, Klah86], facilitating hierarchical relationships between versions. In this paper we concentrate on time versioning.

Restructuring is not less important in time-versioned databases than in those representing the current state. However, some extra difficulties are incurred, as can be expected. The principle of temporal data management is that *the history is sacred*, i.e. it must not be updated. This extends to the description level: restructuring concerns only the current state, the previous versions must retain their old form. The conclusion is that the schema must also be versioned, and the system must keep track of the correspondences between schema and data versions. This demand creates problems both in storage and retrieval of history.

Another trend in advanced DBMSs is the support of **complex objects**, having usually a hierarchical (nested) structure, see e.g. [Hask82, Abit86, Bank86, Care86, Vald86]. A data model especially suited for this purpose is the so called **Non-First-Normal-Form** (NF^2) relational model [Jaes82, Aris83, Pist85, Sche86], giving a tabular representation for hierarchical objects. This data model is introduced in Section 2, and used as a frame model for schema versioning. The rest of the paper is as follows: Section 3 explains the time versioning mechanism in NF^2, developed by the Advanced Information Management (**AIM**) group [Dada84, Lum84]. The principles of schema versioning are stated in Section 4, as well as the main problems. A list of typical schema changes in NF^2 is given in Section 5. These changes are then treated in the next two sections from storage and retrieval point of view, respectively. The paper ends with a conclusion.

2. NF^2 Data Model

In this paper we will concentrate our discussion on the 'pure' NF^2 data model with relations having relations as attribute values, as described e.g. in [Jaes85a, Jaes85b, Sche86], which is a subset of the 'extended' NF^2 data model used in the AIM Prototype (AIM-P) System [Lum85, Pist85, Ande86, Dada86, Pist86]. We therefore start with a brief description of this data model, introducing some notations which will be used in the following. An NF^2 relation is a two-dimensional structure, consisting of named **columns** (fields, attributes) and **rows** (tuples). The elements in a column get values from a certain **domain**. A domain is either **simple** (integer, real, text, boolean, etc.) as in the pure relational model, or **complex**, being the power set of the cartesian product of other domains (either simple or complex). In essence this means that a relation element can again be a relation in a recursive way, where the 'nesting depth' is fixed at relation creation time (as opposed, e.g. in the data model proposed in [Lame84]). In some applications we may call the tuples of an NF^2 relation also **complex objects**. As for the classical relational model, a linear notation is defined for an NF^2 schema, too: If a column is complex, it is followed by the list of subcolumns in parentheses.

Example 2.1. Employees work in projects belonging to departments. Departments have a unique number and a manager (name). Projects have a number and a name, employees a number, name and salary. The tabular form with some sample data is depicted in Fig. 1. The linear representation of the schema is

```
DEPTS(DNO, MGR, PROJS(PNO, PNAME, EMPS(ENO, ENAME, SALARY)))
```

Now we introduce some concepts in addition to the basic model (and also beoynd the prototype to be described). These concepts are important for some types of schema changes, which we want to discuss later on. A field is called a **key** within a given **scope** ('nesting level'), if the values of the field are **unique** within that scope. Global keys do not have duplicates on any level. A key can also be a group of fields on the same level, provided that all fields in the group are relevant for the key property. That is, no field could be taken out without violating the uniqueness. A field or a 'minimal' group of fields on the same level (see key definition) is an **identifier** (**id** for short), if it identifies some entity type of the application system ('real world'). The id also has a certain scope within which it is valid. If an id is **global**, then all occurrences of the same value refer to the same entity occurrence. A non-global id may be made global by qualifying it with the global key of its scope (recursively). A qualified key can also be called a *hi-*

DEPTS						
		PROJS				
DNO	MGR	PNO	PNAME	EMPS		
				ENO	ENAME	SALARY
1	Brown	11	AIM	111	Smith	2000.0
				112	Jones	3000.0
				113	Clark	4000.0
		12	LEX	111	Smith	2500.0
				122	Blake	2000.0
2	Brown	21	ENC	111	Adams	4000.0
				113	Young	2000.0
				213	Baker	3000.0
				214	Mason	3500.0

Figure 1. An example NF ^{2} relation in tabular form.

erarchical key, and it will be denoted here by separating the field names with dots. A key is normally also an id, but not vice versa. The id concept is akin to the foreign key in the flat relational model, where all id's are global. An id could also be called a 'surrogate' of the entity it represents. A **functional dependence (FD)** is defined from a source id to another same- or higher-level field within the scope of the id. Thus an FD has the same or lower-level scope as its source id.

Example 2.2. Let us specify the semantics of the fields in the DEPTS relation (Fig. 1) as follows:

- DNO is a top-level key and the id of department entities.
- PNO is a global key and the id of projects.
- ENO is the id of employees within the scope of department, i.e. in the same department a certain ENO always refers to the same employee, but in different departments to different employees.
- ENO is a key within the scope of a project. An employee may, however, work within different projects in the same department.
- The scope of FD: ENO $\rightarrow$ SALARY is project, because the total salary of an employee is determined by summing up his/her salaries from different projects.

Comments.

- The two occurrences of ENO = 111 within department 1 refer to the same entity (Smith), but within department 2 to a different one (Adams). Similarly, the two employees named Clark and Young have the same ENO.
- FD: ENO $\rightarrow$ ENAME holds within each department. Thus this FD has the same scope as its source id ENO.
- FD: ENO $\rightarrow$ SALARY has a more restricted scope: project. The total salary of Smith is 2000 + 2500.
- A global id for employees is 'DNO.ENO'. The complete path would be 'DNO.PNO.ENO', but PNO is here redundant.

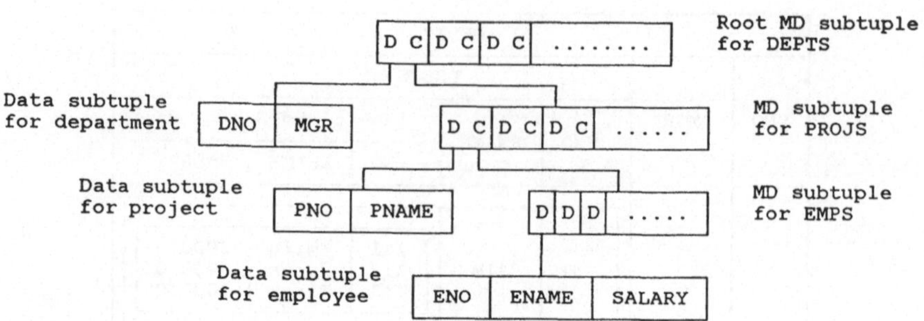

Figure 2. Schematic storage structure for the relation in Fig. 1.

3. Implementation of a Time-Versioned NF^2 Database

3.1. Storage Structure for NF^2 Relations

For the subsequent discussion we want to assume the following storage structure for NF^2 relations, which is a slightly modified version of the storage structure in the AIM-P system [Depp85, Kues86]. The structure consists of two kinds of records (Fig. 2): **pointer arrays** and **data records**, arranged in a hierarchy. For each non-leaf level we have an array of pointer blocks, one block per complex tuple. Each block contains one pointer to the record containing the flat part (= data record) of the tuple, and one pointer for each complex field, pointing to the pointer array of the nested relation. Using the AIM terminology, all these records are called **subtuples**. The pointer arrays together constitute the so-called **mini-directory (MD)**, and are therefore called **MD subtuples**. The top-level MD subtuple is called the **root MD subtuple**. The data records are, of course, called **data subtuples**. In Fig. 2 the pointers to data subtuples are denoted by **D** (data) and to MD subtuples by **C** (complex). The subtuples are the physical units of storage and the basis of addressing; each subtuple gets a unique **tuple identifier (TID)**, which is a combination of a page number and a slot number. The latter is an index to the slot array at the end of the page. The slots contain the actual offsets of the subtuples within the page. The TIDs must not be modified in order to keep references stable (cf. [Astr76]).

3.2. Time Versioning in NF^2

A rather natural choice for the unit of versioning is the subtuple, because it is the storage unit and represents to some extent the **entity** concept in NF^2. Each subtuple is equipped with a **timestamp** in its header telling its creation time, which means the start of the currency period of the version represented by the subtuple. We do not need an end timestamp, because for the current subtuple it is unknown and for history subtuples the end timestamp coincides with the begin timestamp of the next younger version (no gaps in the history). From the accessing point of view it seems obvious that a linked list is a suitable representation for the versions of a certain subtuple. A faster, but not so flexible solution would be to use a pointer array to the versions, using the timestamp as an access key. Since the changes from a subtuple version to the next are usually rather limited, we can save space by storing, instead of the complete 'before image' of the subtuple, only the difference, called **delta**, with respect to the previous one. In order to enhance the processing of current (and recent) data, the AIM-P implementation of the delta chain is backwards from the current (complete) version, as depicted in Fig. 3. Each delta then represents the difference to the next younger version. For the present discussion we can assume that the delta describes for each changed field the before image value. A more detailed specification of deltas can be found in [Dada84, Lum84]. Though we will talk about 'deltas' in the following, the proposed solutions are not dependent on using these deltas, but would also work with complete before images.

In order to further enhance the effectiveness of current-time processing, two storage areas are utilized: the **current pool** and the **history pool**. This is also illustrated in Fig. 3. The latter contains the delta versions and can be put (partly) on a slower device, gradually perhaps off-line. As for addressing, all versions of a given subtuple (including the current one) have all the same logical TID and are only distinguished by their timestamps. That is, accessing must always start with that TID. It can be regarded as a **surrogate** of the entity represented by the subtuple, and it must remain stable through updates. Especially, if the subtuple is deleted, a **gravestone** remains in the TID location, containing a pointer to the last version before deletion. Of course, the deletion is also reflected in the corresponding MD subtuple: it gets a new version where the pointer to the deleted subtuple is dropped. Accessing of the gravestone takes place via the history version of the MD subtuple. Naturally we have pointers also among the delta versions of the same subtuple, but they do not have to be fixed. A small example of the creation of a gravestone is presented in Fig. 4, for the flat relation: EMPS(ENO, SAL). The gravestone of employee 1 is pointed to by the history version of the MD subtuple.

3.3. Storage Structure of the Schema

The stored NF^2 schema is called a **catalog**, which is again an NF^2 relation, the structure of which is not described here, however. For the following discussion it is sufficient to know that the catalog can be versioned similar to the actual data. The catalog contains pointers to the root MD subtuples of the NF^2 tables. The catalog history contains pointers to deleted relations, i.e. to the gravestones of the root MD subtuples of those relations. As we will see later on, the timestamps play a very important role in realizing the schema versioning and in interpreting the history, as well as in guarding the consistency between schema and data versions.

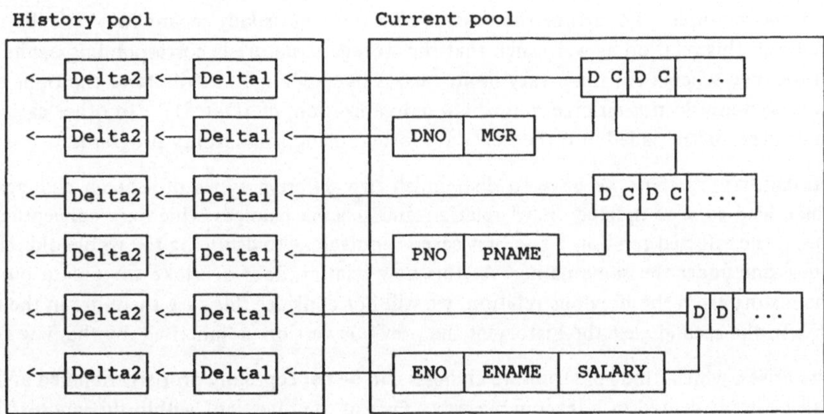

Figure 3. Illustration of the storage of history for the table:
DEPTS(DNO, MGR, PROJS(PNO, PNAME, EMPS(ENO, ENAME, SALARY))).

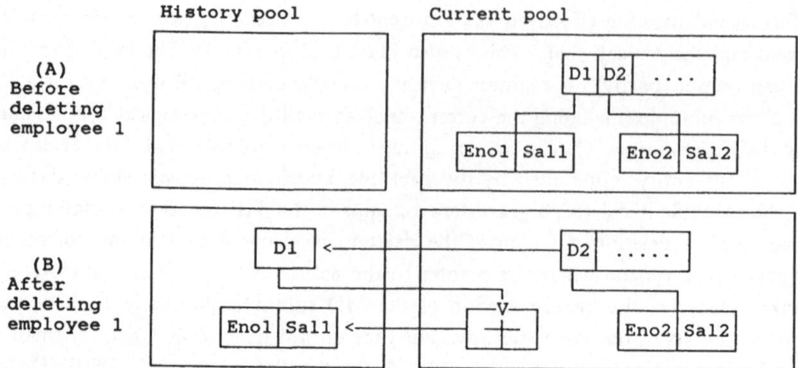

Figure 4. The creation of a gravestone for an employee.

4. Problems in Schema Version Management

The main source of difficulties is the demand that consistency must be maintained, not only at the data level, but also between schema and data. Therefore, if the schema is changed, this change must usually also be reflected in the data. In a versioned database, however, there has not only to be a consistency for the current versions of schema and data, but also for each point of time in the history. This does not mean that a *physical* correspondence has to hold at each moment; it is sufficient that one is able to interpret the data correctly. Having a chain of subtuple versions, each of them must be interpreted according to the schema valid at the creation time of the version, which can be identified using the timestamp of the subtuple. To change the schema of a relation usually means to physically reorganize the stored data of this relation as well, such that the storage structure is corresponding again to the description in the new schema (in some very limited cases like adding an attribute to the right of existing columns some systems do not enforce immediate reorganization; cf. [Date81]). In other cases, the data has to be unloaded and reloaded into the new data format using some utility programs.

In temporal database systems we have to distinguish two different types of schema changes: Schema changes which lead to a completely 'new' relation and schema changes which are conceptually seen a modification of the affected relation. The first case is equivalent to dropping the whole old relation and creating a new one under the same name. As this new relation does overtake some data but does not overtake the history from the previous relation, we will not consider this case therefore in the following, furthermore. In the second case the history of the previous version is 'inherited' by the new version.

The question arises, which kinds of structure changes can be conceptually properly handled and how this handling can be implemented in a reasonable way. One of the questions within this context is, *when* a schema change has to be physically reflected in the current version of the stored data. That is, do we have to perform the reorganization at once, or can it be **deferred** and done gradually in the context of normal database processing, e.g. along with the next update. The issuance of a new schema version does usually not mean that the logical data content is essentially changed. Thus, under certain conditions, we can live with the old data for some time, if a suitable transformation into the new structure is provided. The possibility to defer the realization of the schema change in data depends also on the complexity of the change, as will be seen in Section 6. Another question is, whether every schema change has always to lead − immediately or deferred − to the creation of a new version for every subtuple involved at the MD and data level, thus forcing the system to create also a new delta version for each affected subtuple. Having always to create a new version would be both space- and time-consuming, and would also slow down the history scanning, because the delta chains are getting longer. In Section 6 a solution is given to defer the data reorganization and avoid the superfluous deltas. In some cases, however, it may be desirable that the schema change is propagated to data at once, e.g. to improve current-state processing by choosing a more appropriate schema structure.

It is not sufficient that we can *store* structurally different versions of the same subtuple, we must also be able to retrieve those data and present them in visual form to the user. For this purpose we need suitable query and output facilities. There are two main types of temporal queries:

- Request for the data version valid at a certain point of time. This type is here called an **ASOF** query.
- Retrieval of all the versions within a given period of time. This can be characterized as a **time scan** or **walk-through-time** query, **WTT** query in short (cf. [Dada84]).

ASOF queries are easier to formulate, because we only have to find out the schema version valid at that time. It is the user's responsibility to refer to the correct schema. He/she may have to perform the query in two stages: First ask the system, which was the correct schema at the desired point of time, then formulate the actual query conforming to that schema version. In the case of WTT queries the situation is more complicated: It can happen that there is no single schema version, which is valid for the whole scanning period. An obvious possibility would be to divide the period into parts during which the schema was stable. Then, for each period a separate query could be posed, each one formulated according to the related valid schema. If all this must be performed manually by the user, it is of course rather cumbersome. Some automatic tool should be provided in such a case to simplify the user's part of the work. But even if such a mechanism is provided, how should the result of a WTT query look like, if schema changes occurred during the scanning period? Showing the output in several differently structured parts may be inconvenient and confusing for the user, because it is hard to get an overview of the result. There should be some way to combine the outputs into a more coherent form.

Another, even more pressing problem should always be remembered when talking about restructuring: the maintenance of application programs. This is a major issue already in non-versioned databases, so it is easy to imagine the comprehensiveness of the task in a versioned case. The only reasonable solution to this and the mentioned other difficulties is to provide the users some **views**, which are more stable than the current schema, and cover more than one schema version. This leads directly to the **coverschema** concept, to be explained in Section 7.

5. Discussion of NF^2 Schema Changes

In this section we give a list of some important types of schema changes, which should be managed when supporting schema versions. We shall not discuss such minor changes that can be easily handled by views, such as reordering or renaming of columns. Neither do we treat problems related to indexes, because they are non-conceptual constructs and highly implementation dependent. Further, we assume that the whole database is versioned, i.e. selective versioning like described in [Dada84, Lum84] is not considered here. Otherwise we should also consider the cases where versioning can be switched on and off, making the management of changes much more complicated. The basic assumption is that the *history is unchangeable*. Purging of history may be unavoidable for space reasons, but it can also be realized by moving the history partly off-line. This migration is of technical nature and not discussed here. In the following list of change types we give already some hints to solutions, but a more specific treatment follows in Sections 6 and 7.

(1) Create a relation: This is a very basic operation for any DBMS. The maintenance of history causes no trouble, except that the 'relation table' of the catalog must get a new tuple describing the structure of the relation.

(2) Drop a relation: Since purging of history is not considered, we just assume that each subtuple (both MD and data) of the relation gets a gravestone, which points to the most recent version of the subtuple in the history pool. Also the tuple in the catalog relation table gets a gravestone pointing to the relation description in the catalog history. That description contains also a pointer to the gravestone of the root MD subtuple.

(3) Change of basic data type (format): This concerns only atomic fields. The assortment of alternative formats is highly implementation dependent, e.g. integers and reals of different precision can be at the disposal. It may be reasonable to restrict the changes to upgrading types, i.e. the new domain is a superset of the old one. Conversion routines must be provided for all upward compatible pairs of formats. Special routines for converting between text and numeric data can also be provided in some cases.

(4) Add a column: A column may be added to any level, e.g. in the DEPTS relation in Fig. 1 we can add the manager name to the top level, project leader within PROJS, and employee address within EMPS. Usually we have to assume a **null** value for the inserted field in the beginning; thus a *key* field can only be added to an empty table. Another solution would be to insert distinct values for the key field occurrences within the same transaction, so that consistency is attained at the end of transaction time. Adding a complex column is conceptually not more difficult than adding an atomic one. Technically the situation is different, because one or several new MD levels must be introduced.

(5) Drop a column: Any column can be dropped in principle, but it is advisable that *key* fields are retained. If a key field is dropped then duplicates may occur which have to be removed. Opposed to the 'current state only' case, these duplicates may all have individual histories such that it is unclear, in general, which one to drop and which one to retain, or if a 'history merge' should be performed (if possible at all). Dropping an *id* field (whose values need not be *unique*) is also dubious, unless we simultaneously drop all functionally dependent fields. Otherwise these fields would remain as 'dangling' attributes without the entity they describe. Dropping a complex column is again technically more complicated, because the mini-directory loses some levels.

(6) Nest: Informally speaking, nesting creates a new level of hierarchy into the NF^2 structure. The normal case is that we have two entities represented by id's within the same level, and we want to lift the more important ('primary') entity above the other ('secondary'). The term *nest* implies that for each primary entity there are usually several secondary entities, constituting the nested subrelation (see Example 5.1). More formally: Take a general relation R(A,B), where A and B represent disjoint column groups. Create a new higher level of hierarchy, say R1, and factor out columns A, leaving columns B in the nest. That is, for each $a \in A$ collect the tuples $b \in B$ with $(a,b) \in R$ into a subrelation R2 (= nest), producing the relation R1(A, R2(B)). A notable consequence of nesting is that a set (of tuples) disappears though its elements are not deleted; this is also reflected in the MD structure of the relation, cf. Section 6.

Example 5.1. If a manager may be the head of several departments (relation DEPTS in Fig. 1), we may want to see all his departments together as a nest, with the MGR column 'factored out' (see Fig. 5). In fact, after the transformation the manager is the primary complex object to be described, therefore we name the relation as MGRS:

```
MGRS(MGR, DEPTS(DNO, PROJS(PNO, PNAME, EMPS(ENO, ENAME, SAL))))
```

(7) Unnest: This operation is, of course, inverse to nesting. Conceptually it means that we want to drop the primary-secondary relationship between two entity types, represented by two levels of hierarchy. In the unnested version the id's of the entities occur on the same level. E.g. the DEPTS relation in Fig. 1 can be recovered from the MGRS relation in Fig. 5 by unnesting the departments from under the managers. Note, however, that unnesting cannot always be reversed by nesting without loss of information, cf. [Jaes82, Jaes85a, Jaes85b]. Technically speaking, unnesting means that a hierarchical level R2 in relation R1(A, R2(B)) is dropped and the *a* fields are repeated for each *b* in (*a*, R2(*b*)). In our example case of unnesting from MGRS to DEPTS the field MGR ('Brown') is repeated for all departments (1 and 2), which have the same manager.

In addition to the 'complete' nesting and unnesting, we can also perform partial changes in the hierarchy: we can move columns into an existing nest by repeating them for each nested tuple, or we can take out fields which are known to have the same value in all tuples of the nest. In the following we shall concentrate upon the 'complete' cases, because they seem to be more important, and the partial operations can be achieved as a combination of complete nesting and unnesting.

MGRS						
MGR	DEPTS					
	DNO	PROJS				
		PNO	PNAME	EMPS		
				ENO	ENAME	SALARY
Brown	1	11	AIM	111	Smith	2000.0
				112	Jones	3000.0
				113	Clark	4000.0
		12	LEX	111	Smith	2500.0
				122	Blake	2000.0
	2	21	ENC	111	Adams	4000.0
				113	Young	2000.0
				213	Baker	3000.0
				214	Mason	3500.0

Figure 5.   Departments nested under manager (from Fig. 1)

Nesting and unnesting are major changes of the schema and cause both conceptual and technical problems. The hierarchy is rearranged and keys/id's may appear and disappear. History maintenance naturally complicates things even more. The following phenomena may occur in the properties of the NF^2 columns in the context of nesting / unnesting.

- The scopes may change: nesting produces a new level, unnesting destroys one.

- By the nature of nesting, a new key is introduced. Its scope of uniqueness is the new higher-level relation created by nesting. If the key field(s) of the old (sub)relation remain(s) in the nest, it will still be a key, and its scope of uniqueness will be the new higher-level relation. However, if the old (compound) key is split between the two levels in nesting, the normal case is that the two parts will be the keys of the outer and inner relation, respectively. A more precise analysis of key inheritance is left to a future work.

  Example 5.2. Nest fields ENO, ENAME, and SAL within EMPS in relation

```
    DEPTS(DNO, MGR, EMPS(ENO, ENAME, SAL, PNO, PNAME))
 -> DEPTS(DNO, MGR, PROJS(PNO, PNAME, EMPS'(ENO, ENAME, SAL)))
```

  Now it is certain that the (PNO,PNAME) pair is unique within each PROJ subtable. If PNO→PNAME holds in the old relation, it must hold also in the new one. Thus PNO is also a minimal key of PROJS. ENO is the key of EMPS, thus it will remain as a key also after nesting, and its scope will be PROJS.

- Unnesting usually destroys the uniqueness of the key from the dropped level. Also the former key of the nest may lose its uniqueness. However, it is easy to see that the combination of the two keys must be a key in the new (sub)relation.

  Example 5.3. Assume that in the relation

```
DEPTS(DNO, MGR, PROJS(PNO, PNAME, EMPS(ENO, ENAME, SAL)))
```

field PNO is the key of PROJS and ENO the key of EMPS, but *not* within PROJS, i.e. different projects may have the same ENO. By unnesting the EMPS subrelation we get

```
DEPTS(DNO, MGR, EMPS'(ENO, ENAME, SAL, PNO, PNAME))
```

where PNO is no more a key, neither is ENO, but instead the pair (PNO,ENO) is the key of EMPS'. This means that there is a many-to-many relationship between PNO's and ENO's.

- An *id* field retains its identifying property in nesting, regardless of whether it goes to the nested part or remains outside of it. A compound id may also be splitted between the levels, in which case it becomes a hierarchical one. The scope of the id will in any case be the created new higher level relation. If ENO is an id within EMPS before nesting in Example 5.2, it will be an id also in the result, and its scope will be the PROJS subrelation.

- If the scope of an id is the nest which would be destroyed in unnesting, then we should *qualify* (concatenate) the id with the id of the outer level. However, to support the preservation of the id − entity correspondence, we here decide to *forbid* unnesting in this case, for simplicity. E.g. if the same ENO means different physical persons in different projects, then we should not unnest the EMPS, because we could not make a distinction between different employees on the basis of ENO.

- Since the id's remain in nesting / unnesting, also the FD's remain. It may, however, happen that the source and target get to different levels (the source usually to the nest). The normal case is that the key of the outer relation is functionally dependent on the key of the nest. Of course, the nest itself will be functionally dependent on the key of the outer relation.

- Unnesting may be a lossy operation, i.e. information is not preserved, cf. [Jaes82, Jaes85a, Jaes85b, Abit86].

> **Example 5.4.** Before nesting in Example 5.2, we have the FD's ENO→SAL, ENO→PNO, ENO→PNAME − or ENO→(SAL,PNO,PNAME) for short − and PNO→PNAME. After nesting we still have the same FD's, though some of them exist now between different levels: ENO→(PNO,PNAME). A new FD is PNO→EMPS'. In unnesting, this dependency would again be lost since EMPS' disappears.

(8) Join: A join of two NF^2 relations may be performed if either both are separate global tables or are subtables within the same scope. In the latter case several joins of tables take place − one for each instance of the scope. The join of the relations is performed on the basis of same-domain fields (field groups), which must be *id's* (possibly hierarchical) within the scope of the join. Conceptually this means that the join should be based on the same entity type occurring in two relations. This restriction is made in order to rule out unrealistic cases. (In queries, of course, also other kinds of joins are allowed.) The join field must be on the top level in at least one of the relations, in order that the result is a legal hierarchy. Here we denote the join of relations A and B on the basis of field f by 'A * B / f '. We consider only the natural join (equijoin), where tuples are combined on the basis of equal join fields, one of which is dropped from the result as redundant. Our restricted view of join is the reverse of *split*, see (9) below.

Example 5.5. Make a join of the following relations:

```
R1 = DEPTS(DNO, MGR, PROJS(PNO, PNAME, EMPS(ENO)))
R2 = EMPS(ENO, ENAME, SAL)
R1 * R2 / ENO
   = DEPTS(DNO, MGR, PROJS(PNO, PNAME, EMPS(ENO, ENAME, SAL)))
```

The join is valid only if ENO is a global id in both relations (in R2 it obviously is). Otherwise the join is non-unique − actually the *logical* domains of ENO in R1 and R2 would be different, if ENO is not a global id of R1.

Example 5.6. The following two relations can be joined as R1 * R2 / DNO.PNO.ENO:

```
    R1 = DEPTS1(DNO, MGR, PROJS(PNO, PNAME, EMPS(ENO)))
    R2 = DEPTS2(DNO, PROJS(PNO, EMPS(ENO, ENAME, SAL)))
 -> DEPTS(DNO, MGR, PROJS(PNO, PNAME, EMPS(ENO, ENAME, SAL)))
```

The join is legal, if the following conditions hold for both R1 and R2: 1) DNO is the id of departments, 2) PNO is the id of projects within departments, 3) ENO is the id of employees within projects.

(9) Split: In the context of schema changes, a split of an NF^2 relation means to perform a set of projections, which usually should retain the information of the original relation, i.e. it could be recovered by a join. Projection means, as usual, a subset of fields and elimination of duplicate rows from the result. Now the elimination must take place from subtables on all levels, starting from the inner ones. A split may be global, or may take place within a relation, in which case one has to perform splits for all the subrelations in a column. Here we discuss only the global case. Each projection should contain a global id, which is global also in the source relation, otherwise one cannot associate properly the existing history with these newly created projections. Further we demand that these global id's connect together all the projections, so that a lossless rejoin (reconstruction) by the id's is possible.

Example 5.7. The following relation R can be splitted into three projections R1, R2 and R3 (see assumptions in Example 2.2):

```
    R = DEPTS(DNO, MGR, PROJS(PNO, PNAME, EMPS(ENO, ENAME, SAL)))

    R1 = DEPTS(DNO, MGR, PROJS(PNO))
    R2 = PROJS(PNO, PNAME, EMPS(ENO))
    R3 = EMPS(DNO, ENO, ENAME, SAL)
```

where the scope of id ENO is assumed to be PROJS. The reconstruction can be done as follows

```
    R12 = R1 * R2 / PNO  = DEPTS(DNO, MGR, PROJS(PNO, PNAME, EMPS(ENO)))
    R   = R12 * R3 / DNO.ENO
```

This was an example of a general split based on a hierarchical id. In the following we will mainly concentrate on joins and splits based on flat field groups (usually of size one).

6. Management of Versions with Different Structures

Let us first discuss the procedures for updating and retrieving single subtuples, without specifying, what kinds of schema changes may have occurred. Since we want to allow deferred schema change propagation, we must be prepared for the situation that the current subtuple is in the old form. The main principle in maintaining consistency between the schema and the data is that each subtuple is stored in the form (schema) valid at the time implied by the timestamp in the subtuple header. Otherwise we would not be able to interpret the subtuple's contents correctly. The timestamp shows the point in time from which on the subtuple value is valid. For current subtuples this will be the time of the most recent update. On the other hand, the timestamp of a delta version does not tell when the *delta* has been created but overtakes the timestamp of the subtuple it corresponds to.

An update is expressed referring to the current schema version. So, some transformations are needed, if the current version of the subtuple is not up-to-date. An update of such an 'obsolete' subtuple is performed as follows:

1) Get the timestamp ts1 of the current data subtuple t1.
2) Get the schema version s1 valid at ts1.
3) Get subtuple t1 (in form s1).
4) Transform t1 into the current form, producing t1'.
5) Update t1', giving t2'.
6) Transform t2' into the old form s1, giving t2.
7) Determine the delta d1 = t1 − t2.
8) Store d1 in the history chain (with timestamp ts1), and make t2' the current version.

If we do not consider data type changes, then the transformation is just a simple mapping of fields, with the provision of appropriate null values in case that fields are added or dropped. If data type changes occur, then conversions have to be provided (e.g. by the database administrator) to map from one representation to the other (step 4) and vice versa (step 6). With the above delta handling techniques we can manage the simple types of schema changes. The example in Fig. 6 illustrates the evolution of a tuple of the table EMPS(ENO, ENAME, SAL, BDAY). The propagation of the schema change is deferred here. A new subtuple version (plus delta) is created only when a data update takes place. Note, that in some cases we still have to create an empty delta, even though the propagation is deferred.

When searching for a certain subtuple version, the interpretation of the current subtuple and the related delta chain proceeds as follows:

1) Get the timestamp ts1 of the current subtuple t1.
2) Find the schema version s1 valid at ts1.
3) Get subtuple t1 (in form s1).
4) Get the timestamp ts2 of the delta subtuple d1.
5) Find the schema version s2 valid at ts2.
6) Transform t1 into form s2, producing t2.
7) Get the delta d1.
8) Apply d1 to t2, based on schema version s2, producing t2′.
9) Repeat from step 4 for each delta until the correct version is found.

Note especially that the transformation (step 6) must always proceed from a newer to an older form. If we would try to do it in the other way, i.e. transform the delta to a newer form, we would lose the columns which were dropped during the time between the timestamps of the two subtuple versions. The demand for backward transformation results directly from our backward implementation of delta chains. Whichever direction is chosen, the delta should never be transformed, but applied to a complete (possibly transformed) subtuple version referring to the same schema as the delta.

The biggest technical problems occur in cases where the one-to-one correspondence between subtuples is lost between the old and new schema versions. The problems actually result from the subtuple-entity correspondence. Some types of schema changes do not preserve entities in this sense. The main point to be decided is, to what degree the present history can be overtaken by the new subtuple types. In many cases the correspondence between the old and the new subtuples is obvious, but sometimes (e.g. in splitting), the decision should perhaps be left to the database administrator. In the following we shall show, how the difficult cases − nest, unnest, join and split − could be technically managed, and suggest defaults for the history linkage. The presentation is informal and rests mainly on examples.

Nest: One new data subtuple type has to be created, consisting of the fields left outside the nest, and one data subtuple type has to be changed to reflect the reduced number of attributes within the nest. Moreover, we have also to create *two* new MD subtuple types, one for the nests and the other for the new data subtuples outside the nests. The old MD subtuple for the original relation cannot be retained, because the corresponding tuple set ceases to exist as a table. The old MD subtuple gets a gravestone, but its history version still contains valid pointers to the data subtuples, which now are nested, but have a unique correspondence to the old data subtuples. Thus the nested subtuples can overtake the history of the previous (unnested) subtuples. However, the new upper-level subtuples will not receive any old delta chain in the restructuring. The history of the upper-level fields will thus be stored in two parts: The history before nesting is embedded in the history of the nested subtuples, whereas the subsequent history is represented by new deltas for the upper-level subtuples. Fig. 7 shows the changes occurring when performing the following schema change:

```
    DEPTS (DNO, MGR, EMPS(ENO, ENAME, SAL, PNO, PNAME))
 -→ DEPTS'(DNO, MGR, PROJS(PNO, PNAME, EMPS'(ENO, ENAME, SAL)))
```

Note especially that a set (EMPS) disappears while its elements (employees) remain.

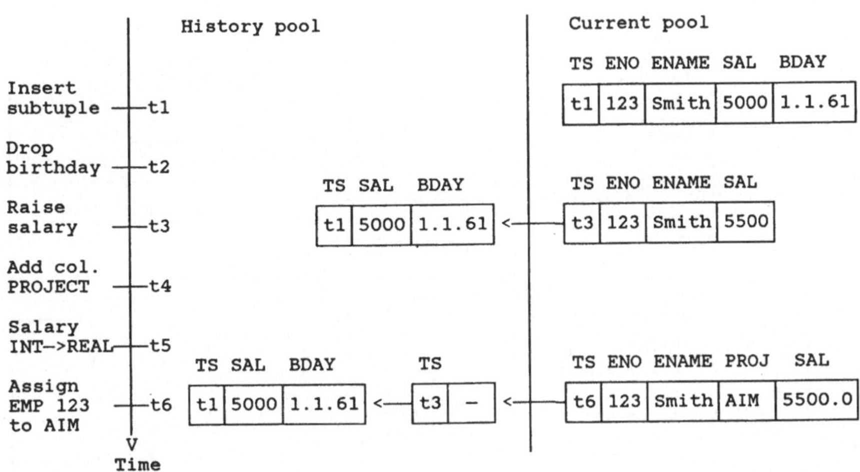

Figure 6. Example of subtuple evolution through schema and data updates (at t2, t4 and t5 nothing physical happens to data).

Unnest: Opposite to nesting, two MD levels are moved into history, as well as the higher level data subtuples. One new MD level is created, in place of the two dropped ones. An MD subtuple on this level is actually a *union* of the old MD subtuples which pointed to the nested subrelations. The subtuples from the nest get new versions with fields added from outside the nest. The history of the old nested subtuples can thus be overtaken by the new ones, but on one condition: there must be a one-to-one correspondence between the occurrences. This, on the other hand, is satisfied only if no duplicates were eliminated in unnesting. A sufficient condition for this is that the *upper level had a key* (outside the nested part) before unnesting. It is possible to realize the restructuring so that the obsolete levels in the hierarchy corresponding to the unnested part are bypassed. The old subtuples are still accessible via the history of the parent MD subtuple and the gravestones of the subtuples themselves. However, the history of the unnested fields will be divided into two parts (separate delta chains).

Join: If global relations are joined, also the 'relation table' of the catalog gets a new version. We assume that one of the relations to be joined is somehow dominant, so that we can imagine it 'absorbing' data from the other one. Thus the dominant relation 'survives' over the join; the other one is converted to gravestones pointing to history. The decision, which relation is dominant, must usually be done by the database administrator. A join of NF^2 tables means one or several joins of subtuple types. The history of two subtuples to be joined will remain as two delta chains, but from now on only one chain (of the dominant tuple) will get new versions. Thus also joining means that the history of some data is divided in two parts. The system should be clever enough to be able to see the connection between these parts. Fig. 8 shows the join R1 * R2 / ENO, where

```
R1 = EMPS(ENO, ENAME, SAL)
R2 = DEPTS(DNO, MGR, PROJS(PNO, PNAME, EMPS'(ENO)))
```

and R2 is the dominant relation. Note that in this kind of 'hierarchical join' the upper-level relation is naturally the dominant one. (For technical reasons, in Fig. 8 the old history is depicted only for the relevant subtuple types.)

Split: In order to ensure subtuple correspondence before and after splitting, we must demand that none of the projections will have duplicate tuples to be eliminated. This can be satisfied, if the key (possibly hierarchical) of the original relation is carried along to each of the projections. This is a serious restriction, but otherwise the new tuples cannot overtake the old history. Analogical to joining, in splitting we have to make the decision, which of the resulting relations is dominant and overtakes the common

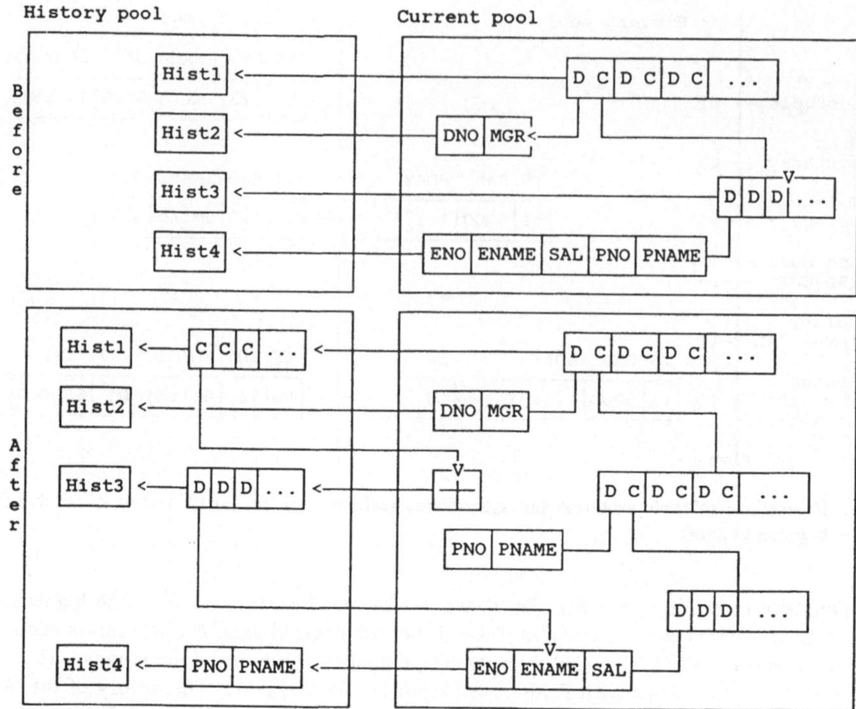

Figure 7. Storage structures before and after nesting EMPS under PROJS.

history of the splitted subtuples. In our implementation it is not possible to create 'confluent' delta chains, because the result of applying the delta would depend on the path, along which we came to it. The dominant subtuples retain their TIDs (including the MD), whereas new ones are assigned to the non-dominant, splitted subtuples. For some data, the history after the split will be divided into two parts. This is conceptually clear, because splitting means that data related to an entity are scattered.

Note also that in a join there is a danger of losing information, if the value sets of the join columns do not coincide. Splitting, on the other hand, is safe, if the rules stated above and in Section 4 are obeyed.

The deferred propagation of the schema change seems hard in the above four cases, because hierarchies change, and the correct interpretation of subtuples would require some sort of backtracking. Thus we assume that the complicated changes are realized at once, with an off-line utility.

7. Solution to Some Problems: The Coverschema Concept

As mentioned in section 4, WTT queries become much more complicated, when schema changes have occurred during the period to be scanned. Both formulation of queries and processing them are problematic, as well as displaying the result. Piecewise representation, as outlined in Section 4, would not be a very elegant solution. One obvious way to overcome many of the difficulties related to schema versions is to provide the users with a **view** (one or several), which hides the changes that occurred in the real schema. The disadvantage is that either we have to provide several transformation algorithms, or develop a sophisticated tool to perform the transformation automatically. We believe, however, that such a general procedure can be developed. The question is, given a schema change from S1 to S2, can we define a view V, such that transformations V→S1 and V→S2 are possible for query expressions, and S1→V and S2→V for data. We claim that at least for the proposed set of schema changes this can be done. The view V will be called the **coverschema**. In the following we discuss only some general properties of it.

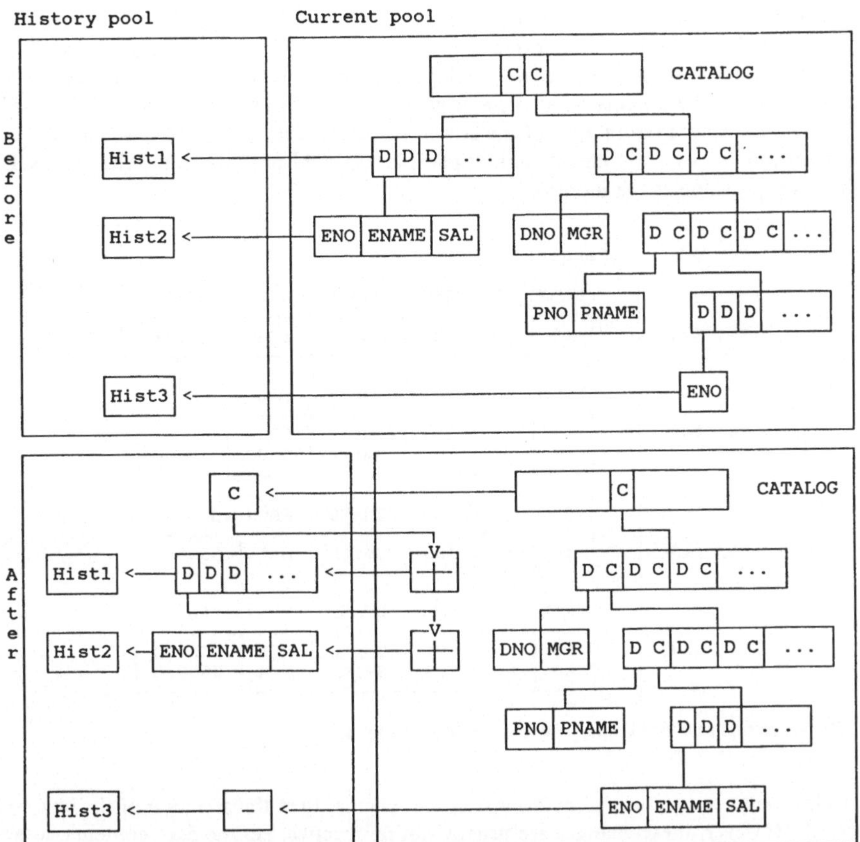

Figure 8. **An example of the structure changes in the context of a join.**

If we try to imagine the typical kinds of schema changes, it is obvious that most often they are extensions of the old schema; either enlargements of field domains or additions of new fields (atomic or complex) or creation of new tables. These cases are rather easy to handle, because the new schema is a kind of superset of the old one. Queries formulated using the old schema are valid also with respect to the new one. A time scan query should, in principle, refer to the schema valid at the beginning of the scan period. However, any more extensive schema can also be accepted; we just have to generate null values to the output for fields not existing through the whole scan period.

Reductions of domains and dropping of fields and tables are reverse changes compared to the above ones. Again the WTT can be formulated using the most comprehensive schema version, and null values are assumed for the fields after they have been dropped. Actually, we need more sophisticated rules for null value manipulations; e.g. we have to evaluate search conditions containing expressions with null-valued components. However, we do not want to go into these logic-specific questions here.

Example 7.1. Let us take a simple example of a WTT query, using the history presented in Fig. 6. Assume that the scanning period contains all the activity points t1-t6, and we want to get all data related to the employee 123 during this period. The coverschema for the whole period is

    EMPS(ENO, ENAME, PROJ, SAL, BDAY)

where the format of SAL should be a data type covering both INT and REAL. Mathematically speaking, REAL of course contains INT, but the precision might be a problem in some machines. On the other hand, the change from INT to REAL should be forbidden if there is a danger of losing the precision. Due to deferred change propagation, there are two periods of 'incompatibility' between the schema and data: [t2, t3) and [t4, t6). The system must be able to 'materialize' the correct forms of tuples by applying transformations. By inspecting the catalog the system divides the scanning period into four parts, corresponding to the schema versions, and generates the results, as shown in Fig. 9. These are converted to the uniform representation of the coverschema, see Fig. 10. Note especially the semantics of two different null values: '−' means 'non-applicable' or 'field non-existent', whereas 'NIL' means 'missing value' or 'no value at the moment'.

```
Period          Result

                FROM   TO    ENO    ENAME    SAL     BDAY
[t0, t2)        | t1 | t2  | 123  | Smith  | 5000  | 1.1.61 |

                FROM   TO    ENO    ENAME    SAL
[t2, t4)        | t2 | t3  | 123  | Smith  | 5000 |
                | t3 | t4  | 123  | Smith  | 5500 |

                FROM   TO    ENO    ENAME    PROJ    SAL
[t4, t5)        | t4 | t5  | 123  | Smith  | NIL  | 5500 |

                FROM   TO    ENO    ENAME    PROJ    SAL
[t5, now]       | t5 | t6  | 123  | Smith  | NIL  | 5500.0 |
                | t6 | now | 123  | Smith  | AIM  | 5500.0 |
```

Figure 9. Partial results to a WTT query for the versions in Fig. 6.

If we allow also major restructuring operations on the schema, then the selection of the coverschema is no more trivial. However, these changes are usually not destructive, i.e. the data contents do not (or at least should not) change. Thus, if we provide suitable transformations, we can choose either the old or the new version to be the coverschema. On the other hand, the *meta-level* information is changed:

- In nesting, a new complex field is introduced; in unnesting, an existing one is discarded.
- In joining, a table (or subtable) is fused to another; in splitting, a new table is introduced.

We see that the existence of *names* (of fields or tables) is relevant for the user, e.g. by using an unnested version of a table we cannot refer to the field name of the nest. Thus it seems natural that we choose the coverschema to be the one with more meta-information:

- the nested version,
- the splitted version.

The management of WTT queries for these four cases is rather complicated, and the development of general algorithms is left for future work. The problem is solvable, in principle, because all required data 'is there'. However, for practical purposes an optimization strategy is needed, because many paths may exist to the same data (cf. Fig. 7).

8. Conclusion

A framework was presented for managing schema versions in a history-preserving NF^2 relational database, using the AIM-P system, developed at the IBM Heidelberg Scientific Center, as a reference basis. For the moment, the implemented prototype supports both the NF^2 model and time versioning, but the schema is assumed static.

FROM	TO	ENO	ENAME	PROJ	SAL	BDAY
t1	t2	123	Smith	–	5000.0	1.1.1961
t2	t3	123	Smith	–	5000.0	–
t3	t4	123	Smith	–	5500.0	–
t4	t6	123	Smith	NIL	5500.0	–
t6	now	123	Smith	AIM	5500.0	–

Figure 10. The combined result from Fig. 9 in the coverschema form.

Several schema change types have been proposed, and their realization was described in the frame of the AIM-P storage structure. The list was by no means complete, but characterized the typical problems and their solutions. Logical properties of schema changes and the related constraints were also discussed to some extent, but a deeper analysis is still needed. Furthermore, we have analysed, when and in which form the creation of a new version and the related delta has to take place, according to the schema change. This resulted in the deferred schema change propagation approach, which means that data restructuring need not be realized immediately after a schema change, for a variety of schema changes. For sake of simplicity, several restrictions were made in the paper, e.g. we assumed the pure NF^2 model, without the extensions described in [Pist85, Pist86]. Further, partial time versioning was excluded, as well as 'switching' versioning on and off. Also, not all types of pricipally possible changes were discussed but only those which still maintain some stability in the schema, in the form of entities represented by id's.

The main problems in schema versioning are the usage aspects: formulation of temporal queries, execution of time scans and composing the output. A solution, the coverschema concept based on views, was proposed. The current prototype does not yet support views but, when implemented, the view mechanism should be general enough to allow views over time. In practice, the schema does not change very frequently, and when it does, the change is normally incremental. This means that the current schema is in most cases the coverschema, and the user need not refer to old schema versions when formulating temporal queries.

How do we express the schema changes in practice? A language, or at least a suitable interface, should be provided for the database administrator. This language can be considered as an extension to the DDL and could be called SML = Schema Manipulation Language. The SML should be compatible with, and perhaps take advantage of the DML, in our case the Heidelberg Data Base Language, (HDBL, see [Ande86, Pist86]). When the change is purely incremental, the specification should be rather straightforward. On the other hand, when there are complex relationships between the old and the new schema, SML should provide facilities to specify the correspondences precisely.

We understand this work as a first step of allowing more complex schema changes in a DBMS than current systems do. We intend to incorporate some of these concepts in a later version of AIM-P. For being able to do so, more work, however, is needed to understand in detail the semantic consequences and implementation issues in the context of the extended NF^2 data model.

Acknowledgement

The authors thank their colleagues and friends from the AIM-P research group for their support in performing this work. Special thanks to Peter Pistor and Klaus Küspert for their helpful comments on a first version of this paper.

Literature

[Abit86] Abiteboul S., Scholl M., Gardarin G., Simon E.: Towards DBMSs for Supporting New Applications, Proc. of 12th Conf. on VLDB, Kyoto, Japan, 1986, pp. 423-435.

[**Adib86**] Adiba M., Quang N.B.: Historical Multi-Media Databases, Proc. of 12th Conf. on VLDB, Kyoto, Japan, 1986, pp. 63-70.

[**Ande86**] Andersen F., Linnemann V., Pistor P., Südkamp N.: User Manual for the Online Interface of the Advanced Information Management Prototype (AIM-P), Technical Note TN86.01, IBM Scientific Center, Heidelberg, Oct. 1986.

[**Aris83**] Arisawa H., Moriya K., Miura T.: Operations and Properties on Non-First Normal-Form Relational Databases, Proc. of 9th Conf. on VLDB, Florence, Italy, 1983, pp. 197-204.

[**Astr76**] Astrahan M.M. et al.: System R: Relational Approach to Database Management, ACM Trans. on Database Systems, Vol. 1, No. 2, 1976, pp. 97-137.

[**Banc86**] Bancilhon F., Khoshafian S.: A Calculus for Complex Objects, Proc. of ACM Symp. on PODS, Boston, March 1986.

[**Bube77**] Bubenko J.A.: The Temporal Dimension in Information Modelling, in Architecture and Models in Data Base Management Systems (ed. G.M. Nijssen), North-Holland, 1977, pp. 93-118.

[**Care86**] Carey M.J., DeWitt D.J., Richardson J.E., Shekita E.J.: Object and File Management in the EXODUS Extensible Database System, Proc. of 12th Conf. on VLDB, Kyoto, Japan, 1986, pp. 91-100.

[**Chou86**] Chou H.-T., Kim W.: A Unifying Framework for Version Control in a CAD Environment, Proc. of 12th Conf. on VLDB, Kyoto, Japan, 1986, pp. 336-344.

[**Dada84**] Dadam P., Lum V., Werner H.-D.: Integration of Time Versions into a Relational Database System, Proc. of 10th Conf. on VLDB, Singapore, 1984, pp. 509-522.

[**Dada86**] Dadam P., Küspert K., Andersen F., Blanken H., Erbe R., Günauer J., Lum V., Pistor P., Walch G.: A DBMS Prototype to Support Extended NF^2 Relations: An Integrated View on Flat Tables and Hierarchies, Proc. of ACM SIGMOD Conf., Washington, 1986, pp. 356-367.

[**Date81**] Date C.J.: An Introduction to Database Systems, 3rd ed., Addison-Wesley, 1981.

[**Depp85**] Deppisch U., Günauer J., Walch G.: Speicherungsstructuren und Adressierungstechniken für Komplexe Objekte des NF^2-Relationenmodells, GI-Fachtagung "Datenbanksysteme Für Büro, Technik und Wissenschaft", Karlsruhe, March 1985, pp. 441-459.

[**Ditt85**] Dittrich K.R., Lorie R.A.: Version Support for Engineering Database Systems, Research Report RJ4769, IBM Research Lab., San Jose, 1985.

[**Hask82**] Haskin R.L., Lorie R.A.: On Extending the Functions of a Relational Database System, Proc. of ACM SIGMOD 82, Orlando, Florida, 1982, pp. 207-212.

[**Jaes82**] Jaeschke G., Scheck H.-J.: Remarks on the Algebra of Non First Normal Form Relations, Proc. ACM SIGACT-SIGMOD Symp. on Principles of Data Base Systems, Los Angeles, 1982, pp. 124-138.

[**Jaes85a**] Jaeschke G.: Nonrecursive Algebra for Relations with Relation-Valued Attributes, Technical Report TR85.03.001, IBM Scientific Center, Heidelberg, March 1985.

[**Jaes85b**] Jaeschke G.: Recursive Algebra for Relations with Relation-Valued Attributes, Technical Report TR85.03.002, IBM Scientific Center, Heidelberg, March 1985.

[**Katz84**] Katz R.H., Lehman T.J.: Database Support for Versions and Alternatives of Large Design Files, IEEE Trans. on Software Eng., Vol. SE-10, No. 2, 1984, pp. 191-200.

[**Klah86**] Klahold P., Schlageter G., Wilkes W.: A General Model for Version Management in Databases, Proc. of 12th Conf. on VLDB, Kyoto, Japan, 1986, pp. 319-327.

[**Kues86**] Küspert K. et al.: Storage Structures and Addressing Concepts for Complex Objects of the NF^2 Data Model, IBM Scientific Center, Heidelberg (in preparation).

[**Lame84**] Lamersdorf W., Müller G., Schmidt J.W.: Language Support for Office Modelling, Proc. of 10th Conf. on VLDB, Singapore, 1984, pp. 280-288.

[**Lum84**] Lum V., Dadam P., Erbe R., Günauer J., Pistor P., Walch G., Werner H., Woodfill J.: Designing DBMS Support for the Temporal Dimension, Proc. of ACM SIGMOD Conf., Boston, 1984, pp. 115-130.

[**Lum85**] Lum V., Dadam P., Erbe R., Günauer J., Pistor P., Walch G.: Werner H., Woodfill J.: Design of an Integrated DBMS to Support Advanced Applications, Proc. GI-Fachtagung "Datenbank-Systeme für Büro, Technik und Wissenschaft", Karlsruhe, Informatik-Fachberichte Nr. 94, Springer-Verlag, 1985, pp. 362-381.

[**Pist85**] Pistor P., Traunmüller R.: A Data Base Language for Sets, Lists and Tables, Technical Report TR85.10.004, IBM Scientific Center, Heidelberg, Oct. 1985.

[**Pist86**] Pistor P., Andersen F.: Designing a Generalized NF^2 Model with an SQL-Type Language Interface, Proc. of 12th Conf. on VLDB, Kyoto, Japan, 1986, pp. 278-288.

[Sche86] Schek H.-J., Scholl M.H.: The Relational Model with Relation-Valued Attributes, Inf. Systems, Vol. 11, No. 2, 1986, pp. 137-147.

[Shos86] Shoshani A., Kawagoe K.: Temporal Data Management, Proc. of 12th Conf. on VLDB, Kyoto, Japan, 1986, pp. 79-88.

[Shu77] Shu N.C., Housel B.C., Taylor R.W., Ghosh S.P., Lum V.Y.: EXPRESS: A Data EXtraction Processing and REStructuring System, ACM Trans. on Database Systems, Vol. 2, No. 2, 1977, pp. 134-174.

[Snod85] Snodgrass R., Ahn I.: A Taxonomy of Time in Databases, Proc. of ACM-SIGMOD Conf., 1985, pp. 236-246.

[Tsic78] Tsichritzis D., Klug A. (eds.): The ANSI/X3/SPARC DBMS Framework Report of the Study Group on Database Manag. Systems, Inf. Systems, Vol. 3, No. 3, 1978, pp. 173-191.

[Vald86] Valduriez P., Khoshafian S., Copeland G.: Implementation Techniques of Complex Objects, Proc. of 12th Conf. on VLDB, Kyoto, Japan, 1986, pp. 101-110.

M A D – ein Datenmodell für den Kern eines
Non–Standard–Datenbanksystems

Bernhard Mitschang
Universität Kaiserslautern

Überblick

Eine zentrale Anforderung an Datenbanksysteme für den Einsatz in den sog. nicht-konventionellen Anwendungen besteht in der anwendungsgerechten Modellierung und Verwaltung der Anwendungsobjekte. Von dem Architekturkonzept der DBS-Kern-Architektur ausgehend, werden zum einen Anforderungen an die Datenmodelle der DBS-Kern-Schnittstelle erarbeitet und zum anderen verschiedene Datenmodelle diesbezüglich analysiert. Dieser Kriterienkatalog und die (teilweise) Unzulänglichkeit der untersuchten Datenmodelle gaben den Anlaß zur Entwicklung des Molekül-Atom-Datenmodells (MAD-Modell). Hier werden nun sowohl die Modellierungs- als auch die Verarbeitungskonzepte des MAD-Modells herausgearbeitet und beispielhaft vorgestellt. Weiterhin werden die Konzepte einer SQL-ähnlichen Sprache angegeben, die das MAD-Modell an der DBS-Kern-Schnittstelle zur Verfügung stellt.

Abstract

A key requirement encountered when using database systems for non-standard applications is precise modeling and efficient management of the application objects. Starting with the concept of the DBS-kernel architecture, we point out the essential requirements for data models at the kernel interface and discuss some data models within this context. This requirement catalogue and the shortcomings of the data models investigated gave rise to the development of the molecule-atom data model (MAD model). Here, we describe and exemplify both modeling and processing concepts of the MAD model. Additionally, we illustrate the basic concepts of an SQL-like language representing the MAD model at the DBS-kernel interface.

1. Einleitung

Die Datenverarbeitung im Bereich der sog. nicht-konventionellen Anwendungen verlangt in stetig wachsendem Maße nach geeigneter Datenbankunterstützung zur Verwaltung der anfallenden Datenmengen. Die Brauchbarkeit herkömmlicher Datenbanksysteme (DBS) für einen solchen Einsatz wird allerdings zunehmend in Frage gestellt, da die Qualität und Quantität der geforderten Datenhaltung um Größenordnungen über den Möglichkeiten der kommerziellen Datenbankverarbeitung liegt. Man denke etwa an den Entwurf eines VLSI-Chips, an die Analyse bewegter Szenen in Bildfolgen oder an die diagnostischen und therapeutischen Fähigkeiten von medizinischen Expertensystemen.

Faßt man diese Mängelberichte aus /HR85,Lo85/ zusammen, so kristallisiert sich als zentrale Problemstellung – und damit auch gleichzeitig als zentrale Anforderung an "bessere" DBS (Non-Standard DBS, abgekürzt NDBS) – die anwendungsgerechte Modellierung und Verwaltung der Anwendungsobjekte heraus.

Vielversprechende Lösungsansätze basieren auf dem völlig neuen Architekturkonzept der DBS-Kern-Architektur /HR85,LD85,Mi84,PSSW84/. Dahinter verbirgt sich die Idee der Zweiteilung der NDBS-Architektur (siehe Abbildung 1.1) in einen anwendungsunabhängigen DBS-Kern (oder Speicherserver) und eine anwendungsbezogene Systemebene, Modellabbildung genannt. Die Vorteile dieses Architekturansatzes liegen vor allem darin, daß zum einen durch die Modellabbildung eine anwendungsbezogene Schnittstelle mit den benötigten Objekten und Operationen bereitgestellt werden kann und sich zum anderen im Speicherserver alle geeigneten, allgemein verwendbaren Darstellungs- und Zugriffstechniken redundanzfrei vereinigen und effizient implementieren lassen. Der Speicherserver realisiert damit ein allgemeines Datenmodell, auf dem die mit noch mehr Semantik ausgestatteten Datenmodelle der verschiedenen Anwendungsklassen aufbauen. Diese werden innerhalb der Modellabbildung durch eine optimale Transformation auf die Schnittstelle des Speicherservers abgebildet. Auf diese Weise kann vom NDBS ein anwendungsbezogenes Modellierungswerkzeug als objektunterstützende Schnittstelle bei gleichzeitiger Optimierung des Leistungsvermögens zur Verfügung gestellt werden.

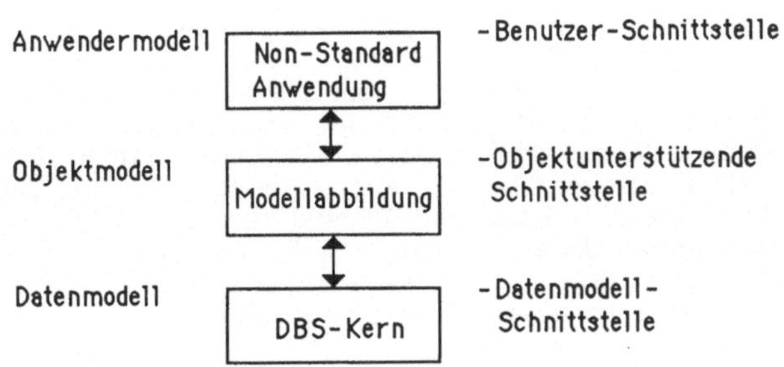

Abbildung 1.1: DBS-Kern-Architektur

Diese mehr statischen Aspekte der Datenabbildung werden in /HR85/ detaillierter behandelt und in /Hä86,HHM86/ weiter ergänzt um Aspekte des dynamischen Ablaufs, d.h. um Konzepte zur effizienten Objektverarbeitung.
Im nächsten Kapitel werden allgemeine Forderungen an das Datenmodell der DBS-Kern-Schnittstelle erarbeitet, sowie verschiedene Datenmodelle diesbezüglich untersucht und miteinander verglichen. Das dritte Kapitel konzentriert sich auf das Molekül-Atom-Datenmodell (MAD-Modell) als vielversprechenden Lösungsansatz. Dort werden die allgemeinen Modellierungs- und Verarbeitungskonzepte des MAD-Modells vorgestellt und anhand einfacher Beispiele veranschaulicht. Ein Resümee schließt die Modellbetrachtungen ab und gibt einen Ausblick auf momentan laufende und geplante notwendige Arbeiten.

2. Datenmodelle für den DBS-Kern

Die Modellabbildung als oberste Schicht eines NDBS ist jeweils auf eine An-wendungsklasse zugeschnitten. Durch angepaßte Objekte und Operationen stellt sie nützliche Modellierungswerkzeuge für eine Anwendung zur Verfügung. Zusätzlich werden von ihr noch erforderliche Integritätsbedingungen abgewickelt. Bei-spielsweise könnten in einer geographischen Anwendung das Objekt PARZELLE mit den zugehörigen Operationen TEILE_PARZELLE und VEREINIGE_PARZELLE sowie die Integritätsbedingungen "Parzellen dürfen sich weder teilweise noch vollständig überlappen", "der Kantenzug einer Parzelle muß geschlossen sein" etc. realisiert sein. Zur Spezifikation solcher komplexen Objekte ist ein semantischeres Daten-modell heranzuziehen, das eine entsprechend "objektbezogene" Strukturierung erlaubt.
Genaue Analysen bzgl. der Eigenschaften dieser "Komplexobjekte" finden sich in /BB84/ und /Mi85/. Dort werden die inhärenten Objektstrukturen analysiert und aufgezeigt. In /Mi85/ werden hauptsächlich Objekte aus ingenieurwissenschaftlichen Anwendungen untersucht: Die Objektbeschreibungsdaten werden dort unterteilt in allgemeine Objektstrukturen und in davon unabhängige Entwurfsstrukturen. Letztere werden durch die verschiedenen Repräsentationen, die Versionen und Alternativen sowie die Konfigurationen gebildet und beschreiben den eigentlichen Entwurfs-vorgang. Ergänzend dazu zeigen die Objektstrukturen die u.U. auch rekursive Zusammensetzung der "Komplexobjekte" aus ihren Komponenten. Hier unterscheidet man zwischen reinen Strukturierungseigenschaften, die im wesentlichen den Aufbau eines "Komplexobjekts" aufzeigen und Isolationseigenschaften, die die Nicht-Eigen-ständigkeit (weak relationship) und die Mehrfachbenutzung als Komponentenobjekt (shared object) definieren. Ähnlich zu /Mi85/ werden in /BB84/ die "Komplexobjekte" - dort "molecular objects" genannt - danach unterschieden, ob beim Zusammenfassen von bereits definierten Molekülen zu Komponenten eines neuen Moleküls disjunkte oder nicht-disjunkte Mengen von Komponentenmolekülen auftreten und ob eine re-kursive Aufbaubeziehung vorhanden ist oder nicht. Gemäß dieser Einteilung unter-scheiden Batory/Buchman vier Fälle, nämlich disjunkt/nicht-rekursiv, disjunkt/rekursiv, nicht-disjunkt/nicht-rekursiv und nicht-disjunkt/rekursiv.
An der unteren Schnittstelle der Modellabbildung sind die im "Objektmodell" dargestellten komplexen Objekte der Anwendung durch das Datenmodell des DBS-Kerns geeignet zu repräsentieren. Sowohl in /Hä86,HHLM86,Sch86/ als auch in /BB84... "support for molecular objects should be an integral part of future DBMSs"/ wird

daher eine stärkere "Objektorientierung" des zugrundeliegenden Datenmodells
intensiv begründet und gefordert. Der Zugriff (Holen, Kopieren) auf ein komplexes
Objekt oder seine Komponenten als extrem häufige Operation verlangt vom DBS-Kern
eine schnelle Ableitung und Bereitstellung der zugehörigen heterogenen Sätze oder
Tupel, die meistens in netzwerkartiger Weise miteinander in Beziehung stehen. D.h.,
es sind effiziente Operationen für den satztypübergreifenden Zugriff (wirksame
Verknüpfung Fremdschlüssel – Primärschlüssel) in beiden Richtungen erforderlich.
Dazu ist eine deskriptive Sprache, die sowohl homogene als auch heterogene
Satzmengen auszuwählen erlaubt, vorzusehen. Aus Leistungsgründen ist zudem eine
ebenfalls mengenorientierte Bereitstellung in der Modellabbildung notwendig.

Eine geographische Beispielanwendung

Dieses leicht verständliche Beispiel ist aus dem Anwendungsbereich der geographischen Informationssysteme /Fr83,RNLE85/ entliehen. Es dient zur
Verdeutlichung sowohl der Modellierungsaspekte als auch der operationalen Aspekte
innerhalb der Ebene der Modellabbildung. In Abbildung 2.1 ist die ausgewählte
Anwendung einmal als Kartenausschnitt und einmal in Form eines Entity-Relationship-
Diagramms aufgezeigt. Der beschriebene Schemaausschnitt stellt einen zentralen und
wichtigen Teil eines Landinformationssystems dar. Der Entitytyp ´punkt´ trägt die
metrische Information und hilft, Kantenobjekte aufzubauen. Kantenobjekte sind aus
genau zwei Punktobjekten zusammengesetzt. Die Kantenbeschreibung enthält noch
weitere Informationen über die Kantenlänge, Richtung etc. und bildet den Entitytyp
´kante´. Jedes Kantenobjekt dient im weiteren entweder zur Begrenzung von Flächen-
objekten und/oder zum Aufbau von Linienzügen. Die somit definierbaren Objekte
werden näher beschrieben durch die Entitytypen ´parzelle´ und ´linie´. Die Aufteilung der Gesamtfläche in Teilflächen (die Parzellenobjekte) wird im Partitions-
objekt (etwa die Landkreise eines Regierungsbezirks) modelliert. Der Entitytyp
´partition´ gibt dazu noch genauere Informationen. Das Netzobjekt, genauer beschrieben durch den Entitytyp ´netz´, setzt sich zusammen aus einzelnen Linien-
objekten. Mittels dieses Entitytyps werden u.a. die Versorgungs- und Ent-
sorgungssysteme (Leitungsnetze für Gas, Wasser, Strom) sowie Verkehrsnetze
(Bahnlinien-, Buslinien-, Straßennetz,...) modelliert. Die Geo-Elemente stellen
entsprechende Verallgemeinerungen der zugehörigen Parzellen- bzw. Linienobjekte
dar. Der Entitytyp ´geo-elmt´ beinhaltet u.a. die Abstraktion von der konkreten
Geometrie zu der "umschreibenden Hülle". Alle Geo-Elemente sind gemäß ihrer geometrischen Lage verschiedenen Rasterobjekten (Kartenblätter) zugeordnet, die das
gesamte darzustellende Gebiet aufteilen und durch den Entitytyp ´raster´ näher
beschrieben werden.

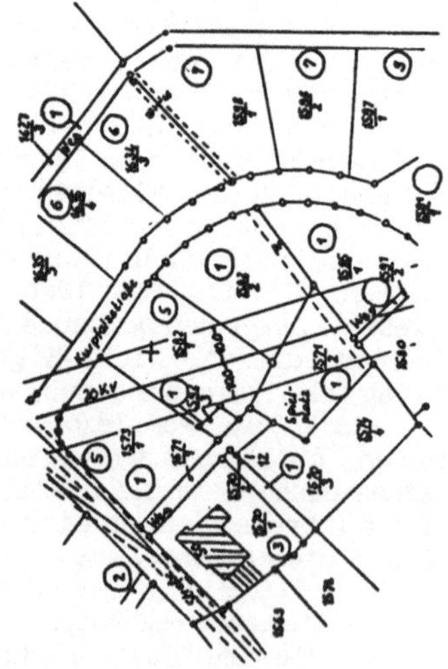

a) Kartenausschnitt

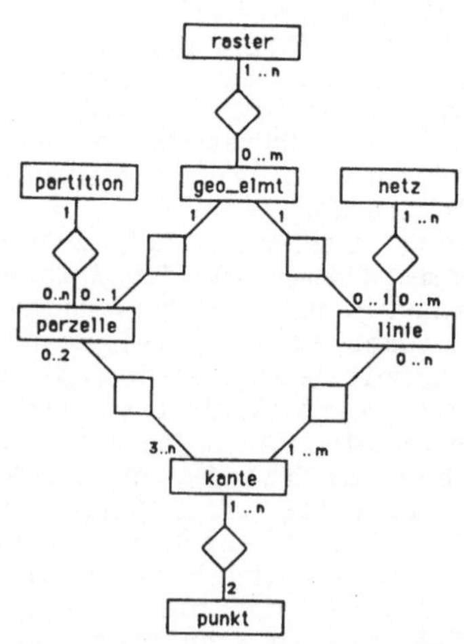

b) Entity-Relationship-Diagramm

Abbildung 2.1: Datenausschnitt eines Landinformationssystems

Objektname	Typ des Objektes	Typeigenschaften
punkt_obj	punkt	disjunkt, ¬ rekursiv
kante_obj	kante-punkt	¬ disjunkt, ¬ rekursiv
parzelle_obj	parzelle-kante_obj oder parzelle-kante-punkt	¬ disjunkt, ¬ rekursiv
linie_obj	linie-kante_obj oder linie-kante-punkt	¬ disjunkt, ¬ rekursiv
partition_obj	partition-parzelle_obj oder partition-parzelle-kante-punkt	disjunkt, ¬ rekursiv
netz_obj	netz-linie_obj oder netz-linie-kante-punkt	¬ disjunkt, ¬ rekursiv
geo_elmt_obj	geo_elmt-parzelle_obj alternativ zu geo_elmt-linie_obj	disjunkt, ¬ rekursiv disjunkt, ¬ rekursiv
raster_obj	raster-geo_elmt_obj	¬ disjunkt, ¬ rekursiv
parzelle_rec	parzelle-kante-parzelle	¬ disjunkt, rekursiv

a) Struktur und Eigenschaften

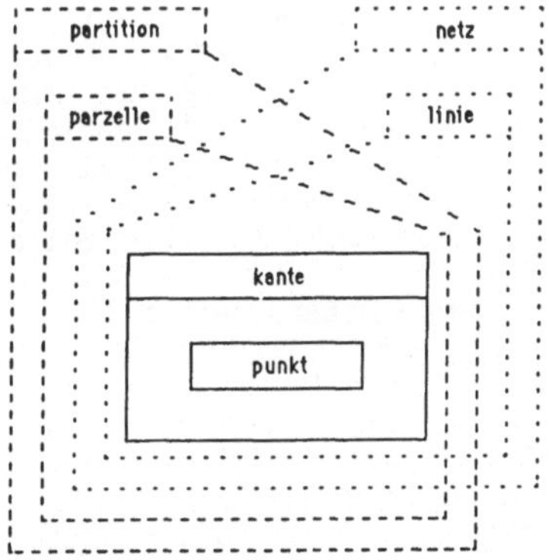

b) graphische Darstellung des Aufbaus

partition

netz

parzelle

linie

kante

punkt

Abbildung 2.2: Die Anwendungsobjekte unseres Landinformationssystems

Diese Objektbeschreibungen sind in Abbildung 2.2 nochmals tabellarisch und graphisch zusammengefaßt. Es ist deutlich zu erkennen, daß die Anwendungsobjekte zueinander in "Aufbaubeziehungen" stehen – meistens vom (m:n)-Typ. Weiterhin wird durch die Mehrfachbenutzung etwa der Kantenobjekte die Nachbarschaft bzw. Topologie der Linien- und Parzellenobjekte explizit modelliert. Für die zugehörigen Operationen bedeutet dies, die Beziehungen zu den anderen Objekten jeweils zu berücksichtigen. Beispielsweise darf eine Kante nur dann gelöscht werden, wenn sie von keinem Linien- bzw. Parzellenobjekt mehr benötigt wird. Durch die vielen verschiedenen Objekttypen wird die Dynamik/Flexibilität der Objektbildung eindringlich aufgezeigt. Die angegebenen Objekttypen treten zum einen als eigenständige Objektbeschreibungen auf und zum anderen auch als abhängige Komponentenbeschreibungen von übergeordneten Typen.
Die zugehörigen primitiven Operationen dieser Anwendung umfassen einerseits mehr allgemeinere objektbezogene Operationen wie das Einspeichern, Löschen, Lesen und Modifizieren der Anwendungsobjekte, d.h. Parzellen-, Netzobjekte etc. Andererseits sind auch spezielle, objektspezifische Operationen relevant, wie etwa: Länge-, Umfangberechnungen, Überlappung von Flächen, Nachbarschafts- und Bereichsanfragen, Parzellenvereinigung, Parzellenteilung, Verkürzen bzw. Verlängern von Pipelines, Versorgungs-, Entsorgungsanalysen sowie Verkehrsanalysen.

Die Standard-Datenmodelle
Im folgenden werden die drei Standard-Datenmodelle kurz skizziert und hinsichtlich der oben aufgezeigten Aspekte zur Objektorientierung analysiert:
- Das Netzwerkmodell kennt sowohl Satztypen als auch Beziehungstypen (vom Typ 1:n) und macht die Verknüpfungsstruktur für netzwerkartige Beziehungen im Modell sichtbar. Es erlaubt prinzipiell einen schnellen Satztypwechsel, verlangt jedoch in der Datenmanipulationssprache eine satzweise Navigation entlang den definierten Schemastrukturen.
- Das Hierarchiemodell ist durch starke Beschränkungen der Abbildungsmächtigkeit gekennzeichnet. Die satzweisen Operationen innerhalb der Manipulationssprache sind richtungsbezogen und nur längs des im Schema vordefinierten hierarchischen Pfades durchführbar.
- Das Relationenmodell kennt die Datenbank als eine Kollektion benannter Relationen, die jeweils aus einer Menge von Tupeln bestehen. Ein Tupel ist zusammengesetzt aus einer Anzahl von atomaren Attributen. Die Darstellung von netzwerkartigen Strukturen geschieht über die symmetrischen Primärschlüssel-Fremdschlüssel-Beziehungen. Analog zu den beiden oben genannten Modellen müssen die komplexen (n:m)-Beziehungen indirekt über Hilfsrelationen modelliert werden. Der Verbund (Join) als satztypübergreifende Operation ist in der Regel sehr aufwendig und daher langsam. Eine für das Relationenmodell häufig gewählte Anfrage- und Manipulationssprache ist SQL /Da81/.

Die drei Standard-Datenmodelle beinhalten keinerlei Ansätze zur Objektorientierung. Das DBS kennt ausschließlich Sätze oder Tupel und u.U. auch deren
Beziehungen untereinander. D.h., alle Aspekte eines Komplexobjekts (molecular
object) müssen oberhalb des DBS realisiert werden und können daher vom DBS nicht
entsprechend unterstützt, geschweige denn optimiert werden. Detaillierte
Leistungsuntersuchungen an verschiedenen DB-basierten Prototypen /HHLM86,RS86,So85/
haben diese Aussage mittlerweile empirisch bestätigt.

Erweiterte Datenmodelle

Eine bessere Anpassung an die gegebenen Anforderungen wird häufig durch Modifikation von existierenden Datenmodellen bzw. durch den Entwurf neuer, stärker auf
die Anwendungen bezogener sog. semantischer Modelle zu erzielen versucht. In
/DKML84/ und /Mi85/ finden sich Zusammenstellungen von in der Literatur
vorgeschlagenen Modellen. Viele dieser Vorschläge beruhen auf Erweiterungen bzw.
Abwandlungen des Relationenmodells. Im folgenden werden zwei weitere Datenmodelle
und deren Ansätze zur Objektorientierung vorgestellt, die als aussichtsreiche
Kandidaten für das logische Datenmodell des DBS-Kerns in Frage kommen.
Die Relationenmodell-Erweiterung nach Lorie /LK84/ bietet eine rudimentäre
Objektorientierung. Basierend auf den neu hinzugefügten Attributtypen IDENTIFIER
und COMPONENT_OF können hierarchische Beziehungen zwischen Relationen definiert
werden. Die damit festgelegte "komplexe" Struktur macht die sog. "complex objects"
sichtbar, die jeweils aus einem Wurzeltupel der ausgezeichneten Wurzelrelation und
allen transitiv abhängigen Komponententupeln der zugehörigen Komponentenrelationen
bestehen. Ein weiterer neuer Attributtyp REFERENCE erlaubt, den Bezug auf Sätze
außerhalb dieser komplexen Struktur als externe Referenz zu beschreiben. Nicht
hierarchische Beziehungen können nur unter Einführung von Redundanz modelliert
werden. Der Attributtyp IDENTIFIER stellt ein Surrogatkonzept zur eindeutigen
Tupelidentifikation zur Verfügung. Alle mittels COMPONENT_OF und REFERENCE
spezifizierten Beziehungen sind explizite Formulierungen von Primärschlüssel-
Fremdschlüssel-Beziehungen, für die das System die referentielle Integrität
garantiert. Da dem System die Objektnotation bekannt ist, können durch zugeschnittene interne Optimierungsmaßnahmen (auf Speicherungsstrukturebene)
effiziente Operationen auf den komplexen Objekten verfügbar gemacht werden. Eine
Erweiterung von SQL bzgl. der interaktiven Schnittstelle gestattet eine implizite
Verbund-Formulierung längs eines vordefinierten hierarchischen Pfades. In der
eingebetteten Sprachversion kann ein ganzes Objekt als Einheit selektiert und in
den Arbeitsbereich des Anwendungsprogramms gelegt werden, wo es auf "Byteebene" zu
manipulieren ist. Das Löschen eines komplexen Objekts geschieht durch ein
explizites Löschen des Wurzeltupels und ein anschließendes kaskadiertes und automatisches Löschen aller abhängiger Tupel. Das Einspeichern und Modifizieren eines
komplexen Objekts wird allerdings nicht direkt unterstützt. Abgesehen von den
bekannten Relationenoperationen gibt es sonst keine weiteren Operationen. Das
komplexe Objekt ist statisch festgelegt und kein Objekt der Datenbank, da es nicht
mehr im Darstellungsbereich des Datenmodells liegt. D.h., ein Weiterarbeiten mit
den komplexen Objekten ist nicht mehr definiert. Verglichen mit den anfangs
eingeführten Aspekten von Komplexobjekten kann hier nur der disjunkt/nicht-
rekursive Fall direkt abgebildet werden.
Gibt man die Beschränkung der ersten Normalform auf und erweitert das
Relationenmodell um relationenwertige, also nicht-atomare Attribute, so kommt man
zum NF^2-Datenmodell nach Schek /SS83, PA86/. Die Datenbank wird dort angesehen als
Kollektion benannter Objekte, die entweder atomar oder zusammengesetzt sind.
Zusammengesetzte Objekte sind Mengen, Listen oder Tupeln, die ihrerseits wieder aus
atomaren Elementen, Mengen, Listen oder Tupeln bestehen. Eine Relation im Sinne des
Codd'schen Relationenmodells ist hier eine ungeordnete Menge von Tupeln. Die
integrierte Objektnotation schlägt sich nieder zum einen in der expliziten
Darstellung von hierarchisch gegliederten Komplexobjekten und zum anderen in der
entsprechend erweiterten (SQL-ähnlichen oder algebrabasierten) Anfrage- und Manipulationssprache. Beliebige nicht hierarchische Beziehungen lassen sich hier jedoch
nur mit entsprechender Redundanz modellieren, die dem System nicht bekannt ist und
daher auch nicht automatisch aktualisiert werden kann. Die Operationen innerhalb
eines hierarchischen Tupels lassen sich durch entsprechende interne Tupeldar-
stellungen sehr effizient durchführen /DGW85/. Die Sprache auf NF^2-Relationen ist

sehr ausdrucksstark und erlaubt den Zugriff sowohl auf übergeordnete Relationen im Sinne des komplexen Objekts als auch auf relationenwertige Attribute im Sinne von Teilobjekten. Für die SQL-ähnliche Sprachnotation wurde ein Mechanismus zur expliziten Beschreibung der Ergebnisstruktur einer Anfrage hinzugefügt. Im Gegensatz zu /LK84/ kann man diesen Erweiterungsvorschlag als symmetrisch bezeichnen und zwar in dem Sinne, daß die definierten Komplexobjekte - hier NF^2-Tupel genannt - auch als Einheiten manipuliert werden können. Im NF^2-Datenmodell läßt sich nur der disjunkt/nicht-rekursive Fall direkt abbilden. Dazu wird die Möglichkeit der expliziten Darstellung von hierarchisch gegliederten Komplexobjekten und die Mächtigkeit der SQL-Erweiterungen ausgenutzt. Die Rekursion und Nicht-Disjunktheit von Komplexobjekten kann auch hier nicht direkt unterstützt werden. Es gibt allerdings erste Überlegungen und Vorschläge zu deren Integration /Sch86,L186/.

Ein Vergleich und Resümee der hier beschriebenen Datenmodelle offenbart, daß die anfangs aufgestellten Anforderungen bzgl. der Objektorientierung nur teilweise befriedigt werden. Insbesondere die Forderung nach einer direkten und symmetrischen Modellierung und auch Verarbeitung von Netzstrukturen wird von keinem Modell erfüllt. Von den vier unterschiedenen Aspekten der Objektstrukturierung wird jeweils nur die hierarchische Aggregation direkt unterstützt. Die Nicht-Disjunktheit und die Rekursion sind nur äußerst umständlich abzubilden: Die Modellierung von (m:n)-Beziehungen zwischen Komponentenobjekten bzw. deren Mehrfachbenutzung bedeutet immer die Einführung von Redundanz. Diese aus reinen Modellierungsgründen eingeführte Redundanz ist dem DBS nicht bekannt und kann daher auch nicht vom System automatisch kontrolliert bzw. aktualisiert werden. Das bedeutet einerseits, daß die gesamte Redundanzverwaltung oberhalb des DBS durchgeführt werden muß und daß andererseits keinerlei Systemunterstützung angeboten werden kann. Außerdem führt dies zu höherem Systemoverhead und höherer Speicherplatzbelegung. Im nächsten Kapitel wird nun ein neues Datenmodell vorgestellt, das diese Anforderungen besser erfüllt.

3. Das Molekül-Atom-Datenmodell

Das Molekül-Atom-Datenmodell (MAD-Modell) erlaubt sowohl eine direkte und symmetrische Modellierung als auch Verarbeitung von Netzstrukturen im Gegensatz zu den von Schek und Lorie vorgeschlagenen Modellen, die allesamt nur die Integration von hierarchischen Strukturen verfolgen. Beim MAD-Modell handelt es sich um eine Erweiterung relationaler externer Schemabeschreibungsmittel, die es ermöglicht, sowohl hierarchische als auch komplexe Beziehungen direkt und dynamisch auf einfache Datenstrukturen mit Wiederholungsgruppen abzubilden. Das erklärte Entwurfsziel des MAD-Modells ist die konsistente Erweiterung der Verarbeitung von homogenen zu heterogenen Satzmengen bzw. die Erweiterung von der bisherigen Tupelverarbeitung zur Molekülverarbeitung. Das Konzept der dynamischen Molekülbildung sowie die einfachen Moleküloperationen stellen die integralen Bestandteile des Modells dar.

Das MAD-Modell kennt, von einem abstrakten Standpunkt aus betrachtet, nur Moleküle, wobei jedes Molekül eine Struktur besitzt, die durch den zugehörigen Molekültyp festgelegt ist. Moleküle setzen sich ebenso wie die zugehörigen Typen rekursiv aus anderen Molekülen bzw. Typen zusammen. Die elementaren Bestandteile werden Atome genannt. Jedes Atom ist festgelegt durch seinen Atomtyp und repräsentiert gemäß diesem eine Zusammenfassung von Attributen mit meistens verschiedenen Attributtypen.

Man unterscheidet einfache und strukturierte sowie spezielle Attributtypen. Diese besitzen einen erweiterten Bereich von verwendbaren Datentypen (RECORD, ARRAY, Wiederholungsgruppen etc.). Der Datentyp IDENTIFIER ermöglicht die Integration eines Surrogatkonzepts auf Atom- bzw. Molekülebene. Jeder Atomtyp besitzt genau ein Attribut vom IDENTIFIER-Typ. Dadurch ist jedem Atom eindeutig ein Identifikator zugeordnet. Basierend auf diesem Datentyp erlaubt der REFERENCE-Datentyp den Bezug auf andere Atome bzw. Moleküle im Sinne eines Fremdschlüssels.

Der Molekültyp setzt sich, wie oben schon angedeutet, aus weiteren Molekül- bzw. Atomtypen gemäß einer festgelegten Struktur zusammen. Jeder Molekültyp besitzt genau einen sog. "Anker"-Atomtyp und u.U. mehrere "Komponenten"-Molekül- bzw. -Atomtypen. Dabei dient der Identifikator des Ankeratoms auch gleichzeitig als

Molekülidentifikator. Die o.g. strukturbildenden Beziehungen (auch Assoziationen genannt) werden mit Hilfe des REFERENCE-Attributtyps und der Wiederholungs-gruppentypen ausgedrückt. Man unterscheidet dabei die 3 binären Assoziationstypen eindeutig (1:1), funktional (1:n) und komplex (n:m). Für jede Assoziation zwischen zwei Atomtypen A und B werden immer beide Teilbeziehungen modelliert. D.h., in A werden Referenzen auf B gemäß der Teilbeziehung A → B vermerkt und umgekehrt werden in B die Referenzen auf A gemäß der Teilbeziehung B → A gehalten. Damit ist eine symmetrische Modellierung und auch Verarbeitung gewährleistet. Außerdem können alle auftretenden Beziehungen direkt, d.h. ohne Einführung von Redundanz oder Hilfsstrukturen modelliert werden. Durch diese REFERENCE-basierten Attribute werden die Primärschlüssel-Fremdschlüssel-Beziehungen explizit formuliert (der Wert des REFERENCE-Attributes ist der IDENTIFIER-Wert des referenzierten Atoms), für die dann das System die referentielle Integrität garantiert.

Basierend auf dem Konzept der Assoziationen als struktur- bzw. molekülbildende Beziehungen kann nun eine entsprechend dynamische Objektnotation definiert werden. Ausgehend von den Atomtypen und den Assoziationen können einfache Molekültypen aufgebaut werden, die dann, ergänzt durch vorab definierte Molekültypen bzw. durch weitere Atomtypen und Assoziationen, die komplexeren Molekültypen bilden. Die so definierten Moleküle sind gemäß dem zugehörigen Molekültyp strukturiert. Dieses dynamische Molekülkonzept führt dann zu einfachen und effizienten Moleküloperationen, die durch zusätzliche interne Optimierungsmaßnahmen (auf Speicherungs-strukturebene) verbessert werden (die hier vorgesehenen Maßnahmen sind gegenüber den bekannten Standard-Konzepten um einiges anspruchsvoller und erfolgver-sprechender /Si86/).

Die im MAD-Modell definierte Sprache SQL* erlaubt eine recht komfortable Molekülverarbeitung. Sie ist an SQL angelehnt und besteht daher aus den drei Basiskonstrukten der SELECT-, FROM- und WHERE-Klausel, allerdings mit einer im Vergleich zu SQL erweiterten Syntax und Semantik. Die FROM-Klausel spezifiziert die Molekültypen, die für die konkrete Operation relevant sind. Restriktion und Verbundoperation werden in der WHERE-Klausel angegeben. Die SELECT-Klausel bestimmt dann die zugehörigen Projektionen und erlaubt eine Strukturierung des Anfrageergebnisses. Basierend auf diesen Basiskonzepten werden die Molekül-operationen Lesen, Einspeichern, Löschen und Ändern zur Verfügung gestellt. Das Ergebnis dieser Operationen sind wiederum Moleküle mit definiertem Molekültyp. Damit ist die Abgeschlossenheit des MAD-Modells bzgl. seiner Operationen gewährleistet.

Mit den hier vorgestellten Konzepten zur dynamischen Molekülbildung und -verar-beitung können alle Aspekte der benötigten Objektorientierung einfach und direkt zur Verfügung gestellt werden: Die Rekursion verlangt eine Assoziation, die die rekursive Beziehung ausdrückt, und die Nicht-Disjunktheit entsteht auf natürliche Art und Weise dadurch, daß sich die durch Assoziationen verbundenen Atomtypmengen überlappen. Im folgenden werden die wichtigsten Charakteristika des MAD-Modells anhand der zur Verfügung gestellten Sprache SQL* in relativ einfacher und anschaulicher Weise aufgezeigt. Dazu wird auf die in Kapitel 2 eingeführte Beispielanwendung Bezug genommen. Gemäß der natürlichen Einteilung der Sprachanweisungen in Definitions-, Lastbeschreibungs- und Manipulationskommandos zerfällt die Sprache in die drei Bestandteile
- Datendefinitionssprache   (data definition language, DDL),
- Lastdefinitionssprache   (load definition language, LDL) und
- Datenmanipulationssprache (data manipulation language, DML).
Eine ausführlichere und detaillierte Sprach- und Syntaxbeschreibung ist in /M186/ enthalten.

3.1 Die Datendefinitions- und Lastdefinitionssprache

Zur Definition der Objekte des MAD-Modells stehen die sieben in Tabelle 3.1 aufgeführten DDL-Kommandos zur Verfügung. Es lassen sich davon jeweils zwei Anweisungen derart zusammenfassen, daß beide zueinander invers sind. Die Atomtypdefinition definiert einen neuen Atomtyp, wohingegen die Anweisung ´drop´ zum Löschen des angegebenen Atomtyps führt. In gleicher Weise sind die Anweisungen zum Definieren und zum Löschen eines Molekültyps zueinander komplementär. Mit Hilfe der Kommandos ´expand´ bzw. ´shrink´ können nachträglich noch Attribute zum Atomtyp hinzu- bzw. von ihm weggenommen werden. Die 'rename'-Anweisung ist isoliert und erlaubt ein einfaches Umbenennen von Attribut-, Atom- und Molekültypnamen.

Name	Beschreibung
CREATE ATOM_TYPE att_name <Attributdefinitionsliste> [<Schlüsseldefinition>]	Definition eines Atomtyps durch Angabe der beschreibenden Attribute und strukturbildenden Beziehungen. Der Atomtyp bekommt einen Namen.
DROP att_name	Löschen der angegebenen Atomtyp-Definition. Zudem müssen die zugehörigen Attributdefinitionen und gegebenenfalls die zugehörigen Gegenreferenzen (s.u. expand) jeweils ausgetragen werden.
DEFINE MOLECULE_TYPE mol_name FROM <Molekülstrukturdefinition> [WHERE <Qualifikationsbedingungen>]	Definition eines Molekültyps, welcher sich aus den angegebenen Molekül- bzw. Atomtypen gemäß den festgelegten Assoziationen und Qualifikationsbedingungen aufbaut. Die Molekültypbeschreibung bekommt einen Namen.
RELEASE MOLECULE_TYPE mol_name	Freigabe des spezifizierten Molekültyps.
EXPAND ATOM_TYPE att_name BY <Attributdefinitionsliste>	Dem durch seinen Namen identifizierten Atomtyp werden die hier spezifizierten Attribute hinzugefügt. Befinden sich hierunter strukturbildende Attributtypen, also vom REFERENCE-Typ, so müssen die zugehörigen entgegengesetzten Teilbeziehungen (Gegenreferenzen) vom Benutzer entsprechend ergänzt werden.
SHRINK ATOM_TYPE att_name BY <Attributnamenliste>	Komplementäre Operation zu EXPAND-ATOM-TYPE. Die spezifizierten Attribute werden aus der angegebenen Atomtyp-Definition entfernt. Falls es sich hierbei um REFERENCE-basierte Atomtypen handelt, so wird die zugehörige Gegenreferenz automatisch vom System gelöscht. Die Liste der zu entfernenden Attribute darf kein Schlüsselattribut enthalten.
RENAME old_name,new_name	Umbenennen aller Namen. Es können sowohl Attribut- als auch Atom- bzw. Molekültypnamen geändert werden.

Tabelle 3.1: DDL-Anweisungen

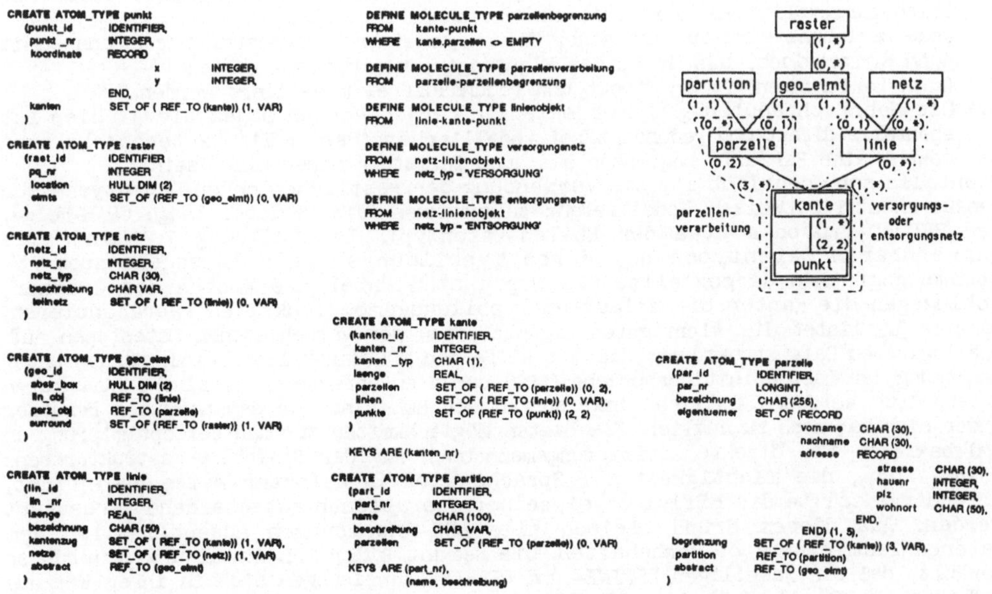

Abbildung 3.1: Beispielmodellierung der geographischen Anwendung

Ein einfaches Beispiel dieser Definitionssprache ist in Abbildung 3.1 zu sehen. Diese Abbildung reflektiert die Transformation des Entity-Relationship-Diagramms aus Abbildung 2.1 in das entsprechende MAD-Modell-Schema. Die zugehörige Visualisierung des MAD-Modell-Schemas in Diagrammdarstellung verdeutlicht die direkte Umsetzung des Entity-Relationship-Schemas in das äquivalente MAD-Schema. Jedem Entitytyp wird ein Atomtyp zugeordnet, und jeder Beziehungstyp wird in seine beiden Teilbeziehungen zerlegt und jeweils durch die strukturbildenden Assoziationen, d.h. durch REFERENCE-basierte Attribute, dargestellt. Die im Entity-Relationship-Modell darstellbaren Kardinalitätsrestriktionen der Relationship-Typen können im MAD-Modell ebenfalls angegeben werden. Diese relativ mächtigen Integritätsaussagen können nun vom System automatisch garantiert werden. Die Hinzunahme der "KEYS_ARE"-Klausel bietet eine Schlüsseldefinitionsmöglichkeit an - Attributkombinationen sind zugelassen -, die auch vom System zur Integritätskontrolle ausgenutzt wird. Durch einen Vergleich mit Abbildung 2.2 ist zu erkennen, daß auch die Transformation der Anwendungsobjekte (Objekttypen) auf die Moleküle (bzw. Molekültypen) des MAD-Modells einfach und direkt durchführbar ist. Die in Abbildung 3.2 definierten Molekültypen sind auch im zugehörigen Diagramm eingezeichnet (gepunktete und gestrichelte Linien). Die Spezifikation eines Molekültyps wird einerseits durch die Angabe der betreffenden Molekülstruktur (FROM-Klausel) als Zusammensetzung von Molekül- bzw. Atomtypen durchgeführt. Andererseits ermöglicht die optionale WHERE-Klausel eine wertbezogene Qualifikation der für den Molekültyp vorgesehenen Moleküle.

In diesem Beispiel wird die Verwendung des gegenüber herkömmlichen Datenmodellen erweiterten Angebots an Datentypen besonders deutlich. Der IDENTIFIER-Typ stellt ein Surrogatkonzept zur Identifikation aller Atome zur Verfügung und muß daher in jeder Atomtypdefinition genau einmal vorkommen. Er bietet zusammen mit dem REFERENCE-Typ die Möglichkeit einer typbezogenen "Atomreferenz". Semantisch betrachtet, bedeutet dies eine Art "Platzhalter" für das referenzierte Atom, der bezogen auf das Relationenmodell dem Fremdschlüsselwert entspricht. Mit der weiteren Hilfe des Wiederholungsgruppentypen SET_OF ist die direkte Modellierung einer (1:n)- und (n:m)-Beziehung möglich. Semantisch ist damit eine "Fremdschlüsselwiederholungsgruppe" oder eine mengenorientierte Assoziation verbunden. Durch einen kleinen Abstraktionsschritt kommt man zu der Aussage, daß man es hier anstatt mit expliziten Objekthierarchien (siehe NF^2-Datenmodell) mit implizit definierten Hierarchien zu tun hat. Jeder Atomtyp entspricht dabei genau einer Stufe in der normalerweise mehrstufigen Hierarchie. Dieses Konzept bietet im Vergleich zur expliziten Hierarchie entscheidende Vorteile:

1.) Jede Beziehung wird auf logischer Ebene symmetrisch dargestellt und kann somit auch symmetrisch, d.h. in beiden Richtungen, verarbeitet werden.
2.) (m:n)-Beziehungen können direkt und redundanzfrei modelliert werden.
3.) Die Mehrfachbenutzung von Objekten in verschiedenen Objekthierarchien ist ebenfalls direkt und redundanzfrei modellierbar (Bspl.: Ein Kantenobjekt kann sowohl eine Parzelle begrenzen als auch Teilstück einer Linie sein).

Ebenfalls sehr deutlich ist die Verwendung der restlichen neuen Datentypen zur genaueren attributweisen Modellierung zu erkennen (die variabel lange CHAR-Folge, der RECORD-Typ oder etwa der Hüllen-Datentyp). In Abbildung 3.2 sind alle verwendbaren Datentypen und deren Typbildungsregeln im sogenannten Abstammungsgraphen dargestellt. Die Typen sind dabei die Knoten des Graphen, wohingegen die Kanten die erlaubten Typbildungsmöglichkeiten repräsentieren. Tabelle 3.2 listet die wichtigsten Eigenschaften der verschiedenen Datentypen auf. Die logischen Datenstrukturen, die mit Hilfe der DDL darstellbar sind, können unter Benutzung der Lastdefinitionssprache (LDL) durch entsprechende physische Strukturen unterstützt werden. Sämtliche Anweisungen der LDL sind für den normalen Benutzer weder sichtbar noch zugänglich. Sie bieten Möglichkeiten zur Laufzeitoptimierung an und bewirken i.a. direkte Optimierungsmaßnahmen auf der Speicherungsstrukturebene /Si86/. D.h., die Mächtigkeit der Sprache wird in keinster Weise beeinflußt, allerdings sollte die Effizienz einzelner Operationen entscheidend verbessert werden. Aus diesem Grund bleiben alle LDL-Anweisungen ausschließlich dem Datenbankadministrator vorbehalten. Die Semantik der LDL-Anweisungen wurde so gewählt, daß die jeweiligen DEFINE- und RELEASE-Anweisungen sich in ihrer Wirkung aufheben. In Tabelle 3.3 sind alle LDL-Anweisungen zusammengefaßt und beschrieben.

DATENTYP	CHARAKTERISTIKA
einfache Datentypen	selbsterklärend
strukturierte Datentypen	selbsterklärend
Wiederholungsgruppentypen	
LIST_TYP	ordnungserhaltend, keine Duplikatfreiheit der Elemente
SET_TYP	nicht ordnungserhaltend Duplikatfreiheit der Elemente,
spezielle Datentypen	
CHAR VAR	variabel lange Zeichenkette
BYTE VAR	variabel lange Bytekette
TIME	Zeitangabe bestehend aus Jahr, Monat, Tag, Stunde, Min., Sek.
CODE	variabel langer Behälter für ausführbare Operationen
HULL	n-dimensionale Hülle
IDENTIFIER	siehe Text
REFERENCE	siehe Text

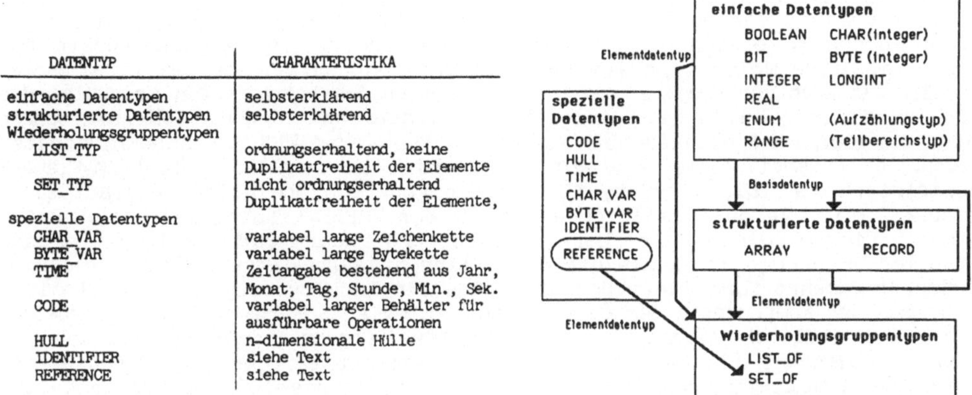

Tabelle 3.2: Charakteristika der Datentypen

Abbildung 3.2: Abstammungsgraph der Datentypen des MAD-Modells

Name	Beschreibung
DEFINE STATIC_MOLECULE_TYPE mol_name FROM <Molekülstrukturdefinition> [WHERE <Qualifikationsbedingungen>]	Einrichten des spezifizierten Molekültyps als Speicherungsstruktur.
RELEASE STATIC_MOLECULE_TYPE mol_name	Löschen der zugehörigen Speicherungsstruktur.
DEFINE PARTITION ON att_name AS <Attributlisten>	Für den angegebenen Atomtyp wird eine neue Partitionierung definiert und in den Speicherungsstrukturen eingerichtet. Falls vorhanden, wird die bisherige Partition hierdurch überschrieben und ersetzt.
RELEASE PARTITION ON att_name	Kompensiert obige Anweisung durch eine neue Anweisung 'DEFINE-PARTITION', wobei die neue Partition jetzt nur noch aus einem Teil besteht, der alle Attribute des angegebenen Atomtyps umfaßt.
DEFINE ACCESS acc_name ON att_name FOR <Attributliste>	Definiert und benennt einen Zugriffspfad auf den angegebenen Attributen des zugehörigen Atomtyps.
RELEASE ACCESS acc_name ON att_name	Löschen des spezifizierten Zugriffspfades.
DEFINE SEQUENCE seq_name ON att_name USING <Attributliste, Sortierliste>	Definiert und benennt auf den angegebenen Attributen des Atomtyps die spezifizierte Sortierordnung.
RELEASE-SEQUENCE seq_name ON att_name	Löschen der spezifizierten Sortierordnung für den angegebenen Atomtyp.

Tabelle 3.3: LDL-Anweisungen

Diese Lastbeschreibung bietet die Möglichkeit, sowohl statische Molekültypen als auch vertikale Partitionen, Zugriffsaspekte und Sortierreihenfolgen auf Atomtypen zu definieren. Zugriffspfaddefinitionen sind sowohl für einzelne Attribute als auch für Attributkombinationen zugelassen. Letztere bieten eine Definitionsmöglichkeit für mehrdimensionale Zugriffspfade an. Die Definition eines statischen Moleküls bewirkt (normalerweise) das Einrichten eines entsprechenden physischen Clusters als Speicherungsstruktur /S186/. Zur Spezifikation eines statischen Molekültyps sind die gleichen FROM- und WHERE-Klauseln verwendbar wie bei der 'DEFINE MOLECULE_TYPE'-Anweisung innerhalb der DDL. Beide Anweisungen dürfen nicht miteinander verwechselt werden, da zwischen ihnen semantisch ein großer Unterschied besteht: Die DDL-Anweisung dient zur Definition von Molekülen auf Benutzerebene. Durch entsprechende LDL-Operationen können diese "logischen Cluster" der Benutzerebene auf entsprechende Speicherungsstrukturen im Sinne von "physischen Clustern" abgebildet werden.

3.2 Die Datenmanipulationssprache

Zur Verarbeitung der Objekte des MAD-Modells stehen die vier in Tabelle 3.4 beschriebenen Anweisungen zum Lesen, Einspeichern, Löschen und Ändern zur Verfügung. Diese Moleküloperationen dienen sowohl zur Verarbeitung eines ganzen Moleküls als auch zur Verarbeitung von Komponenten des betreffenden Moleküls, die entweder wieder Moleküle oder Atome sind. Innerhalb verschiedener DML-Anweisungen können die gleichen Sprachklauseln (meistens FROM- und WHERE-Klauseln) benutzt werden. Die Semantik dieser Klauseln bleibt dabei immer gleich. Die FROM-Klausel spezifiziert die Molekültypen, die für die konkrete Operation relevant sind. Restriktion und Verbundoperation werden in der WHERE-Klausel angegeben. Beide Klauseln dienen beim Einspeichern, Löschen und Ändern zur Spezifikation der aktuellen Umgebung, durch die die eigentlich zu bearbeitenden Moleküle bestimmt werden. Umgekehrt formuliert bedeutet dies ein inhaltsbezogenes deskriptives Ansprechen der Komponenten des (umgebenden) Moleküls, innerhalb dessen gearbeitet werden soll. Falls die Abarbeitung einer DML-Anweisung zu Änderungsoperationen von strukturbildenden, d.h. REFERENCE-basierten Attributen führt, werden die entsprechenden Aktualisierungsoperationen der Gegenreferenzen, d.h. der zugehörigen entgegengesetzten Teilbeziehung, automatisch durchgeführt. Damit wird immer eine konsistente Molekülverarbeitung garantiert.

Name	Beschreibung

MOLECULE-QUERY
  SELECT <Projektionsargumentlise>
  FROM <zu selektierende Molekültypen>
  [WHERE <Qualifikationsbedingungen>]
	Das Primitiv jeder Anfrage-Anweisung besteht aus einer SELECT-, FROM- und WHERE-Klausel, wobei letztere auch eingespart werden kann. Die FROM-Klausel spezifiziert die Molekültypen, die für die konkrete Operation relevant sind. Restriktion und Verbundoperation werden in der WHERE-Klausel angegeben. Die SELECT-Klausel bestimmt dann die zugehörigen Projektionen und erlaubt eine Strukturierung des Anfrageergebnisses.

MOLECULE-INSERTION
  INSERT <Moleküldaten>
  INTO <einzuspeichernder Molekültyp>
  [FROM <umgebende Molekültypen>
  [WHERE <Qualifikationsbedingungen>]]
	Fügt die angegebenen Moleküle des in der INTO-Klausel spezifizierten Molekültyps in die DB ein. Dabei wird die Verträglichkeit von Molekül und Molekültyp überprüft. Mit Hilfe der optionalen FROM- und WHERE-Klausel können die Umgebungen (Oberstrukturen oder umgebende Moleküle) spezifiziert werden, in die das einzuspeichernde Molekül (als Komponente) einzutragen ist.

MOLECULE-DELETION
  DELETE <zu löschender Molekültyp>
  [FROM <umgebende Molekültypen>
  [WHERE <Qualifikationsbedingungen>]]
	Löscht die durch die WHERE-Klausel spezifizierten Moleküle des angegebenen Molekültyps aus der DB. Mit Hilfe der optionalen FROM- und WHERE-Klausel können, wie oben die Umgebungen spezifiziert werden, aus denen die zu löschenden Moleküle kommen.

MOLECULE-UPDATE
  UPDATE <Änderungsliste>
  INTO <zu ändernder Molekültyp>
  [FROM <umgebende Molekültypen>
  [WHERE <Qualifikationsbedingungen>]]
	Die spezifizierten Moleküle werden gemäß der Änderungsliste aktualisiert. Dabei wird die Verträglichkeit der Änderungsliste mit dem zu ändernden Molekültyp überprüft. Optional können mittels der FROM- und WHERE-Klausel die Umgebungen angegeben werden, aus denen die zu ändernden Moleküle kommen.

Tabelle 3.4: DML-Anweisungen

Um die wichtige Forderung der Abgeschlossenheit des MAD-Modells hinsichtlich seiner DML-Operationen garantieren zu können, wird verlangt, daß das Ergebnis jeder DML-Anweisung, d.h. jeder Moleküloperation, wiederum konsistente Moleküle des zur jeweiligen Operation gehörenden semantisch korrekten Molekültyps darstellt. Jeder korrekt definierte Molekültyp besitzt genau einen Wurzel- oder Ankeratomtyp sowie evtl. mehrere Komponenten-Atomtypen bzw. -Molekültypen, die einen zusammenhängenden Graphen bilden. In diesem Kontext spricht man dann auch von der Zusammenhangsstruktur (der Komponententypen). Die Definition eines korrekten Moleküls ergibt sich dann wie folgt: Ein Molekül ist eine Ausprägung des zugehörigen Molekültyps und besitzt genau ein Wurzel- oder Ankeratom (natürlich vom Ankeratomtyp), das das Molekül eindeutig identifiziert. Weiterhin kann es mehrere Komponentenatome bzw. Komponentenmoleküle geben (ebenfalls vom entsprechenden Typ), die einen wiederum zusammenhängenden Graphen bilden. Dabei müssen nicht von jedem Komponententyp Ausprägungen existieren.

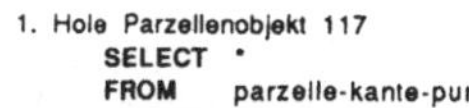

```
1. Hole Parzellenobjekt 117
      SELECT  *
      FROM    parzelle-kante-punkt
      WHERE   par_nr = 117

2. Hole Parzellenobjekt 118
      SELECT  *
      FROM    parzellenverarbeitung
      WHERE   par_nr = 118

3. Hole gemeinsamen Kantenzug
      SELECT  *
      FROM    parzellenbegrenzung
      WHERE   kanten_nr ELMT (
              (SELECT kanten_nr
               FROM   parzelle
               WHERE  par_nr=117)
              INTERSECT
              (SELECT kanten_nr
               FROM   parzelle
               WHERE  par_nr=118))

4. Prüfe gemeinsamen Kantenzug

5. Lösche gemeinsamen Kantenzug
      DELETE  parzellenbegrenzung
      FROM    parzellenbegrenzung
      WHERE   kanten-nr ELMT (3, 8)

6. Erzeuge Parzellenobjekt 100

7. Speichere neues Parzellenobjekt 100
      INSERT  <parzellendaten>
      INTO    parzelle-kante-punkt
      FROM    parzellenverarbeitung

8. Lösche Parzellenobjekt 117
      DELETE  parzelle-kante-punkt
      FROM    parzellenverarbeitung
      WHERE   par_nr=117

9. Lösche Parzellenobjekt 118
      DELETE  parzelle-kante-punkt
      FROM    parzellenverarbeitung
      WHERE   par_nr=118
```

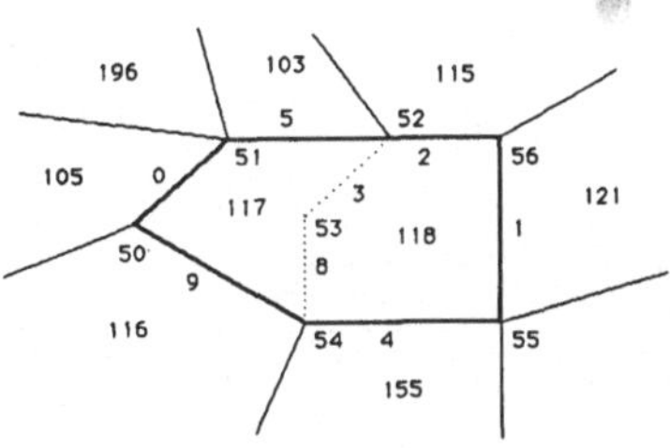

<u>Abbildung 3.3</u>: Teiloperationen zur "Parzellenvereinigung"

Die einzelnen DML-Anweisungen aus Tabelle 3.4 werden durch ein umfangreiches Verarbeitungsbeispiel in Abbildung 3.3 nochmals verdeutlicht. Zusätzlich wird damit auch noch der Aspekt der anwendungsbezogenen Molekülverarbeitung innerhalb der Modellabbildung der DBS-Kern-Architektur (siehe Kapitel 1 und 2) behandelt. Das gewählte Beispiel ist eine höhere Operation aus dem Bereich Stadtplanung, nämlich "Parzellenvereinigung" und basiert auf dem in Kapitel 2 vorgestellten Schemaausschnitt. Es sollen die Flächen zweier aneinander angrenzender Parzellen zusammengelegt werden, indem die gemeinsamen Kanten, d.h. der Grenzkantenzug, gelöscht und die restlichen Kanten zur neuen Parzelle zusammengefügt werden. Zuletzt ist die neue Parzelle noch einzuspeichern, und die beiden Ausgangsparzellen sind zu löschen. Schaut man sich die einzelnen Operationen aus Abb. 3.3 genauer an, so erkennt man die Adäquatheit der Molekülverarbeitung sehr deutlich: Die o.a. Verarbeitungsstrategie kann mittels der DML-Anweisungen direkt übernommen werden. Im folgenden werden die verschiedenen DML-Anweisungen näher betrachtet, indem die drei wichtigsten Sprachklauseln genauer erläutert werden (hierbei wird ständig auf Tab. 3.4 sowie auf Abb. 3.3 und 3.4 Bezug genommen).
Innerhalb der <u>FROM</u>-Klausel können sowohl vordefinierte Molekültypen (bzw. Atomtypen) durch ihre Namen als auch dynamisch neudefinierte Molekültypen durch ihre Strukturdefinition angegeben werden. Man unterscheidet dabei hierarchische, baumartige, vernetzte und rekursive Molekültypen. In Abbildung 3.4 sind die entsprechenden Beispielanfragen und die Visualisierung der zugehörigen Ergebnismoleküle aufgezeigt (Die gepunkteten Linien zeigen identische Atome an, die hier nur der Visualisierungsstruktur wegen mehrfach vorhanden sind, im konkreten Ergebnismolekül allerdings immer genau einmal vorkommen).
Die <u>WHERE</u>-Klausel spezifiziert Auswahlbedingungen (Restriktionen) auf Attributebene. D.h., die Terme der WHERE-Klausel stellen die Qualifiaktionsbedingungen für die Moleküle bzw. Atome der in der FROM-Klausel angegebenen Molekül- bzw. Atomtypen dar. Jeder Qualifikationsterm dient ausschließlich zur Qualifikation der zugehörigen Moleküle. Terme, die zwei Molekültypen zuzuordnen sind, definieren eine Verbundoperation zwischen den beteiligten Molekülen. Dieser Molekültyp-Verbund erfordert in Analogie zum Relationenverbund im Relationenmodell die Bestimmung des resultierenden Molekültyps. Die sich aus der Verbundoperation ergebende Molekülstruktur ist die Zusammenfassung der beiden beteiligten Molekülstrukturen an der Stelle der Verbundoperation. Analog zur Verbundoperation im Relationenmodell, die dort zur Zusammenlegung der beiden beteiligten Relationen führt, werden hier die beiden beteiligten Atomtypen (bzw. die Atome) zu dem resultierenden Atomtyp (bzw. Atom) zusammengefaßt. Damit ist gewährleistet, daß das Ergebnis einer Verbundoperation wiederum aus Molekülen des resultierenden Molekültyps besteht. Gleichzeitig bedeutet dies, daß das vorläufige Anfrageergebnis, auf das sich etwaige nachfolgende Projektionen beziehen, immer durch einen korrekten Molekültyp festgelegt ist.
In der <u>SELECT</u>-Klausel können zusätzlich zur Strukturbildung innerhalb der FROM- und WHERE-Klausel noch explizit Strukturierungsmaßnahmen angegeben werden. Die unqualifizierte Projektion bestimmt, welche Komponenten bzw. Komponentenattribute das

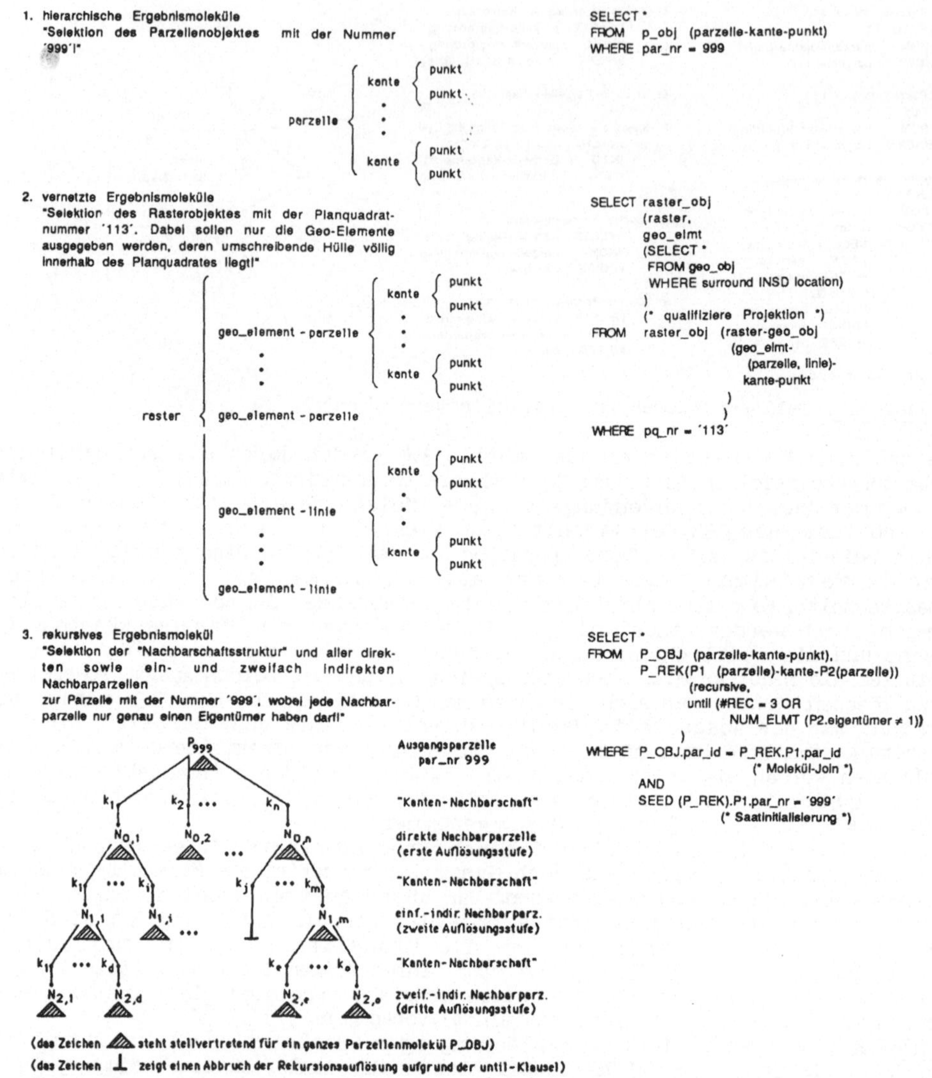

Abbildung 3.4: Visualisierung spezieller Ergebnismoleküle

Ergebnis definieren. Will man genau diese Entscheidung von bestimmten Auswahlbedingungen abhängig machen, so bedient man sich der qualifizierten Projektion. Hierzu ist die Verwendung des Anfrageprimitives bestehend aus SELECT-, FROM- und WHERE-Klausel innerhalb der SELECT-Klausel erlaubt. Sowohl die qualifizierte als auch die unqualifizierte Projektion müssen dabei die Integritätsbedingungen bzgl. Molekül und zugehörigem Molekültyp erfüllen, so daß gilt: Jede Anfrage definiert genau einen korrekten (Ergebnis-)Molekültyp und liefert als Ergebnis eine Menge von Molekülen des entsprechenden Typs. Die Ergebnismenge kann dabei leer, ein- oder mehrelementig sein.

Aus Platzgründen wird auf eine detaillierte und nach den verschiedenen DML-Anweisungen getrennte Diskussion verzichtet (sämtliche Details können in /M186/ nachgelesen werden). Die Charakteristika dieser Anweisungen und auch der gesamten Molekülverarbeitung sind schon durch Tabelle 3.4 sowie durch die Abbildungen 3.3 und 3.4 herausgearbeitet. Lediglich der Aspekt der rekursiven Anfragen (Beispiel 3 aus Abb. 3.4) wird im weiteren noch vertieft: Der rekursive Molekültyp wird durch die 'recursive'-Klausel definiert. Jedem rekursiven Molekültyp (P_REK in Abb. 3.4) liegt ein Komponenten-Molekültyp (parzelle-kante) zugrunde, von dessen Typ die Komponentenmoleküle sind, die das rekursive Molekül aufbauen. Zusätzlich gibt es noch eine ausgezeichnete Assoziation, die typmäßig einen Zykel (Kanten-Nachbarschaft) herbeiführt und damit die Rekursion überhaupt erst ermöglicht. Basierend auf dem Komponenten-Molekültyp, der zugehörigen zykelbildenden Assoziation und der Spezifikationen innerhalb der ʻrecursiveʼ-Klausel, ist eine Abarbeitungsvorschrift (siehe /M186/) zur Bestimmung der einzelnen Komponentenmoleküle festgelegt, wodurch indirekt auch eine Spezifikation der rekursiven Moleküle erfolgt. Die ʻuntilʼ-Klausel definiert Disqualifikationsbedingungen für die Komponentenmoleküle und realisiert daher das Abbruchkriterium für die rekursive Auswertung. Das ʻ# RECʼ-Prädikat kann zur Beschränkung der Anzahl der Rekursionsschritte verwendet werden (im Beispiel werden nur 3 Rekursionsstufen zugelassen). Unabhängig von den konkreten Parameterwerten der ʻrecursiveʼ-Klausel wird immer eine Vermeidung von Doppel- und Mehrfachauswertungen des gleichen Rekursionspfades gewährleistet. Daher und auch wegen der endlichen Anzahl von Atomen innerhalb der Datenbank ist die Terminierung jeder Rekursionsauswertung garantiert. Durch ein ausgezeichnetes Prädikat innerhalb der WHERE-Klausel kann eine Saat-Initialisierung angegeben werden: Die Qualifikationsterme innerhalb der SEED-Klausel qualifizieren ausschließlich die Wurzelkomponenten der rekursiven Moleküle (im Beispiel ist nur das Molekül mit dem Wurzelatom mit der Nummer ʻ999ʼ zugelassen).

4. Zusammenfassung und Ausblick

In dieser Arbeit wurde das Molekül-Atom-Datenmodell zur Verwaltung von komplexen Objekten vorgestellt und dessen Existenzberechtigung eingehend begründet. Das größere Umfeld der Betrachtungen ist definiert durch den Bereich der sog. Non-Standard-DBS-Anwendungen und gekennzeichnet durch die zentrale Problemstellung der anwendungsgerechten Modellierung und Verwaltung der Anwendungsobjekte. Ausgehend von dem vielversprechenden Lösungsansatz der DBS-Kern-Architektur, d.h. der Zweiteilung der DBS-Archititektur in einen anwendungsunabhängigen DBS-Kern (Speicherserver) und eine anwendungsbezogene Ebene (Modellabbildung), werden innerhalb der Modellabbildung die komplexen Objekte der Anwendung mit Hilfe des Datenmodells an der Kern-Schnittstelle (hier MAD-Modell) realisiert. Dabei ist eine entsprechende Objektorientierung - im Sinne einer objektbezogenen Modellierung und Verarbeitung - des zugrundeliegenden Datenmodells erforderlich. Ein Objekt besteht hierbei aus u.U. heterogenen Komponenten, die meistens in netzwerkartiger Weise miteinander verbunden sind.

Eine Analyse verschiedener ausgewählter Datenmodelle bzgl. des Aspekts der Objektorientierung ergab wichtige Hinweise zur Konzeption des MAD-Modells:
- Die Standard-Datenmodelle (Netzwerk-, Hierarchie- und Relationenmodell) stellen keinerlei Ansätze zur Objektorientierung zur Verfügung.
- Die Relationenmodell-Erweiterung nach Lorie bietet eine rudimentäre Objektorientierung. Nur die Modellierung von Objekten, deren Komponenten jeweils hierarchisch angeordnet sind, ist möglich. Die Manipulation dieser sog. ʻcomplex objectsʼ ist allerdings nur in sehr eingeschränktem Maße erlaubt.
- Eine mehr symmetrische Objektnotation wird im NF^2-Datenmodell angeboten. Hier können die komplexen Objekte modelliert und auch später als Einheit manipuliert werden. Die Klasse der so unterstützten Objekte ist allerdings wieder auf den hierarchischen Fall beschränkt.

Aus diesen Untersuchungen heraus ergaben sich die wichtigsten Charakteristika des MAD-Modells:
- direkte und symmetrische Modellierung und Verarbeitung von Netzstrukturen
- konsistente Erweiterung von der herkömmlichen Tupelverarbeitung zur Molekülverarbeitung, wobei Moleküle über (u.U. heterogenen) Komponenten, die auch in netzwerkartiger Weise zueinander in Beziehung stehen können, definiert sind
- Konzept der dynamischen Molekülbildung
- Konzeption einfacher (aber mächtiger) Moleküloperationen.

Die für das MAD-Modell definierte Sprache SQL* gliedert sich in Anweisungen zur Definition, Manipulation und Lastbeschreibung. Diese mengenorientierte und deskriptive Sprache erlaubt die Verarbeitung sowohl von aus (heterogenen) Komponenten zusammengesetzten Molekülen als auch von rekursiv definierten Molekülen. Sie bietet die Möglichkeit zur dynamischen Molekülbildung und stellt einfache

Operationen zur Molekül- bzw. zur Komponentenverarbeitung bereit (SELECT, INSERT, DELETE und UPDATE von Molekülen bzw. von Molekülkomponenten). Unterstützt durch ein reichhaltiges Angebot an verwendbaren Datentypen erlaubt der Datendefinitionsteil eine genaue Modellierung der relevanten Anwendungsobjekte. Die verfügbaren Anweisungen zur Lastbeschreibung stellen gegenüber herkömmlichen Sprachen anspruchsvolle Erweiterungen dar, die zur Optimierung der physischen Speicherungsstrukturen verwendet werden und damit ausschließlich zur Verbesserung des DBS-Leistungsverhaltens dienen.
Alle aufgeführten Aspekte des MAD-Modells sollen im Rahmen der NDBS-Entwicklung PRIMA (PRototyp-Implementierung des MAD-Modells) realisiert werden. Diesbezüglich müssen allerdings noch einige weiterführende Untersuchungen vorab durchgeführt werden, die die Gebiete der Anfrageübersetzung, der optimalen Zugriffspfadauswahl und der Cursorverwaltung, d.h. der Abbildung bzw. Abarbeitung der MAD-Operationen auf der internen Systemschnittstelle der Satz- und Zugriffspfadverwaltung, betreffen. Ebenso wichtig erscheinen die Aspekte der Molekülbereitstellung und -verarbeitung in der Modellabbildung. Speziell hierzu wurden einerseits verschiedene Prototypentwicklungen von DB-basierten VLSI-, GEO- und CAD-Anwendungssystemen durchgeführt. Andererseits wurde eine vereinfachte MAD-Schnittstelle oberhalb eines existierenden netzwerkartigen DBS realisiert (siehe System PROTON in /KMP86/). Die mit Hilfe dieser "Lernsysteme" gewonnenen Erkenntnisse müssen teilweise noch auf die DBS-Kern-Architektur und das MAD-Modell übertragen werden. Aktuelle Überlegungen, die ebenfalls kurzfristig zu Prototypentwicklungen /Ma86/ führen sollen, betreffen den Bereich der Künstlichen Intelligenz. In gleichem Maße muß auch die Verwaltung der Entwurfsstrukturen (Repräsentation, Version, Alternative und Konfiguration) analysiert und integriert werden.

Danksagung

Ich danke Herrn Prof. Dr. T. Härder und den Mitarbeitern der AG Datenverwaltungssysteme für die hilfreichen Anmerkungen während der Entstehungsphase dieser Arbeit. Bei meiner Kollegin Frau Andrea Sikeler und bei meinen Kollegen Herrn Dr. Klaus Meyer-Wegener und Herrn Christoph Hübel möchte ich mich zusätzlich für das sorgfältige Korrekturlesen des Manuskripts bedanken.

5. Literaturverzeichnis

BB84   Batory, D.S., Buchmann, A.P.: Molecular Objects, Abstract Data Types and Data Models: A Framework, in: Proc. of 10th VLDB Conf., Singapore, 1984, pp. 172-184.

Da81   Date, C.J.: An Introduction to Database Systems, 3rd ed., Addison-Wesley Publ. Co., 1981.

DGW85   Deppisch, U., Guenauer, J., Walch, G.: Speicherungsstrukturen und Adressierungstechniken für komplexe Objekte des NF^2-Relationenmodells, in: Proc. GI-Fachtagung "Datenbanksysteme in Büro, Technik und Wissenschaft", IFB94, Springer-Verlag, Karlsruhe, 1985, S. 441-459.

DKML84 Dittrich, K.R, Kotz, A.M., Mülle, J.A., Lockemann, P.C.: Datenbank-konzepte für Ingenieuranwendungen: eine Übersicht über den Stand der Entwicklung, in: Proc. GI-14. Jahrestagung, IFB88, Springer Verlag, Braunschweig, 1984, S. 175-192.

Fr83   Frank, A.: Datenstrukturen für Landinformationssysteme - Semantische, topologische und räumliche Beziehungen in Daten der Geo-Wissenschaften, Dissertation, ETH Zürich, 1983.

Hä86   Härder, T.: New Approaches to Object Processing in Engineering Databases, International Workshop on Object-Oriented Database Systems (OODBS), Pacific Grove, California, September 1986.

HHLM86 Härder, T., Hübel, Ch., Langenfeld, S., Mitschang, B.: KUNICAD - ein datenbankgestütztes geometrisches Modellierungssystem für Werkstücke, Forschungsbericht des SFB 124, Nr. 22/86, Universität Kaiserslautern, in: Informatik - Forschung und Entwicklung, 1986.

HHM86 Härder, T., Hübel, Ch., Mitschang, B.: Use of Inherent Parallelism in Database Operations, in: Proc. of Conference on Algorithms and Hardware for Parallel Processing CONPAR 86, Lecture Notes in Computer Sciences, Springer Verlag, Aachen, 1986.

HR85 Härder, T., Reuter, A.: Architektur von Datenbanksystemen für Non-Standard-Anwendungen, in: Proc. GI-Fachtagung "Datenbanksysteme in Büro, Technik und Wissenschaft", IFB94, Karlsruhe, 1985, S. 253-286 (einge-ladener Vortrag).

KMP86 Käfer, W., Mitschang, B., Profit, M.: PROTON - ein Prototyp zur Verwaltung von komplexen Objekten, Forschungsbericht des SFB 124, Nr. 30/86, Universität Kaiserslautern.

LD85 Lum, V., Dadam, P., et al.: Design of an Integrated DBMS to Support Advanced Applications, in: Proc. of 2nd Int. Conf. on Foundations of Data Organization, Kyoto, 1985, pp. 21-31 (invited talk).

Li86 Linnemann, V.: Non First Normal Form Relations and Recursive Queries: An SQL-Based Approach, IBM Scientific Center Heidelberg, West-Germany, 1986 (zur Veröffentlichung eingereicht).

LK84 Lorie, R., Kim, W., et al.: Supporting Complex Objects in a Relational System for Engineering Databases, IBM Research Report, IBM Research Laboratory, San Jose, 1984.

Lo85 Lockemann, P.C., et al.: Anforderungen technischer Anwendungen an Datenbanksysteme, in: Proc. GI-Fachtagung "Datenbanksysteme in Büro, Technik und Wissenschaft", IFB94, Karlsruhe, 1985, S. 1-26.

Ma86 Mattos, N.: Modellierung von FRAME-Konzepten mit dem MAD-Modell, Interner Bericht, Nr. 164/86, Universität Kaiserslautern.

Mi84 Mitschang, B.: Überlegungen zur Architektur von Datenbanksystemen für Ingenieuranwendungen, in: Proc. GI-14. Jahrestagung, IFB88, Springer-Verlag, Braunschweig, 1984, S. 318-334.

Mi85 Mitschang, B.: Charakteristiken des Komplex-Objekt-Begriffs und Ansätze zu dessen Realisierung, in: Proc. GI-Fachtagung "Datenbanksysteme in Büro, Technik und Wissenschaft", IFB94, Karlsruhe, 1985, S. 382-400.

Mi86 Mitschang, B.: MAD - ein Datenmodell zur Verwaltung von komplexen Objekten, Forschungsbericht des SFB 124, Nr. 20/85, Universität Kaiserslautern (überarbeitet im Sommer 1986).

PA86 Pistor, P., Anderson, F.: Designing a Generalized NF^2 Data Model with a SQL-Type Language Interface, Proc. of 12th VLDB Conf., Kyoto, August 1986.

PSSW84 Paul, H.-B., Schek, H.-J., Scholl, M., Weikum, G.: Überlegungen zur Architektur eines "Non-Standard"-Datenbanksystems, Arbeitsbericht Nr. DVSI-1984-A2, TH Darmstadt, 1984.

RNLE85 Ramm, I., Neumann, K., Lipeck, U.W., Ehrich, H.-D.: Eine Benutzerschnitt-stelle für geowissenschaftliche Datenbanken, Informatik-Bericht 85-08, TU Braunschweig, 1985.

RS86 Reuter, J., Schulz, M.: Datenstrukturen geographischer Informationssysteme, Diplomarbeit, Universität Kaiserslautern, 1986.

Sch86 Schek, H.-J.: Komplexe und molekulare Objekte, Frames und KL-ONE-Concepts, NF^2-Relationen: Eine Gegenüberstellung, Manuskript des Vortrages auf dem Workshop "Datenbanken und Expertensysteme" in Dortmund, Mai 1986.

Si86 Sikeler, A.: Die Schnittstelle der Satz- und Zugriffspfadverwaltung des NDBS PRIMA, (Arbeitstitel), Forschungsbericht des SFB 124, Universität Kaisers-lautern (in Vorbereitung).

So85 Sottong, W.: Datenstrukturen im VLSI-Schaltungsentwurf, Diplomarbeit, Universität Kaiserslautern, 1985.

SS83 Schek, H.-J., Scholl, M.: Die NF^2-Relationenalgebra zur einheitlichen Manipulation externer konzeptueller und interner Datenstrukturen, in: "Sprachen für Datenbanken", IFB72, Springer-Verlag, Hamburg, 1983.

Diese Arbeit entstand im Rahmen eines Projektes innerhalb des von der Deutschen Forschungsgemeinschaft geförderten Sonderforschungsbereichs 124

Unterstützung des Büro-Ablage-Service durch ein Datenbankkernsystem[*]

H.-B. Paul[1], A. Söder[2], H.-J. Schek[1], G. Weikum[1]

[1] TH Darmstadt, FB Informatik
FG Datenverwaltungssysteme I
Alexanderstr. 24, D-6100 Darmstadt

[2] Fachhochschule Regensburg
FG Informatik
Prüfeningerstr. 58, D-8400 Regensburg

Kurzfassung

Eine der wichtigsten Komponenten in einem integrierten elektronischen Bürosystem ist das zentrale Ablagesystem mit hoher Speicherkapazität. Es muß Bürodokumente, die Text, Bilder, Graphik, Daten und Sprache enthalten, effizient speichern und wieder auffinden können. Bei den internationalen Normungsgremien ISO und ECMA ist hierfür der *Büro-Ablage-Service (FRS=Filing-and-Retrieval-Service)* in der Diskussion. Wir schlagen für die Implementierung des FRS das Aufsetzen auf dem Speicher-System (*CRS=Complex Record System*) des Darmstädter Datenbanksystems (DASDBS) vor, das als anwendungsspezifisch erweiterbarer Datenverwaltungskern für Standard- und Non-Standard-Anwendungen konzipiert ist. In diesem Papier werden der Entwurf geeigneter Speicherungsstrukturen für FRS-Objekte und die Realisierung der FRS-Operationen durch den CRS diskutiert.

Abstract

One of the main components of integrated office systems is the central filing system with high storage capacity. It efficiently stores and retrieves office documents containing text, images, graphics, data, and voice. International standardization organizations like ISO and ECMA are currently discussing such a *"Filing and Retrieval Service" (FRS)*. We propose to implement the FRS on top of the *Complex Record System (CRS)* of the Darmstadt Database System (DASDBS), which is designed as a data management kernel for both standard and non-standard applications. This paper investigates the choice of appropriate storage structures for FRS objects and the realisation of FRS operations by our CRS.

1 Einleitung

In einem Bürosystem werden als Objekte vor allem Dokumente verwaltet, die aus Papieren verschiedenster Art mit Texten, Bildern, Graphik und Daten sowie auch aus Sprache bestehen können. Deshalb hat bei der elektronischen Informationsbearbeitung und -verwaltung im Büro das effiziente *Speichern und Wiederauffinden von Dokumenten* eine sehr große Bedeutung. Da die Benutzer auf gemeinsame Dokumente zugreifen müssen, ist in einem integrierten Bürosystem das Vorhandensein einer zentralen Ablage mit hoher Speicherkapazität dringend erforderlich. Die Komponente Büro-Ablage-Service (Filing-and-Retrieval-Service) ermöglicht

---

[*] Diese Arbeit wurde durch das Software-Haus INSOTEC Consult GmbH, Franz-Joseph-Str. 14, 8000 München 40 gefördert.

den kontrollierten Zugriff vieler Anwender auf eine zentrale Dokumentenablage in einem verteilten Bürosystem. Wie wichtig ein solcher Service ist, kann man daran sehen, daß zur Zeit in den internationalen Normungsgremien von ECMA und ISO über einen solchen Filing-and-Retrieval-Service (FRS) diskutiert wird (/ECMA86/). Dort wird im wesentlichen versucht, den Zugang zur Ablage - das "Service Access Protocol" - und die Struktur und die Beschreibung der Ablageobjekte zu normen.

Wenn man Begriffe wie "File Service" oder "File Server" hört, denkt man spontan an Spezialimplementierungen auf der Basis heutiger Dateiverwaltungssysteme unter besonderer Berücksichtigung der Verteilung in einem Rechnernetz. Betrachtet man aber die vorgeschlagenen Dienste etwas genauer, so erkennt man, daß viele Datenbankgrundfunktionen angesprochen werden. Dies ergibt sich schlicht aus der Tatsache, daß der File Service viele Benutzer gleichzeitig bedienen soll. Hieraus leitet sich dann ab, daß sich die gemeinsamen Benutzer auf einheitliche Datenstrukturen und Operationen einigen müssen, und daß Mehrbenutzerkontrolle und Wiederanlauffähigkeit gefordert werden muß. Genau dies ist ja bekanntlich der Ausgangspunkt für die Entwicklung von Datenbanksystemen gewesen. Soll man dann also ein heute verfügbares Datenbanksystem als Basis verwenden und darüber einen File Server implementieren? Dies erscheint denn doch abenteuerlich angesichts der Größe heutiger Datenbanksysteme, vor allem aber angesichts der Datenstrukturen, an welche die Entwickler heute verfügbarer Datenbanksysteme gedacht haben: Durch die Gesamtarchitektur hindurch zieht sich die Vorstellung von Datensätzen oder Tupeln, die i.a. kleiner als eine Seite sind, die häufig Felder fester Länge haben und bei denen Schemaänderungen selten sind. Files und hierarchische File-Directories sind dagegen sehr unterschiedlich in ihrer Größe und Struktur. Sie müssen, wie wir sehen werden, das Hinzufügen oder Wegnehmen von Feldern (Attributen) zur Inhaltsbeschreibung jeder Zeit und individuell gestatten.

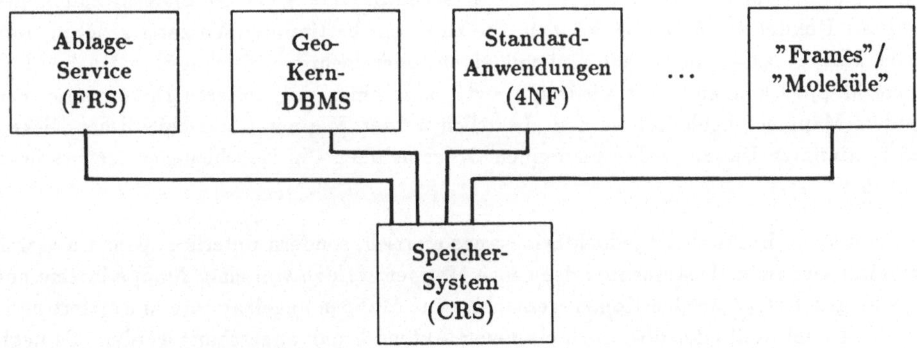

Abbildung 1: DASDBS Architektur

Aus diesen Gründen verwerfen wir die Idee des Einsatzes eines vollständigen konventionellen Datenbanksystems sehr schnell wieder. Stattdessen schlagen wir - und dies ist das Neue und Wesentliche dieser Arbeit - die Verwendung eines Datenbankkernsystems vor, welches bereits die erwähnten Datenbankgrundfunktionen aufweist, ansonsten aber als Erweiterung der Dateiverwaltung betrachtet werden kann, also noch sehr betriebssystemnah und "schlank" gehalten ist. Beispiel eines solchen Systems ist der Datenverwaltungskern CRS (Complex Record System) des an der TH Darmstadt entwickelten Datenbanksystems DASDBS (_DArmStädter DatenBankSystem_) (/DOPSSW85/, /SW86/). Es verwirklicht ein in der jüngsten Vergangenheit vorgeschlagenes neues Datenbank-Architektur-Konzept für die Behandlung von sowohl Non-Standard- als auch herkömmlichen Standard-Anwendungen (/SL83/, /HR85/). In der Schichtenarchitektur von DASDBS (s. Abb. 1) spielt das Speicher-System die Rolle eines allen Anwendungen gemeinsamen Datenverwaltungskerns. Darauf bauen die verschiedenen spezifischen Datenbanksysteme oder Anwendungen auf. Die für DASDBS näher untersuchten Schichten sind (1) geographische und kartographische Anwendungen ("Geo-Kern", /SWa86/), (2) Standard-Anwendungen auf der Basis einer 4NF-relationalen Schicht, die ebenfalls vom Speicher-System effizient unterstützt werden soll (/SS83/, /Scho86/) und (3) Frames als Methode der Wissensrepräsentation für "Objektbanken" (/Sche86/). In dieser Arbeit untersuchen wir, wie auch der Filing-and-Retrieval-Service als zentrale Ablagekomponente in einem Bürosystem mit Hilfe des Speicher-Systems von DASDBS implementiert werden kann.

Unser Papier ist wie folgt aufgebaut: In den Kapiteln 2 und 3 werden die Hauptmerkmale von FRS und CRS vorgestellt, insbesondere die Objekte und Operationen an ihren Schnittstellen. In Kapitel 4 werden verschiedene Speicherungsalternativen des CRS für den FRS diskutiert und eine Lösung vorgestellt. Mit dieser Struktur wird dann in Kapitel 5 gezeigt, wie die wichtigsten FRS-Operationen mittels CRS-Operationen effizient ausgeführt werden können.

2 Der Ablage-Service (Filing-and-Retrieval-Service)
Objekte der Ablage

Die (nichtelektronische) Bürowelt stellt sich heute in den meisten Fällen als mehr oder weniger geordnete Sammlung von *Dokumenten* dar. Unter diesen Begriff fallen sowohl kurze Geschäftsbriefe, Notizen, Umläufe, der wöchentliche Speiseplan usw. als auch umfangreiche Studien, Verträge, Anträge, Entwürfe für Veröffentlichungen u.ä. Typischerweise haben solche Dokumente einige wenige formale Merkmale wie z.B. Datum, Aktenzeichen usw. und bestehen ansonsten aus freiem Text sowie ggf. auch technischen Zeichnungen oder Bildern. Um möglichst schnell alle Dokumente finden zu können, die zu einem bestimmten Vorgang gehören, werden diese in *Mappen* zusammengefaßt und mit einem oder mehreren Suchmerkmalen beschriftet. Mehrere Mappen können selbst wiederum, evtl. zusammen mit weiteren Dokumenten in umfassendere Mappen eingeheftet werden. Letztlich werden Mappen unterschiedlicher Dicke - ab einem bestimmten Umfang sollte man einen Order nehmen - in verschiedenen *Aktenschränken* aufbewahrt.

Die so umrissene Bürowelt ist jedoch keineswegs statisch, sondern unterliegt ganz im Gegenteil einer hohen Dynamik. Dokumente oder ganze Mappen werden von einer Mappe in eine andere Mappe umgeheftet, es werden Kopien gemacht, neue Mappen angelegt, alte umsortiert und von Zeit zu Zeit muß wohl oder übel auch ein neuer Aktenschrank angeschafft werden. Es liegt auf der Hand, daß angesichts solcher Bürohektik die Festlegung einer einheitlichen Struktur eine äußerst wichtige, aber zugleich auch kritische Funktion ist. Über die Vergabe von Aktenzeichen und die Beschriftung von Mappen und Ordnerrücken hinaus sollte sie dem Endbenutzer im Büro die freie Vergabe beliebig vieler Suchmerkmale gestatten und ihn beim Wiederauffinden von Dokumenten wirksam unterstützen.

Ein Vorschlag hierzu ist der Filing-and-Retrieval-Service. Beschränkt man sich auf die zugrundeliegenden Strukturen, so besteht hier eine Büroablage aus einer hierarchisch und beliebig tief strukturierten Sammlung von Dokumenten, den eigentlichen Objekten der Bürowelt: Jedes Objekt der Ablage wird als "File" bezeichnet. Ein File ist entweder ein Directory ("Structured File") oder ein Document ("Unstructured File"). Ein Directory ist der logische Behälter für in

der Hierarchie tiefer stehende Files und kann selbst in genau einem übergeordneten Directory
enthalten sein. Die Bearbeitung eines Directory erfolgt entweder als Einzelobjekt, d.h. ohne
enthaltene Objekte, oder als "Teilbaum", d.h. mit allen enthaltenen Objekten zusammen. Zur
Beschreibung jedes File des FRS gehören:

- "interpretierte Attribute", die vom System vorgegeben sind

- "nichtinterpretierte Attribute", die vom Benutzer vergeben werden können

- der eigentliche Inhalt ("Content") eines File, der vom FRS nicht weiter interpretiert werden
  kann

- alle nachgeordneten Files in der Hierarchie; dies gilt nur für Directory Files

Der Content eines File ist für den FRS transparent: er wird weder ausgewertet noch kann über
den FRS in ihm gesucht werden. Interpretierte Attribute dienen zur Identifizierung eines File
(z.B. FileID, FileName, Pathname, Version#), Beschreibung des Content eines File (z.B. Da-
taSize), Aufzeichnung von Ereignissen (z.B. ModifiedOn, CreatedBy), speziellen Beschreibung
von Directories (z.B. NumberofChildren, SubtreeSize) und Gewährleistung von Zugriffsschutz
(z.B. AccessList).

Es gibt Attribute, die vom Benutzer direkt verändert werden können (z.B. FileName, Type),
und solche, die vom System implizit gesetzt werden (z.B. ModifiedBy, SubtreeSize). Die meisten
Attribute sind flach, d.h. sie besitzen keine Unterstruktur oder werden so betrachtet. Ausnahmen sind z.B. AccessList als eine Menge von Zugriffsberechtigungen im Fomat $<$UserName,
Accesses$>$ und Pathname für die Namen der übergeordneten Directories.

Neben diesen vom FRS interpretierten Attributen gibt es sogenannte nichtinterpertierte Attribute, die vom Anwender frei definiert werden können. Die Bezeichnung "nichtinterpretiert" ist
etwas irreführend: Es handelt sich durchaus um Attribute, die vom FRS ausgewertet werden
müssen. Der Benutzer führt hier frei vergebbare Deskriptoren ein, mit denen er später Dokumente oder Directories suchen möchte oder die er sich anzeigen lassen kann. Das besondere
daran ist, daß Anzahl und Typ dieser Deskriptoren für jedes File verschieden sein können, so
daß ein festes Schema, das man bei den interpretierten Attributen vorfindet, hier unzweckmäßig
ist. Jedes "Objekt" hat hier ein eigenes Schema. Der FRS nimmt diese Attribute ebenso wie
die "interpretierten" in Selektionsbedingungen und Extraktionsaufträgen an. Es besteht nicht
einmal ein Unterschied in der betreffenden Syntax dieser Aufträge. Bestimmte Attribute können
auch von einem Directory auf die enthaltenen Files vererbt werden (z.B. die Zugriffsrechte oder
die oben erwähnten Deskriptoren).

In Abbildung 2 sind in einem Diagramm nach dem Entity-Relationship-Modell die Objekte des
FRS mit ihren wichtigsten Attributen und die Bezeichnungen dargestellt. Wie erwartet, erkennt
man die rekursive Beziehung "enthält" zwischen Files in der Rolle als übergeordnete Directories
und untergeordnete Files oder Directories, je nachdem ob das IsDirectory-Attribut auf ja oder
nein gesetzt ist. Die Modellierung der nichtinterpretierten Attribute im ERM entspricht dagegen
nicht der FRS-Sicht: Wegen der im ERM inhärenten Typfestlegung müssen wir diese Attribute
über eine künstliche Beziehung NIAS ("non interpreted attribute set") zur Objektmenge "Deskriptor" modellieren. Dadurch werden diese Attribute zu *Attributwerten* von "AttrName".
Hier deutet sich die Vermischung von Schemainformation mit spezifischen Ausprägungswerten
an, die unter anderem für Objektorientierung charakteristisch zu sein scheint (/Di86/). An der
FRS-Schnittstelle ist dies, wie gesagt, nicht sichtbar.

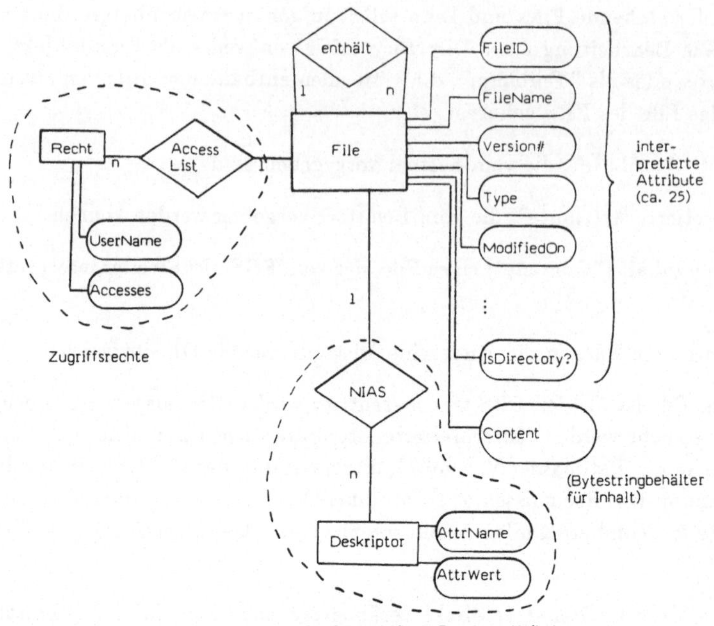

Abbildung 2: Entity-Relationship-Modell der FRS-Objekte und deren Beziehungen

Funktionen

Der FRS bietet dem Anwender die Möglichkeit, Information in einem organisierten Speicher abzulegen und später konsistent und eindeutig wiederzugewinnen. Hierzu bietet er folgende Grundfunktionen an:

- Zugang zum FRS und zu Files (z.B. *Bind, Open*)

- Überprüfung und Modifikation von Zugriffsberechtigungen (*Get controls, Change controls*)

- Erzeugen, Löschen und Bewegen eines Files oder vollständigen Subtrees (*Create, Delete, Move, Copy*)

- Speichern, Modifizieren und Wiedergewinnen des Content eines Files (gesamt oder teilweise) (*Store, Replace, Retrieve*)

- Zugriff und Modifikation von Attributen inkl. benutzerdefinierter Attribute (z.B. *Get Attributes, Change Attributes*)

- Suchen von Files (hierarchisch und nach Suchformeln, auch im wild-card-format) (*Find, List Select*)

Ein Beispiel für eine komplexere Suchfrage könnte etwa so aussehen:

Syntax: LIST SELECT (*max.Tiefe, Suchrichtung, max.Trefferzahl, Attributliste, Filter*)
Beispiel: LIST SELECT (3, vorwärts, 40, <FileName, ModifiedOn, Version#, Type>,
    FileName matches 'BTW#' and Type='Paper' and
    ModifiedOn < 2.4.87 and
        (Titel matches '*Büro*' or Titel matches '*büro*'))

Mit diesem Kommando werden alle in der Attributliste angegebenen Attribute der im Filter spezifizierten Files ausgegeben. Dabei ist *Titel* ein vom Benutzer definiertes Attribut, das er für den Dokument-Typ 'Paper' eingeführt hat.

Anforderungen an die Datenhaltung

Entscheidend für die Zuverlässigkeit und Leistungsfähigkeit des FRS ist das ihm zugrundeliegende Datenhaltungssystem. Aufgrund der Funktionalität des FRS und der Organisation der von ihm verwalteten Ablage liegen die Anforderungen an die Datenhaltung zwischen der Dateiverwaltung des Betriebssystems und einem vollen Datenbanksystem. Konventionelle Dateisysteme sind etwa überfordert, wenn sie extrem viele Files zugreifbar halten sollen. Typischerweise wird dabei für sehr kurze Files zu viel Plattenplatz alloziert, und sehr große Files werden unter Umständen auf viele Extents verstreut gespeichert. Ziel der Datenhaltungskomponente des FRS aber muß es ein, Objekte sehr unterschiedlicher Struktur und Größe effizient zu speichern, also neben dem schnellen Zugriff auf kleinere Dateneinheiten auch die Extraktion und Manipulation selbst extrem großer Objekte ($\gg 1$ MByte) so gut wie möglich zu unterstützen. Dazu ist u.a. anzustreben, I/Os grundsätzlich mengenorientiert abzuwickeln und dem FRS möglichst große Datenportionen auf einmal in einem Objektpuffer zur weiteren Verarbeitung zur Verfügung zu stellen.

Eine Anforderung des FRS, die von Dateiverwaltungssystemen nicht einmal ansatzweise erfüllt wird, ist die Möglichkeit, Attribute für Files spezifizieren zu können. Dateisysteme kennen nicht den Begriff des Schemas - allenfalls wird zwischen Schlüsselfeld(ern) und dem Rest der Datensätze unterschieden -, und demzufolge bieten sie auch keine Suchmöglichkeiten auf beliebigen Teilen der gespeicherten Objekte. Im Falle des FRS aber besteht ja sogar die Forderung, jederzeit neue benutzerdefinierte Attribute hinzufügen zu können. Die - u.U. mittels "wild card"-Symbolen maskierte - Suche nach solchen Deskriptoren muß durch geeignete Zugriffstechniken unterstützt werden.

Die Forderung nach gleichzeitigem Zugriff durch mehrere Benutzer schließlich wird neuerdings nicht nur für klassische Datenbankanwendungen, wie z.B. Buchungssysteme, sondern für Informationssysteme jeglicher Art und insbesondere auch für den Büroablageservice erhoben. Darüberhinaus wird vom Datenhaltungssystem eine Recoverykomponente erwartet, die einen kontrollierten Wiederanlauf nach Fehlern ermöglicht. Beide Anforderungen zusammen führen zwangsläufig auf das Transaktions-Konzept, dessen Realisierung somit Aufgabe des Speicherkerns ist. Neuartige Betriebssystem-Architekturen bieten eine integrierte Transaktionsverwaltung an, jedoch ist deren Mehrbenutzersteuerung notwendigerweise auf primitive Objekttypen ausgelegt, nämlich Dateien bzw. Seiten. Reine Seitensperren aber sind wegen der daraus resultierenden Behinderungen paralleler Transaktionen für den FRS indiskutabel. Auf der anderen Seite fehlt dem Betriebssystem einfach die Kenntnis der Semantik von FRS-Operationen, um eine bessere Sperrstrategie anwenden zu können. Einen Ausweg aus diesem Dilemma bietet das Konzept der Multi-Level-Transaktionen, bei dem Operationen höherer Schichten durch Subtransaktionen primitiver Dienstleistungsebenen realisiert werden. Das Datenhaltungssystem des FRS sollte im Hinblick auf eine solche anwendungsspezifische Erweiterung der Transaktionsverwaltung auf höheren Abstraktionsstufen konzipiert sein.

3 Der Datenverwaltungskern von DASDBS

Das Complex Record System (CRS) von DASDBS besteht aus den drei Hauptkomponenten (1) CRM (Complex Record Manager) für die Verwaltung der "Complex Records" (s.u.), (2) SMM (Stable Memory Manager) für die Ein-/Auslagerung der Seiten und das Verbergen der Flüchtigkeit des Hauptspeichers sowie (3) der Transaktionsverwaltung.

Effiziente Speicherung

Der CRM bietet an seiner Schnittstelle als Objekte sogenannte Complex Records an, die auf der Speicherungsstrukturebene Tupelmengen einer Relation nach dem NF^2-Relationenmodell (/SS86/) repräsentieren. Jeder Complex Record wird als Speicher-Cluster betrachtet, d.h. er belegt möglichst wenige, benachbarte Seiten, diese aber exklusiv. Deshalb kann man das CRS auch als Speicher-Cluster-Server bezeichnen. Selbstverständlich besteht auch die Möglichkeit, daß mehrere kleine Objekte zusammen auf einer Seite stehen.

Es gibt zwei Arten von Attributen als Komponenten eines Complex Records, nämlich atomare und komplexe. *Atomare Attribute* sind eine Einheit, deren Inhalt und Struktur für den CRM nicht interpretierbar ist. Der CRM kennt keine Datentypen wie integer, real, Datum etc. sondern nur *einen Datentyp*, nämlich *Bytestrings*. Davon gibt es jedoch drei Variationen: Bytestrings fester, variabler und sehr großer Länge. Die Angabe dieser Charakteristik wird vom CRM für die optimale Wahl der Speicherungsstruktur verwendet. *Komplexe Attribute* bestehen aus Mengen von Complex Subrecords, die ihrerseits wieder aus atomaren und komplexen Attributen bestehen können, usw. Complex Records sind also Mengen von hierarchisch strukturierten Datensätzen oder (nicht flache) NF^2-Tupel. Die Adressierungstechnik von Complex Records erlaubt, daß alle Subobjekte innerhalb eines Complex Records = Speicher-Clusters verschoben werden können und trotzdem die Adressen stabil bleiben. Die interne Speicherung von Complex Records ist in /DPS86/, Adressierungstechniken und Implementierungsansätze in /DGW85/ und /BG85/ genauer beschrieben.

Mächtige mengenorientierte Operationen zur Extraktion und Manipulation

Die Operationen an der CRM-Schnittstelle erlauben das Lesen und Ändern von sowohl Mengen von Complex Records als auch von einzelnen, spezifizierten Teilobjekten. Alle Operationen bearbeiten nur Objekte eines Typs (*single table*) und können in einem Durchgang durch die entsprechenden Seiten der Speichercluster ausgeführt werden (*single scan*). Wichtig hierbei ist, daß immer eine Menge von Complex Records gelesen, eingefügt, gelöscht oder verändert werden kann (*mengenorientierte* Operationen). Die Complex Records bzw. deren Subobjekte werden immer durch entsprechende Adressen direkt identifiziert. Beim Lesen kann durch einfache Filter zusätzlich die Ergebnismenge eingeschränkt werden. Im Überblick gibt es folgende Operationen:

Leseoperationen

Folgende Variationen sind möglich, die durch einfache Markierungstechniken an den Beschreibungsbaum des Objekttyps ausgedrückt werden:

- hole alle Objekte eines Typs *(Scan)*

- hole bestimmte Teile aller Objekte *(Projektion)*

- hole bestimmte Teile von Subobjekten *(geschachtelte Projektion)*

- wähle Objekte durch ihre Speicheradresse aus *(Adreß-Selektion)*

- wähle Objekte durch eine Filterformel (in disjunktiver Normalform) für die atomaren Attribute aus *(atomare Selektion)*

- wähle Subobjekte durch eine Filterformel für diese atomaren Attribute aus *(Projektion/Selektion)*

- wähle Objekte durch Existenz-Filter für Subobjektmenge aus (Vergleich auf leere Menge) *(Mengen-Selektion)*

- Kombinationen dieser Möglichkeiten an jedem Knoten der Hierarchie

Falls mit einem solchen CRS-RETRIEVE-Aufruf nicht alle Treffer geholt werden können, kann man sich mit Folgen von NEXT-Operationen weitere Teile der Treffermenge holen.

Änderungsoperationen

Die Änderungsoperationen können ebenfalls sowohl kleine Teile verändern als auch ganze Mengen von (Sub-) Objekten einfügen, löschen und ersetzen. Es gibt Möglichkeiten zum *Einfügen* (INSERT, INSSUB), *Löschen* (DELETE, DELSUB) und *Ersetzen* (REPLACE, REPSUB) von sowohl einer Menge von kompletten Complex Records als auch Sub-Records, jeweils einschließlich aller Sub-Record-Mengen, sowie zum *Ändern* (UPDATE) von einer Menge von atomaren Teilen in einem Complex Record oder Sub-Record. Bei allen Operationen, bei denen bestehende Complex (Sub-) Records verändert werden (also alle außer INSERT), müssen diese durch Angabe ihrer (Sub-) Record-Adressen bestimmt werden.

Seitenmengenorientierte I/O's

Da der Speicher-Cluster eines Complex Records typischerweise mehrere Seiten belegt, werden zur Bearbeitung eines Complex Records sehr häufig viele oder gar alle Seiten des Clusters benötigt. Hierfür sollte der "Page Server" (SMM) eine *(seiten-) mengenorientierte Schnittstelle* anbieten. Dies hat den Vorteil, daß große Datenanforderungen in einem Aufruf an die ebenfalls seitenmengenorientierte I/O-Schnittstelle durchgereicht werden können, um so Plattenzugriffe zu optimieren. Außerdem realisiert diese Konzeption einen seitenstrukturierten Puffer für variabel große (seitenstrukturierte) Objekte. Einzelheiten über diese Mengenorientierung auf der Seitenschnittstelle und deren Performance-Gewinne findet man in /WNP87/.

Extrem lange Objekte

Ein Complex Record wird normalerweise in einem Speicher-Cluster, d.h. in einer Menge von Seiten abgespeichert. Die Größe eines Clusters ist durch systeminterne Restriktionen beschränkt. Andererseits ist es in der Regel auch nicht sinnvoll, mehr als die Größe eines Clusters auf einmal vom Page Server anzufordern und im Seitenpuffer zu fixieren. Außerdem ist für extrem lange Objekte die Methode, einfach die maximale Clustergröße zu erhöhen, auch deshalb ungeeignet, weil dann die Längen vieler objektinterner Elemente (z.B. Offsets) sowohl für sehr große als auch für kleinere Objekte mit vergrößert werden müßten. Da extrem lange Objekte, die größer als ein Cluster sind, auch relativ selten vorkommen, trifft man hierfür besser besondere Vorkehrungen: ein solches Objekt verteilt sich auf mehrere Cluster, wobei es einen Anker-Cluster und einen oder mehrere "Overflow"-Cluster gibt, die miteinander verkettet sind.

Objekt-Puffer

Um die Complex Records zwischen dem Speicher-Server (CRS) und höheren Schichten wie dem FRS zu transportieren, gibt es einen sogenannten *Übergabebereich*, den man auch als "Complex Record Container" oder - im Gegensatz zum Seitenpuffer - als Objekt-Puffer bezeichnen kann. Er enthält Mengen von Complex Records eines Typs. So legt der CRM bei Leseoperationen die Ergebnismenge in einem Übergabebereich ab und erhält bei Einfügeoperationen einen Übergabebereich mit den neuen Objekten geliefert. Adreßmengen können ebenfalls mittels Übergabebereichen ausgetauscht werden. Dem Benutzer des CRS (und dem CRM selbst auch) stehen *Operationen* sowohl zum Navigieren durch einen Übergabebereich als auch zum Lesen, Einfügen, Löschen von atomaren Attributen sowie zum Generieren und Auflösen von Übergabebereichen zur Verfügung. Es besteht pro Übergabebereich immer nur *ein* implizit vorhandener *Cursor*. Außerdem ist es möglich, da man einen Übergabebereich als temporäre Objektmenge ansehen kann, daß die mächtigen CRM- (Lese-) Operationen auch auf Übergabebereichen ausgeführt werden, z.B. zur weiteren Einschränkung von Suchresultaten.

Multi-Level-Transaktionsverwaltung

Wir verfolgen ein Multi-Level-Transaktions-Konzept, dessen unterste zwei Ebenen, SMM und CRM, Teil des Kernsystems sind. Näheres kann in /Wei86a, Wei86b/ und /DOPSSW85/ nachgelesen werden.

<u>Zusammenfassend</u> gilt: das Datenbankkernsystem kennt als Speicher-Server hierarchisch strukturierte komplexe Records, bietet dafür mächtige mengenorientierte "Single-Scan"-Operationen an, hat Übergabebereiche als Transfer-Vehikel für diese Objekte, legt die Grundlage für ein Multi-Level-Transaktionskonzept, enthält einen seitenorientierten Page Server und unterstützt auch extrem lange Objekte. Er erfüllt daher die vorher genannten Anforderungen für den FRS.

4 Entwurf der Datenstrukturen für den Ablage-Service

In diesem Abschnitt wird untersucht, mit welchen CRS-Strukturen die FRS-Objekte implementiert werden sollen. Da Complex Records gleichzeitig Speichercluster sind, kommt es bei der Abbildung FRS→CRS darauf an, daß FRS-Operationen effizient ausgeführt werden können. Der hier beschriebene Design-Prozeß entspricht dem physischen Datenbankentwurf bei klassischen Datenbanksystemen. Deshalb werden auch hier nochmals einige Argumente aufgezeigt, warum bestehende Systeme für diese Art der Objekte ungeeignet sind.

Freiheitsgrade des Entwurfs

Die verschiedenen Alternativen der Speicherstrukturen für einen Ablage-Schrank unterscheiden sich im wesentlichen hinsichtlich der folgenden drei Kriterien:

(1) Attribute können gewissermaßen "selbstbeschreibend" gespeichert sein - zu jedem File sind dann nicht nur die Werte, sondern auch die Namen der verschiedenen Attribute gespeichert - oder über einen zentralen Katalog interpretiert werden. Ersteres ist dann sinnvoll, wenn Attributnamen der nichtinterpretierten, d.h. benutzerdefinierten Attribute von File zu File in der Regel verschieden sind. Ein zentraler Katalog für diese Namen könnte sehr groß werden und müßte bei jedem neuen Namen ergänzt werden. Dies würde eine Schemaänderung für alle vorhandenen Files bewirken, was bei dieser Häufigkeit schwer handzuhaben wäre. Demgegenüber ist ein Katalog für diejenigen Attribute sinnvoll, die für fast jedes File einen definierten Wert besitzen. In diesem Fall sollten die entsprechenden Fileattribute kompakt

gespeichert sein und können über den Katalog effizient, d.h. ohne wiederholten Interpretationsaufwand an Ausprägungen ausgewertet werden.

(2) Die verschiedenen Bestandteile eines Files - Content, interpretierte Attribute und nichtinterpretierte Attribute - können auf verschiedene Arten geclustert bzw. segmentiert werden. Entsprechend der Speichercluster-Philosophie des CRM bedeutet dies, daß sie jeweils in einem oder in mehreren CRM-Records abgelegt werden. Die Speicherung kann dabei mit oder ohne Redundanz erfolgen.

(3) Die baumförmige Gesamtstruktur eines Ablage-Schrankes kann sich in mehreren Varianten bei der Speicherung im CRM widerspiegeln. Eine Möglichkeit ist sicherlich, den Directorybaum in seine verschiedenen Levels zu zerlegen und alles "flach" zu speichern. Die Zugehörigkeit eines Files zu einem Directory wird dabei über Fremdschlüssel (FileID) ausgedrückt. Das entgegengesetzte Extrem ist, die gesamte Directoryhierarchie in einem Complex Record zu speichern. Eine Zwischenlösung schließlich könnte darin bestehen, die verschiedenen Levels eines Directorybaums zwar zu separieren, jedoch zu jedem Directory alle Dokumente und Directories, auf die direkt verwiesen wird, als Subrecord-Menge in demselben Complex Record abzulegen.

Im folgenden wollen wir die verschiedenen Alternativen bewerten. Für die oben genannten Kriterien bietet sich folgende Lösung an:

Selbstbeschreibung vs. Katalog

"Selbstbeschreibung" empfiehlt sich für die nichtinterpretierten Benutzerattribute. Die NIAS-Beziehung (s. Abbildung 2) zwischen File und Deskriptor wird daher zu einem relationenwertigen Attribut NIAS bestehend aus Attributname (AttrName) und Attributwert (AttrValue). Die interpretierten Attribute dagegen sollen Bestandteil des Schemas sein.

Segmentierung vs. Clusterung

Da es nur wenige Operationen des FRS gibt, die sowohl auf dem File-Content als auch auf File-Attributen arbeiten, liegt es nahe, den Content grundsätzlich separat zu speichern. Der Vorteil ist, daß die Attribute verschiedener Files (z.B. innerhalb eines Directories) besser geclustert werden können. Bezüglich der Segmentierung werden die häufig referenzierten Attribute File Name, Versions-Nummer, Position und Access List sowie die ebenfalls häufig referenzierten nichtinterpretierten Attribute in die *File-Structure* integriert. Die weniger häufig referenzierten sonstigen interpretierten Attribute werden mit dem Inhalt zum Typ *File-Attribute&Content* vereinigt. Hierdurch sind die Speichercluster von File-Structure kleiner und damit kompakter als ohne Segmentierung. Speicherstrukturen mit Redundanz werden zunächst nicht betrachtet.

Hierarchische vs. flache Speicherung

Eine vollständige "flache" Speicherung ist sicherlich unsinnig, da Suchoperationen innerhalb von Directories auf den verschiedenen File-Attributen zu unterstützen sind. Durch die fehlende Clusterung ist dies jedoch bei einer flachen Speicherung nicht effizient möglich. Die beiden anderen unter (3) skizzierten Varianten - (A) Speicherung der gesamten Hierarchie in einem CRM-Record oder (B) Speicherung jeweils eines Directories mit allen direkten Nachfolgern in einem CRM-Record - führen zu den folgenden Überlegungen:

Ein Vorteil der eng an die Directorystruktur angelehnten voll hierarchischen Speicherung (A)

sollte beim Zugriff auf bzw. über Pfadnamen (Operationen 'OPEN' bzw. 'GET ATTRIBUTES')
zum Tragen kommen, da das Attribut Pathname hier implizit in der Speicherungsstruktur enthalten ist. Da Suchfilter auf mehreren Ebenen in einem CRM-Aufruf angegeben werden können,
lassen sich hier häufig Operationen auf einen CRM-Aufruf abbilden. Die 'MOVE'-Operation,
angewandt auf einen kompletten Teilbaum, ist bei (A) im Vergleich zu (B) wesentlich teurer, da
ein komplettes, u.U. recht großes 'File-Structure'-Subobjekt umgespeichert werden muß. Der
CRM unterstützt kein schnelles Umhängen, sondern verlangt - seiner Clusterphilosophie folgend
- Löschen und Wiedereinfügen des Subtupels "an einer anderen Stelle". Auf der anderen Seite
kann das Kopieren eines ganzen Teilbaums bei (A) im wesentlichen mit zwei CRM-Aufrufen
'Retrieve' und 'Insert' auf 'File-Structure' bewerkstelligt werden, sofern der Teilbaum komplett
in den Übergabebereich paßt. Bei Variante (B) ist die Suche nach File-Namen innerhalb *eines*
Directories, sicher eine der wichtigsten Grundoperationen überhaupt, aber auch die Suche mit
anderen häufig referenzierten Attributen wegen der im Vergleich zu (A) kleineren Speichercluster schneller. Nachteile hingegen handelt man sich bei der Suche über mehrere Directorystufen
ein, die wiederholte CRS-Aufrufe erfordert. Die 'MOVE'-Operation schließlich kann bei (B)
sehr effizient im wesentlichen durch Ändern des Fremdschlüssels implementiert werden.

Ergebnis: Realisierung der FRS-Objekte durch CRS-Relationen

Da wir davon ausgehen, daß sich die meisten Operationen lokal auf ein geöffnetes Directory
bzw. von dort aus navigierend zu direkten Nachfolgern beziehen, ist es günstiger, immer nur
ein Directory mit den direkten Nachfolgern zu clustern. Lediglich wenige Einstiegsoperationen
am Anfang werden über mehrere Hierarchieebenen laufen, für die Variante (A) günstiger ist.
Deshalb schlagen wir als Ergebnis folgende zwei Objekttypen im FRS vor (s. Abbildung 3).
Hinsichtlich der Speicherung der "File-Structure" geben wir dabei der Variante (B) den Vorzug.

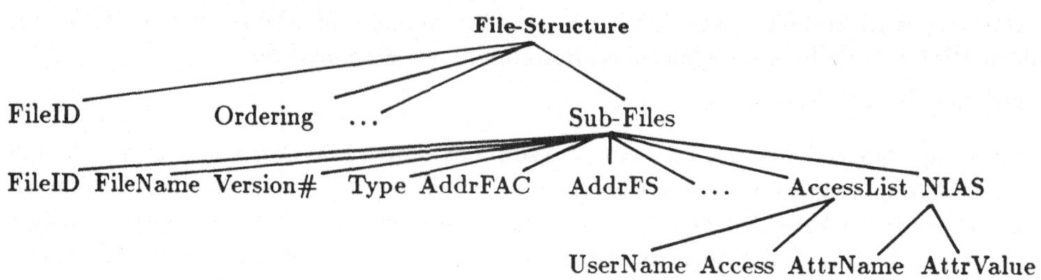

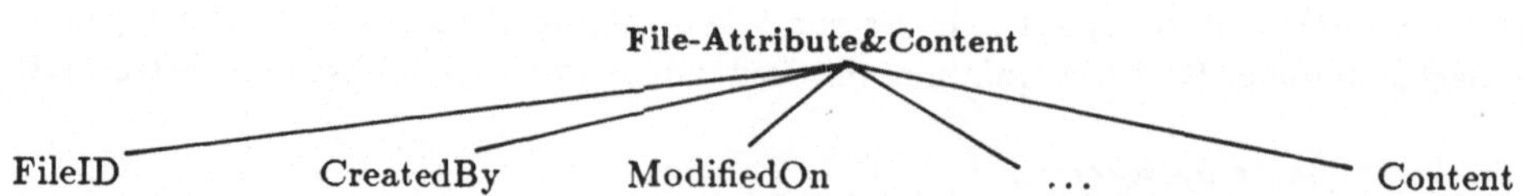

Abbildung 3: CRS-Relationen zur Realisierung des FRS

Im einzelnen bedeuten die Strukturen dabei folgendes:

Für jedes Directory File gibt es einen *File-Structure* Record. Er enthält neben dem eigenen
FileID u.a. noch das atomare Attribut *Ordering*, das ein Attribut angibt, nach der die direkten
Nachfolger sortiert sind. In der Subobjektmenge *Sub-Files* werden die am häufigsten referenzier-
ten Attribute der direkten Nachfolger-Files gespeichert. Es handelt sich dabei u.a. um die Attri-

bute *FileID*, *File Name*, *Version-Number* und *Type*. Die Menge der Zugriffsrechte (*AccessList*) ist wiederum eine Subobjektmenge mit Namen des Benutzers (*UserName*) und Aufzählung seiner Zugriffsrechte (*Accesses*). Außerdem wird hier für jedes File die Adresse des zugehörigen Records vom *File-Attribute&Content*-Typ sowie für Directory-Files die Adresse in *File-Structure* notiert (*AddrFAC* und *AddrFS*). Mit Hilfe dieser Attribute kann man mit einem Zugriff über die Adresse direkt auf den entsprechenden Complex Record zugreifen (Adreß-Selektion). Man beachte also, daß Adressen an der Schnittstelle unseres Datenhaltungskerns - im Gegensatz zu einem Datenbanksystem - sichtbar sind, so daß wir die rekursive Directory-Struktur effizient auflösen sowie den Bezug zum Content direkt herstellen. Die nichtinterpretierten Attribute werden wie oben erwähnt "selbstbeschreibend" in der Subobjektmenge *NIAS* abgespeichert.

Für jedes File, egal ob Directory oder Document, wird ein Record vom Typ *File-Attribute&Content* angelegt. Er enthält außer der *FileID* noch die weniger oft referenzierten Attribute. Dies sind u.a. *CreatedBy*, *ModifiedOn*, also bevorzugt Attribute, die vom FRS gesetzt werden. Der eigentliche File-Inhalt befindet sich im Long-Field-Attribut *Content*.

Neben diesen beiden Daten-Objekt-Typen wird es noch Zugriffspfade geben, die bestimmte Anfragen effizienter machen. Hierzu gehören besonders sogenannte "wild-card"-Anfragen mit maskierten Suchbedingungen. Dafür eignen sich bekanntlich besonders Signaturen, bei denen pro Satz mittels einer Signaturfunktion (ähnlich einer Hashfunktion) eine unschärfere Kurzinformation im Signatur-Zugriffspfad abgespeichert wird. Die genauere Diskussion dieser Techniken würde den Rahmen dieser Arbeit sprengen.

Vergleich mit konventionellen Datenbanksystemen

Beim Vergleich einer FRS-Implementierung mit dem CRM als Speicher-Server gegenüber einigen vorhandenen Datenbanksystemem fällt folgendes auf: In relationalen Datenbanksystemen mit SQL-Schnittstelle ist lediglich eine flache Objektstruktur, d.h. ohne Strukturierung mit Unterobjekten möglich. In unserem Fall müßte also in *Sub-Files* vom Objekttyp *File-Structure* noch explizit die Parent-FileID gespeichert werden (Schlüsselredundanz). Durch einen sogenannten "clustered index" über die Parent-FileID kann man zusätzlich versuchen, alle Files in einem Directory relativ dicht zu speichern. Dies geht jedoch nicht, wenn wie hier die Files wiederum Subobjektmengen *AccessList* und *NIAS* haben, die ebenfalls "mitgeclustert" werden müssen, um effizient zu bleiben. Außerdem ist es, zumindest beim Standard-SQL, so, daß man nicht eine Menge von Sätzen auf einmal als Ergebnis erhalten kann, sondern immer nur einen Satz nach dem anderen bekommt ('Fetch <Cursor>'). Die Mengenorientierung des CRM ist aber beispielsweise beim 'List Select'-Befehl des FRS für eine gute Performance essentiell (vgl. zur Nichtmengenorientierung relationaler Systeme /FHKS86/).

Andere, manchmal hybrid genannte, Systeme wie SESAM (/SESAM/) oder ADABAS (/ADABAS/) erfüllen dagegen zumindest teilweise zwei der Anforderungen: es gibt im sogenannten Schubmodus die Möglichkeit, eine vorher festgelegte maximale Anzahl von Treffersätzen auf einmal im Ergebnisbereich zu bekommen. Außerdem werden in beschränktem Maße Wiederholungsgruppen zugelassen (Multiple Felder bzw. Periodengruppen). Das Problem dabei ist, daß ein solches strukturiertes Objekt immer kleiner als eine Speicherseite bleiben muß. In unserem Fall ist es jedoch leicht möglich, daß allein alle Filenamen in einem Directory mehr als eine Seite belegen. Außerdem ist es im Schubmodus nicht möglich, auf einmal mehrere Records mit variabler Zahl von Sub-Records zu erhalten.

In netzwerkorientierten Datenbanksystemen wie UDS (/UDS/) ist es über einen Set mit Hilfe der

LIST-Option in der Regel möglich, *eine* einstufige Hierarchie zu clustern. Hier führt jedoch ebenfalls das Fehlen einer mengenorientierten Schnittstelle zu erheblichen Performance-Engpässen, was in /HHLM86/ nachgewiesen wird.

5 Abbildung von Ablage-Service-Funktionen auf Speicher-System-Funktionen

In diesem Abschnitt wollen wir anhand einiger ausgewählter Beispiele zeigen, wie FRS-Operationen mit den im letzten Abschnitt dargestellten Objekttypen und mit Hilfe der CRS-Operationen ablaufen.

Ein Benutzer muß sich, um die Files eines Schrankes bearbeiten zu können, zunächst mit dem Kommando BIND eine Verbindung mit dem FRS für diesen Schrank aufbauen. Die Parameter hierfür sind Schrankname und für die Berechtigungsprüfung die Benutzer-Identifikation. Bis zum nächsten UNBIND-Kommando folgen dann nur Operationen bezüglich dieses Schrankes.

OPEN: ($\downarrow Directory$, $\downarrow \{Attribut\text{-}Name,\ Attribut\text{-}Wert\}$, $\uparrow FileHandle$)

Ein File kann explizit mittels OPEN geöffnet werden. Die OPEN-Parameter werden relativ zu einem vorher spezifizierten Directory ausgewertet (am Anfang das "Schrank-Directory"). Die Adresse des *File-Structure* Records des Directories ist beim Einstieg bekannt. Als Attribute zur Identifikation des Files sind *FileID*, *FileName*, ParentID und Pathname zugelassen. Der FRS kann die Operation bei Werten für *FileID* bzw. *FileName* mit einem CRM-RETRIEVE Aufruf ausführen. Mit dem Direkteinstieg über die Directory-Adresse des *File-Structure* Records (Adreß-Selektion) wird in den Subobjekten *Sub-Files* eine Selektion über *FileID* bzw. *FileName* und eine Projektion auf *AddrFS* und *AddrFAC* vorgenommen.

Mehr als ein CRM-Aufruf wird nötig, wenn ein Pathname angegeben ist: Für jede spezifizierte Komponente von Pathname wird eine Projektions-Selektions-Kombination auf die Subobjekte in Directories ausgeführt. Die Projektion erfolgt wieder auf *AddrFS*, die Selektion auf *FileName*. Mit Hilfe dieser Adresse und der nächsten Komponente erfolgt dann der nachfolgende CRM-Aufruf. Infolge der Maskierungsmöglichkeit in den Pathnames können sich mehrere zu verfolgende Pfade ergeben. Diese werden durch die Mengenorientierung des CRS erfaßt, sowohl durch Ergebnismengen als auch durch Eingabemengen für den nächsten Aufruf. In unserem Beispiel besteht die Ergebnismenge (= Übergabebereich) aus den *AddrFS*-Werten, die direkt für den nächsten Aufruf verwendet werden.

Neben dem Qualifikationsmerkmal wird außerdem in der *AccessList* festgestellt, ob überhaupt eine Zugriffserlaubnis für das zu öffnende File vorliegt. Das Ergebnis der OPEN-Operation ist ein sogenanntes FileHandle, das der Benutzer zwar nicht interpretieren kann, das aber für nachfolgende Operationen auf diesem File als Einstieg gebraucht wird. FRS-intern wird für das FileHandle ein Kontrollblock mit den Adressen des entsprechenden *File-Attribute&Content*-Record und des *File-Structure-Sub-Files*-Sub-Record angelegt.

LIST SELECT:

($\downarrow Directory$, $\downarrow Depth$, $\downarrow Direction$, $\downarrow Count$, $\downarrow \{Attribut\text{-}Name\}$, $\downarrow Filter$, $\uparrow \{Attribut\text{-}Wert\}$)

Ausgehend von einem Directory File werden nachfolgende Files - u.U. über mehrere Ebenen - entsprechend der Eingabe-Parameter durchsucht und die Werte aller angegebenen Attribute ausgegeben. Die Parameter bestehen aus einer maximalen Hierarchiesuchtiefe in Subdirectories, die durchsucht werden sollen, einer Suchrichtung bzgl. des *Ordering*-Attributs (vorwärts oder rückwärts), der Angabe einer maximalen Trefferzahl sowie einer Filterformel. Diese Formel kann

Konjunktionen und Disjunktionen von atomaren Vergleichsoperationen auf interpretierten und nicht-interpretierten Attributen enthalten.

Im CRS wird die Subobjektmenge *Sub-Files* in *File-Structure* entsprechend dem *Ordering*-Attribut, das den Namen eines anderen File-Attributs enthält, sortiert gespeichert. Dadurch läßt sich die Suchrichtung leicht mit Hilfe des CRM implementieren. (Dies ist möglich, falls dieses Attribut in *Sub-Files* und nicht in *File-Attribute&Content* vorkommt.) Die maximale Suchtiefe bestimmt die maximale Anzahl von Iterationen mit den folgenden Aktionen:

(1) Bestimme *AddrFAC* und *AddrFS* sowie die angegebenen Attribute der *Attributenamelist* aller Files, die die Filterformel bzgl. der in *Sub-Files* enthaltenen Attribute erfüllen. Dies gilt auch für die nichtinterpretierten Attribute, was mit *AttrName*='name' and *AttrValue*='wert' angegeben wird.

(2) Falls Trefferkandidaten vorhanden sind (Ergebnis von (1) nicht leer): prüfe, falls nötig, in *File-Attribute&Content* die Rest-Filterformel bzgl. der noch fehlenden Attribute und hole die noch fehlenden Attribute der *Attributenamelist*. Als Eingabe hierfür wird die Menge der FAC-Record-Adressen aus (1) genommen (mengenorientierter CRS-Aufruf).

(3) Falls noch nicht genügend Treffer entsprechend *Count* gefunden wurden und die angegebene maximale Tiefe nicht erreicht ist, werden mit Hilfe aller noch vorhandenen Adressen der Subdirectories, also mengenorientiert, die Schritte wiederholt, bis ein Abbruchkriterium erfüllt ist.

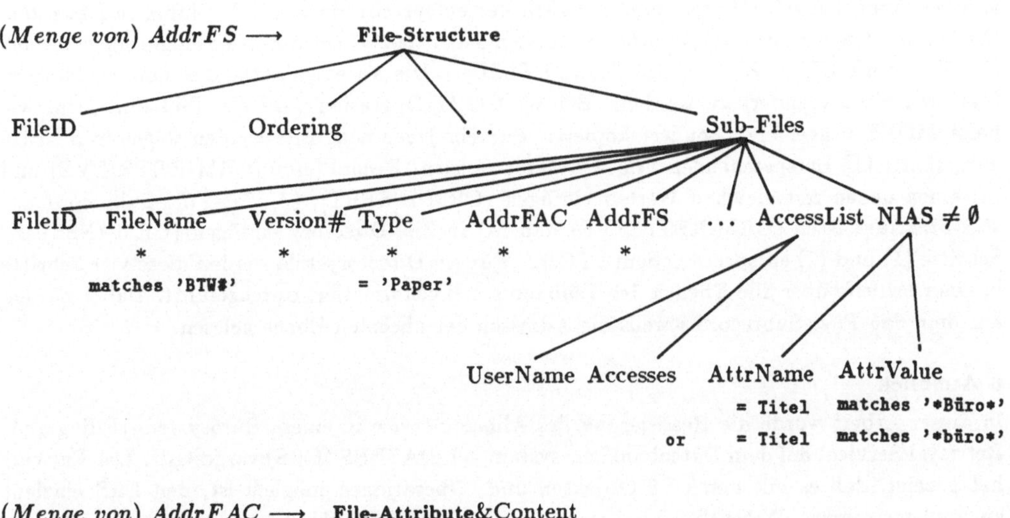

Abbildung 4: CRS-RETRIEVE für FRS-LIST SELECT

Abbildung 4 zeigt einen CRS-RETRIEVE-Ankreuzbaum (a) des *File-Structure*-Schemas und (b) des *File-Attribute&Content*-Schemas für das FRS-LIST SELECT-Beispiel aus Kapitel 2.

RETRIEVE:

Diese FRS-Operation liest den Content eines Files, was durch ein CRS-RETRIEVE einfach zu realisieren ist. Mit der FRS-Operation Retrieve kann man sich auch Teile eines Content zeigen lassen. Dies wird durch die From-Byte/To-Byte-Option für lange Felder vom CRM direkt unterstützt.

FRS-Änderungsoperationen

Die FRS-Änderungsoperationen beziehen sich immer auf ein File Handle, das im FRS durch die entsprechenden Record-Adressen realisiert wird. Deshalb können hierfür direkt CRM-Änderungsoperationen aufgerufen werden, da diese Record-Adressen als Auswahlkriterium enthalten. Einige Beispiele sollen dies zeigen:

Mit der CREATE-Operation wird ein neues File mit seinen Attributen in ein Directory File eingetragen und geöffnet. Dies läßt sich durch 2 CRM-Operationen realisieren: CRM-INSERT für einen neuen *File-Attribute&Content*-Record und CRM-INSSUB für einen neuen Subrecord in *Sub-Files* des angegebenen *File-Structure*-Records. Bei der STORE-Operation passiert das gleiche, nur daß zusätzlich ein Content mit angegeben werden kann. Bei CHANGE ATTRIBUTES können mehrere Attribute eines Files verändert werden, bei REPLACE außerdem noch der Content. Dies führt zu einer CRM-UPDATE Operation in *File-Attribute&Content* und, falls dort Attribute verändert werden, zu einer in *File-Structure*.

Bei der MOVE-Operation wird ein File, evtl. mit allen Nachfolgern, aus einem Directory in ein anderes "umgehängt". Hierfür muß lediglich der entsprechende *Sub-Files*-Subrecord aus dem Quell-*File-Structure*-Record gelöscht und in den Ziel-*File-Structure*-Record eingetragen werden (CRM-Aufrufe RETRIEVE, INSSUB und DELSUB). Die Adressen auf und in den Nachfolgern brauchen nicht geändert zu werden. Bei der COPY-Operation wird ein Teilbaum nicht wie beim MOVE umgehängt, sondert kopiert. Für ein Document File werden folgende Schritte ausgeführt: (1) Entsprechenden *File-Attribute&Content*-Record lesen (CRM-RETRIEVE) und (2) einen neuen mit gleichen Werten einfügen (CRM-INSERT). (3) *Sub-Files*-Subrecord aus *File-Structure* lesen (CRM-RETRIEVE) und (4) in Ziel-Directory einfügen (CRM-INSSUB). Schritte (1) und (2) entsprechen dem STORE. Für ein Directory-File werden diese vier Schritte in einer Schleife über alle Ebenen des Teilbaums mengenorientiert durchgeführt. Dabei werden aus dem *Sub-Files*-Subrecord jeweils die Adressen der nächsten Ebene gelesen.

6 Ausblick

In dieser Arbeit wurde die Realisierung des Ablage-Service in einem Bürosystem (Filing-and-Retrieval-Service) auf dem Datenbankkernsystem von DASDBS (CRS) vorgestellt. Der Entwurf hat gezeigt, daß es mit den CRS-Objekten und -Operationen möglich ist, den FRS effizient zu implementieren. Wesentlich hierbei war, daß große, hierarchisch strukturierte Objekte an einer tieferen Systemschicht bereits manipuliert werden können, wobei Mengenorientierung bis zum Betriebssystem durchgereicht wird. Dadurch wurde eine einfache Realisierung sowohl der Directory-Subdirectory-Hierarchie als auch der frei vergebbaren Mengen der Benutzerattribute erreicht. Die Verfügbarkeit von Speicheradressen an der Speicherschnittstelle half, die rekursive Directory-Struktur effizient durch Referenzadressen aufzulösen. Diese wird es auch gestatten, spezifische Signatur-Zugriffspfade effizient hinzuzufügen. Hierzu - sowie zu Messungen an einer zur Zeit laufenden Implementierung - soll nach Abschluß der Arbeiten berichtet werden. Die Konzepte scheinen zu passen, eine endgültige Bestätigung kann jedoch nur durch Evaluierung des Prototyps gegeben werden.

Literatur

/ADABAS/ Software AG: *ADABAS Internals Manual*, Order-No. ADA 411-080

/BG85/ M. Braum, L. Geisel: *Entwurf und Implementierung einer erweiterten PC-Dateischnittstelle zur Verwaltung hierarchisch strukturierter Datensätze*, Diplomarbeit TH Darmstadt, 1985

/BP85/ A. Blaser, P. Pistor (Hrsg.): *Datenbanksysteme in Büro, Technik und Wissenschaft*, GI Fachtagung, IFB 94, Springer Verlag, 1985

/Di86/ K. R. Dittrich: *Object-Oriented Database Systems: The Notion and the Issues*, Proc. Int. Workshop on Object Oriented Database Systems, Pacific Grove, 1986

/DGW85/ U. Deppisch, J. Günauer, G. Walch: *Speicherungsstrukturen und Adressierungstechniken für Komplexe Objekte des NF^2-Relationenmodells*, in: /BP85/

/DOPSSW85/ U. Deppisch, V. Obermeit, H.-B. Paul, H.-J. Schek, M.H. Scholl, G. Weikum: *Ein Subsystem zur stabilen Speicherung versionenbehafteter, hierarchisch strukturierter Tupel*, in: /BP85/

/DPS86/ U. Deppisch, H.-B. Paul, H.-J. Schek: *A Storage System for Complex Objects*, Proc. Int. Workshop on Object Oriented Database Systems, Pacific Grove, 1986

/ECMA86/ European Computer Manufacturers Association (ECMA): *A Proposal for "Filing and Retrieval Service" and "Filing and Retrieval Service Access Protocol"*, 1986

/FHKS86/ R. Felix, A. Höffmann, P. Klahold, G. Schlageter: *Vergleich verschiedener CIF-Darstellungen im relationalen Datenbankmodell am Beispiel des Layouteditors KIC*, 2. E.I.S.-Workshop, Bonn, 1986

/HHLM86/ T. Härder, C. Hübel, S. Langenfeld, B. Mitschang: *KUNICAD - ein datenbankgestütztes geometrisches Modellierungssystem für Werkstücke*, 1986, erscheint in: Informatik - Forschung und Entwicklung

/HR85/ T. Härder, A. Reuter: *Architektur von Datenbanksystemen für Non-Standard-Anwendungen*, in: /BP85/

/Sche86/ H.-J. Schek: *Komplexe und Molekulare Objekte, Frames und KL-ONE Concepts, NF^2 Relationen: eine Gegenüberstellung*, Manuskript des Vortrages auf dem Workshop "Datenbanken und Expertensysteme", Dortmund, 1986

/Scho86/ M.H. Scholl: *Theoretical Foundation of Algebraic Optimization Utilizing Unnormalized Relations*, Proc. Int. Conf. on Database Theory, Rom, 1986

/SESAM/ Siemens AG: *SESAM Datenbankverwaltung*, Nr. U1053-J-Z55-1

/SL83/ H.-J. Schek, V. Lum: *Complex Data Objects: Text, Voice, Images: Can DBMS Manage Them?*, Panel Discussion, VLDB Conf., Florenz 1983

/SS83/ H.-J. Schek, M.H. Scholl: *Die NF^2 Relationenalgebra zur einheitlichen Manipulation externer, konzeptueller und interner Datenstrukturen*, in: J.W. Schmidt (Hrsg), Sprachen für Datenbanken, IFB 72, Springer Verlag, 1983

/SS86/ H.-J. Schek, M.H. Scholl: *The Relational Model with Relation-Valued Attributes*, Information Systems, Vol. 11, No. 2, 1986

/SW86/ H.-J. Schek, G. Weikum: *DASDBS: Konzepte und Architektur eines neuartigen Datenbanksystems*, 1986, erscheint in: Informatik - Forschung und Entwicklung

/SWa86/ H.-J. Schek, W. Waterfeld: *A Database Kernel System for Geoscientific Applications*, Proc. 2nd Int. Symposium on Spatial Data Handling, Seattle, 1986

/UDS/ Siemens AG: *UDS Entwerfen und Definieren*, Bestell-Nr. U929-J-Z55-1, 1982

/Wei86a/ G. Weikum: *A Theoretical Foundation of Multi-Level Concurrency Control*, Proc. 5th ACM Symp. on Principles of Database Systems, 1986

/Wei86b/ G. Weikum: *Pros and Cons of Operating Systems Transactions for Data Base Systems*, Proc. ACM/IEEE Fall Joint Computer Conference, Dallas, 1986

/WNP87/ G. Weikum, B. Neumann, H.-B. Paul: *Konzeption und Realisierung einer mengenorientierten Seitenschnittstelle zum effizienten Zugriff auf Komplexe Objekte*, in: GI-Fachtagung Datenbanksysteme in Büro, Technik und Wissenschaft, in diesem Tagungsband, 1987

Konzeption und Realisierung einer mengenorientierten Seitenschnittstelle zum effizienten Zugriff auf Komplexe Objekte

G.Weikum, B.Neumann, H.-B.Paul

TH Darmstadt, FB Informatik
Alexanderstr. 24, D-6100 Darmstadt

Zusammenfassung

Eine Facette Komplexer Objekte, wie sie derzeit im Zusammenhang mit Datenbanksystemen für Non-Standard-Anwendungen diskutiert werden, ist, daß sie extrem groß werden können. Beim Zugriff auf ganze Objekte bzw. große Subobjekte entsteht in herkömmlichen Systemarchitekturen ein Engpaß an der Seitenschnittstelle, wenn diese sehr oft wiederholt aufgerufen werden muß. Wir schlagen eine mengenorientierte Seitenschnittstelle vor, die es erlaubt, ganze Mengen von Seiten auf einmal im Puffer zu fixieren oder zum Zurückschreiben freizugeben. Auf diese Weise wird ein seitenstrukturierter Objektpuffer für variabel lange, sehr große Komplexe Speicher-Objekte realisiert. Die Mengenorientierung sollte bis zur I/O-Schnittstelle des Betriebssystems durchgereicht werden, um ein optimales Plattenzugriffsverhalten zu erzielen. Messungen mit der Methode des "Data Chained I/O" zeigen, daß bei Objekten beispielsweise der Größe 128 KByte Performancegewinne bis zum Faktor 35 gegenüber nichtmengenorientierten Seitenanforderungen möglich sind. Eine globale, transaktionsübergreifende Mengenorientierung im Betriebssystem kann mit der "Queued I/O"-Technik realisiert werden.

Abstract

One facet of Complex Objects, as currently discussed for database system support of advanced applications, is their potentially huge storage size. In conventional system architectures, access to complete objects or large subobjects results in a bottleneck at the page level interface that has to be called repeatedly. We propose a set-oriented page server interface with the characteristic that a whole set of pages can be fixed in the buffer or released and flushed to disk in one single call. This approach yields a page structured object buffer for variable length Complex Records. Set-orientation is also desirable at the operating system I/O interface, in order to optimize disk accesses. We performed measurements based on the "data chained I/O" method. The resulting figures indicate performance gains up to a factor of 35 compared with a loop of (non-set-oriented) single block I/Os, e.g. when a 128 KByte object is to be fetched. Global set-orientation involving several transactions can be achieved in the operating system by the technique of "queued I/O".

1. Wozu Mengenorientierung auf der Seitenschnittstelle ?

Eine der Kernanforderungen sogenannter "Non-Standard"-Anwendungen an künftige Datenbanksystemarchitekturen ist die Unterstützung "Komplexer Objekte". Unter diesem schillernden Begriff werden derzeit Modellierungs- und Speicherungskonzepte für Objekte aus den Bereichen der Büroautomatisierung, der Verwaltung (geo)graphischer Daten und insbesondere des CAD subsummiert. Die Vielfalt und Komplexität dieser potentiellen Datenbankanwendungen hat naturgemäß auch zu sehr unterschiedlichen Ansätzen geführt, was Komplexe Objekte sind [LKMPM84, La84, BB84, BK85, DKML85, Mi85, Mei86] und wie sie effizient verwaltet werden können [Fi83, HR85, DOPSSW85, DKM85, Da86, CDRS86]. Einigkeit herrscht weitgehend in einem Punkt: Komplexe Objekte sind speicherplatzmäßig **große Objekte**.

Die zentrale These dieser Arbeit ist, daß bereits dieser Aspekt Performanceprobleme bei heutigen Systemarchitekturen verursacht, die durch aufgesetzte "Preprocessor"-Lösungen, z.B. Erweiterungen einer SQL-Schnittstelle um das Konzept langer Felder, nicht in den Griff zu bekommen sind. Komplexe Objekte belegen häufig sehr viele Seiten auf dem Sekundärspeicher, möglicherweise sogar mehrere Megabytes. Beim Zugriff auf ein solches "Jumbo"-Speicherobjekt tritt noch vor der Interpretation der eigentlichen Objektstruktur ein potentieller Engpaß an der Seitenschnittstelle auf. Die Traversierung und anwendungsspezifische Verarbeitung von Objekten wird wegen der enormen Objektgröße zwangsläufig immer wieder durch neue Seitenanforderungen und damit I/Os unterbrochen (vgl. [HHLM86, FHKS86]). Diese hohe Anzahl einzelner Seiten-I/Os ist unter den Performanceanforderungen beispielsweise von CAD-Systemen nicht vertretbar. Es ist daher anzustreben, möglichst große Portionen eines Objekts auf einmal mit möglichst wenigen I/Os in den Hauptspeicher einzulagern, um Verarbeitungsalgorithmen direkt auf (hauptspeicher-) internen Objektrepräsentationen ablaufen lassen zu können [Eb84]. Da Komplexe Objekte aus Mengen von Subobjekten bestehen, die wiederum auf Mengen von Seiten extern abgespeichert sind, nennen wir diesen Modus **"mengenorientiert"**.

Voraussetzung für den Transfer großer Datenmengen in einem einzigen I/O-Vorgang ist, daß der entsprechende Auftrag in einem einzigen Aufruf der Seitenschnittstelle eines Datenbanksystems spezifiziert werden kann. Konventionelle Architekturen sehen auf dieser untersten Systemebene nur Operationen vor, mit denen jeweils eine Seite angefordert und im Puffer fixiert oder umgekehrt eine Seite zum Zurückschreiben bzw. Verdrängen freigegeben wird. Die naheliegende Idee, lange Speicherobjekte einfach in großen Seiten, z.B. in 64K-Behältern, abzulegen und so den I/O-Engpaß zu beseitigen, ist keine akzeptable Lösung. In vielen Anwendungen, z.B. bei Bürosystemen, treten Komplexe Objekte in Struktur und Größe sehr inhomogen auf. Abgesehen davon, daß auch der Zugriff auf Subobjekte effizient unterstützt werden soll, sind solche "Jumbo"-Seiten für kleinere Objekte zu große Transporteinheiten und verursachen unnötigerweise Platzknappheit im Puffer. Verschiedene oder gar variable Seitengrößen pro Segment bzw. logischem Gerät sind kaum zu realisieren. Unser Vorschlag ist stattdessen, die Seitenschnittstelle innerhalb eines Datenbanksystems derart zu erweitern, daß mit einem einzigen Aufruf ganze Mengen von Seiten fixiert und freigegeben werden können. Diese Konzeption eines mengenorientierten "Page Servers" löst zwei Probleme auf einmal:

- Sie gestattet es, große Datenanforderungen in einem Aufruf an die - ebenfalls (seiten-) mengenorientierte - I/O-Schnittstelle durchzureichen, um so Plattenzugriffe optimieren zu können, und

- sie realisiert praktisch auf dem seitenstrukturierten Puffer einen Objektpuffer für variabel große (seitenstrukturierte) Objekte ohne die sonst zu befürchtende Fragmentierungsproblematik.

Da es in unserem Vorschlag nicht nur um architektonische Schönheit, sondern letztendlich um Performancegewinne geht, versteht es sich von selbst, daß wir auch an der Implementierung einer solchen mengenorientierten Seitenschnittstelle arbeiten, über die bereits Meßresultate vorliegen. Insbesondere haben wir Techniken untersucht, (seiten-) mengenorientierte I/Os mit minimalen Zugriffsarmbewegungen und minimaler Rotationsverzögerung der Platte zu realisieren. Da Dateizugriffsmethoden von Betriebssystemen (nahezu ausnahmslos) ausschließlich den Transfer eines einzelnen Datenblocks, d.h. einer Seite im Datenbank-Sinn, unterstützen, wurde das Problem auf der Ebene der Kanalprogramme studiert. Die Technik des "**Chained I/O**" verspricht enorme Performancegewinne im Hinblick auf die effiziente Speicherverwaltung Komplexer Objekte. Betriebssystemschnittstellen sollten entsprechend erweitert werden.

Die hier vorgeschlagene mengenorientierte Seitenschnittstelle ist als "Stable Memory Manager" (SMM), der auch für Recovery auf der Seitenebene zuständig ist, unterste Schicht des an der TH Darmstadt entwickelten Datenbankkernsystems DASDBS (**Darmstädter Datenbanksystem**) [DOPSSW85, SW86, PSSWD86]. Dieser Prototyp unterstützt Komplexe Objekte durch seine Fähigkeit, hierarchisch strukturierte Datensätze in Form von "**Speicherclustern**" kompakt, d.h. auf möglichst wenig Seiten abspeichern zu können. Die Komplexen Objekte, die die Speichersystem-Schnittstelle von DASDBS anbietet, sind Tupelmengen einer Relation nach dem NF^2-Relationenmodell (Non-First-Normal-Form Relations [SS84]). Diese hierarchisch strukturierten NF^2-Tupel werden auch "Complex Records" genannt, weshalb das Speichersystem von DASDBS auch "Complex Record Manager" (CRM) heißt. An der gleichfalls (objekt-) mengenorientierten Schnittstelle des CRM, der zentralen DASDBS-Komponente, werden Funktionen zum Lesen, Einfügen und Modifizieren von hierarchischen Objekten und beliebigen Subobjekten angeboten. Diese Operationen wiederum werden auf mengenorientierte Seitenanforderungen und letztendlich auf mengenorientierte I/Os abgebildet. Die Chained I/O-Technik kommt dabei besonders zum Tragen, wenn möglichst viele Seiten eines objektorientierten Speicherclusters physisch benachbart sind. Die Freispeicherverwaltungs- und Reallokations-Methode des CRM strebt dieses Verhalten an.

Unsere Arbeit ist wie folgt aufgebaut. Kapitel 2 beschreibt das Zusammenspiel des für die Zugriffe auf Speichercluster verantwortlichen Complex Record Managers mit der mengenorientierten Seitenschnittstelle. In Kapitel 3 diskutieren wir die verschiedenen I/O-Techniken und präsentieren (vorläufige) Meßergebnisse. Kapitel 4 beinhaltet den Vergleich unserer mengenorientierten Konzeption mit Ansätzen, die auf konventionellen I/O-Schnittstellen beruhen. Schließlich skizzieren wir in Kapitel 5 Ideen und Pläne zur weiteren Evaluierung unseres Ansatzes.

2. Zusammenspiel der Speicherverwaltung Komplexer Objekte mit dem Seitenserver

Aufgabe der Speicherverwaltung ist die effiziente Abbildung von Operationen auf Complex Records auf die Schnittstelle des Seiten-Servers (SMM), d.h. auf Seitenanforderungen. Ein Complex Record besteht - im allgemeinen - aus mehreren Mengen von komplexen Subobjekten, die wiederum komplexe Unterstrukturierung haben können usw. Die Frage, welche Einzelobjekte zu Complex Records zusammengefaßt bzw. auf mehrere verteilt werden ist das Problem des physischen Datenbankentwurfs für die jeweilige Anwendung und soll hier nicht weiter untersucht werden. Wichtig dafür ist jedoch die Tatsache, daß ein Complex Record als ein Speichercluster behandelt wird. Dies bedeutet, daß alle Teile eines Complex Records *kompakt* auf möglichst wenigen Seiten gespeichert sind. Diese Seiten eines Speicherclusters werden außerdem von einem Complex Record exklusiv belegt und sind nach Möglichkeit *benachbart* anzulegen. Wir setzen dabei voraus, daß die Nachbarschaftsbeziehung von Seiten bei vernünftiger Allokation von Plattenbereichen (in Form von "Extents") auf der Geräteebene im wesentlichen erhalten bleibt. Nur im (klassischen) Fall relativ kurzer Objekte können auch mehrere kleine Complex Records auf einer Seite stehen. Ein Complex Record besteht selbst wiederum aus mehreren Teilstrukturen:

- eine Umrechnungstabelle, um speichercluster-interne Adressen in Seitennummern umzurechnen (**T**),

- pro Hierarchieebene und -ausprägung eine Verweisliste auf die Subobjekte (**S**),

- pro Subobjekt ein Fragment mit den eigentlichen Daten (**D**).

Eine mögliche Allokation dieser Teilstrukturen auf verschiedene Seiten gibt die folgende Abbildung wieder. Dabei sind der Übersichtlichkeit zuliebe nur die Verweise der Seitenumrechnungstabelle, nicht jedoch die Subobjekt-Referenzen eingezeichnet.

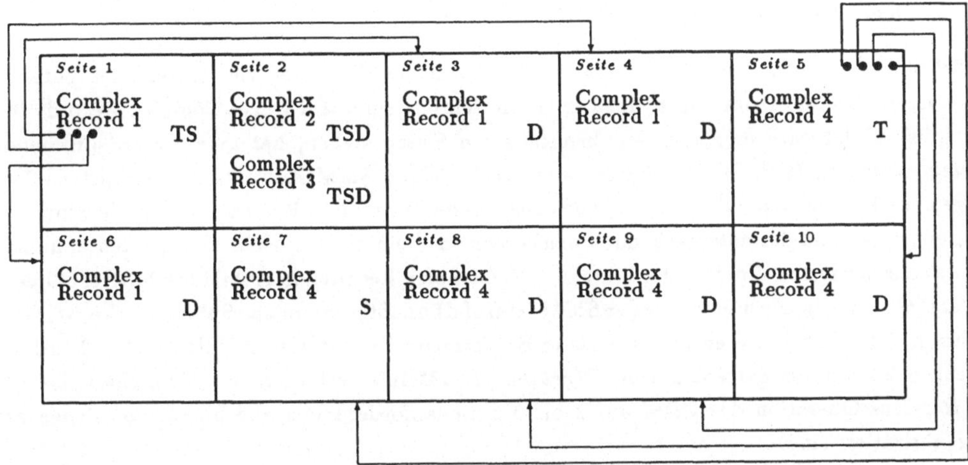

Abbildung 1: Mögliche Allokation von Complex Record-Teilstrukturen auf (benachbarten) Seiten

Eine genaue Beschreibung der einzelnen Speicherungsstrukturen findet man in [DGW85, DPS86]. Der CRM bietet an seiner Schnittstelle Operationen zum Lesen, Einfügen, Löschen, Ersetzen und Ändern sowohl von Mengen von Complex Records als auch von Mengen von komplexen Subobjekten an. Die Leseoperation (*Retrieve*) läßt dabei für die Ergebnismenge Einschränkungen bzgl. der Objektstruktur (Projektion im Relationenmodell), bzgl. den Werten von Teilobjekten (Filterausdrücke für Selektionen) sowie durch vorher bestimmte Objektadressen zu. Die Einschränkungen können für jedes beliebige Teilobjekt angegeben und frei kombiniert werden, solange die Anfrage noch in einem Durchlauf durch den Complex Record bearbeitet werden kann (″Single-Scan″-Eigenschaft des *Retrieve*). Die Operationen, die vorhandene Complex Records verändern, lassen als Selektionskriterium lediglich (Sub-) Objektadressen zu. Eine *Retrieve*-Operation läuft dann im wesentlichen in folgenden Schritten ab:

- Falls keine Adressen gegeben sind, muß ein Relationenscan ausgeführt werden. Hierfür werden die Nummern aller Complex Record-(= Speichercluster)-Anfangsseiten (= Wurzelseiten) aus einer Meta-Relation geholt.

- Für jeden Complex Record wird dann folgendes ausgeführt:

   a) Fixiere die Wurzelseite des Complex Records.

   b) Falls - bei extrem langen Objekten - die Seitenumrechnungstabelle nicht vollständig in der Wurzelseite enthalten ist, bestimme alle Überlaufseiten der Wurzelseite und fixiere diese.

   c) Bestimme mit Hilfe der Seitenumrechnungstabelle alle Seiten mit Subobjekt-Verweislisten.

   d) Fixiere alle benötigten Seiten mit Verweislisten des Complex Records.

   e) Bestimme mit Hilfe der *Retrieve*-Anfrage alle Seiten mit Datenfragmenten, die benötigt werden.

   f) Fixiere *alle* diese Seiten.

   g) Führe die Anfrage aus und schreibe die Ergebnisse in einen Ergebnis-Übergabebereich.

   h) Gebe alle fixierten Seiten frei.

Die Schritte a), b), d), f) und h) beinhalten SMM-Aufrufe; die ersten vier davon lösen potentiell I/Os aus, die bis auf a) im allgemeinen mengenorientiert sind. Da ganze Complex Records bzw. auch große Teilobjekte möglichst auf benachbarten Seiten stehen, hat man bei entsprechenden *Retrieve*-Anfragen (z.B. "Gib mir ganzes Objekt") häufig SMM-Aufrufe mit (wenigstens Teil-) Mengen von benachbarten Seiten. Im Falle eines kurzen (Complex) Records werden die Schritte b) bis f) eingespart, da der entsprechende Speichercluster dann nur aus einer einzigen Seite, nämlich der in a) angeforderten Wurzelseite, besteht (z.B. Complex Record 2 in Abbildung 1). Bei Objekten mittlerer Größe ist je nach Struktur der SMM-Aufruf d) unnötig, wenn alle Subobjekt-Verweislisten bereits in der Wurzelseite enthalten sind (z.B. Complex Record 1 in Abbildung 1). Schritt b) schließlich ist nur bei extrem langen Objekten (> 1MByte) erforderlich. Typischerweise wird eine *Retrieve*-Operation des CRM auf 2 bis 3 Seitenanforderungen abgebildet, von denen zwei mengenorientiert sind.

Die Einfügeoperation (*Insert*) des CRM fügt eine Menge neuer Complex Records in eine Relation ein und generiert damit eine Menge neuer Speichercluster. Sie läuft für jeden (langen) Complex Record in folgenden Hauptschritten ab:

a) Bestimme Größe des Complex Records in Seiten (z.B. n Seiten).

b) Besorge von der Freispeicherverwaltung n (möglichst) benachbarte Seitennummern.

c) Fixiere n (leere) Pufferrahmen.

d) Generiere die Seitenumrechnungstabelle des Speicherclusters.

e) Fülle den Complex Record aus dem Übergabebereich des Anwendungsprogramms in die fixierten Seitenrahmen.

f) Gib alle Seitenrahmen mit Änderungshinweis frei.

In den Schritten c) und f) wird der SMM aufgerufen. Wir benötigen in c) lediglich leere Pufferrahmen und kommen somit - abgesehen von Verdrängungen anderer Seiten - ohne I/Os aus, da der neue Complex Record frisch auf die Seiten des Speicherclusters eingetragen wird. Die Daten-Komponente des SMM braucht in diesem Fall also keine (leeren bzw. "inhaltslosen") Seiten von der Platte einzulagern; die Recovery-Komponente des SMM kann sich außerdem viel einfacher ein Before-Image der Seiten merken.

Eine weitere im Zusammenhang mit Komplexen Objekten wichtige CRM-Operation ist *Replace*.   Häufig werden große (Sub-)Objekte aus Performancegründen direkt in ihrer (hauptspeicher-) internen Repräsentation auf dem Übergabebereich manipuliert, und es ist dann u.U. schwierig oder ineffizient, diese Änderungen mit gezielten *Updates* an einzelnen Subobjekten auf der Datenbank nachzufahren.   In diesem Fall empfiehlt es sich, einfach per *Replace* das betroffene Objekt komplett mit dem Inhalt des Übergabebereichs zu überschreiben.   Realisiert wird diese *Replace*-Funktion vom CRM wie ein *Delete* mit anschließendem Wiedereinfügen, so daß mengenorientierte SMM-Aufrufe wie bei der *Insert*-Operation auftreten.   Insgesamt führen unsere Überlegungen zu den nachfolgenden Operationen an der Schnittstelle des SMM. Hierbei sind die Recovery-spezifischen Operationen und -Parameter nicht berücksichtigt ($\downarrow$=Eingabe-, $\uparrow$=Rückgabe-, { }=mengenwertige, ?=Boolesche Parameter).

- $locate(\downarrow segment\_no, \{\downarrow pageno, \downarrow update?, \uparrow frame\_addr\})$

- $locate\_empty\_frame(\downarrow segment\_no, \{\downarrow pageno, \uparrow frame\_addr\})$

- $release(\{\downarrow frame\_addr, \downarrow update?!\})$

Der CRM stellt an den SMM keinerlei Anforderungen bzgl. der Lage der einzelnen Seiten innerhalb des Seitenpuffers.   Es wird insbesondere nicht gefordert, daß die Seiten im Puffer direkt hintereinander liegen, da innerhalb des Speicherclusters nicht mit Offsets relativ zum Complex Record-Anfang, sondern über die Seitenumrechnungstabelle adressiert wird.   Dies führt im CRM zu keinen Effizienzverlusten, da die Tabelle relativ klein ist, hat jedoch den enormen Vorteil, daß der Puffer "beliebig" aufgeteilt werden kann.

Ein Problem, das bei CRM-Änderungsoperationen entsteht, ist, daß die Größe eines Speicherclusters wachsen oder schrumpfen kann.   Vor allem beim Wachsen des Speicherclusters kann nicht garantiert werden, daß die Seiten stets benachbart sind (z.B. Complex Record 1 in Abbildung 1). Dies führt zwar zu keinen Problemen bei den CRM-Algorithmen, die auch keine Nachbarschaft der Seiten auf der Platte voraussetzen (!), aber die Effizienz bzw. die Möglichkeiten mengenorientierter I/Os sinken (vgl. Kapitel 3). Deshalb ist es angebracht, von Zeit zu Zeit - offline oder u.U. auch dynamisch - Speichercluster zu reorganisieren. Dabei müssen natürlich die entsprechenden Seiten auf Platte hin und her kopiert werden, jedoch ohne den Inhalt der Seiten zu interpretieren.   Das einzige, was interpretiert und geändert werden muß, ist die Seitenumrechnungstabelle des jeweiligen Speicherclusters. Alle Subtupeladressen, die beispielsweise auch in Zugriffspfaden vorkommen, sind bei Reorganisationen wartungsfrei [DPS86]. Insbesondere sind auch Subobjekt-Verweislisten zur Traversierung der Objektstruktur stabil gegenüber der Umspeicherung ganzer Seiten. Lediglich die Nummer der Wurzelseite sollte möglichst unverändert bleiben, da sonst wegen der TID-Adressierungstechnik für ganze Objekte Overflow-TIDs eingeführt werden müßten. Wie bei der *Retrieve*-Ausführung gesehen, führt es jedoch zu keinem Effizienzverlust, wenn die Wurzelseite nicht benachbart zu den restlichen Seiten des Speicherclusters steht (z.B. Complex Record 4 in Abbildung 1), da sie ohnehin immer einzeln angefordert werden muß.

3. Realisierung mengenorientierter Plattenzugriffe

3.1 Abwicklung von I/O-Aufträgen

Wie wir gesehen haben, wird der SMM typischerweise vom CRM in Form mengenorientierter Seitenanforderungen aufgerufen, wobei häufig benachbarte Seiten beteiligt sind. Bevor wir auf die effiziente Realisierung solcher Aufträge mittels mengenorientierter I/Os (soweit Seiten nicht bereits im Puffer sind) in den Kapiteln 3.2 und 3.3 zu sprechen kommen, soll in diesem Abschnitt zunächst dargestellt werden, wie konventionelle Datenbanksysteme I/Os über entsprechende Dienste des Betriebssystems abwickeln. Das I/O-System heutiger Betriebssysteme ist - dem Prinzip einer Schichtenarchitektur folgend - in mehreren, jeweils aufeinander aufbauenden Abstraktionsstufen bzw. Service-Ebenen realisiert (vgl. [Dei84]).

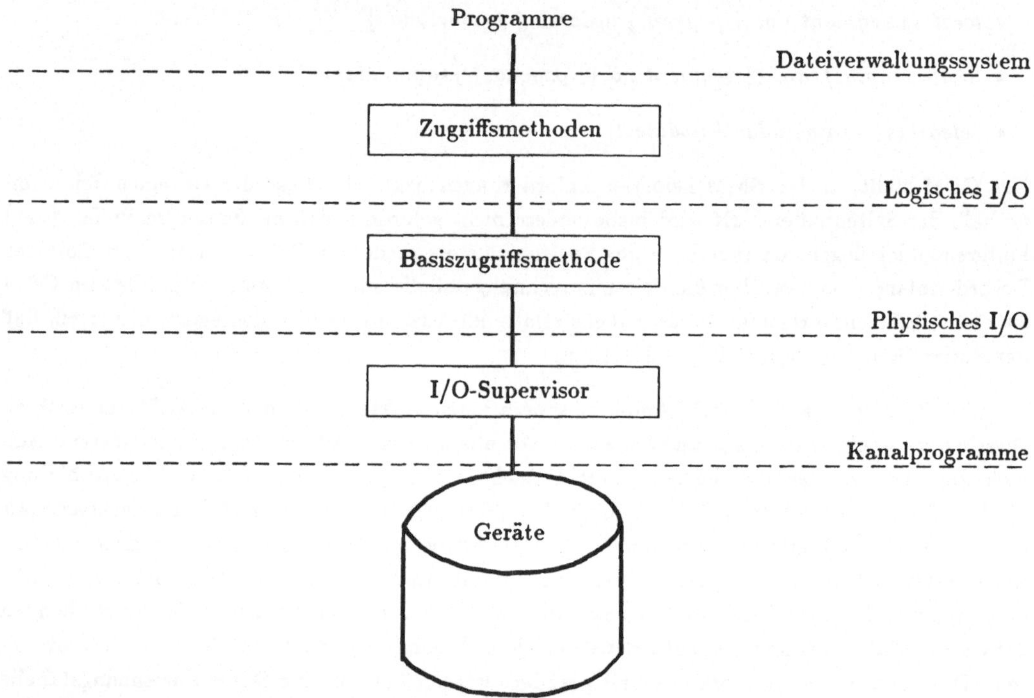

Abbildung 2: I/O-System typischer Betriebssysteme

Die oberste Ebene, das Dateiverwaltungssystem, bietet Anwendungen in den gängigen Programmiersprachen höherere satzorientierte Zugriffsmethoden wie z.B. VSAM in den IBM-Betriebssystemen oder ISAM im BS2000 [Sie1] an. Dieser Service stellt Operatoren wie *Open*, *Put*, *Get* etc. zur Verfügung. Zu den Aufgaben des Dateiverwaltungssystems gehören Blocken und Entblocken von Sätzen, Pufferung, "Fetch Ahead" bei sequentieller Verarbeitung und vieles mehr. Leistungsfähige Datenbanksysteme nutzen die Dienste dieser Ebene so gut wie nicht. Sie setzen in der Regel direkt auf der Stufe blockorientierter Basiszugriffsmethoden wie z.B. BDAM bei IBM [MVS1] oder PAM im BS2000 [Sie1] auf. Typischerweise wird dabei eine Seite durch einen Block einer Primitivdatei mit Direktzugriff über die relative Blocknummer repräsentiert. Die höheren Zugriffsmethoden sind für Datenbanksysteme vor allem deshalb wenig attraktiv, da sie entweder nur den effizienten Zugriff über einen Primärschlüssel unterstützen, oder Sekundärindizes, sofern vorhanden, Datensätze wiederum über Primärschlüssel adressieren, was performancemäßig nicht vertretbar ist [Wei86a].

Da Datenbanksysteme ihre eigenen satzorientierten Zugriffspfade haben, benötigen sie in der Tat lediglich Basiszugriffmethoden, um den Transfer von Seiten zwischen Platte und Puffer oder umgekehrt abzuwickeln. Andererseits hat die Abwicklung von I/Os oftmals einen so entscheidenen Einfluß auf die Gesamtperformance (auch bereits bei klassischen Anwendungen), daß einige Systeme selbst vor der Implementierung spezieller Kanalprogramme nicht zurückgeschreckt sind (z.B [PS83]). Solche eigentlich privilegierten I/O-Routinen brauchen glücklicherweise nicht ohne jegliche Betriebssystemunterstützung (und -Kontrolle) auf der nackten Hardware zu arbeiten, sondern können sich der Funktionen des "physischen I/O-Systems" bedienen. Diese zweitunterste Ebene der Architektur nach Abbildung 2 erlaubt es, Kanalprogramme mittels spezieller SVC's (symbolisch meist EXCP - für "Execute Channel Program" - genannt) synchron oder asynchron dem Betriebssystem zur Ausführung zu übergeben. Die Unterbrechungsbehandlung bei Beendigung des I/O-Auftrages und die Überprüfung einiger Fehlersituationen bleibt dabei in der Verantwortung des Betriebssystems. Das physische I/O-System führt zur Abwicklung eines I/O-Auftrags typischerweise folgende Schritte durch:

(1) Erstellen eines Kanalprogramms für das angegebene Gerät.

(2) Aufbau eines I/O-Kontrollblocks, der Information für den I/O-Supervisor enthält.

(3) Aufbau eines WAIT-Kontrollblocks, um nach Beendigung des I/O-Auftrags den Initiator wieder aktivieren zu können.

(4) Aufruf des I/O-Supervisors.

    (4.1) Dieser stellt den Auftrag in die entsprechende "I/O-Queue", fixiert die angegebene(n) Pufferseite(n), damit diese nicht durch das Paging ausgelagert werden,

    (4.2) übersetzt das virtuell adressierende Kanalprogramm in ein real adressierendes (sofern der Kanal nicht virtuell adressieren kann) und

    (4.3) setzt eine "Start I/O"-Instruktion ab, die den Kanal veranlaßt, das Kanalprogramm auszuführen.

    (4.4) Am Endes des Kanalprogramms bzw. bei bestimmten Ereignissen (z.B. "Device Busy") wird ein laufender Prozeß durch einen I/O-Interrupt unterbrochen und die Kontrolle nach vielen Schritten schließlich an den initiierenden Prozeß zurückgegeben.

Man kann sich leicht vorstellen, daß die n-fache Wiederholung dieser Schritte für die Anforderung einer (n-elementigen) Menge von Datenbank-Seiten ungünstig ist. Über das BS2000 beispielsweise ist bekannt, daß selbst im günstigsten Fall pro Aufruf des physischen I/O-Systems rund 600 Maschineninstruktionen anfallen. Zudem kann bei wiederholten Aufrufen i.a. keine Kenntnis der Zugriffsarmposition vorausgesetzt und ausgenutzt werden. Daher sollte die Mengenorientierung direkt im Kanalprogramm realisiert sein, was, wie wir in Kapitel 3.2 zeigen werden, auch mit herkömmlichen Platten möglich ist.

Da mengenorientierte Plattenzugriffe auf den oberen beiden Ebenen des I/O-Systems (s. Abbildung 2) in allgemeiner Form nicht zur Verfügung stehen oder nur auf wiederholte Aufrufe des physischen I/O-Systems abgebildet werden, schlagen wir vor, alle I/Os des SMM *direkt* über die physische I/O-Schnittstelle abzuwickeln. Es kann jedoch nicht stark genug betont werden, daß diese Vorgehensweise unter Architekturgesichtspunkten nur eine Notlösung ist. Im Grunde müßte eigentlich die Dateiverwaltungsschnittstelle des Betriebssystems mengenorientiert erweitert werden, wobei sicherzustellen wäre, daß die Mengenorientierung effektiv bis zur Ebene der Kanalprogramme erhalten bleibt. Ohne eine derartige Betriebssystemerweiterung, die freilich außerhalb unserer Möglichkeiten liegt, handelt man sich häßliche Geräteabhängigkeiten ein. Insbesondere wird die Allokation von Plattenbereichen (in Form sogenannter "Extents") damit zur Aufgabe des SMM. Freilich kann andererseits das Datenbanksystem dadurch erreichen, daß benachbarte Seiten in der Tat überwiegend physisch benachbart auf der realen Platte liegen. Obwohl einige Datenbanksysteme (z.B. [SQL/DS]) eine solche Extentverwaltung praktizieren und es beispielsweise unter UNIX schon fast Folklore geworden ist, Datenbanken auf "Raw Devices" zu implementieren, zeigt auch dieser Aspekt letztlich nur ein weiteres Manko heutiger Betriebssysteme auf. Eine ideale Betriebssystemschnittstelle sollte neben mengenorientierten I/O-Funktionen die Möglichkeit anbieten, auf den Allokationsmechanismus für bestimmte Dateien in kontrollierter Weise Einfluß nehmen zu können.

3.2 Chained I/O

"Command Chaining"

Ein Kanalprogramm wird in der klassischen /370-Rechnerarchitektur [IBM1] durch den (privilegierten) Maschinenbefehl SIO ("Start I/O") bzw. auf der Ebene des physischen I/O-Systems durch einen speziellen SVC gestartet. Es besteht aus mehreren "Channel Command Words" (CCWs), die vom Kanal bzw. dem Gerätecontroller interpretiert werden. Ein einfaches Kanalprogramm sieht - symbolisch und unter Weglassung von Details - etwa so aus:

$$
\begin{array}{ll}
Seek < Cylinder >< Track > & CC \\
Search < Block\ Number > & CC \\
Read < Memory\ Address > &
\end{array}
$$

Die einzelnen Schritte dieses aus 3 CCWs bestehenden Kanalprogramms sind das Positionieren auf eine bestimmte Spur (*Seek*), das Aufsuchen eines bestimmten Blocks innerhalb der Spur (*Search*) und die Übertragung dieses Blocks an eine bestimmte Hauptspeicheradresse (*Read*). Damit diese Kommandos überhaupt als zusammengehörig und damit als "Programm" interpretiert werden, muß jedes CCW bis auf das letzte durch ein spezielles Flag, das "Command Chaining"-Bit, markiert werden, welches wir mit "CC" abgekürzt haben.

Das skizzierte Kanalprogramm liest nur einen einzigen Block, birgt aber potentiell bereits alle Voraussetzungen in sich, ganze Mengen von Blöcken zu transferieren. Dazu sind lediglich an das letzte CCW per CC-Bit weitere *Search*- und *Read*-Kommandos - ggf. auch *Seek*-Kommandos zum Spurwechsel - anzuschließen. Ein solches "Chained I/O"-Kanalprogramm hat somit die Form:

$$Seek < Cylinder >< Track >\quad CC$$
$$Search < Block\ Number\ b_1 >\quad CC$$
$$Read < Memory\ Address\ a_1 >\quad CC$$
$$Search < Block\ Number\ b_2 >\quad CC$$
$$Read < Memory\ Address\ a_2 >\quad CC$$

$$\vdots$$

$$Search < Block\ Number\ b_n >\quad CC$$
$$Read < Memory\ Address\ a_n >$$

Dieses Programm liest n Blöcke einer Spur auf einmal und hat folgende (Performance-) Vorteile gegenüber einer n-mal durchlaufenen Schleife mit einem SIO-Befehl für das einfachere, aus 3 CCWs bestehende Kanalprogramm:

- Der beim Starten und bei der Beendigung eines Kanalprogramms entstehende Overhead im Betriebssystem (siehe Kapitel 3.1), insbesondere die Unterbrechungsbehandlung zum Abschluß des I/Os, fällt nur einmal anstatt n-mal an. Dies kann je nach System eine ganz erhebliche Kostenersparnis sein.

- Das Chained I/O-Programm ist nicht durch parallel anfallende I/O-Aufträge unterbrechbar. Gleichzeitige Seitenanforderungen aus anderen (DBS-) Prozessen könnten bei der Lösung mit "Software-Schleife" insofern störenden Einfluß haben, als sie den Plattenzugriffsarm zwischendurch auf einen anderen Zylinder positionieren könnten. Durch die Chained I/O-Routine ist dagegen sichergestellt, daß der Zugriffsarm höchstens einmal, nämlich zu Beginn, bewegt werden muß.

- Unter gewissen Umständen können alle in einem solchen Chained I/O-Programm angeforderten Blöcke in einer einzigen Plattenumdrehung gelesen werden. Die wiederholte Aktivierung des nichtmengenorientierten Kanalprogramms erfordert typischerweise eine Rotation pro Block.

Der letzte Punkt ist unter den durch DASDBS gegebenen Randbedingungen der wichtigste und bedarf näherer Erläuterungen. Die Methode des Chained I/O kann zum Lesen und Schreiben einer beliebigen Menge von Blöcken ohne Rücksicht auf die Zylinder- oder Spurzugehörigkeit eingesetzt werden. Da der Complex Record Manager unseres Prototyp-Datenbankkernsystems aber vorzugsweise physisch benachbarte Seiten anfordert, also z.B. alle Blöcke einer Spur, hat die Minimierung der Rotationsverzögerung allerhöchstes Gewicht. Typischerweise sind die Klüfte zwischen benachbarten Blöcken so klein und die Dauer einer Plattenumdrehung so kurz, nämlich 15 bis 20 msec, daß im Falle einer Schleife von Einzelblock-I/Os der Schreib-/Lesekopf nach dem Lesen eines Blocks bis zur Anforderung des nächsten Blocks schon hinter diesem steht und somit eine weitere volle Plattenumdrehung gewartet werden muß. Da dieses Phänomen im Grunde auf die lange Dauer der Unterbrechungsbehandlung nach einem I/O und der Vorbereitung des nächsten I/Os zurückzuführen ist, besteht die Hoffnung, mit der Chained I/O-Methode gerade an dieser Stelle Performance zu gewinnen.

"Data Chaining"

Unsere Messungen an einer Platte vom Typ IBM 3370 [IBM2] haben diese Erwartungen nur bedingt bestätigt. Unmittelbar aufeinanderfolgende Blöcke können nach wie vor nicht in einer Plattenumdrehung gelesen werden, wohl aber mehrere Blöcke einer Spur, wenn dazwischen jeweils ein Zwischenraum von mehreren Blöcken (und Klüften) liegt. Eine Optimierung des realen Abstands (auf der Platte) zwischen virtuell benachbarten Seiten erscheint uns jedoch viel zu trickreich, insbesondere, da sie von den Charakteristika der beteiligten Platten- und CPU-Typen und sogar vom Overhead der jeweiligen Betriebssystem-Version abhängen würde. Der wichtige Fall, daß nur benachbarte Blöcke von einem mengenorientierten I/O betroffen sind, allerdings auch nur dieser Fall, kann stattdessen durch eine andere Art der Verkettung von CCWs in der gewünschten Weise unterstützt werden. Durch das sogenannte "Data Chaining" werden mehrere Kanalkommandos mit identischem Operationscode, aber verschiedenen Parametern verbunden. Ein typisches Kanalprogramm mit gesetztem "Data Chaining"-Bit, im folgenden "DC" abgekürzt, sieht so aus:

$$
\begin{array}{ll}
Seek < Cylinder >< Track > & CC \\
Search < Block\ Number\ b > & CC \\
Read < Memory\ Address\ a_1 > & DC \\
Read < Memory\ Address\ a_2 > & DC \\
\quad\cdot & \\
\quad\cdot & \\
\quad\cdot & \\
Read < Memory\ Address\ a_n > &
\end{array}
$$

Dieses Kanalprogramm positioniert nur einmal auf einen bestimmten Block b und überträgt dann zusätzlich zu b die physisch benachbarten Blöcke $b + 1, \ldots, b + n - 1$ an die bei den einzelnen *Read*s angegebenen Hauptspeicheradressen. Hier haben unsere Messungen signalisiert, daß ein solcher mengenorientierter Blocktransfer in der Tat normalerweise in einer einzigen Plattenrotation erfolgt. Die Erklärung hierfür bzw. der Unterschied zum "Command Chaining" findet sich in der Tatsache, daß beim "Data Chaining" der Kanal das nächste CCW und die dazugehörigen Daten sofort nach der Interpretation des aktuellen CCWs holen kann und nicht auf das Ende des gerade an die Platte abgegebenen Auftrags ("Device End"-Signal) warten muß. Dies wiederum ist möglich, da der Operationscode eines solchen *Read*-CCWs dem Kanal bereits im voraus bekannt ist. Unsere Messungen zeigen, daß die Methode des Data Chained I/O als Realisierung mengenorientierter Seitenanforderungen bestens geeignet ist und gegenüber einer Schleife von einzelnen I/Os einen Performancegewinn bis zum Faktor 35 (bei der IBM 3370) bringt. Genaue Zahlen gibt die folgende Tabelle mit den Mittelwerten von jeweils zehn unter identischen Bedingungen wiederholten Messungen wieder. Gemessen wurde im Einbenutzerbetrieb unter dem Betriebssystem VM/SP [VM] die Realzeit zwischen dem Aufruf des physischen I/O-Systems und der Rückmeldung. Der Zugriffsarm wurde dabei jeweils vorher schon auf den Zylinder des ersten angeforderten Blocks positioniert. Ein Block beinhaltet bei der IBM 3370 jeweils 512 Byte, 64 solcher Blöcke passen in eine Spur, und die Rotationszeit beträgt 20,2 msec. Als CPU stand uns eine IBM 4361 zur Verfügung.

Anzahl der gelesenen benachbarten Blöcke	1	4	16	32	64	128	256
Schleife mit Einzel-I/Os	16,1	77,5	323,9	652,6	1.309,9	2.624,4	5.252,8
Data Chained I/O	19,6	21,6	26,5	33,1	46,8	73,2	145,3

Abbildung 3: Gemessene Zugriffszeiten (in msec) bei einer Platte vom Typ IBM 3370

Daß der Complex Record Manager jeweils nur benachbarte Seiten auf einmal anfordert, ist zwar der wichtigste Fall, den die mengenorientierte Seitenschnittstelle zu unterstützen hat, aber beileibe nicht der einzige. Beim Zugriff auf Subobjekte eines komplexen Objekts könnte die Situation entstehen, daß mehrere nichtzusammenhängende Mengen von Seiten benötigt werden, von denen jede einzelne wiederum aus benachbarten Seiten besteht. Natürlich kann man immer noch für jede einzelne solcher Seitengruppen Data Chained CCWs aufbauen und diese wiederum zu einem Command Chained I/O zusammenfassen. Unsere Messungen haben jedoch ergeben, daß es bei lesendem Zugriff und im Falle "kleiner Abstände" (auf der Platte) zwischen den einzelnen Seitengruppen oftmals günstiger ist, nur einen einzigen Data Chained I/O zu starten, bei dem nicht benötigte Blöcke einfach überlesen, d.h. nicht in den Hauptspeicher übertragen werden. Für diese Blöcke ist das sogenannte "Skip"-Bit im jeweiligen CCW zu setzen.

Gegenüber dem Data Chained I/O gibt es zum Zugriff auf benachbarte Blöcke bei "Fixed Block Architecture"-Platten [Sm81a, IBM3] wie der IBM 3370 noch eine Steigerung. Mit einem besonderen Gerätekommando können bis zu 256 Blöcke sozusagen in einer Art "Stream"-Modus auf einmal übertragen werden [IBM2]. Der Gewinn im Vergleich zum Data Chained I/O beträgt nochmals runde 20 Prozent im Durchschnitt. Diese Methode benötigt allerdings einen zusammenhängenden Hauptspeicherbereich für alle referenzierten Blöcke. Bei variabler Kardinalität der jeweils angeforderten Seitenmengen erfordert sie folglich eine aufwendigere Pufferverwaltung und birgt die Gefahr der Pufferfragementierung in sich. Da aus dem einfachen Konzept der (Seiten-) Mengenorientierung so ein I/O-Konzept für superlange Bytestrings würde, verfolgen wir derartige "Stream"-I/O-Techniken nicht weiter.

Die Methode des Chained I/O realisiert sowohl mengenorientierte Lese- als auch mengenorientierte Schreibzugriffe. Der besonders gut unterstützte Fall benachbarter Blöcke wird vom CRM in beiden Richtungen häufig benötigt. Eine Technik, die speziell schreibende I/Os noch effizienter macht, diskutieren wir im nächsten Abschnitt.

3.3 Queued I/O

Das im vorigen Kapitel geschilderte Verfahren vermindert zwar die Anzahl der benötigten I/Os pro Schreib-/Lese-Vorgang für Mengen von Seiten, dennoch muß für jede den SMM aufrufende Transaktion ein eigener I/O-Auftrag abgesetzt werden. Besonders kritisch ist dies beim EOT-Aufruf, wenn nämlich REDO-Logsätze auf Platte zu schreiben sind. Da in DASDBS überdies bereits jede Subtransaktion im Sinne einer die Parallelität steigernden Multi-Level-Transaktionsverwaltung zu Recovery(vorsorge)zwecken bei ihrer Beendigung einen solchen mengenorientierten I/O absetzt [Wei86b], tritt hier speziell bei Änderungen an großen Objekten ein potentieller Engpaß zutage. Wir zeigen im folgenden, wie eine globale, d.h. transaktionsübergreifende Mengenorientierung zur Performanceverbesserung beitragen kann. Auf der I/O-Ebene kommt diese besonders dann zur Geltung und minimiert Plattenrotationszeiten, wenn alle beteiligten Transaktionen sequentiell schreiben, was beim Logging gewöhnlich der Fall ist.

Man kann die Anzahl der I/O-Aufträge vermindern, indem man versucht, jeweils Gruppen von Transaktionen zu bilden, z.B. beim Commit [DKOSSW84]. Diese Gruppenbildung wird entweder durch die Anzahl der Gruppenelemente oder durch die Wartedauer der zuerst eingetroffenen Transaktion abgeschlossen. Die Seiten aller Gruppenmitglieder können dann prinzipiell mit einem Chained I/O geschrieben werden. Der Beginn des Schreibens ist damit immer bis zum Abschluß der Gruppenbildung verzögert, eine Anpassung an Ergebnisse, die während des Schreibens erfolgen, ist nicht möglich. Es erscheint besser, den I/O-Vorgang sofort beim Eintreffen der Anforderung durch die erste Transaktion zu initiieren und nach der Ausführung des letzten CCWs (nicht nach Ende des Kanalprogramms!) zu überprüfen, ob weitere Anforderungen aus anderen Transaktionen vorliegen. Für dieses "Queued I/O"-Verfahren [Neu86] wird folgendes, die Technik des "PCI Appendage" [MVS2] benutzende, Kanalprogramm benötigt:

$$
\begin{array}{ll}
Seek \, < Cylinder >< Track > & CC \\
Search \, < Block\ Number\ b > & CC \\
Write \, < Memory\ Address\ a_1 > & DC \\
Write \, < Memory\ Address\ a_2 > & DC \\
\quad . & \\
\quad . & \\
\quad . & \\
Write \, < Memory\ Address\ a_n > & CC \\
PCI & CC \\
TIC \, < Address > & CC
\end{array}
$$

Das Kanalprogramm wird hier nicht normal abgeschlossen, sondern durch ein "Program Controlled Interrupt" (PCI) unterbrochen. Dieses Ereignis wird vom Betriebssystem sofort und ohne Prozeßwechsel bearbeitet. Zum besseren Verständnis sei darauf hingewiesen, daß die Behandlung jedes Interrupts in zwei Stufen erfolgt. Trifft ein Interrupt ein, so wird in dem Adreßraum des gerade aktiven Prozesses durch das Betriebssystem eine kurze Analyse des Interrupts durchgeführt (Front-End Processing). Nach Zuordnung des Interrupts zu einem initiierenden Prozeß wird dieser Prozeß aufgeweckt und zum Dispatcher verzweigt. Die weitere Behandlung des Interrupts (Back-End Processing) findet dann im Adreßraum des initiierenden Prozesses statt. Damit wird klar, daß alle Tätigkeiten der ersten Interruptbehandlungsstufe sofort und ohne Rücksicht auf den gerade aktiven Prozeß durchgeführt werden. Der Aufruf dieser Routine ist darüber hinaus durch die fehlenden Prozeßwechsel mit minimalen Kosten verbunden.

Erhält also die Seitenschnittstelle während der Laufzeit des oben skizzierten Kanalprogramms weitere Anforderungen zum Lesen oder Schreiben, so kann sie die dafür benötigten Kanalprogramme bereitstellen. Darüber hinaus enthält der Seiten-Server ein Modul, das dem Betriebssystem als asynchrone Routine zur Behandlung von PCIs bekanntgemacht wurde. Dieses Modul erhält beim Auftreten eines PCIs die Kontrolle und stellt an der beim TIC-Kommando ("Transfer in Channel", ein Sprungbefehl für den Kanal) am Ende des Kanalprogramms angegebenen Fortsetzungsadresse ein neues Kanalprogramm für die zu lesenden/schreibenden Seiten bereit. Damit wird die dynamische Erweiterung des laufenden I/O-Auftrages jederzeit und ohne Prozeßwechsel möglich, da das PCI-Modul des Datenbanksystems während der Front-End-Phase der Interruptbehandlung aufgerufen wird. Der Vorteil dieser Methode liegt also nicht in der Minimierung der Anzahl von Interrupts, sondern in der Verkürzung der Wartezeit für ausstehende I/Os und in der Minimierung der Prozeßwechsel. Da das Kanalprogramm noch aktiv ist und damit die Platte sich im Status "Device busy" befindet, ist sichergestellt, daß kein anderer Prozeß den Kopf der Platte neu positioniert. Das durch das PCI-Modul dynamisch "verlängerte" Kanalprogramm verliert bei benachbarten Seiten (z.B. Log) keine Zeit zum neuen Positionieren. Ein möglicher zeitlicher Ablauf könnte so aussehen:

	t_1	t_2	t_3	t_4	t_5	t_6	t_7	t_8
DB-System		SIO mit CP_1		Aufbau des CP_2 für Transaktion 2, während CP_1 läuft				
Transaktion 1	EOT							
Transaktion 2			EOT					
beliebiger Prozeß					erhält Kontrolle	PCI von CP_1		erhält Kontrolle
PCI-Modul							Kettung von CP_2 an CP_1 Forts. I/O	

Abbildung 4: Globales Schreiben von Log-Seiten ohne Prozeßwechsel in einem einzigen I/O-Auftrag

Die "Queued I/O"-Technik verallgemeinert das "Chained I/O"-Verfahren, indem sie gewissermaßen Endloskettung von Blocktransfers erlaubt bzw. die gesamte CCW-Kette dynamisch erstellt.

4. Vergleich mit konventionellen Schnittstellen

Die in Kapitel 3 vorgestellten I/O-Techniken sind seit rund 20 Jahren technisch realisierbar. Dennoch haben sie außerhalb des engen Dunstkreises von Betriebssystemen bisher so gut wie keine Beachtung gefunden, von speziellen Szenarien wie etwa dem Ausschreiben von Logpuffern abgesehen. In der Tat ist der richtige Platz für Kanalprogramme schon aus Gründen der Sicherheit und der Geräteunabhängigkeit eigentlich im Betriebssystem, leider aber wurde es bislang für unnötig befunden, solche seitenmengenorientierten Dienste in einer höheren Notation z.B. in Verbindung mit einer Basiszugriffsmethode allgemein zur Verfügung zu stellen. Eine Erklärung für dieses Defizit ist sicherlich, daß die Diskussion um Komplexe Objekte noch relativ jung ist und ein akuter

I/O-Engpaß bei klassischen Anwendungen nicht unbedingt zu erkennen war. Hinzu kommt, daß Datenbanksysteme schon oft eigene (z.T. "kriminelle") Wege - unter Umgehung des Betriebssystems - gegangen sind.

Die von uns vorgeschlagene Methode mengenorientierter I/Os ist ein Weg, einigen Performanceproblemen in Verbindung mit Komplexen Objekten zu begegnen. Es stellt sich die Frage, ob es Alternativkonzepte gibt, die annähernd genauso leistungsfähig, dafür aber leichter zu realisieren sind. In einigen Arbeiten [HR85, CDRS86, CKSV86] wird auf die Notwendigkeit eines großen Objektpuffers hingewiesen, der die Bearbeitung Komplexer Objekte im Hauptspeicher ermöglicht. Faßt man - auf der untersten Abstraktionsstufe - Komplexe Objekte bzw. Speichercluster einfach als Mengen von Seiten auf, so liefert unser Vorschlag im Prinzip gerade einen solchen Objektpuffer. Da jedoch im Puffer nach wie vor nur Objekte einheitlich fester Größe, nämlich einzelne Seiten, zu verwalten sind, gibt es keine Probleme mit Fragmentierung. Die Verdrängung aus dem Puffer erfolgt nicht auf der Basis ganzer Seitenmengen, sondern je nach Notwendigkeit Seite für Seite. Somit kombinieren wir die einfache Verwaltung eines konventionellen Seitenpuffers mit den Performancevorteilen einer Objektpuffer-Konzeption.

Diese Einfachheit und Flexibilität geht dem Vorschlag ab, zusätzlich zu den üblichen Seitengrößen von 2K oder 4K "Jumbo"-Seiten mit einer Kapazität von z.B. 32 KBytes zu unterstützen [DB2]. Intern erfolgt der Zugriff auf derartig lange Seiten z.B. bei Verwendung von VSAM per Chained I/O. Dieses Konzept aber hat die unerfreuliche Konsequenz, zwei verschiedene Seitenpuffer verwalten zu müssen oder sich auf die Fragmentierungsproblematik einzulassen. Darüber hinaus ist es praktisch nicht möglich, die Seitengröße objektorientiert zu variieren. Diese kann nur jeweils pro Segment bzw. logischem Gerät gewählt werden und ist innerhalb dieses Bereichs einheitlich. Die Vorteile großer Seiten aber sind äußerst fraglich, wenn in einem Segment sowohl viele kleine als auch große Objekte liegen, was bei der breiten Streuung der Objektgrößen in Non-Standard-Anwendungen realistisch ist. Eine solche Situation würde zwangsläufig die effektive Puffernutzung drastisch verschlechtern. Unser quasi objektorientierter Ansatz dagegen verhält sich in jedem Fall gutmütig.

Ein unserer Speichercluster-Philosophie entgegengesetzter Vorschlag ist die Methode des "Declustering" [LKB86] (vgl. auch [VKC86, SG86]). Anstatt Komplexe Objekte möglichst kompakt in benachbarten Seiten zu speichern werden dabei Objekte in Portionen zerlegt und auf mehrere Platten verteilt. Der Zugriff soll dann durch die Parallelität mehrerer Laufwerke beschleunigt werden. Sofern man heutige Plattencharakteristika zugrundelegt, ergeben sich nach unserer Einschätzung bei dieser Methode aber erst dann Vorteile, wenn Objekte etliche Spuren an Speicherplatz benötigen, da dann nämlich die Positionierungszeit und Rotationsverzögerung bis zum Beginn des Datentransfers von der reinen Übertragungszeit dominiert wird.

Das einzige uns bekannte Betriebssystem, das die Idee des Ein- und Auslagerns von Seitenmengen variabler Kardinalität ansatzweise auf höherem Abstraktionsniveau unterstützt, ist das BS2000 mit der Zugriffsmethode UPAM [Sie1]. Es ist dort möglich, bis zu 16 PAM-Blöcke der Größe 2K gekettet, d.h. per Chained I/O zu lesen oder zu schreiben. Allerdings müssen diese Blöcke auf der Platte benachbart liegen, und - was schwerer wiegt - man benötigt einen zusammenhängenden Pufferbereich im Hauptspeicher für alle Blöcke eines I/O-Auftrags. Damit steht man vor den Alternativen, entweder variabel große Bereiche im Systempuffer zu allokieren, oder zusätzlich zum Systempuffer einen 32K-Speicherbereich nur für die UPAM-Aufrufe einzurichten.

Im zweiten Fall wären nach jedem Lese- und vor jedem Schreib-I/O (Hauptspeicher-) Kopieroperationen fällig. Insgesamt erscheint diese Möglichkeit des BS2000 daher nicht allgemein und flexibel genug, um mit den in Kapitel 3 vorgestellten I/O-Routinen mithalten zu können. Trotzdem ist bereits eine derartig eingeschränkte Form der Mengenorientierung in jedem Fall begrüßenswert.

Eine ernsthaft zu prüfende Alternative zu unserem Vorschlag mengenorientierter I/Os ist die Verlagerung des seitenorientierten Puffers direkt in die Hardware in Form eines sogenannten "Disk Cache" im Plattencontroller [Sm81b]. Diese Option wird z.B. für die IBM-Platte 3380 bzw. die Steuereinheit 3880 angeboten [IBM3]. Beim Lesen eines Blocks, der nicht bereits im Disk Cache gefunden wird, wird jeweils gleich die ganze Spur bzw. der Rest der Spur in den Cache gebracht. Schreibende I/Os gehen stets direkt auf Platte. Eine solche Hardware-Lösung scheint auf den ersten Blick optimale Zugriffszeiten auf große Datenvolumina gewährleisten zu können und ist für die Software voll transparent. Andererseits fehlt ihr naturgemäß die Information über die Zu(sammen)gehörigkeit von Seiten zu Speicherclustern im Sinne Komplexer (Speicher-) Objekte. Beim Lesen eines einzelnen Blocks, der nicht bereits im Cache ist, wird daher in jedem Fall die ganze Spur gelesen, was länger dauert als ein einzelner Block-I/O und eventuell unnötig ist, wenn es sich nämlich um die Anforderung eines kurzen Objekts oder um den ersten Teil eines extrem verstreut gespeicherten Objekts handelt.

Die Disk Cache-Lösung ist insgesamt zu unflexibel (vgl. [Hou85]), um mengenorientierte I/Os durchgehend effizient abzuwickeln. Eine flexiblere Software-Variante davon ist im BS2000 unter der Bezeichnung "Disk Access Buffer" realisiert [Sie2]. Der Cache liegt dabei im virtuellen Adreßraum einer Systemtask. Wie beim Hardware-Cache werden ganze Plattenspuren gepuffert und nach der LRU-Regel verwaltet. Hinzu kommt hier aufgrund des Pagings eine Sekundärstrategie, die wiederum die Zugriffshäufigkeit auf einzelne Seiten berücksichtigt. Da das Paging in der Regel sehr viel schneller abgewickelt wird als gewöhnliche I/Os, erscheint dieser vom Systemverwalter parametrisierbare Mechanismus recht vielversprechend.

Schreibende I/Os profitieren von keinem dieser beiden Cache-Konzepte. Mengenorientierung ist aber auch hierbei wichtig, wenn große Komplexe Objekte auf einmal eingefügt bzw. nach vielen strukturellen Änderungen komplett zurückgeschrieben werden sollen. In einer verteilten Server-Workstation-Umgebung, wie sie für CAD- und Büroanwendungen immer wieder propagiert wird, ist dies eine häufige Situation. Ein nichtflüchtiger RAM-Disk Cache würde dieses Argument natürlich abschwächen. Unsere Konzeption einer mengenorientierten Seitenschnittstelle wird freilich auch davon ebenso wenig in Frage gestellt wie die vorgeschlagene Realisierung durch Chained I/O bzw. Queued I/O. Andererseits bedeutet, das eine zu tun, nicht notwendigerweise, das andere zu lassen; eine Kombination verschiedener Mechanismen ist durchaus anzustreben.

5. Ausblick

In dieser Arbeit wurde die Konzeption einer mengenorientierten Seitenschnittstelle vorgestellt, von der wir glauben und im Ansatz nachgewiesen haben, daß sie den Zugriff auf Komplexe Objekte effizient unterstützt. Die vorgeschlagene Realisierung durch Chained I/O-Techniken beseitigt den I/O-Engpaß beim Transfer extrem großer, variabel langer Speichercluster von der Platte in den Hauptspeicher. Beim Zurückschreiben geänderter Objekte, speziell auch zum Schreiben von REDO-Logsätzen, verspricht die Variante des Queued I/O zusätzliche Performancegewinne.

Der Nutzen einer mengenorientierten Seitenschnittstelle ist keineswegs auf Non-Standard-

Anwendungen, die den Umgang mit Komplexen Objekten erfordern, beschränkt. Sofern man die Mengenorientierung konsequent auch auf der Schnittstelle zwischen Datenbanksystem und Anwendungsprogramm einführt [SR84, SW86], ist es beispielsweise sinnvoll, bei einem Segmentscan jeweils mehrere Seiten auf einmal per Data Chained I/O einzulagern. Dem Anwendungsprogramm können so bei einem DBS-Aufruf mehrere Treffer einer Anfrage übergeben werden. Beim Zugriff über einen Index wird zunächst eine Liste von Seiten bestimmt, die potentielle Treffer enthalten. Diese Seiten sollten ebenfalls mengenorientiert - ggf. zerlegt in Teilmengen geeigneter Kardinalität - angefordert werden. Im Falle eines "clustered" Index [As76] sind die Trefferseiten sogar mit hoher Wahrscheinlichkeit benachbart, so daß die Methode des Data Chained I/O einsetzbar wäre. Voraussetzung ist auch hier wiederum, daß Anwendungsprogramm und Datenbanksystem in einer Art "Schubmodus" [SESAM] kommunizieren und nicht, wie im SQL-Standard vorgesehen, pro Ergebnistupel einen "Fetch $< Cursor >$"-Aufruf benötigen. Diese Mengenorientierung an der Anwendungsschnittstelle scheint sich allmählich durchzusetzen, uns ist jedoch kein einziges System bekannt, das auch auf der Seitenebene mengenorientiert operiert.

Die in Kapitel 3 dargestellte I/O-Methodologie zeigt zwar im Ansatz vielversprechende Meßresultate, ist aber noch längst nicht in allen Details untersucht. Geplant sind daher umfangreiche Meßreihen, u.a. um den Einfluß verschiedener Parameter zu bestimmen. Schließlich soll der mengenorientierte Seiten-Server unter den Lastcharakteristika realer Anwendungen evaluiert werden.

Danksagung

Unser Dank gilt Prof. Schek für die Anregung und Unterstützung dieser Arbeit sowie Prof. Söder für wertvolle technische Hinweise. Anerkennung verdient auch Uwe Deppisch, dessen Arbeit über Speicherungsstrukturen für Komplexe Objekte eine wichtige Motivation zu den vorgestellten Konzepten lieferte.

Literatur

[As76] Astrahan, M.M., et al: *System R: Relational Approach to Database Management*, TODS 1 (1976), No.2

[BB84] Batory, D.S., Buchmann, A.P.: *Molecular Objects, Abstract Data Types, and Data Models: A Framework*, Proc. VLDB Conf., 1984

[BK85] Batory, D.S., Kim, W.: *Modeling Concepts for VLSI CAD Objects*, TODS 10 (1985), No.3

[BP85] Blaser, A., Pistor, P. (Hrsg.): *Datenbanksysteme in Büro, Technik und Wissenschaft*, GI Fachtagung, IFB 94, Springer-Verlag, Berlin-Heidelberg-New York-Tokyo, 1985

[CDRS86] Carey, M.J., DeWitt, D.J., Richardson, J.E., Shekita, E.J.: *Object and File Management in the EXODUS Extensible Database System*, Proc. VLDB Conf., 1986

[CKSV86] Copeland, G.P., Koshafian, S.N., Smith, M.G., Valduriez, P.: *Buffering Schemes for Permanent Data*, Proc. IEEE COMPDEC, 1986

[Da86] Dadam, P., Kuespert, K., Andersen, F., Blanken, H., Erbe, R., Guenauer, J., Lum, V., Pistor, P., Walch, G.: *A DBMS Prototype to Support Extended NF^2 Relations: An Integrated View on Flat Tables and Hierarchies*, Proc. SIGMOD Conf., 1986

[DB2] IBM Systems Journal Vol.23 No.2, *Special Issue on DB2*, 1984

[Dei84] Deitel, H.M.: *An Introduction to Operating Systems*, Addison-Wesley Publ., Reading (Mass.), 1984

[DGW85] Deppisch, U., Günauer, J., Walch, G.: *Speicherungsstrukturen und Adressierungstechniken für Komplexe Objekte des NF^2-Relationenmodells*, in: [BP85]

[DKM85] Dittrich, K.R., Kotz, A.M., Mülle, J.A.: *A Multilevel Approach to Design Database Systems and its Basic Mechanisms*, Proc. IEEE COMPINT, Montreal, 1985

[DKML85] Dittrich, K.R., Kotz, A.M., Mülle, J.A., Lockemann, P.C.: *Datenbankunterstützung für den ingenieurwissenschaftlichen Entwurf*, Informatik-Spektrum Band 8 (1985), Heft 3

[DKOSSW84] De Witt, D.J., Katz, R.H., Olken, F., Shapiro, L.D., Stonebraker, M.R., Wood, D.: *Implementation Techniques for Main Memory Database Systems*, Proc. SIGMOD Conf., 1984

[DOPSSW85] Deppisch, U., Obermeit, V., Paul, H.-B., Schek, H.-J., Scholl, M.H., Weikum, G.: *Ein Subsystem zur stabilen Speicherung versionenbehafteter, hierarchisch strukturierter Tupel*, in: [BP85]

[DPS86] Deppisch, U., Paul, H.-B., Schek, H.-J.: *A Storage System for Complex Objects*, Proc. ACM/IEEE CS Int. Workshop on Object-Oriented Database Systems, Pacific Grove, 1986

[Eb84] Eberlein, W.: *CAD-Datenbanksysteme*, Springer-Verlag, Berlin-Heidelberg-New York-Tokyo, 1984

[Fi83] Fischer, W.E.: *Datenbanksysteme für CAD-Arbeitsplätze*, IFB 70, Springer-Verlag, Berlin-Heidelberg-New York-Tokyo, 1983

[FHKS86] Felix, R., Höffmann, A., Klahold, P., Schlageter, G.: *Vergleich verschiedener CIF-Darstellungen im relationalen Datenbankmodell am Beispiel des Layouteditors KIC*, 2. E.I.S.-Workshop, Bonn, 1986

[HHLM86] Härder, T., Hübel, C., Langenfeld, S., Mitschang, B.: *KUNICAD - ein datenbankgestütztes geometrisches Modellierungssystem für Werkstücke*, Forschungsbericht SFB 124, Universität Kaiserslautern, 1986, erscheint in: Informatik - Forschung und Entwicklung

[Hou85] Houtekamer, G.: *Performance Analysis of the IBM DASD Subsystem, and some Suggestions for Improved Systems*, in: Messung, Modellierung und Bewertung von Rechensystemen, IFB 110, Springer-Verlag, Berlin-Heidelberg-New York-Tokyo, 1985

[HR85] Härder, T., Reuter, A.: *Architektur von Datenbanksystemen für Non-Standard-Anwendungen*, in: [BP85]

[IBM1] *IBM System /370 Principles of Operation*, IBM Corporation, Order No. GA22-7000-9

[IBM2] *IBM 4361 Processor DASD Adapter for 3370 Direct Access Storage, Reference Manual*, IBM Corporation, Order No. GA33-1539-4

[IBM3] *IBM Disk Storage Management Guide, Background Reference Information*, IBM Corporation, Order No. GA26-1675-0

[La84] Lamersdorf, W.: *Recursive Data Models for Non-Conventional Database Applications*, Proc. IEEE COMPDEC, Los Angeles, 1984

[LKB86] Livny, M., Koshafian, S., Boral, H.: *Multi-Disk Management Algorithms*, IEEE Database Engineering 9 (1986), No.1

[LKMPM84] Lorie, R., Kim, W., McNabb, D., Plouffe, W., Meier, A.: *User Interface and Access Techniques for Engineering Databases*, IBM Research Report RJ4155, San Jose, 1984

[Mei86] Meier, A.: *Methoden der grafischen und geometrischen Datenverarbeitung*, Teubner-Verlag, Stuttgart, 1986

[Mi85] Mitschang, B.: *Charakteristiken des Komplex-Objekt-Begriffs und Ansätze zu dessen Realisierung*, in [BP85]

[MVS1] *MVS/SP Data Administration Guide* IBM Corporation, Order No. GC-26-4058

[MVS2] *MVS/SP System Data Administration*, IBM Corporation, Order No. GC-26-4056-2

[Neu86] Neumann, B.: *Überlegungen zur Einbettung eines "Non-Standard"-Datenbankkernsystems in das Betriebssystem MVS*, Manuskript, 1986

[PS83] Peterson, R.J., Strickland, J.P.: *Log Write-Ahead Protocols and IMS/VS Logging*, ACM Symp. on PODS, 1983

[PSSWD86] Paul, H.-B., Schek, H.-J., Scholl, M.S., Weikum, G., Deppisch, U.: *Architecture and Implementation of the Darmstadt Database Kernel System*, submitted for publication

[SESAM] *SESAM Anwendungsprogrammierung Benutzerhandbuch*, Siemens AG, München, Bestell-Nr. U-1054-J-Z55-1

[SG86] Salem, K., Garcia-Molina, H.: *Disk Striping*, Proc. IEEE COMPDEC, 1986

[Sie1] *BS2000 Datenverwaltungssystem - Plattenverarbeitung*, Siemens AG, München, Bestell-Nr. U805-J-Z55-6

[Sie2] *BS2000 DAB Plattenzugriffspuffer*, Siemens AG, München

[Sm81a] Smith, A.J.: *Input/Ouput Optimization and Disk Architectures: A Survey*, Performance and Evaluation Vol.1, 1981

[Sm81b] Smith, A.J.: *Optimization of I/O Systems by Cache Disks and File Migration: A Summary*, Performance and Evaluation Vol.1, 1981

[SQL/DS] *SQL/Data System, Planning and Administration - VM/SP*, IBM Corporation, Order No. SH24-5043

[SR84] Stonebraker, M.R., Rowe, L.A.: *Database Portals - A New Application Program Interface*, Proc. VLDB Conf., 1984

[SS84] Schek, H.-J., Scholl, M.H.: *The Relational Model with Relation-Valued Attributes*, TH Darmstadt, Technical Report DVSI-1984-T1, erschienen in: Information Systems 11 (1986), No.2

[SW86] Schek, H.-J., Weikum, G.: *DASDBS: Konzepte und Architektur eines neuartigen Datenbanksystems*, eingereicht zur Veröffentlichung

[VKC86] Valduriez, P., Koshafian, S., Copeland, G.: *Implementation Techniques of Complex Objects*, Proc. VLDB Conf., 1986

[VM] *VM/SP System Programmer's Guide*, IBM Corporation, Order No. SC19-6203-2

[Wei86a] Weikum, G.: *Realisierung von Datenbankkonzepten durch Betriebssystemfunktionen*, Arbeitsbericht DVSI-1986-A1, TH Darmstadt, 1986

[Wei86b] Weikum, G.: *Pros and Cons of Operating System Transactions for Data Base Systems*, Proc. ACM/IEEE CS Fall Joint Computer Conference, Dallas, 1986

REGELORIENTIERTE ERZEUGUNG VON KARTEN-ENTWÜRFEN AUF GEOWISSENSCHAFTLICHEN DATENBANKEN

Michael Drawin, Karl Neumann, Hans-Dieter Ehrich

Informatik, Abt. Datenbanken
Technische Universität Braunschweig
Postfach 3329, D-3300 Braunschweig

KURZFASSUNG: In der vorliegenden Arbeit werden Sprachmittel zur Definition von Regeln zur Kartenerzeugung und deren Umsetzung auf die Benutzerschnittstelle eines geowissenschaftlichen Datenbanksystems vorgestellt. Diese Regeln legen die Darstellung von Klassen geowissenschaftlicher Objekte in ganzen Kartenarten fest. Der Entwurf einer konkreten Karte kann dann weitgehend automatisch, regelgesteuert durchgeführt werden.
SCHLÜSSELWORTE: geowissenschaftliches Datenbanksystem, Definition von Regeln, Kartenentwurf

ABSTRACT: This paper presents a language suitable to define rules representing a subset of cartographic knowledge. Also, the translation of these rules into the language of a geoscientific database system is sketched. Applying the rules to the process of map prototyping means to handle it almost automatically.
KEYWORDS: geoscientific database system, definition of rules, map prototyping

1. EINLEITUNG

Innerhalb des Schwerpunktprogrammes "Digitale Geowissenschaftliche Kartenwerke", in dem ein integriertes Konzept zur Handhabung von geowissenschaftlichen Datenbeständen und deren Umsetzung in Kartenwerke angestrebt wird /Vi85/, wurde eine Benutzerschnittstelle für ein entsprechendes Datenbanksystem vorgeschlagen. Die zugehörige Datenbanksprache, die sich an der relationalen Sprache QUEL /SWKH76/ orientiert, bietet unter anderem Definitions- und Manipulationsoperationen für Objekte mit geometrischen Datentypen sowie Anweisungen, die der Generierung von Karten dienen /RNLE85, LN86/. Ein erster Datenbankprototyp, der Teile dieser Datenbanksprache realisiert, befindet sich zur Zeit in der Testphase.

Es wurden deshalb erste Überlegungen angestellt, dieses geowissenschaftliche Datenbanksystem auch für den Aufbau eines Informationssystems innerhalb des Sonderforschungsbereiches "Wasser- und Stoffdynamik von Agrar-Ökosystemen" /Ro85/ zu nutzen. Dabei zeigte sich, daß für den geplanten Einsatz, das Erstellen von einfachen, aktuellen Karten, die Versuchsergebnisse aus dem Testgelände grob darstellen sollen, die existierende Benutzerschnittstelle zwar prinzipiell ausreicht, aber teilweise zu unbequem langen Anweisungsfolgen führt.

Diese Arbeit wurde von der Deutschen Forschungsgemeinschaft gefördert (Az. SFB 179 B4 und Eh 75/3-2).

In der vorliegenden Arbeit wollen wir deshalb die Benutzerschnittstelle im Bereich der Kartenerstellung um Konzepte erweitern,
die das bisherige Abbilden von "Geoobjekten" auf "Kartenobjekte" und
deren Einfügen in gleichzeitig zu qualifizierende Karten vereinfachen.
Mit Hilfe der neu einzuführenden Sprachmittel können oft benutzte Dar-
stellungstandards der Kartenerstellung ausgedrückt und beim Entwurf
von Karten benutzt werden, wie z.B. die Tatsache, daß in vielen Karten die Namen von Städten abhängig von ihrer Einwohneranzahl in verschieden großen Schriften dargestellt werden.

Als Ausgangspunkt wird dazu im nächsten Abschnitt die Datenbanksprache
des Geodatenbanksystems kurz vorgestellt. In Abschnitt 3 werden Grund-
regeln für die Kartenerzeugung diskutiert, der Art: "Welche Objektklassen werden in welchen Karten wie dargestellt". Entsprechende
Sprachmittel zur Definition von Regeln und Klassen werden eingeführt
und anhand von Beispielen erläutert. In Abschnitt 4 wird die neue
Anweisung zur regelgestützten Kartenkonstruktion vorgestellt, während
Abschnitt 5 auf die automatische Übersetzung dieser Anweisung in die
ursprünglichen Kommandos der Datenbanksprache eingeht. Im letzten
Abschnitt wird der aktuelle Stand der Realisierung des Gesamtsystems
dargestellt, außerdem werden hier Möglichkeiten zur Optimierung aufgezeigt.

2. GEOOBJEKT-MODELL UND DATENBANKSPRACHE

In diesem Abschnitt wird das Geoobjekt-Modell und die zugehörige
Datenbanksprache anhand von Beispielen sehr knapp vorgestellt. Für
eine detailliertere Darstellung, insbesondere des Objekt-Modells wird
auf /LN86/ verwiesen; /RNLE85/ enthält zusätzlich die Sprachsyntax.

Das für geowissenschaftliche Anwendungen entwickelte Objektmodell,
kurz: Geoobjekt-Modell, stellt eine Erweiterung und Spezialisierung
des bekannten Enitity-Relationship-Modells (ER-Modell) /Ch76/ dar.
Die Erweiterungen betreffen:

<u>Geometrische Datentypen</u>: es werden die Nicht-Standard-Datentypen
"Punkte", "Linien" und "Flächen" mit zugehörigen Operationen wie
Flächenschnitte, Längenberechnung von Linien usw. vorgesehen.

<u>Komplexe Objekte</u>: neben den atomaren Objektklassen können auch kom-
plexe Objektklassen definiert werden, diese können Listen, Mengen oder
Aggregierungen von Subobjekten enthalten.

<u>Generalisierungen</u>: mehrere (Unter-)Objektklassen können zu Oberklassen
generalisiert werden. Es ist möglich, daß diese Oberklassen wieder Unterklassen darstellen, so daß Generalisierungshierarchien entstehen.

In Abb.1 ist ein erweitertes ER-Schema dargestellt, das die
aufgeführten Konstrukte enthält. Die beiden atomaren Objektklassen
"SO_2-Messung" und "Waldschäden" werden zur Oberklasse "Erhe-
bungsstelle" generalisiert. "Regierungsbezirke" werden als komplexe
Objekte modelliert, die jeweils eine Liste von Landkreisen enthalten.
Sämtliche Objektklassen weisen ein Attribut "Geometrie" auf; so wird
etwa die flächenhafte Ausdehnung von Städten als Menge von Polygonen
dargestellt.

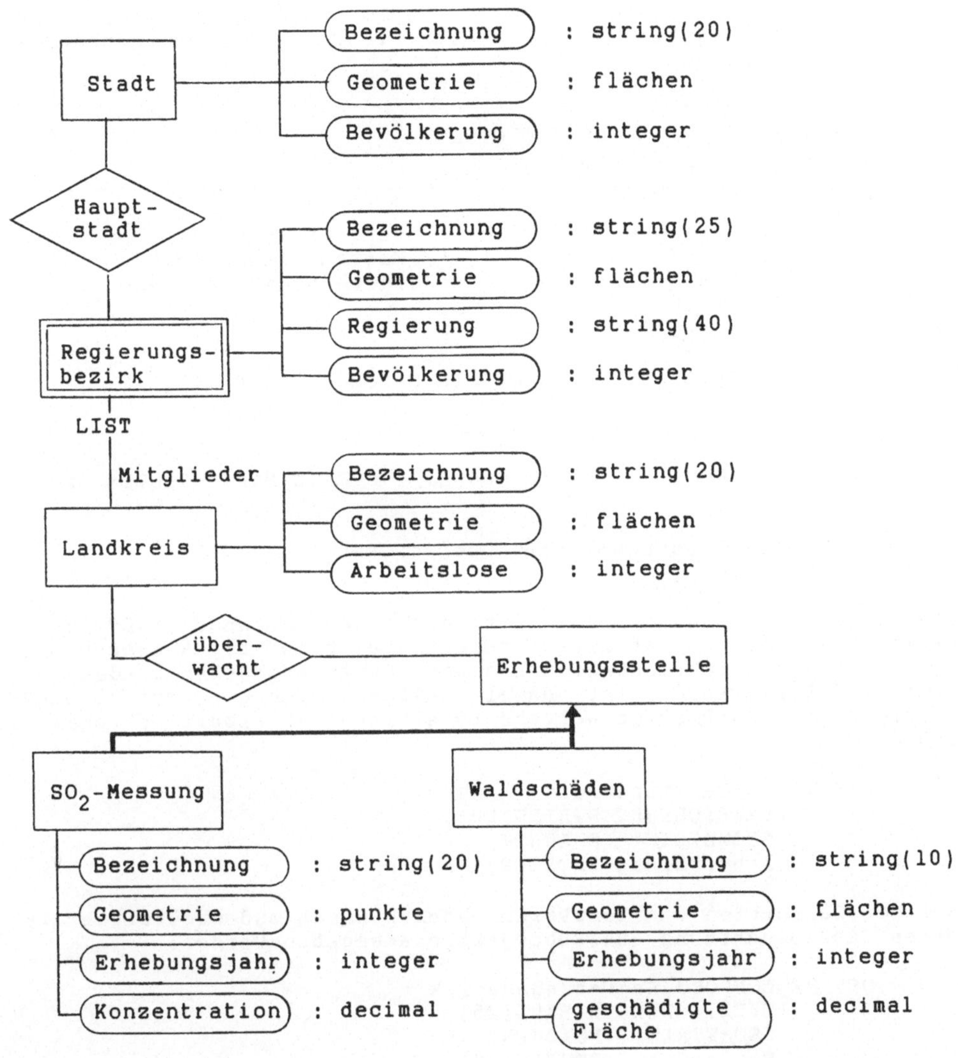

Abb.1: Beispiel eines erweiterten ER-Schemas

Zur Berücksichtigung der besonderen geowissenschaftlichen Anforderungen wird das skizzierte erweiterte ER-Modell zum Geoobjekt-Modell
spezialisiert, indem ein allen Geodatenbanken gemeinsames Teil-Schema
vordefiniert wird und gewisse Regeln angegeben werden, wie der jeweils
verbleibende Teil des Schemas aufgebaut werden muß. Dafür bietet das
Geoobjekt-Modell die zwei Hauptkonzepte <u>Geoobjekt</u> und <u>Kartenobjekt</u> an.

Geoobjekte stellen geowissenschaftliche Objekte dar, die in der
Realität oder in der Vorstellungswelt existieren, z.B. Städte, Vegeta-
tionszonen, Bruchkanten usw. Dagegen sind Kartenobjekte die graphischen Repräsentationen von Geoobjekten in (Land-)Karten. Während
die Geoobjekt-Klassen vom Benutzer relativ frei definiert werden
können, bilden die sechs verschiedenen Kartenobjekt-Klassen und die
Klasse der Karten den festen Teil des Schemas.

Abb.2 verdeutlicht diese Schema-Zweiteilung und gibt eine Übersicht über die wichtigsten Datenbankoperationen mit deren Zuordung zu den beiden Schemateilen.

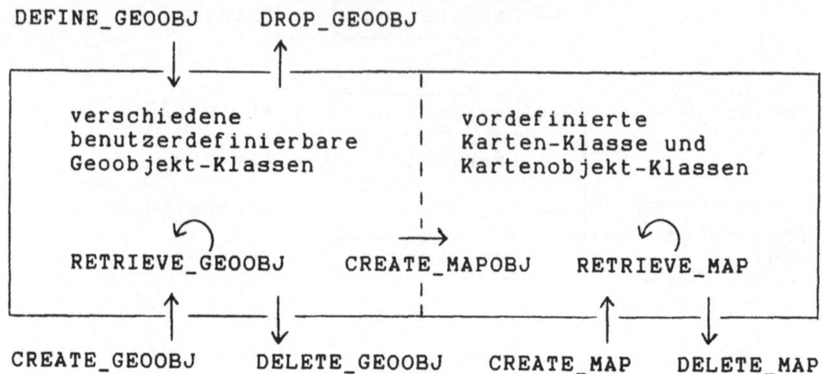

<u>Abb.2</u>: zweigeteiltes Schema mit Operationen

Eine atomare Geoobjekt-Klasse wird durch das Kommando "DEFINE_GEOOBJ" definiert. Bei der Definition müssen wie üblich ein Klassenbezeichner sowie geeignete Attributnamen und Datentypen angegeben werden. Das Attribut "BEZEICHNUNG" ist dabei obligat, wogegen das "GEOMETRIE"-Attribut sowie beliebige weitere inhaltliche Attribute optional sind, z.B:

```
DEFINE_GEOOBJ Landkreis
        (BEZEICHNUNG STRING(20),
         GEOMETRIE   FLÄCHEN,
         Arbeitslose INTEGER);
```

Bei der Definition von komplexen Objektklassen muß zusätzlich die Art deren Zusammensetzung aus Subobjekten angegeben werden:

```
DEFINE_COMPOBJ Regierungsbezirk
        (BEZEICHNUNG STRING(25),
         GEOMETRIE   FLÄCHEN,
         Regierung   STRING(20),
         Bevölkerung INTEGER,
         Mitglieder  LIST_OF Landkreis);
```

Klassen von Beziehungen, z.B. "Hauptstadt" zwischen den Objektklassen "Stadt" und "Regierungsbezirk", sowie Generalisierungshierarchien werden auf ähnliche Weise definiert.

Nachdem ein Datenbankschema definiert wurde, kann der Benutzer mit der Anweisung "CREATE_GEOOBJ" oder per Massendatenlader (bulk-loading) Objektexemplare einfügen. Im folgenden Beispiel werden nur einige Zeichenketten-Konstanten angegeben; die Punkte stehen für weitere fehlende Konstanten.

```
CREATE_GEOOBJ Landkreis('Celle',(...),...);
CREATE_COMPOBJ Regierungsbezirk('Lüneburg',(...),...);
```

Das Wiederfinden, Aktualisieren und Löschen von Objekten stützt sich
auf das Konzept der typisierten Objektvariablen, die mittels der
"RANGE_OF"-Anweisung deklariert werden müssen. Bei dieser Deklaration
kann für Objektklassen, die ein Geometrie-Attribut aufweisen, ein Fenster in Weltkoordinaten angegeben werden (IN_WINDOW). Die betreffende
Variable überstreicht dann nur noch solche Objektexemplare, deren
Geometrie innerhalb des angegebenen Fensters liegt.

Subobjekte werden durch eine spezielle Form der "UPDATE"-Anweisung zu
komplexen Objekten hinzugefügt. Im nächsten Beispiel wird der
Landkreis "Celle" dem Regierungsbezirk "Lüneburg" hinzugefügt. Es wird
dabei angenommen, daß die Liste der Landkreise nach ihren Flächen
geordnet ist. Diese Ordnung wird beim Einfügen erhalten.

```
    RANGE_OF lk IS Landkreis;
    RANGE_OF r  IS Regierungsbezirk;
    RANGE_OF i  IS INDEX;  /* Index-Variable */
    UPDATE_COMPOBJ r
      INSERT Mitglieder.i lk
        WHERE r.BEZEICHNUNG = 'Lüneburg'
          AND lk.BEZEICHNUNG = 'Celle'
          AND AREA(r.Mitglieder.i-1.GEOMETRIE)
                <= AREA(lk.GEOMETRIE)
          AND AREA(r.Mitglieder.i.GEOMETRIE)
                > AREA(lk.GEOMETRIE);
```

Mit dem "RETRIEVE_OBJ"-Kommando können Objekte wiedergefunden werden,
wobei eine neue temporäre Objektklasse erzeugt wird. Wie üblich werden
die Objekte durch Prädikate im "WHERE"-Teil qualifiziert; ihre Attribute mit den zugeordneten Werten werden in der Ziel-Liste angegeben.
Im folgenden Beispiel werden Namen von Städten gesucht, in denen SO_2-
Meßpunkte liegen. Dabei soll zu jedem Stadtnamen jeweils nur die
höchste Konzentration von SO_2 angegeben werden.

```
    RANGE_OF s IS Stadt IN_WINDOW (6,47,14,55);  /* BRD */
    RANGE_OF m IS SO2_Messung;
    RETRIEVE_OBJ INTO erg
            (Stadtname = s.BEZEICHNUNG,
             Konzentration = m.Konzentration)
      WHERE WITHIN(m.GEOMETRIE,s.GEOMETRIE);

    RANGE_OF el IS erg;
    RANGE_OF e2 IS erg;
    DELETE_GEOOBJ el
      WHERE el.Konzentration < e2.Konzentration
        AND el.Stadtname = e2.Stadtname;

    DISPLAY erg ON TERMINAL;
```

Die Semantik von Anfragen der Datenbanksprache kann als Ausdrücke
eines Objektkalküls angegeben werden, der aus dem erweiterten ER-
Modell abgeleitet werden kann. Diese Ableitung wird analog zum
Tupelkalkül definiert, der deskriptiven relationalen Sprachen zugrunde
liegt /Ul82/. Für den ersten Teil der Anfrage aus obigem Beispiel ergibt sich folgender Ausdruck des Objekt-Kalküls:

```
    {erg | (∃ s:Stadt) (∃ m:SO2_Messung)
            Stadtname(erg) = BEZEICHNUNG(s) ∧
            Konzentration(erg) = Konzentration(m) ∧
            within(GEOMETRIE(s),(6,47,14,55)) ∧
            within(GEOMETRIE(m),GEOMETRIE(s))}
```

Da die Geodatenbanksprache keine expliziten Quantoren aufweist und implizit lediglich Existenzquantoren auftreten, müssen komplexe Anfragen im mehreren Schritten "berechnet" werden; z.B. wird im obigen Fall die Maximumbildung durch eine "RETRIEVE"- und eine folgende "DELETE"- Anweisung realisiert.

Um eine Karte zu generieren, muß zunächst im fest vorgegebenen Teil des Schemas eine leere Karte eingerichtet werden, indem die benötigten Kartenattribute wie Name, Maßstab usw. als Konstanten eingegeben werden, z.B:

```
CREATE_MAP('SO_2_Übersicht_in_Städten',1:300000,...);
```

Danach werden geeignet ausgewählte Geoobjekte auf Kartenobjekte abgebildet, die dem Kartenfeld oder dem Kartenrand zugeordnet werden. Dabei stellen die Kartenobjekte im Kartenfeld den eigentlichen Inhalt der Karte dar, während der Rand die Kartenlegende aufnimmt. Beim Übergang von einem Geoobjekt zu einem Kartenobjekt wird zunächst die Geometrie des Geoobjektes an dem "Weltausschnitt"-Fenster der zugeordneten Karte geklippt und dann eine Transformation von den allen Geoobjekten zugrundeliegenden Weltkoordinaten in die Blattkoordinaten der ausgewählten Karte durchgeführt. Neben diesen automatisch ablaufenden Vorgängen kann der Benutzer zahlreiche Attributwerte der neuen Kartenobjekte festlegen, wie Farben, Strichstärken usw.

Im folgenden Beispiel soll eine sehr einfache Übersichtskarte konstruiert werden, in der alle Regierungsbezirke Norddeutschlands als schwarze Flächenumrandungen auftreten sollen; ferner werden Städte als Quadrate dargestellt, deren Farben abhängig von der höchsten SO_2- Konzentration in der jeweiligen Stadt gewählt werden.

```
/* Regierungsbezirke -> Karte */
RANGE_OF r IS Regierungsbezirk IN_WINDOW (6,52,14,55);
RANGE_OF m IS MAP;                        /* Norddeutschland */
CREATE_MAPOBJ FROM r
   INSERT_INTO m.FELD
   (FLÄCHEN: FARBE = 'schwarz', FÜLLTYP = 0)
   WHERE m.BEZEICHNUNG = 'SO_2_Übersicht_in_Städten';

/* Städte der 1. Konzentrationsklasse -> Karte (blaue Farbe) */
RANGE_OF s IS Stadt IN_WINDOW (6,52,14,55);
RANGE_OF e IS erg;
CREATE_MAPOBJ FROM s
   INSERT_INTO m.FELD
   (PUNKTE: FARBE = 'blau', MARKERTYP = 4)
   WHERE e.Konzentration <= 0.5
     AND e.Stadtname = s.BEZEICHNUNG
     AND m.BEZEICHNUNG = 'SO_2_Übersicht_in_Städten';
```

Für jede weitere Klassendarstellung, d.h. für jedes weitere Paar bestehend aus Konzentrationsinterval mit zugeordneter Farbe, wird jeweils eine weitere einzelne Anweisung benötigt. Zur Beschriftung könnten in einem abschließenden Kommando Kartenobjekte vom Typ TEXT generiert werden, als deren Inhalte die einzelnen Städtenamen zu wählen wären. Die fertige Karte steht dann in der Datenbank zur weiteren Verarbeitung oder zur Ausgabe zur Verfügung.

Ein größeres Anwendungsbeispiel, das die Konzepte und Möglichkeiten der hier nur kurz vorgestellten "Geo-Datenbanksprache" ausführlich demonstriert, ist in /RN86/ zu finden.

3. KLASSEN- UND REGELDEFINITION

Wie im vorherigen Abschnitt dargestellt, werden im Geoobjekt-Modell
der Inhalt einer Karte durch Kartenobjekte beschrieben. Diese Kar-
tenobjekte sind eine Abbildung von Geoobjekten in einer Karte, in der
Datenbanksprache durch die Operation CREATE_MAPOBJ realisiert. Der
Entwurf einer Karte besteht in der Definition einer großen Anzahl von
Abbildungsvorschriften. Durch die im Folgenden vorgeschlagenen
Sprachkonstrukte soll der Entwurfsvorgang vereinfacht werden, indem
immer wiederkehrende Anweisungsfolgen nur ein einziges Mal
parametrisch beschrieben werden müssen. Dabei ziehen wir aus der
Tatsache Nutzen, daß Abbildungsvorschriften in der Regel für Gruppen
von Karten und nicht nur für Einzelkarten gültig sind. So gelten z.B.
für Flurkarten Darstellungsnormen nach DIN 15, DIN 6776 und DIN 18702
(nach /Ha85/).

Abbildungsvorschriften oder -regeln setzen sich aus folgenden Angaben
zusammen: "unter welchen Bedingungen wird etwas ausgeführt", d.h.
welche Geoobjekte sollen abgebildet werden und für welche Karten soll
die Vorschrift verwendet werden, und "welche Aktion wird ausgeführt",
d.h. wie sollen die Geoobjekte dargestellt werden.

Die abzubildende Menge der Geoobjekte kann identisch sein mit einer
Geoobjektklasse. Durch die einheitliche Darstellung einer Klasse
enthält die Karte nur Informationen über die räumliche Orientierung
der Objekte. Oft soll jedoch zusätzlich eine Eigenschaft, d.h. ein Attribut des Objektes dargestellt werden. Hierfür wird der Wertebereich
des darzustellenden Attributes in Werteklassen aufgeteilt, von der die
Darstellung des Objektes in der Karte abhängt. Sowohl quantitative
Merkmale, wie z.B. Einwohnerzahlen, als auch qualitative Merkmale, wie
Bodenarten, können auf diese Weise aufgeteilt werden. Damit legt man
gleichzeitig eine Unterteilung in speziellere Klassen fest, wobei die
entstehenden Unterklassen disjunkt sein sollen.

Die Aufteilung der Geoobjektklassen, die Klassifikation, kann durch
die Operation CREATE_CLASS definiert werden. Für die Klassifikation
muß ein Name angegeben werden, um sie von anderen Klassifikationen der
gleichen Geoobjektklasse unterscheiden zu können. Außerdem werden alle
Unterklassen einer Klassifizierung benannt. Sie können über ihren Namen bei der Kartenerstellung angesprochen werden. Zu jeder Unterklasse
der Geoobjektklasse wird ein Ausdruck, bestehend aus Einzelwerten
oder Intervallen, angegeben, mit dem der Unterklasse ein Wertebereich
des zur Klassenbildung benutzten Attributs zugeordnet wird. Ein
Beispiel für die Definition der Klassifikation:

```
CREATE_CLASS Waldschadensklassen FOR Waldschäden
   SUBCLASSES VIA geschädigte_Fläche
      keine_Schädigung     : ( .. 0.2)
      geringe_Schädigung   : [0.2  .. 0.35)
      mittlere_Schädigung  : [0.35 .. 0.5)
      starke_Schädigung    : [0.5  .. 0.65)
      absterbender_Wald    : [0.65 .. );
```

Für die Geoobjektklasse "Waldschäden" haben wir eine Klassifikation
"Waldschadensklassen" definiert. Die Aufteilung in Unterklassen er-
folgt, indem der Wertebereich des Attributes "geschädigte Fläche" in 5
Intervalle aufgeteilt wird. Die Unterklasssen sind disjunkt, weil die
Intervalle des zur Aufteilung verwendeten Attributes disjunkt sind.

Um angeben zu können, für welche Karte eine Abbildung gelten soll,
wird ein Mechanismus zur Gruppierung von Karten eingeführt, indem das
Standard-Objekt "Karte" um ein Attribut "Kartenart" erweitert wird.
Mit "Kartenart" werden Gruppen von Karten bezeichnet, z.B. Topologische Karte, Geologische Übersichtskarte usw. (vgl. /Wi81/). Durch
die Angabe von Wertebereichen für die Kartenattribute "Kartenart" und
"Maßstab" wird eine Abbildungsregel für eine Gruppe von Karten definiert.

Die Beschreibung, wie Objekte in Karten dargestellt werden sollen, geschieht, indem die zu erzeugenden Kartenobjekte direkt angegeben werden. Dabei lehnt sich die Spezifikation der Kartenobjekte an die in
Abschnitt 2 eingeführte Schreibweise an; für jedes Kartenobjekt werden
der Geometrietyp und die zugehörigen graphischen Attribute definiert.

Für die Operation CREATE_MRULE benutzen wir als Rahmen eine IF-THEN
Konstruktion. Zusätzlich wird ein Regelkopf eingeführt, in dem ein
eindeutiger Regelname angegeben und die Geoobjektklasse spezifiziert
wird, auf die sich die Regel bezieht. Der Regelname identifiziert eine
Regel und wird insbesondere beim Löschen einer Regel benutzt.

Im IF- oder Bedingungsteil der Regel werden die Karten und die Geoobjekte genauer spezifiziert. Der Anwendungsbereich der Regel für Karten wird durch die Kartenart und den Maßstab definiert. Dabei können
mehrere Kartenarten angegeben werden oder auch ein Intervall für den
Maßstab. Einzelne Regeln können auch einheitlich für alle Kartenarten
gelten, in diesem Fall entfällt die Spezifikation der Kartenart. Analog bedeutet das Auslassen der Maßstabsangabe, daß es keine
Einschränkung bzgl. des Maßstabes gibt.

Die Geoobjektklasse, für die die Regel benutzt werden soll, ist
bereits im Regelkopf spezifiziert. Diese Klasse kann durch die
IS_IN...BY-Anweisung auf Unterklassen beschränkt werden. Es werden
dann nur Exemplare der Geoobjektklasse, die in den durch IS_IN
angegebenen Unterklassen liegen, in eine Karte abgebildet. Diese Unterklassen müssen vorher durch die mit BY spezifizierte Klassifikation
definiert worden sein.

Im THEN-Teil werden die zu erzeugenden Kartenobjekte direkt angegeben.
Mehrere Kartenobjekte können für ein Geoobjektexemplar zusammen
erzeugt werden, wenn z.B. neben der Fläche auch die Bezeichnung in die
Karte mit aufgenommen werden soll.

Zur Veranschaulichung dieser Sprachkonzepte führen wir einige
Beispiele an. Zunächst greifen wir auf die oben definierte Klassifikation "Waldschadensklassen" zurück:

```
CREATE_MRULE Waldschadenskarte_keine_Schäden (Waldschäden:w)
    IF KARTENART = Waldschadenskarte AND
       MASSTAB >= 1:500000 AND MASSTAB < 1:100000 AND
       w IS_IN keine_Schädigung BY Waldschadensklassen
    THEN MAPOBJECT (FLÄCHEN:
            FARBE = 'hellgrün',
            FÜLLTYP = 1);
```

Die Schadensklasse "keine_Schädigung" soll in allen Waldschadenskarten
als hellgrüne Fläche dargestellt werden. Für die restlichen
Schadensklassen wären analoge Regeln notwendig.

Im nächsten Beispiel gilt eine Regel für eine ganze Geoobjektklasse:

```
CREATE_MRULE
  Städte_in_Waldschadenskarten_mittl_Maßstabs (Stadt:s)
   IF KARTENART = Waldschadenskarte AND
      MASSTAB >= 1:1000000 AND MASSTAB < 1:100000
   THEN MAPOBJECT (FLÄCHEN:
              FÜLLTYP = 2,
              FARBE = 'grau',
              MUSTERTYP = 326),
        MAPOBJECT (TEXT:
              POSITION = CENTRE (s.GEOMETRIE),
              INHALT = s.BEZEICHNUNG);
```

Für die Geoobjekte der Klasse "Stadt" werden zwei Kartenobjekte generiert, eins für die Darstellung der Stadt als grau gemusterte Fläche,
und ein Kartenobjekt zur Darstellung des Stadtnamens.

Im dritten Beispiel werden wir eine Regel definieren, die für alle
Kartenarten angewendet werden soll:

```
CREATE_MRULE
  Landkreisgrenzen_in_Karten_mittl_Maßstabs (Landkreis:lk)
   IF MASSTAB >= 1:500000 AND MASSTAB < 1:50000
   THEN MAPOBJECT (LINIEN:
           GEOMETRIE = BORDER (lk.GEOMETRIE),
           LINIENTYP = 51,
           BREITENFAKTOR = 0.3,.
           FARBE = 'anthrazit'),
        MAPOBJECT (TEXT:
           POSITION = CENTRE (lk.GEOMETRIE),
           INHALT = lk.BEZEICHNUNG);
```

Landkreisgrenzen werden als gestrichelte schwarze Linien dargestellt.
In die umschlossene Fläche wird der Name des Landkreises plaziert.

In diesem Abschnitt haben wir nur die Sprachmittel zur Definition von
Klassifikationen und Abbildungsregeln genauer erläutert. Dabei wurde
auf ebenso notwendige Lösch- und Anfrageoperationen nicht weiter
eingegangen. Die Syntax der hier vorgestellten Anweisungen ist im
Anhang zusammengestellt.

4. KARTENKONSTRUKTION

Die im letzten Abschnitt vorgestellten Operationen haben rein deklara-
tiven Charakter. Mit der im Folgenden erläuterten Anweisung CONSTRUCT_
MAP soll festgelegt werden, welche Geoobjekte in einem Kartenexemplar
enthalten sein sollen. Der Inhalt einer Karte soll jedoch nicht nur
deklariert, sondern die Karte auch explizit erzeugt werden, d.h. die
durch die Beschreibung von Unterklassen und Abbildungen und durch das
Kartenexemplar implizierten Datenbankoperationen müssen generiert und
ausgeführt werden. An dieser Stelle werden wir das Sprachelement
genauer darstellen, während die Umsetzung in die Geo-Datenbanksprache
im nachfolgenden Abschnitt erläutert wird.

In der Anweisung CONSTRUCT_MAP werden die zu einer Karte gehörenden
Datenbankobjekte beschrieben, d. h. ein Exemplar der Klasse KARTE und
mehrere Kartenobjekte für die zusammengesetzten Subobjektklassen RAND

und FELD. Den Attributen des Objektes Karte werden explizit Werte
zugewiesen. Für den Kartenrand und das Kartenfeld werden die Geoobjektklassen aufgezählt, für die anhand der vorliegenden Abbildungsregeln Kartenobjekte erzeugt werden sollen.

Ein Element dieser Aufzählung kann auf drei verschiedene Arten aufgebaut sein. Wenn nur der Name einer Geoobjektklasse angegeben wird,
so bedeutet dies, daß alle Abbildungsregeln für die Kartenobjekterzeu-
gung benutzt werden, die für diese Karte und diese Geoobjektklasse
bzw. deren Teilklassen anwendbar sind. Wenn dem Geoobjektnamen mit BY
ein Klassifikationsname angefügt wird, werden nur Abbildungsregeln für
die Unterklassen dieser Klassifikation verwendet. Durch Angabe
einzelner Unterklassen (mit IS_IN) werden nur die aufgeführten Unterklassen abgebildet. Außerdem kann die Menge der darzustellenden Exemplare - unabhängig von einer Klassifikation - beschränkt werden, indem
mit IF eine nachfolgende Bedingung für ein Attribut der Geoobjektklasse angehängt wird.

Im nachfolgenden Beispiel werden die bisher definierten Klassifikationen und Abbildungsregeln verwendet:

```
CONSTRUCT_MAP
   KARTENART = 'Waldschadenskarte',
   BEZEICHNUNG = 'Waldschadenskarte 1984, Lüneburg',
   AUTOR = 'H.Müller',
   MASSTAB = 1:400000,
   ...,
   WELTAUSSCHNITT = (6, 52, 14, 55),
   FELD =
     (Landkris,
      Stadt IF Bevölkerung > 5000,
      Waldschäden BY Waldschadensklassen IF Erhebungsjahr = 1984);
```

Mit dieser Anweisung wird eine Karte zum Thema Waldschaden erstellt,
aus der über alle Baumarten zusammengefaßt der Anteil der geschädigten
Fläche an der Gesamt-Waldfläche ersichtlich ist. Die Karte umfaßt die
Darstellung der Landkreise und der größeren Städte. Waldgebiete werden
(wie in /FN85/) entsprechend der Einordnung in eine Waldschadensklasse
farblich dargestellt.

5. UMSETZUNG DER KARTENKONSTRUKTION

Dieser Abschnitt skizziert die automatische Übersetzung von Kartenkon-
struktionsanweisungen in die Datenmanipulationssprache, die in Abschnitt 2 vorgestellt wurde. Die durch das geowissenschaftliche Datenbanksystem bislang realisierte Benutzerschnittstelle wird damit um
diese recht mächtige Anweisung erweitert.

Dem Übersetzer müssen die Klassendefinitionen und Regeln, wie sie in
den letzten Abschnitten eingeführt wurden, in geeigneten Datenstruk-
turen zur Verfügung stehen, da eine vorgegebene CONSTRUCT_MAP-
Anweisung durch Anwendung der jeweils passenden Regeln in mehrere
CREATE_MAPOBJ-Kommandos umgesetzt wird, wobei die verschiedenen Regel-
und Klassenprädikate in die WHERE-Liste der Kartenobjekt-
Generierungsanweisungen einfließen müssen. Solche CREATE_MAPOBJ-
Anweisungen sind zu erzeugen für:

- <u>alle</u> Geoobjekt-Angaben einer CONSTRUCT_MAP-Anweisung

   - innnerhalb einer Geoobjekt-Angabe für <u>alle</u> Regeln,
     die für die aktuelle Geoobjekt-Angabe passen

      - innerhalb einer Regel für <u>alle</u> Kartenobjekt-
        Klassen, die in dieser Regel aufgeführt werden.

Anhand eines Beispiel soll diese Erzeugung von Kartenobjekten erläutert werden. Es sei folgende "Waldschadenskarte" zu generieren:

```
CONSTRUCT_MAP
   KARTENART = 'Waldschadenskarte',
   BEZEICHNUNG = 'Nordd. Waldschäden',
   ...,
   WELTAUSSCHNITT = (6,52,14,55)
   FELD =
     (Stadt IF Bevölkerung > 10000,
       Waldschäden
           IS_IN (starke_Schädigung, mittlere_Schädigungung)
           BY Waldschadensklassen );
```

Aufgrund der Regel "Städte in Waldschadenskarten mittleren Maßstabs" (vgl. Abschnitt 3) sind Kartenobjekte der Klassen FLÄCHEN und TEXT aus Geoobjekten der Klasse "Stadt" zu generieren. Für die Geoobjekt-Klasse "Waldschäden" hingegen sind zwei Regeln anwendbar, die jeweils die Erzeugung von Kartenobjekten der Klasse FLÄCHEN vorsehen. Insgesamt liefert ein entwickelter Algorithmus, der aus Platzgründen hier nicht angegeben werden kann, bei der Eingabe der o.a. CONSTRUCT_MAP-Anweisung sowie den im vorigen Abschnitt aufgeführten konkreten Regeln und Klasseneinteilungen folgende Übersetzung:

```
/* 1 */    CREATE_MAP('Nordd. Waldschäden',...,(6,52,14,55));

           RANGE_OF m IS MAP;

/* 2 */    RANGE_OF g1 IS Stadt IN_WINDOW (6,52,14,55);

/* 3 */    CREATE_MAPOBJ FROM g1
           INSERT_INTO m.FELD
             (FLÄCHEN: FÜLLTYP = 2,
                      ...,
                      MUSTERTYP = 326)
           WHERE m.BEZEICHNUNG = 'Nordd. Waldschäden'
             AND g1.Bevölkerung > 10000;

/* 4 */    CREATE_MAPOBJ FROM g1
           INSERT_INTO m.FELD
             (TEXT: POSITION = CENTRE(g1.GEOMETRIE),
                    INHALT = g1.BEZEICHNUNG)
           WHERE m.BEZEICHNUNG = 'Nordd. Waldschäden'
             AND g1.Bevölkerung > 10000;

           RANGE_OF g2 IS Waldschäden IN_WINDOW (6,52,14,55);

/* 5 */    CREATE_MAPOBJ FROM g2
           INSERT_INTO m.FELD
             (FLÄCHEN: FARBE = 'orange',
                      FÜLLTYP = 1)
           WHERE m.BEZEICHNUNG = 'Nordd. Waldschäden'
             AND (g2.geschädigte_Fläche >= 0.35
             AND  g2.geschädigte_Fläche < 0.5);
```

```
/* 6 */    CREATE_MAPOBJ FROM g2
           INSERT_INTO m.FELD
            (FLÄCHEN: FARBE = 'hellrot',
                      FÜLLTYP = 1)
           WHERE m.BEZEICHNUNG = 'Nordd. Waldschäden'
             AND (g2.geschädigte_Fläche >= 0.5
             AND  g2.geschädigte_Fläche < 0.65);
```

Es wird also zunächst eine Karte mit den entsprechenden Konstanten angelegt (1). Die anschließenden Deklarationen der Geoobjekt-Variablen (2) berücksichtigen die Tatsache, daß nur Geoobjekte von Interesse sind, deren Geometrien innerhalb des Weltausschnitts der Karte liegen.

Bei den WHERE-Listen der CREATE_MAPOBJ-Anweisungen (3-6) sind drei verschiedene Prädikat-Klassen zu erkennen, die, durch logisches Und verknüpft, jeweils den Gesamtqualifikationsteil ausmachen. Diese drei Prädikat-Arten, von denen nur die erste der unten angeführten auftreten muß, lassen sich in ihrer Funktion wie folgt charakterisieren: es sind Prädikate, die

- der Qualifikation der Karte dienen ("m.BEZEICHNUNG =...")

- eine optionale zusätzlichen Qualifikation von Geoobjekten wiedergeben, z.B. "gl.Einwohner > 10000"

- durch die optionale Angabe von Unterklassen entstehen, z.B. "g2.geschädigte_Fläche >= 0.5 AND g2.geschädigte_Fläche < 0.65".

Die so erzeugten Kartenobjekt-Generierungskommandos werden zusammen mit der CREATE_MAP-Anweisung und den Objektvariablen-Deklarationen dem geowissenschaftlichen Datenbanksystem übergeben und von diesem ausgeführt. Danach steht die neue Karte innerhalb der Datenbank zur Ausgabe oder weiteren Verarbeitung zur Verfügung. Hier sind z.B. gezielte Veränderungen von einzelnen Kartenobjekten denkbar, die Ausnahmen von Regeln darstellen, etwa eine eigene Farbe für eine auszuzeichnende Stadt. Solche Änderungen an einer bereits konstruierten Karte müssen direkt durch einzelne Anweisungen der Datenbanksprache per Dialog realisiert werden.

6. STAND DER REALISIERUNG UND AUSBLICK

Aufbauend auf einem geowissenschaftlichen Datenbanksystem haben wir in den letzten Abschnitten Sprachelemente vorgeschlagen, mit deren Hilfe Kartenelemente regelgesteuert erzeugt werden können. Die Struktur der zulässigen Regeln wurde allerdings sehr eng gehalten, weshalb die vorliegende Arbeit lediglich als kleiner Schritt in Richtung auf eine automatische Erzeugung realistischer und somit ungleich komplexerer Karten, als die von uns vorausgesetzten, zu sehen ist.

Ein erster partieller Prototyp des in Abschnitt 2 vorgestellten Geodatenbanksystems ist implementiert worden (/Er86, St86, Wa86/) und wird zur Zeit getestet. Die Basis dieser Implementierung bildet eine relationale Datenbankmaschine IDM 500 mit der QUEL-ähnlichen Sprache IDL. Durch die erzwungene Verteilung der einzelnen Objektexemplare auf zahlreiche flache Implementierungsrelationen müssen beim Zugriff auf Objekte jeweils, für den Benutzer unsichtbar, viele implizite relationale Verbunde generiert werden. Es ist deshalb abzusehen, daß die Antwortzeiten komplexer Operationen, wie der Kartengenerierung, recht problematisch sein werden. Abhilfe erwarten wir hier durch die Im-

plementierung des zweiten Prototyps auf der Basis eines "Geo-Kerns"
/DOPS85, SW86/, der Objekte auf NF^2-Relationen /SS86/ abbildet und
räumliche Zugriffspfade für geometrische Datentypen bietet. Dies ist
für die bei der Kartenerstellung sehr häufig auftretende Suche von Objekten innerhalb von "Fenstern" (Weltausschnitts-Bildung) besonders
wichtig.

Parallel zum zweiten Prototypen werden wir eine erste Version der
beschriebenen Kartenentwurfskomponente erstellen. Als Vorbereitung
hierfür müssen geeignete Speicherungsverfahren für die Beschreibung
der Klassifikation und der Abbildungsregeln entworfen werden, die für
effizientes Auffinden der Beschreibungen bei der Kartenerstellung ausgelegt sind. Ein weiterer Gesichtspunkt für die Regelverwaltung wird
die geeignete Unterstützung einer Konsistenzüberprüfung der Regeln
sein. Dabei verstehen wir Regelkonsistenz so, daß es nicht mehrere Regeln geben darf, durch die eine Eigenschaft eines Geoobjektes in einer
Karte widersprüchlich dargestellt wird.

Karten, die mit unserer Komponente erstellt werden, haben den Status
von Entwürfen. Um fertige Karten zu erhalten, bedarf es der Kartenverbesserung (nach /Br83/), bestehend aus der Plazierung der Beschriftung
und dem Auflösen von Überlappungen auf der Karte. Zur Zeit wird dieser
Arbeitsschritt weitgehend manuell durchgeführt, es gibt jedoch Ansätze
zur Automation. So werden z.B. in /FA84, PBHH85/ Expertensysteme zur
automatischen Beschriftung und in /RJ85/ ein Expertensystem zur Kartenerstellung vorgestellt. In /RFB86/ wird ein Überblick und eine
Einschätzung von Expertensystemen in den Geowissenschaften gegeben.
Es ist zu hoffen, daß unser Ansatz des Kartenentwurfs so erweitert
werden kann, daß auch der Prozeß der Kartenverbesserung weitgehend au-
tomatisiert durchführbar wird.

Die Autoren möchten an dieser Stelle ihrem Kollegen U.W. Lipeck für
seine Anregungen und Kommentare zu dieser Arbeit danken.

LITERATUR

/Br83/   Brassel,K.: Geographisch-kartographische Informationsverar-
          beitung. Output (1983), Heft 7, 21-28

/Ch76/   Chen,P.P.: The Entity-Relationship Model - Toward a Unified
          View of Data. ACM ToDS 1 (1976), 9-36

/DOPS85/ Deppisch,U./ Obermeit,V./ Paul,H.-B./ Schek,H.-J./ Scholl,M./
          Weikum,G.: The Storage Subsystem of a Database Kernel System.
          Techn.Report DVSI-1985-Tl, TH Darmstadt.

/Er86/   Ernesti,B.: Realisierung eines Geo-Datenbank-Prototyps: Der
          Geometrieprozessor mit einfacher graphischer Ausgabe.
          Diplom-Arbeit, TU Braunschweig 1986

/FA84/   Freeman,H./ Ahn,J.: AUTONAP - An Expert System for Automatic
          Map Name Placement. in: Proc. 1st Int. Symposium on Spatial
          Data Handling (1984), 544-569

/FN85/   Fischer,D./ Nouhuys,J.V.: Stand und Entwicklung der gra-
          phischen Datenverarbeitung in der Umweltberichterstattung.
          CAD-Kartographie, Schilcher,M. (Hrsg.), 1985, 205-221

/Ha85/   Hake,G.: Kartographie II. 3.Aufl., de Gruyter, 1985

/LN86/   Lipeck,U.W./ Neumann,K.: Modelling and Manipulating Objects
          in Geoscientific Databases. Proc. 5th Int. Conf. on the
          Entity-Relationsship Approach. S.Spaccapietra (ed.), Dijon
          1986, 105-124

/PBHH85/ Pfefferkorn,C./ Burr,D./ Harrison,D./ Heckman,B.: ACES: A
          Cartographic Expert System. 7th Int. Symposium on Computer
          Assisted Cartography, Washington, D.C., 1985, 399-407.

/RJ85/   Robinson,G./ Jackson,M.: Expert Systems in Map Design. 7th
          Int. Symposium on Computer Assisted Cartography, Washington,
          D.C., 1985, 430-439.

/RFB86/   Robinson,V.B./ Frank,A.U./ Blaze,M.: An Assessment of Expert
          Systems Applied to Problems in Geographic Information Sys-
          tems. ASCE Specialty Conference on Integrated Geographic In-
          formation Systems, 1986.

/RN86/   Ramm,I./ Neumann,K.: Anwendungen auf Geo-Datenbanken: Ein
          Beispiel. Interner Bericht, TU Braunschweig 1986

/RNLE85/ Ramm,I./ Neumann,K./ Lipeck,U.W./ Ehrich,H.-D.: Eine Be-
          nutzerschnittstelle für geowissenschaftliche Datenbanken.
          Informatik-Bericht 85-06, TU Braunschweig 1985

/Ro85/   Rohdenburg,H. (Hrsg.): Antrag auf Einrichtung des Sonder-
          forschungsbereiches "Wasser- und Stoffdynamik von Agrar-
          Ökosystemen". TU Braunschweig 1985

/SS86/   Schek,H.-J./ Scholl,M.H.: The Relational Model with Rela-
          tion-Valued Attributes. Information Systems 11 (1986), 137-
          147

/St86/   Stahs,T.: Realisierung eines Geo-Datenbank-Prototyps: Der
          Übersetzer. Diplom-Arbeit, TU Braunschweig 1986

/SW86/   Schek,H.-J./ Waterfeld,W.: A Database Kernel System for
          Geoscientific Applications. in: Proc. 2nd Int. Symposium on
          Spatial Data Handling (1986)

/SWKH76/ Stonebraker,M./ Wong,E./ Kreps,P./ Held,G.: The Design and
          Implementation of INGRES. ACM ToDS 1 (1976), 198-222

/Ul82/   Ullman,J.D.: Principles of Database Systems. 2nd ed., Com-
          puter Science Press, Rockville (Md.) 1982

/Vi85/   Vinken,R.: Digitale Geowissenschaftliche Kartenwerke - ein
          neues Schwerpunktprogramm der Deutschen For-
          schungsgemeinschaft. Nachrichten aus dem Karten- und Ver-
          messungswesen, Reihe I, Heft 95 (1985), 163-173

/Wa86/   Warnebold,P.: Realisierung eines Geo-Datenbank-Prototyps: Der
          Benutzerdialog mit syntaktischer und semantischer Analyse.
          Diplom-Arbeit, TU Braunschweig 1986

/Wi81/   Wilhelmy,H.: Kartographie in Stichworten. 4.Aufl., F. Hirt,
          1981

**ANHANG: Syntax der Klassen- und Regeldefinition sowie der
         Kartengenerierung**

Im folgenden wird die Syntax der Definitionen für Klassen und Regeln
sowie der Anweisung zur Kartengenerierung vorgestellt. Wir bedienen
uns dabei einer erweiterten BNF-Grammatik: ein Term in eckigen Klammern [term] ist als optional zu betrachten, Terme in geschweiften
Klammern {term} können beliebig oft - auch gar nicht - wiederholt werden, die spitzen Klammern bedeuten, daß genau ein Term ausgewählt wer-
den muß ‹term 1 | term 2 |...| term n›. Nichtterminalsymbole sind
kleingeschriebene Zeichenketten, die Verbindungsstriche enthalten
können, während Terminalsymbole meist durch grosse Buchstaben gebildet
werden. Die Grammatik soll lediglich einen Überblick vermitteln, es
sind deshalb nicht alle Nichtterminalsymbole bis auf Terminalsysmbole
ableitbar, das gilt insbesondere für alle "-namen" und "-konstanten".
Einige Symbole, wie etwa "ausdruck" sind in der Grammatik aus /RNLE85/
erklärt.

        klassen-definition ::=
            CREATE_CLASS klassen-name FOR geoobjekt-klassen-name
              SUBCLASSES VIA geoobjekt-attribut-name
                unterklassen-name : wertebereich {, wertebereich}
                {unterklassen-name : wertebereicht {, wertebereich}}
                [unterklassen-name : OTHERWISE] ;

        wertebereich ::= konstante | intervall

        intervall ::= ‹ (. | (› ‹ konstante.. |
                                   konstante..konstante |
                                   ..konstante ›

                    ‹ .) |) ›

        regel-definition ::=
            CREATE_MRULE regel-name (geoobjekt-klassen-name :
                                            variablen-name)
                [IF regel-bedingung THEN]
                    kartenobjekt-definition
                    {, kartenobjekt-definition} ;

        regel-bedingung ::=
            ‹kartenart-prädikat [AND maßstabs-prädikat]
                            [AND unterklassen-prädikat] |
              maßstabsprädikat [AND unterklassen-prädikat] |
              unterklassen-prädikat›

        kartenartprädikat ::=
            KARTENART = (kartenart-konstante
                        {, kartenart-konstante})

        maßstabs-prädikat ::=
            MASSTAB vgl-op maßstab-konstante
            {‹AND | OR› MASSTAB vgl-op maßstab-konstante}

```
unterklassen-prädikat ::=
   variablen-name IS_IN ( unterklassen-name
                          {, unterklassen-name} )
                BY klassen-name

kartenobjekt-definition ::=
   MAPOBJECT ( <PUNKTE | LINIEN | FLÄCHEN | TEXT> :
      kartenobjekt-attribut-name = ausdruck
      {, kartenobjekt-attribut-name = ausdruck} )


karten-generierung ::=
   CONSTRUCT_MAP
      KARTENART = kartenart-konstante ,
      BEZEICHNUNG = bezeichnung-konstante ,
      AUTOR = autor-konstante ,
      MASSTAB = maßstab-konstante ,
      WELTAUSSCHNITT = weltausschnitt-konstante ,
      BLATT = blatt-konstante ,
      BLATTAUSSCHNITT = blattausschnitt-konstante
   FELD = ( geoobjekt-angabe
            {, geoobjekt-angabe} )
   [RAND = ( geoobjekt-angabe
            {, geoobjekt-angabe} )] ;

geoobjekt-angabe ::=
   geoobjekt-klassen-name
      [[IS_IN ( unterklassen-name
               {, unterklassen-name} )]
       BY klassen-name]
      [IF geoobjekt-attribut-name vgl-op konstante]
```

Spatial kd-Tree:
A Data Structure for Geographic Database

Beng C. Ooi

Department of Computer Science

Monash University

Clayton, Victoria

Australia 3168

Abstract

Geographic objects in two dimensional space are usually represented as points, lines, and regions. To retrieve these data objects from the database efficiently according to their spatial locations and spatial relationships, an efficient indexing mechanism is necessary. The kd-trees proposed in the literature are either unsuitable for indexing non-zero size objects such as line and region or require duplication of indexes. In this paper an alternative index structure called *spatial kd-tree* is proposed to facilitate the processing of queries concerning geographic information. The spatial kd-tree partitions a set of records on two dimensional space into small groups based on their spatial proximity. The structure not only provides efficient retrieval of objects but also maintains high storage efficiency.

Keywords:

kd-tree, data structure, associative search, geographic database.

1. Introduction

In geographic information systems(GIS), the database describes a collection of geographic objects over two particular dimensional space. Each geographic object may be classified as belonging to a particular entity class such as city, lake, road etc. These entity classes may be grouped into three generic spatial object classes namely, point, line and region. Associated with these spatial objects are alphanumeric attributes (eg. population, name, usage, etc.) that describe the aspatial characteristics of the geographic objects. Queries concerning spatial relationships among spatial objects are common in GIS, and therefore efficient query processing is very important.

In GIS, descriptive aspatial data is usually stored externally from the spatial data to allow fast retrieval of aspatial data. Using these aspatial data, the spatial relationship among spatial objects can be materialized. A typical query on spatial objects may be to "Find all cities whose population size is greater than 1000 and *the city is adjacent to a lake* whose usage is recreational". One possible way to solve the above query is to retrieve the lakes whose usage is recreational, then use each individual lake's spatial location to find all the adjacent cities whose population is more than 1000. There is no doubt that the conventional database management systems are able to retrieve the aspatial data efficiently, however, conventional database management systems can hardly be used to retrieve data based on spatial relationship. It is practically impossible to store spatial relationships among all data objects, therefore spatial relationship needs to be materialized dynamically. In order to find spatial objects by their proximity, a clustering technique for spatial objects is needed.

A number of data structures have been proposed to index multi-dimensional data [Bent75, Rob81, OuSc81, Krie82, MHN84, Gutt84]. Multidimensional B-tree[OuSc81] and k-dimensional B-tree[Krie82] are both extension of B-trees to index multidimensional data, they are not suitable for spatial objects because spatial coordinates are used as keys. Quad-trees[FiBe74], kd-trees[Bent75, Bent79], KDB-trees[Rob81] are tailored specifically for point data, which cannot be used for non-zero size objects. In [MHN84], the kd-tree is extended to cater for regions, but the indexes need to be duplicated. Grid File[NHS84] can handle point data efficiently, but it indexes non-zero size objects by transforming two dimensional spatial objects into points in higher dimensional space. R-tree[Gutt84] is a generalization of B trees for multidimensional non-zero size spatial objects, the overlaps of covering rectangles in higher level of the tree can be quite severe. In this paper, we propose a new data structure which is based on kd-tree. It is able to index regions and lines as well as points.

Structure of the original kd-tree and its variant, Matsuyama's kd-tree, are reviewed in the next section. In section 3, the new data structure for line and region objects is presented. The recursive algorithms used in searching, insertion and deletion are outlined in section 4. In the following section, implementation and future work are discussed. The conclusion is drawn in section 6.

2. Earlier kd-trees

In order to appreciate the structure proposed, it is essential to introduce the structure of the original kd-tree and the Matsuyama's kd-tree.

kd-tree[Bent75], k-dimensional homogeneous binary search tree[Knuth73], was first addressed by Bentley. A node in the tree serves two purposes: representation of actual data and direction of a search. A discriminator whose value is between 1 and k inclusive, is used to indicate which key the branching decision depends on. The discriminator is used cyclically, and all the nodes on the same level use the same discriminator. If more than k levels are necessary, then the first key will be used again in level $k + 1$. The node P is a data point which has two children, the left son $LOSON(P)$ and the right son $HISON(P)$. If the discriminator is the *jth* attribute(key), then the *jth* attribute of any node in the left subtree is less than *jth* attribute of node P, and the *jth* attribute of any node in the right subtree is greater than that of node P. This property enables the range along each dimension to be defined, and the range is smaller in the lower level of the tree.

Since the introduction of kd-tree, many variants of kd-tree have been proposed[BeFr79, ChFu79, FBF78, Rob81]. Each of which aims to improve the performance of kd-tree on the aspects of clustering, searching, storage efficiency, balancing and query type. While most kd-trees are known to be unsuitable for indexing non-zero size objects, the kd-tree proposed by Matsuyama et al[MHN84] is tailored for non-zero size spatial objects by duplication of indexes. In the Matsuyama kd-tree, non-leaf nodes are used as directories and data is stored in the bucket indexed by the leaf node. Each bucket contains address of objects which are partially or totally included in the subspace. Region or line identifiers may be duplicated in more than one bucket. The duplication allows kd-tree to handle region data but it degrades the storage efficiency and introduces additional problems in deletion. To delete a record, it is necessary to search for all subspaces that intersect with the data object and all indexes referring to the data objects are deleted.

In the next section, we outline the structure of the spatial kd-tree which can be used to index lines and regions as well as points.

3.Spatial kd-Tree Index Structure

Irregularly shaped spatial objects can be roughly represented by various simpler techniques, two well known methods are *region decomposition* and *minimum bounding rectangle*(MBR). The region decomposition is best known with its associative structure called quad-tree [Sam84], which is a tessellation of a object into disjoint raster squares of desired resolution. The minimum bounding rectangle is the smallest box that encloses the object and it is aligned with the conventional x and y axes. While region decomposition is indispensable to image processing, MBR is useful for spatial query processing. It allows efficient processing proximity queries by preserving the spatial identification and eliminating many potential intersection tests quickly. Two objects will not intersect if their MBRs do not intersect. This will reduce the cost since the test on the intersection of two polygons or a polygon and a sequence of line segments is expensive as compared to the test on the intersection of two rectangles. MBR can easily be defined by its *centroid* (cx, cy) and extension of each side (dx, dy) or the four coordinates $(x1, x2, y1, y2)$.

kd-tree uses a line to partition a 2-dimensional space into two subspaces with these two resultant subspaces (*HISON* and *LOSON*) have almost the same amount of data objects. While point objects are totally included in one of the two resultant subspaces, non-zero size objects may extend over to other subspaces. Besides duplicating indexes as shown in Matsuyama's kd-tree, the alternative is to divide these non-zero size objects into subobjects which are totally included in separate subspaces. This requires complicated manipulation for storing and retrieving data objects. In our structure, spatial kd-tree, there is no division of object or duplication of index. Instead one extra line for each divided subspace is stored in the node to bound the objects' MBR whose centroid is in the subspace.

In the structure, apart from the two son pointers, discriminator and key-value(partition line), a non-leaf node has two values which specify the maximum range of *LOSON* and the minimum range of *HISON*. The maximum range value of *LOSON* is the nearest virtual line that bounds the data objects whose centroid is in the left subspace, and the minimum range value *HISON* is the nearest virtual line that bounds the data objects whose centroid is in the right subspace. Hence, internal nodes are of the form

$$(disc, max_{LOSON}, loson\text{-}ptr, key\text{-}value, hison\text{-}ptr, min_{HISON})$$

where *disc* is a binary to indicate the dimension(0 for x, 1 for y) that is being partitioned and *key-value* is the line that partitions the space. The max_{LOSON} is the maximum range value of the *LOSON* subspace and the min_{HISON} is the minimum range value of the *HISON* subspace along the dimension specified by *disc*. The use of max_{LOSON} and min_{HISON} is realized in the next section.

Leaf nodes are of the form

$$[bound, min\text{-}range, page\text{-}pointer, max\text{-}range]$$

where *min-range* and *max-range* are the minimum and maximum range of objects in the page along the dimension specified by *bound*. The *bound* is always the binary complement of the parent node's discriminator *disc*. *Page-pointer* is the address of the page(bucket) in the secondary storage. In the bucket, only the object MBR and its identifier which are used to retrieve the object, are stored. Throughout this paper, object MBR and object identifier are simply referred to as a record.

Figure 1a and 1b show the structure of a spatial kd-tree and illustrate the virtual boundary(dotted line), min_{HISON} or max_{LOSON} of each resultant subspace. For easy illustration, the capacity of bucket is assumed to be 4.

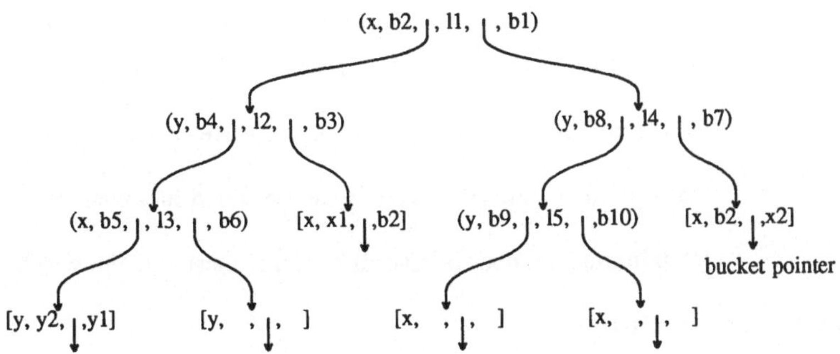

Figure 1a. The 2-d directory for spatial kd-tree.

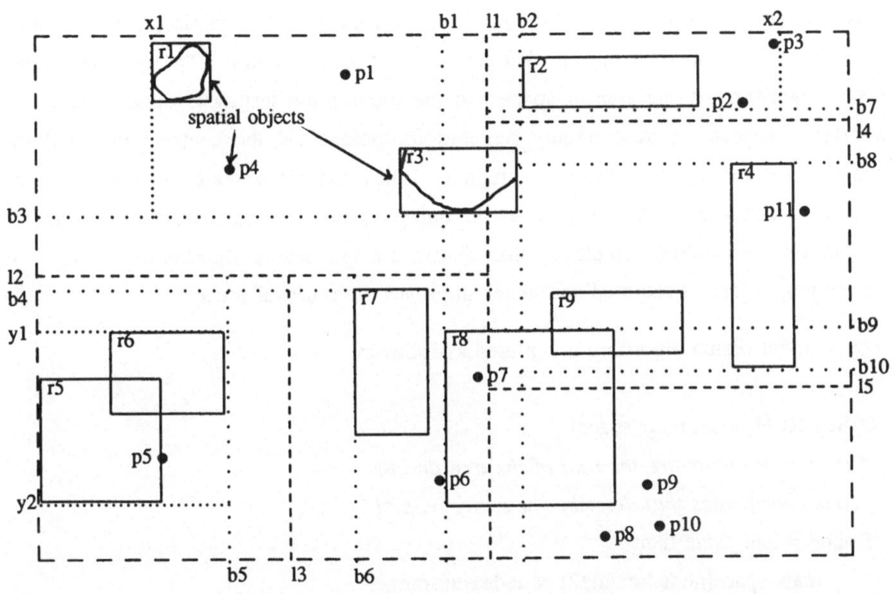

Figure 1b. The 2-d space coordinate representation.

The following definitions are required to describe the algorithms.

MAX(x, y)　　　　　　the function that returns the maximum value of x and y.

MIN(x, y)　　　　　　the function that returns the minimum value of x and y.

D[0..3]	the four coordinates x1, x2, y1, y2 (where $x1 \leq x2$ and $y1 \leq y2$) that defines the MBR of the data object to be inserted.
C[0..1]	the centroid $((x2 - x1)/2, (y2 - y1)/2)$ of MBR of the data object.
M	the maximum number of records can be stored in a bucket.
m	the minimum number of records a bucket must contain, which is usually M/2.

4. Searching and Updating

4.1 Searching

In contrast to traditional single search, we allow two types of search: *containment* search and *intersection* search. Containment search involves retrieval of data objects which are totally included in a given query region or viewing window. Intersection search comprises the containment search, which is to retrieve all data objects that intersect the query region. The only difference between these two algorithms is the area of space that the intersection testing is done. Containment search allows faster retrieval because it only searches for points and the centroid of MBR of lines and regions that are contained in the query region. Lines and regions are not contained in the query region if their centroid are not included in the query region. The existence of two search algorithms do not introduce additional complexity than that of a single search algorithm. Instead, it reduces the number of page accesses required and hence improves the retrieval process.

The containment search algorithm is outlined as follows:

C_SEARCH(node, map_space)
/ the initial inputs are the root of the tree and the*
*four coordinates that describe the entire map */*
if node = leaf_node then
    map_space[node.bound*2] = node.min-range;
    map_space[node.bound*2 + 1] = node.max-range;
    if INTERSECT(map_space) then
        CHECK_LEAF(node);
    return;
/ rsubspace[0..3] and lsubspace[0..3] consist of x1, x2,*
*y1 and y2, to describe two resultant subspaces */*
for i = 0 to 3 do
    rsubspace[i] = map_space[i];
    lsubspace[i] = map_space[i];
lsubspace[node.disc*2 + 1] = MIN(node.key_value, $node.max_{LOSON}$);   (1)

```
/* to update upper bound of LOSON */
rsubspace[node.disc*2] = MAX(node.key_value, node.min_HISON);                           (2)
    /* to update lower bound of HISON */
if INTERSECT(lsubspace) then
        C_SEARCH(node.loson-ptr, lsubspace);
if INTERSECT(rsubspace) then
        C_SEARCH(node.hison-ptr, rsubspace);
```

Presumably, the query region which has the same structure as D is defined globally, and the boolean function *INTERSECT* returns *TRUE* if the query region intersects with its argument and *FALSE* otherwise. The function *CHECK_LEAF* is to fetch the page addressed by the leaf node, and retrieve the records that are in the query region.

In containment search, the smaller of the values, maximum range (max_{LOSON}) and *key-value* is used to determine whether the record may be in the *LOSON*, and the larger value of minimum range (min_{HISON}) and *key-value* is used for the *HISON*. In intersection search, the search space is larger than the search space in containment search. To perform this, the MIN function equation 1 is simply replaced by assignment of $node.max_{LOSON}$, and the MAX in the equation 2 is replaced by the assignment of $node.min_{HISON}$.

4.2 Insertion

Inserting index records for new data objects is similar to insertion in point kd-tree where, as new index records are added to the bucket, the bucket is split if it overflows. At each node, the algorithm determines the branching direction and updates the boundary if MBR of the object extends over the boundary. The process of searching is done recursively and on reaching the leaf node, the bucket is fetched and insertion may be performed.

```
INSERT(node)
/* the data structure D and C are declared globally
    and the initial input is the root of the tree */
if node = leaf_node then
        if there is room in the bucket then
                insert the record;
        else
                call SPLIT(node);
        return;
if C[node.disc] ≤ node.key_value then
        if D[node.disc*2 + 1] ≥ node.max_LOSON then
```

$$\text{node.max}_{LOSON} = D[\text{node.disc}*2 + 1\ ];$$

INSERT(node.loson-ptr);

else

if $D[\text{node.disc}*2\ ] \le \text{node.min}_{HISON}$ then

$$\text{node.min}_{HISON} = D[\text{node.disc}*2\ ];$$

INSERT(node.hison-ptr)

In order to add a new record to a full bucket containing M records, it is necessary to divide these $M + 1$ records into two buckets. The division is performed on the dimension which is the larger of the subspace's rectangle. Objects are ordered according to ascending centroid coordinate along the dimension to be partitioned. The objects are divided into two groups, and the line that partitions the rectangle may be anywhere between these two groups. One of the resultant buckets will contain $m + 1$ records, and the other will contain $M - m$ records. The strategy is outlined as follows:

SPLIT(node)
Get the dimension of the longer side of the subspace;
Order objects in the ascending order of their centroid along the dimension to be partitioned;
Partition the objects halfway between object m+1 and m+2;
Create a new leaf and new non-leaf to index the resultant two buckets;

4.3 Deletion

The deletion of a record may cause the page to underflow, if the number of records is less than half of the page capacity, and this may degrade the storage efficiency. To ensure a better storage efficiency the underflowed page is merged with the page indexed by its neighboring leaf node, and the resultant page is resplit if overflow occurs. However, this is not possible if the neighboring node is not a leaf node. In this case, the following strategy would be employed. The algorithm involves deletion of the leaf node and the parent non-leaf node, the pointer which points to the parent node is redirected to the neighboring node. As the consequence, the subspace in the neighboring node is expanded, and the records in the deleted leaf node need to be reinserted into the neighboring node. In the example shown in figure 2, assuming that the bucket indexed by the leaf node 3 is underflowed, then node C is deleted and is replaced by node D. Once the records in the deleted bucket are reinserted into the subtree of node D, leaf node 3 and the bucket can be disposed. The method not only ensures a sufficiently high storage efficiency, but it also attempts to maintain the balancing of the tree. A rather different reinsertion strategy is employed in R-tree[Gutt84], whereby subtrees indexed by the entries of the deleted node are reinserted from the root. Since R-tree is a

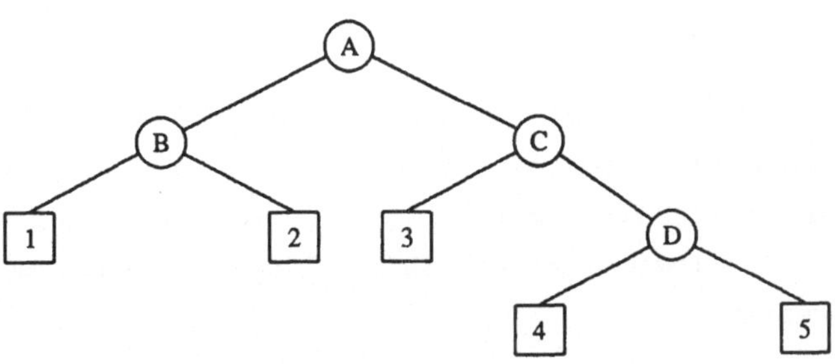

Figure 2. Example on Deletion.

height-balanced tree, the entries from higher-level must be placed higher in the tree.

4.4 Static Tree Construction

Usually, the tree is initially built from an available database, then the tree would be constructed statically instead of dynamically. Dynamic construction refers to the process of inserting all the records in the database into an initially empty kd-tree by means of the insertion algorithm. Static construction is a pre-processing technique which packs the tree such that all buckets are as full as possible. Two ways of building the tree statically are top-down and bottom-up construction. Top-down construction of kd tree starts from the root, recursively, partitions the leaf-node till it has no more than M records. Bottom-up construction partitions the records to form all leaf nodes, then form the parent node for each pair of leaf nodes, and recursively working upwards till the root is formed. Top-down strategy may not guarantee a very good storage efficiency while bottom-up strategy may require a completely different set of codes to implement the algorithm. However, the top-down strategy will guarantee the storage efficiency to be comparable with that obtained by bottom-up construction, if the partition is done in such a way that the two resultant subspaces have the amount of records which is in the multiple of some integral number of pages.

To accommodate static construction, the SPLIT needs some modification to split $M + 1$ or more records. The records are stored in a linked list indexed by the leaf node, they are flushed into the bucket only when the list contain less than M records.

5. Discussions

Some of the fundamental spatial operations[SDMD87] performed in GIS are adjacency, proximity(within), containment, intersection, and distance(nearest and furthest). Although these operations are semantically different, they can generally be transformed into a sequence of containment searches and intersection searches. Detail of implementation of each operation is not within the scope of this paper.

If GIS is the only supported system, then it is important that the directory is stored in the main memory to avoid page access on the directory. Unfortunately, the directory may have to be stored in the secondary storage if the load of the system is high. This can be done as suggested in [Knuth73](section 6.2.4). A family of internal nodes which is a subtree, is stored in the same page in secondary storage. The page contains the root is usually stored in the main memory. The following example illustrate the secondary storage structure of spatial kd-tree, where each secondary page can hold 8 nodes.

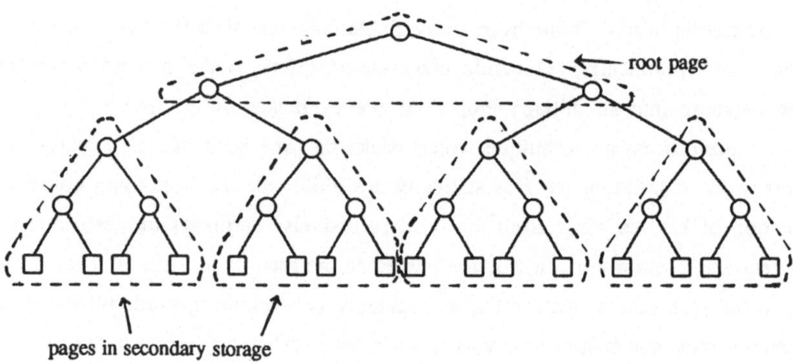

Figure 3. Storage Structure.

At the writing of this paper, the simulation of performance on spatial kd-tree and R-tree is being conducted. Two important measurements such as storage efficiency (defined by the ratio of number of buckets used and the number of bucket is actually needed) and query efficiency (defined by the average number of bucket accessed) will be used by the simulation to compare the effectiveness of each structure.

6. Conclusions

Previously, the kd-tree has been considered as an unsuitable indexing mechanism for non-zero size spatial objects. However, a new data structure which was proposed shows that it is possible to extend the kd-tree definition to overcome this problem.

In summary, the proposed spatial kd tree avoids the problems of index duplication[MHN84] and object division. Two different algorithms are proposed for searching. Although two algorithms are required, they do not incur higher complexity than a single search strategy. Furthermore, they prune the search space more efficiently. In addition, a better deletion strategy which ensures good storage efficiency is proposed. Although the structure is proposed to index geographic data, it can easily be extended to index general multidimensional spatial objects.

Acknowledgments. The research was sponsored by Monash Graduate Scholarship. I am grateful to Guat Khunn Goh and Hock Thiam Ch'ng for carefully reading the initial versions of this paper and making valuable suggestion for improving the presentation of this paper. The comments from Dr K.J. McDonell, Dr B. Srinivasan and the referees are gratefully acknowledged.

References

[Bent75]   Bentley, J.L.
           Multidimensional Binary Search Trees Used for Associative Searching, Comm. of ACM, Vol. 18, No. 9, 1975, pp 509-517.

[Bent79]   Bentley, J.L.
           Multidimensional Binary Search Trees in Database Application, IEEE Trans. on Soft. Eng., Vol. SE-5, No. 4, 1979(July), pp 333-340.

[BeFr79]   Bentley, J.L. and Friedman, J.H.
           Data Structures for Range Searching, Computing Survey, Vol. 11, No. 4,(Dec) 1979.

[ChFu79]   Chang, J.M. and Fu, K.S.
           Extended K-D Tree Database Organization: A Dynamic Multi-Attribute, Clustering Method", IEEE Compsac, 1979, pp 39-43.

[FiBe74]   Finkel, R.A. and Bentley, J.L.
           Quad Trees: A Data Structure for Retrieval on Composite Keys, Acta Informatica 4, 1974, pp 1-9.

[FBF78]   Friedman, J.H., Bentley, J.L., Finkel, R.A.
           An Algorithm for Finding Best Matches in Logarithmic Expected Time, Trans. on Math., Vol. 3, No. 3,pp 1978, pp 209 - 226

[Gutt84]   Guttman, A.
           R-Trees: A Dynamic Index Structure for Spatial Searching, SIGMOD 84, pp 47-57.

[Knuth73] Knuth, D.E.

Sorting and Searching in the series of The Art of Computer Programming, Vol 3, Addison Wesley, Reading 1973.

[Krie82]   Kriegel, H.P.

Variants of Multidimensional B-Trees as Dynamic Index Structure for Associative Retrieval in Database System, Proc. of the 8th Conf. on Graphtheoretic Concepts in Computer Science, Hanser Publishing Company, pp 110 - 128, 1982.

[MHN84]   Matsuyama, T., Hao, L.V. and Nagao, M.

A File Organization for Geographic Information Systems Based on Spatial Proximity, Computer Vision, Graphic, and Image Processing 26, 1984, pp 303-318.

[NHS84]   Nievergelt, J., Hinterberger, H. and Sevcik, K.C.

The Grid File: An Adaptable, Symmetric Multikey File Structure, ACM Trans. on Database Systems, Vol. 9, No. 1, 1981, pp 38 - 71.

[OuSc81]   Ouksel, M. and Scheuermann, P.

Multidimensional B-Trees: Analysis of Dynamic Behavior, BIT 1981, pp 401 - 418.

[Rob81]   Robinson, J.T.

The K-D-B-Tree: A Search Structure for Large Multidimensional Dynamic Indexes, SIGMOD, 1981, pp 10 -18.

[SDMD87]   Sacks-Davis, R. and McDonell, K.J.

GEOQL - A Query Language for Geographic Information Systems, Forthcoming Monash Technical Report, 1987.

[Sam84]   Samet, H.

The Quadtree and Related Hierarchical Data Structures, ACM Computing Survey, Vol. 16, No. 2, June 1984, pp 187-260.

An Expert Database System
For The Overland Search Problem

Oliver Günther
Computer Science Division, 570 Evans Hall
University of California, Berkeley CA 94720

ABSTRACT

This paper describes a heuristic expert database system to solve the overland search problem. The task in this problem is to find the best path between two points on a geographic map. In our system the map is represented by a set of disjoint adjacent polygons. The cost of moving between two points within the same polygon is proportional to the distance between the two points. The map is stored in an INGRES relational database.

First, we present a basic system that performs a greedy path search to find the best path. The system is implemented in QUEL**, an extension of the INGRES query language QUEL that allows abstract data types and more sophisticated control structures for efficient rule processing. In particular, we make use of data types and operators for spatial objects and for program code.

In order to speed up the path search we suggest to utilize knowledge about the area to perform a hierarchical decomposition of the given problem. We also propose to perform an initial coarsening of the given map. On a coarsened map, the system will be able to find an approximation of a solution path very quickly.

1. Introduction

Every car driver knows one of the most common instances of the overland search problem: to find the fastest route from his current location (say San Francisco Airport) to a given destination (like the restaurant "Chez Panisse" in Berkeley).

This overland search problem has recently received a lot of attention [Harmon84, Isik84, Kuan84, Kung84, Meystel84, Parodi84]. Besides the practical relevance of the problem, there are several reasons for the increasing interest. The overland search problem is a challenging application for new artificial intelligence techniques in areas like rule-based and knowledge-based systems, or heuristic search [Pearl84]. It is an important application for computational geometry techniques [Preparata85] such as the plane sweep paradigm. Finally, the problem raises interesting data management questions due to the enormous amount of data that is encoded in geographic maps. For example, one has to choose appropriate data and storage structures. If a database is used to hold the map data, one has to design an interface between the database and the path search system.

We believe that a database management system (DBMS) is a practical necessity, and we use an INGRES relational database [Stonebraker76] to store the map. As proposed in [Kung84], we also move the search portion of the expert system into the DBMS. All proposed functions can be implemented in a classical query language like QUEL [Stonebraker76] that has been extended in order to allow spatial operations [Stonebraker83, Guttman84], and more sophisticated control structures for efficient rule processing [Stonebraker85a, Stonebraker85b]. Our approach is in contrast to LISP-based approaches which face difficulties in performing an efficient data management [Butler85, Kung85].

The remainder of this paper is organized as follows. Section 2 gives a more concise definition of the overland search problem and introduces the abstraction of the problem that is employed in this paper. Section 3 describes a heuristic system of rules for the greedy path search and discusses their implementation. The following two sections discuss several improvements to this system. Section 4 describes a knowledge-based approach for an initial hierarchical decomposition of the overland search problem. Section 5 presents the concept of map coarsening; coarsened maps enable us to find a rough approximation of a solution path very quickly. Several coarsening strategies are presented, based on quadtrees [Samet84] or on the plane sweep paradigm [Nievergelt82] which is widely used in computational geometry applications. Section 6 is a summary of our conclusions.

2. The Overland Search Problem

In the overland search problem one tries to find the best path between two given points in a given environment. The solution to such an overland search problem does not only depend on the start point and destination point. It also depends on the kind of vehicle used, on the road conditions, on the time of the day, on the cost function to be used, and so on. For example, some vehicles are restricted to travel on roads, whereas other vehicles can choose an overland route; the time to cross Golden Gate Bridge during rush hour is about five times higher than during off-peak hours; to minimize fuel consumption one will often choose a different route than to minimize travelling time.

Therefore, an instance of the overland search problem is formally given by a start point and a destination point in the plane, and a scalar cost function. The cost function is completely defined over all points in the plane and indicates the marginal cost of moving the vehicle under the given conditions from a given point into a given direction. The cost function incorporates all data about the vehicle, the road conditions, the time of the day, the minimization criterion, and so on. For practical purposes, the cost function can be thought of as a grey-level map where the degree of darkness of an area reflects the marginal cost to move the given vehicle in this area.

This paper deals with the following abstraction of the overland search problem. Given is a partition of the plane into polygons. The polygons may be concave and may have holes. Each polygon P has a cost coefficient C_P. The cost of moving within the polygon P one unit of distance is C_P. The direction of the vehicle's move does not matter as long as it stays inside the same polygon. Clearly, this polygon partition of the plane is a discretized version of the grey-level map described above.

This approach is in contrast to the approaches of [Kung84] and [Parodi84] where the map is assumed to be discretized and processed into a grid-like graph. The graph has edges and associated costs for each pair of points that are neighbors in the grid. For a discussion of these and other ways to represent a map see [Meystel84].

3. A Rule System

This section presents a system of *path generation rules*. This system is geared towards simulating the path finding strategy of a human map reader. As our experiments have shown, most human map readers perform a best-first strategy. They are looking for the cheapest nearby areas that lead them closer to their destination and continue from there. This strategy can be simulated by the following heuristic approach.

3.1. The Algorithm FINDNEXT

In the given abstraction of the overland search problem the map is represented by a set of adjacent polygons. The cost of moving between two points within the same polygon is proportional to their distance. The solution path will be represented by a list of path nodes. The greedy path search retrieves this path, node by node. In order to to find the *next path node* from the *current path node* the following algorithm FINDNEXT is performed.

Let π_{cur} denote the current path node, and Ψ_{cur} the *current polygon*. The current polygon has been determined when π_{cur} was determined. It is the polygon that contains the current path node π_{cur} and that will contain the path piece from π_{cur} to the next path node π_{nex}. Starting from π_{cur}, FINDNEXT looks towards the destination Ω and scans the boundary segments of Ψ_{cur} that lie within the optic angle. The *optic angle* is the angle that is rooted at π_{cur} and halved by the axis (π_{cur}, Ω). Its size is to be defined by the user; typical sizes are between 35 and 120 degrees. For an example see figure 1. α is the optic angle, and the boundary segments of Ψ_{cur} that lie within the optic angle are shaded.

FINDNEXT selects the cheapest polygon Ψ_{nex} among all polygons (except Ψ_{cur}) that are adjacent to any of those boundary segments. If Ψ_{nex} is no more expensive than Ψ_{cur} then the next path node π_{nex} will be the closest point within the optic angle that lies on the boundaries of Ψ_{nex} and Ψ_{cur}. If Ψ_{nex} is more expensive than Ψ_{cur} but still feasible, then FINDNEXT prefers Ψ_{cur} over Ψ_{nex} and stays in Ψ_{cur} as long as it leads closer to Ω . The next path node π_{nex} will be the point that is within the optic angle, lies on the boundaries of Ψ_{nex} and Ψ_{cur}, and is closest to the destination Ω . A polygon is *feasible* if its cost coefficient is below a given threshold which depends on the vehicle. In any case, Ψ_{nex} is the new current polygon.

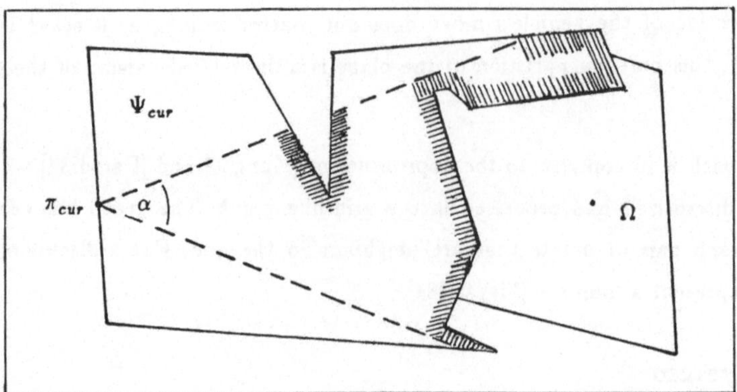

<u>Fig.1</u>

If all the polygons within the optic angle are infeasible then there is some obstacle in the way. In this case, FINDNEXT asks the user to provide a larger optic angle. If the user provides one, FINDNEXT repeats the above procedure with the larger optic angle. Otherwise, FINDNEXT repeats the procedure with an optic angle of 360°, ie. all adjacent polygons are taken into consideration. If this does still not yield a new path node, FINDNEXT gives up. Note that a larger optic angle makes FINDNEXT less greedy: it does not only take a rather direct route into consideration but also considers routes that might lead to the destination less directly.

In order to avoid endless loops, FINDNEXT checks each pair (π_{nex},Ψ_{nex}) whether it has occurred previously. If yes, FINDNEXT is about to enter an endless loop. In this case, the new path node is rejected and FINDNEXT continues from the current path node with the next cheapest adjacent polygon within the optic angle.

If a new path node π_{nex} has been found and validated then FINDNEXT checks if the straight line between π_{nex} and the old path node π_{cur} is completely within the current polygon Ψ_{cur}. If Ψ_{cur} is not convex there might be some obstacles (in most cases, more expensive polygons) in the way. In this case, FINDNEXT constructs detour paths around those other polgons along the boundary of Ψ_{cur}. These detour paths induce additional path nodes and lie completely within Ψ_{cur}.

Finally, for each new path node π_{nex}, FINDNEXT checks if π_{nex} is in the same polygon as the destination Ω. If yes, FINDNEXT is done: FINDNEXT draws the straight line between π_{nex} and Ω, and refines it according to the detour rule presented above.

FINDNEXT can be described more concisely by the following rules. As above, π_{cur} is the current path node, π_{nex} the next path node, Ψ_{cur} the current polygon, Ω the destination. Furthermore, $(\alpha_0, \ldots, \alpha_k)$ is the user defined increasing sequence of optic angles, and G is the upper cost bound for a feasible polygon. i is initialized as 0.

(1)   IF π_{cur} and Ω are in the same polygon

       THEN   let π_{nex} be Ω , execute rule (7), and STOP

       ELSE

(2)   IF   the cheapest adjacent polygon within angle α_i (looking

                   towards Ω) is no more expensive than Ψ_{cur}

       THEN   let Ψ_{nex} be that polygon, π_{nex} be the closest point of Ψ_{nex}

                   that lies within angle α_i; continue with rule (6)

       ELSE

(3)   IF   the cheapest adjacent polygon within angle α_i (looking

                   towards Ω) is more expensive than Ψ_{cur} but has cost $\leq G$

       THEN   let Ψ_{nex} be that polygon, π_{nex} be the point on the common boundary of Ψ_{cur} and

                   Ψ_{nex} that lies within angle α_i and is closest to Ω ; continue with rule (6)

       ELSE   IF i < k   THEN { i := i + 1; continue with rule (2) }

                                ELSE continue with rule (4).

(4)   IF   the cheapest adjacent polygon is no more expensive than Ψ_{cur}

       THEN   let Ψ_{nex} be that polygon, π_{nex} be the closest point of Ψ_{nex}

       ELSE

(5)   IF   the cheapest adjacent polygon is more

                   expensive than Ψ_{cur} but has cost $\leq G$

       THEN   let Ψ_{nex} be that polygon, π_{nex} be the point on the common

                   boundary of Ψ_{cur} and Ψ_{nex} that is closest to Ω

       ELSE   FAILURE. STOP.

(6)   IF   the pair (π_{nex}, Ψ_{nex}) has occurred previously

       THEN   discard this new path node π_{nex}; continue with the rule and the optic angle

                   that yielded this path node and take the next cheapest polygon for Ψ_{nex} instead.

(7)   IF   the straight line (π_{cur}, π_{nex}) intersects polygons other than Ψ_{cur}

       THEN   construct detour paths along the boundary of Ψ_{cur}.

Note, that except the start and the destination point, all path nodes will lie on polygon boundaries.

Figures 2 and 3 give examples for the application of these rules. The circled numbers denote the cost coefficients of the polygons, the optic angle in figure 3 is 90˚.

3.2. Implementation of Path Generation Rules

The map is stored in an INGRES [Stonebraker76] database. The rules are coded in QUEL**, an extension of the query language QUEL [Stonebraker76] that allows abstract data types [Stonebraker83, Guttman84], and more sophisticated control structures for efficient rule processing [Stonebraker85a, Stonebraker85b]. This system makes especially use of data types for spa-

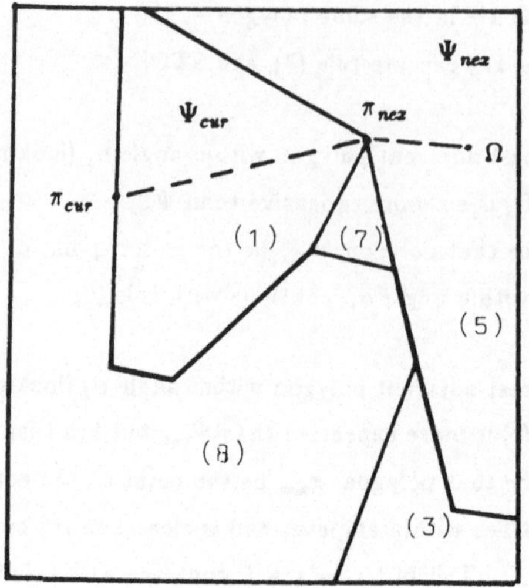

Fig.2: Rule 3 & Rule 1

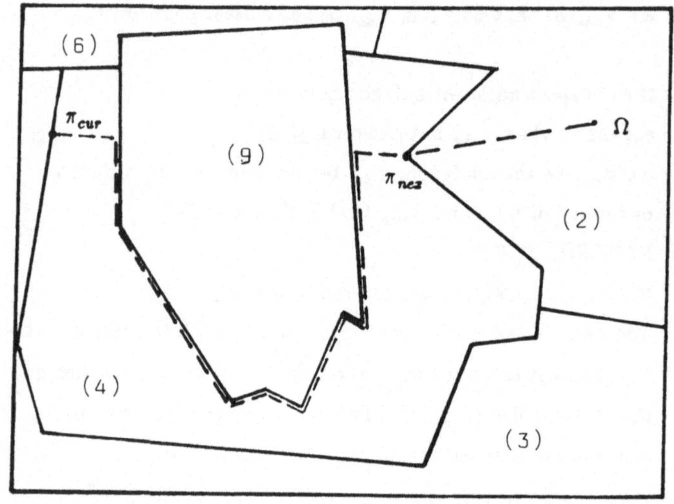

Fig.3: Rule 2, Rule 7 & Rule 1

tial objects (polygons, lines, etc.) and for program code. The current implementation is written in EQUEL/FORTRAN [RTI84]. The above extensions are simulated by EQUEL/FORTRAN programs.

The control structures used are the EXECUTE* command and the EXECUTE-UNTIL command.

$$\text{EXECUTE* } (QUEL\text{-}COM) \text{ WHERE } (WA)$$

executes the command sequence *QUEL-COM* over and over again until it fails to modify the database or until the qualification *WA* is false. Note that *QUEL-COM* is an object of the abstract data type *QUEL-Code*.

EXECUTE-UNTIL (*QUEL-COM*)

tries to execute the commands in the command sequence *QUEL-COM* one after another until one command does actually have some effect on the database. This command will be the only command that will be executed.

The EXECUTE-UNTIL command is applied to the set of rules: EXECUTE-UNTIL (*RULES*). Each command in *RULES* represents one of the rules (1), (2), (3), (4), and (5). Hence, only one rule applies to a current point. This means, however, that only one path is alive at a given time which is necessary to maintain computational efficiency. Considering computational efficiency it does not make sense to keep alive an exponential number of paths.

Note that explicit QUEL-statements are only needed for the rules (1), (2), (3), (4), and (5). Rule (6) is implied by the $stay-in$ operator (see below), rule (7) is covered in the WHERE clauses.

The solution uses the concept of abstract data types to implement the data types *polygon*, *line*, *path*, and *point*. The following operations are defined on those types.

$><$	. . .	stay-in: line-1 $><$ pol-1 returns a path of line segments with endpoints in common with line-1 which stays inside pol-1
@	. . .	adjacent; this operator is simulated by a relation ADJACENT (pol-1,pol-2)
//	. . .	closest
()	. . .	in
&	. . .	concatenation
!!	. . .	intersection
$\#(X,\alpha)$	. . .	area covered by angle α that is rooted at X and halved by (X,Ω)
line(X,Y)	. . .	line from point X to point Y
length(P)	. . .	length of path P

The solution uses the following relations:

MAP (polygon,cost)	. . .	polygons of the map
PATHS (path,cost,cur-poly,end-pt,next-poly,next-pt)	. . .	paths
OLD (node,next-poly)	. . .	pairs (π_{new},Ψ_{new}) that have occurred previously

For brevity reasons we only list the code of the MAIN LOOP and of RULE 2.

```
range of m,m1,m2,m3 is MAP
range of p is PATHS
range of o is OLD
```

MAIN LOOP:

```
execute* (RULES; append to OLD (node = p.next-pt,next-poly = p.next-poly))
where p.end-pt != finish
```

RULE 2:

replace p (path = p.path & (line(p.end-pt,p.next-pt) $><$ p.cur-poly),
      cost = p.cost + m1.cost $*$ length(line(p.end-pt,p.next-pt) $><$ p.cur-poly),
      cur-poly = p.next-poly,
      next-poly = m3.polygon,
      end-pt = p.next-pt,
      next-pt = p.next-pt // ($\#$(p.next-pt,α_i) !! m3.polygon)

where m1.polygon = p.cur-poly
and   m2.polygon = p.next-poly
and   m3.cost = min (m.cost
           where m.polygon @ (p.next-poly !! $\#$(p.next-pt,α_i))
              and m.cost $\leq$ m2.cost)
and any (o.node where o.node = p.next-pt // ($\#$(p.next-pt,α_i) !! m3.polygon
             and o.next-poly = m3.polygon)) = 0

3.3. Performance Results

So far we ran one experiment to test the performance of the path generation rules. The map is a topographic map of a 36 square mile area of Santa Cruz county, California. This area is extremely mountainous with deep valleys and an extensive river system. The map is represented by a polygon partition into 420 polygons; the adjacency relation has 2039 tuples. The start point Λ and the destination point Ω are at opposite corners of the map. The sequence of optic angles is $(90°, 180°)$. The result path has 193 nodes. The path search takes 1017 CPU seconds INGRES time, and 352 CPU seconds driver time.

Hence, in this example the path search takes almost half an hour of CPU time. The main reasons for this high running time are the necessity of complicated queries in order to retrieve certain boundary segments, and the expensive check which boundary segments lie in the optic angle.

In order to speed up the search we suggest the following improvements. First, we propose to utilize knowledge about the area to perform a hierarchical decomposition of the given problem. Second, we propose to perform an initial coarsening of the given map. On a coarsened map, a system will be able to find an approximation of a solution path very quickly. From there, the path can be refined further. We propose several coarsening strategies, based on the plane sweep paradigm or on quadtrees. These suggestions are discussed in detail in the following two sections.

4. Hierarchical Problem Decomposition

In order to speed up the path search, we propose the hierarchical decomposition of a given overland search problem by rules which utilize knowledge about the area. A common example is the following:

If you want to go by car from any point in Berkeley to any point in San Francisco as fast as possible then you have to use the Bay Bridge.

These *path decomposition rules* will usually be used *before* one resorts to the path generation rules presented in section 3.

Our system first uses the available local knowledge to construct path decomposition rules. The application of these rules yields a hierarchical decomposition of the given overland search problem. These rules are applied until none of the rules can be applied to any of the yielded subproblems, ie. one does not have any local knowledge about these subproblems.

For example, suppose a car driver wants to drive as fast as possible from his apartment on Blake Street in Berkeley to "Mc Donald's" in San Francisco. The only local knowledge he has can be stated in the following two rules:

(1) If you want to go by car from any point in Berkeley to any point in San Francisco as fast as possible then you have to use the Bay Bridge.

(2) If you want to go by car from Blake Street to the Bay Bridge as fast as possible then you have to take Ashby Street.

The application of these two rules yields three subproblems: how to get from Blake to Ashby, how to get from Ashby to the Bay Bridge and how to get from the Bay Bridge to "Mc Donald's".

One does not have any local knowledge that is applicable to any of these subproblems. Instead one has to resort to a map that approximates the cost function and to a more general rule system like the one described in section 3.

5. Map Coarsening

The comprehension of most human map readers often involves an initial conceptual coarsening of the given map. The coarsened version of the map allows to find an approximation of a solution path very quickly. From this first approximation the human reader will continue with further refinements of this path, taking more and more details into account.

This approach is also a hierarchical decomposition of the problem. Instead of applying path decomposition rules that are based on local knowledge, the map is coarsened. On the coarsened map it is much easier for the search heuristics to recognize larger areas where the cost of moving is relatively low. The resulting *main road* paths are then subject to further refinements by means of a less coarsened map.

In the given abstraction of the overland search problem, the map coarsening will be done by merging adjacent polygons. Thereby the number of polygons will be substantially reduced and the path finding algorithm will yield a path much faster than on the original map. One possibility would be to merge adjacent polygons with similar cost coefficients. The user specifies several disjoint cost ranges whose union is the set of positive real numbers, $[0,\infty)$, such as, for example, the following four ranges: $[0,10)$, $[10,30)$, $[30,55)$, $[55,\infty)$. The coarsening algorithm will then merge all adjacent polygons with a cost coefficient in the same range. The cost coefficient of a new polygon is, for example, the average of the cost coefficients of its component polygons.

An experienced user could perform several coarsenings with different cost ranges, let the system find an optimal path for each of the coarsened maps, and then choose the path that seems most appropriate for his purposes. The selection of appropriate cost ranges is a matter of practical experience with the system.

The polygon merging can be done using the plane sweep paradigm [Nievergelt82] or using quadtrees [Samet84] as follows.

5.1. Map Coarsening by Plane Sweep

The map coarsening may be performed by a modification of the plane sweep algorithm presented by Nievergelt and Preparata [Nievergelt82]. The input to their algorithm is a map which they define as a planar graph G embedded in the plane such that the edges of G intersect only at common vertices of G. A map subdivides the plane into r simply connected internal regions $R_1, \ldots, R_r$ and one external unbounded region R_0. In the algorithm, a straight line is swept across the map "from left to right". During the sweep a data structure is dynamically maintained that keeps track of the regions that intersect the sweep line. This data structure is updated each time the sweep line encounters a vertex of G. The algorithm retrieves vertex lists of the polygonal regions $R_1, \ldots, R_r$ in time $O(n \log n)$ where n is the number of vertices of graph G.

Our application requires the following modifications. Each time the sweep line encounters a vertex v of G, the algorithm checks the edges that are adjacent to v and that are on or to the right of the sweep line. Let (v,w) denote such an edge. If the cost coefficients of the two polygonal regions R_a and R_b that are adjacent to (v,w) are in the same cost range, then the edge (v,w) will be ignored by the algorithm. This way the algorithm merges adjacent polygons whose cost coefficients are in the same cost range. It returns the vertex lists of the union regions only. There is also some special handling required for regions with holes. Even if the original map does not contain such regions, they might occur during the merging. The special handling does not affect the worst-case time complexity of the algorithm; it remains $O(n \log n)$. The details are omitted here for brevity.

5.2. Map Coarsening by Quadtrees

So far the map used was represented by a set of adjacent polygons, such that the cost of moving between two points within a polygon is proportional to their distance. The shape of the polygons was allowed to be arbitrary; even holes were allowed. This section considers a special case of this model that allows the representation of a map as a quadtree [Samet84]. The polygons are all squares, and their edge lengths are powers of 2. Each square of the map corresponds to one leaf of the quadtree. The square partition is obtained by a recursive subdivision of the map into four equal-size quadrants until the area in each square is homogeneous. An area is *homogeneous* if the standard deviation of its grey levels (taken over all pixels) is below a given threshold. For an example for such a partition and its corresponding quadtree see figure 4. The letters and numbers in figure 4 will be explained later.

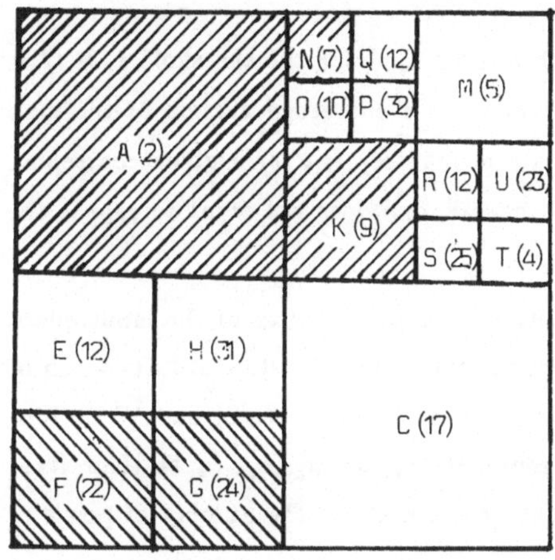
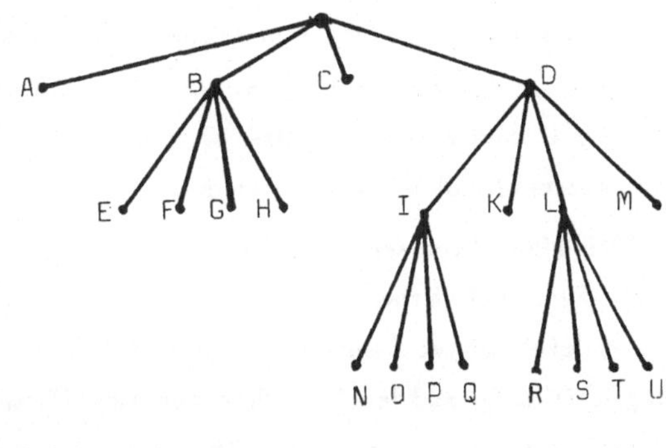

Fig.4

5.2.1. Coarsening by Cost Ranges

If the original map is given in a quadtree then one can apply a much more natural strategy to do map coarsening. Coarsening by ranges can be done bottom-up in the quadtree. Each leaf in the quadtree is assumed to have an associated cost coefficient. Each quadruple of leaf nodes is checked if all four associated cost coefficients are in the same range. If yes, the four leaf nodes are deleted, thereby making their ancestor node a leaf node. Its associated cost coefficient is the average of the cost coefficients of its four former descendants. This strategy requires only one bottom-up pass through the quadtree.

If the granularity of the resulting map seems too fine, ie. the number of polygons is still high, one might even merge adjacent quadrants which have different ancestors. This may be done if the cost coefficients of all quadrants are in the same cost range. Note that the resulting partition may no longer be representable by a quadtree. An example is given in figure 4. Suppose, a bottom-up coarsening with the cost ranges $[0,10)$, $[10,20)$, $[20,30)$, $[30,40)$, $[40,\infty)$ yielded the quadtree and the corresponding polygon partition that is given in figure 4. The letters denote the polygons, and the circled numbers are their corresponding cost coefficients. Then it is possible to coarsen the polygon partition by merging the squares A, N, and K, as well as the squares F and G because their corresponding cost coefficients are in the same cost ranges. The resulting polygon partition can no longer be represented by a quadtree. Note that the polygon partition that results from this kind of coarsening by ranges is unique for a given input quadtree and given cost ranges.

5.2.2. Coarsening by Standard Deviation

Given a quadtree of the original map, one can also apply a different coarsening strategy: coarsening by standard deviation. The transformation of the original map into a quadtree representation is performed by the recursive subdivision of the map into four equal-sized quadrants until each component map is homogeneous. Hence, the standard deviation of grey levels within each square is below a certain threshold t.

Let Q_t be the quadtree obtained from the original map by applying the threshold t. If t^* is greater than t then the map represented by the quadtree Q_{t^*} is a coarsened version of the map represented by Q_t. The problem is, how to obtain quickly a quadtree Q_{t^*} for a given coarsening parameter t^* and a given quadtree Q_t ($t \ll t^*$). Of course, one does not want to repeat the whole process of building a quadtree in order to obtain Q_{t^*}.

This kind of coarsening can be performed easily with one bottom-up pass of the input quadtree Q_t. Each leaf of the quadtree Q_t is required to store the mean and the standard deviation of the grey levels of the associated map area (taken over all pixels). Let X, Y, Z, and W be four sibling leafs in Q_t and let A be their ancestor. Furthermore, let σ_x, σ_y, σ_z, σ_w, σ_a be their standard deviations, and $\bar{x}$, $\bar{y}$, $\bar{z}$, $\bar{w}$, $\bar{a}$ their means, correspondingly. Because the number of pixels in the areas corresponding to X, Y, Z, and W is all the same (namely one quarter of the number of pixels in the area corresponding to A), the following equation holds.

$$\sigma_a{}^2 = \frac{1}{4} \left(\sigma_x{}^2 + \sigma_y{}^2 + \sigma_z{}^2 + \sigma_w{}^2 \right) + \frac{3}{16} \left(\bar{x}^2 + \bar{y}^2 + \bar{z}^2 + \bar{w}^2 \right)$$
$$- \frac{1}{8} \left(\bar{x}\bar{y} + \bar{x}\bar{z} + \bar{x}\bar{w} + \bar{y}\bar{z} + \bar{y}\bar{w} + \bar{z}\bar{w} \right)$$

Hence, one can just perform a bottom-up traversal of the quadtree Q_t, compute for each quadrupel of leafs the standard deviation of their ancestor (according to the above equation) and check if it is no more than t^*. If yes, the four leafs are deleted, thereby making their ancestor a leaf. Its standard deviation has just been computed, its mean is the mean of the means of its four descendants. The resulting quadtree is the quadtree Q_{t^*}, and it represents the coarsened map. Again, the result of this coarsening strategy is unique, because only sibling leafs are merged.

After this coarsening it is also possible to merge even quadrants that have different ancestors. This may be done if the union of the quadrants is still homogeneous. The merging can be done by a *split and merge* algorithm as described in [Horowitz76]. The polygon partition yielded by this kind of coarsening is not unique. The resulting map may no more be representable as a quadtree.

6. Conclusions

We presented some solution strategies for the overland search problem. The resulting system is based on rules and the utilization of stored knowledge about the area. Our system shows how a relational database system like INGRES can be extended to implement heuristic search algorithms and to manage non-standard data such as geographical maps.

The query language QUEL has been extended by more sophisticated algorithmic control structures. Our experiences with using the extended language for the implementation are very good. Due to the extensions, we did not encounter major problems when programming the algorithms and rule constructs. The data management is becoming a lot easier. The performance results are encouraging.

Our system also shows the importance of having efficient algorithms and data structures for geometric data. A task like the proposed map coarsening cannot be coded efficiently with conventional techniques. The implementation of these new geometry techniques in the context of relational databases seems to be an interesting direction for future research. In particular, we are working on the implementation of the proposed map coarsening techniques.

Our results have to be compared to approaches that are based on AI languages such as LISP. Many of these approaches suffer from not having an efficient data management [Butler85, Kung85]. This major disadvantage will become even more obvious when these systems are used for real-world applications with lots of data. Database systems, on the other hand, are known for their ability to perform well on large amounts of data. We therefore believe that extended database systems like the one we proposed will scale up very well. We also believe that the database approach to artificial intelligence problems is a promising area of future research.

References

[Butler85]   Butler, M., private communication, 1985.

[Guttman84]   Guttman, A., "New Features for a Relational Data Base System to Support Computer Aided Design", PhD Thesis, University of California, Berkeley, June 1984.

[Harmon84]   Harmon, S.Y., Gage, D.W., Aviles, W.A., and Bianchini, G.L., "Coordination of Intelligent Subsystems in Complex Robots", Proc. The First Conference on Artificial Intelligence Applications, IEEE, Dec. 1984.

[Horowitz76]   Horowitz, S.L., and Pavlidis, T., "Picture Segmentation by a Tree Traversal Algorithm", J. ACM 23, 2, pp. 368-388, April 1976.

[Hunter79]   Hunter, G.M., and Steiglitz, K., "Operations on Images Using Quadtrees", IEEE Trans. Pattern Anal. Mach. Intell. 1, 2, pp. 145-153, April 1979.

[Isik84]   Isik, C., and Meystel, A., "Knowledge-Based Pilot for an Intelligent Mobile Autonomous System", Proc. The First Conference on Artificial Intelligence Applications, IEEE, Dec. 1984.

[Kuan84]   Kuan, D., et al., "Automatic Path Planning for a Mobile Robot Using a Mixed Representation of Free Space", Proc. The First Conference on Artificial Intelligence Applications, IEEE, Dec. 1984.

[Kung84]   Kung, R., et al., "Heuristic Search in Data Base Systems", Proc. 1st International Conference on Expert Database Systems, Kiowah, S.C., October 1984.

[Kung85]   Kung, R., private communication, 1985.

[Meystel84]   Meystel, A., "Automated Map Transformation for Unmanned Planning and Navigation", Proc. 9th W.T. Pecora Memorial Remote Sensing Symposium, IEEE, Oct. 1984.

[Nievergelt82]   Nievergelt, J., and Preparata, F.P., "Plane-Sweep Algorithms for Intersecting Geometric Figures", Comm. ACM, Vol. 25, No. 10, October 1982.

[Parodi84]   Parodi, A., "A Route Planning System for an Autonomous Vehicle", Proc. The First Conference on Artificial Intelligence Applications, IEEE, Dec. 1984.

[Pearl84]   Pearl, J., "Heuristics: Intelligent Search Strategies for Computer Problem Solving", Addison Wesley, Reading, Mass., 1984.

[Preparata85]   Preparata, F.P. and Shamos, M., "Computational Geometry", Springer-Verlag, New York, NY, 1985.

[RTI84]   Relational Technology Inc., "INGRES/EQUEL/FORTRAN User's Guide", Version 3.0, VAX/VMS, Oct. 1984.

[Samet84]   Samet, H., "The Quadtree and Related Hierarchical Data Structures", Computing Surveys, Vol. 16, No. 2, pp. 187-260, 1984.

[Stonebraker76]   Stonebraker, M., et al., "The Design and Implementation of INGRES", ACM Transactions on Database Systems, Vol. 1, No. 3, pp. 189-222, Sep. 1976.

[Stonebraker83]   Stonebraker, M., "Application of Abstract Data Types and Abstract Indices to CAD Data", Proc. Engineering Applications Stream of the ACM-SIGMOD International Conference on Management of Data, San Jose, Ca., May 1983.

[Stonebraker85a] Stonebraker, M., et al., "Extending a Data Base System with Procedures", unpublished manuscript, University of California, Berkeley, Ca., 1985.

[Stonebraker85b] Stonebraker, M., "Triggers and Inference in Data Base Systems", Proc. 1985 Islamoora Conference on Expert Systems, Islamoora, Fla., Feb. 1985 (to appear as Springer Verlag book, edited by M. Brodie).

Realisierung der Datenhaltungsschnittstellen eines CAE-Systems mittels Programmgeneratoren

Heinz R. Leßenich, Ulrike Munford, Hermann Dentler
Siemens AG München, Zentrale Informationstechnik

1. Einleitung

Der Einsatz von CAE-Systemen im Rahmen der Entwicklung von elektronischen Schaltungen hat in den letzten Jahren an Bedeutung gewonnen, u.a. bedingt durch die zunehmende Komplexität, z.B. bei VLSI, und durch den Zwang, größere Schaltungen in kürzerer Zeit zu produzieren. Deshalb ist eine CAD-Datenhaltung u.a. Gegenstand der Forschung bei Datenbanksystemen für Non-Standard-Anwendungen [Di85], [Mi85].

Ein CAE-Entwicklungsprozeß besteht aus vielen Schritten, die ihrerseits komplexe Anwendungen darstellen. Demzufolge setzt sich ein CAE-Sytem selbst aus einer Reihe von Verfahren und eigenständigen Systemen zusammen. Erst das Zusammenspiel der einzelnen Systeme ermöglicht den gewünschten Erfolg des Gesamtsystems. Ausgehend von einer existierenden und im Einsatz befindlichen Systemlandschaft muß das Problem des Datenaustausches zwischen den beteiligten Systemen performant und kostengünstig gelöst werden. Obwohl eine Standardisierung notwendig erscheint, werden im Gegensatz zu Programmiersprachen, die bisher schon weitgehend Normierungen oder wenigstens Normierungsbestrebungen unterliegen, von CAE-Systemen höchstens individuell ausgeprägte Input- und Output-Schnittstellen angeboten .

Verallgemeinert man die in [Hä85] vorgeschlagene Abbildungshierarchie für Non-Standard-Datenbank-Systeme auf ein CAE-System und auf einen Verbund von CAE-Systemen, so bildet die Schnittstelle der Datenhaltung zu den Funktionen im 7-Schichten Modell die Transformationsschicht der Modellbildung. Die externe Schnittstelle eines Systemes kann als eine zusätzliche Transformationsschicht innerhalb des umfassenden CAE-Verbundsystems betrachtet werden.

Hier soll mit der GIFF-Methode [JO86] eine Lösung vorgestellt werden, wie der Datenaustausch durch den Einsatz von Programmgeneratoren und durch die Integration eines Data Dictionary's unterstützt bzw. vereinfacht werden kann. Darüber hinaus wird am Beispiel CADIF, der Datenhaltungsschnittstelle der Siemens CAD-Systeme PRIMUS und HERA [He86], gezeigt, daß auch innerhalb eines CAE-Systems Programmgeneratoren eingesetzt werden können, um eine funktionale Schnittstelle performant und sicher zu bedienen.

2. CAE-System externe Schnittstelle

Mit GIFF wurde ein Sprachansatz gewählt, der den einleitend geschilderten Anforderungen der Technologieentwicklung Rechnung trägt. Der GIFF-Ansatz (Bild 2.1) geht davon aus, daß eine Schnittstelle mit einer formalen Sprache beschrieben wird. Mit der Datenbeschreibungssprache GIFF lassen sich alle Datenstrukturen, wie sie in einem CAE-System benötigt werden, einfach sequentialisieren. Um nicht von vornherein den Sprachansatz an der Unverträglichkeit der einzelnen individuellen Schnittstellenbeschreibungen scheitern zu lassen, werden die semantischen Sachverhalte und damit die Interpretation von einzelnen

Begriffen den Umsetzern selbst zugeordnet. In Analogie zu Programmiersprachen entspricht eine Ausprägung einer GIFF-Datei dem Source-Code eines Programms. Daher lassen sich hier Techniken einsetzen, wie sie beim Compilerbau verwendet werden, um zu dem Format zu kommen, das vom Zielsystem verstanden wird. Aufgrund der Abbildung auf ein einfaches, neutrales Format GIFF genügt es, pro System ein Umsetzprogramm zu erstellen, das Daten zu anderen Systemen liefern und von dort empfangen soll.

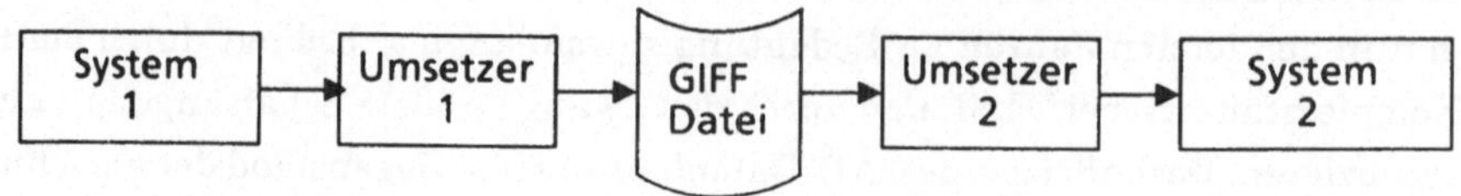

Bild 2.1: Datenfluß mit GIFF

3. CAE-System interne Schnittstelle

Schaltungen, die mit den heute verfügbaren Technologien und Techniken entwickelt werden, benötigen bereits bei heutigen Großrechnerprojekten zur Darstellung bis zu 1000 verschiedene Datentypen (Items) mit bis zu je 1 Million Ausprägungen. Um die zu bearbeitende Datenmenge zu reduzieren und genügend schnelle Zugriffszeiten zu haben, sollte das Datenmodell an der Benutzerschnittstelle der Datenhaltung [Hä85] nur genau die Items enthalten, deren Inhalte aktuell von einer CAE-Funktion benötigt werden, im Schnitt etwa 10 bis 50. In den Siemens CAD-Systemen PRIMUS und HERA [He86] wird die Schnittstelle CADIF, eingeführt (Bild 3.1). Die Implementierung der Schnittstelle als abstrakter Datentyp gewährleistet die Zugriffssicherheit durch die ausschließliche Verwendung definierter Operationen. Die Struktur der Datenablage bleibt dem Anwender somit verborgen.

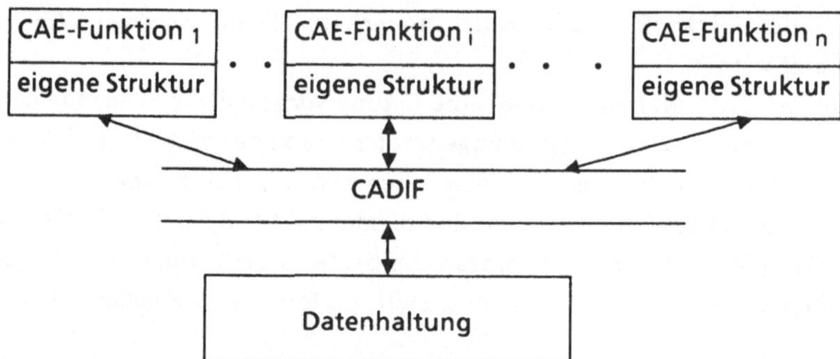

Bild 3.1   Architekturausschnitt eines CAE-Systems

4. Data Dictionary Konzept

Der Entwicklungsprozeß einer elektronischen Schaltung erfolgt in Schritten und wird von Funktionen auf zum Teil eigenständigen Systemen ausgeführt. Deshalb werden dieselben Daten mit verschiedenen Namen, Darstellungen und Formaten bearbeitet. Die Häufigkeit von Neuanforderungen an den Entwicklungsprozeß erzwingt immer wieder Anpassungen

aller Schnittstellen und Programme des Gesamtsystems. Deshalb muß der Änderungs-
vorgang möglichst gut unterstützt werden. Dies wird erleichtert, wenn alle zu ändernden
Daten, deren Formate und die logischen Verknüpfungen der Daten möglichst einfach und
schnell lokalisierbar sind. Zu diesem Zweck wird ein Data Dictionary (D.D.) als einziger
Beschreibungsort aller im Gesamtsystem an den Systemschnittstellen verwendeten Items
in das System integriert. Das Data Dictionary hat die Hauptaufgabe, alle Systemschnitt-
stellenbeschreibungen aufzunehmen und allen Moduln, die auf eine beliebige Systemschnittstelle zugreifen müssen, online die aktuell gültige zur Verfügung zu stellen. Mit
einem integrierten Data Dictionary verfügt ein System auch über ein Instrumentarium, mit
dessen Hilfe neben den rein syntaktischen auch semantische Sachverhalte bearbeitet
werden können, z.B. Transformationsregeln, die in Kapitel 2 für den Kopplungsvorgang
noch der Umsetzroutine zugeordnet waren.
Das Data Dictionary kann beliebig um Sprachbeschreibungen, Abbildungsvorschriften, Datenstrukturen oder um Datendefinitionen zusätzlicher Funktionen erweitert werden.

5. Generatoren

Grundidee für den Einsatz von Generatoren zur Erzeugung von Umsetzroutinen ist die
Überlegung, daß ein integriertes Data Dictionary prinzipiell in der Lage ist, alle notwendige Information zu liefern, die eine Datenumsetzung benötigt.

5.1.   Generatoren für CAE-Sytem externe Schnittstellen

Betrachtet man Input- und Output-Schnittstellen eines Systems unter dem Gesichtspunkt
formaler Sprachen und wendet die GIFF-Methode an, so benötigt man im wesentlichen eine
Datenbeschreibungssprache. Weil die Schnittstellen i.a. mit einfachen Grammatiken zu
beschreiben sind, liegt es nahe, zur Erzeugung der Umsetzprogramme Generatoren
einzusetzen [E2S84]. Neben der syntaktischen Beschreibung von Quell- und Zielformat
benötigt man zusätzlich Transformationsregeln. Sollen Daten von einem System zu einem
anderen transportiert werden, so gibt es im wesentlichen folgende drei Fälle von
Abbildungen:
Fall 1: Eine 1:1 Transformation, die im wesentlichen die identische Abbildung beschreibt
und höchstens durch Konstanten variiert wird. Diese Abbildung läßt sich formal leicht
beschreiben.
Fall 2: Eine Abbildung, die gegenüber Fall 1 zusätzlich Vertauschungen berücksichtigt, d.h.
bevor bestimmte Daten geschrieben werden dürfen, müssen sie solange zwischen-
gespeichert werden, bis entsprechende andere Daten geschrieben wurden.
Fall 3: Eine Abbildung, bei der Daten nicht nur formal umgesetzt werden müssen, d.h
während der Transformation sind umfangreiche individuelle Umsetzvorgänge und Daten-
zusammenstellungen zu berücksichtigen. Dieser Vorgang kann äußerst komplex sein. Im
worst case ist es nicht möglich, die Transformation mit vertretbarem Aufwand in Regeln zu
fassen, so daß es manchmal einfacher ist, Regeln auszuprogrammieren. Die Programme
werden in Form von Programm-Sources oder ausführbarem Code im Data Dictionary abgelegt (Bild 5.1).

Ist ein Verbund von CAE-Systemen um ein neues System zu erweitern, so ist das Data Dictionary um die Beschreibungen von Input- und Outputformat und deren Transformationen auf GIFF zu ergänzen. Danach kann die Generierung der beiden Umsetzprogramme vorgenommen werden.

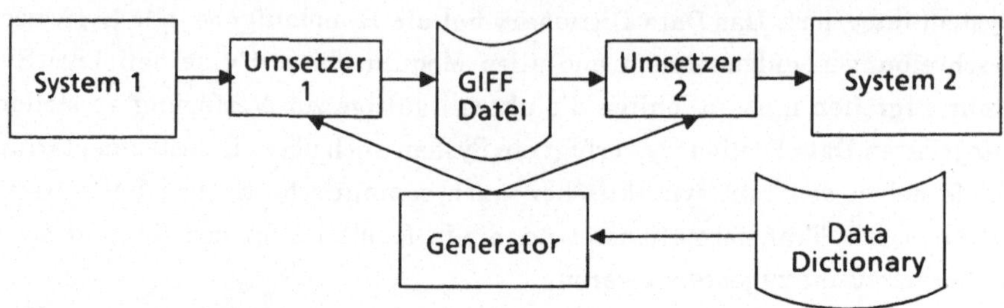

Bild 5.1: Generatorprinzip

5.2. Generatoren für CAE-System interne Schnittstellen

Die Idee des integrierten Data Dictionary ist auch innerhalb eines Systems für Transformationsschichten einsetzbar, die die einzelnen Komponenten voneinander trennen. Im folgenden wird die Datenhaltungsschnittstelle als eine solche Transformationschicht betrachtet, in der die Datenhaltung den Funktionen speziell zugeschnittene Datenmodelle objektorientiert anzubieten hat. Durch Ablage der Datenstrukturen im Data Dictionary kann gewährleistet werden, daß Zugriffs- und Verarbeitungsroutinen mit identischen Datenstrukturen arbeiten.

Betrachtet man ein CAD-System unter funktionalen Gesichtspunkten, so besteht das System aus CAD-Funktionen und der Datenhaltung (vgl. Bild 3.1). Die Anwendung des Architekturvorschlags [Hä85] teilt die Datenhaltung auf in einen anwendungsneutralen Kern und einen anwendungsspezifischen Teil (Bild 5.2). Das Modell ($CADIF_i$) wird vom funktionsspezifischen Teil erstellt, der die Daten für jede Funktion in die gewünschte Ausprägung von CADIF umsetzt. Aufgrund der großen Anzahl der speziellen Modelle und der Anforderung nach beliebiger Erweiterbarkeit und Flexibilität der funktionsspezifischen Strukturen entsteht das Bedürfnis, Schnittstellenmoduln automatisch zu erzeugen. Der Umsetzvorgang zu den einzelnen Funktionen hat prinzipiell immer den gleichen Aufbau, deshalb ist der Einsatz von Generatoren machbar und plausibel. Durch die automatische Erzeugung der Schnittstelle wird wesentlich an Performance gewonnen, da die meisten Prüfungen auf Zulässigkeit und Konsistenz im Sinne der Datensicherheit bereits zum Generierungszeitpunkt durchgeführt werden.

Der Umsetzvorgang innerhalb der Datenhaltung läuft nun analog ab, wie in Kap. 5.1 beschrieben, d.h. sowohl die CADIF-Strukturen und die Datenhaltungskern-Struktur als auch die Umsetzroutinen werden im Data Dictionary abgelegt und vom Generator ausgewertet. Das Ergebnis der Generierung sind dann dedizierte Umsetzroutinen, die auf die Anforderungen der Funktionen zugeschnitten sind. Aus Bild 3.1 wird also das Bild 5.2 abgeleitet.

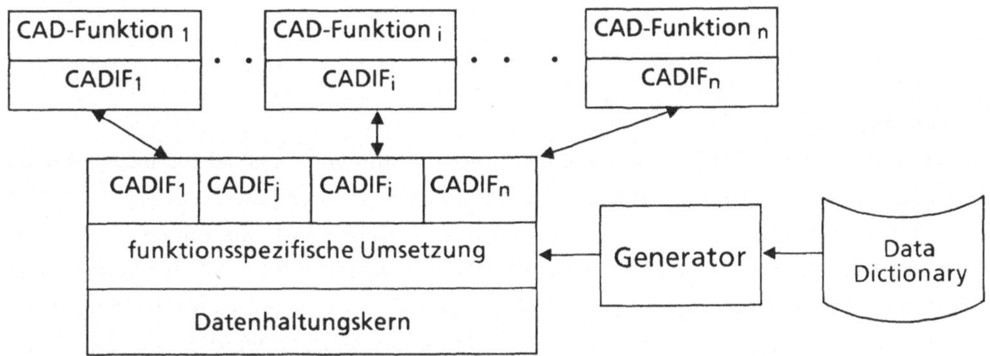

Bild 5.2   Subsysteme von PRIMUS

6. Realisierung und Ausblick

Bisher wurde eine Prototyp-Implementierung der Schnittstelle CADIF mittels abstrakter Datentypen vorgenommen. Der Prototyp befindet sich im Einsatz. Die Idee eines integrierten Data Dictionary's wurde dabei ebenfalls verifiziert. Die gewählte Realisierung des abstrakten Datentyps zeigt die prinzipielle Machbarkeit. Eine produktiv einsetzbare Version des in Kap. 5.2 vorgestellten Konzeptes insbesondere für große Datenmengen, die den Bedürfnissen nach Speicherplatz und Performance gerecht wird, befindet sich in Realisierung.

Im Rahmen der Entwicklung der nächsten Generation der Siemens CAD-Systeme PRIMUS und HERA werden die Schnittstellen CADIF und GIFF in der vorgestellten Weise ebenfalls unter Verwendung eines in die Systeme integrierten Data Dictionary's realisiert, d.h. die funktionsspezifischen Umsetzungen an CADIF und die Datenumsetzung CADIF ↔ GIFF werden in der beschriebenen Weise generiert. Erste positive Erfahrungen mit der GIFF-Methode liegen bereits vor.

7. Literatur

[Di85]   Dittrich, Kotz, Mülle
         DAMASCUS - ein Datenhaltungssystem für den VLSI-Entwurf, Informatik-Fachberichte 94, Springer-Verlag Berlin Heidelberg 1985
[E2S84] E2S Expert Software Systems n.v.
         MIRA User's manual, Gent 1984
[Hä85]   Härder, Reuter
         Architektur von Datenbanksystemen für Non-Standard-Anwendungen, Informatik-Fachberichte 94, Springer-Verlag Berlin Heidelberg 1985
[He86]   Herrmann, Schmid, Bachmann
         Systemarchitektur einer CAD-Datenhaltung zur Unterstützung der Entwicklung elektronischer Schaltungen (eingereicht bei BTW 87)
[Jo86]   Joos, Handel, Leßenich
         Definition und Realisierung von CAE-Elektronik-Systemschnittstellen auf der Basis des GIFF-Sprachkonzeptes, Tagungsband CAT'86, Stuttgart 1986
[Mi85]   Mitschang
         Charakteristiken des Komplex-Objekt-Begriffs und Ansätze zu dessen Realisierung, Informatik-Fachberichte 94, Springer-Verlag 1985

Bildung von Konsistenzklassen über Objekten in einer Datenbasis für CAD-Elektronik

Jutta Loers, Jörg Sülzle

Siemens AG München
Zentrale Informationstechnik

1.   Einführung

In einer Datenbasis für CAD-Elektronik sind Beschreibungen von Objekten unterschiedlicher Art in verschieden strukturierten Beschreibungsformen versionsorientiert zu verwalten. Die von der CAD-Datenhaltung zu unterstützende Konsistenz wird auf der Basis eines allgemeinen, objektorientierten Datenmodells in einem höheren Sinne als bei kommerziellen Datenbankmanagementsystemen definiert. Die dem erweiterten Konsistenzbegriff genügenden Ausprägungen der verschiedenen Beschreibungsformen werden über eine spezielle Beschreibungsform einander zugeordnet. Damit wird den Benutzern der CAD-Datenbasis eine Methode bereitgestellt, Objektbeschreibungen zusammenzufinden, die in sich und untereinander konsistent sind.

2.   Das Datenmodell

Alle Objekte, die von der Datenhaltung eines CAD-System verwaltet werden, werden gleich welcher Art im Rahmen eines einheitlichen, objektorientierten Datenmodells beschrieben, das auf den Vorschlägen von [HÄRD85] und [KATZ85] basiert und dessen grundsätzliche Eignung für den Bereich CAD-Elektronik vorausgesetzt werden darf:

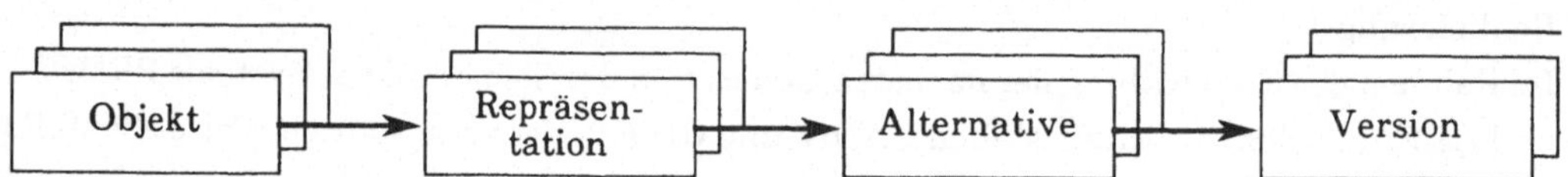

Bild 1:   Darstellung des Datenmodells nach /HÄRD85/

3.   Objekte

Die Menge der Objekte wird nach Gesichtspunkten gebildet, was als zusammengehöriges Ganzes von CAD-Funktionen zu betrachten ist. Als Objekte gelten nicht nur vom Hardware-Entwickler entwickelte Objekte wie Schaltung, Subschaltung, Baugruppe und LSI, sondern auch die in einer Schaltkreistechnik vorgegebenen, nicht weiter zerlegbaren Objekte Baustein, Zelle und Schaltelement sowie das gesamte Regelwerk, das für eine Einbau- und Schaltkreistechnik Objekte wie den Lagenaufbau von Leiterplatten, Belegungs- und Verdrahtungsräume und -regeln beschreibt. Einen Eindruck von der Mannigfaltigkeit des Objektbegriffs soll die folgende Tabelle geben.

Objekt	Repräsentation	Element
Schaltung	Logik-Physik-Zuordnung	Logikeinheit, Physikalische Einheit
Logikeinheit	logische Verknüpfungs-struktur	Logikeinheit, logisches Primitivelement, Signal
	funktionale Beschreibung	Anweisung zu prozeduraler Sprache
	Rand	externer Pin, Figur
Physikalische Einheit	Belegung	Physikalische Einheit, physikalisches Primitivelement, Einbauplatz
	reale Leitungslaufzeiten	Signal
	Layout	Leitung, Durchkontaktierung
	Rand	externer Pin, Figur
Leiterplatte	Belegungsräume	Lage, Schicht
Lage	Standardverdrahtung	Leitung, Durchkontaktierung

Bild 2: Beispiel für Objekt, Repräsentation und Element in der Baugruppenentwicklung

4. Beziehungen zwischen Repräsentationen eines Objekts

Ein Objekt wird durch eine oder mehrere Repräsentationen charakterisiert. Zugleich können zwischen verschiedenen Repräsentationen eines Objekts Abhängigkeitsbeziehungen bestehen in der Form, daß eine Repräsentation die Ausgangsbasis zur Gewinnung einer anderen darstellt.

Wird beispielsweise zu der Repräsentation "Layout" des Objekts "Physikalische Einheit" (vgl. Bild 2) eine neue Version gebildet, steht diese in direkter inhaltlicher Beziehung zu einer Version der Repräsentation "Belegung" und bedingt ihrerseits die Bildung einer neuen Version in der Repräsentation "reale Leitungslaufzeiten". Die Abhängigkeitsbeziehungen der Repräsentationen eines Objekts stellen den Leitfaden für den Entwicklungsprozeß dar, der für die Abläufe des Prozesses als bindend angesehen werden kann. Diese Abhängigkeiten zwischen Repräsentationen für alle von der CAD-Datenhaltung zu verwaltenden Objekte lassen sich auf die Struktur *Repräsentationsbaum* abbilden.

5. Der Repräsentationsbaum

Zum Zeitpunkt der Spezifikation der Datenbasis werden die Beziehungen der maximal möglichen Repräsentationen eines Objekts in einem *Repräsentationsbaum* formal dargestellt. Der Repräsentationsbaum ist eine Baumstruktur, die wie folgt zu charakterisieren ist:

a) Jeder Knoten ist ein eindeutiger Platzhalter für eine Repräsentation.

b) Die Beziehung *"Knoten K_i ist der Vater von Knoten K_j"* modelliert die Abhängigkeit *"Repräsentation R_j hängt direkt von der Repräsentation R_i ab"*.

c) Die Wurzel des Baumes wird als Masterrepräsentation des Objekts bezeichnet, von der alle übrigen Repräsentationen des Objekts abhängen. Zur Existenz und Eindeutigkeit einer solchen Masterrepräsentation wird in Kapitel 6 eine Aussage gemacht.

Folgende Regeln sind beim Aufbau des Repräsentationsbaumes zu beachten:

280

1) Die Formulierung der Beziehung zwischen zwei Repräsentationen muß *zyklenfrei* sein:
Eine Repräsentation ist nie von sich selbst abhängig. Zugleich besteht keine wechselseitige Abhängigkeit zwischen zwei Repräsentationen.

2) Eine Repräsentation darf nicht gleichzeitig *direkt und indirekt* von einer anderen Repräsentation abhängig sein: Eine indirekte Abhängigkeit zwischen zwei Repräsentationen R_i und R_j besteht genau dann, wenn es mindestens eine Repräsentation R_k gibt, wobei R_k direkt abhängig von R_i und R_j direkt abhängig von R_k ist.

Beispiel:

Bei einem Objekt "Physikalische Einheit" sind folgende Abhängigkeiten zwischen den Repräsentationen in dem Sinne gegeben, daß eine neue Version der erst genannten Repräsentation eine neue Version der nächstgenannten bedingt:

$$\text{Belegung} \quad \rightarrow \quad \text{Layout, orthogonale Leitungslaufzeiten}$$

$$\text{Layout} \quad \rightarrow \quad \text{reale Leitungslaufzeiten}$$

Aufgrund dieser Abhängigkeiten ergibt sich der Repräsentationsbaum

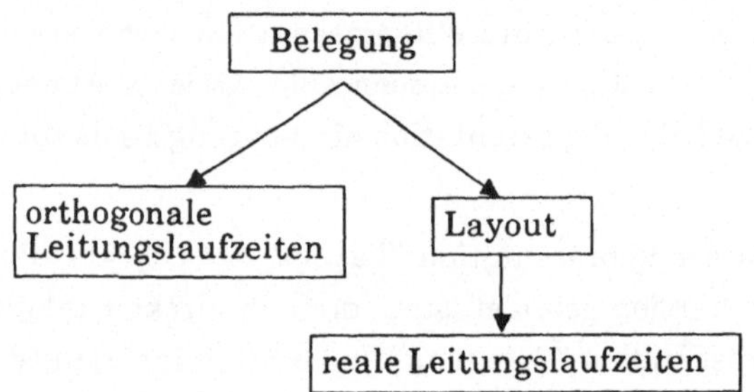

Bild 3 : Beispiel eines Repräsentationsbaums

6. Konsistenzklassen

6.1 Die Objektausprägung

Aufgrund der Verflechtung der Repräsentationen eines Objekts untereinander kann eine neue Version irgendeiner Repräsentation eine neue einer anderen bedingen. Um in der Menge von Versionen von Repräsentationen eines Objekts eine Ordnung herstellen zu können, wird der Begriff *Objektausprägung* eingeführt.

Unter einer Objektausprägung verstehen wir eine Auswahl der zu einem Objekt in der Datenbasis existierenden Versionen, in der von jeder Repräsentation höchstens eine Version vorhanden ist und die zugleich eine konsistente Beschreibung des Objekts darstellen.

Um eine Objektausprägung bilden zu können, muß die Datenhaltung einen Mechanismus zur Verfügung haben, der Versionen von unterschiedlichen Repräsentationen eines Objekts und auch solche unterschiedliche Objekte einander zuordnen kann und auf Anforderung einer CAD-Funktion bereitstellt.

6.2 Konsistenzaussagen

Im Gegensatz zu dem Konsistenzbegriff in kommerziellen Datenbankmanagementsystemen (DBMS), der unter anderem von [HÄRD78] behandelt wird, ist in einem Datenhaltungssystem für CAD-Elektronik nicht nur die Konsistenz der von einem DBMS aufrechtzuerhaltenden Datenverknüpfungen relevant, sondern darüberhinaus die Aussage, daß zwei Versionen unterschiedlicher Repräsentationen semantisch nichts Widersprüchliches über ein Objekt aussagen.

Da das Datenhaltungssystem eventuell über die Datenstrukturen der Repräsentationen, nicht aber über deren Semantik Kenntnis hat, kann es über Versionen unterschiedlicher Repräsentationen wegen dieses Konsistenzbegriffes selbständig keine Aussage bezüglich der Konsistenz machen; diese muß ihm zu jeder neu einzutragenden Version von der CAD-Funktion oder dem Entwerfer selbst mit- oder nachgeliefert werden.

Die Konsistenzaussage wird entsprechend des Repräsentationsbaumes zwischen der neu hinzukommenden Version in Abhängigkeit zu einer Version der im Baum direkt darüber mit ihr verbundenen Repräsentation gemacht in der Form eines Tupels, in dem die Identifikation der implizierenden Version vorne und die der abhängigen hinten steht. Eine Version wird dabei identifiziert durch die Identifikation des Objekts, der Repräsentation, der Alternative und letztlich der Version selbst.

Durch Auswertung der Konsistenzaussagen ergibt sich eine Klasseneinteilung über der Menge von Versionen unterschiedlicher Repräsentationen zu einem Objekt:

a) Ausgehend von einer Version der Masterrepräsentation findet die Datenhaltung über die zugehörigen Konsistenzaussagen immer nur Versionen anderer Repräsentationen, die zu allen vorher gefundenen Versionen konsistent sind. Eine solche Menge von Versionen wird *Konsistenzklasse* genannt.

b) Wählt man bei diesem Verfahren von jeder Repräsentation jeweils nur eine Version, so ergibt sich eine *Objektausprägung*.

6.3 Verwaltung von Konsistenzaussagen

Die Menge der Konsistenzaussagen sind als integraler Bestandteil der Beschreibung eines Objekts zu sehen. Es bietet sich daher an, Konsistenzaussagen zu einer eigenständigen Repräsentation eines jeden Objekts zusammenzufassen. Diese Repräsentation wird gemäß ihrer repräsentationsübergreifenden Funktion als Masterrepräsentation definiert. Jede Repräsentation einer Objektbeschreibung hängt direkt oder indirekt von der Repräsentation "Konsistenzaussagen" ab.

Als Repräsentation sind die Konsistenzaussagen wiederum versionsbehaftet. Eine Version der Repräsentation "Konsistenzaussagen" definiert genau eine Konsistenzklasse.

6.4 Objektübergreifende Beziehungen

Mit der Einführung der Repräsentation "Konsistenzaussagen" lassen sich nunmehr auch die Beziehungen zwischen Objekten herstellen, die überall dort entstehen, wo in Bild 2 als

Element der Name eines Objekts steht. Konkret muß bei Verwendung eines Objekts als Element innerhalb eines anderen Objekts der Bezug zu einer Beschreibung des verwendeten Objekts formulierbar sein, die in sich konsistent ist und mit der Beschreibung des aufrufenden Objekts harmoniert. Dieser Bezug ist genau der Verweis auf eine Konsistenzklasse des verwendeten Objekts.

6.5 Bildung von Objektausprägungen

Hinsichtlich der Ablage ist für die Datenhaltung das Problem der Zuordnung zueinander konsistenter Objektbeschreibungen über die Konsistenzklassen gelöst. Die CAD-Funktionen aber sind eher an Objektausprägungen interessiert. Zur Bildung einer Objektausprägung aus einer Konsistenzklasse kommmen als Möglichkeiten hierfür in Betracht:

a) explizite Vorgabe der Versionen, die eine Objektausprägung ausmachen sollen, wobei die Datenhaltung kontrolliert, ob sich diese auch in einer Konsistenzklasse befinden

b) Vorgabe von einschränkenden Kriterien (z. B. bestimmter Repräsentationen oder der jeweils jüngsten Version), wobei die Datenhaltung Hinweise geben kann, wenn die Kriterien nicht hinreichend eindeutig zur Auswahl einer Objektausprägung sind

c) die CAD-Funktion präsentiert zunächst die Konsistenzaussagen dem Anwender mit der Aufforderung, eine Objektausprägung auszuwählen, die sie dann ihrerseits gemäß a) von der Datenhaltung anfordern kann.

7. Schlußbemerkungen

Die vorgestellte Methode erlaubt in einfacher Weise zueinander konsistente Versionen von Repräsentationen eines Objekts und zueinander konsistente Konsistenzklassen verschiedener Objekte in einer CAD-Datenbasis zuzuordnen und wieder den Nutzern der Datenbasis bereitzustellen.

Die Methode wird innerhalb der in Entwicklung befindlichen Siemens-CAD-Systeme PRIMUS und HERA (vgl. [BACH87]) implementiert.

8. Literatur

[BACH87]   Bachmann, F.,Herrmann, G.,Schmid, F.J.:
Systemarchitektur einer CAD-Datenhaltung zur Unterstützung der Entwicklung elektronischer Schaltungen,
eingereicht zur BTW 87.

[HÄRD78]   Härder, T.:
Implementierung von Datenbanksystemen,
Carl Hanser Verlag München, Wien 1978.

[HÄRD85]   Härder, T., Keller, W., Mitschang, B., Siepmann, E., Zimmermann, G.:
Datenstrukturen und Datenmodelle für den VLSI-Entwurf,
SFB 124, Report Nr. 26/85,
Universität Kaiserslautern, Fachbereich Informatik.

[KATZ85]   Katz, R.H., Chang, E., Bhateja, R.:
Version Modeling Concepts für Computer-Aided-Design Databases,
Report No. UCB/CSD 86/270,
Computer Science Division (EECS), University of California,
Berkeley, California 94720, November 1985.

Systemarchitektur einer CAD-Datenhaltung zur Unterstützung der Entwicklung elektronischer Schaltungen

Gunter Herrmann, Franz Josef Schmid, Florian Bachmann
Siemens AG , Abt. ZT ZTI DES P 3
Otto-Hahn-Ring 6, 8000 München 83

1. Einleitung

Verfolgt man die Entwicklung von elektronischen Schaltungen in den letzten Jahren, so stellt man fest, daß sich durch zunehmende Integration die zu verarbeitende Datenmenge praktisch alle 2-4 Jahre verdoppelt. Für nach heutigen Begriffen kleine LSI's werden bereits 20 Megabytes benötigt. Deshalb fordern die am Entwurfsprozeß beteiligten CAD-Funktionen eines Systems einen performanten Zugriff auf große Datenmengen. Da die einzelnen CAD-Funktionen häufig denselben Datenbestand verwenden, sollten die Daten von einer eigenen Komponente Datenhaltung verwaltet werden. Aufgabe der Datenhaltung ist es, den CAD-Funktionen Daten schnell und verarbeitungsgerecht zur Verfügung zu stellen. Nach einer Darstellung des Anforderungsprofils an die Datenhaltung eines CAD-Systems und daraus resultierender konzeptioneller Ansätze werden das zugrundeliegende Datenmodell und darauf aufbauend die Systemarchitektur vorgestellt.

2. Anforderungsprofil und konzeptionelle Ansätze

Der Entwicklungsprozeß ist evolutionär; der Entwickler probiert Ideen aus, verwirft sie, greift auf eine ältere Version zurück und kommt so zu seinem gewünschten Ergebnis. Deshalb darf die Datenhaltung alte Daten nicht einfach vernichten, sondern muß sowohl alte als auch neue Zustände aufheben und Zugriffe darauf ermöglichen. Daneben muß es dem Entwickler gestattet werden, verschiedene Entwurfsalternativen parallel zu betrachten.

Deshalb wird ein Checkpoint-Mechanismus eingeführt, der es erlaubt, auf definierte Zwischenstände zurückzugehen, bevor ein neuer, dauerhafter konsistenter Zustand erreicht wird. Dadurch wird verhindert, daß man auf den ursprünglichen konsistenten Zustand zurücksetzen muß, der schon Tage zurückliegen kann.

Eine weitere Anforderung an die Datenbasis stellen die langen unstrukturierten Felder dar, die einige Funktionen, z.B. Simulatoren, zusätzlich benötigen. Die Größe dieser Felder liegt im Megabyte-Bereich.

Traditionelle Datenbanksysteme verarbeiten vorwiegend nur Tupel oder Records, wie es der typische Einsatzfall in der kommerziellen Datenverarbeitung erfordert. Im Gegensatz dazu erfolgt in CAD-Systemen die Verarbeitung entwurfsobjektorientiert. Dazu werden meist sehr große Datenmengen bewegt und überwiegend gelesen, wie z.B. bei der Aufbereitung des Simulationsmodells für einen ganzen Prozessor. Die zu lesenden Datenmengen können bis zu 400 000 äquivalente Gatterfunktionen besitzen, die einen Platzbedarf bis zu 400 - 500 MB haben. Für CAD-Funktionen muß deshalb ein objektorientierter Zugriff geschaffen werden, der besonders das Lesen großer zusammenhängender Datenmengen unterstützt.

Der Anforderung nach objektorientierter Verarbeitung wird dadurch Rechnung getragen, daß sich der Objektbegriff in allen Ebenen der Datenhaltung wiederspiegelt. Dies beginnt an der Schnittstelle zur CAD-Funktion und wird konsequent bis hin zur physikalischen Ablage beibehalten. Durch physikalische Clusterung der zu einem Objekt gehörenden Daten können die notwendigen physikalischen I/O's minimiert werden. Dadurch werden kürzere Zeiten bei der Datenbereitstellung erreicht. Weiterhin unterstützt ein objektorientiertes Datenmodell die Verarbeitung ganzer Objekte.

Das Konzept sieht zwischen CAD-Funktion und Datenhaltung eine funktionale Schnittstelle vor. Dadurch soll die Bereitstellung der Daten beschleunigt werden; der Gedanke dabei ist die Übergabe eines Datenpaketes an der Schnittstelle, das auf die Bedürfnisse der jeweiligen CAD-Funktion zugeschnitten ist. Es wird also ein komplexes Objekt übergeben, nicht einzelne Sätze wie bei verfügbaren Datenbanksystemen. Damit kann die Anforderung nach schneller und sicherer Datenbereitstellung erfüllt werden.

Für ein Entwurfsobjekt gibt es abhängig vom Entwicklungsstand und den CAD-Funktionen unterschiedliche Darstellungen. Typische Darstellungen im Schaltungsentwurf sind logischer Schaltplan, Netzliste, funktionale Beschreibung, Simulationsmodell, Layout. Wenn ein CAD-Tool aus einer Darstellung eine neue Darstellung erzeugt, z.B. aus dem logischen Schaltplan ein Simulationsmodell, so sind die neue Darstellung und die Abhängigkeit zur Ausgangsdarstellung in der Datenhaltung zu dokumentieren.

Eine CAD-Datenbank sollte ein leicht änderbares Schema haben, da gewisse Daten und Felder technologieabhängig sind und man nicht im voraus weiß, welche Anforderungen eine neue Technologie bringen wird. Die bisher angebotenen Umstrukturierungsmöglichkeiten, die meist ein gesamtes Auslesen und Wiedereinlesen der Datenbasis erfordern, sind bei weitem nicht ausreichend. In relationalen Datenbanksystemen (System R, /HAS 82 /, /AST 76/) wurde bereits der Versuch gemacht, dynamisch Attribute anzuhängen. Für die komplexe Struktur der CAD-Daten ist das aber nicht ausreichend.

3. Das Datenmodell

Aufgrund der speziellen Anforderungen an das CAD-System wurde ein Modell, das auf /MIT85/, /HÄR85/ beruht, für die Objekte gewählt. In Bild 3.1 wird das Datenmodell an einem Beispiel erläutert. Es ist streng hierarchisch aufgebaut, wobei die einzelnen Hierarchiestufen nachstehende Bedeutung haben.

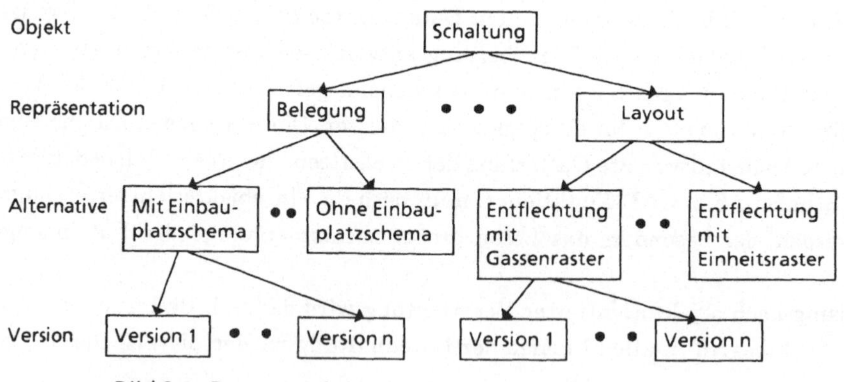

Bild 3.1: Datenmodell

Mit Objekt wird die Gesamtmenge der während eines Entwurfsprozesses anfallenden Daten bezeichnet. Dabei kann ein Objekt aus anderen eigenständigen Objekten zusammengesetzt sein. Beispielsweise verwendet das Objekt Funktionseinheit die Objekte Verdrahtungsrückwand und Flachbaugruppen, wobei ein Objekt Flachbaugruppe wiederum die Objekte MSI, LSI und VLSI verwendet.

Die Repräsentationen innerhalb eines Objektes beschreiben die verschiedenen Darstellungen, die die CAD-Funktionen während des Entwurfsablaufs bearbeiten.

Unter Alternative verstehen wir gleichberechtigte Varianten einer Repräsentation, die über einen Entwicklungszeitraum parallel existieren. Erst später trifft der Anwender die Entscheidung, welche Alternative für den Gesamtentwurf verwendet wird.

Die Versionen stellen die zeitliche Entwicklung einer Alternative dar. Die eindeutige Identifizierung einer Zugriffseinheit erfolgt somit durch: Objektname.Repräsentation. Alternative.Version.

3.1 Zugriffseinheit

Bei Schaltungsdaten ist die Einheit, auf die in der Ablage zugegriffen wird, das Objekt, ausgeprägt als Version einer Alternative einer Repräsentation. Damit wird dem speziellen Anforderungsprofil der CAD-Funktionen Rechnung getragen.

Da sich ein Entwurfsobjekt aus mehreren Objekten zusammensetzt und das Datenmodell zu einem Zeitpunkt nur ein Objekt betrachtet, müssen die Abhängigkeiten der Objekte untereinander in einer Organisationseinheit in der Datenhaltung verwaltet werden. Für Verwaltungsdaten gibt die Organisationseinheit Auskunft darüber, aus welchen Objekten sich ein Entwurfsobjekt zusammensetzt, in welchen anderen Objekten ein einzelnes Objekt verwendet wird, und welche Konsistenzbeziehungen zwischen Versionen verschiedener Repräsentationen existieren. /LOE87/

4. Software-Architektur

Moderne CAD-Systeme laufen in einer inhomogenen Betriebssystemwelt ab (Großrechner, verschiedene Workstations). Aus diesem Grund muß das DV-Konzept für die CAD-Datenhaltung möglichst betriebssystemneutral angelegt sein.

4.1 Die Datenhaltungsschnittstelle CADIF

Der Zugriff auf das CAD-Datenhaltungssystem durch die CAD-Funktionen erfolgt über die Datenhaltungs-Schnittstelle CADIF (CAD-DB-Interface; /LES87/); sie trennt die CAD-Funktionen und die Datenhaltung. CADIF ist eine funktionale Schnittstelle, die nach dem Prinzip des information hiding konzipiert wurde. Auf die in der Datenhaltung abgelegten Daten kann ausschließlich über diese Schnittstelle zugegriffen werden.

Entsprechend dem zugrundeliegenden Datenmodell bietet CADIF Funktionen auf verschiedenen Hierarchie-Ebenen an: organisatorische Funktionen wie Operationen auf Objekten bzw. Versionen und Funktionen zum Lesen oder zur Manipulation von Dateninhalten. Außerdem kann man allgemeine Informationen der Organisationseinheit wie Existenz von Versionen, Verwendung von Objekten oder Konsistenzaussagen zwischen Versionen verschiedener Repräsentationen abfragen.

4.2 Die Software-Komponenten des Zugriffssystems

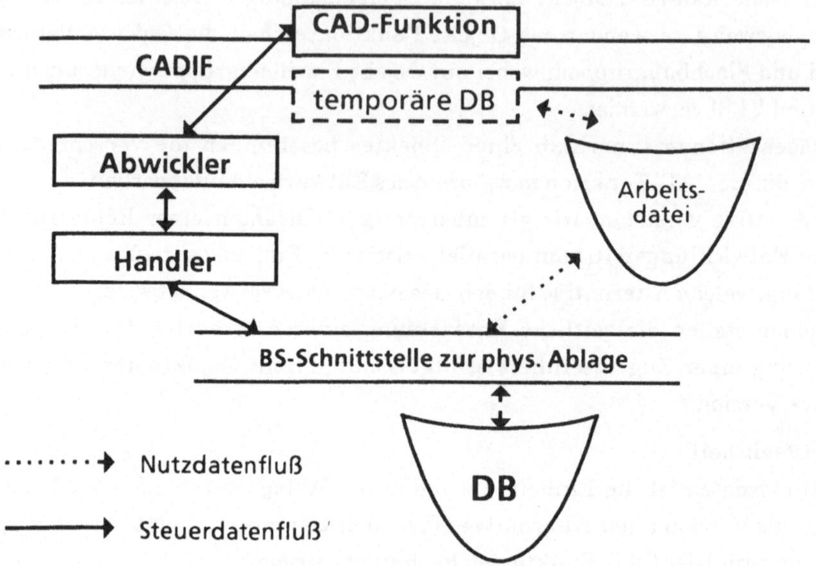

Bild 4.2: Zugriffssystem der PRIMUS3-Datenhaltung

Das Datenhaltungssystem wird aufgeteilt in die zwei Softwarekomponenten Abwickler und Handler. Der Abwickler führt die Kommunikation an der CADIF-Schnittstelle mit den CAD-Funktionen, stellt Daten für die CAD-Funktionen im Anwenderformat zur Verfügung und setzt Daten zwischen Anwenderformat und datenhaltungsgerechtem Format um. Der Handler ist für den Zugriff auf die physikalische Ablage der Datenhaltung zuständig. Die Zugriffseinheit ist für ihn die Version. Logisch zusammengehörende Datenmengen (Versionen) werden in jedem Fall als zusammenhängende Einheit geclustert abgelegt.

Pro Anwenderprogramm ist ein Abwickler vorhanden. Die Aufgabenstellung läßt es zu, daß die Aufträge von Abwickler und Handler asynchron abgearbeitet werden können. Dadurch ist es möglich, für jeden Auftrag eines Abwicklers einen eigenen Handler bereitzustellen. Die Anzahl der parallel ablaufenden, gleichzeitig auf der Datenbasis aktiven Handler ändert sich also dynamisch mit der Anzahl der Zugriffs-Aufträge.

Handler und Abwickler benötigen einen Kommunikationsbereich für die Steuerdaten. Die Realisierung der Kommunikation ist dabei abhängig von der jeweiligen Unterstützung durch das zugrundeliegende Betriebssystem.

Steuerdaten und Nutzdaten werden sowohl an CADIF als auch im gesamten Datenbasis-Zugriffssystem voneinander getrennt. Durch diese Trennung wird die Realisierung der asynchronen Bearbeitungsmethode unterstützt.

Für CADIF-Kommandos auf Elementebene, also zum Lesen, Schreiben oder Manipulieren von Dateninhalten, stellt die CAD-Datenhaltung Zugriffsmodule zur Verfügung, in welchen die jeweilige von der CAD-Funktion verwendete Datenstruktur eingebrannt ist. Der Abwickler spaltet sich also auf in einen anwendungsspezifischen generierten und in einen anwendungsneutralen Teil; diese beiden Komponenten sind durch eine abwickler-interne Schnittstelle AIS gekoppelt. Der anwendungsneutrale Teil kommuniziert mit dem Handler. Der Vorteil ist eine höhere Zugriffsgeschwindigkeit gegenüber interpretierenden Systemen. (/LES87/).

Um den lesenden Zugriff auf die Nutzdaten performant zu gestalten, müssen die Daten schnell aus der Datenbasis in den Arbeitsspeicher befördert werden. Die CAD-Datenhaltung geht dabei so vor, daß die Version, welche die angeforderte Datenmenge umfaßt, in einem Arbeitsbereich dem Abwickler bereitgestellt wird.

Aus dem Arbeitsbereich werden die Daten seitenweise in eine temporäre Datenbasis im Bereich des Arbeitsspeichers gebracht; da die Datenhaltungs-Struktur im Arbeitsspeicher der physikalischen Ablagestruktur entspricht und ein Objekt geclustert abgelegt ist, werden die Plattenzugriffe minimiert, was einen hohen Performancegewinn zur Folge hat. Anschließend werden die Daten von dem benutzerspezifisch generierten Zugriffsmodul über AIS angefordert und in die von der CAD-Funktion definierte Arbeitsstruktur überführt. Diese Aufbereitung findet im Arbeitsspeicher statt und trägt damit zu weiterem Performancegewinn bei.

5. Schlußfolgerung

Das vorgestellte Konzept einer CAD-Datenhaltung wird im Rahmen der Entwicklung einer neuen Generation von Siemens CAD-Systemen zur Zeit realisiert. Da Non-Standard-Datenbanksysteme sich noch im Forschungsstadium befinden, und andererseits ein neues leistungsfähiges CAD-Datenhaltungssystem in einem überschaubaren Entwicklungszeitraum für den produktiven Einsatz zur Verfügung stehen muß, wurde der Weg zu einem dedizierten Datenbasissystem beschritten. Im Vordergrund stehen dabei die Einführung eines objektorientierten Datenmodells, objektorientierte Verarbeitung und das Erreichen von Leistungszielen.

Die Systemarchitektur ist so angelegt, daß auf Objekte mit großen Datenmengen performant lesend zugegriffen werden kann. Gegenüber dem heute produktiv eingesetzten CAD-Datenhaltungssystem, das sich im Kern auf das CODASYL-Datenbanksystem UDS stützt /LES85/, wird eine wesentliche Leistungssteigerung erwartet, da das Navigieren im Datenbestand auf Sekundärspeichern stark reduziert wird und Datentransformationen ausschließlich im Primärspeicher durchgeführt werden.

Literatur

/AST76/   Astrahan et al., SystemR: Relational Approach to Database Management, ACM TODS, Vol 1, No 2

/HAS 82/   Haskin, Lorie: On Extending the Functions of a Relational Database System, VLDB 82, Mexico

/HÄR85/   Härder T., Keller W., Mitschang B., Siepmann E., Zimmermann G.: Datenstrukturen und Datenmodelle für den VLSI-Entwurf, SFB 124, Report Nr. 26/85, Universität Kaiserslautern, Fachbereich Informatik

/LES85/   Leßenich, Munford, Wenderoth: Erfahrungen und Konzepte beim Einsatz eines CODASYL-Datenbanksystems in der Datenhaltung einer CAD-Elektronik Anwendung, Informatik-Fachberichte 94, Springer-Verlag 1985

/LES87/   Leßenich H., Munford U., Dentler H.: Realisierung der Datenhaltungsschnittstellen eines CAE-Systems mittels Programmgeneratoren, eingereicht zur BTW 87.

/LOE87/   Loers J., Sülzle J.: Bildung von Konsistenzklassen über Objekten in einer Datenbasis für CAD-Elektronik, eingereicht zur BTW 87.

/MIT85/   Mitschang B.: Charakteristiken des Komplex-Objekt-Begriffs und Ansätze zu dessen Realisierung, Informatik Fachberichte Nr. 94, Springer 85.

Datenbank-Einsatz für die Realisierung einer Standardschnittstelle im Bereich CAD/CAM-Elektronik

H. Gotthardt
Siemens AG, K OA 1
Hofmannstr. 51
8000 München 70

D. Ruland
Universität Würzburg
Lehrstuhl für Informatik I

Einführung

Seit der Sprachschöpfung CAx werden immer mehr Bereiche in den Bann-
kreis dieser Buchstabenkombination einbezogen.
War anfangs nur die Tätigkeit des 'computerunterstützten Zeichnens
(CAD)' gemeint, bezieht man heute fast alle Funktionsbereiche eines
Unternehmens mit ein (Bild 1). Zusammengefaßt unter dem Begriff CIM
ist die Integration der technischen Funktionen mit denen der Logi-
stik und Fertigung (bei CAI zusätzlich noch diejenigen der Administration) zu einem organisatorisch und datentechnisch funktionierenden Gesamtablauf gemeint. Neben der Abstützung auf eine strate-
gisch ausgerichtete Zielprojektion für das Unternehmen (Produkt-
spektrum, Auftragsstruktur, Personalstruktur) müssen die technischen
Voraussetzungen für die Datendurchgängigkeit der Prozeßkette geschaffen werden.

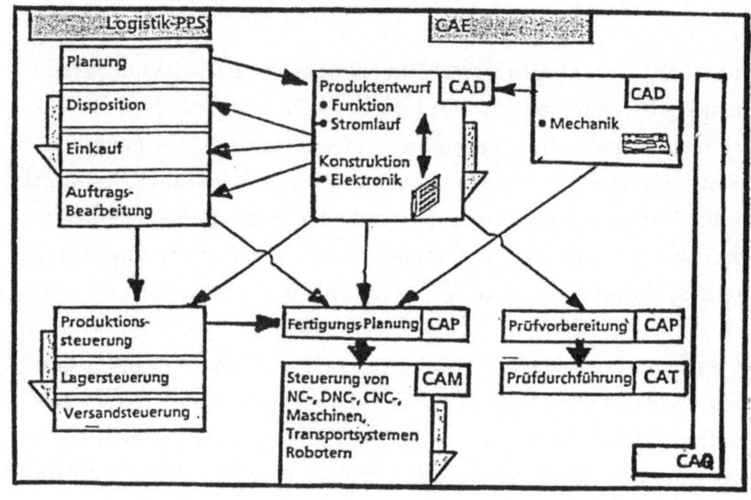

Bild 1 zeigt den statischen Zusammenhang CIM, wobei die Verbindung von CAD-Funktionen zu CAD/CAP/CAM/CAT und Logistik/PPS dargestellt ist.

Der folgende Beitrag behandelt speziell die Anforderungen und
Lösungen in Zusammenhang mit der Prozeßkette Elektronik.

Istzustand

Erstens ist die Situation bei der Entwicklung/Realisierung von
Elektronik in Form von Bausteinen (VLSI, ASIC) und Baugruppen
(Leiterplatten mit Bausteinen) überwiegend durch arbeitsteiliges
Vorgehen gekennzeichnet. Während der Entwickler die Logik entwirft,
der Konstrukteur die Größe und Form des Trägers der Logik (bei Bau-
gruppen die Leiterplatte) vorgibt, übernimmt ein anderer die reale
Festlegung der Logik mit der Anordnung der Bausteine auf der Leiter-
platte (Layout, Plazierung). Die prüftechnischen Belange mit der
Entwicklung von Prüfprogrammen und/oder Adaptern für die Prüfgeräte

sind ebenso Aufgabe weiterer Mitarbeiter, wie die Erstellung fertigungstechnischer Unterlagen/Programme (z.B. autom. Bestückung) und die dispositive Abwicklung. (Bild 2)

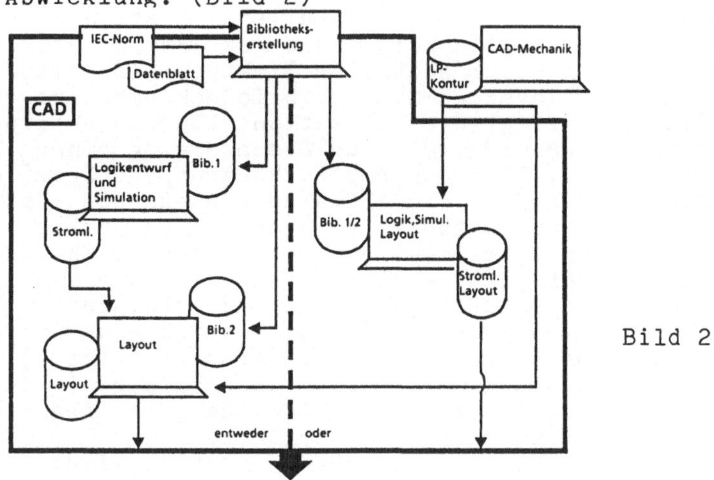

Bild 2

Zweitens ist in größeren Firmen mit mehreren Entwicklungsabteilungen und/oder mehreren Fertigungsorten häufig eine Vielzahl von CAx/PPS-Systemen im Einsatz. Dabei kann es sich u.a. um Eigenentwicklungen und/oder um gekaufte Systeme verschiedener Hersteller handeln. Jedes dieser Systeme besitzt i.a. unterschiedliche Hardware-/Software-Gegebenheiten, wie Rechner, Betriebssysteme und unterschiedliche Bibliotheks-Dateien mit unterschiedlichen Datenschnittstellen. Da innerhalb der Prozeßkette jeweils der Output eines CAx-Systems bzw. Teile davon als Input für das nachfolgende System dient und jedes System eigene Datenhaltungen besitzt, erfolgt die Integration in die entsprechende Prozeßkette mittels **Kopplungsprogrammen,** die die relevanten Daten aus der speziellen Datenschnittstelle in das benötigte Format der anderen speziellen Datenschnittstelle umsetzen (Bild 3). Obwohl die Bibliotheksdaten (z.B. für Schaltzeichen, Bauelemente) größtenteils vorhanden sind, ist die personelle Neuerfassung auch dieser Daten die gängige Praxis. Dies führt in letzter Konsequenz zu einem permanent hohen Kostenaufwand, da die Vielzahl der unterschiedlichen Systeme pro Funktion mit der Vielzahl der abhängigen Funktionen durch Koppelungsprogramme zu verbinden ist und die Pflege/Bereitstellung der vielen Bibliotheken sicherzustellen ist. Außerdem entstehen Konsistenzprobleme für die Bibliotheken.

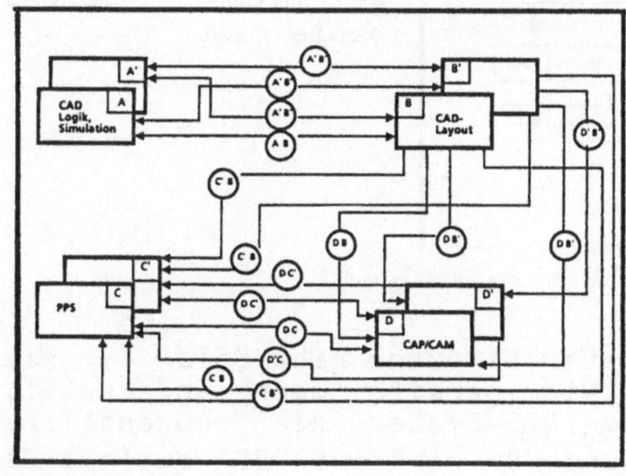

Bild 3

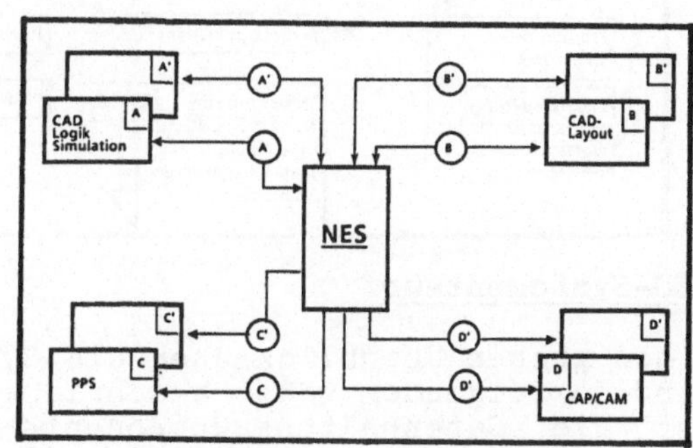

Bild 4

Zielvorstellung

Da der Kostenaufwand für die vorhandenen Systeme entsprechend hoch
ist und laufend neue leistungsfähigere Systeme eingeführt werden,
wurde als Lösungsmöglichkeit für diese Problematik die Definition
und Realisierung einer **Neutralen Elektronik-Schnittstelle (NES)** und
einer darauf basierenden Masterbibliothek beschlossen.
Dem NES-Konzept liegt die Definition aller Objekttypen und deren Beziehungstypen zugrunde, die zur Beschreibung einer Funktionseinheit
(z.B. Bauelement, Flachbaugruppe, Baugruppenträger) notwendig sind.
Dementsprechend umfaßt die NES alle während des Entwicklungsprozesses anfallenden produktbeschreibenden Daten und ist die einzige und
verbindliche Schnittstelle. Hierbei werden im Entwicklungsprozeß von
der Schaltungsentwicklung bis zum Abschluß der Fertigungsunterlagen-
erstellung Daten erfaßt, generiert und präzisiert. Damit wird die
Direktkopplung von Systemen (Bild 3) durch eine sternförmige Ankopp-
lung an das "normierte" System NES ersetzt (Bild 4).
Desweiteren erlaubt die sternförmige Kopplung die Integration einer
Master-Bibliothek in das NES-System und den Abgleich mit lokalen
Bibliotheken der angekoppelten Systeme.
Die wesentlichen **Vorteile** des NES-Konzeptes sind:
- Für alle am Entwicklungs- und Fertigungsprozeß Beteiligten liegt
  eine wohldefinierte Informationsmenge in **einheitlicher** Form vor,
  womit auch die Datenkonsistenz gewährleistet werden kann, sowie
  zentrale Kontrolle der Prozeßketten durch zentrale Prüffunktionen
  innerhalb des NES-Systems, womit die Konsistenz der Entwicklungsdaten gewährleistet werden kann.
- Die Anzahl der notwendigen Koppelbausteine steigt nur noch
  linear, dadurch Senkung der Software-Kosten.
- Basis für den Einsatz einer Masterbibliothek.
- Schaffung einer Basis für weitergehende Standardisierungs-Vor-
  haben.

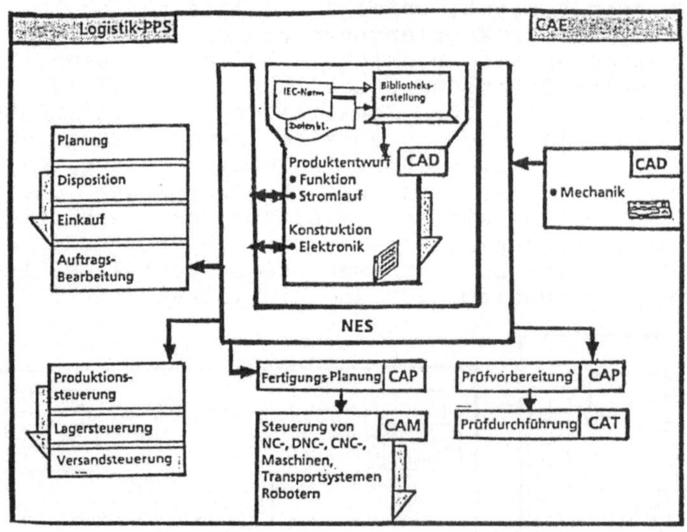

Bild 5 zeigt den
statischen Zusam-
menhang von Bild 1,
wobei als Bindeglied
innerhalb CAD und
zwischen den Funk-
tionen NES als die
gemeinsame Daten-
basis gilt.

NES-Systementwurf

Einen groben Überblick über die Systemarchitektur gibt Bild 6; sie
wird im folgenden näher beschrieben. Wie bereits oben angedeutet,
ist die **Datenhaltungskomponente** im NES-System die wesentliche
Komponente für die Masterbibliothek und für eine auf NES basierende

Produktdatenhaltung. Die konzeptionellen Anforderungen an die NES-Datenhaltung sind:
- **Neutralität,** d.h. es dürfen nur produktspezifische und keine systemspezifischen Daten abgespeichert werden.
- **Universalität,** d.h. Fähigkeit zur Abspeicherung der Entwicklungsdaten für das gesamte Spektrum von Elektronikprodukten.
- **Flexibilität,** d.h. leichte Erweiterbarkeit gegenüber neuen Technologien.
- **Portabilität,** d.h. Implementierung auf unterschiedlichen DV-Anlagen und verschiedenen Datenverwaltungssystemen (Datenbanksystemen).

Insbesondere die oben genannten Anforderungen an die NES-Datenhaltung erfordern den Einsatz von **Datenbanksstemen (DBMS´s).**
Die heute kommerziell verfügbaren Datenbanksysteme erweisen sich als nicht mächtig genug für die neueren **Nonstandard-Anwendungen** (/Loc85/, /HasLo81/,/BiGi86/ etc.). Da jedoch der finanzielle, zeitliche und personelle Aufwand für die Neuentwicklung eines Nonstandard-Datenbanksystems im Rahmen des NES-Projektes nicht getragen werden konnte, mußte auf konventionelle Datenbanksysteme zurückgegriffen werden. Dabei kommen in den unterschiedlichen Systemumgebungen verschiedene CODASYL- und relationale Datenbanksysteme zum Einsatz.
Der Einsatz von konventionellen Datenbanksystemen ist insbesondere bezüglich der **Datenmodellierung** mit zwei Problemen behaftet.
Erstens sind die klassischen Datenmodelle nicht mächtig genug für die Modellierung von für Nonstandard-Anwendungen charakteristische komplexe Objekt-Strukturen. Aus diesem Grunde werden in letzter Zeit mächtigere Datenmodelle eingesetzt (/BaKi85/,/CH76/, /FuNeu85/, /HasLo81/, /HarnMcL81/, /SmSm77a/, /SmSm77b/, /Su83/, etc.)
Zweitens müssen die Koppelbausteine sowie die NES-internen Prüffunktionen an ihrer Datenhaltungsschnittstelle verschiedene Datenbanksysteme basierend auf unterschiedlichen Datenmodellen bedienen.
Aus diesen Gründen wurde für die Modellierung des NES-Datenbankschemas das **Entity-Relationsship-Modell** (ER-Modell, /CH76/) gewählt.
Das ER-Modell erlaubt in seiner Allgemeinheit die Modellierung der produktspezifischen Designdaten sowie der Bibliotheksdaten für die unterschiedlichen Anforderungen von Elektronik-Produkten. Durch die Implementation des **NES-Zugriffsbausteins** eines universellen DBMS-Frontends, das an seiner Benutzer-Schnittstelle das ER-Modell unterstützt und an seinem Backend die verschiedenen Datenbanksysteme bedient, wird für die Koppelbausteine und die NES-internen Funktionen eine einheitliche Datenhaltungsschnittstelle geschaffen, die unabhängig von den verwendeten Datenbanksystemen ist.
In der momentanen NES-Ausbaustufe umfaßt das NES-Datenbankschema für die produktspezifischen Daten die logische Beschreibung (Schaltungsbeschreibung), die technische Beschreibung (Komponentenbeschreibung, Layout), die Verdrahtungsbeschreibung, die graphische Beschreibung und die Stücklistenbeschreibung der Funktionseinheiten. Das NES-Datenbankschema ist vornehmlich durch mehrere nebeneinander liegende Hierarchien von PART-OF-Beziehungen charakterisiert und umnfaßt ca. 500 Entity-Typen und ebensoviele PART-OF- und gewöhnliche Relationship-Typen.

Da das ER-Modell ein semantisches Datenmodell ist, bietet es keine operationelle Unterstützung an. Im Rahmen des NES-Projektes wurde deshalb eine Menge von ER-Operationen spezifiziert, die die Grundlage für eine **prozedurale Schnittstelle** bilden.

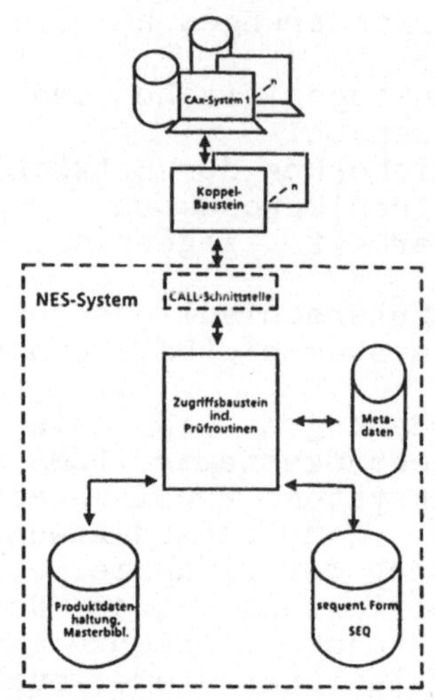

Bild 6

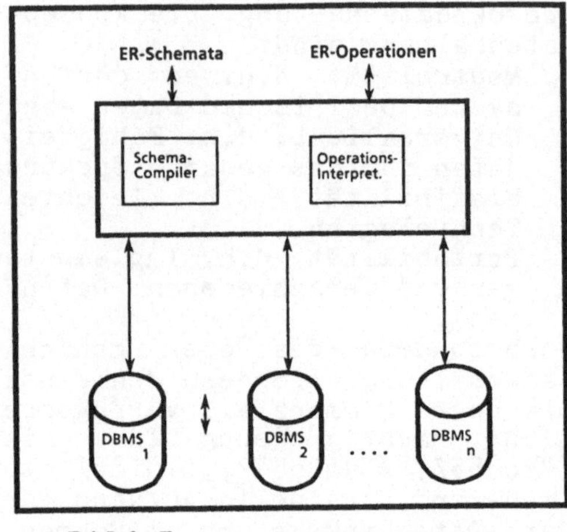

Bild 7

Der NES-Zugriffsbaustein zerfällt in einen **Schema-Compiler** und **Operations-Interpretierer** (Bild 7). Der **Schema-Compiler** (Bild 7) setzt ein konsistenz-geprüftes ER-Schema schrittweise in die DDL eines Ziel DBMS um (/Ch76/, /YanTeFR85/, /U184/). Dabei sind für die einzelnen Schritte teilweise manuelle Eingriffe zur Entscheidung von Entwurfs- bzw. Optimierungsalternativen notwendig. Ein ER-Schema wird dabei zunächst in ein relationales bzw. CODASYL-Schema umgesetzt, bevor dann die DDL-Spezifikationen für das Ziel-DBMS erzeugt werden. Für die Modellierung und Verwaltung der dabei anfallenden **Metadaten** werden die gleichen Methoden und Konzepte wie für die Verwaltung der eigentlichen Designdaten benutzt (/MarRou86/). Das heißt, die Metadaten sind ebenfalls in einem ER-Schema modelliert und werden in dem entsprechenden Ziel-DBMS integriert verwaltet. Dadurch können die Anwendungsprogramme auf die Metadaten ebenfalls über die ER-Schnittstelle des Zugriffsbausteins zugreifen.
Desweiteren erzeugt der Schema-Compiler aus dem ER-Schema ein **NES-Interchange Format,** das für die Übermittlung von größeren zusammenhängenden Datenströmen zwischen dem NES-System und den angekoppelten CAx-System notwendig ist. Die Erzeugung bzw. Einspeisung eines NES-Datenstromes aus bzw. in die NES-Datenhaltung erfolgt durch universelle (d.h. schemaunabhängige) Umsetzbausteine. Die Umsetzbausteine benutzen die ER-Schnittstelle des NES-Zugriffsbausteines für den Zugriff auf die Designdaten und die notwendigen Metadaten.

Der **NES-Operations-Interpretierer** setzt die an der Benutzerschnittstelle des NES-Zugriffsbausteins anfallenden ER-Operationen (auf Designdaten oder Metadaten) in DML-Operationen des gewünschten Ziel-DBMS. Die Operationsinterpretation ist abhängig von der vorher erfolgten Schemaumsetzung. Für die Interpretation werden die vom Schema-Compiler generierten Metadaten benötigt. Durch die integrierte Verwaltung der Metadaten erfolgt der Zugriff auf die Metadaten durch den Operationsinterpretierer ebenfalls durch ER-Operationen. Dadurch wird eine hohe Flexibilität bezüglich der Metadatenstruktur erzielt.

In der momentanen Ausbaustufe des NES-Projektes ist der Schema-Compiler für UDS und ADABAS, der Operationsinterpretierer für UDS, sowie der Umsetzbaustein für das NES-Interchange Format implementiert. Zur Zeit erfolgt die Abnahme dieser Komponenten. Gleichzeitig werden umfangreiche Laufzeit-Messungen vorgenommen, um einen Über-

)lick über die Laufzeit- und Speicherplatzanforderungen der einzel-
1en Teilkomponenten zu erhalten und eventuelle Optimierungen vorzu-
1ehmen. Alle Komponenten werden in PASCAL implementiert. Notwendige
)ptimierungen können eine Reimplementierung der systemnahen Teil-
<omponenten in einer systemorientierten Sprache erforderlich machen.
}leichzeitig werden bereits Koppelbausteine für eine Reihe von anzu-
<oppelnden CAx-Systemen implementiert.

)ie geplanten umfangreichen Adaptionen von Fremd- und Inhouse-Syste-
nen mittels NES wird bis Ende 1987 zum Breiteneinsatz führen und
}amit NES hoffentlich auch zur Basis eine weiterenr Standardisierung
verden.

Literatur-Verzeichnis:

/BaKi85/   Batory, D.S.; Kim, W., Modeling Concepts for VLSI
              CAD Objects, ACM TODS, vol. 10(3), 1985.
/BiGi86/   Bic, L,; Gilbert, J.P., Learning from AI: New
              Trends in Database Technology, IBEE Computer,
              March, 1986.
/Ch76/   Chen, P.P., The Entity-Relationsship Model:
              Towards a Unified View of Data, ACM TODS, vol.1(1),1976
/Dat86/   Date, C.J., Introduction to Database Systems, Addison-
              Wesley, 1986.
/FuNeu85/   Furtado, A.L.; Neuhold, E.J., Formal Techniques for
              Data Base Design, Springer, 1985

/HamMcL81/   Hammer, M.; McLeod, D., Database Description with SDM,
              ACM TODS, vol.6(3), 1981
/HasLo81/   Haskin, R.L.; Raymond R.A., On Extending the Functions
              of a Relational Database System, IBM Research Report,
              RJ3182, San Jose, 1981.
/Hoo85/   Hooper, R., An Application of Knowledge-Based Systems to
              Electronic Computer Aided Engineering, Design, an
              Manufacturing Date Base Transport, Ph.D.Thesis, UCLA
              Computer Science Dept., Techn. Report CSD-85-0011,1985.
/MarRou86/   Mark, L; Roussopoulos, N., Metadate Management, IBEE
              Computer, December, 1986.
/Loc85/   Lockemann, P.C.; et.al., Anforderungen technischer
              Anwendungen an Datenbanksystemen, Proc. BTW'85, IFB 94,
              Springer, 1985
/SmSm77a/   Smith, J.M.; Smith, D.C.P., Database Abstractions:
              Aggregation and Generalization, ACM TODS, vol.2(2), 1977
/SmSm77b/   Smith, J.M.; Smith, D.C.P., Database Abstractions:
              Aggregation, CACM, vol.20(6), 1977
/Su83/   Su, S.Y.W., A Semantic Association Model for Corporate
              and Scientific-Statistical Databases, Information
              Sciences, vol. 29, 1983.
/U184/   Ullman J.D., Principles of Database Systems, Computer
              Science Press, 1984
/YanTeFr85/   Yang, D.; Teory, T; Fry,J.; On the Automatic
              Transformation of Extended ER-Diagrams into the
              Relational Model, Techn. Report, University of Michigan,
              Computing Research Laboratory, CRL-TR-5-85, 1985.
/Yao85/   Yao, S.B.(ed.), Principles of Database Design, Prentice-
              Hall, 1985

Sperrprotokolle für komplexe Objekte mit Versionen in CAD-Datenbanken

Udo Kelter

Fachbereich Informatik, Software-Technologie-Labor
Universität Dortmund, Postfach 500500, 4600 Dortmund 50

Zusammenfassung: In CAD-Systemen müssen Relationen zwischen Objekten wie "Version von", "Komponente von" u.a. verwaltet werden. Hierdurch werden neuartige Probleme in bezug auf Concurrency Control und Zugriffsschutz verursacht. Wir stellen ein Verfahren vor, durch das die übliche Serialisierbarkeit von Transaktionen garantiert und benutzerspezifischer Zugriffsschutz definiert und realisiert werden kann.

1. Einführung

CAD- oder Ingenieur-Datenbanken sind die Basis für computergestützte Werkzeuge für Ingenieure. Sie enthalten textuelle und/oder graphische Darstellungen technischer Systeme. In Inhalt und Verwendung unterscheiden sie sich erheblich von konventionellen Datenbanken [1,5,7]. Zwei der Besonderheiten von CAD-Datenbanken sind:
  - Es gibt geschachtelte Transaktionen [5], die die Kooperation zwischen Arbeitsgruppen und einzelnen Designern regulieren. Erwähnenswert ist, daß zwischen einzelnen Designer-Transaktionen i.a. keine vollständige Isolation erwünscht ist, da Designer auch Zwischenergebnisse austauschen müssen.
  - Typischerweise bestehen folgende Beziehungen zwischen Objekten: "Version von", "Komponente von" und "alternative Sicht (Darstellung) von" einer abstrakteren Entwurfseinheit [1,3,5]. Durch diese und ggf. weitere benutzerdefinierte Relationen entstehen Mengen elementarer zueinandergehörender Objekte. Diese Mengen haben meist eine zusätzliche Struktur, z.B. bei Versionen "ist abgeleitet von".
  Derartige Strukturen werden innerhalb von Transaktionen modifiziert. Manchmal ist es erforderlich, solche Modifikationen zu verhindern, und zwar um Nebenläufigkeitsanomalien auszuschließen oder um benutzerspezifische Schutzwünsche zu realisieren. In diesem Papier wird eine integrierte Lösung für beide Probleme vorgestellt. Wir werden sie am Beispiel der Mengen von Versionen und ihrer Nachfolgerstruktur vorstellen, sie ist aber auch auf andere Strukturen übertragbar.

  Mehrere Objekte in einer CAD-DB können Versionen eines abstrakten Objekts in der

Denkwelt der Ingenieure sein, z.B. eines Software-Moduls. Jede einzelne Version bildet ein selbständiges Objekt.

Wenn eine Version aus einer anderen abgeleitet wurde, deklariert man sie als **Revision** oder **(direkten) Nachfolger** der anderen. Diese Struktur stellt man als **Versionsgraphen** dar. Die Nachfolgerstruktur ist mindestens eine Halbordnung, oft mit Wurzel oder sogar ein Baum. Wenn Versionen, z.B. zur Untersuchung alternativer Design-Entscheidungen, nebeneinander existieren sollen, spricht man oft von **Varianten** oder **Alternativen**. Einzelne Varianten können z.B. Testversionen sein und daher nur einem beschränkten Interessentenkreis zur Verfügung stehen.

Die Menge der Versionen eines abstrakten Design-Objekts **DO** und deren Nachfolgerstruktur werden durch spezielle Operationen verwaltet. Einzelne Versionen sind selbständige Objekte und über geeignete Identifizierer (i.f.: A, B, ...) zugreifbar. Eine Version A von DO kann unabhängig erzeugt, verändert oder gelöscht werden mit den Funktionen **CREATE(v)**, **READ(A)**, **WRITE(A,v)** und **DELETE_I(A)**. Darin ist v der zu speichernde Wert der Version. Eine neue Version ist zunächst "isoliert", d.h. mit keiner anderen Version als Nachfolger verbunden. Ebenso kann nur eine isolierte Version gelöscht werden.

Zur Handhabung der Nachfolgerstruktur dienen die Funktionen **INS_SUC(A,B)** und **REM_SUC(A,B)**, die eine Kante von A nach B im Versionsgraphen einfügen bzw. löschen, sowie **READ_SUC(A)** und **READ_PRED(A)**, die die Liste der direkten Nachfolger bzw. Vorgänger liefern. Beide Listen können leer sein; indirekte Nachfolger sind <u>nicht</u> enthalten.

Mit Hilfe dieser elementaren Operationen kann man weitere, komfortablere und benutzernahe Funktionen implementieren, z.B. **INS_AS_SUC(A,v)**, wodurch ein neues Objekt mit Wert v als Nachfolger von Version A eingefügt wird, oder **DELETE(A)**, wodurch eine nichtisolierte Version gelöscht wird.

2. Verhinderung von Operationen

<u>Atomarität von Transaktionen.</u> Die Serialisierbarkeit parallel ausgeführter Transaktionen ist gefährdet, wenn sie in Konfikt stehende Operationen ausführen. Zwei Operationen stehen in **Konflikt** [4,6], wenn eine Vertauschung ihrer Ausführungsreihenfolge von den aufrufenden Transaktionen bemerkt werden kann, nämlich an einer Änderung der Sichten der Transaktionen und/oder einer Änderung des Endzustandes. Beispiele für Probleme, die durch in Konflikt stehende Operationen an der Nachfolgerstruktur entstehen, sind:

- Wenn Transaktion T1 B als Nachfolger von A deklariert hat, dann darf eine andere Transaktion T2 diese Deklaration nicht vor dem Ende von T1 wieder rückgängig machen.

- Ein Benutzer möchte zunächst alle Nachfolger von Version A durchsehen. Abhängig davon entscheidet er, ob er einen weiteren Nachfolger erzeugt oder nicht. Nachdem er die Liste aller Nachfolger (mit READ_SUC(A)) erhalten hat, darf diese Liste durch Einfügungen oder Löschungen nicht verändert werden, bevor dieser Benutzer fertig ist.

Gemäß der obigen Definition bestehen die in der folgenden Tabelle angegebenen Konflikte zwischen Operationen, die die Nachfolgerstruktur behandeln. Dabei sind A, B, B′ und C Versionen eines Design-Objekts; eine Bedingung in der Tabelle zeigt an, wann die Operationen konfliktfrei (d.h. die zugehörigen Sperrmodi verträglich) sind; "+" bedeutet: immer konfliktfrei. Transaktionen, die in Konflikt stehende Operationen aufrufen, müssen serialisiert werden. Hierzu kommen in CAD-Datenbanken nur Sperrverfahren in Frage.

Operationen	INS_SUC (A,B′)	REM_SUC (A,B′)	READ_ SUC(C)	READ_ PRED(C)
INS_SUC(A,B)	+	B≠B′	C≠A	C≠B
REM_SUC(A,B)	B≠B′	+	C≠A	C≠B
READ_SUC(C)	C≠A	C≠A	+	+
READ_PRED(C)	C≠B′	C≠B′	+	+

<u>Benutzerdefinierter Veränderungsschutz.</u> In diesem Abschnitt listen wir einige Gründe auf, warum benutzergesteuerte Mechanismen, die Änderungen der Nachfolgerstruktur verhindern, erforderlich sind, und schlagen sprachliche Ausdrucksmittel hierzu vor. Zunächst die Gründe:
- Transaktionen kooperierender Designer dürfen nicht automatisch voneinander isoliert werden. Designer müssen individuell angeben können, welchen Schutz ihre Transaktionen benötigen.
- Ein Designer, der selbst gerade einen Nachfolger einer Version erzeugt, will dies anderen Designern zunächst verbieten, da diese zuerst seine neue Version inspizieren sollen, bevor sie selbst weitere Nachfolger erzeugen.
- Von einer älteren Version sollen vielleicht gar keine neuen Nachfolger mehr abgeleitet werden. Parallelität von Transaktionen ist in diesen Fall überhaupt nicht involviert.

Designer benötigen Mittel um auszudrücken, welche Schutzmaßnahmen im Einzelfall erforderlich sind, z.B. folgende **Präventionsoperationen**, die Änderungen an der Menge der Nachfolger einer Version A verhindern:

PREVENT_ANY_CH(A):   alle Änderungen
PREVENT_ANY_INS(A):   alle Hinzufügungen von Nachfolgern
PREVENT_ANY_REM(A):   alle Löschungen von Nachfolgern
PREVENT_ONE_REM(A,B): die Löschung von B als Nachfolger

Besonders beim letzten obigen Beispiel (Verbot weiterer Nachfolger einer alten Version) handelt es sich nicht mehr allein um ein Concurrency-Control-Problem, sondern um einen Aspekt des Zugriffsschutzes bzw. der Zugriffsberechtigung. Diese Problembereiche werden umso wichtiger, je umfassender CAD-Systeme werden und umso heterogener infolgedessen die Benutzerschaft solcher vernetzten Systeme wird. Diese Problemkreise sind in CAD-Systemen offenbar viel stärker als in konventionellen Datenbanken mit dem Concurrency-Control-Problem verwoben. Darum müssen die Lösungen konzeptionell und in ihrer Implementierung viel stärker integriert werden. Die hier vorgeschlagenen Präventionsoperationen werden deshalb durch Sperroperationen <u>imple-mentiert</u> werden.

3. Sperrprotokolle für Versionsgraphen

Das Problem, in Versionsgraphen zu sperren und Präventionsoperationen zu realisieren, behandeln wir in den folgenden 6 Schritten:

<u>Schritt 1: Modellierung der Nachfolgerstruktur:</u> Zu jeder Version A wird ein zusätzliches virtuelles Objekt **A.suc** deklariert. Virtuell heißt, daß es nicht als DB-Objekt implementiert wird, sondern nur als Basis für Sperren benutzt wird. Der Typ von A.suc ist "Menge von Versionsidentifizierern". A.suc enthält die Identifikationen der derzeitigen Nachfolger von A. Jedes Element von A.suc bildet ein (virtuelles) Unterobjekt, genannt **A.suc.B** bei Nachfolger B.

<u>Schritt 2: Protokoll für die Serialisierbarkeit von Transaktionen:</u> Transaktionen, die die Nachfolgerstruktur benutzen oder verändern, müssen die jeweiligen virtuellen Objekte in Modus S oder X sperren. Bei A.suc müssen ggf. Warnsperren [2,4,6] benutzt werden.

<u>Schritt 3: Definition von Präventionsmodi:</u> Präventionsoperationen werden durch Sperrungen realisiert: unerwünschte Operationen werden verhindert, indem man ihnen Ressourcen sperrt, die sie ebenfalls sperren müssen. PREVENT_ANY_CH(A) bspw. kann durch eine S-Sperre auf A.suc realisiert werden.

Die Zugriffsrechte eines Sperrmodus sind hier überflüssig und können weggelassen werden. Jeder normale Modus (S,X,IS,IX) liefert so einen **Präventionsmodus (PS, PX, PIS, PIX)**. Die Kompatibilität von Präventionsmodi ist die gleiche wie bei normalen

Modi mit der Ausnahme, daß alle Präventionsmodi miteinander verträglich sind.

<u>Schritt 4:   Einführung von Präventionsobjekten:</u> PREVENT_ANY_INS(A) bzw. PREVENT_ANY_ REM(A) muß genau alle INS_SUC(A,*) bzw. alle REM_SUC(A,*) verhindern; seien ins bzw. **rem** diese Mengen von Operationen. Leider gibt es bisher <u>kein</u> passendes Objekt, dessen S- oder X-Sperrung genau eine dieser Mengen von Operationen verhindern würde.

Für eine solche Gruppe von Operationen G führen wir ein weiteres virtuelles **Präventionsobjekt A.G** ein. Eine Transaktion, die eine Operation aus G ausführen will, muß nun vorher A.G S- (oder X-) sperren. Wegen dieser Regel können die Operationen aus G durch eine PX-Sperrung von A.G verhindert werden. PREVENT_ANY_INS(A) bzw. PREVENT_ANY_REM(A) können also durch PX-Sperren auf A.ins bzw. A.rem realisiert werden.

<u>Schritt 5:   Realisierung durch komplexe Sperrmodi:</u> Alle bisher deklarierten virtuellen Objekte werden implementiert, indem der Sperrmodus von A sowie die Sperrmodi aller zu A gehöriger virtueller Objekte als Komponenten eines <u>komplexen Sperrmodus</u> für A zusammengefaßt werden. Zwei komplexe Modi sind verträglich, wenn alle Komponenten paarweise verträglich sind. Die Rechte eines komplexen Sperrmodus sind die einzelnen Rechte der Komponenten.

<u>Schritt 6: Auswahl von benutzerspezifischen Mengen von Sperrmodi und Präventionsope-rationen:</u> Die Menge aller komplexer Sperrmodi wird leicht sehr groß. Der DB-Administrator sollte daher abhängig von den gewünschten Präventionsoperationen und den Konflikten zwischen Operationen auf der Nachfolgerstruktur eine vernünftige Teilmenge auswählen und für die ausgewählten komplexen Modi passende Abkürzungen definieren. Die in [5] eingeführten Sperrmodi DS, DX, RD bzw. R können z.B. als Abkürzung für eine S-Sperre auf einer Version zusammen mit einer S-, X-, PS- bzw. PX-Sperre auf A.ins verstanden werden.

<u>Literatur</u>

[1] Dittrich, K.R.; Lorie, R.: Object oriented database concepts for engineering applications; 1985; IBM Research Report RJ4691
[2] Gray, J.: Notes on data base operating systems; p.393-481 in: Bayer, R; et al. (ed.): Operating systems; 1979; Springer
[3] Katz, R.H.; Chang, E.; Bhateja, R.: Version modeling concepts for computer aided design databases; p.379-386 in: Proc. SIGMOD 86; 1986
[4] Kelter, U.: Parallele Transaktionen in Datenbanksystemen; 1985; Reihe Informatik/51, B.I. Wissenschaftsverlag
[5] Klahold, P.; Schlageter, G.; Unland, R.; Wilkes, W.: Ein Transaktionskonzept zur Unterstützung komplexer Anwendungen in integrierten Systemen; p.309-335 in: Proc. BTW 85; 1985/03
[6] Korth, H.F.: Locking primitives in a database system; 1983; JACM 30:1, p.55-79
[7] Küspert, K.: Non-Standard-Datenbanksysteme; 1986/06; Informatik-Spektrum 9:3, p.184-185

Integration des Versionsbegriffs und des Objektbegriffs
durch Abstraktion

Th.Berkel, P.Klahold, G.Schlageter, W.Wilkes

Fernuniversität Hagen
Postfach 940
5800 Hagen

Abstract

Im Bereich der technischen Anwendungen (CAD/CAM) ist die
Darstellung und Verwaltung von Versionen und komplexen
Objekten von großer Bedeutung. In diesem Papier wird ein
durchgängiges Modell für diese beiden Aspekte der
Objektdarstellung vorgestellt. Es beruht auf einer
Abstraktionsbeziehung, die nicht wie in objekt-
orientierten Systemen zwischen Objekttypen defininiert
ist, sondern zwischen Objekten. Dadurch gelingt es, die
strenge Trennung von Typ und Objekt aufzubrechen, mehr
Flexibilität in die Objektmodellierung zu bringen und
den Versionsbegriff als Abstraktion zu sehen.

1. Einleitung

Mit den semantischen und objekt-orientierten Datenmodellen /BrMS84/
wurden Abstraktionsmechanismen (insbesondere Generalisierung und
Klassifikation) eingeführt, die beim Datenbank-Design als Hilfsmittel
für die Strukturierung der verschiedenen Objektklassen dienen. Auch
bei der Objektmodellierung im CAD/CAM-Bereich erweist sich der
Abstraktionsgedanke als wichtiges Strukturierungsmittel und findet
ebenso in der Konstruktionsmethodik ihren Niederschlag /SeWe86/. Aber
auch die Modellierung eines benutzerbezogenen Versionsbegriffs läßt
sich auf den Abstraktionsmechanismus zurückführen:

Design-Objekte

Die Design-Objekte haben eine komplexe interne Struktur, es können
z.B. NF^2-Tupel /Dada86/ oder molekulare Objekte /BaBu84/ sein. Sie
werden zu größeren Design-Objekten zusammengesetzt, so daß die Objekte
in eine Hierarchie von Komponenten-Beziehungen eingebunden sind
/KeBe86, KKUW85/.

Häufig sind die Komponenten eines Design-Objektes zunächst weder in
ihrer Struktur noch in ihrer Strukturausprägung vollständig bekannt,
und die Tätigkeit des Konstruierens besteht gerade darin, in einem
Verfeinerungs- und Veränderungsprozeß Beschreibungen von neuen
Objekten zu erstellen. Dabei sind in der Regel Rahmenbedingungen zu
beachten, die z.B. durch die Einbettung des Objektes in die
Komponentenstruktur gegeben sind.

Um diesen Prozeß dokumentieren zu können, müssen im Objektmodell Möglichkeiten existieren, das Objekt auch bereits vor der endgültigen Fertigstellung darzustellen und gleichzeitig die Rahmenbedingungen zu spezifizieren, an die sich die weitere Konstruktionstätigkeit zu orientieren hat. Diese Rahmenbedingungen können als Beschreibung des Objektes auf einem höheren Abstraktionsniveau gesehen werden, und durch schrittweises Verfeinern entsteht schließlich die endgültige, detaillierte Objektdarstellung.

Neben dieser Neukonstruktion eines Objektes durch Verfeinern des vorgegebenen Rahmens kann auch ein bereits existierendes Objekt benutzt werden, das die Rahmenbedingungen erfüllt. Die abstrakte Spezifikation eines Objektes umschreibt damit auch eine Menge von Objekten, die die vorgegebenen Eigenschaften erfüllen. Durch diese Sicht auf den Abstraktionsmechanismus können Konzepte wie parametrisierte Objekte oder beliebig austauschbare Varianten als Abstraktionen dargestellt werden.

Versionen

Auch der Versionsbegriff kann als Abstraktionsmechanismus gesehen werden: Objekte werden aufgrund bestimmter Gemeinsamkeiten zu einer Versionsmenge zusammengefaßt /KSWi86/. Diese Gemeinsamkeit ist im Extremfall der Objektname, es kann aber auch die gemeinsame Schnittstelle der Versionen eines VLSI-Chips sein /BaKi86/, und häufig besitzen die Versionen eines versionierten Objektes denselben Typ /DiLo85/. Insgesamt stellen diese gemeinsamen Eigenschaften eine abstrakte Sicht auf die Versionen dar, die ebenso Rahmenbedingung für die Erstellung neuer Versionen vorgibt.

In diesem Papier beschreiben wir ein Modell, in dem die beiden Aspekte der Objektdarstellung mithilfe eines Abstraktionsmechanismus integriert werden. Die Ziele des Modells liegen darin,

- abstrakte Sichten auf Objekte durch andere Objekte darzustellen,
  - um in die Komponentenbeziehung nicht nur vollständig spezifizierte Objekte einbauen zu können und
  - um bei der Modellierung des Versionsbegriffes die Gemeinsamkeiten von Versionen durch einzelne Objekte beschreiben zu können, sowie

- abstrakte Objekte als Repräsentanten von Objektmengen zu sehen.

2. Das Objekt-Struktur-Modell

In objektorientierten Systemen ist die Abstraktionsbeziehung in der Regel zwischen Klassen oder Objekt-Typen definiert. Eine solche Beziehung kann aber nicht alle Bedingungen erfüllen, die wir an sie stellen: Zur Modellierung des Versionsbegriffes sollen einzelne Objekte die Gemeinsamkeiten von Versionen beschreiben, und in die Komponentenbeziehung sollen nicht nur vollständig spezifizierte Objekte eingebaut werden können, sondern auch Objekte auf abstrakterem Niveau, die (z.B. bei der Varianten-Konstruktion) eine Menge spezifischer Objekte repräsentieren. Wir benötigen somit eine Abstraktionsbeziehung, die nicht zwischen Objekttypen, sondern zwischen Objekten selbst definiert ist.

Unser Modell beruht auf dem *Prototyp-Ansatz*: Die Struktur eines Objektes wird nicht durch einen Objekt-Typ beschrieben, sondern sie ist dem Objekt selbst zu entnehmen, es ist "self-contained". Auf der Objektmenge ist die Abstraktionsbeziehung definiert, die ein *Abstraktionsobjekt* mit einem *spezialisierten Objekt* (oder einer *Version*) verknüpft. Die durch die Abstraktionsbeziehung gebildete Hierarchie setzt den Objekten bestimmte Grenzen: Abstrakte Objekte vererben Attribute an speziellere Objekte, und ererbte Attribute dürfen nicht beliebig verändert werden, sondern nur in dem Rahmen, den der Attributwert des abstrakten Objektes vorgibt.

Die Belegung eines Attributes spielt zwei Rollen: Für das Objekt selbst stellt sie den Wert des Attributes dar, für die Versionen des Objektes bildet sie eine Integritätsbedingung, die vorschreibt, wie die ererbten Attribute in den Versionen belegt sein dürfen. Ein Attribut kann daher nicht nur mit einem einfachen Wert belegt sein, sondern es kann einen ganzen Wertebereich beschreiben, der die möglichen Werte dieses Attributes in den Versionen bestimmt.

Wird ein Objekt als Version eines abstrakten Objektes erzeugt, so besteht es zunächst aus einer Kopie des abstrakten Objektes. Die neue Version kann auf zwei Arten spezialisiert werden:

(1) durch Einschränkung des ererbten Wertebereiches eines Attributes, mit dem Spezialfall der eindeutigen Belegung mit einem festen Wert;
(2) durch Definition neuer Attribute (Attributnamen, Attributwert).

Wird ein Objekt R als Abstraktion einer Menge anderer Objekte V_i erzeugt, so muß R eine Verallgemeinerung dieser Objekte sein:

(1) Alle Attribute von R müssen in jedem V_i existieren;
(2) Für jedes Attribut A_R des Objektes R mit dem Wert $W(A_R)$ gilt: In allen Objekten V_i ist der Wert des Attributes A_{Vi} ($=W(A_{Vi})$) eine Spezialisierung von $W(A_R)$.

Mit Hilfe dieser beiden Erzeugungsmechanismen kann eine ganze Abstraktionshierarchie sowohl top-down (Spezialisierung) als auch bottom-up (Abstraktion) aufgebaut werden. Beide Vorgehensweisen können miteinander kombiniert werden, und es besteht die Möglichkeit, neue Objekte in die Hierarchie einzupflanzen (nicht nur als Blatt oder neues Wurzelelement). Dabei stellt das neue Objekt eine Abstraktion der darunterliegenden Versionen und eine Spezialisierung der darüberliegenden abstrakten Objekte dar. Die Hierarchie muß nicht unbedingt baumartig strukturiert sein, es können auch mehrere Objekte die Integritätsbedingungen beschreiben, denen ein gemeinsam zugeordnetes, spezialisiertes Objekt genügen muß.

Neben der hier beschriebenen Abstraktionsbeziehung existiert die Komponentenbeziehung zwischen den Objekten. Die Beziehung zwischen einem Objekt O und seinen Komponenten Ki wird durch Referenzattribute in O realisiert. Diese Referenzattribute unterliegen auch den Bedingungen der Abstraktion: Referenzen zu Komponenten können vererbt und in spezialisierten Objekten verfeinert werden. Die Verfeinerung einer Referenz auf das Objekt O erfolgt dadurch, daß sie auf ein anderes Objekt V gesetzt wird, das direkt oder indirekt in Versionsbeziehung zu O steht. Die abstrakte Komponente wird also durch eine spezialisierte Komponente ersetzt.

Möglichkeiten des vorgeschlagenen Modells

Durch unser Objektmodell wird die strikte Grenze zwischen Typ und Objekt aufgebrochen: Ein Objekt wirkt nach unten zu den Versionen ähnlich wie ein Typ (Festlegung von Attributen und Wertebereichen), während es selbst von einem abstrakteren Objekt geprägt wird. Damit ergeben sich viele neue Möglichkeiten, Objekte flexibel zu modellieren. Insbesondere kann das einzelne Objekt wesentlich individueller gestaltet werden: Seine Struktur wird nicht über die ganze Lebensdauer hinweg durch einen Objekttyp festgelegt, sondern es kann strukturell verändert oder erweitert werden. Dies kommt der Sichtweise von Konstruktionsumgebungen sehr entgegen, wo die Individualität des einzelnen Objektes wesentlich mehr im Vordergrund steht als in herkömmlichen Datenbankanwendungen.

Da die Abstraktionsbeziehung zwischen Objekten und nicht zwischen Objekttypen definiert ist, repräsentiert ein abstraktes Objekt andere Objekte unter einem bestimmten, gemeinsamen Aspekt (Projektion auf die Attribute des Abstraktionsobjektes). So können in einer Komponentenstruktur Objekte beliebiger Abstraktionsstufe eingefügt werden, d.h. die Komponentenstruktur eines Objektes kann bereits auf abstraktem Niveau definiert werden, um im weiteren Verlauf des Konstruktionsprozesses verfeinert zu werden. Dabei gibt das abstrakte Objekt jedoch die Bedingungen an, die die späteren Verfeinerungen einzuhalten haben. Damit ist der hier vorgestellte Abstraktionsmechanismus ein geeignetes Mittel, den top-down-Entwurf des Konstrukteurs zu beschreiben.

Das Abstraktionsobjekt repräsentiert ebenso die **Menge** der zugehörigen spezialisierten Objekte (die sich evtl. nur durch bestimmte Attributwerte unterscheiden). Damit können Varianten, die erst beim konkreten Zusammenbau eines Teils ausgewählt werden müssen, dargestellt werden, wodurch sich eine weitere Flexibilisierung der Komponenten-Struktur ergibt.

Auch der Versionsbegriff wird durch die Abstraktionsbeziehung direkt modelliert: Die gemeinsamen Eigenschaften der Versionen werden im abstrakten Objekt dargestellt, während die eigentlichen Versionsdaten in den spezialisierten Objekten abgelegt werden. Durch die.Definition der Abstraktionsbeziehung auf der Objekt-Ebene kann die Beziehung zwischen einem abstrakten Objekt und seinen Versionen direkt ausgedrückt werden. Gegenüber anderen Versionsmodellen bietet diese Art der Versionsmodellierung noch weitere Vorteile:

(1) Versionen müssen nicht alle dieselbe Struktur besitzen, ihre Attributmenge kann individuell erweitert und verfeinert werden.

(2) Versionen können selbst wiederum versionierte Objekte sein, da jedes Objekt in der Abstraktionshierarchie sowohl die Rolle eines Abstraktionsobjektes als auch einer Version übernehmen kann. Wir erhalten dadurch ein mehrstufiges Versionskonzept.

(3) Ein Objekt kann Version mehrerer Abstraktionsobjekte sein. Dadurch können unterschiedliche Aspekte von Versionsmengen in abstrakten Objekten repräsentiert werden, z.B. können unterschiedliche Schnittstellenbereiche eines VLSI-Chips (z.B. Anschlußpins, Zeitverhalten) getrennt an die Versionen vererbt werden.

Insgesamt ergibt sich damit, daß durch die Definition der Abstraktionsbeziehung zwischen einzelnen Objekten auf der Basis eines Prototyp-Ansatzes viele Erfordernisse aus CAD/CAM-Umgebungen erfüllt werden.

3. Handhabung des Modells

Bei der Ausgestaltung des skizzierten Modells gehört die Definition einer Sprache zur Erzeugung und Manipulation der Abstraktionshierarchien zu den wichtigsten Aufgaben. Folgende Anforderungen sind dabei zu berücksichtigen:

Unterstützung der unterschiedlichen Semantik der (Knoten)objekte

Durch die Einführung der Abstraktionshierarchie wird die Objektwelt des Benutzers vervielfacht. Hat er sich bisher auf 'sein' Objekt bezogen, existiert dieses jetzt als Knotenmenge, die die Abstraktionshierarchie repräsentiert. Elemente der Knotenmenge oder die ganze Hierarchie können vom Benutzer als sein Objekt gesehen werden. Falls diese Unterscheidung nicht durch den Kontext deutlich wird, sprechen wird im folgenden beim Bezug auf bestimmte Knoten der Hierarchie von Knotenobjekten.

Wie schon in der Beschreibung des Modells deutlich gemacht wurde, kann ein Knoten vom Benutzer unter verschiedenen Bedeutungen gesehen werden. Die wichtigste Unterscheidung ist die Betrachtung eines Knotens als ein 'abstraktes Objekt' oder als **Menge** all seiner spezialisierteren 'Versionen'.

In beiden Betrachtungsweisen können noch feinere Unterscheidungen getroffen werden: Als Menge betrachtet, können die verschieden abstrakten (Knoten)Objekte zum einen in der Sichtweise des Typs gesehen werden, der durch den betrachteten Knoten festgelegt wird. Alle Elemente besitzen genau die Attribute, die durch den Knoten festgelegt sind. Werden alle Objekte in der ihnen eigenen Struktur gesehen, ergibt sich eine Menge heterogen strukturierter Objekte. Dies erfordert neue Methoden bei der Konzeption einer Schnittstelle zwischen der Datenbank und den Anwendern (s.u.).

Wird der betrachtete Knoten als ein Objekt gesehen, so besitzt dieses als 'abstraktes' Objekt seine Attribute, die mit Werten oder Wertebereichen belegt sind. Oft ist es in Designumgebungen sinnvoll, Werkzeuge, die eigentlich mit festen Werten spezialisierter Objekte arbeiten, schon auf abstrakte Objekte anzuwenden. Da derartige Programme im Normalfall nicht beliebige Wertebereiche manipulieren können, benötigen sie (irgend)eine spezialisierte Sicht des abstrakten Objektes, einen Repräsentanten, bei dem sämtliche Attribute mit konkreten Werten belegt sind.

Alle beschriebenen Möglichkeiten stellen für den Anwender sinnvolle Sichtweisen auf einen Knoten innerhalb einer Abstraktionhierarchie dar. Die zu entwerfende Sprache muß daher folgende Funktionen auf einem Objekt <knoten> unterstützen:
- gebe alle spezialisierten Objekte ab <knoten>
- gebe alle spezialisierten Objekte ab <knoten> als homogene Menge
- gebe das abstrakte Objekt <knoten>
- gebe einen Repräsentanten des abstrakten Objektes <knoten>.

Neben den verschiedenen Möglichkeiten, einen Knoten der Abstraktionshierarchie zu betrachten, kann der Benutzer die definierten Abstraktions- und Spezialisierungsbeziehung direkt zur Selektion ausnutzen. Ausgehend von einem Knoten sind sowohl seine 'Versionen' wie auch seine abstraktere(n) Darstellungsform(en) auf der jeweils nächsten Abstraktionsebene mit Hilfe vorgegebene

Sprachelemente zugreifbar. Gleichzeitig sind das Wurzelobjekt und die Objekt der Blattebene einer Abstraktionshierarchie explizit ansprechbar.

Heterogene Objekte

Durch die Spezialisierung durch Erweitern der beschreibenden Attributmenge besitzen Objekte in unterschiedlichen Abstraktionsebenen (Knoten) verschiedene Strukturen. Bisherige Datenbanksysteme erlauben zwar die Definition neuer Strukturen für bekannte Objekte (Views), erwarten jedoch bei Programmzugriffen die genaue Kenntnis der jeweiligen Struktur des Objektes. Soll die Hierarchie flexibel bearbeitet werden (z.B. gebe alle spezialisierten Objekte ab <knoten>), so ist der Ergebnistyp erst beim Zugriff auf das (Knoten)Objekt feststellbar. Daher existiert neben der 'typisierten' Schnittstelle zusätzlich eine interpretative Schnittstelle zwischen Datenbank und Anwender. Sie vermittelt zuerst die Struktur des Objektes, bevor die eigentlichen Daten elementweise übergeben werden.

Der bisher übliche 'typ-orientierte' Zugriff auf Daten steht weiterhin zur Verfügung, falls sich die Anwendungen auf eine bestimmte, bekannte Hierarchieebene beziehen, oder Funktionen (z.B. gebe alle spezialisierten Objekte ab <knoten> als homogene Menge) benutzt werden, die eine heterogene Objektmenge auf eine vordefinierte Struktur abbilden.

Unkonkrete Werte

Das dargestellte Modell ermöglicht auch in einer weiteren Hinsicht eine flexiblere Arbeitsweise mit Objekten. In Designumgebungen wird oft die Definition der Struktur von Objekten und ihre spätere Ausgestaltung zeitlich getrennt und mit Hilfe verschiedener Entwurfswerkzeuge vorgenommen. In unserem Modell sind diese beiden Arbeitsschritte beim Entwerfen von Objekten miteinander integriert worden: Der Designer kann Objekte an beliebiger Stelle seines Entwurfsprozesses um neue Strukturen ergänzen oder den vorgebenen 'Typ' eines Attributes zu einem bestimmten Wert konkretiesieren. Die Nutzung eines bestimmten Werkzeuges setzt jedoch oft eine spezielle Art der Attributwerte der Daten voraus (im Normalfall einen konkreten, nicht mehr spezialisierbaren Wert). Stimmt der Wert eines Attributes nicht mit den vom Programm interpretierbaren Werten überein, muß ein Schutzmechanismus den Zugriff auf diese Daten verhindern.

Auch hier bietet die Sprache mit Hilfe des oben beschriebenen Repräsentantenmechanismus die Möglichkeit, Objekte mit unkonkreten Werten zu manipulieren. Dadurch, daß Daten auf Anforderung in einer zufälligen Konkretisierung zur Verfügung gestellt werden, können in einer typisierten Sprache geschriebene Programme mit allen Knoten einer Abstraktionshierarchie arbeiten. Weitergehende Sprachelemente können die Zufälligkeit der Wertebelegung durch die Anwendung eines Defaultmechanismus oder durch vorhandene Berechnungsvorschriften (z.B. Durchschnittswert) einschränken.

4. Zusammenfassung

Wir haben in diesem Papier ein Objektmodell skizziert, das auf eine Typisierung von Objekten verzichtet und die Abstraktionsbeziehung auf der Ebene der Objekte definiert. Dadurch ist es uns gelungen, den Versionsbegriff zu modellieren und gleichzeitig mehr Flexibilität in die Objektmodellierung einzubringen, insbesondere im Zusammenhang mit der Komposition. Es wurden einige Probleme und Lösungsmöglichkeiten für den Entwurf einer Sprache aufgezeigt, die die volle Ausnutzung des Modells ermöglicht.

5. Literatur

/BaBu84/ Batory, D.S. and Buchmann, A.P.: *Molecular Objects, Abstract Data Types, and Data Models: A Framework.* Proc. VLDB, Singapore 1984

/BaKi85/ Batory, D.S. and Kim, W.: *Modelling Concepts for VLSI CAD-Objects.* ACM TODS 10, Sept. 1985

/BrMS84/ Brodie, M.L., Mylopoulos, J. and Schmidt, J.W. (Editors): *On Conceptual Modelling. Perspectives from Artificial Intelligence, Databases, and Programming Languages.* Springer Verlag New York, Berlin, Heidelberg, Tokyo 1984

/Dada86/ Dadam, P., et.al.: *A DBMS Prototype to Support Extended NF2-Relations: An Integrated View on Flat Tables and Hierarchies.* Proc. ACM SIGMOD, Washington 1986

/DiLo85/ Dittrich, K.R. and Lorie, R.A.: *Version Support for Engineering Data Base Systems.* IBM Research Report RJ4769 (50628), San Jose 1985

/KeBe86/ Ketabchi, M.A. and Berzins, V.: *Mathematical Model of Composite Objects and its Application for Organizing Efficient Engineering Databases.* to appear in IEEE Transactions on Software Engineering

/KKUW85/ Klahold, P., Köhler, D., Ungerer, M., und Wilkes, W.: *Ein Konzeptvorschlag zur Darstellung von 'Design Objekten' in (relationalen) Datenbanken.* E.I.S.-Arbeitspapier, 1985

/KSWi86/ Klahold, P., Schlageter, G. and Wilkes, W.: *A General Model for Version Management in Databases.* Proc. VLDB, Kyoto 1986

/MyBW80/ Mylopoulos, J., Bernstein, P.A. and Wong, H.K.T.: *A Language Facility for Designing Database-Intensive Applications.* ACM TODS 5, June 1980

/SeWe86/ Seiffert, H. and Weber, C.: *Maschinenelemente in Lehre und Forschung - Fortschritte durch Methodisches Konstruieren.* Workshop Methodisches Konstruieren von Maschinenelementen (MeKoME), Mailand 1984, in: Schriftenreihe *Workshop - Design - Konstruktion*, Hrsg. V. Hubka, Heuristica Verlag Zürich 1986

Neuartige Anforderungen an die Datenverwaltung am Beispiel der
Kreditsachbearbeitung in einem Kreditinstitut

W. Grossmann, Dr. Th. Wolf
DTU Deutsche Treuhand-Unternehmensberatung GmbH
Frankfurt

Das in diesem Beitrag vorgestellte, zur Zeit noch laufende Projekt umfaßt die komplette Neuorganisation eines Spezialkreditin-
stitutes incl. neuem DV- und Bürosystem. Die Aufgabe des Kredit-
instituts ist im wesentlichen die Finanzierung von Exportgeschäf-
ten (z.B. Maschinen, Industrieanlagen, Kraftwerke).

Kreditnehmer ist der ausländische Importeur oder dessen Bank. Die
Refinanzierung der Kreditmittel übernimmt zum einen Teil die Haus-
bank des Exporteuers, zum anderen Teil - zur Streuung des Risikos -
ein Bankenkonsortium. Die Auszahlung des Kredites in einer oder
mehreren Teilbeträgen erfolgt an den Exporteur nach Vorlage der
vertraglich vereinbarten Auszahlungsdokumente. Sicherheit für den
Kredit und damit wesentliche Auszahlungsvoraussetzung ist neben
Kreditvertrag und Exporteurgarantie die Finanzkreditdeckung einer
Kreditversicherung (hauptsächlich Hermes). Die Rückzahlung des
Kredites erfolgt durch den ausländischen Kreditnehmer. Die Laufzeit beträgt in der Regel 5 Jahre; kann sich aber bis zu 15 Jahren
hinziehen.

Grundlage des Exportgeschäftes ist der Exportvertrag, der zwischen
dem deutschen Exporteur und dem ausländischen Importeur geschlossen wurde. Die Hausbank des Exporteurs beantragt einen Kredit bei
dem hier vorgestellten Kreditinstitut, das daraufhin einen Kreditvertrag mit dem ausländischen Kreditnehmer - nach Abstimmung mit
der Hausbank, dem Exporteur und der Kreditversicherung - abschließt.

Im Rahmen der Projektarbeiten zur Realisierung traten alle Anforderungen auf, die zur Begriffsbildung Nonstandard-Datenbank geführt
haben:

- Große Objekte mit komplexer Struktur: Individuell gestaltete
  Kreditverträge enthalten Text und Daten, haben bis zu 100 Seiten
  Umfang und umfassen ca. 600 Attribute aus 70 Relationen.

- Nichttriviale Integritätsbedigungen: Auszahlungsvorrausetzungen
  beziehen sich auf eine Reihe unterschiedlicher Objekte (Verträge,
  Sicherheiten, etc.) und sind von Kreditvertrag zu Kreditvertrag
  unterschiedlich.
- Langfristige Datenverwaltung: Kredite werden in einer Summe oder
  in bis zu 200 Teilbeträgen ausgezahlt und über 5-15 Jahre zurück-
  gezahlt.
- Sehr lange Transaktionen: Bei Vertragsänderungen vergehen zwischen
  einer gültigen Vertragsversion und der nächstgültigen Tage bis
  Wochen.
- Arbeitsplatzsysteme und Zentralrechner im Verbund: Vertragstexte
  werden am Arbeitsplatzsystem anhand Mustertexten entworfen, weiter-
  bearbeitet und Daten, die in einem zentralen DV-System gehalten
  werden, eingespielt.
- Es wird für alle Objekte eine vollständige Historie über alle ehemals gültigen Versionen verlangt, jeweils incl. Verfasser und Kon-
  trolleur.

Die aufgrund dieser Anforderungen ausgewählte Hard- und Standardsoft-
ware (s. Abb. 1) erlaubt keine integrierte Verwaltung von Texten und
Daten, bei der auch nur annähernd der Service einer Datenbank hinsichtlich Datenintegrität und Sicherheit geboten wird. Daraus resultiert für das genannte Projekt der Zwang, Texte und Daten getrennt
zu speichern und zu pflegen. Die Verteilung der Funktionen auf die
wesentlichen Komponenten der Hardware ist wie folgt getroffen:

Bürosystem 5800:
- Speicherung und Pflege von Mustertexten
- Entwurf von Verträgen (Kreditverträge, Sicherheiten, usw.)
- Einspielen von Daten aus der Datenbank in Verträge
- Speicherung gültiger Dokumente (insbesondere Kreditverträge)
  mit eingespielten Daten
- elektronische Unterstützung von Bürotätigkeit

Zentralrechner 75xx:
- DV-Unterstützung für die gesamte Abwicklung des Bankgeschäfts
  (Planrechnungen, Meldewesen, Buchhaltung, usw.)
- Speicherung und Pflege aller Daten in einer SESAM-Datenbank

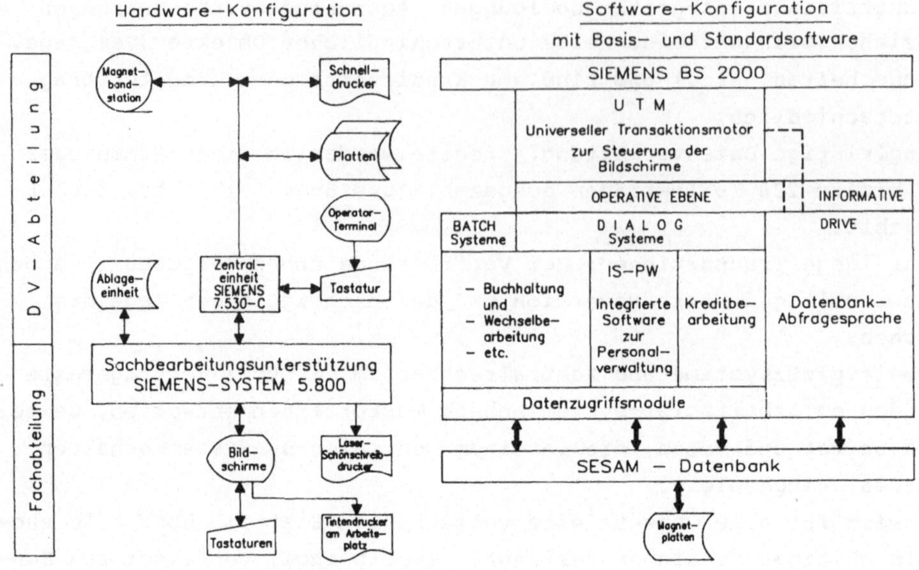

__Abb. 1:__ Konfigurationsübersichten

Exemplarisch seien hierzu einige zentrale Teile des Datenmodells kurz skizziert:

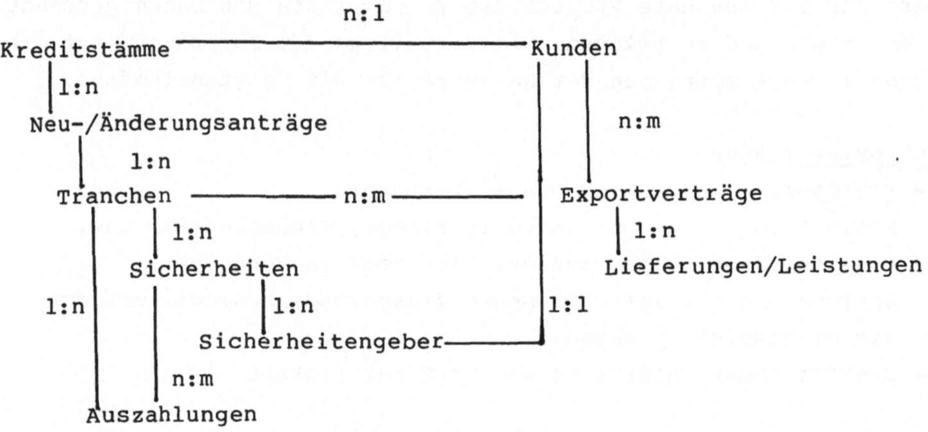

Die Anforderungen hinsichtlich Sicherheit und Historienspeicher
werden durch folgende Maßnahmen erfüllt:
- Jede Relation enthält die Attribute
  . Sachbearbeiternummer, Erfassungsdatum
  . Nummer des Prüfers, Prüfdatum
  . Beginn der Gültigkeit.
- Ungeprüfte Daten können geändert werden (dabei werden Sachbear-
  beiternummer und Erfassungsdatum überschrieben).
- Geprüfte Daten können nicht geändert werden (es wird automatisch
  ein neuer Satz mit neuem Gültigkeitsdatum angelegt).
- Allen Programmen wird als Basisinformation ein Datum mitgegeben
  (default ist das aktuelle Datum), sie operieren dann generell
  auf den Daten, die zum eingegebenen Zeitpunkt gültig und geprüft
  waren.

Dadurch ist der Nachvollzug historischer Ereignisse in der Datenbank zu jedem Zeitpunkt möglich.
Das Zusammenwirken von Bürosystemen, zentraler Datenverarbeitung
und Arbeitsablauf ist am Beispiel "Änderung eines bestehenden Kre-
ditvertrages" in Abb. 2 dargestellt:

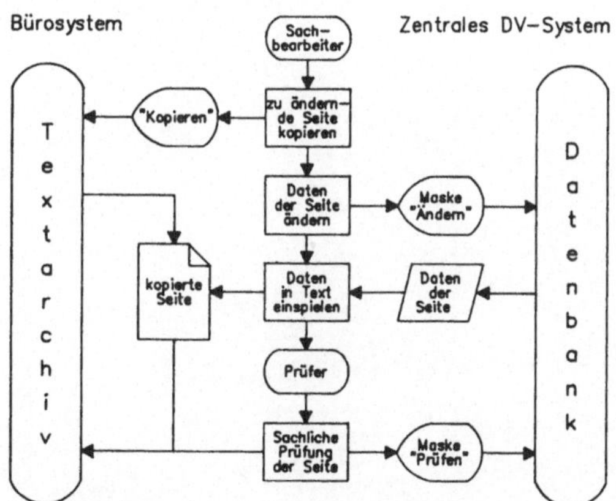

Abb. 2: Änderung Kreditvertrag

Zusammenfassend läßt sich sagen, daß die Anforderungen der Bank
durch das entstehende System weitgehend abgedeckt werden. An einigen
Stellen müssen jedoch Schwachstellen der benutzten Systeme durch

Organisationsrichtlinien ausgeglichen werden. Wir denken hier speziell an die technisch durchführbare jedoch verbotene Möglichkeit,
Daten in Dokumenten zu ändern. Auch die Systematik der sachlichen
Prüfung mußte teilweise den technischen Möglichkeiten der Systeme
angepaßt werden, um das Datenmodell insgesamt überschaubar zu halten. Für die Weiterentwicklung der Datenbanktechnologie bleibt also - speziell in Verbindung mit Büroautomation - ein weites Feld.

Das Informationssystem ARBOR für die klassische Archäologie und Kunstgeschichte (oder Baumstrukturen als Dokumente)

Michael Eisner

Gesellschaft für Information und Dokumentation mbH (GID)
Herriotstr. 5, D-6000 Frankfurt/Main 71

Archäologisches Wissen läßt sich formell in Objekt- und Methodenwissen unterteilen, wobei sich ersteres darstellt als die Kenntnis von der konkreten Beschaffenheit der einzelnen Forschungsobjekte, etwa Bauwerke, Plastiken oder Bilder, (und auf Analyse beruht) und letzteres als die Kenntnis, wie man das Objektwissen mithilfe übergreifender Methoden, z.B. Chronologie, Typologie, Stilistik, Hermeneutik, Statistik oder Textquellenkritik (im Sinne der Philologie und der Geschichtswissenschaft) auswertet (und zur geschichtlichen Erkenntnis als Synthese führt). Objektwissen beruht auf Einzelbeobachtung und Methodenwissen auf dem Vergleich. Zum bisher beschriebenen archäologischen Faktenwissen kommt schließlich noch das Referenzwissen hinzu, also das Wissen um bisherige Publikationen zu den betreffenden Themen und um die Forschungsgeschichte.

Üblicherweise wird archäologisches Wissen über größere räumliche und zeitliche Entfernungen mithilfe gedruckter Publikationen vermittelt, die aus Text und Abbildungen bestehen. Zur Mitteilung von (deskriptivem) Objektwissen dient für gewöhnlich ein Beschreibungsteil, der, wenn es sich um mehrere Objekte handelt, als 'Katalog' bezeichnet wird, während sich das (komparative) Methodenwissen normalerweise in einer 'Abhandlung' niederschlägt. Mischformen aus beidem gibt es ebenfalls.

Abstrakt gesehen bilden Methodenwissen und dessen Ergebnisse den spezifischen Inhalt der Archäologie als historischer Disziplin, während Objektwissen zunächst quantitative und logistische Probleme aufwirft. Nicht nur, daß die Anzahl der gefundenen und mehr oder weniger gut publizierten Objekte sehr groß ist und immer noch ständig zunimmt, darüberhinaus ist auch die Beschaffung der Information über die Objekte schwierig, und zwar wegen der weiten Streuung der Objekte auf der einen und der Publikationen auf der anderen Seite. Versucht man den Rechner in die Archäologie als wissenschaftlichen Prozeß einzubeziehen, dann wird man ihm zunächst einmal die Rolle als Träger von Objektwissen zuweisen. Dieses kann zunächst nur textuell verschlüsselt sein, da die Verarbeitung von bildlicher (oder noch besser räumlicher) Objektinformation schwerlich auf der Digitalisierung der heute üblichen, im Ergebnis zweidimensionalen Aufnahmeverfahren, wie Photographie und Zeichnung, beruhen kann, sondern dreidimensionale Techniken, wie z.B. Holographie und Tomographie, zugrundelegen sollte. Erst wenn diese Stufe erreicht ist, erscheint der Rechnereinsatz zur Bereicherung archäologischen Methodenwissens sinnvoll. Erste ·Schritte in diese Richtung erfolgen bereits.[1]

Normalerweise verwendet die textuelle Beschreibung eines archäologisch-kunsthistorischen Objekts einen Begriffsapparat zur Unterscheidung der einzelnen begrifflichen Erfassungsebenen des Objekts. Dieser Begriffsapparat leitet sich z.T. aus alten Textquellen (historische Autoren, Inschriften) her, z.T. hat er sich auch nur durch langanhaltenden und unwidersprochenen Gebrauch

---

[1] U. Kampffmeyer / G. Rupprecht / M. Witteyer, ARCOS: Ein Computer zeichnet römische Keramik. Die Ergebnisse der Testuntersuchung mit dem ARCOS 1 im Landesamt für Denkmalspflege, Abtg. Archäologische Denkmalspflege, in Mainz (Mainzer Zeitschrift 81, 1986, S.191-200). G. Mazzola / D. Krömker / R. Hoffmann, Rasterbild – Bildraster. Anwendungen der Graphischen Datenverarbeitung zur geometrischen Analyse eines Meisterwerkes der Renaissance: Raffaels "Schule von Athen" (1986)

Abb. 1: Das Grabrelief
der Korallion

in der Fachwelt eingebürgert. Auf seiner Basis ist also eine Verständigung möglich. Insbesondere in der Archäologie des Mittelmeerraumes und in der europäischen Kunstgeschichte gilt für eine große Anzahl von Objekten nicht allein, daß ihr Formenapparat – und damit der beschreibende Begriffsapparat – sehr differenziert ist, sondern auch daß sie obendrein oft Darstellungen tragen, die ihrerseits mehr oder weniger komplex angelegt sind. Man denke hier nur etwa an mittelalterliche Kathedralbauten als Gehäuse von Altar- und anderen Bildern und Reliefs. Bei der textuellen Beschreibung solcher Objekte bedient man sich entsprechend einer Liste von Fachausdrücken, die zueinander – das Mengengerüst des Objekts wiederspiegelnd – in hierarchischer Relation stehen. Dies sei kurz am griechischen Grabrelief der Korallion vom Kerameikos-Friedhof in Athen dargestellt (Abb.1)[2], welches um oder bald nach der Mitte des vierten Jahrhunderts vor der Zeitwende entstand. Es hat zunächst einen als "Naiskos" bezeichneten architektonisch gebildeten Rahmen aus seitlichen Pilastern und einem Gebälk mit Giebel, wobei das Gebälk die Namensinschrift trägt. Das Bildfeld zeigt eine sitzende Frau auf einem Sitzschemel und mit den Füßen auf einem Fußschemel. Hinter ihr, halb verdeckt, steht eine weitere Frau, weiter rechts zwei Männer. Hinter den Beinen der Sitzenden wird der Kopf eines Hundes sichtbar. Die Umsetzung der bildlichen Wiedergabe in ein fachsprachlich formuliertes Mengengerüst ergibt, wie nicht anders zu erwarten, eine Baumstruktur der beschreibenden Termini[3] (Abb.2). Wichtig erscheint in diesem Zusammenhang vor allem der Hinweis, daß sich die charakteristische beschreibende Baumstruktur für jedes Objekt

---

[2] Die Wiedergabe des Grabreliefs der Korallion in Athen wurde B. Schmaltz, Griechische Grabreliefs (1983) S.107 Abb.7 entnommen.

[3] M. Eisner, Zur Rolle von Datenbanken als Instrument kunsthistorischen und archäologischen Fachwissens (L. Corti (Hrsg.), Automatic Processing of Art History Data and Documents. Pisa. Scuola Normale Superiore. September 24-27, 1984. Papers 1, S.325-329). M. Eisner, Zur Bedeutung der Datenverarbeitung als Hilfsmittel der Archäologie unter besonderer Berücksichtigung von Datenbanken (Acta Praehistorica et Archaeologica 16/17, 1984/1985, S.278-285)

als individuell geprägt, d.h. dynamisch, erweist. Gleiche Objekte erzeugen gleiche Beschreibungsbäume, voneinander abweichende mehr oder weniger unterschiedliche Bäume. Da gleiche Objekte komplexer Struktur extrem selten sind, spielt die Vergleichbarkeit auf Detailebene in der Wissenschaft eine entscheidende Rolle. Sie muß auch in der textuellen Objektbeschreibung erhalten bleiben.

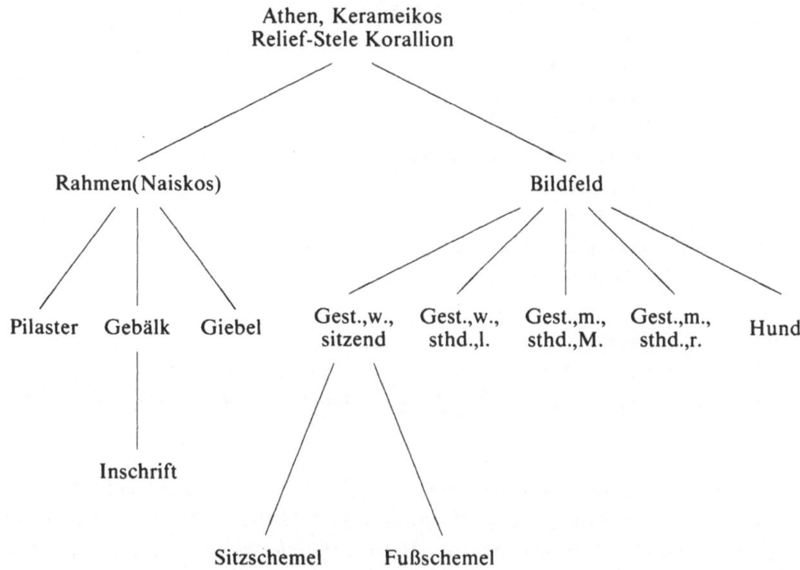

Abb. 2: Baumstruktur zur Beschreibung des Korallion-Reliefs

Es braucht kaum gesagt zu werden, daß die klassischen Datenerfassungsstrukturen der Informatik nach dem relationalen oder dem hierarchischen Modell (letzteres als Sonderfall des Netzmodells) nach dem Zeitpunkt ihrer Definition invariant und daher so nicht zu verwenden sind. Daß unter Zulassung von Zeigerfeldern letzlich in jedem Modell alles darstellbar wird, ist nur ein schwacher Trost in einem Zeitalter, wo der Archäologe oder Kunsthistoriker einen Mikrorechner kaufen und als Arbeitshilfe einsetzen möchte, etwa beim Aufbau einer textuellen Objektwissensbank. Er darf mit einigem Recht eine benutzerfreundliche Schnittstelle erwarten, und nicht eine Lösung (etwa in Form einer Menge von Datenrelationen), die beträchtliches informatisches Analysevermögen voraussetzt, welches zwar den hauptberuflichen Computerfachmann auszeichnen wird, aber eben kaum den Kunstwissenschaftler.

Für die Darstellung hierarchisch gegliederter Objektbeschreibungen wurde daher ein anderer Weg gewählt als die Umsetzung in feste Datenerfassungsstrukturen, und zwar eine formale Sprache, die sich naheliegenderweise ARBOR nennt. Sie besteht aus einem Text, in welchem zwischen (später retrievalfähigen) Deskriptoren und Kommentaren unterschieden wird. Beide Sprachelemente lassen sich beliebig mischen. Zur Erkennung von Deskriptoren dient jeweils eine Markierung. Ein ARBOR-Text untergliedert sich in Dokumente, wobei ein einzelnes Dokument die Beschreibung eines einzelnen Forschungsobjekts enthält. Der Umfang eines Dokuments ist beliebig und kann beliebig viele Deskriptoren enthalten, so daß auch komplexe Objekte beschrieben werden können. Wenn es das Mengengerüst erfordert, lassen sich dementsprechend Dokumentteile anlegen. Angaben, die das Objekt als Ganzes betreffen, bilden den Anfang, so daß der betreffende

Dokumentteil als 'Dokumentkopf' bezeichnet wird. Angaben zu den einzelnen Teilmengen des Objekts bilden jeweils ein 'Subdokument', welches durch einen 'Kontextor' eingeleitet wird, der den Grad der unmittelbaren oder mittelbaren Abhängigkeit vom Dokumentkopf zum Ausdruck bringt. Die Beliebigkeit des Umfangs gilt auch für die einzelnen Dokumentteile.

```
*Athen, *Kerameikos, *Relief*Stele der *Korallion
- *Rahmen (*Naiskos)
-- *Pilaster, seitlich, je einer
-- *Gebälk
--- *Inschrift
-- *Giebel
- *Bildfeld
-- *Gestalt, *weiblich, *sitzend
--- *Sitzschemel
--- *Fußschemel
-- *Gestalt, *weiblich, *stehend, links
-- *Gestalt, *männlich, *stehend, Mitte
-- *Gestalt, *männlich, *stehend, rechts
-- *Hund
```

Abb. 3: Kurzbeschreibung des Korallion-Reliefs in ARBOR-Notation

Eine erste Testimplementierung setzt einen IBM-PC oder kompatiblen Rechner voraus. Zwei Programme wurden erstellt. ASU (ArborSetUp) und ART (ArborReTrieval). ASU liest eine mit einem Editor erstellte ASCII-Datei mit dem ARBOR-Text ein, wobei gegenwärtig das Zeichen "*" (Stern) als Deskriptormarkierung dient und das Zeichen "-" (Bindestrich) als Kontextorelement (Abb.3). Der Dokumentkopf füllt den Satzspiegel ggf. in voller Breite aus, beginnt also vorne links. Einzelne Bindestriche leiten Subdokumente erster Ordnung ein (also solche, die unmittelbar vom Dokumentkopf abhängen), zwei solche zweiter Ordnung (die also nicht unmittelbar vom Dokumentkopf, sondern von einem Subdokument erster Ordnung abhängen), etc., wobei Abhängigkeiten zehnter Ordnung gegenwärtig die Grenze bilden. ASU erzeugt zunächst eine Direktzugriffsdatei des ARBOR-Textes, die beim Retrieval zur Bildschirmanzeige der gefundenen Dokumente dient. Außerdem wird eine Tabelle aus dem einzelnen Deskriptor und einer internen Darstellung des Kontextors angelegt (Abb.4), welche die laufende Nummer des jeweiligen ARBOR-Dokuments in der Datei und ein Array aus zehn Bytes mit der Pfadbeschreibung des Beschreibungsbaumes enthält. Dabei bekommen alle vom gleichen Vorgänger in der Baumstruktur bzw. der Wurzel bzw. Dokumentnummer abhängigen Nachfolger jeweils eine Nummer von 1 bis 255, während die auf 0 stehenden Array-Adressen unbelegte bzw. nicht vorhandene Knoten symbolisieren. Bei dieser Art der Pfadbeschreibung ist der Kontextor eines hierarchisch untergeordneten Deskriptors immer daran zu erkennen, daß er den Kontextor eines hierarchisch übergeordneten Deskriptors enthält. Umgekehrt sind hierarchisch übergeordnete Kontextoren in untergeordneten enthalten. Kontextoren hierarchisch gleichgeordneter Deskriptoren sind jeweils gleich. Die Tabellenelemente Deskriptor und Kontextor werden in eigenen B-Bäumen verwaltet.

Das Retrievalprogramm ART erlaubt in mehreren Stufen die Anfrage nach einem oderer mehreren (alternativen) Deskriptoren. Dabei entsteht unter Angabe der Trefferanzahl zunächst eine Primärtrefferliste. Diese kann anschließend wiederholt eingeengt werden, und zwar nach drei unterschiedlichen Suchmodi: Sekundärtreffer sollen sich in untergeordneten, gleichgeordneten oder übergeordneten Dokumentteilen befinden. Dokumente mit Treffern lassen sich auf jeder Retrievalstufe anzeigen bzw. ausdrucken.

DESKRIPTOR	KONTEXTOR
Athen	135.0.0.0.0.0.0.0.0.0.0
Kerameikos	135.0.0.0.0.0.0.0.0.0.0
Relief	135.0.0.0.0.0.0.0.0.0.0
Stele	135.0.0.0.0.0.0.0.0.0.0
Korallion	135.0.0.0.0.0.0.0.0.0.0
Rahmen	135.1.0.0.0.0.0.0.0.0.0
Naiskos	135.1.0.0.0.0.0.0.0.0.0
Pilaster	135.1.1.0.0.0.0.0.0.0.0
Gebälk	135.1.2.0.0.0.0.0.0.0.0
Inschrift	135.1.2.1.0.0.0.0.0.0.0
Giebel	135.1.3.0.0.0.0.0.0.0.0
Bildfeld	135.2.0.0.0.0.0.0.0.0.0
Gestalt	135.2.1.0.0.0.0.0.0.0.0
weiblich	135.2.1.0.0.0.0.0.0.0.0
sitzend	135.2.1.0.0.0.0.0.0.0.0
Sitzschemel	135.2.1.1.0.0.0.0.0.0.0
Fußschemel	135.2.1.2.0.0.0.0.0.0.0
Gestalt	135.2.2.0.0.0.0.0.0.0.0
weiblich	135.2.2.0.0.0.0.0.0.0.0
stehend	135.2.2.0.0.0.0.0.0.0.0
Gestalt	135.2.3.0.0.0.0.0.0.0.0
männlich	135.2.3.0.0.0.0.0.0.0.0
stehend	135.2.3.0.0.0.0.0.0.0.0
Gestalt	135.2.4.0.0.0.0.0.0.0.0
männlich	135.2.4.0.0.0.0.0.0.0.0
stehend	135.2.4.0.0.0.0.0.0.0.0
Hund	135.2.5.0.0.0.0.0.0.0.0

Abb. 4: Einträge zum Korallion-Relief in der Tabelle Deskriptor : Kontextor

Die gegenwärtige Implementierung, die noch optimierungsbedürftig erscheint, wird in Zusammenarbeit mit Archäologiestudenten der Universität Frankfurt getestet. Sie bietet zusätzlich die Möglichkeit des Umgangs mit Zahlenbereichen, d.h. mit approximativen Zahlenangaben, wie sie in den eingangs genannten Anwendungsfächern bisweilen bei Maßen und sehr oft bei chronologischen Aussagen üblich sind. Darauf kann hier nicht mehr näher eingegangen werden. Daß Archäologen und Kunsthistoriker an einer Ergänzung eines Beschreibungstexte verwaltenden Systems wie ARBOR um Bildinformation interessiert wären, sei hier ebenfalls nur angedeutet.

Thomas Biedassek [1], Karin Haenelt [2], Wolfgang Schneider [2]

[1] Fachbereich Informatik, EWH Koblenz, Rheinau 3-4, D-5400 Koblenz
[2] Projekt PRO TEXT, Universität Heidelberg, Germanistisches Seminar, Hauptstraße 207-209, D-6900 Heidelberg

Das Projekt PRO TEXT, dessen Ziel es ist, ein System zur Unterstützung geisteswissenschaftlicher Texterschließungsverfahren zu erstellen, verwendet als zentrale Komponente ein relationales Datenbanksystem. Das System PRO TEXT ist als Analyseinstrument konzipiert, das dem Geisteswissenschaftler nach dem Baukastenprinzip verschiedene Bausteine so zur Verfügung stellt, daß er als Anwender die Möglichkeit hat, die seinen Anforderungen entsprechenden komplexen Verfahren zusammenzustellen. Bei der Entwicklung liegt der Schwerpunkt auf der flexiblen Modellierung, nicht auf Fragestellungen der Effizienz.

1. Modellierung von Texterschließungsverfahren im Relationenmodell

Mit dem Ausdruck 'Texterschließungsverfahren' sollen Verfahren bezeichnet werden, die angewendet werden, um Texte zu verschiedenen Zwecken auszuwerten. Das Spektrum reicht von äußerst vagen Anforderungen wie "Inhaltsanalyse" über "Textkritische Editionen" und Dokumentation und Analyse sprachlicher Äußerungen bis zu computerlinguistisch definierten Anforderungen wie "Syntaxanalyse", "Lemmatisierung", "Konkordanzen". Eine einheitliche Beschreibung der verschiedenen Verfahren ist möglich, wenn man sie unter dem Aspekt der jeweils betroffenen sprachlichen Einheiten definiert. Das im Projekt entwickelte Modell bestimmt als konstituierende Elemente der Texterschließungsverfahren:
- sprachliche Segmente (z.B. Segmente der Kategorien: Text, Abschnitt, Satz, Syntagma, Wortform, Morph, Silbe, Graphem, Phonem) und
- linguistische Attribute, die diesen Segmenten zugeordnet werden (z.B. Attribute der Kategorien: Wortart, Morphem, Betonung)

Segmente der Textdaten und die Attribute, die diesen Segmenten zugeordnet werden, werden nach den spezifischen Anforderungen des jeweiligen Verfahrens bestimmt. D.h. Texte werden auf mehreren linguistischen Ebenen soweit beschrieben, wie für das jeweilige Verfahren erforderlich ist. Dabei werden in verschiedenen Texterschließungsverfahren durchaus dieselben Segmente und Attribute benutzt.

Demnach lassen sich geisteswissenschaftliche Texterschließungsverfahren in das Modell, das einer relationalen Datenbank zu Grunde liegt, abbilden: In Texterschließungsverfahren wird typischerweise mit mehreren Segmenten, denen verschiedene Attribute zugeordnet sind, gleichzeitig gearbeitet. Sie können dargestellt werden als Retrieval von Merkmalkombinationen. Durch komplexe Queries werden gewonnen:
- Segmente und deren Attribute (da auch die Analyselexika und Hilfsdaten in Relationen abgebildet werden),
- linguistische Objekte (wie Konkordanz, Alliteration, Mehrwortbegriff, Textkritische Apparate, Deskriptoren, etc.), die als Kombination bestimmter Attributausprägungen (Merkmalbündel) bestimmter Segmente und/oder anderer linguistischer Objekte beschrieben werden können.

(vgl. u. Beispiel 1 und 2)

2. Ein relationales Datenbanksystem als zentrale Komponente des Pakets PRO TEXT

Wenn man eine vorhandene Datenbank als zentrale Komponente des Pakets PRO TEXT einsetzt, ist eine grundsätzliche Anforderung der Systemarchitektur erfüllt: eine DB stellt eine einheitliche und definierte PRO TEXT-interne Daten- und Zugriffs-Schnittstelle zur Verfügung. Bezüglich der Modellierung von Texterschließungsverfahren ist eine große Flexibilität gewährleistet: Jedes Texterschließungsverfahren kann als eine Anwendung auf einem speziellen externen Schema betrachtet werden. Komponenten von Texterschließungsverfahren, d.h. einige Bausteine können - teilweise oder ganz - direkt in der Abfragesprache formuliert werden.

3. Modellierung des Objektbereichs

Anforderungen

- Sprachliche Segmente lassen sich in kleinere Segmente zerlegen bzw. zu größeren Segmenten zusammensetzen.
- Segmentierungen bzw. Zusammensetzungen können auf mehreren linguistischen Ebenen und über mehrere linguistische Ebenen hinweg erfolgen (Wort -> Silbe, Silbe -> Graphem, Wort -> Graphem).
- Die Elemente einer Zerlegung müssen nicht unbedingt disjunkt sein (Schiffahrt -> Schiff|fahrt).
- Die Elemente zweier Zerlegungen eines Segments können bei unterschiedlichen Kriterien verschieden sein (spielen -> spiel|en; spielen -> spie|len).
- Die Segmente einer Zerlegung bzw. einer Zusammenfassung sind geordnet (Textreihenfolge).
- Es gibt hierarchische und netzwerkartige Zusammenhänge.
- Für einen Problembereich soll nur das sichtbar sein, was benötigt wird.

3.1. Darstellung der konzeptionellen Ebene

Darstellung der Reihenfolge

Die Reihenfolge der Segmente einer Ebene wird in einer Relation explizit durch eine Numerierung abgebildet. Diese Nummern dienen außerdem als Schlüssel der Segment- bzw. Objekt-Relation. Bestimmte linguistische Auswertungen benötigen diese Ordnung.

Darstellung der Beziehungen zwischen Segmenten verschiedener linguistischer Ebenen

Alle Zerlegungs-Beziehungen zwischen Segmenten verschiedener linguistischer Ebenen werden repräsentiert durch eine Relation (Verbindungstabelle genannt), die aus den Schlüsselattributen der beiden beteiligten Segment- bzw. Objekttabellen besteht:

WNR	Wortform	Wortart
..	..	..
624	spielen	Verb
..	..	..

WNR	MNR	Attr
..	..	
624	4711	
624	4712	
..	..	

MNR	Morph	Morphem
..	..	..
4711	spiel	Stamm
4712	en	Flexiv
..	..	..

Auf diese Weise lassen sich alle Relationen, in denen Segmente bzw. Objekte stehen, gleichartig strukturieren. Informationen über diese Relationentripel werden wiederum in einer eigenen Relation verwaltet, so daß Joins, die notwendig sind für Queries, die mehrere Segmentrelationen betreffen, automatisch erzeugt werden können.

<u>Darstellung der Segmente bzw. Objekte</u>

Da die Segmente der verschiedenen Relationen im Prinzip als unterschiedliche logische Sichtweisen auf das gleiche Objekt (Text) aufgefaßt werden können, wäre es möglich, nur Segmente einer linguistischen Ebene physikalisch abzuspeichern und alle Segmente der anderen linguistischen Ebenen darauf zurückzuführen. Da sich im linguistischen Bereich viele Anfragen auf die Wortformenebene beziehen, könnte diese ausgezeichnete Relation die der Wortformenebene sein. Allerdings erscheint es derzeit sinnvoll, Segmente der darunterliegenden linguistischen Ebenen ebenfalls explizit abzulegen, da

- in Texterschließungsverfahren häufig parallel auf Segmente verschiedener linguistischer Ebenen zugegriffen wird und es daher aus Zeit-Performance-Gründen ratsam erscheint,
- die Segmente des Textes im Prinzip nicht mehr Speicherplatz benötigen als entsprechende Verweise,
- selbst eine Darstellung über die Substring-Funktion nicht in jedem Falle automatisch eine Konsistenz der Segmenteinträge gewährleistet (z.B. müßten bei Darstellung der Silben als Substring auf die Wortform bei einem Update der Wortformen auch die Substring-Parameter geändert werden).

<u>Referentielle Integrität</u>

Durch die explizite Verwaltung der Reihenfolge durch Schlüssel und durch die explizite Abspeicherung von Segmenten mehrerer linguistischer Ebenen entsteht Redundanz. Hauptbestandteil des Anwendungsbereiches sind jedoch DB-Abfragen. Dadurch fällt ein möglicherweise hoher Aufwand zur Erhaltung der Konsistenz nicht ins Gewicht und ein schneller und problemorientierter Zugriff auf die Objekte hat für uns die höhere Priorität.

3.2. Darstellung der externen Ebene

<u>Linguistische Anwendungen komplexer Zugriffstrukturen</u>

Auch in der Linguistik treten bei der Modellierung der Objektwelt hierarchische und netzwerkartige Sichtweisen auf, so z.B. Relationen der Lexikalischen Semantik (wie Oberbegriff/Unterbegriff, Synonymie, Antonymie, etc.), syntagmatische Beziehungen (syntaktische Strukturen) oder Textstrukturen. Dies entspricht Problemen anderer Bereiche wie z.B. Teil/Ganzes-Beziehungen in der Materialwirtschaft, für die es zwei grundsätzlich verschiedene Lösungsansätze gibt: redundante Informationsabspeicherung (Speicherung der transitiven Hülle) oder rein algorithmische Lösungen. Diese Strategien sollen durch Bausteine realisiert werden und dem PRO TEXT-Anwender zur Lösung linguistischer Probleme zur Verfügung stehen.

<u>Views und komplexe Views</u>

Da auch im linguistischen Bereich verschiedene Anwendungen auf den selben Daten operieren, liegt es nahe, die Daten gemeinsam auf der konzeptionellen Ebene zu strukturieren (s.o.) und den einzelnen Anwendungen genau ihre Daten zur Verfügung zu stellen. Dabei können diese gleich dem gesamten Bestand sein, sie können Einschränkungen oder komplexe Zusammenfassungen sein. All diese werden durch Views realisiert.
Z.B.: Seien die Relationen des obigen Beispiels 2 die konzeptionelle Ebene, dann könnten darauf folgende Anwendungen konzipiert werden, denen nur noch komplexe Views zur Verfügung stehen:
- zum Studium der Silbenzerlegung eines Textes kann eine Anwendung die Silbenrelation erhalten,
- für rhetorische Untersuchungen könnte es sinnvoll sein, ein View zu erzeugen, in dem nur die

betonten Silben zur Verfügung stehen,
- auch die oben dargestellte Alliteration könnte als komplexes View erzeugt und für weitere Untersuchungen (z.B. Mehrwortbegriffe) zur Verfügung gestellt werden,
z.B. ist auch die Teilmenge aller Wortformen, die mit 'a' anfangen, ein View auf die Wortformenta-
belle; auch für diese Teilmenge gilt z.B. dieselbe Silbenzerlegung.

4. RDBMS und PRO TEXT-Grundbausteine

Für Operationen auf den sprachlichen Segmenten sollen Grundbausteine zur Verfügung stehen.
Dazu ist ein minimaler Satz von Operationen zu bestimmen, die funktional disjunkt sind und in
Kombination das Funktionsspektrum des Anwendungsbereichs abdecken.
Eine zusätzliche Aufgabe ist die Verwaltung der Verbindungstabellen (s.o.). Ebenso sind Informationen über Zusammenhänge von Relationen nicht immer automatisch mit den Views gegeben und
müssen daher in weiteren Relationen gehalten (konzeptionelle Ebene) und von weiteren Bausteinen
verwaltet werden.

Das relationale DB-System stellt eine Reihe von Werkzeugen bereit, mit denen sich Teile von Texterschließungsverfahren direkt modellieren lassen. Hier kann es sinnvoll sein, die Menge der built-
in-functions (wie z.B. average, sum, substr) zu erweitern um Funktionen wie reverse, diff, etc.

5. Ausblick

Ein Teil der Textanalyseschritte erfordert eine höhere Flexibilität als sie durch reine Parametrisie-
rung geleistet werden kann, wie z.B. das Umcodieren von Daten, komplexes Patternmatching,
Syntaxanalyse (nach verschiedenen Grammatikmodellen), etc. Diese Operationen können allgemein durch Regeln wie Produktionsregeln, Transformationsregeln, reguläre Ausdrücke, etc.
beschrieben werden. Um eine ähnliche Variabilität wie sie die DB auf der Datenebene erlaubt,
auch im Bereich der Operationen zur Verfügung zu stellen, ist es erforderlich, die konkrete Regel-
beschreibung dem systemvertrauten Benutzer zu ermöglichen. Dies setzt die Verwendung eines
Tools voraus, das die Regeln einliest, interpretiert und die geforderten Aktionen auf den Daten
(Tabellen) ausführt.

Es gibt Systemumgebungen, die Werkzeuge zur Verfügung stellen, die komplexe Erweiterungen des
DB-Systems funktional leisten. Das DB-System sollte jedoch um eine Schnittstelle zu diesen Funktionen ergänzt werden. (Beispiele sind die UNIX™-Tools diff, grep, lex, yacc). Das ist in einigen
Systemen teilweise realisiert (z.B. db++™). Für konkrete Anwendungen werden auf das DB-System Bausteine aufgesetzt, die die für die Anwendung spezifischen Erweiterungen leisten (um z.B.
eine Syntaxanalyse auf den lexikalischen, morphologischen und syntaktischen Relationen durchführen zu können).

Da es ein PRO TEXT-Prinzip ist, daß alle Bausteine ihre Ergebnisse für mögliche weitere Auswer-
tungen als Relationen zur Verfügung stellen, wäre es sinnvoll, alle Anwendungen und Bausteine als
Views auf die DB betrachten zu können, um eine vollständige Konsistenz der Eingabe- und der
Ausgaberelation dieser Bausteine zu gewährleisten.

Beispiel 1: Morphologische Analyse

"Bestimmung der morphologischen Segmente und Attribute gegebener Textwortformen

Lexikon-Relationen

R_morphologisch

MNR	Morph	Morphem
10	lach	stm
11	mach	stm
20	kind	stm
35	die	lex
86	er	flx
110	en	flx

R_Wortbildung

MN1	MN2
10	110
11	110
20	86
.	.
.	.
.	.

R_Flexion

MNR	KNR
110	16
36	31
35	31
.	.
.	.
.	.

R_morphologische Kategorien

KNR	cas	num	gen	per	tmp
11		1		1	1
..		.		.	.
16		2		3	1
27	1	1	1		
..	.	.	.		
31	1	2	1		

komplexe Query

R_Text

WNR	Wortform
..	...
88	die
89	Kinder
90	lachen
..	..
..	..

Ergebnis-View

WNR	Wortform	Morph	cas	num	gen	per	tmp
88	die	die	1	2	1	3	
89	Kinder	kind					
89	Kinder	er	1	2	1	3	
90	lachen	lach					
90	lachen	en		2		3	1

(aus Platzgründen kann nur das Prinzip der Lexikon-Relationen angedeutet, können nicht alle linguistisch erforderlichen Relationen dargestellt werden.)

Beispiel 2: Alliteration

Alliteration: "Hervorhebung von zwei oder mehr bedeutungsschweren Wörtern durch gleichen Anlaut ihrer Stammsilbenbetonung"

WNR	Wortform	bs
48	sie	0
49	versprachen	1
50	es	0
51	hoch	1
52	und	0
53	heilig	1

SNR	Silbe	Ton
124	sie	0
125	ver	0
126	spra	1
127	chen	0
128	es	0
129	hoch	1
130	und	0
131	hei	1
132	lig	0

MNR	Morph	Morphem
103	sie	lex
104	ver	pfx
105	sprach	stm
106	en	flx
107	es	lex
108	hoch	stm
109	und	lex
110	heil	stm
111	ig	sfx

PNR	Phonem
4711	z
4712	i:
4716	sch
4717	p
4718	r
4719	a:
4720	x
4725	h
4731	h

zwei oder mehr: count
bedeutungsschwere Wörter: bs = 1
mit gleichem Anlaut: x.Phonem = y.Phonem; x.PNR und y.PNR sind Elemente der Menge MIN(PNR) group by SNR und Elemente der Menge MIN(PNR) group by MNR
der Stammsilbenbetonung: Ton = 1; Morphem = 'stm'

(aus Platzgründen sind die Tabellen nur angedeutet, die Verbindungstabellen nicht eingezeichnet und die Query-Statements nur angedeutet).

Implementation einer Engineering Database, basierend auf dem
Frame-Modell und dem Datenbanksystem DB2

Horst Röder
UHDE GmbH
Friederich-Uhde-Str. 15
4600 Dortmund 1

1.   Einleitung

Gegenwärtig werden Computer im ingenieurwissenschaftlichen Bereich des Großanlagen-
baus im wesentlichen auf den Gebieten der Auslegungsberechnungen und der graphischen
Konstruktion (CAD) eingesetzt. Die mit diesen Hilfsmitteln gewonnenen Informationen
technischer Art muß der Ingenieur speichern, auswerten und zwischen Dokumenten
und/oder Programmen übertragen. Durch die Entlastung von reinen Berechnungsarbeiten
nehmen die technisch-organisatorischen Arbeiten einen stetig wachsenden Anteil an
der Arbeitskraft des Ingenieurs ein. Dieser Wandel vom kreativen zum administrativen
Ingenieur wird durch ständig weiter steigende Anforderungen aus Genehmigungsverfah-
ren und Dokumentationsvorschriften verstärkt. Am Ende der Planung manifestiert sich
die Arbeit des Ingenieurs in einer Unzahl von Aktenordnern mit technischen Informationen in graphischer oder alphanumerischer Form. Selbst die reine Pflege dieser Pa-
pierflut erfordert - vor allem bei Revisionen - einen erheblichen Arbeitsaufwand.

Will man den Ingenieur durch ein EDV-Abwicklungssystem bei dieser Arbeit unterstützen, so stellt man sehr rasch fest, daß die Mittel und Methoden der konventionellen
Datenverarbeitung zur Lösung des Problems nicht ausreichen. Es werden vielmehr
Strukturen und Vorgehensweisen benötigt, die dem Gebiet der Wissensverarbeitung zu-
gerechnet werden müssen.

Das bei der UHDE GmbH entwickelte 'Engineering Database System' (EDB) stellt eine
Shell für Abwicklungssysteme des oben beschriebenen Typs dar. Es verwendet zur Wissensrepräsentation Frames, die im IBM Datenbanksystem DB2 abgespeichert werden.

2.   Objektstrukturen

Technische Planungsinformationen entstehen während der Abwicklung eines Auftrages,
d.h. entlang einer Zeitachse. Die Vorphase der Auftragsabwicklung ist die Erstellung
eines Angebotes, das von den technischen Bereichen vorkalkuliert wird. Dabei werden
bereits die grundlegenden technischen Daten einer Anlage festgelegt. Die Vorgehensweise bei der Angebotserstellung entspricht der bei der Auftragsbearbeitung in
vergröberter Form. Die im Angebot festgelegten technischen Merkmale der Ausrüstung-
steile bestimmen sehr stark die später nötigen Aufwände für Material und Ingenieur-
leistungen. Nach Abschluß der Auftragsbearbeitung wird eine Nachkalkulation durchgeführt, bei der die im Angebot geschätzten Aufwendungen den tatsächlichen gegenüber-
gestellt werden.

Charakteristisch an diesem Planungsablauf ist, daß in allen Phasen der Auftragsbearbeitung im wesentlichen die selben Objekte bearbeitet werden, nur der Umfang und die
Exaktheit des Wissens über die Objekte verändert sich ständig. Jeder der an der Planung beteiligten technischen Bereiche erarbeitet und verwendet jedoch unterschiedliche Informationen über die Objekte. Diese 'Sichten' variieren bzgl. ihrer Anzahl
und ihrer Struktur bei den einzelnen Aufträgen oder verändern sich sogar während der
Bearbeitung eines Auftrages (z.B. können zusätzliche Dokumentationsanforderungen des
Kunden oder behördliche Auflagen neue Objektinformationen erfordern). Da die Infor-
mationsmengen der einzelnen Sichten nicht disjunkt sind und teilweise eine parallele
Bearbeitung der Objekte durch mehrere technische Bereiche erfolgt, ist eine Unterteilung des Wissens über die Objekte in gesichertes und in vages (in sich
inkonsistentes) Wissen notwendig. Das gesicherte Wissen kann von allen Bereichen zur
Informationsgewinnung benutzt werden, während das vage Wissen nur für den verantwortlichen technischen Bereich sinnvoll ist. Was als gesichertes und was als vages
Wissen zu klassifizieren ist wird vom verantwortlichen technischen Bereich festgelegt und die Klassifizierung ändert sich mit fortschreitender Planungstiefe.

Neben dem Wissen über 'einfache' Objekte (EO), ist während der Planung auch Wissen über unterschiedlichste 'komplexe' Objekte notwendig. Fast jedes einfache Objekt ist gleichzeitig Teil einer Vielzahl komplexer Objekte. Z.B. ist eine verfahrenstechnische Komponente ein einfaches Objekt, wenn nur ihre geometrischen Eigenschaften interessieren. Bei Betrachtung ihres Aufbaus aus Baugruppen stellt sie ein komplexes Objekt dar und bei Berücksichtigung des Einbauortes ein anderes. Betrachtet man eine verfahrenstechnische Funktion, so ist eine Komponente Teil des dadurch gebildeten komplexen Objekts. Neben diesen komplexen Objekten technischer Art (technische komplexe Objekte TKO) gibt es eine beliebige Anzahl komplexer Objekte logischer Natur (logisch komplexe Objekte LKO), z.B. ist jede Auswertung der Planungsdaten bzgl. eines beliebigen Selektionskriteriums ein LKO. Ein LKO stellt also einen Schnappschuß des Wissensstandes zu einem beliebigen Zeitpunkt dar. Bei bestimmten LKO (Revisionsobjekten RO) ist es notwendig, Wissen über vorherige Schnappschüsse zu verwenden. Erhält z.B. ein Gutachter eine neue Version einer Komponentenliste, so möchte er eine Kennzeichnung der Informationen, die sich im Vergleich zur vorhergehenden Liste verändert haben. Die einzelnen RO sind nicht disjunkt, d.h., eine Information die Teil zweier (oder mehrerer) RO ist, kann sich aus der Sicht des einen verändert haben, aus der Sicht des anderen jedoch nicht, jenachdem, ob der vorletzte Schnappschuß vor oder nach der Informationsänderung erfolgte.

3.   Frames als Datenmodell

Das Daten- bzw. Wissenrepräsentationsmodell für ein 'Engineering Database System' muß aus unserer Sicht folgende Eigenschaften haben:
- Beschreibbarkeit der oben definierten Objektklassen EO, TKO, LKO und RO,
- multiple Repräsentation der Objekte durch unterschiedliche Objekttypen,
- beliebige Anzahl partiell definierbarer Objekttypen,
- Erzeugung neuer Typen zu beliebigen Zeitpunkten,
- Einbeziehung bestehender Datenbestände,
- Integration dynamischer Abläufe (Berechnungen, Simulationen, etc.).

Die Realisierung dieser Forderungen verlangt Datenabstraktion in allgemeinster Form. Deshalb haben wir uns für Frames als Datenmodell entschieden. Frames sind die begrifflichen Einheiten, mit denen Wissen über Objekte und Prozeduren zur Anwendung des Wissens verbunden werden. In ihrer ursprünglichen - durch Minsky vorgeschlagenen Form - erscheinen Frames als sehr schillernde, wenig greifbare Gebilde. In unserer Interpretation erfüllen sie die Forderung nach Datenabstraktion durch folgende Festlegungen:
- Klassifikation eines Objekts durch die erste Frame-Instanziierung. Dabei erhält das Objekt einen Objektdeskriptor (vergleichbar mit dem Segmentnamen im hierarchischen Modell).
- Generalisierung durch Frame-Hierarchie. Nach der Klassifikation können beliebige weitere Frames für ein Objekt instanziiert werden. Welche Frames instanziiert werden können, wird durch die Slots der hierarchisch höheren Frames bestimmt.
- Aggregation durch Verwendung von Mengen individueller Frames anderer Typen als Slot-Instanzen. Die Mengen werden dabei durch Angabe von Selektionskriterien für die Objekte und Frame-Typen beschrieben.
- Assoziation durch Betrachtung eines übergeordneten Objekts und Verwendung einer eingeschränkten Aggregation (jedes Objekt darf nur in einer Slot-Instanz enthalten sein) sowie Integritätsregeln, die Abhängigkeiten (parent/child-Beziehungen) unter den Objektdeskriptoren beschreiben.

Beispiel 1: Betrachtung eines übergeordneten Objekts bzgl. Assoziation

Jeder Slot des Frames 'AUFTRAGSBEARBEITUNG' beschreibt eine Menge von Objekten. Zwischen den Objektmengen bestehen hierarchische Beziehungen, die durch die Integritätsregeln 'Keys(X1, X2, X3, X4)' beschrieben werden. Elemente der Slot-Instanz sind jeweils die Objekte, die den Deskriptor Xi besitzen und die über einen Frame-Typ definiert werden, dessen Name durch die Generierungsfunktion Frame(x) gebildet werden kann (es gibt sieben verschiedene Generierungsfunktionen, z.B. 'AS' = verwende den Slot-Namen als Typnamen oder 'US' = verwende die Slot-Instanz als Typnamen).

Die Slot-Instanz 'Anlagendaten' besteht aus der Menge aller Objekte, deren Objektdeskriptor den Wert 'ANL' hat und die u.a. mit Frame-Typen beschrieben werden, deren Name mit der Generierungsfunktion 'AS' erzeugt werden kann.

frame AUFTRAGSBEARBEITUNG

slots

```
Anlagendaten        Frame(AS) Keys(ANL,  ,  , )        i=1
Funktionen          Frame(AS) Keys(ANL, FKT,  , )      i=2
Komponenten         Frame(AS) Keys(ANL, FKT, KMP, )    i=3
Rohrleitungen       Frame(AS) Keys(ANL, FKT, RLT, )    i=3
MSR-Loops           Frame(AS) Keys(ANL, FKT, LOP, )    i=3
Lieferliste         Frame(AS) Keys(ANL, FKT, POS, )    i=3
Standardteile       Frame(AS) Keys(TNR,  ,  , )        i=1
```

endframe

Die Slot-Instanz 'Funktionen' besteht aus der Menge aller Objekte, deren Objektdeskriptor den Wert 'FKT' hat und die mit Frame-Typen beschrieben werden, deren Name mit der Generierungsfunktion 'AS' erzeugt werden kann. Es können nur solche Objekte zur Slot-Instanz hinzugefügt werden, für die ein 'übergeordnetes' Objekt mit dem Objektdeskriptor 'ANL' in der Slot-Instanz 'Anlagendaten' existiert.

Für die konkrete Bearbeitung eines Objektes wird ein Arbeitsfensters über den Slot geschoben, dessen Instanz das Objekt enthält. Mit Hilfe des Fensters können dann nacheinander alle Objekte bzgl. der durch die Generierungsfunktion beschrieben Frame-Typen bearbeitet werden.

Beispiel 2: Arbeitsfenster über dem Slot 'Komponenten'

Wird über den Slot 'Komponenten' des Frame 'AUFTRAGSBEARBEITUNG' das Arbeitsfenster geschoben, so erscheint der Frame 'Komponente', der alle Objekte beschreibt, die den Deskriptor 'KMP' besitzen und deren Schlüssel durch die Instanzen der Slots 'Anlage', 'Funktion', 'Komponente' bestimmt wird. Die Slot-Instanzen für ein konkretes Objekt werden durch Vorgabe des Objektschlüssels selektiert. Die Slot-Instanzen 'Bauwerk', 'Ebene', und 'Feld' identifizieren dann eindeutig ein Objekt 'Einbauort', das mit dem Objekt 'Komponente' ein komplexes Objekt bildet. Sollen die technischen Daten des Objekts bearbeitet werden, muß das Arbeitsfenster über den Slot 'Technische Daten' geschoben werden. Es erscheint dann ein Frame, dessen Typname durch die Generierungsregel 'US' bestimmt wird.

frame KOMPONENTE

slots

```
Schlüssel                   Keys(ANL, FKT, KMP, ) i=3
  Anlage                    Arg(ANL)
  Funktion                  Arg(FKT)
  Komponente                Arg(KMP)
Medium
Komp-Benennung
Einbauort                   Ref(ANL, BAU, EBN, FLD)  i=4
  Bauwerk                   Arg(BAU)
  Ebene                     Arg(EBN)
  Feld                      Arg(FLD)
Technische Daten   Frame(US) Keys(ANL, FKT, KMP)
```

endframe

4.   Implementation der Engineering Database

Die Engineering Database ist als Schichten-Modell implementiert:
  - Schicht 1: Frame-Prozessor mit Anwenderschnittstelle
  - Schicht 2: Objekt-Verwaltung (logische Verwaltung der Objekte)
  - Schicht 3: Frame-Verwaltung (logische Verwaltung der Frames)
  - Schicht 4: DB2 (physische Speicherung der Objekte und der Frames)

Die Objekte und Frames werden in DB2-Tables gespeichert. Die Objekte werden in zwei Relationen abgelegt: die erste bildet einen Objekt-Katalog, der neben interner Verwaltungsinformation nur die Objektschlüssel und die Deskriptoren aufnimmt, die zweite ist eine Universal-Relation, in die sämtliche Slot-Instanzen geblockt abgebildet werden. Die Zuordnung zwischen Objekt-Katalog und Slot-Instanzen erfolgt über eine interne Katalog-Nummer.

Für die Frame-Definitionen werden drei Relationen benötigt: erstens ein Slot-Katalog, in dem sämtliche Slots mit ihren Typen eingetragen sind, zweitens ein Frame-Katalog, in dem übergeordnete Frame-Information abgelegt wird und drittens eine Relation, mit der die Slots den Frames zugeordnet werden. Bei der Zuordnung werden auch Generierungs-, Integritäts- und Vererbungsregeln für Slot-Inkarnationen angegeben.

Die Darstellung der Frames auf dem Bildschirm oder in Reports wird durch zwei weiteren Relationen beschrieben.

Das Zusammenwirken aller Relationen ist im Anhang skizziert.

5. Stand der Arbeiten

Das Engineering Database System ist bei UHDE seit dem 2.Quartal 1986 in Produktion. Zur Zeit existieren etwa 30.000 Objekte mit 300.000 Rows Slot-Inkarnationen. Beschrieben werden die Objekte durch 700 Frames mit 2.500 verschieden Slots.

OBJEKT-KATALOG

OBJECT DESCR.	Schlüssel KEY1, ...	OBJECT_NO
. . . ANL	. . . . SPEZ00001	 0089
. . . KMP	. . . .	. . . .
. . .	. . . .	. . . .

SLOT-INKARNATIONEN

OBJ _NO	SLOT _GRP	ROW _NO	V_ NO	VALUE(1) Cont.	Date	VALUE(20) Cont.	Date
. . . 089	 0000	. . . 001	01	. . . .	. . .	. . . .	. . .
089	0000	001	02	. . . .	. . .	. . . .	. . .
089	0007	001	01	. . . .	. . .	. . . .	. . .
089	0007	002	01	. . . .	. . .	. . . .	. . .
089	0012	001	01	. . . .	. . .	. . . .	. . .
. . .	. . . .	. . .			. . .	. . . .	. . .

Abb. Interne Organisation der Objektverwaltung

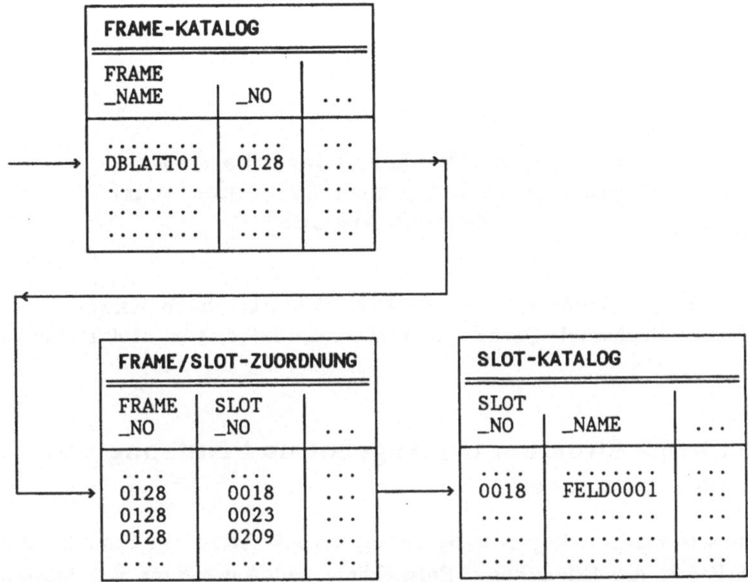

Abb.   Interne Organisation der Frame-Verwaltung

Abb.   Interne Organisation der Formblattverwaltung

Zugang zu Werkstoffdatenbanken:
Benutzerforschung und Systementwurf
(Projekt WeBeS)

Karin Ammersbach, Norbert Fuhr, Gerhard Knorz
Technische Hochschule Darmstadt, Fachbereich Informatik, 6100 Darmstadt

1. Gegenwärtige Situation bei Angebot und Nutzung von Werkstoffdatenbanken

Werkstoffe sind stets von grundlegender Bedeutung für alle Arten von Produktionsprozessen gewesen. Fortschritte in der Erforschung, Entwicklung und Anwendung von Materialien werden allgemein als wesentliche Voraussetzung für Wachstum in vielen Bereichen der Wirtschaft, insbesondere der Schlüsselindustrien, angesehen [Clark & Flemings 86].

Es erscheint aus volkswirtschaftlichen Überlegungen nur folgerichtig, das Angebot aktueller, zuverlässiger und praxisgerechter Daten über Werkstoffe soweit zu fördern, daß diese bei Bedarf auf einfache und schnelle Weise genutzt werden können. Vor diesem Hintergrund entstanden in den letzten beiden Jahrzehnten neben einer Vielzahl firmeninterner, spezieller Datensammlungen verschiedene, z.T. öffentlich geförderte Werkstoffdatenbanken. Zumindest letztere konnten in keiner Weise den Nutzungsgrad erreichen, der zunächst aufgrund des Stellenwertes der angebotenen Daten zu erwarten wäre oder ursprünglich erwartet worden war. Die Gründe dafür sind vielfältig und werden im Folgenden etwas pauschaliert dargestellt:

- Die Datenbanken sind in ihrem Scope an der Herstellersicht orientiert. Kommt z.B. für ein Bauteil gleichermaßen Stahl oder ein Kunststoff in Frage, so wird man in mindestens 2 Datenbanken recherchieren müssen. Für die meisten Gebiete sind Datenbanken (noch) nicht verfügbar und die angebotenen Datenbanken stellen (noch) nicht die „kritische Masse" eines breiten Datenspektrums bereit. Die Vielschichtigkeit des Problems macht es bereits schwer, den Scope einer Datenbank genau abzugrenzen, d.h. den Benutzer darüber zu informieren, ob er die Antwort auf sein Werkstoffproblem überhaupt in der Datenbank finden kann.
- Die in der Datenbank gespeicherten Informationen sind vielfach an der Sicht des Werkstoffachmanns orientiert, dessen (mehr analytische) Sicht auf das Gebiet sich von der eines Konstrukteurs oder eines anderen Anwenders stark unterscheidet.
- Es ist nicht selbstverständlich, daß ein Anwender stets nach dem „besten" Werkstoff suchen will. Aus prinzipiellen Gründen sind Daten über Werkstoffe lückenhaft. Deshalb weiß ein Anwender über einen Werkstoff, den er seit langem benutzt, in der Regel weit mehr, als ihm die Datenbank über einen neuen Werkstoff sagen kann. Neue Werkstoffe können daher ein Risiko bedeuten! Außerdem sind Anforderungen an Werkstoffe oft schwer formal anzugeben: das Wissen, daß ein bestimmter Werkstoff sich bereits für ähnliche Anwendungen bewährt hat, muß oft bei der Werkstoffauswahl entscheiden. Schließlich können organisatorische

Rahmenbedingungen, z.B. die Beschränkung auf wenige grundlegende Werkstoffe innerhalb einer Firma, können eine „konservative" Haltung verstärken.

- Technische, organisatorische und personelle Probleme im Bereich Anschluß und Nutzung von Online-Datenbanken, Unkenntnis über das bestehende Angebot, schlecht ausgestattete Benutzerschnittstellen und vor allen Dingen fehlende Standardisierung sind Probleme, an deren Überwindung z.Z. intensiv gearbeitet wird ([Kröckel & Steven 84])
- Werkstoffdaten stellen aufgrund der Komplexität des Gegenstandsbereichs Anforderungen, die gegenwärtig verfügbare Datenbanksysteme nicht erfüllen können.

Es ist der letztgenannte Punkt, an dem das Projekt „Zugang zu Werkstoffdatenbanken: Benutzerforschung und Systementwurf" (Projekt „WeBeS" an der TH Darmstadt, seit Dezember 1986 unter Beteiligung der FH Darmstadt, gefördert vom BMWi, 1986 - 1987) ansetzt, um die gegenwärtigen, auf kurz- und mitelfristig erreichbare Ziele gerichteten Aktivitäten um eine längerfristige Perspektive zu ergänzen.

Die Komplexität des Gegenstandsbereichs kann durch folgende Aufzählung charakterisiert werden:
- Inhomogenität der Daten: zu verwalten sind Werte mit unterschiedlichem Skalenniveau und mit unterschiedlichem Status (Sollwert, gemessener Ist-Wert, Abschätzung), Intervalle, Meßreihen, Funktionen als Tabellen oder Formeln, Wissen über Funktioneneigenschaften (z.B. Monotonie), Ungleichungen (z.B. zur Angabe chemischer Zusammensetzungen), dimensionierte Werte, kommentierte Werte, Texte.
- Unvollständigkeit der Daten: Durch die Vielfalt möglicher Prüfbedingungen und den Aufwand der Messungen ist die Datenmatrix in der Regel nur dünn besetzt. Z.T. gibt es systematische Muster der Matrixbelegung, wenn sich etwa die verfügbaren Meßwerte im wesentlichen auf die Anforderungen einer einschlägigen Norm beziehen.
- Abhängigkeiten in den Daten: Die verschiedenen Beschreibungskategorien der Daten sind in hohem Maße voneinander abhängig: sei es, daß man unter bestimmten Voraussetzungen von einer Merkmalsausprägung auf andere schließen kann, sei es, daß Merkmale die Rolle von Meßparametern für andere Meßwerte einnehmen.
- Die Erfüllung formaler Spezifikationen ist grundsätzlich weder eine notwendige, noch eine hinreichende Bedingung für die Eignung eines Werkstoffes für eine bestimmte Anwendung
- Zur Beurteilung eines Werkstoffes müssen eine Vielzahl von Daten gleichzeitig herangezogen und z.T. ausgewertet und weiterverarbeitet werden.

Aus Anwendersicht haben gegenwärtig benutzte DB-Systeme vor allem folgende Defizite in Konzeption und Ausgestaltung:
- Sie bieten keine Unterstützung, um ausgehend vom Anwendungsproblem zur Anfrage zu kommen,
- Sie bieten keine Unterstützung, um von einer prinzipiell korrekten zu einer praktisch erfolgreichen Anfrage zu kommen (Probleme der Dimensionierung, der Interpolation, der Extrapolation und des Bezugs auf andere Kategorien)
- Sie erfordern oft komplexe Formulierungen für elementare Anfragen (z.B. für Intervalle)
- Sie bieten keine adäquate Ausgabe (z.B. Funktionen als Graphik) und Weiterverarbeitung der Ergebnisse,

– Die Eingabe ist nicht anwendungsangepaßt, Operationen nicht problemgemäß (Oft fehlt z.B. die Möglichkeit der Suche ähnlicher Werkstoffe oder der direkten Manipulation von Funktionskurven als Suchspezifikation)

Ziel des WeBeS-Projektes ist es nun, Konzeptionen für problem- und benutzerangepaßte Werkstoffdatenbanken zu entwickeln, (empirisch) zu stützen und gleichzeitig die Anteile von Grundlagenforschung, (angewandter) Forschung und Entwicklung zu identifizieren und grob abzuschätzen.

Das fachliche Umfeld des WeBeS-Projekts gliedert sich damit in den Bereich der Forschung an Datenbankmodellen (z.B. [Pistor & Andersen 86], [Roth et al. 84], [Schek & Scholl 86]), an Wissensrepräsentation und Expertensystemen (z.B. [Hayes-Roth et al. 83], [Brauer & Radig 85], [Kerschberg 86]), den Bereich der Mensch-Maschine-Kommunikation (Graphisch- Interaktive Systeme (z.B. [Lee & Lochowsky 84]), NL-basierte Systeme (z.B. [Wahlster 86]), Systeme für Sprache und Zeigehandlungen (z.B. [Kobsa et al. 86]), kooperative Systeme und Benutzermodellierung (z.B. [Kobsa 85], [Morik 84]) sowie den Bereich der Benutzerforschung und Softwareergonomie (z.B. [Bullinger 85]).

2. Methodischer Ansatz

Die Forderung, Konzeptionen für benutzerangepaßte Faktendatenbanken empirisch zu fundieren (vgl. dazu [Östberg 84], [Kröckel & Steven 85]), gewinnt unter Beachtung des existierenden Status quo im WDB-Sektor unmittelbar an Bedeutung, besonders im Zusammenhang mit der Gestaltung benutzerfreundlicher Zugänge für Werkstoffdatenbanken. Unmittelbar abhängig von dieser Einsicht erhebt sich die Frage, mit welcher Methodik eine empirische Orientierung einen sinnvollen Beitrag für derartige Systementwürfe leisten kann.

Empirische Bedarfsschätzungen nach Werkstoff-Informationen in der BRD — auch im Hinblick auf die potentielle Deckung dieses Bedarfs durch eine WDB — liegen mit den Studien des Battelle-Instituts [Batelle 70] und der Firma Gewi-Plan [Gewi-Plan 87] vor. Mit beiden Studien ist der Anspruch verbunden, Entwicklern bzw. Betreibern von Werkstoffdatenbanken wichtige Anhaltspunkte für eine bedarfsgerechte Gestaltung des Leistungsangebots zu liefern.

Im Projekt WeBeS wird versucht, über die Beobachtung realer Anwendungsfälle die empirische Fundierung zu optimieren. Mit Hilfe einer Videokamera wird die Interaktion zwischen einem professionellen Rechercheur und einem industriellen Anwender bei der Lösung eines konkreten Werkstoffproblems an einer WDB aufgezeichnet. Ziel des Projektes ist die Erhebung von Daten, aus denen die „Sicht" des Benutzers (unter Berücksichtigung verschiedener Benutzerklassen) erschlossen werden kann, d.h. die Vorstellungen, Annahmen und Erwartungen, mit denen ein Anwender das Informationsangebot einer WDB nutzt, zu identifizieren und zu spezifizieren. Damit konzentriert sich der Ansatz zunächst auf den Benutzer und dessen Problemsicht und hebt sich damit von einer der in der Informaktik etablierten Sichtweise ab, die in der DB-Forschung von (abstrakten) Methoden und Prinzipien der DB-Konzeption ausgeht. Die Entscheidung, die empirische Orientierung des Forschungsgegenstandes auf einer qualitativen Methodik zu basieren, ist als bewußt

<table>
<tr><td align="center">Vorinterview
mit dem
Anwender</td><td align="center">Beobachtung
der Interaktion
Rechercheur-Anwender
bei der Werkstoffsuche
an der DB</td><td align="center">Nachinterview
mit dem
Anwender</td></tr>
</table>

Abb. 1: Übersicht zum Untersuchungsdesign

kontrastierend zu Vorgehensweisen der breiten Konkurrenz in diesem Bereich aufzufassen. Abb. 1 zeigt im Überblick, in welche Teile sich das Untersuchungsdesign gliedert.

Die Beobachtungsphase — zentraler Bestandteil des Designs — wird jeweils von einem Vor- und Nachinterview eingerahmt, in dem der betreffende Anwender zu relevanten Punkten befragt wird. Insgesamt ist eine Stichprobe von 20–25 Erhebungen im Rahmen des oben beschriebenen Untersuchungsdesigns an verschiedenen, zur Verfügung stehenden Werkstoffdatenbanken vorgesehen. Die auf Video- bzw. Tonbandkassetten protokollierten Beobachtungen/Interviews werden anschließend weiteren Auswertungen zugeführt. Die Verschriftlichung der Videoprotokolle bildet dabei die Grundlage für weitergehende Analysen. Ein aus der Gesprächsanalyse übernommenes Transkriptionsschema [Henne/Rehbock 82] wurde auf die Belange des Forschungsgegenstands zugeschnitten (z.B. Verzicht auf Kennzeichnung von Betonung, Tonhöhenverlauf, exakte Ausmessung auftretender Sprechpausen usw.) und die Beschreibungskategorien für nonverbales Verhalten auf aufgabenrelevante Tätigkeiten beschränkt (z.B. Zeigehandlungen auf Objekte wie Bildschirm, Papiere usw.). Interviewdaten und Videoprotokolle bilden zusammen mit Hintergrundinformationen aus informellen Gesprächen mit (potentiellen) Nutzern die empirische Ausgangsbasis für die zu entwickelnde Konzeption eines benutzerfreundlichen Werkstoffretrievalsystems. Im Hinblick auf die Dialogkomponente eines solchen Systems sind Analysen des Ablaufmusters eines Werkstoffrechechedialogs vorgesehen, wobei als Vergleichsgrundlage auf ein an Literaturrecherchedialogen gewonnenes Ablaufschema zurückgegriffen werden kann ([Ammersbach 86]). Die Erkenntnisse aus der Datenerhebung sollen ferner als empirische Grundlage für den Aufbau von semantischen Datenmodellen dienen, die die im Recherchedialog verwandten Objekte, deren Eigenschaften und Beziehungen inklusive sich darauf beziehender Operationen enthalten sollen. Eine wichtige theoretische Ergänzung bilden dabei aus der Literatur bekannte ([Swindells & Swindells 85], [Östberg 84] [Batelle 70] und [Gewi-Plan 87]) Informationen über werkstoffbezogene Probleme.

3. Konzeption eines Werkstoff-Datenbanksystems

Nachfolgend soll die Konzeption eines WDB-Systems in Form eines Schichtenmodells beschrieben werden, wobei das Schwergewicht auf dem Aufzeigen der in den verschiedenen Schichten zu lösenden Probleme liegt. Es muß betont werden, daß sich diese Konzeption vorwiegend auf die Verwaltung relativ 'einfacher' Werkstoffdaten bezieht, im Gegensatz zu komplexeren Informationen wie es z.B.

Dialogsystem	Benutzerschicht
	Dialog-Mechanismen
Kernsystem	Methodenbank
	Werkstoff-Wissenbasis

Abb. 2: Schichtenmodell eines Werkstoff-Datenbanksystems

ein System zur Beantwortung von Fragen zur Korrosionsbeständigkeit von Werkstoffen darstellen würde; hierfür sind anwendungsspezifisch entwickelte Expertensysteme notwendig.

Abb. 2 zeigt das hier vorgeschlagene Schichtenmodell eines WDB-Systems. Es wird zunächst unterschieden zwischen einem Kernsystem, das für alle auf der jeweiligen WDB basierenden Anwendungen gleich ist, und einem Anwendungs- und Benutzergruppen-spezifischen Dialogsystem. Da beim jetzigen Projektstand noch keine Auswertungen der empirischen Daten vorliegen, können hier die Anforderungen an das Dialogsystem nur relativ unspezifisch formuliert werden, im Gegensatz zum Kernsystem, dessen Anforderungen sich im wesentlichen aus der Art der zu speichernden Informationen und der zu beantwortenden Anfragen ergeben.

Das Kernsystem gliedert sich in eine Werkstoff-Wissensbasis und eine darauf operierende Methodenbank. Die Wissensbasis muß Eigenschaftswerte und textuelle Informationen verwalten. Eigenschaftswerte können Werte auf einer Intervall-, Ordinal- oder Nominalskala sein, wobei jeweils spezifische Operationen bereitzustellen sind. Wichtige Probleme sind hierbei die Behandlung von Werteintervallen (sowohl in den Daten als auch in der Anfrage) durch spezielle Vergleichsoperatoren (s. z.B. [Dathe 84]) und die Berücksichtigung formelmäßig gegebener Zusammenhänge zwischen einzelnen Werten. Da die einen Werkstoff beschreibenden Daten überwiegend in Form von Wertetabellen (z.B. mehrere Meßwerte, Sollwerte in Abhängigkeit von verschiedenen Parametern) vorliegen, ist dies ein idealer Anwendungsfall für das NF^2-Relationenmodell ([Schek & Scholl 86]). Es gibt allerdings auch Werkstoffdaten (wie z.B. die durch DIN-Normen festgelegten Sollwerte für Stähle in der Datenbank STEELFACTS/S, s. [Dathe 84]), wo deutlich flexiblere Datenstrukturen erforderlich sind. Für die Verarbeitung der textuellen Informationen (z.B. Anmerkungen, Quellenhinweise) müssen Operationen zur Freitextsuche bereitgestellt werden.

Die bis hierher geschilderten Anforderungen an Werkstoff-Datenbanksysteme werden vielfach von den heute existierenden Systemen erfüllt, allerdings sind diese immer noch relativ benutzerunfreundlich: Es klafft nämlich eine große Lücke zwischen den so verfügbaren „nackten" Daten und den Informationen, die selbst ein durchschnittlicher Benutzer über einen Werkstoff erhält, wenn er die Daten in Form eines Werkstoffblattes vor sich hat. Daher ist hier eine Art intelligentes „Data Dictionary" notwendig, das möglichst viele zusätzliche Informationen über die gespeicherten Daten enthält. Hierzu zählen neben der Beschreibung des Datenbank-Schemas die Verwaltung von Begriffsnetzen (für ordinal- oder nominalskalierte Werte, für Klassifikationen und Thesauri zu den textuellen Informationen), die Umrechnung zwischen verschiedenen Einheiten in der Anfrage und den gespeicherten Daten, und insbesondere Verfahren für den Fall, wo Werte nicht genau in der Art gespeichert sind, wie sie erfragt werden (z.B. Meßwerte, die auf verschiedenen Normen beruhen, oder fehlende Funktionswerte für eine vorgegebene Parameterkonstellation). Hier müssen Verfahren bereitgestellt werden, die auch ein Praktiker in solchen Fällen anwendet: neben der Inter- und Extrapolation von Werten insbesondere die Anwendung von Faustformeln, um den gesuchten Wert zumindest näherungsweise aus anderen Angaben abzuschätzen; außerdem muß erkannt werden, welche Default-Annahmen bei fehlenden Parametern zugrundliegen (um z.B. bei der Frage nach dem Verhalten eines Werkstoffes bei Zimmertemperatur die Temperaturbedingung ggfs. fallenzulassen).

Die Methodenbank sollte Methoden bereitstellen, die bei Anfragen an eine WDB häufig benötigt werden (um weitere Daten aus den gespeicherten Werten abzuleiten). Neben statistischen Verfahren sind dies vor allem Berechnungsverfahren für physikalische/chemische Modelle des jeweiligen Anwendungsgebietes. Wichtig ist hierbei, daß diese Methoden in das WDB-System integriert sind, damit die von den Methoden gelieferten Daten in weitere Anfragen einbezogen werden können.

Das Dialogsystem ist anwendungs- und benutzerabhängig; im einfachsten Fall einer CAD-Schnittstelle brauchen nur die Daten und Operationen des Kernsystems zur Verfügung zu stehen, während für benutzerfreundliche Dialogsysteme zunächst anwendungs- und benutzerneutrale Dialog-Mechanismen in einer speziellen Schicht bereitgestellt werden, und erst in der Benutzerschicht spezifische Realisierungen für die jeweilige Anwendung und die ins Auge gefaßte Benutzergruppe vorzusehen sind. Diese Benutzerschicht muß zwei Wissensbasen für das Anwendungs- und das Dialogwissen enthalten. Zur Realisierung der den Benutzern zur Verfügung gestellten (komplexen) Objekte und Funktionen (mit ihren jeweiligen Repräsentationen) werden diese Wissensbasen sowie die von den unteren Schichten bereitgestellten Mechanismen benutzt. Die Spezifikation des gesamten Dialogsystems hängt in wesentlichem Maße von der Auswertung der empirischen Daten des Projektes ab.

Literatur

Ammersbach, K. (1986). *Benutzermodelle für Information-Retrieval-Systeme.* Diplomarbeit, TH Darmstadt, Fachbereich Psychologie, 1986.

Battelle (1970). *Studie über die Errichtung einer Werkstoffdatenbank.* Battelle-Institut, Frankfurt am Main, 1970.

Brauer, W.; Radig, B. (Hrsg.) (1985). Wissensbasierte Systeme. GI-Kongress 1985. Springer, Heidelberg, 1985.

Bullinger, H.J. (Hrsg.) 1985. Software Ergonomie '85. Mensch Maschine Interaktion. Tagung III/85 des GCACM, Stuttgart. Teubner, Stuttgart, 1985.

Clark, J.P.; Flemings, M.C. (1986). Moderne Werkstoffe und ihre wirtschaftliche Bedeutung. *Spektrum der Wissenschaft* Nr. 12, S. 36-44, 1986.

Dathe, G. (1984). Peculiarities and problems of materials engineering data. *Proceedings of the 9th International CODATA Conference, Jerusalem*, North-Holland Physics Publishing, 1984.

Henne, H.; Rehbock, H. (1982). *Einführung in die Gesprächsanalyse.* Sammlung Göschen, Bd. 2212, Walter de Gruyter, Berlin, 1982.

Heyes-Roth, F.; Waterman, D.A.; Lenat, D.B. (Hrsg.) (1983). Building Expert Systems. Addisan Wesley, Reading, Massachusets, 1983.

Kerschberg, L. (Hrsg.) (1986). Expert Database Systems. Proceedings of the First International Workshop. The Benjamin/Cummings Company, Menlo Parc, California, 1986.

Kobsa, A. (1985). Benutzermodellierung in Dialogsystemen. Springer, Heidelberg, 1985.

Kobsa, A.; Allgayer, J.; Reddig-Siekmann, C.; Reithinger, N.; Schmauks, D.; Harbusch, K.; Wahlster, W. (1986). Combining Deitic Guestures and Natural Language for Referent Identification. In: *Proccedings of the Coling-86.*

Kröckel, H.; Steven, G. (1985). The integration of materials data banks into an european information service network. *Proceedings of the 10th International CODATA Conference* , 1985.

Lee, A.; Lochovsky, F.H. (1984). Enhancing the usability of an office information system through direct manipulation. In: Janda, A. (Hrsg.): *Proceedings of the CHI '83 conference human factors in computing systems, Boston 1983*, North-Holland, Amsterdam, S. 130-134, 1984.

Morik, K. (1984). Partnermodellierung und Interessenprofile bei Dialogsystemen der Künstlichen Intelligenz. In: C.-R. Rollinger (Hrsg.): *Probleme des (Text-)Verstehens.* Sprache und Information, Niemeyer, Tübingen, 1984.

Östberg, G. (1984). A paradox in the development of Computerized Materials Data Systems. *Materials und design*, Bd. 5, S. 15-19, Februar/März 1984.

Pistor, P.; Andersen, F. (1986). Designing a generalized NF^2 model with an SQL-type language interface. *Proceedingsof the 12th International Conference on Very Large Data Bases, Kyoto*, S. 278-285, 1986.

Roth, M.; Korth, H.; Silberschatz, A. (1984). *Theory of non-first-normal-form relational databases.* Technical Report TR-84-36, University of Austin at Texas, Department of Computer Science, 1984.

Schek, H.-J.; Scholl, H. (1986). The relational model with relation-valued attributes. *Information systems*, Bd. II, Nr. 2, S. 137-147, 1986.

Swindells, N.; Swindells, R. (1985). System for engineering materials selection. *Metals and Materials*, Bd. 1, S. 301-304, Mai 1985.

Wahlster, W. (1986). The role of Natural Language in Advanced Knowledge-based Systems. Erscheint in: Winter, H.(Hrsg.): *Artificial Intelligence and Man-Machine Systems.* Springer, Heidelberg.

Eine Echtzeitdatenbank für ein Automatisierungssystem der Netzleittechnik

H. Hahn

Siemens AG

Bereich Schutz- und Netzleittechnik

8520 Erlangen, B.R. Deutschland

1. Zusammenfassung

Der Beitrag beschreibt Funktionen, Struktur und Einbettung einer
Echtzeitdatenbank in ein Automatisierungssystem der Netzleittechnik.
Hohe Anforderungen an ihr Antwortzeitverhalten im online-Betrieb
sowie Anpaßbarkeit an unterschiedlichste Mengengerüste und Datenstrukturen führten zu einem eigens entwickelten konzeptionellen Modell und
Managementsystem der Datenbank, die speziell für Aufgabenstellungen
der Netzleittechnik geeignet ist.

2. Übersicht

Die Echtzeitdatenbank SOSYNAUT-R wurde bei Siemens speziell für das
Netzleitsystem SOSYNAUT-R/BAHSYS-M entwickelt (/1/, /2/, /3/) und
weist einige Strukturmerkmale auf, die heute für die Architektur eines
Non Standard Datenbanksystems (NDBS) diskutiert werden (/4/). Bevor
darauf näher eingegangen wird, soll in Bild 1 eine Übersicht über die
Softwarestruktur des Netzleitsystems SOSYNAUT-R sowie die Einbettung
der Echtzeitdatenbank in dieses System gegeben werden.

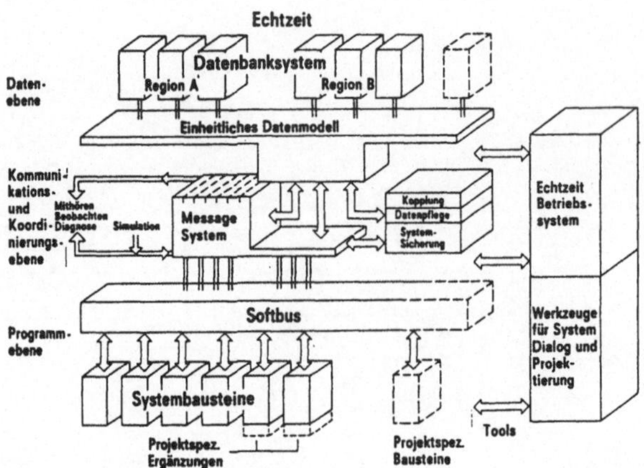

Bild 1: Netzleitsystem SOSYNAUT-R

Wichtigste Merkmale sind die zentralen Komponenten Softbus und Echt-
zeit-Datenbanksystem. Der Softbus dient der Verschaltung und Kommunikation der Prozeßprogramme untereinander, wobei durch ihn gewährleistet
ist, daß Programme nur als Auftraggeber und als Auftragnehmer miteinander verkehren und somit ihr programmtechnisches Umfeld nicht kennen.
In diese Kommunikations- und Koordinierungsebene ist die Echtzeitdatenbank integriert. Damit stehen auch für sie alle Meß- und Diagnosemög-
lichkeiten des Softbusses zur Verfügung, Grundvoraussetzungen für eine
optimale Anpassung des Datenbanksystems an dynamische Prozeßabläufe.

3. Funktionen und Struktur der Echtzeitdatenbank

Die Benutzerebene der Datenbank (Data Base Management System) gliedert
sich in vier Bereiche (Bild 2):

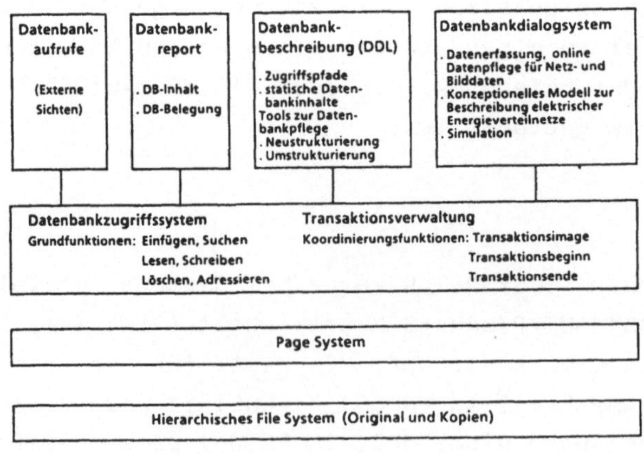

Bild 2: Funktionen und Struktur der Echtzeitdatenbank SOSYNAUT-R

Zum einen die Datenbankaufrufe, die für alle Programme des Systems die
benötigten Datenmanipulationsmöglichkeiten mit der jeweiligen externen
oder technologischen Sicht des Programms zur Verfügung stellen. Zum
zweiten Möglichkeiten des Datenbank-Reports, um jederzeit eine Übersicht über den aktuellen Datenbankinhalt sowie die Datenbankbelegung
zu gewinnen. Drittens die Datenbankbeschreibung sowie Tools zur Datenbankpflege. Unter Datenbankbeschreibung, mit Hilfe einer Data Definition Language (DDL) erstellt, verstehen wir die Beschreibung der in
der Datenbank verwendeten Zugriffspfade, der Datenstrukturen sowie
die Beschreibung statischer Datenbankinhalte, die sich während des
Betriebes eines Leitsystems nie oder selten ändern. Die Tools zur
Datenbankpflege werden verwendet für das Neuanlegen und die Vorstruk-
turierung sowie für eine Umstrukturierung der Datenbank. Darunter verstehen wir den off-line Austausch von Zugriffspfaden sowie eine Änderung der physikalischen Speicherzuordnung für eine optimale Performance
der Datenbank unter Beibehaltung der Datenbankinhalte. Die vierte und
wesentliche andere Komponente des Datenbank-Management-Systems der
Echtzeitdatenbank SOSYNAUT-R ist das Datenbank Dialogsystem, auch Da-
tenpflegesystem genannt. Es dient der Datenersterfassung sowie der
späteren online-Datenpflege der Netz- und Bilddaten im Leitsystem. Das
Datenbank-Dialogsystem kann am Leitplatz bedient werden, für seinen
Gebrauch sind keine programmtechnischen Kenntnisse des Systems notwendig. Der grundsätzliche Ablauf einer online durchgeführten Datenbankveränderung ist in Bild 3 dargestellt.

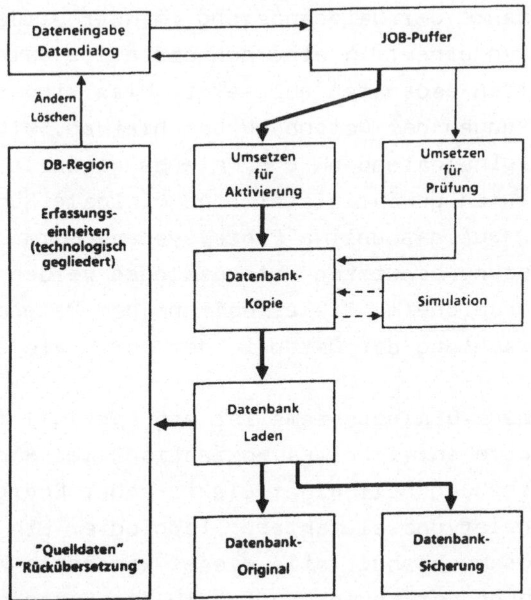

Bild 3: Ablauf online-Datenpflege

Erste Stufe der Datenbankveränderung ist der geführte Datendialog am
Leitplatz des Systems parallel zum Prozeßbetrieb. Alle eingegebenen
Daten werden unter einer Jobkennzeichnung in einen Jobpuffer eingetragen und dort verwaltet. Zu einem beliebig späteren Zeitpunkt werden die so eingegebenen Datenbankveränderungen in eine aktuell erstellte Datenbankkopie eingetragen. Die Originalprozeßdatenbank wird
dabei nicht verändert.
Beim Umsetzen dieser Eingabedaten in die Kopie erfolgen alle syntaktischen und semantischen Prüfungen, die anhand des konzeptionellen
Modells der Datenbank möglich sind. Zusätzlich werden Prüfungen durchgeführt, die die Verträglichkeit der neu eingebrachten Daten mit dem
in der Datenbank geführten Datenumfeld sicherstellen. In dieser Be-
arbeitungsphase auftretende Fehler können durch Korrekturen der Eingabedaten behoben werden. Nach Abschluß der Umsetzphase wird ein
Leitplatz des Leitsystems in den Simulationszustand versetzt. In
diesem Zustand arbeiten die Originalprogramme des Prozeßrechensystems
mit der Originaldatenbank und der modifizierten Datenbankkopie. Simu-
lierte Befehlsgaben in den Prozeß werden dabei vom Leitsystem wie zugehörende Änderungsmeldungen aus dem Prozeß behandelt. Aufgrund der
Simulation wird sichergestellt, daß neue oder veränderte Daten der
Datenbank allen Anforderungen des späteren Prozeßbetriebes genügen.
Beispielswiese, daß deren Topologiebeschreibung richtig ist. Nach
Beendigung der Prüf- und Simulationsphase werden die per Dialog eingegebenen Änderungsdaten weiterhin im Jobpuffer verwaltet. Zum Zeitpunkt der Inbetriebnahme der Datenänderung im Netz werden die dann
geprüften Eingabedaten erneut in eine neu erstellte Datenbankkopie
umgesetzt, dabei werden Ladedaten abgesetzt. Dies sind Ergebnisdaten,
die interne Veränderungen der Datenbank beschreiben. Mit Hilfe dieser
Ladedaten werden Originaldatenbank und Datenbanksicherungskopie verändert. Dieses Verfahren gewährleistet eine minimale Rückwirkung der
Datenbankveränderung auf das online-Prozeßsystem, Form und Inhalt des
zur Datenbankveränderung benutzten Datendialoges werden in einer eigener
Datenbankregion abgespeichert. Sie ermöglicht dem Datenbankbenutzer des
Leitsystems die Betrachtung der Daten in der Form, wie sie ehemals
beschrieben wurden.
Grundlage des Datenbank-Dialogsystems ist ein speziell für elektrische
Energieversorgungsnetze entwickeltes konzeptionelles Modell /5/. Es
gestattet die Beschreibung beliebiger elektrischer Energieversorgungs-
netze mit deren globaler und elementarer Topologie. Ein besonderes
Merkmal in diesem Zusammenhang: Teile dieses konzeptionellen Modells
mit seiner Beschreibung der Eigenschaften in der Datenbank geführter
Bestandteile des elektrischen Netzes sind im online-Teil der Daten-

bank abgelegt. Seine Informationen werden von den online-Programmen
zur Steuerung des Informationsflusses im Leitsystem benutzt. Damit
wird es möglich, Programme des Netzleitsystems allgemein zu strukturieren. Die Steuerung ihrer jeweiligen Verarbeitung in einem konkreten Projekt erfolgt dann über die Daten des konzeptionellen Modells.
Grundlage aller Datenbankzugriffe ist das Datenbank-Zugriffssystem sowie die zugehörende Transaktionsverwaltung zur Sicherung des Datenbestandes. Das Datenbankzugriffsystem bietet die Grundfunktionen Einfügen, Suchen, Lesen, Schreiben und Löschen sowie die spezielle Funktion Adressieren. Diese liefert den Ablageort eines Datums im unter-
lagerten Filesystem der Datenbank, der vom zugreifenden Programm verwaltet wird, ohne ihn näher zu kennen. Erfolgen mehrfach Zugriffe zu
diesem Datum, so erübrigt sich dadurch die jeweilige Neuermittlung
des Ablageortes des Datums über das Zugriffsystem. Selbstverständlich
wird durch das Datenbanksystem sichergestellt, daß Veränderungen im
Ablageort dem benutzenden Programm mitgeteilt werden und dieses dann
gegebenenfalls den Ablageort neu ermitteln muß.
In der Transaktionsverwaltung sind die Koordinierungsfunktionen des
Systems realisiert. Durch sie werden Konfliktfälle bei gleichzeitigem
Zugriff auf die Daten aufgelöst und ein konsistenter Datenbankinhalt
gewährleistet (mittlere Transaktionsdauer kleiner 1 ms). Über das
Page-System werden wählbare Teile der Datenbank hauptspeicherresident
gehalten. Das Zurückschreiben dieser Datenbankinhalte auf den Externspeicher erfolgt mit projektierbaren Alterungsverfahren, so daß häufig und ständig benutzte Datenbankteile länger im Hauptspeicher ver-
weilen als selten benutzte. Zur Führung der Daten im Datenbanksystem
wird ein hierarchisches Filesystem verwendet (Bild 4).

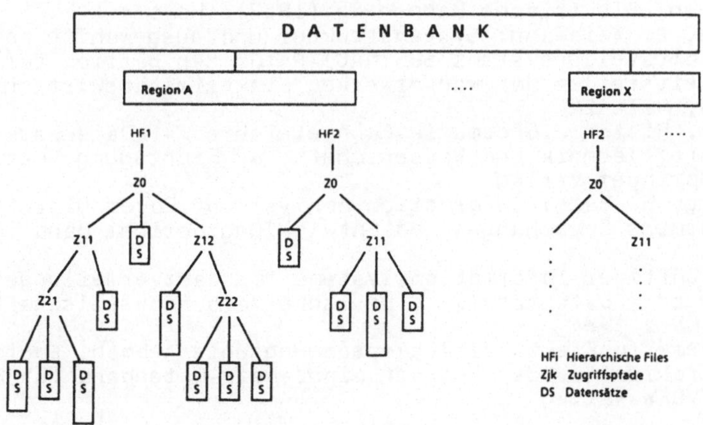

Bild 4: Regionen und Hierarchische Files der Datenbank

Regionen der Datenbank bestehen aus hierarchischen Files, in die
Sätze gleicher oder variabler Länger je nach Anzahl verwendeter
Schlüsselparameter in unterschiedlicher hierarchischer Tiefe abgelegt werden. Für die Zugriffspfade werden effiziente Adressiertech-
niken, wie Direktadressierung, Index, Hash-Coding, FIFO, index-se-
quentieller Zugriff und binäres Suchen eingesetzt. Damit sind Zugriffszeiten für einstufige Hauptspeicherzugriffe kleiner 1 ms erreichbar. Das Filesystem stellt sicher, daß alle Daten, die unter
einem Zugriffspfad oder Knoten vorhanden sind, physikalisch benachbart abgelegt werden. Es gewährleistet die für Echtzeitanwendungen
so maßgebende Clusterbildung. Zu erkennen ist weiterhin, daß Datensätze einer Hierarchieebene entweder elementar oder weiter gegliedert sein können also die Möglichkeit zur Darstellung komplexer Objekte.

Das hier kurz geschilderte Datenbanksystem ist mittlerweile in mehreren
Projekten der Netzleittechnik im Einsatz. Reaktionszeiten sowie Maßnahmen zur Integrität und Sicherheit der Daten genügen den hohen Ansprücher
an Antwortzeitverhalten und Datensicherheit in Computersystemen der
Netzleittechnik. Es erfüllt auch die von der Deutschen Verbundgesellschaft (/6/) und der Vereinigung Deutscher Elektrizitätswerke (/7/)
herausgegebenen Qualitäts- und Normierungsanforderungen.

Literatur:

1. H. Hahn: Echtzeitdatenbanken in der Leittechnik, Fortschritte in
   der Meß- und Automatisierungstechnik durch Informationstechnik,
   INTERKAMA-Kongreß 1986, Fachberichte Messen - Steuern - Regeln 14,
   Springer Verlag
2. E. Brodowski, H. Hahn: BAHSYS-M, ein neues Leitsystem für Elektrische Bahnen, Elektrische Bahnen 85 (1987), Heft 4
3. D. Struhalla, W. Weinmann: Systemstruktur und ausgewählte Komponenten des Leitstellensystems SOSYNAUT-R für den Betrieb der neuen
   Bezirksnetzleitstellen der Neckarwerke, Elektrizitätswirtschaft,
   Jahrgang '84, Heft 22
4. A. Blaser, P. Pistor: Informatik-Fachbereichte 94, Datenbank-Systeme für Büro, Technik und Wissenschaft. GJ-Fachtagung, Karlsruhe
   März 1985, Springer Verlag
5. E. Falkenberg, H. Hahn: Information Analysis of Power Distribution
   Networks, Siemens Forschungs- und Entwicklungsbericht Band 10,
   1981, No. 4
6. Konzeption künftiger Informationssysteme für Lastverteilungen/
   Schaltleitungen - Datenmodell -, Deutsche Verbundgesellschaft e.V.
   Heidelberg, März 1984
7. Netzleitsysteme in Elektrizitätsversorgungsunternehmen, Empfehlun-
   gen, 3.4 Verfahren für den Entwurf einer Netz-Datenbank für Pro-
   zeßrechner, VDEW-Verlag

Ein Drei-Ebenen-Ansatz für die Beschreibung und Manipulation
von medizinischen Bilddatenbank-Objekten

K.Aßmann

H B T
Neuer Wall 32
2000 Hamburg 36

K.H.Höhne

Institut für Mathematik und Datenverarbeitung
in der Medizin
Universitätskrankenhaus Eppendorf
Martinistr. 52
2000 Hamburg 20

Kurzfassung

    Es wird ein 3-Ebenen-Ansatz zur Beschreibung und Manipulation von
medizinischen Bilddatenbankobjekten skizziert, der aus den Eigenheiten
medizinischer Bilder hergeleitet ist und in einem Prototyp implementiert wurde.
Strukturell werden die 3 Ebenen auf die Relationen eines konventionellen RBMS
abgebildet, operational ist die Bilddatenbanksprache ISQL implementiert und
erlaubt objektbezogene Bilddatenbankoperationen. Das medizinische
Bilddatenbankobjekt ist durch die 3 Ebenen und ihren Operationen darauf definiert.

Einleitung

    Medizinische Bilder zeigen gegenüber anderen Bildern, z.B. Bildern aus dem
CAD/CAM-Bereich, eine Reihe Besonderheiten, die eine eigene Vorgehensweise in der
Behandlung als Datenbankobjekte verlangen. Zahlreiche Veröffentlichungen in der
Informatikliteratur befassen sich mit dem Thema objektorietierten Vorgehens; es
ist deshalb eine klare Abgrenzung der medizinischen Bilddatenbankobjekte
notwendig.

    Es ist eine Eigenheit medizinischer Bilder, daß sie Abbildungen von
Individuen, also den Patienten, zeigen, und daher sehr starken Schwankungen in der
Interpretierbarkeit ihres gezeigten Inhaltes unterliegen. Ferner handelt es sich
i.a. um pathologisch veränderte Organe und -strukturen. Diese Bilder können
daher nicht für sich allein gesehen werden, sondern sind stark mit anderen
Informationen über den Patienten verbunden und müssen in den Zusammenhang eines
Krankenhausinformationssystems gestellt werden. Darüberhinaus kann es von einem
Patienten desselben oder anderer Organe Aufnahmen verschiedener Aufnahmegeräte
oder mit variierenden Aufnahmeparametern geben, die eine eigene Interpretation
zulassen.

    Trotz all dieser vielen Beschreibungen von Bildern in der Medizin ist es
jedoch wünschenswert, ein Bild oder auch eine Bildfolge (Angiographie) in seiner
Gesamtheit oder auch in Teilen über Bilddatenbankoperationen zur Verfügung zu

haben. Diese Operationen schliessen die Darstellung der Bilder, die sehr komplex sein kann (z.B. dreidimensionale Rekonstruktion des Schädels aus Computertomogrammschnitten), mit ein. Dies erfordert einen objektorientierten Zugang mit einer genauen Definition des Objektbegriffs.

Methode

Um zu einem brauchbaren Objektbegriff zu kommen, sind eine Reihe von Voruntersuchungen /3/, /6/, /7/ gemacht worden, um eine Vorstellung über die Möglichkeiten der Manipulation medizinischer Bilder zu bekommen. Im einzelnen sind Untersuchungen über die

o Entstehung

o Speicherung

o Identifikation

o Manipulation

o und Veränderung

von bildlichen Objekten in der Radiologie gemacht worden. Diese haben ergeben, daß eine Klassifizierung der Beschreibungen von Bildern nach inhaltlichen (Bildinhalt) und typisierenden Merkmalen (Bildtyp, z.B. Graphik, Kernspintomographieaufnahme, Bildfolge) erfolgen kann. Zur Darstellung der Bilder sind jedoch auch die Bilder selbst, d.h. ihre Pixelrepräsentation, notwendig. Ein medizinisches Bilddatenbankobjekt besteht dann aus:

- dem Bild oder der Bildfolge

- Informationen über den Bildtyp un den Bildaufbau

- Informationen über den Inhalt des Bildes, seiner Interpretationen (ärztlicher Befund) und Zusätze aus dem Krankenhausinformationssystem (z.B. Laborbefunde)

Um ein beliebiges Bilddatenbankobjekt manipulieren zu können, muß es eindeutig identifiziert werden können. Die Möglichkeiten der Identifikation sind außerordentlich vielfältig /5/, /4/ und damit komplex. Sie umfassen einfache Standardanfragen als auch komplexe Anfragen aus dem Forschungsbereich. Um diese Komplexität in den Griff zu bekommen, wird eine Objektarchitektur eingeführt, die drei Ebenen vorsieht.

Die drei Ebenen

Die drei Ebenen werden folgendermassen definiert:

1. Die Ebene der internen Repräsentation oder Pixel-Ebene

2. Die identifizierende Ebene (Bildtyp und Bildaufbau)

3. Die interpretative Ebene (Bildinhalt, Bezug zum Krankenhausinformationssystem, bildlicher Kontext)

Eine solche Ebenenbildung hat den Vorteil, daß die Operationen und Strukturen, die zur Implementation der Objekte notwendig sind, einfacher zu definieren und auf konkrete Datenbankstrukturen abzubilden sind.

Die Pixel-Ebene wird strukturell als Pixelmatrix oder -kubus geführt und arbeitet mit den Operationen eines Bildverarbeitungssystems. Sie dient ferner dazu, bildbezogene Operationen auszuführen (z.B. Zeigen auf ein Bild, Darstellen von Bildern in einem bestimmten Maßstab, gleichzeitiges Darstellen von Bildern und Informationen zum Patienten).

Die identifizierende Ebene beschreibt die Bilder im wesentlichen so, daß sie von der Pixelebene verarbeitet werden können. Sie enthält aber auch Informationen über die Bildaufnahmeparameter, z.B. um welches Aufnahmeverfahren es sich handelt.

Die komplexeste Ebene stellt die interpretative Ebene dar. Sie enthält nur zu einem Teil die schon aus dem Krankenhausinformationssystem gewonnenen Daten. Im Zusammenhang mit Bildern werden Daten in diese Ebene über die Interpretation eines Bildes durch den Radiologen in Form seines Befundes gebracht. Wünschenswert wäre jedoch eine automatische Interpretation der Bilder durch Anwendung von Bildverarbeitungs- und Mustererkennungsverfahren; davon ist man aber wegen der eingangs genannten Individualität und Interpretierbarkeit medizinischer Bilder heute noch weit entfernt und nur auf sehr abgegrenzten Teilgebieten erfolgreich. Um die Bilder für den Radiologen leicht interpretierbar zu machen, muß ein Bilddatenbanksystem einen hohen Grad von Interaktionsfähigkeit vorsehen /5/.

Die Implementation eines Prototyps

In einem Projekt im Institut für Mathematik und Datenverarbeitung in der Medizin am Universitätskrankenhaus Eppendorf, Hamburg ist der Prototyp einer medizinischen Bilddatenbank nach dem skizzierten 3-Ebenen-Ansatz implementiert worden /5/.

Strukturell wurde die Pixel-Ebene auf einfache Dateien abgebildet, die vom Betriebssystem verwaltet werden. Die anderen beiden Ebenen wurden auf ein relationales Datenbankschema abgebildet und von einem konventionellen, kommerziell verfügbaren RDBMS verwaltet. Dabei stellt die identifizierende Ebene ein erweitertes Data Dictionary dar, das auch die Abbildung zwischen der Pixelebene und den anderen Ebenen vornimmt. Es implementiert einen Datentyp ´Bild´ strukturell.

Operational wurde die Datenbanksprache SQL um solche Konstrukte erweitert, die objektbezogene Bilddatenbankoperationen erlauben. Die so entstandene Sprache heißt ´ISQL´ und ist u.a. in /8/, /4/ beschrieben. Mit dieser Sprache ist es möglich:

- Bilder und zugehörige Informationen als Objekt darzustellen (SELECT IMAGE ... DISPLAY AS), in die Bilddatenbank einzufügen (INSERT IMAGE), aus der Bilddatenbank zu löschen und zu verändern (UPDATE IMAGE)

- Bildobjekte und nicht-bildliche Informationen über andere Bilder zu identifizieren und ISQL-Operationen auszulösen (Ikonen)

- Bedienoberflächen zur komfortablen Benutzerschnittstelle zu konstruieren

Die Identifikation der Objekte in der Bilddatenbank kann durch Zuhilfenahme einer oder mehrerer Ebenen oder Teile davon erfolgen. So ist es z.B. möglich, die Medikation des Patienten vor der Aufnahme durch Zeigen auf eines seiner Bilder und einer anschliessenden ISQL-Anfrage unter Nutzung des so hergestellten bildlichen Kontextes zu erfragen oder Bildverarbeitungsoperationen auf ein dargestelltes Bild anzuwenden und anschliessend das so veränderte Bild als UPDATE IMAGE des aktuellen Bildes in der Bilddatenbank zu speichern. Der bildliche Kontext kann auch eine Menge von Bildern sein.

Schlußfolgerungen

Die Entwicklung und der Betrieb des Prototyps lassen erkennen, daß der 3-Ebenen-Ansatz zur Beschreibung und Manipulation von medizinischen Bilddatenbankobjekten den Vorteil bietet, die Komplexität eines solchen Objektes zu strukturieren und auf konkrete Datenbankstrukturen und -operationen leichter abbildbar zu machen. Die Beschreibungen können von einem konventionellen RDBMS verwaltet und mit Anwendungsprogrammen des Bildverarbeitungssystem kombiniert werden, wobei alle notwendigen Informationen auch im RDBMS gespeichert werden können (z.B. Darstellungsoperationen für verschiedene Bildverarbeitungssysteme des gleichen Bildtyps). Wünschenswert wäre die Einbettung der Strukturen und Operationen in den Kern eines DBMS. Dies macht aber wegen der notwendigen Neubelegung von Operatoren für einen Datentyp ´Bild´ noch sehr große Probleme. Besonders kritisch sind im medizinischen Bereich die zur Implementation von Prädikaten erforderlichen Mustererkennungsverfahren, die z.Zt. nach unseren Erfahrungen noch keinen Erfolg versprechen.

Weniger kritisch scheinen Fragen des Mehrbenutzerbetriebes zu sein, da erfahrungsgemäß i.a. auf Bilder nur lesend zugegriffen wird und ein Verändern von Bildern (UPDATE IMAGE) als ein Hinzufügen der veränderten Bilder zum ursprünglichen Bild verstanden werden kann.

Referenzen

1. Aßmann, K., Höhne, K.-H.: ´An Investigation of Structures and Operations for Medical Image Data Bases´, Proc. 2nd Conf. on Picture Archiving and Communication Systems (PACS II), SPIE 418, 1983.

2. Aßmann, K., Venema, R., Riemer, M., Höhne, K.H.: ´The ISQL-Language - a Uniform Tool for Managing Images and Non-image Data in an Image Data Base Management System´, Proc. ISMII ´84, IEEE International Symposium on Medical Images and Icons, Arlington, Virginia, July 24-27, 1984.

3. Aßmann, K.: ´Szenario für eine Medizinische Bilddatenbank´, Interner Bericht, Institut für Mathematik und Datenverarbeitung in der Medizin, Universität Hamburg, 1983

4. Aßmann, K.,   Venema, R.,   Höhne, K.H.:   ´Erweiterung   einer
    Datenbanksprache zur Erzeugung benutzerfreundlicher Bedienoberflächen für
    eine medizinische Bilddatenbank´, in: Blaser, A., Pistor, P.   (eds.)
    ´Datenbank-Systeme für Büro, Technik und Wissenschaft´, GI-Fachtagung,
    Karlsruhe, 20.-22.März 1985, Proceedings,   Informatik-Fachberichte 94,
    Springer-Verlag,1985, pp. 492-496

5. Aßmann, K.,   Venema, R.,   Höhne, K.H.:   ´Software Tools for   the
    Development of Pictorial Information Systems in Medicine - The ISQL
    Experience - ´, in: Höhne, K.H.(ed.) ´Pictorial Information Systems in
    Medicine´, NATO ASI Series, Vol. F19, Springer-Verlag, 1986, pp. 333-355

6. SPIE Proc. 1st. Conf. on Picture Archiving and Communication Systems
    (PACS I), SPIE 318, 1982

7. SPIE Proc. 2nd. Conf. on Picture Archiving and Communication Systems
    (PACS II), SPIE 418, 1983

8. Venema, R,:   ´Erweiterung der Datenbanksprache SQL zur Manipulation von
    Bildern (ISQL) - Entwurf und Implementation´, Diplomarbeit, Fachbereich
    Informatik, Universtät Hamburg, in Vorbereitung

Konzepte zur Integration Abstrakter Datentypen in R^2D^2

Alfons Kemper
Mechtild Wallrath

Institut für Informatik II
Universität Karlsruhe

D-7500 Karlsruhe

Kurzfassung

In diesem Beitrag werden verschiedene Konzepte zur Integration abstrakter Datentypen (ADTs) in das Datenbankverwaltungssytem R^2D^2 * vorgestellt. Das System R^2D^2 basiert auf dem DBVS AIM-P, das eine Prototyp-Implementierung des nicht-normalisierten relationalen Datenmodells NF^2 ist. Die Verwendung abstrakter Datentypen an der Benutzerschnittstelle eines Datenbanksystems erlaubt dem Benutzer die Definition eigener anwendungsspezifischer Datenobjekte und entsprechender Operationen. Diese erfolgt mittels einer Spezifikationssprache, die sich im wesentlichen als eine Erweiterung der Datenbanksprache HDBL um spezielle Anweisungen für die Typdefinition darstellt. Weiterhin wird gezeigt, wie die Integration des ADT-Konzepts in ein nicht-normalisiertes relationales Datenbanksystem mit Hilfe eines Präprozessors ohne weitreichende Änderungen des zugrundeliegenden DBVS erfolgen kann.

Abstract

This paper presents several concepts for an integration of abstract data types (ADTs) in the database management system R^2D^2 *. This system is based on the DBMS AIM-P which is a prototype implementation of the non-normalized relational data model NF^2. The concept of abstract data types allows the database user to specify his own application-specific data objects together with the corresponding operations. The specification language presented here is essentially an extension of the database language HDBL. In addition it is shown, how the ADT concept can be integrated in a non-normalized relational database system. In a first prototype implementation this was done by a preprocessor to the AIM-P system without extensive modifications of the underlying DBMS.

---

* R^2D^2 (Ein Relationales Robotik Datenbanksystem mit erweiterbaren Datentypen) ist ein Gemeinschaftsprojekt des Wissenschaftlichen Zentrums Heidelberg der IBM Deutschland und der Fakultät für Informatik an der Universität Karlsruhe.

1. Einleitung

1.1 Motivation

Es ist allgemein anerkannt, vgl. [Lock 85, Härd 85, Lori 85, Ditt 85], daß die herkömmlichen Datenbankverwaltungssysteme, wie z. B. die relationalen oder die auf dem Netzwerkmodell basierenden, technische Anwendungen nicht hinreichend unterstützen. Dies liegt zum Teil daran, daß diese Systeme für kommerzielle Anwendungen entwickelt wurden und deshalb für die Modellierung von wesentlich komplexeren Datenobjekten, wie sie in ingenieurwissenschaftlichen Anwendungen vorkommen, nicht die geeigneten Modellierungskonzepte bereitstellen. Im Datenmodell sollte die Möglichkeit gegeben sein, die für die jeweiligen Anwendungsklassen charakteristischen Datenobjekte als logische Einheit zu modellieren. Dies wird jedoch in den konventionellen Datenbanksystemen nicht unterstützt.

Vielmehr müssen in diesen Datenbanksystemen, wie z. B. den relationen DBMS, die zu modellierenden technischen Objekte auf mehrere (flache) Relationen abgebildet werden. Dadurch geht oftmals die natürliche Struktur der anwendungsspezifischen Objekte verloren, da die interne Repräsentation von den Eigenschaften des Datenmodells geprägt wird. Objektorientierte Datenbanksysteme sind in den letzten Jahren oft als vielversprechende Ansätze für den Einsatz von Datenbankverwaltungssytemen in technischen Anwendungen genannt worden, vgl. z. B. [Lori 82]. Dabei kann man im wesentlichen zwei Vorgehensweisen unterscheiden: zum einen die Erweiterung von existierenden Datenmodellen, z. B. in [Hask 82] und zum anderen den Entwurf neuer semantischer Modelle, die die Modellierung von komplexen Objekten unterstützen, vgl. z. B. [Bato 84],[Lüke 85].

In dem Ansatz zur Erweiterung des relationalen Datenmodells wird meistens versucht, die hierarchischen Beziehungen der technischen Objekte im Datenmodell zu unterstützen. [Lori 85] modelliert diese hierarchischen Beziehungen mittels vom System verwalteten Referenzen. Diese hierarchischen Referenzen werden über das Surrogat-Konzept erzeugt, das sind vom System erzeugte eindeutige Schlüssel. Dabei werden die Daten im wesentlichen immer noch auf verschiedene Relationen segmentiert. Demgegenüber erweitert [Sche 83] im NF^2-Modell das relationale Modell dahingehend, daß es geschachtelte Relationen erlaubt und damit die Modellierung hierarchischer Beziehungen zwischen Objekten unterstützt.

Keiner dieser Ansätze unterstützt jedoch die Manipulation von komplexen Objekten als Einheit mittels Operatoren, die dem Anwender aus seinem Fachgebiet vertraut sind. Die Möglichkeit, Datenzugriffs- und Datenmanipulationsoperatoren gemäß den Benutzerwünschen neu definieren zu könnnen, ist jedoch als ebenso wichtig anzusehen, wie die Unterstützung bei der Modellierung von technischen Objekten durch das Datenmodell. Bisher gibt es allerdings erst wenige Ansätze, um benutzerdefinierte Operationen direkt in die Datenbankanfragesprache zu integrieren.

In diesem Zusammenhang wurde bereits mehrfach der Vorschlag gemacht [Ston 83a, Maie 85, Atwo 85, Zdon 85], das aus den Programmiersprachen seit langem bekannte Konzept der abstrakten Datentypen in Datenbanksysteme zu integrieren. Somit kann man technische Objekte, die in der Datenbank repräsentiert werden sollen, als abstrakte Datentypen modellieren und zusätzlich neue Operationen definieren, mit denen man auf die Objekte zugreift. [Ston 83b] versucht, abstrakte Datentypen in ein flaches relationales Datenbanksystem − INGRES [Held 75] − zu integrieren. Dies impliziert, daß ein ADT vollständig auf einen Domain, d.h. in der Regel auf ein Attribut vom Typ *character*, abgebildet wird, was selbst bei homogen strukturierten Objekten zu einer unnatürlichen internen Repräsentation führt [Kemp 86a]. Es ist Aufgabe des Benutzers, bzw. des Systemadministrators, die Konvertierung eines Objekts von der externen (wie der Benutzer es sieht) in die interne Repräsentation und umgekehrt als C-Routinen zu spezifizieren.

In R^2D^2 werden abstrakte Datentypen in das nicht-normalisierte relationale Datenmodell NF^2 [Sche 83] integriert. Dies hat den Vorteil, daß ein abstrakter Datentyp intern als eine (möglicherweise geschachtelte) NF^2-Relation repräsentiert werden kann. Dadurch wird zum einen erreicht, daß ein (technisches) Objekt wesentlich natürlicher modelliert werden kann, als wenn man es intern auf einen Domain vom Typ *character* abbilden müßte. Zum anderen stellt das NF^2-System AIM-P, das Grundlage des R^{2}D^2-Datenbanksystems ist, aber auch sicher, daß ein Objekt, das auf eine NF^2-Struktur abgebildet wird, vollständig in einem lokalen Adreßraum abgespeichert wird. Dadurch wird ein effizienter Zugriff auf das Objekt als Einheit gewährleistet.

In diesem Papier möchten wir zunächst eine kurze Einführung in das NF^2-Datenmodell und in die Sprache zur Spezifikation abstrakter Datentypen in R^{2}D^2 geben. In Kapitel 3 werden dann Implementierungskonzepte für die Integration abstrakter Datentypen in AIM-P besprochen. Um ein akzeptables Antwortverhalten eines objektorientierten Datenbanksystems zu erreichen, bedarf es der Zugriffsunterstützung für komplexe Objekte nach vom Benutzer zu definierenden Kriterien. Im letzten Kapitel geben wir eine kurzen Ausblick in die zukünftigen Arbeiten des R^{2}D^2-Projekts, wozu insbesondere auch die Zugriffspfadunterstützung gehört.

2. Sprachliche Integration der Spezifikationssprache

Die vollständige Spezifikation eines abstrakten Datentyps setzt sich i. a. aus der Spezifikation seiner Struktur und der auf ihm definierten Operationen zusammen. Soll die Spezifikationssprache, wie in R^{2}D^2, vollständig in eine Datenbanksprache integriert werden, so ist dazu die Erweiterung der Datenbanksprache um Konstrukte zur ADT-Definition sowie eine Einbettung der neuen Datentypen und Operationen in die Sprache erforderlich. Die Mächtigkeit der Spezifikationssprache, die insbesondere für die Spezifikation von ADT-Operationen von Bedeutung ist, hängt dabei i. a. von der Mächtigkeit der zugrundeliegenden Sprache ab. So steht etwa in Programmiersprachen, wie z. B. Ada, der volle Sprachumfang, also auch Schleifen, Verzweigungen etc., zur Definition einer ADT-Operation zur Verfügung. Die Mächtigkeit einer Datenbanksprache hingegen ist insbesondere vom zugrundeliegenden Datenmodell abhängig.

Da unserem Entwurf die Datenbanksprache *HDBL* (Heidelberg Data Base Language) [Pist 85, Pist 86, Ande 86] für das auf dem NF^2-Datenmodell basierende Datenbanksystem AIM-P zugrunde lag, wollen wir im folgenden kurz auf die wesentlichen Merkmale von HDBL eingehen, um anschließend zu zeigen, wie die Sprache um die notwendigen Konzepte für abstrakte Datentypen erweitert wird.

2.1 *Heidelberg Data Base Language*

Bei der Datenbanksprache HDBL handelt es sich im wesentlichen um eine Eweiterung der relationalen Datenbanksprache SQL [SQL 81] gemäß den Anforderungen des NF^2-Datenmodells. Im NF^2-Datenmodell gibt es als Attributdomänen außer den atomaren Datentypen, wie den numerischen und zeichenartigen Typen, die nicht-atomaren Datentypen Tupel, Liste und Relation. Relationen als Attributwerte können erneut nicht-normalisiert sein, also ihrerseits wieder Listen oder Relationen als Attributwerte enthalten. Demzufolge können die NF^2-Strukturen Relation und Liste beliebig tief geschachtelt sein. Wie diese Schachtelung sich in den DDL- und DML- Anweisungen widerspiegelt, soll anhand eines Beispiels aus dem Bereich technischer Anwendungen erläutert werden.

Die geometrische Beschreibung eines Werkstücks, das z.B. von einem Roboter manipuliert werden soll, kann mit Hilfe des Boundary-Representation-Modells (BR-Modell) erfolgen [Kemp 86a], in dem ein Geometrieobjekt hierarchisch durch seine Flächen, Kanten und Eckpunkte dargestellt wird. Eine NF^2-Relation, deren Tupel Werkstücke in BR-Darstellung sind, kann nun mittels HDBL wie folgt definiert werden:

```
create MECHANICAL_PART
    { [ PART_ID: integer,
        NAME: string(16),
        FACES: {
            [ F_ID: integer,
              EDGES: {
                  [ E_ID: integer,
                    VERTICES: < 2 FIX
                        [ V_ID: integer,
                          LOCATION: < 3 real >
                        ] >
                  ] }
            ] }
      ] }
end
```

Die Relation MECHANICAL_PART ist eine Menge von Tupeln (dargestellt durch {[ ]}) mit 3 Attributen, wobei das Attribut FACES wiederum eine nicht-normalisierte Relation ist. Die Subrelation VERTICES wurde als eine Liste (gekennzeichnet durch die Klammerung < >) von genau 2 Tupeln spezifiziert, die die beiden als Vektoren dargestellten Eckpunkte einer Kante enthält.

Die folgende Anfrage liefert eine Menge von Tupeln, bestehend aus den Identifikatoren und den Eckpunkten aller Quader.

```
select [ PART_ID: M.PART_ID,
         VERTICES: (select E.VERTICES
                    from E in F.EDGES,
                         F in M.FACES) ]
from M in MECHANICAL_PART
where M.NAME = 'Quader'
```

Weitere Beispiele für die Anwendung von HDBL finden sich in [Ande 86, Pist 86].

2.2 Erweiterung der Benutzerschnittstelle um das ADT-Konzept

Nachdem wir im vorangegangenen Kapitel den Aufbau von HDBL grob skizziert haben, wollen wir nun zeigen, wie abstrakte Datentypen in die Benutzerschnittstelle des DBS integriert sind.

Hierzu wollen wir zuerst die Spezifikation eines ADT in R^2D^2 betrachten. Sie setzt sich aus der Definition seiner Struktur und den auf ihm definierten Operationen zusammen. Die Strukturdefinition enthält den Typnamen sowie die Spezifikation der internen Repräsentation. Hierbei handelt es sich um eine beliebige in HDBL definierbare NF^2-Struktur. Die externe Repräsentation ergibt sich aus den für den ADT definierten Zugriffsoperationen. Eine ADT-Operation setzt sich aus dem Deklarationsteil und dem Operationsrumpf zusammen. Im Deklarationsteil werden in ähnlicher Form wie bei Prozedurvereinbarungen in Programmiersprachen die Ein- und Ausgabeparameter der Operation festgelegt. Der Operationsrumpf enthält einen Ausdruck in NF^2-Syntax. Dabei handelt es sich i. a. entweder um eine Anfrage oder die Konstruktion eines neuen Objekts.

Zur vollständigen Einbettung des ADT-Konzepts in die Datenbanksprache reicht die Spezifikation eines ADT nicht aus. HDBL muß auch dahingehend erweitert werden, daß die Definition und Manipulation von Datenbankobjekten, deren Spezifikation einen als ADT vereinbarten Datentyp enthält, ermöglicht wird. Hierzu wird zusätzlich zu den in HDBL vorhandenen Typen und Statements ein "adt-type" und ein "adt-statement" eingeführt. Syntaktisch haben diese die gleiche

Stellung wie ein Basisdatentyp bzw. ein Operationsstatement. Dies hat unter anderem zur Folge, daß ein ADT wiederum in der Spezifikation eines neuen ADT verwendet werden kann. Jedoch sind keine rekursiven Typ- oder Operationsdefinitionen zugelassen.

Da mit der Spezifikation eines ADT kein Datenbankobjekt etwa im Sinne einer Relation erzeugt wird (zur internen Repräsentation s. Kapitel 3), stehen zur Manipulation der Spezifikation die diesbezüglichen Sprachkonstrukte aus HDBL nicht zur Verfügung. Um dennoch die Flexibilität der Benutzerschnittstelle in Hinblick auf die benutzerdefinierten ADT-Operationen zu gewährleisten, werden Sprachkonstrukte zum Hinzufügen, Löschen und Ändern von Operationen bereitgestellt. Weiterhin ist die Vergabe von Zugriffsrechten auf ADTs sowie das Löschen einer ADT-Spezifikation möglich. Auf die diesbezüglichen Anweisungen wird jedoch im folgenden nicht näher eingegangen.

Ein Beispiel für ein Objekt, das in technischen Anwendungen häufig vorkommt und sich daher für die Spezifikation als ADT anbietet, ist ein Vektor der Länge 3. Seine Definition erfolgt durch die Anweisung:

```
create ADT vector is
    < 3 FIX real >
with
operation X(V: vector) returns real
    return
        V[1]
    end X
end vector.
```

Diese Spezifikation ist wie folgt zu interpretieren: *vector* wird intern als eine Liste von 3 real-Werten dargestellt. Die Operation X selektiert die 1. Komponente des Vektors. Sie definiert somit für den Benutzer eine externe Repräsentation der Art, daß er beim Zugriff auf ein Attribut vom Typ *vector* über die Operation X die 1. Komponente des Vektors als einfachen real-Wert, nicht jedoch als 1. Element der 3-elementigen Liste sieht. Der so definierte ADT *vector* kann nun in der Definition einer NF^2-Relation wie ein Basisdatentyp verwendet werden. So könnte man etwa in der Definition der Relation MECHANICAL_PART in Kapitel 2.1 den Datentyp des Attributs LOCATION durch den ADT *vector* ersetzen. Aus dieser Art der Verwendung von ADTs ergibt es sich, daß ein Attribut von diesem Typ immer als Einheit gesehen wird, d.h. der Benutzer besitzt i.a. keine Kenntnis über die interne Struktur des ADT. Dieser für die Theorie der abstrakten Datentypen zentrale Aspekt hat zur Folge, daß ein Zugriff auf ein ADT-Attribut nur über die zuvor definierten ADT-Operationen erfolgen kann (Geheimnisprinzip).

Bevor wir im nächsten Abschnitt zwei ADTs mit einem umfangreicheren Operationsvorrat definieren, wollen wir noch kurz auf ein weiteres Sprachkonzept eingehen. Wie das obige Beispiel zeigt, wurde für die Definition von Operatoren die Präfixschreibweise gewählt. Eine anwendungsorientierte Schnittstelle sollte jedoch auch Notationen zur Verfügung stellen, die dem Benutzer aus seinem Arbeitsbereich geläufig sind. Dazu gehört auch die für numerische Operationen gebräuchliche Infixnotation. In unserer Spezifikationssprache wird ein Infixoperator durch die Einbettung der Operatorbezeichnung in Hochstriche gekennzeichnet.

2.3 Beispiele

Die folgenden ausführlicheren Beispiele, die nochmals die Syntax und Semantik einer ADT-Spezifikation veranschaulichen sollen, sind nicht unbedingt als typische Anwendungen des NF^2-Datenmodells zu betrachten. Vielmehr sollen sie der Veranschaulichung der in den folgenden Kapiteln dargestellten Konzepte zur ADT-Implementierung dienen. Komplexere Beispiele aus dem Bereich der Robotik, die den Vorteil des Einsatzes von ADTs an der Benutzerschnittstelle veranschaulichen, sind in [Kemp 86b] beschrieben.

Betrachten wir nun zuerst nochmals den Datentyp *vector*. Typische Operationen, die definiert werden müssen, um ein sinnvolles Arbeiten mit dem ADT zu ermöglichen, sind die Projektionen X, Y und Z auf die einzelnen Koordinaten des Vektors, sowie die explizite Konstruktion eines neuen Objekts unter Verwendung der vom Benutzer spezifizierten Werte mittels *make_vector*. Beispiele für Berechnungen auf einem ADT-Objekt sind die Funktionen *length* und *scale*. *Scale* spezifiziert die Skalierung eines Vektors bzgl. x-, y- und z-Achse. Mittels *length* wird die Länge l eines Differenzvektors $\vec{v_2}-\vec{v_1}$ mit $\vec{v_1}=(x_1,y_1,z_1)$ und $\vec{v_2}=(x_2,y_2,z_2)$, unter Verwendung der Formel $l=\sqrt{(x_2-x_1)^2+(y_2-y_1)^2+(z_2-z_1)^2}$ berechnet. (Bei der Definition der Operation *length* sei vorausgesetzt, daß die Operationen *sqrt* und *sq* existieren.) Die Definition der Operation + zur Vektoraddition stellt einerseits ein Beispiel für einen Infixoperator (gekennzeichnet durch " "), anderseits für das Overloading (identische Operatorbezeichnung für Addition von real-Zahlen und von Vektoren) dar. Der ADT *vector* läßt sich nun folgendermaßen definieren:

```
create ADT vector is
   < 3 FIX real >
with
operation X(V:vector) returns real
   return
      V[1]
   end X;
operation Y(V:vector) returns real
   return
      V[2]
   end Y;
operation Z(V:vector) returns real
   return
      V[3]
   end Z;
operation make_vector(X,Y,Z:real) returns vector
   return
      < X,Y,Z >
   end make_vector;
operation scale(V,S:vector) returns vector is
   return
         select V[i] * S[i]
         from i in INDL(V)
   end scale;
operation "+" (V₁,V₂:vector) returns vector
   return
         select V₁[i] + V₂[i]
         from i in INDL(V₁)
   end "+"
operation length(V₁,V₂:vector) returns real
   return
         sqrt(  sq(V₂[1] - V₁[1])
              + sq(V₂[2] - V₁[2])
              + sq(V₂[3] - V₁[3]))
   end length
end vector.
```

Als zweites Beispiel wollen wir einen Spezialfall des in Kapitel 2.1 beschriebenen Werkstücks, nämlich den in Bild 1 dargestellten Quader, als ADT definieren. In diesem Fall haben wir jedoch nicht die BR-Repräsentation, sondern eine weniger komplexe Darstellungsweise gewählt. Zur vollständigen Spezifikation der Quadergeometrie reicht es aus, den 8 Eckpunkten ihre Koordinatenwerte, die i. a. in Form von Ortsvektoren dargestellt werden, zuzuordnen. Man kann einen Quader somit als eine Liste von 8 Tupeln, jeweils bestehend aus einem Identifikator und einem Vektor, definieren. Um die Komplexität der für den Quader zu definierenden Operationen ein wenig zu verringern, wird vorausgesetzt, daß die in Bild 1 dargestellte Zuordnung von Identifikatoren zu den Eckpunkten eines Quaders fest vorgegeben ist. Weiterhin sei vorausgesetzt, daß das i-te Element der Liste den Eckpunkt v_i spezifiziert. Als Beispiele für Operationen auf einem Quader wollen wir *volume* und *scale* definieren. Mittels *volume* wird das Volumen eines Quaders mit beliebiger Lage im Raum bestimmt. Die Operation *scale*, mit dem Quader und dem Skalierungsvektor als Eingabeparametern, liefert als Ergebnis einen in x-, y- und z-Richtung skalierten Quader [Fole 83].

Da abstrakte Datentypen und ADT-Operationen bei der Definition von Relationen und neuen ADTs wie Basisdatentypen bzw. eingebaute Funktionen verwendbar sind, können wir uns bei der folgenden Definition des ADT *cuboid* des bereits definierten ADT *vector* und der Operationen *scale*, *length* und + bedienen.

```
create ADT cuboid is
   < 8 FIX [ V_ID: string(2),
             VERTEX: vector ] >
with
operation volume(C:cuboid) returns real
   return
         length(C[1].VERTEX,C[2].VERTEX)
      * length(C[1].VERTEX,C[4].VERTEX)
      * length(C[1].VERTEX,C[5].VERTEX)
   end volume;
operation scale(C:cuboid; S:vector) returns cuboid
   return
      select [C[i].V_ID, scale(C[i].VERTEX,S)]
      from i in INDL(C)
   end scale
end cuboid.
```

Man beachte, daß auch die Operation *scale* überladen ist. Zum einen ist *scale* für den ADT *vector* definiert, zum anderen für den ADT *cuboid*. Wie die vorangegangenen Beispiele zeigen, reicht eine geringe Modifikation der Datenbanksprache HDBL zur Integration des ADT-Konzepts aus, da zur strukturellen und operationalen Spezifikation i. w. HDBL-Anweisungen verwendet werden. Insbesondere bei der Definition von ADT-Operationen wirkt sich die Mächtigkeit des NF^2-Datenmodells

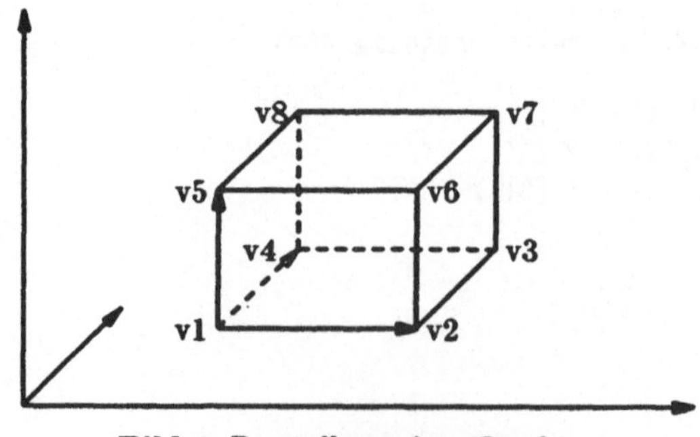

Bild 1: Darstellung eines Quaders

dahingehend aus, daß ohne die Einführung neuer, aus den Programmiersprachen bekannter Sprachkonstrukte recht komplexe Operationen definiert werden können.

3. Implementierung der ADT-Schnittstelle

Nachdem wir nun die Benutzerschnittstelle von R^2D^2 anhand einiger einfacher Beispiele aus der Computergeometrie erläutert haben, wollen wir in diesem Abschnitt die Implementierung des Systems beschreiben. Grundlage der Implementierung ist das am Wissenschaftlichen Zentrum Heidelberg der IBM Deutschland entwickelte Datenbanksystem AIM-P [Dada 86].

Bei AIM-P handelt es sich um eine Implementierung des NF^2-Modells, die nicht auf einem bestehenden relationalen Datenbanksystem aufsetzt. Die grundlegende Architektur [Lum 85] von AIM-P ist in der unteren Hälfte von Bild 2 schematisch dargestellt. Der Buffer Manager und der Segment Manager besitzen in AIM-P die auch in anderen DBS üblichen Aufgaben. Dasselbe gilt für den Catalog Manager mit dem einzigen Unterschied, daß die von ihm verwalteten Systemkataloge selbst wieder geschachtelte Relationen sind. Der Subtupel Manager verwaltet die kleinsten Dateneinheiten der DB, auf die der Zugriff erfolgt — die Daten-Subtupel. Weiterhin erfüllt er Aufgaben der Versionen- und Zugriffskontolle. Aufgabe des Complex Tuple Manager ist die Verwaltung der komplexen Objekte. Er gibt Informationen über den physischen Aufbau der Objekte an die entsprechenden Komponenten weiter und sorgt für die Verwaltung der Objekte auf den verschiedenen Speichermedien. Weiterhin erfüllt er Aufgaben im Bereich der Optimierung durch den Einsatz von Entscheidungsstrategien für eine geeignete Speicherung der Daten-Subtupel. Der Query Processor unterstützt außer der üblichen Verarbeitung der Anfragen (Parsen, Anfrageoptimierung etc.) auch noch Operationen niedrigerer Ebenen, die für das Durchlaufen hierarchisch aufgebauter Objekte notwendig sind. Der Index-Manager letztendlich stellt Funktionen für die Zugriffspfadunterstützung sowie für die Verarbeitung von Text-Feldern zur Verfügung. Die Benutzerschnittstelle von AIM-P,

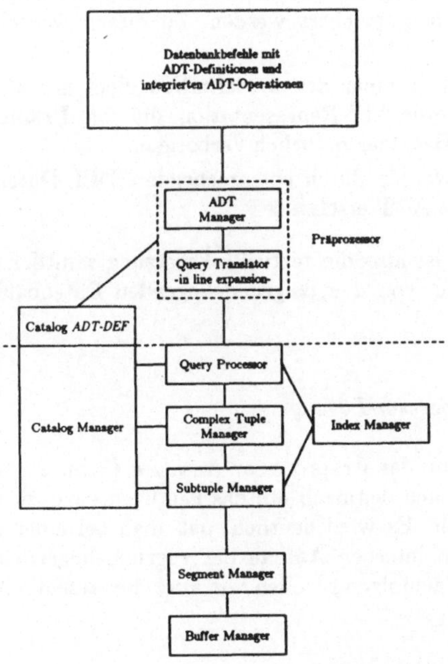

Bild 2: Präprozessor-Architektur von R^2D^2 nach [Schu 86, Lum 85]

in Bild 2 nicht dargestellt, gliedert sich in die Dialogschnittstelle und das Anwendungsprogramminterface (API), das eine Schnittstelle zur Programmiersprache PASCAL bildet.

In der ersten Implementierung von R^2D^2 wurde Wert auf eine möglichst schnelle Bereitstellung des Systems gelegt, so daß die ersten Erprobungen von Anwendungsbeispielen aus dem Bereich der Robotersimulation durchgeführt werden konnten. Dabei mußte also ein weitestgehend vollständiges Funktionsspektrum angeboten werden, wobei aber zunächst bei der Typüberprüfung und Fehlerbehandlung Abstriche in Kauf genommen werden konnten, da das System vorerst nur intern benutzt wird. Im folgenden wird die auf einem Präprozessor basierende Implementierung vorgestellt.

3.1 Präprozessor-Ansatz

Der R^2D^2-Benutzer kann im Zusammenhang mit abstrakten Datentypen folgende Operationen durchführen:

1. Definition eines neuen ADT
2. Benutzung eines vorher definierten ADT als Typ eines Attributs bei der Definition eines NF^2-Objekts
3. Verwendung einer einem ADT zugeordneten Operation in einem Datenmanipulationsbefehl.

Die Grundidee der Präprozessorimplementierung ist, daß sämtliche ADT-Konstrukte in HDBL-Befehle vorübersetzt werden, die dann vom AIM-P-System bearbeitet werden können. Dies bedeutet, daß jedem ADT eine interne NF^2-Repräsentation zugeordnet wird. Wird dieser ADT sodann als Attributtyp verwendet, wird diesem Attribut die interne Repräsentation des ADT zugeordnet. Dies ist natürlich nur deshalb möglich weil AIM-P komplexe (nicht-atomare) Attribute zuläßt, d.h. geschachtelte Relationen und Listen. In einem konventionellen (flachen) relationalen System wäre diese Vorgehensweise demnach nicht möglich.

Zusammenfassend kann man die oben aufgeführten ADT-Operationen also wie folgt bearbeiten:

1. Einem neu definierten ADT wird eine interne Repräsentation zugeordnet, die entsprechend im System verwaltet werden muß. Zusätzlich zur internen Repräsentation müssen die dem ADT zugeordneten Operationen gespeichert werden. Zu diesem Zweck wird der AIM-P Catalog Manager erweitert.
2. Der ADT als Attributtyp in einer Schemadefinition dient nur als sogen. Platzhalter für die dem ADT zugehörige interne NF^2-Repräsentation, die vom Präprozessor eingesetzt wird. Diese Ersetzung bleibt dem Benutzer natürlich verborgen.
3. Operationen auf ADTs werden durch entsprechende HDBL-Datenmanipulationen auf der internen Repräsentation des ADT ersetzt.

Aufgabe des Präprozessors ist also die textuelle Ersetzung sämtlicher ADT-Konstrukte in NF^2-Sprachkonstrukte, welche dann von dem zugrundeliegenden Datenbanksystem AIM-P verarbeitet werden können.

3.1.1 Architektur der Präprozessor-Lösung

In Bild 2 wird die Architektur des Präprozessor-Ansatzes [Schu 86] schematisch dargestellt. Bei dieser Architektur handelt es sich demnach um das Einfügen einer zusätzlichen Systemschicht, die die ADT-Konstrukte behandelt. Es wird deutlich, daß man bei einer derartigen Implementierung nur minimale Änderungen am internen Aufbau des zugrundeliegenden Datenbanksystems AIM-P [Lum 85] durchführen muß. Nachfolgend wollen wir kurz die wesentlichen Bestandteile des Präprozessors beschreiben.

3.1.2 Verwaltung der ADTs

Sobald ein ADT vom Benutzer oder Systemadministrator neu definiert wird, muß er im System abgespeichert werden, damit man auf diese Typinformation nachfolgend wieder zugreifen kann. Außer den Typ- und Operationsdefinitionen muß man auch die Zugriffsrechte verwalten, da den Benutzern nicht global alle jemals definierten ADTs und Operationen hierauf zur Verfügung gestellt werden sollten. Zur Verwaltung dieser Information bot es sich an, den schon existierenden AIM-P Catalog Manager zu erweitern, d. h. es wurde ein zusätzlicher Katalog für die Verwaltung der ADT Konstrukte angelegt. Der Katalog ADT-DEF, der selbst eine NF^2-Relation ist, dient zur Speicherung der Typ-, Operations- und Zugriffsinformation. Er ist wie folgt definiert:

```
create ADT-DEF {[
                IDENTIFIER : string(16),
                OWNER : string(16),
                REPRESENTATION : text(1024),
                OPERATIONS : {[
                                OP_NAME : string(16),
                                ARGUMENTS : < string(32) >,
                                RESULT : string(16),
                                STATEMENT : text(2048),
                                DESCR : text(1024)
                             ]},
                DESCR : text(1024),
                IMPORT : < string(16) >,
                EXPORT : integer02,
                CONTROL : {[
                            USER : string(16),
                            USE : bool,
                            ACCESS : bool,
                            MODIFY : bool
                           ]}
        ]} end
```

Für jeden definierten ADT wird in ADT-DEF ein Tupel angelegt. Die Attribute IDENTIFIER, OWNER und REPRESENTATION dienen der Speicherung von ADT-Name, Benutzername und interner Repräsentation eines ADT. OPERATIONS enthält für jede spezifizierte Operation den Namen, die Argument- und Ergebnistypen sowie die definierende HDBL-Anweisung. In den Attributen DESCR können textuelle Beschreibungen der Funktionen der ADT-Operation bzw. des ADT abgelegt werden. IMPORT und EXPORT enthalten Informationen über die Verwendung von bzw. in anderen ADT-Definitionen und CONTROL beschreibt Zugriffsrechte auf den ADTs, worauf wir hier nicht näher eingehen möchten.

Operationen, wie z. B. die Multiplikation eines Vektors mit einer Matrix, können sich auf mehrere abstrakte Datentypen beziehen. Zu welchem Datentyp die Operation im Katalog abgespeichert wird, richtet sich danach, welchem ADT die Operation vom Benutzer bei der Definition zugeordnet wurde. Eine mögliche Ausprägung des Katalogs ADT-DEF für die abstrakten Datentypen *matrix* und *vector* ist in der Tabelle 1 aufgeführt.

3.1.3 Ersetzung der ADT-Konstrukte

Da in der Definition von ADTs keinerlei rekursive Typ- oder Operationsdefinitionen zugelassen werden, lassen sich die ADT-Konstrukte durch einfache textuelle Expandierungen, d.h. *inline expansion*, vgl. [Ada 83], ersetzen. Hierbei müssen sowohl die Datendefinitionskonstrukte, die

Identifier	Owner	Representation	{ Operations }					Descr	Import	Export	Ctrl
			Op_Name	<Arguments>	Results	Stmt	Descr				
vector	...	<: 4 real >	$*_v$	< vector, vector >	real	⋮	....	....	....	....	....
			$+_v$	< vector, vector >	vector	⋮	....	....	....	....	....
			$*_s$	< vector, integer >	vector	⋮					
matrix	...	<: 4 vector >	$+_m$	< matrix, matrix >	matrix	⋮	....	....	....	....	....

Tabelle 1: Ausprägung des Systemkatalogs ADT-DEF

Attribute eines benutzerdefinierten abstrakten Datentyps enthalten, als auch Datenbankanfragen, die ADT-Operationen enthalten, ersetzt werden. Nach erfolgter Ersetzung erhält man HDBL-Programme, die dann vom Query Processor des AIM-P-Systems weiterverarbeitet werden können. Zur Illustration wollen wir ein Beispiel durchführen, das auf folgender ADT-Definition basiert, die teilweise schon in Kapitel 2 verwendet wurde:

```
create ADT vector is
    < 3 FIX real >
end vector.


create ADT cuboid is
    < 8 FIX [V_ID : string(2)                   ## v_1, v_2,..., v_8 ##
             VERTEX: vector] >
with
operation in_origin(C:cuboid) returns bool
  return
       exists (V in C): V.VERTEX = < 0,0,0 >
  end in_origin
end cuboid .
```

Man könnte jetzt diesen ADT in einer Datendefinition wie folgt benutzen:

```
create Quader_Menge                       ## eine Menge (Relation) von Quadern ##
    { [ ID : string(16),
        REPRESENTATION : cuboid ] }
end
```

Dieser DDL-Befehl wird vom Präprozessor durch Expandierung in einen gültigen HDBL-Befehl umgeformt, der folgendermaßen aussieht:

```
create Quader_Menge
   { [ID : string(16),
      REPRESENTATION :        Ersetzung von "cuboid"
```

`< 8 FIX [ V_ID : string(2),` `          VERTEX :  `*Ersetzung von "vector"* `                < 3 real >] >` *vector*	*cuboid*

```
   ] }
end
```

Man könnte jetzt folgende Beispielanfrage formulieren, die alle jene Quader liefert, die einen Eckpunkt im Ursprung des Koordinatensystems besitzen.

```
select  Q.ID
from    Q in Quader_Menge
where   in_origin(Q.REPRESENTATION)
```

Diese Anfrage enthält in der Selektionsbedingung eine Operation, die zu dem ADT *cuboid* gehört. Sie würde — nach Typüberprüfung der ADT-Konstrukte durch den ADT Manager — vom Query Translator in folgende Anfrage umgeformt, die nur noch NF^2-Konstrukte aufweist und somit vom AIM-P Query Processor bearbeitet werden kann. In der Typüberprüfung muß insbesondere geprüft werden, ob die aktuellen Parameter der ADT-Operationen mit den formalen Parametern der Operationsdefinition, wie im Katalog ADT-DEF gespeichert, übereinstimmen. In unserem Beispiel ist dies gewährleistet, da Q.REPRESENTATION ein Attribut vom Typ *cuboid* ist.

```
select  Q.ID
from    Q in Quader_Menge
where                       Ersetzung von "in_origin"
    exists  (V in Q.REPRESENTATION): V.VERTEX  = < 0,0,0 > ;
```

Natürlich kann eine derartige Ersetzung der ADT-Konstrukte über sehr viele Stufen hinweg gehen, je nach Schachtelungstiefe der zugrundeliegenden NF^2-Objekte, wie es in der Anfrage unten der Fall wäre.

```
select volume(Q.REPRESENTATION)
from Q in Quader_Menge
where Q.ID = "red_block"
```

In der ersten Stufe der *"inline expansion"* würde dieser Ausdruck in folgenden Ausdruck umgeformt:

select *volume*

```
(length(Q.REPRESENTATION[1].VERTEX,Q.REPRESENTATION[2].VERTEX) *
 length(Q.REPRESENTATION[1].VERTEX,Q.REPRESENTATION[4].VERTEX) *
 length(Q.REPRESENTATION[1].VERTEX,Q.REPRESENTATION[5].VERTEX))
```

from Q **in** Quader_Menge
where Q.ID = "red_block"

In einem weiteren Schritt wird dann die benutzerdefinierte Operation *length* ersetzt.

select *volume*

length
```
(sqrt(sq(Q.REPRESENTATION[2].VERTEX[1] - Q.REPRESENTATION[1].VERTEX[1]) +
      sq(Q.REPRESENTATION[2].VERTEX[2] - Q.REPRESENTATION[1].VERTEX[2]) +
      sq(Q.REPRESENTATION[2].VERTEX[3] - Q.REPRESENTATION[1].VERTEX[3]))
```
*   *

length
```
 sqrt(sq(Q.REPRESENTATION[4].VERTEX[1] - Q.REPRESENTATION[1].VERTEX[1]) +
      sq(Q.REPRESENTATION[4].VERTEX[2] - Q.REPRESENTATION[1].VERTEX[2]) +
      sq(Q.REPRESENTATION[4].VERTEX[3] - Q.REPRESENTATION[1].VERTEX[3]))
```
*   *

length
```
 sqrt(sq(Q.REPRESENTATION[5].VERTEX[1] - Q.REPRESENTATION[1].VERTEX[1]) +
      sq(Q.REPRESENTATION[5].VERTEX[2] - Q.REPRESENTATION[1].VERTEX[2]) +
      sq(Q.REPRESENTATION[5].VERTEX[3] - Q.REPRESENTATION[1].VERTEX[3])))
```

from Q **in** Quader_Menge
where Q.ID = "red_block"

Jetzt sind wir bei einer Anfrage angelangt, die in dieser Form in gültiger HDBL-Syntax ist und demnach vom AIM-P Query Processor verarbeitet werden kann. An den beiden hier beschriebenen Beispielen erkennt man auch sehr deutlich, welchen Vorteil die Integration von benutzerdefinierten Operationen in die Anfragesprache erzielt.

4. Erfahrungen und zukünftige Erweiterungen

4.1 Implementierungsstatus

In diesem Aufsatz wurde gezeigt, wie die Integration abstrakter Datentypen in die Benutzerschnittstelle des DBVS R^2D^2 realisiert werden kann. In der ersten Prototypimplementierung wurden folgende Konzepte noch nicht vollständig integriert:

- Typüberprüfung zur Compilezeit
- Overloading von Operatoren
- Kontrolle des Geheimnisprinzips
- Infixoperatoren

Die Typüberprüfung von Argumenten der benutzerdefinierten Operationen zur Compilezeit setzt voraus, daß man auf die Typen der Attribute, auf die sich die Operation bezieht, zugreifen kann.

Aber durch die textuelle Ersetzung bei der Definition der Relation Quader_Menge wird z. B. der Ausdruck *...REPRESENTATION: cuboid ...* durch die interne Darstellung des ADT *cuboid* ersetzt. Deshalb ist bei einem späteren Zugriff auf *REPRESENTATION* durch z. B. die Operation *...in_origin(Q.REPRESENTATION)...* nicht mehr feststellbar, ob *Q.REPRESENTATION* tatsächlich vom Typ *cuboid* ist. Dies ist nur dann möglich, wenn man im Systemkatalog, der die NF^2-Relationen verwaltet, diese Attribute, die vom Typ eines ADT sind, entsprechend kennzeichnet. Dies setzt jedoch Eingriffe in den AIM-P Systemkatalog voraus, der die Struktur der vom Benutzer definierten NF^2-Objekte verwaltet. Wie dies geschehen könnte ist in [Schu 86] näher ausgeführt.

In der jetzigen Implementierung kann ein Typkonflikt erst bei der Überprüfung des expandierten HDBL-Ausdrucks erkannt werden. Dies führt auch dazu, daß die Fehlermeldungen in diesem Fall für den Datenbankbenutzer entsprechend kryptisch sind, da sie vom AIM-P-Query-System erzeugt werden und diesem die an der Benutzerschnittstelle erzeugten ADTs gänzlich unbekannt sind. Insbesondere kann man auch das Overloading-Konzept im allgemeinen erst realisieren, wenn schon zum Zeitpunkt der Übersetzung die Typen aller Argumente bekannt sind. Das gleiche gilt für die Einhaltung des Geheimnisprinzips. Dies setzt voraus, daß man erkennen kann, ob ein Benutzer ein ADT-Attribut unter Umgehung der vereinbarten Operationen auf dem entsprechenden ADT verändern will.

Wie oben schon ausgeführt, handelt es sich bei unserer Implementierung um das Vorschalten einer zusätzlichen Systemschicht vor das DBMS. Bei dieser Implementierungsmethode muß selbstverständlich die Einfachheit der Implementierung durch eine manchmal eher ineffiziente Behandlung der abstrakten Datentypen erkauft werden. Dies rührt daher, daß dem Datenbanksystem die interne Struktur der an der Benutzerschnittstelle definierten komplexen Objekte nicht bekannt ist und deshalb auch der Zugriff auf Objekte als logische Einheiten nicht entsprechend unterstützt werden kann. Dies wird allerdings von AIM-P dahingehend unterstützt, daß NF^2-Objekte auf die die ADTs abgebildet werden, physisch benachbart gespeichert werden.

Unsere Erfahrungen mit CAD/CAM-Anwendungen haben gezeigt [Kemp 86a], daß es in technischen Anwendungen einige wenige (Standard-) Datentypen gibt, die sehr oft vorkommen. Hierzu zählen insbesondere

- Vektoren der Länge 3 und 4
- Matrizen der Dimension 3x3 und 4x4

sowie die üblichen Operationen, wie Addition und Multiplikation, auf diesen Datentypen.

Aus diesem Grund sollte man diese Datentypen als elementare Datentypen in das Datenbanksystems integrieren, um somit eine Effizienzsteigerung zu erzielen. Die Behandlung dieser Datentypen als elementare Datentypen würde es nämlich erlauben, den komponentenweisen Zugriff auf diese Datenobjekte schon auf der Ebene der internen Satzschnittstelle fest ("hard-wired") in das Datenbanksystem zu integrieren. Bei der jetzigen Implementierung wird der Zugriff auf einzelne Komponenten einer Matrix noch über das doch recht komplizierte Speicherverwaltungssytem von AIM-P abgewickelt. Das bedeutet, daß jede Kompenente einer Matrix unter Umständen als eigenes komplexes Subobjekt behandelt wird. Dies ist jedoch bei den in technischen Anwendungen vorkommenden Matrizen, die alle die gleiche Größe haben, ein Ansatz, der unnötig Ineffizienz verursacht.

4.2 Zugriffspfadunterstützung

Eine weitere geplante Erweiterung der derzeitigen Implementierung von R^2D^2 betrifft die Zugriffspfadunterstützung. Neue Methoden der Datenmanipulation sowie neue Anwendungsgebiete für Datenbanksysteme stellen neue Anforderungen an die Zugriffspfadunterstützung, die mit den herkömmlichen Methoden für relationale Datenbanksysteme nicht zufriedenstellend lösbar sind [Maie 86, Schw 86, Ston 86]. So führt die Definition neuer Operationen nicht nur zu einer Steigerung der Ausdrucksfähigkeit des Systems, sondern sie verlangt gleichzeitig nach neuen Mechanismen für die

Zugriffspfadunterstützung, um Anfragen, in denen die Operationen verwendet werden, hinreichend unterstützen zu können.

Hierzu wollen wir ein kurzes Beispiel betrachten, wobei wir auf die bereits definierte Relation Quader_Menge und die Operation *volume* zurückgreifen. Die Operation *volume* könnte in einer Anfrage wie folgt verwendet werden:

```
select C.ID
from C in Quader_Menge
where volume(C.REPRESENTATION) = 20
```

Um eine derartige Anfrage unterstützen zu können, haben wir in R^2D^2 ein Konstrukt entworfen, das es erlaubt, Indexe über dem Bildbereich benutzerdefinierter Operationen zu definieren. In unserem Beispiel könnte ein Index durch

```
create index Cuboid_Volume
on Quader_Menge
using volume(Quader_Menge.REPRESENTATION)
```

definiert werden. Dieser Zugriffspfad muß nun immer dann aktualisiert werden, wenn die Relation Quader_Menge verändert wird.

Bei der Kontrolle über notwendige Aktualisierungen eines Indexes spielt das Geheimnisprinzip eine wesentliche Rolle. Erlaubt man in unserem Beispiel dem Benutzer den Zugriff auf das ADT-Attribut REPRESENTATION nur über vordefinierte ADT-Operationen, so kann die Kontrolle darüber, wann ein Index aktualisiert werden muß, vom System wesentlich effizienter übernommen werden. So ändert z. B. eine Operation *rotate* das Volumen eines Quaders nicht, eine Operation *scale* verlangt jedoch eine anschließende Modifikation des Indexes.

5. Literaturverzeichnis

Ada 83   United States of America, Department of Defense, *Ada - Reference Manual*, 1983

Ande 86   Andersen, F., Linnemann, V., Pistor, P., Südkamp, N., *User Manual for the Online Interface of the Heidelberg Data Base Language (HDBL) Prototype Implementation, Release 1.1*, IBM Germany, Heidelberg Scientific Center, TN 86.01, November 1987

Atwo 85   Atwood, T.M., *An Object-Oriented DBMS for Design Support Applications*, Proc. IEEE COMPINT 1985, 299-307

Bato 84   Batory, E., Buchmann, A., *Molecular Objects, Abstract Datatypes and Data Models: A Framework*, Proc. VLDB Conf., Singapur, 1984

Dada 86   Dadam, P. et. al., *A DBMS Prototype to Support Extended NF^2 Relations: An Integrated View on Flat Tables and Hierarchies*, Proceedings ACM SIGMOD Conf., Washington DC, Mai 1986, 356-387

Ditt 85   Dittrich, K.R., Kotz, A.M., Mülle, J.A., Lockemann, P.C., *Datenbankunterstützung für den ingenierwissenchaftlichen Entwurf - Eine Übersicht über den Stand der Entwicklung*, Informatik-Spektrum 8 (1985), 113-125

Fole 83   Foley, J.D., van Dam, A., *Fundamentals of Interactive Computer Graphics*, Addison Wesley, 1983

Härd 85   Härder, T. Reuter, A., *Architektur von Datenbanksystemen für Non-Standard-Anwendungen*, Informatik-Fachberichte, Springer Verlag, Vol. 94 (1985), 253-308

Hask 82   Haskin, R.L., Lorie, R., *On Extending the Functions of a Relational Database System*, Proc. ACM SIGMOD Conf. 1982, 207-212

Held 75   Held, G. et. al., *INGRES: A Relational Data Base System*, Proc. National Computer Conference 1975, Anaheim, Ca., Juni 1975

Kemp 86a   Kemper, A., Wessel, M., *An Analysis of Geometric Modelling in Database Management Systems*, Interner Bericht Nr. 5/86, Universität Karlsruhe, Fakultät für Informatik, März 1986

Kemp 86b   Kemper, A., Wallrath, M., Lockemann, P.C., *Ein Datenbanksystem für Robotikanwendungen*, Robotersysteme 2, 177-187(1986), Springer Verlag, 1986

Lock 85   Lockemann, P.C. et. al., *Anforderungen technischer Anwendungen an Datenbanksysteme*, Informatik-Fachberichte, Springer Verlag, Vol. 94 (1985), 1-26

Lori 82   Lorie, R. *Issues in Databases for Design Applications*, in: File Structures and Databases for CAD, J. Encarnacao, F.L. Krause (ed.), North Holland, 1982

Lori 85   Lorie, R., Kim, W., McNabb, D., Plouffe, W. Meier, A., *Supporting Complex Objects in a Relational System for Engineering Databases*, in: Kim, W., Reiner, D. Batory, D. (Hrsg): Query Processing in Database Systems, Springer Verlag, Berlin, 1985, 145-155

Lüke 85   Lüke, B., Bever, M., *Ein prozedurorientiertes Datenmodell für CAD/CAM Anwendungen und seine Realisierung mittels konventioneller Datenbanksoftware und Ada*, Informatik-Fachberichte, Springer Verlag, Vol. 94 (1985), 127-146

Lum 85   Lum, V. et. al., *Design of an Integrated DBMS to Support Advanced Applications*, Informatik-Fachberichte, Springer Verlag, Vol. 94 (1985), 362-381

Maie 85   Maier, D., Otis, A., Purdy, A., *Object-Oriented Database Development at Servio Logic*, IEEE Database Engineering 8 (1985), No. 4, 58-65

Maie 86   Maier, D., Stein, J., *Indexing in an Object-Oriented DBMS*, Proc. Intl. Workshop on Object-Oriented Database Systems, Pacific Grove, Ca., September 1986, 85-92

Pist 85   Pistor, P. Traunmüller, R., *A Data Base Language for Sets, Lists, and Tables*, IBM Germany, Heidelberg Scientific Center, Technical Report 85.10.004, Oktober 1985

Pist 86   Pistor, P., Andersen, F., *Principles of Designing a Generalized NF^2 Data Model with an SQL-type Language Interface*, Proc. VLDB Conf., Kyoto, Japan, August 1986, 278-285

Sche 83   Schek, H.-J., Scholl, M., *Die NF^2-Relationenalgebra zur einheitlichen Manipulation externer, konzeptueller und interner Datenstrukturen*, in Informatik Fachberichte, Vol. 72 (1983),113-133

Schu 86   Schuck, O., *Integration abstrakter Datentypen in AIM*, Diplomarbeit, Universität Karlsruhe, Fakultät für Informatik 1986

Schw 86   Schwarz, P., Chang, J.C., Freytag, C., Lohman, G., McPherson, J., Mohan, C., Pirahesh, H., *Extensibility in the Starbust Database System*, Proc. Intl. Workshop on Object-Oriented Database Systems, Pacific Grove, Ca., September 1986, 85-92

SQL 81   *SQL/Data System, Concepts and Facilities*, IBM Corporation, GH 24-5013, Januar 1981

Ston 83a   Stonebraker, M., Rubenstein, B., Guttman, A., *Application of Abstract Data Types and Abstract Indices to CAD Databases*, in: Proceedings of Database Week, San Jose, Mai 1983

Ston 83b   Stonebraker, M., Anderson, E., Hanson, E., Rubenstein, B., *QUEL as a Datatype*, Memorandum No. UCB/ERL M83/73, Univ. of Calif., Berkeley, Ca. Dezember 1983

Ston 86   Stonebraker, M., Rowe, L.A., *The Design of Postgres*, Proc. ACM-SIGMOD Conference on Management of Data, Washington, D.C., Mai 1986, 340-355

Zdon 85   Zdonik, S.B., *Object Management Systems for Design Environments*, IEEE Database Engineering 8 (1985), No. 4, 23-30

Dynamische nicht-normalisierte Relationen

Wolfgang Benn

SCS Organisationsberatung und Informationstechnik GmbH

Fachbereich Wissensbasierte Systeme und Verteilte Systeme

Oehleckerring 40, D-2000 Hamburg 62

Kurzfassung

Objektzentrierte Wissensrepräsentationsmethoden, wie *Semantische Netze*, *frames* oder *Relationengebilde* re präsentieren taxonomosche Strukturen, die in der künstlichen Intelligenz vielfach als Grundlage für Interpreta tionsprozesse der realen Welt Verwendung finden. In diesem Beitrag wird ein dynamisches NF^2-Datenmodell das NF^2D-Modell - vorgestellt, mit dem solche Taxonomien als Datenbankstrukturen wiedergegeben werden kön nen. Verallgemeinernde und instantiierende Techniken, wie Generalisierung und Aggregation sind Bestandtei dieses Modells.

Beispiele für die Verwendung des Modells und die daraus resultierende Förderung einer objektbezogenen, pro blemorientierten Sicht zur Darstellung versionenartiger Daten werden aus den Bereichen der Repräsentatior und Organisation symbolischer Bildbeschreibungen und zur Modellierung von Schemaversionen in Datenbanker mit Historienführung gezeigt. Weiterhin werden Ausblicke auf künftige Verwendungsmöglichkeiten gegeben etwa als Schnittstelle zwischen wissensbasierten Systemen und Datenbanken.

Abstract

Object centered knowledge representation methods like *frames, semantic nets* or *relational structures* are used tc build up taxonomies as a basis for various interpretation tasks in artificial intelligence. This paper introduces ar extended non-normalized data model - the NF^2D-model - which allows the representation of such taxonomies as data base structures. Generalization and aggregation are usefully integrated into this extended mathematical relational model.

Symbolic picture object description and modelling of version data in historical data bases will be used as an exam ple to show the necessety of this model and its support of a problem oriented view of data. Furthermore some other applications are mentioned, which would benefit from the NF^2D-model.

Einleitung

Die Wissensrepräsentation im Bereich der Künstlichen Intelligenz stellt taxonomische - ordnende - Strukturen zur Verfügung, mit denen Sinnzusammenhänge allgemeiner Art dargestellt werden können. Derartige Verfah ren sind zumeist an der assoziativen Interpretationsfähigkeit des Menschen orientiert. Typische Vertreter hierfür sind *Semantische Netze* oder *frames*. Eine exakte mathematische Beschreibungsform stellen dagegen *Relationen gebilde* oder *Relative* dar [**Radig 82**], bei der auf gleicher mathematischer Grundlage mit dem relationalen Daten modell von Codd einfache oder primitive Bildsymbole als Tupel von Relationen dargestellt werden. Relationenge bilde können also als formales Bildeglied zwischen Repräsentationsmethoden der KI und Datenbanken angese hen werden.

Wesentliche Beschreibungsmittel der genannten Methoden sind verallgemeinernde und spezialisierende *ist-ein* und *teil-von* Beziehungen. Gleichfalls lassen sich lokale und temporäre Bezüge zwischen Objekten beschreiben. Generalisierung und Aggregation, wie sie auch im Datenbankbereich bekannt sind, werden ebenso - wenn auch veniger formalisiert - in der Künstlichen Intelligenz eingesetzt. Methoden, die hieraus Taxonomien für unterschiedliche Problemsichten generieren, finden sich zum Beispiel in [**Attardi + 86, Benoit + 86, Sielaff 86**].

Versucht man beispielsweise in der Bildverarbeitung Bilder und Bildobjekte der realen Welt symbolisch zu beschreiben, um Bilder zu interpretieren, ist es notwendig, die erheblichen hierbei auftretenden Datenmengen systematisch verwalten zu lassen. Bezugsinstantiierungen und Generalisierungsvorgänge erzeugen umfangreiche Datenstrukturen, die den *complex objects* im CAD-Bereich [**Lorie 81**] ähnlich sind.

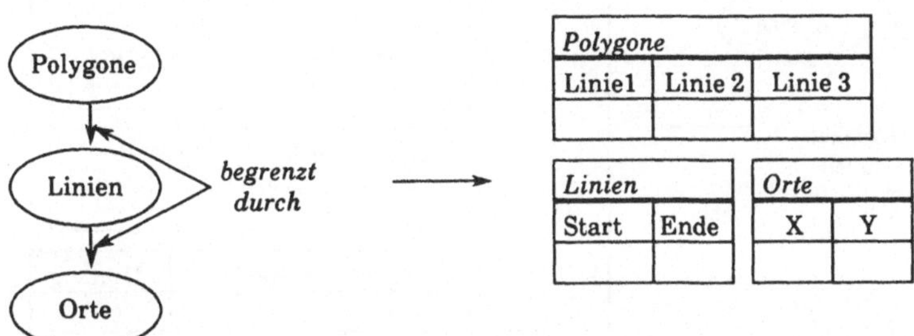

Abbildung 1 : Umsetzung eines semantischen Netzes in drei 1NF-Relationen

Eine analoge Strukturrepräsentation liegt daher nahe. Bei genauerer Betrachtung stellt sich das eins-normalisierte Datenmodell, welches auch den complex objects unterliegt, allerdings als weniger geeignet heraus:

Selbst einfache Netzformen lassen sich nicht in gültige Modellschemata umsetzen (vgl. Abbildung 1: weder alle drei Relationen gemeinsam noch jede einzeln repräsentiert ohne Zusatzinformation das einfache semantische Netz). Wird ein solches Modell dennoch verwendet, muß eine große Anzahl von Sekundärdaten zum Erhalt der abzubildenden Semantik - hier der *begrenzt-durch*-Beziehung - erzeugt werden. Die Problemferne dieser Daten belastet jedoch einerseits das Problemverständnis der KI-Applikation und andererseits die Datenbankperformanz.

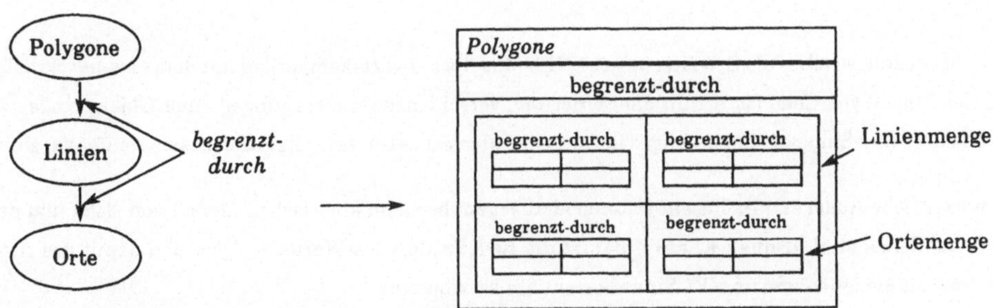

Abbildung 2 : Umsetzung eines semantischen Netzes in eine NF²-Relation

Demgegenüber haben sich nicht-normalisierte Relationen, NF²-Relationen [**Schek + Pistor 82**] als vorteilhaft erwiesen, beispielsweise in Relationengebilde überführte semantische Netze in eine datenbankverträgliche Form zu bringen. Nestung und Entnestung gestatten ohne Erzeugung von Sekundärdaten die Zusammenfassung als

Tupel oder Tupelmengen dargestellter Netzknoten in übergeordneten Objekttupeln [**Benn + Radig 84a**]. Di(

Gruppierung richtet sich dabei nach dem Abstraktionsgrad einer Applikation, woraus sich Datenbankelement(

ergeben, die mit Teilnetze zu identifizieren sind und deren interne Struktur eine Analogie zu der verwendetei

Taxonomie darstellt (vgl. Abbildung 2: Netzkanten = Attribut, Netzknoten = Mengenwerte).

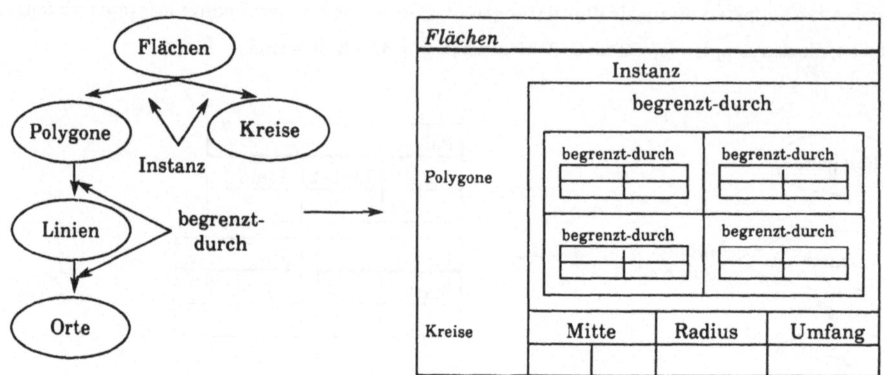

Abbildung 3 : Umsetzung eines baumartig verzweigten Netzes in eine NF²D-Relation

Schwierigkeiten treten allerdings auf, wenn versionenartige Netzverzweigungen in Datenbanken - und damit ir

Datenmodellen - repräsentiert werden müssen. Problembezogenes Arbeiten mit Objekten erfordert stets, für ver-

schieden ausgeprägte Objekte deren logische Zusammengehörigkeit auszudrücken. Versucht man diese Bezie-

hungen relational zu modellieren, wird die Zusammenfassung unterschiedlich strukturierter Beschreibungsein-

heiten notwendig, die sie sich in den Netz- oder Baumzweigen wiederfinden lassen. Dies bedeutet eine Vereini-

gung von Tupeln mit differierender Attributanzahl und -struktur in Relationen. Das NF²D-Modell [**Benn 85a,**

Benn 85b] bietet eine solche Möglichkeit durch die Generierung und Bearbeitung von Attributvarianzen.

Das NF²D-Datenmodell

Das NF²D-Modell, welches als Erweiterung des NF²-Modells aufwärtskompatibel mit dem eins-normalisierten re-

lationalen Modell von Codd ist, erfüllt die Forderung, verschiedene Ausprägungen eines Objektes oder verschie-

dene Objekte eines Sinnzusammenhanges in der ordnenden Struktur einer Relation zusammenfassen zu können.

Eine wesentliche Änderung in diesem Datenmodell gegenüber dem klassischen Modell von Codd und dem NF²-

Modell von Schek et al. [**Schek + Scholl 84**] ist die Redefinition des Wertebereichs- und damit des Attributbe-

griffs. Im tradidionellen und im NF²-Sinne besteht ein Attribut aus

$$Attribut = (Attributname, Wertebereich).$$

Dem Wertebereich ist hier genau eine Wertemenge zugeordnet - auch wenn diese unterstrukturierte Werte ent-

hält. Im NF²D-Modell stellt ein so bezeichneter Wertebereich lediglich eine legale Ausprägung des Attributes dar

und wird als sogenannte Attributvarianz V aufgefaßt. Zum Wertebereich eines Attributes können somit mehrere

Varianzen gehören. Das führt zu der Schreibweise:

$$Wertebereich = \bigcup_{i=1}^{n} V_i$$

Um die Eindeutigkeit und die Erreichbarkeit von Attributausprägungen zu gewährleisten wird eine nicht kontinuierliche Zuordnungsfunktion δ mit der Bezeichnung *Diskriminator* eingeführt und jedem Attribut eine Menge D von Anzeigewerten d_i, genannt *Diskriminantenmenge*, zugeordnet. δ ordnet jeder Diskriminante aus D jeweils genau eine Attributvarianz zu - womit der Definitionsbereich von δ aus Paaren der Art

$$(Diskriminante, Attributvarianz) \Rightarrow \delta(d_i) = V_i \quad mit \ d_i \in D \ und \ V_i \in Wertebereich$$

besteht. Ein dynamisches Attribut kann nun durch ein Tripel aus Attributbezeichner, Diskriminantenmenge und Diskriminator geschrieben werden (wobei im eindeutigen Falle der hochgestellte Attributname bei Diskriminantenmenge und Diskriminator fehlen kann):

$$Attribut = \left(Attributname, D^{Attributname}, \delta^{Attributname} \right)$$

Betrachtet man dynamische Attribute mit einelementiger Diskriminantenmenge D, ist leicht zu erkennen, daß diese den statischen Attributen des NF²-Modells und bei ausschließlich atomaren Werten der Basismenge denen des Modells von Codd entsprechen:

$$card(D) = 1 \wedge d \in D \wedge \delta(d) = Wertebereich \Rightarrow (Attributname, D, \delta) \equiv (Attributname, Wertebereich).$$

Eine Visualisierung der verschiedenen Modellschemata - wie sie im folgenden verwendet wird - gibt die Abbildung 4. Dabei bezeichnen: **S** Relationenschemata, **A** Attribute und **D** bzw. $\{d_1, ...,d_n\}$ Diskriminantenmengen.

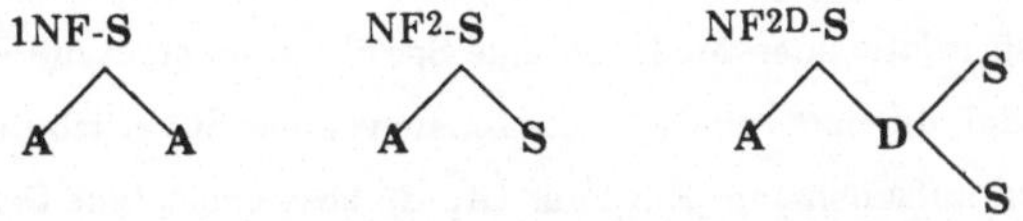

Abbildung 4: Relationenschemata verschiedener relationaler Datenmodelle

Auch die Operationen der relationalen NF²-Algebra erfahren Änderungen, Zusätze und Erweiterungen zur Verwendung im NF²D-Modell. Generell stellen sich bei der Anwendung der Algebrafunktionen die Probleme der Teilmengenbildung aus Diskriminanten und der Varianzkompatibilität, sofern an einer Operation mehrere dynamische Relationen beteiligt sind. Hierzu wird neben einer noch vorzustellender Notation eine Funktion eingeführt, die es ermöglicht, Attributvarianzen zu erzeugen, d.h. die Wertemenge des Diskriminators um Wertepaare zu erweitern. Diese Funktion wird **Varianzexpansion** genannt und mit dem griechischen Buchstaben ι bezeichnet. Es gilt im NF²D-Modell also eine achtstellige relationale Algebra:

$$+, -, \sigma, \pi, \boxtimes, \nu, \mu, \iota.$$

Betrachten wir **Vereinigung und Differenz** etwas genauer, zeigt sich, daß gewisse Unterscheidungen notwendig werden, die in den Diskriminantenmengen begründet sind. Vereinigt man zwei Relationen, so genügen beide der Vereinigungsverträglichkeit. Diese sagt jedoch nichts aus über Diskriminatoren oder die Kardinalität von

Diskriminantenmengen. Soll nun die Vereinigungsverträglichkeit in ihrem Kompatibilitätsanspruch bestehen bleiben, ist zu fordern, daß die Relation, welche mit einer Zielrelation vereinigt werden soll,

- in kritischen, dynamischen Attributen eine kleinere Diskriminantenmenge besitzt als die Zielrelation (oder eine gleichgroße) und

- daß die Diskriminatoren im Bereich der Diskriminantenschnittmenge identisch sind.

Anderenfalls müßten implizite, der eigentlichen Operation vorgeschaltete Expansionsoperationen die Diskriminantenmengen der Attribute angleichen und für eine zumindest partielle Identität der Diskriminatoren sorgen. In einer Vereinigungsspezifikation $R + S$ könnte beispielsweise nicht abgelesen werden, ob eine implizite Operation ausgeführt werden muß und wie diese durchgeführt werden würde. Daher sollen aus Gründen der Transparenz und Datensicherheit an dieser Stelle keine impliziten Operationen eingeführt werden.

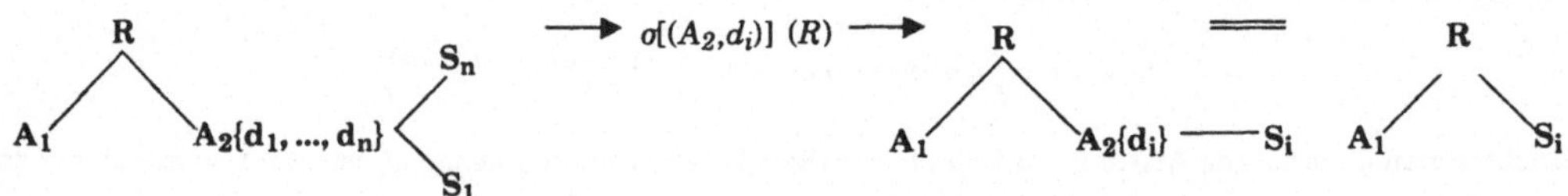

Abbildung 5: Selektion als Schemaübergang NF²D - NF²

Selektion und Projektion als horizontale und vertikale Auswahl von Tupeln mit bestimmten Attributwerten erfahren eine formale Änderung in der Funktionsspezifikation durch die Möglichkeit zur Angabe von Diskriminanten dynamischer Attribute und vollziehen dadurch eine Änderung im Relationenschema. Die Selektivität der Funktionen ist also auf den Schemabereich ausgeweitet.

Während in den traditionellen relationalen Modellen eine Spezifikation stets mit einer Wertangabe verbunden ist, erscheint es im NF²D-Modell durchaus sinnvoll, die Existenz eines Subattributes oder einer Attributvarianz in die Operationsspezifikation aufzunehmen. Ein Paar (A_i, d_j) bezeichnet laut Definition eine Attributvarianz und kann in der Form $\sigma[(A_i, d_j)](R)$ als abgekürzte Schreibweise des Ausdrucks $\sigma[(A_i, d_j) = V \wedge V \in Tupel](R)$ angesehen werden. Gleichzeitig kann durch diese Spezifikation ein Schemaübergang beschrieben werden, dessen Ergebnis eine dynamische Relation mit einelementiger Diskriminantenmenge ist - also einer statischen NF²-Relation entspricht sofern (A_i, d_j) statisch ist.

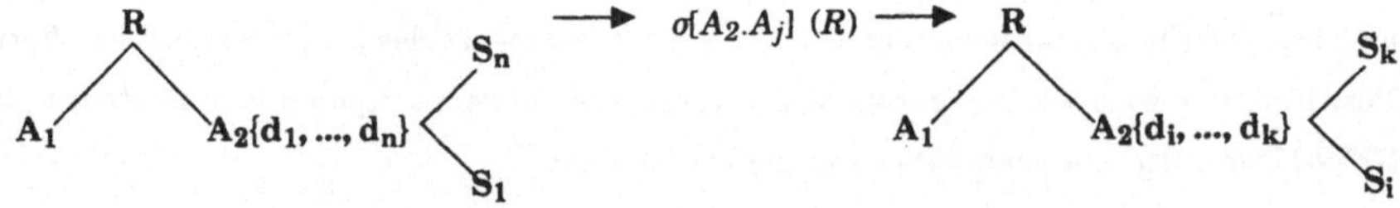

Abbildung 6: Schemaveränderung durch Selektion

Ein Punkt - wie in $A_i.A_j$ - entspricht ebenso wie im NF²-Modell der Spezifikation von Subattributen. Die Form einer Selektion $\sigma[A_i.A_j](R)$ kann daher als Kurzform für den Ausdruck $\sigma[A_j \in A_i \wedge A_i \in Tupel](R)$ angesehen wer-len, wobei eine dynamische Relation entsteht, deren ausgewählte Subschemata S_k bis S_l des Attributes A_i alle ein Attribut A_j enthalten.

Die Verbindung zweier Relationen, **Join**, über ein in der Basismenge kompatibles Attribut beider Relationen verändert sich durch die Varianzspezifikation, ähnlich den bereits beschriebenen Operationen, weil die Typgleichheit des Reißverschlußattributes in einer Schnittmenge der einzelnen erlaubten Typvarianten bestehen kann. Zu betrachten sind zudem die verschiedenen Verbundarten. So muß für eine Equi-Join-Operation, die durch

$$[R.A_i = S.A_j](R \boxtimes S),$$

in unbeschränkter Form angegeben ist, und in A_i möglicherweise ein dynamisches Attribut enthält, gefordert werden, daß

$$\delta_{R.A_i} \equiv \delta_{S.A_i}$$

gilt und damit nicht nur die Diskriminantenmengen beider Attribute gleich mächtig sondern auch deren Diskriminatoren identisch sind. Eine Schemaveränderung tritt dann nur in der gewohnten Weise auf, als das der Schemabaum einer Ergebnisrelation beide Bäume der Vorgängerrelationen enthält.

Ist die obige Bedingung nicht erfüllt, kann die gezeigte Spezifikation bestenfalls als äußerer Verbund, Outer-Join, behandelt werden, bei dem eine implizite Varianzexpansion der wertemäßig kleineren Diskriminatorfunktion vorgenommen werden müßte, um nicht besetzte Elemente in der Ergebnisrelation mit Nullwerten zu belegen. Tendenziell unsauber, sollte jedoch auch hier - ebenso wie bei der Vereinigung - von impliziten Operationen Abstand genommen werden, womit sich die angegebene Lösung des Outer-Join in diesem Fall nicht anbietet. Gleichermaßen gilt die Aussage equivalent zu fordernder Attributdiskriminatoren auch für den natürlichen Verbund, den Natural-Join.

Unterspezifikationen der Form

$$[R.(A_i, d_j) = S.(A_n, d_m)](R \boxtimes S)$$

beziehen sich auf Verbundoperationen der einzelnen Attributvarianz und sind dementsprechend unkritisch sofern die spezifizierten Subattribute statisch sind. Sonst unterliegen diese wiederum der aufgestellten Forderung.

Allgemein sind derartige Operationen analog zu den in anderen Modellen üblichen Relationenverbünden zu sehen. Sie bilden beispielsweise die Grundlage zur Nestungsoperation, bei der neben einer Mengenbildung eine Schemainstantiierung durch den natürlichen Verbund vorgenommen wird.

Die Funktion **Varianzexpansion** ist neu und wird mit dem griechischen Buchstaben ι bezeichnet. Vom Standpunkt einer Datenbankanwendung mit objektbezogenen Mechanismen zur Tupelerzeugung - und damit zur Erzeugung von Tupelvarianten - ist eine Funktion zur Integration neuer Typausprägungen in bestehende Relationen nützlich und erforderlich. Es kann durchaus sinnvoll sein, Relationen mit Varianzen auszustatten, aber keine aktuellen Ausprägungen, d.h. keine Tupel dieses Typs einzufügen. Auf diese Weise entstehen Relationen, die bestimmte Objekte in relationaler Modellierung aufnehmen können, nicht aber zwingend enthalten. So kann die Varianzexpansion als Kurzform für die Nestung einer leeren Menge, die ja als Sonderfall relationenwertiger Attribute denkbar ist, aufgefaßt werden und wird so auch im Zusammenhang mit speziellen Nestungsoperati-

Ist die Varianz dagegen nicht im Attribut existent, muß sie durch eine vorgeschaltete Varianzexpansion eingeführt werden, was eine v-ι-Operation ergibt und der Spezifikation

$$v\,[(S_i, d_i) : A_j]\,(R)$$

entspricht. Durch die ι-Funktion wird das neue Subschema mit einer leeren Attributmenge eingeführt. Die nachfolgende Integration entspricht auch hier der Mengenerweiterung.

Besonderheiten ergeben sich auch bei der Entnestung dynamischer Attribute. Hierbei entstünden im Gegensatz zur statischen Entnestung mehrere Relationen - eine für jede Attributausprägung. Dennoch kann

$$\mu[A_i : Q]\,(R)$$

keine zulässige Formulierung des Problems sein, weil nur Attributen dynamische Eigenschaften zugeordnet sind, nicht Relationen. Die aus obiger Form entstehende Relation Q müßte mangels Spezifikation eine mögliche Varianz des Attributes A_i aufnehmen - ein Widerspruch zu den NF2D-Definitionen. Kollektive Entnestungen sind also unstatthaft. Korrekt formuliert ergibt sich

$$\mu[(A_i, d_j) : Q]\,(R) \quad oder \quad \mu[(A_i, d_j) : Q.(A_k, d_l)]\,(R),$$

indem der neuen Relation Q, bzw. deren Attribut A_k in der Varianz d_l lediglich eine Attributausprägung zugewiesen wird.

Objektorientierte Modellierung von Bildinhalten im NF2D-Modell

Betrachten wir als Beispiel für die Anwendung der NF2D-Modells das - hier stilisierte - Fernsehbild einer Hausfassade mit den darin sichtbaren Fenstern, welche als Objekte von Interesse angenommen werden, und die es zu analysieren gilt. In den Fensterobjekten liegt also eine Objektklasse vor, deren Gemeinsamkeit in ihrer Semantik, Fenster eines Hauses zu sein, begründet ist. Wird ein solches Fernsehbild segmentiert, entstehen neben vie

Abbildung 8: Skizze nach dem Fernsehbild einer Hausfassade

len anderen Strukturen auch jene horizontalen und vertikalen Linien, welche in ihrem jeweiligen Zusammenhang die verschiedenen Fenster beschreiben. Eine Kantenverfolgung in beliebige Richtungen läßt uns auch di

Rundung im oberen Fensterbereich der ersten Fensterreihe erkennen. Es entsteht eine Darstellung, die direkt in Bildsymbole umgesetzt werden kann: Bildkoordinaten sind durch Symbole des Typs *ORT* beschrieben und segmentierte Objektkanten durch *LINIE*-Symbole, aus denen wiederum Flächenrepräsentationen gebildet werden können. Für alle im Bild sichtbaren Fenster entsteht so eine Sammlung primitiver Bildsymbole in baum- oder netzartiger Verknüpfung. Als NF^2-Relation modelliert, deren Attribute atomare Eigenschaftsträger und Mengen von Bildsymbolen sind, ergibt sich das in Abbildung 9 gezeigte Relationenschema.

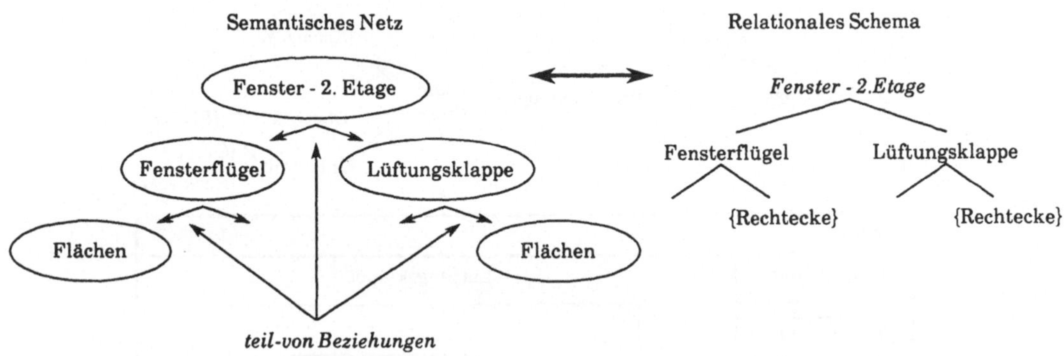

Abbildung 9: Modellierung eines rechteckigen Fensters

Besonders einfach läßt sich hierbei die *teil-von*-Beziehung modellieren, da Attribute als *Teil von* Relationen angesehen werden können und diese Beziehung somit durch die gewählte Repräsentationsform implizit ist. Die Attribute können somit objektbezogen benannt werden, was dieser Applikation entgegen käme.

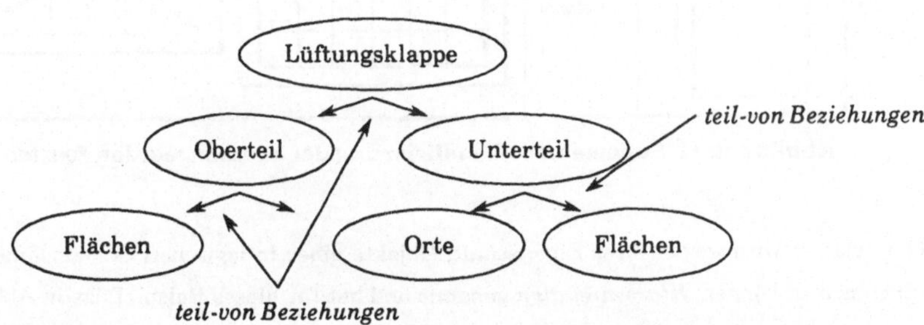

Abbildung 10: Semantisches Netz der Lüftungsklappe mit gebogenen Strukturen

Die Rundung im Oberteil des Fensters aus der 3. Hausetage kann zwar ebenfalls durch eine Linie beschrieben werden, hat aber intern einen anderen Aufbau als das bislang eingeführte *LINIE*-Symbol. Reicht für ersteres eine Beschreibung von Beginn und Ende der Linie durch *ORT*-Symbole, muß die Rundung entweder durch eine Sammlung der diese Kontur ergebenden Bildpunkte oder durch eine Kurvenapproximation repräsentiert werden. Ohne weiter ins Detail zu gehen wird deutlich, daß hier eine logische Zusammengehörigkeit unterschiedlich modellierter Bildobjekte besteht.

Wenden wir nun das NF²D-Modell zur Modellierung des Problems an, so ergibt sich eine einzige Relation, in der alle Fenster des Bildes als Tupel enthalten sind - ungeachtet ihrer Detail- d.h. ihrer Attribut- und Attributsubstruktur. Die zuvor gezeigten NF²-Tupel werden zu Tupeln dieser neuen Relation, indem das Attribut *Lüftungsklappe* als dynamisches Attribut der Relation *Fenster* definiert wird, dessen Diskriminantenmenge zwei Diskriminanten (*2.Etage* und *3. Etage*) enthält. Das Attribut *Fensterflügel* hingegen ist statisch, es enthält keine Varianzen.

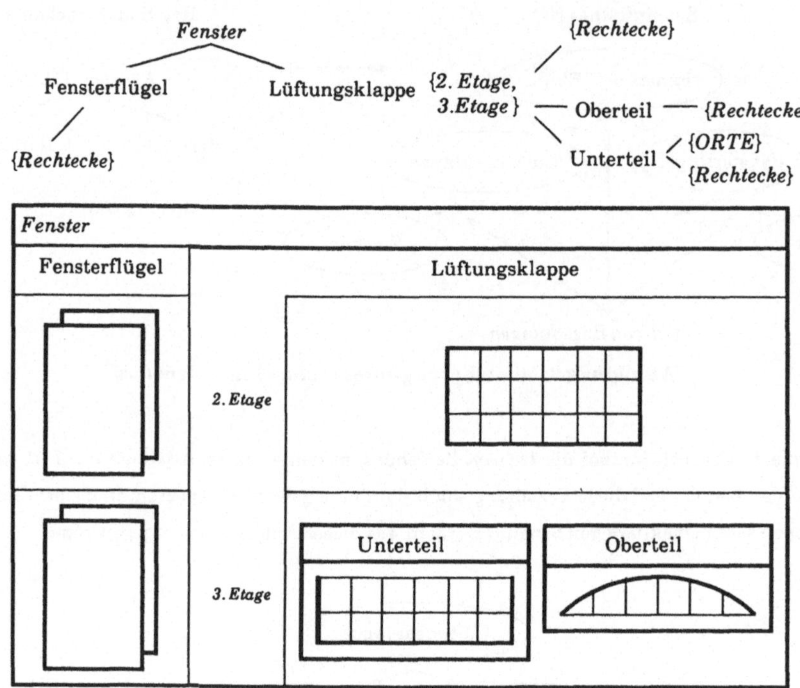

Abbildung 11: Schema und Visualisierung der Klassenrelation *Fenster*

Eine solche Relation wird wegen ihrer Eigenschaft, Objekte einer in logischen Gemeinsamkeiten begründeten Klasse aufnehmen zu können, *Klassenrelation* genannt und hat für dieses Beispiel das in Abbildung 11 gezeigte Schema.

Ein wirkungsvoller Ansatz zur Interpretation von Bildinhalten ist der Vergleich abgebildeter Objekte mit im Vergleichssystem bereits bekannten Objektprototypen. Hierdurch können Interpretationshypothesen rasch erarbeitet und verifiziert werden. Fügt man zu jeder Klassenrelation einen für die entsprechende Objektklasse repräsentativen Objektprototypen, erhält man eine Rahmendarstellung, die einer Repräsentation durch generische Schemata oder frame-Repräsentation entspricht. Beispielsweise kann auch der in Abbildung 11 gezeigte Relationenaufbau als Schemarahmen angesehen werden. Fensterflügel und Lüftungsklappe stellen slots dar, wobei die Lüftungsklappe wiederum ein Rahmen ist, der verschiedene Ausprägungen annehmen kann. Der Feinheitsgrad einer solchen Darstellung kann an beliebigen Stellen durch den Einsatz von Nullwerten begrenzt werden.

Während Nullwerte bereits für viele Basismengen in konventionellen Datenbankmodellen zu Problemen führen und für strukturierte Attribute praktisch nicht existieren, ist im NF2D-Modell durch eine beliebige zusätzliche Attributvarianz für jede Basismenge ein Nullwert anzugeben. Besonders geeignet zur Kennzeichnung von Nullwerten ist zum Beispiel der Wahrheitswert *false* oder der Wert *NIL*. Eine grobe Näherung für Fenster wäre etwa das in Abbildung 12 gezeigte Schema. Dieses könnte unter einer Diskriminante *Prototyp* in die Klassenrelation eingefügt sein und derart interpretiert werden, daß für die beschriebene Applikation Fensterobjekte einer solchen prototypischen Strukturschablone genügen müssen.

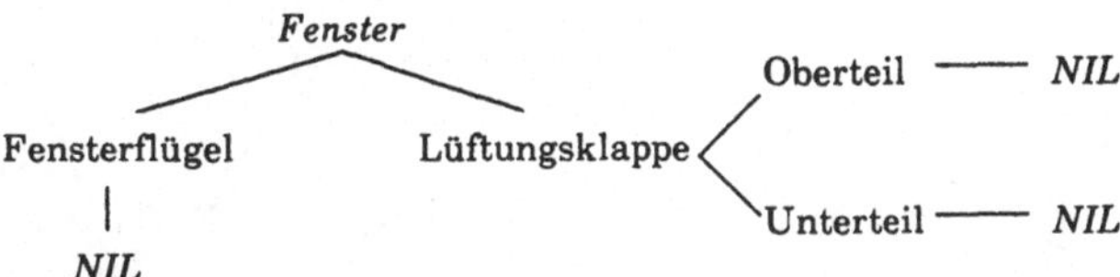

Abbildung 12: Schema eines Klassenprototyps *Fenster*

Modelliert man Objektbeziehungen ebenso wie Objekte als dynamische Tupel und setzt anstelle realer, vollständig modellierter Objekte Objektprototypen als Attribute ein, entstehen durch Tupel repräsentierte Situationsrahmen, die den generischen Schemata noch weiter angenähert sind. Die Zusammenfassung solcher Situationsrahmen in sogenannten *Schemarelationen* erzeugt eine Rahmensammlung, die einem *frame*-System entspricht.

An dieser Stelle ist eine Repräsentationsform für Datenbankdaten erreicht, die bei Integration einer komfortablen Zugangsschnittstelle - etwa in der Form einer speziellen Anfragemethodik [Benn 86] - für den Arbeitsbereich Bildverstehen Datenbanken als akzeptable Werkzeuge erscheinen läßt. Andererseits stellt das NF2D-Modell eine breite Basis für weitere Applikationen dar. Dies zeigt sich, wenn gegenüber lokalen Objektveränderungen temporale Schemaveränderungen, beispielsweise Untersuchungen zur Integration von Zeitmarken in relationale Datenbanken, betrachtet werden.

Modellierung von Schema-Versionen

Fügt man in eine Datenbank Zeitmarken ein, um eine Datenhistorie aufbauen zu können, ergeben sich an bestimmten Zeitmarken Veränderungen des Relationenschemas durch Hinzukommen oder Fortfallen von Attributen. Zeitmarken - d.h. die Art der Versionenführung - kann beispielsweise nach den in [Dadam + 84] oder [Snodgrass + Ahn 85] beschriebenen Methoden vorgenommen werden. Den Bezug zum NF2D-Ansatz erkennt man jedoch besser bei der Betrachtung der in [Clifford + Tansel 85] vorgestellten, erweiterten relationalen Modelle für Historische Datenbanken, HDBM (Historical Data Base Model).

In diesem Modell wird in terminologisch leicht differierender Weise eine Menge von Zeitmarken eingeführt, die als Basismenge der Zeit in der ganzen relationalen Datenbank verwendet werden soll. Auf einer solchen Basismenge $\{t_1, ..., t_n\}$ ist eine Ordnung im Sinne von t_x vor t_{x+1} definiert. Zeitvariable Attribute (TVA = Time Varying

Attributes) ordnen ihre Attributbasismengen den Zeitmarken zu und bilden eine Analogie zu dynamischen Attributen. Nullwerte verschiedener Bedeutung kennzeichnen unter anderem die erwähnten Schemaveränderungen.

Versucht man nun, die Menge der Zeitmarken als Diskriminantenmenge im NF^{2D}-Modell darzustellen, stellt sich rasch heraus, daß dies nicht zulässig und nicht sinnvoll ist. Während einerseits über die Ordnung der *Zeitmenge* kontinuierliche Bereiche, *slices*, gebildet werden können, wurde δ explizit als nicht kontinuierliche Funktion definiert. Weiterhin binden die Elemente der Zeitmenge Attributwerte und nur indirekt über die Nullwerte Attributvarianzen - die klar definierte Aufgabe von δ.

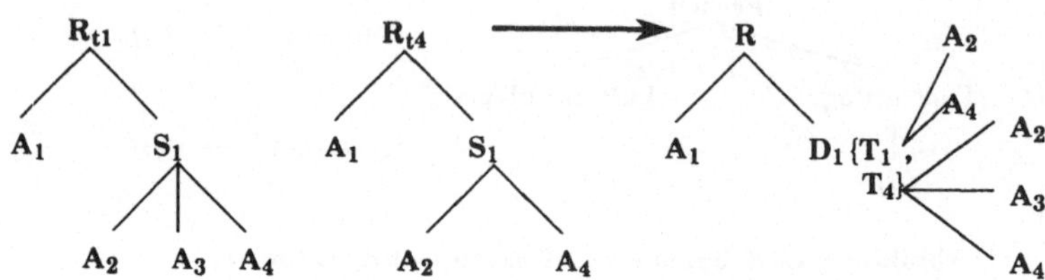

Abbildung 13: Zeitmarken als Diskriminanten

Dennoch findet sich ein sinnvoller Zusammenhang zwischen beiden Ansätzen: Verwendet man Zeitmarken als Diskriminanten wenn sich das Schema eines Attributes am Zeitpunkt einer Zeitmarke verändert hat, führt dies zu einer übersichtlichen und dem Sinn von Diskriminanten entsprechenden Lösung. Abbildung 13 zeigt, wie ein solches Schema entstehen kann, indem an den Zeitmarken t_1 und t_4 jeweils eine Diskriminante T_1 und T_4 für das nunmehr dynamische zeitvariante Attribut eingeführt wird.

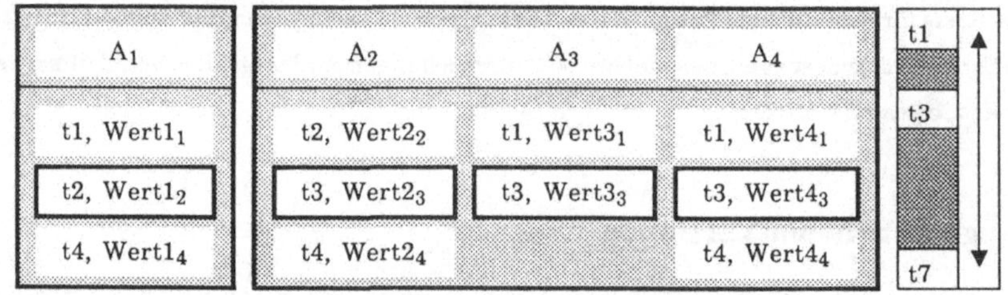

Abbildung 14: Visualisierung der Relation an der Zeitmarke t3

Jedes zeitvariante Attribut A_n ist in diesem Fall ein Mengenattribut, welches aus einem Attributwert und einer Zeitmarke besteht - wobei implementatorisch zu entscheiden bleibt, ob eine durch die Zeitmarkenerweiterung entstandene Attributstrukturierung bis an die Benutzeroberfläche sichtbar sein soll oder andere Methoden für den Versionenzugriff angeboten werden - etwa die Funktion *when*, Ω. Eine mögliche Lösung in graphisch unterstützter Bildschirmumgebung zeigen die Abbildungen 14 und 15. Zu beachten ist, daß an der Zeitmarke t_4 das Schema verändert ist und das Subattribut A_3 aus dem sichtbaren Schema entfernt wird.

Zwischen den beiden Relationenschemata besteht also eine ähnliche einfache Beziehung wie zwischen den Objekten der Abbildung 1, *vor*, nur hier im zeitlichen Sinne, daß t_3 *vor* t_5 liegt. Derartige, einfache Zeitrelationen - etwa

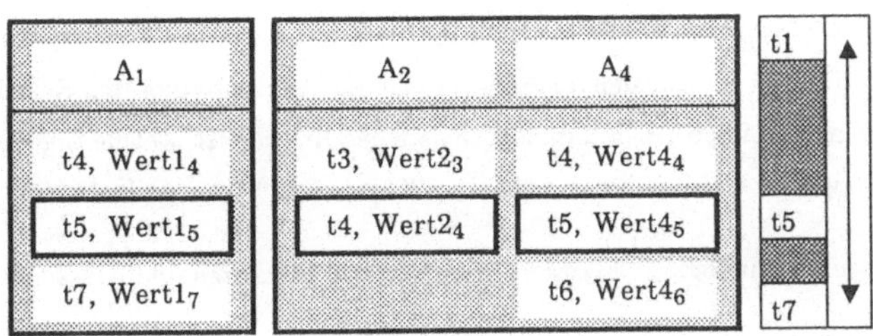

Abbildung 15: Visualisierung der Relation an der Zeitmarke t5

auch *während* oder *nach* - spielen eine wichtige Rolle bei allgemeinen Planungsaufgaben [**Tsang 86**], für deren Lösung häufig wissensbasierte Systeme eingesetzt werden. Zeit- oder Zustandsmarken bezeichnen hierin Abschnitte und planungsrelevante Markierungen, die nicht auf den Zeitaspekt begrenzt sein müssen, sondern je nach Domänensemantik auch lokale Eigenschaften repräsentieren können. Repräsentationsanalogien können aufgezeigt werden, wenn man die Speicherung von Ablaufzuständen mit der zeitlichen Wertveränderung von Attributen identifiziert und abgeschlossene Aktionen eine Veränderung des Schemas bewirken.

An dieser Stelle bietet sich ein kurzer, allgemeiner Ausblick auf die Verwendung des NF^{2D}-Ansatzes im Bereich der Experten- bzw. wissensbasierten Systeme an.

Ausblick: Anschluß wissensbasierter Systeme an NF^{2D}-Datenbanken

Expertensysteme und ganz allgemein wissensbasierte Systeme residieren häufig auf speziell für die Unterstützung von KI-Werkzeugen ausgerichteten Maschinen oder werden in KI-Sprachumgebungen betrieben. Beispiele sind Lisp-Maschinen und KI-Arbeitsplatzrechner. Obwohl weder diese Arbeitsumgebungen noch die Anwendungen der künstlichen Intelligenz als traditioneller Arbeitsbereich relationaler Datenbanken angesehen werden können, ist eine Verbindung zwischen Datenbanken und Expertensystemen häufig sinnvoll und notwendig. Hierbei sind generelle [**Nicolas 85**] und pragmatische Lösungsansätze [**Biagioni + 85**] zu betrachten und allgemein zwei praktische Problemstellungen zu unterscheiden:

1. Das Expertensystem erzeugt Datenmengen, deren Umfang die Speicherkapazität der Systemresidenz überschreitet. Das kann beispielsweise geschehen, wenn eine große Anzahl von Objekten oder Fakten in einem kurzen, domänenspezifischen Zeitraster bei großer zeitlicher Periodizität der Ereignisse verarbeitet werden müssen - häufig ist dies bei Planungsaufgaben zu beobachten, über denen eine Taxonomie einfacher temporaler Relationen liegt.

2. Große Datenmengen in traditionell organisierten Datenbanken sollen als Grundlage eines wissensbasierten Systems genutzt werden und einen Speicher bereits vorhandenen Wissens bilden.

Beide Probleme stellen unterschiedliche Anforderungen an eine Schnittstelle.

Im ersten Fall besteht die Freiheit, Objekte des wissensbasierten Systems direkt in eine NF^{2D}-modellierte Datenbank zu übernehmen. Ist das System in einer objektorientierten Sprachumgebung erstellt worden, kann die

Taxonomie von Klassen und Instanzen häufig in ähnlicher Weise repräsentiert werden, wie es für das Bildverstehen oder die Repräsentation von temporalen Veränderungen der Attributwerte und Relationenschemata vorgeschlagen wurde. Objektklassen bilden einen Rahmen, in dem beschrieben ist, welche Eigenschaften und Aktivitäten - diese in Form von Regeln und Methoden - an die einer Klasse angehörenden Instanzen vererbt werden.

Hierbei können grundlegende Analogien zwischen Objektklassen, Instanzen und Klassenrelationen genutzt werden:

- Prototypen mit ihren durch Nullwerte begrenzten Eigenschaftsbeschreibungen bilden den oberen Teil einer Eigenschaftshierarchie ab, die aus den von Objektklassen ererbten und den eigentlichen Instanzeigenschaften entsteht.

- Attributvarianzen repräsentieren einzelne Instanzen einer Objektklasse, indem jede Instanz eine Varianz darstellt, welche die individuellen Eigenschaften enthält.

- Eine hierarchische Beziehung zwischen Objektklasse und Objektinstanz, wie sie in KI-Werkzeugen meist vorhanden ist, wird durch die Gleichberechtigung aller Tupel einer Relation allerdings nivelliert.

Der zweite Fall stellt grundsätzlich andere Anforderungen, da untersucht werden muß, ob und wie ein Anschluß vorhandener Datenbanken an eine NF^2D-Schnittstelle möglich und ob er sinnvoll ist. Wichtig zur Beurteilung einer Anschlußmöglichkeit ist die Betrachtung der bislang eingesetzten Datenmodelle und deren Benutzungsoberfläche. Relational organisierte Datenbanken bilden hier sicher eine gute Basis. Zur Abschätzung des Sinngehaltes ist ein ebenso wichtiger Aspekt die Beurteilung der Systemperformanz nach Anschluß an eine NF^2D-Schnittstelle.

Zusammenfassung

In diesem Beitrag ist ein erweitertes relationales Datenmodell vorgestellt worden, mit dem Schemavarianzen in mathematisch konsistenter Weise mit dem traditionellen eins-normalisierten und dem NF^2-Modell dargestellt werden können. Obgleich aus dem Problemkreis Bildverstehen der Künstlichen Intelligenz entwickelt, besteht die Gültigkeit des Ansatzes auch für andere Applikationen. Eine kurze Betrachtung der Themen Datenversionen in historieführenden Datenbanken und Anschluß von Datenbanken an wissensbasierte Systeme demonstrieren dies und weisen gleichzeitig den Weg für zukünftige Arbeiten.

Literatur

[Attardi + 86]

G.Attardi, A.Corradini, S.Diomedi, M.Simi: **Taxonomic Reasoning**, Proc. 7th European Conference on Artificial Intelligence, Brighton, 7/86, Vol.1, pp. 236-245

[Benn 85a]

W. Benn: **Toleranter Vergleich von Strukturen mit erweiterten, nicht-normalisierten Relationen**, 7.DAGM-Symposium, Erlangen, 9/85, „**Mustererkennung 1985**", H. Niemann (Hrsg.), Informatik-Fachberichte 107, Springer-Verlag Berlin Heidelberg New York Tokyo, 1985, Seite. 92-96

[Benn 85b]

W. Benn: **Symbolische Bildbeschreibung mit dynamischen, nicht-normalisierten Relationen**, Universität Hamburg, Fachbereich Informatik, Dissertation, 12/85, auch als: **Dynamische nicht-normalisierte Relationen und symbolische Bildbeschreibung**, Informatik-Fachberichte 128, Springer-Verlag Berlin Heidelberg New York Tokyo, 1986

[Benn 86]

W.Benn: **Query-by-Structure-Example: Objektorientierter Datenbankzugriff für bildbeschreibende Strukturen**, 8.DAGM-Symposium, Paderborn, 9/86, G.Hartmann (Hrsg.), "**Mustererkennung 1986**", Informatik-Fachberichte 125, Springer-Verlag, Berlin Heidelberg New York Tokyo, 1986, Seite 154-158

[Benn + Radig 84a]

W. Benn, B. Radig: **Retrieval of Relational Structures for Image Sequence Analysis**, Proc. 10th Conf. on Very Large Data Bases, Singapur, 8/84, pp. 533-536

[Benoit + 86]

Ch. Benoit, Y. Caseau, Ch. Pherivong: **Knowledge Representation and Communication Mechanisms in LORE**, Proc. 7th European Conference on Artificial Intelligence, Brighton, 7/86, Vol.1, pp. 246-255

[Biagioni + 85]

E.S. Biagioni, K. Hinrichs, C.Muller, J. Nievergelt: **Interactive Deductive Data Management - The Smart Data Interaction Package**, GI-Kongreß 1985, „**Wissensbasierte Systeme**", W. Brauer, B. Radig (Hrsg.), Informatik-Fachberichte 112, Springer-Verlag Berlin Heidelberg New York Tokyo, 1985, pp. 208-220

[Clifford + Tansel 85]

J. Clifford, A.U. Tansel: **On An Algebra For Historical Relational Databases: Two Views**, S. Navathe (Ed.), Proc of ACM-SIGMOD 1985, Intern. Conf. on Management of Data, Austin, Texas, 5/85, ACM-SIGMOD Record, Vol. 14, No.4, 12/85, pp. 247-265

[Dadam + 84]

P. Dadam, V. Lum, H.D. Werner: **Integration of Time Versions into a Relational Database System**, Proc. 10th Conf. on Very Large Data Bases, Singapur, 8/84, pp. 509-522

[Lorie 81]

R.A. Lorie: **Issues in Database for Design Applications**, IBM Research Laboratory, RJ 3176, San Jose, California, 10/81

[Nicolas 85]

J.-M. Nicolas: **Logic Databases**, GI-Kongreß 1985, „**Wissensbasierte Systeme**", W. Brauer, B. Radig (Hrsg.), Informatik-Fachberichte 112, Springer-Verlag Berlin Heidelberg New York Tokyo, 1985, pp. 199-207

[Radig 82]

B. Radig: **Symbolische Beschreibung von Bildfolgen I: Relationengebilde und Morphismen**, Universität Hamburg, Fachbereich Informatik, Bericht IfI-HH-B-90, 1982

[Schek + Pistor 82]

H.J. Schek, P. Pistor, **Data Structures for an Integrated Data Base Management and Information Retrieval System**, Proc. 8th Conf. on Very Large Data Bases, Mexico City, Mexico, 9/82, pp. 197-207

[Schek + Scholl 84]

H.J. Schek, M.H. Scholl: **An Algebra for the Relational Model with Relation-Valued Attributes**, Technische Hochschule Darmstadt, Fachbereich Informatik, Technical Report DVSI-1984-T1, 1984

[Sielaff 86]

Ch. Sielaff: **Hierarchien über Relationengebilden**, 10th German Workshop on Artificial Intelligence, Ottenstein/Niederösterreich, 9/86, „**GWAI-86 und 2. Österreichische Artificial-Intelligence-Tagung**", C.-R. Rollinger, W. Horn (Hrsg.), Informatik-Fachberichte 124, Springer-Verlag, Berlin Heidelberg New York London Paris Tokyo, Seite 202-211

[Snodgrass + Ahn 85]

R. Snodgrass, I. Ahn: **A Taxonomy of Time in Databases**, S. Navathe (Ed.), Proc of ACM-SIGMOD 1985, Intern. Conf. on Management of Data, Austin, Texas, 5/85, ACM-SIGMOD Record, Vol. 14, No.4, 12/85, pp. 236-246

[Tsang 86]

E.P.K. Tsang: **Plan Generation in a Temporal Frame**, Proc. 7th European Conference on Artificial Intelligence, Brighton, 7/86, Vol.1, pp. 479-493

Datenbankzugriff in offenen Rechnernetzen

S. Pappe, H.-L. Heil, W. Effelsberg, W. Lamersdorf

Europäisches Zentrum für Netzwerkforschung
IBM Deutschland GmbH

Zusammenfassung

Nach einer Einführung in zentrale und verteilte Datenbanksysteme und die Kommunikation in offenen Systemen wird die Einbettung eines Datenbank-Fernzugriffs in das ISO-Referenzmodell beschrieben. Ein solcher Fernzugriff ermöglicht die Kommunikation zwischen einem Anwendungsprogramm und einem entfernten Datenbanksystem in einem heterogenen Rechnernetz. Die aktuellen Normungsvorschläge der ECMA zu diesem Thema werden vorgestellt. Abschließend wird über einen Implementierungsansatz für einen Prototyp berichtet.

Abstract

After a introduction into centralized and distributed databases and communication in open systems, the integration of a Remote Database Access facility into the ISO Reference Model is described. Such a facility provides a communication path between an application program and a remote database system in a heterogeneous network. The current standard proposals of ECMA are introduced. Finally, the status of a prototype implementation is reported.

1. Einleitung

Mit Hilfe von internationalen Normen (Standards) können offene Systeme entwickelt werden, die eine von herstellerspezifischen Architektureigenschaften unabhängige Datenkommunikation über genormte Protokolle und Schnittstellen ermöglichen. Die Nutzung offener Systeme dringt unaufhaltsam in die tägliche Arbeits- und Privatwelt vor. Beispiele hierfür sind der weltweite Datenaustausch über Paketvermittlungsnetze, die Automatisierung von Verwaltungsabläufen und der Zugriff auf entfernte Datenbanken (**Remote Database Access, RDA**), d.h. auf Datenbanken, die in unterschiedlichen Computeranlagen verschiedener Hersteller (**heterogenen Systemen**) installiert sein können und zu denen man über offene Systeme zugreifen kann. Mit letzterem befaßt sich diese Arbeit.

Im folgenden Kapitel 2 wird der Stand der Dinge in der Datenbankwelt dargelegt. Das dritte Kapitel beschreibt auf Basis des ISO-Referenzmodells die Kommunikation in offenen Rechnernetzen. Dabei wird auf die anwendungsorientierten Schichten näher eingegangen, da diese dem entfernten Datenbankzugriff als Grundlage dienen. Kapitel 4 erläutert die Aufgaben und Funktionsweise eines Zugriffs auf entfernte Datenbanken in offenen Systemen. Außerdem wird hier die Problematik der Einbettung des RDA in das Referenzmodell verdeutlicht. Das spiegelt sich in zwei unterschiedlichen Normungsentwürfen wieder, die ausführlich betrachtet werden. In Kapitel 5 findet man die Beschreibung einer Prototyp-Implementierung, die auf dem aktuellen RDA-Normungsvorschlag beruht. Es wird über die softwaretechnische Entwicklungsumgebung, den aktuellen Stand der Realisierung und das weitere Vorgehen berichtet.

2. Zentrale und verteilte Datenbanken

Zentrale Datenbanken sind heute aus der Welt der kommerziellen Datenverarbeitung nicht mehr wegzudenken. Sie werden allgemein als zentrale Ressource eines Unternehmens anerkannt. Die dort gespeicherten Daten können von den verschiedenen Anwendungen gemeinsam benutzt werden. Allgemein gebräuchlich sind heute transaktionsorientierte Mehrbenutzersysteme, die den gleichzeitigen Zugriff von Online-Anwendungen zulassen. Der Fernzugriff von einem Bildschirmgerät aus findet lediglich über Terminalnetze statt, die den Anschluß von Datenstationen an einen entfernten Rechner ermöglichen. Das Anwendungsprogramm läuft auf demselben Rechner wie das Datenbankverwaltungssystem. Es gibt nur eine Kopie des Datenbankverwaltungssystems und nur eine Kopie des Datenbestandes.

Im Gegensatz zu zentralen Datenbanken werden in verteilten Datenbanken die Daten in mehreren Systemen gespeichert. Je nach dem Zweck des verteilten Datenbanksystems liegt dabei die Orientierung auf dem Halten von Kopien zur Erhöhung der Zuverlässigkeit, auf der Leistungssteigerung durch Verteilung auf mehrere Prozessoren oder auf der Integration existierender autonomer Datenbanken, wobei der Fall der heterogenen verteilten Systeme mit verschiedenartigen lokalen Datenmodellen einen besonders komplizierten Spezialfall darstellt. In allen Fällen ist es das Ziel des verteilten Datenbanksystems, Verteilungstransparenz zu erreichen; der Anwender braucht nicht zu wissen, wo die von ihm benötigten Daten physisch gespeichert sind [CePe84, ELRS86].

Diese Arbeit befaßt sich mit dem Zugriff auf entfernte Datenbanken in Rechnernetzen. Dabei geht es um die Kommunikation zwischen einem Anwendungsprogramm in einem Rechensystem (zum Beispiel einem Arbeitsplatzrechner) und einem Datenbankverwaltungssystem in einem anderen Rechensystem (zum Beispiel einem Großrechner). Ob das Zielsystem ein zentrales oder verteiltes Datenbankverwaltungssystem ist, ist für den Dialog zwischen Anwendungsprogramm und Datenbankverwaltungssystem irrelevant (Verteilungstransparenz).

Für den Fernzugriff auf Datenbanken soll ein standardisierter Mechanismus zur Verfügung gestellt werden. Da die beiden beteiligten Rechensysteme sich in Hardware und Software unterscheiden können, handelt es sich um ein Problem der Kommunikation offener Systeme. Auf den Stand der Diskussion in diesem Bereich wird in den folgenden Abschnitten näher eingegangen.

3. Das ISO-Referenzmodell für offene Systeme

Mit Hilfe eines offenen Kommunikationssystems sollen räumlich verteilte, herstellerunabhängige Informationsysteme kommunizieren und kooperieren. Dafür müssen standardisierte Prozeduren eingehalten werden. Das Verhalten nach außen hin muß durch eine vollständige Beschreibung von Regeln definiert sein.

Das technische Komitee 97 (TC97) der Internationalen Organisation für Standardisierung (ISO) gründete im Jahre 1978 ein neues Subkomitee (SC16) für die Normung von Kommunikation offener Systeme (Open Systems Interconnection - **OSI**). Dieses hatte die Aufgabe, ein Referenzmodell zu entwickeln, das als Grundlage für alle zukünftigen Standardisierungsentwicklungen für weltweite verteilte Informationssysteme dienen sollte. Es liegt seit dem Frühjahr 1983 als internationaler Standard IS 7498 [ISO84] in endgültiger Fassung vor und beschreibt funktionell den Datenaustausch zwischen Systemen; es ist unabhängig von internen Hardware- und Betriebssystemeigenschaften.

Bei der Erstellung des ISO-Referenzmodells schlug man den Weg einer Modularisierung und hierarchischen Schichtung ein. Ein Kommunikationssystem wird in die bekannten sieben Schichten unterteilt (siehe Abbildung 1), die in zwei Hauptgruppen zerfallen: Die transportorientierten Schichten 1 bis 4 hängen von den Leistungsmerkmalen der verwendeten Übertragungstechnologie ab, wohingegen die anwendungsorientierten Schichten 5 bis 7 problembezogen sind, also durch die zu lösende Aufgabe bestimmt werden [EfFl86, IEEE83].

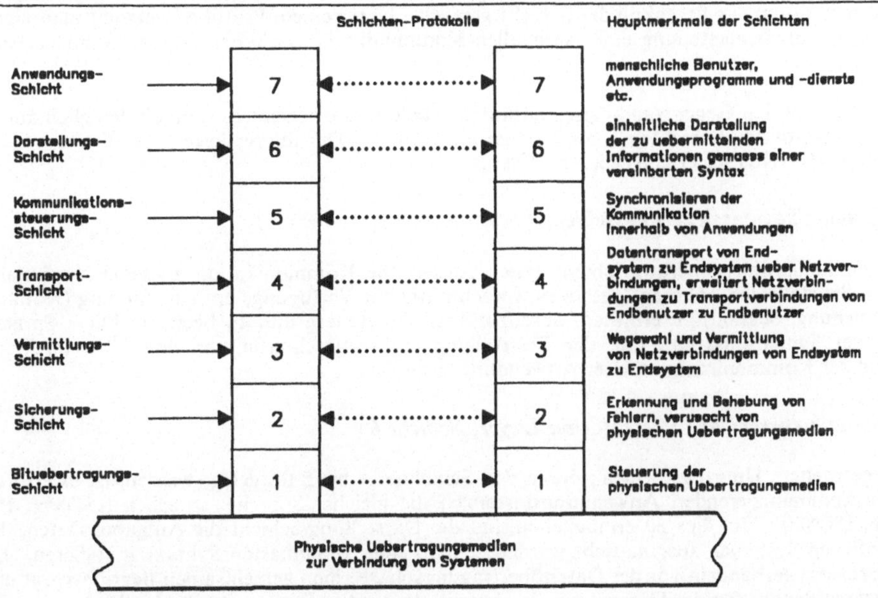

Abbildung 1. Das sieben Schichten des ISO-Referenzmodell

Inzwischen gibt es für die verschiedenen Schichten Normen oder Normentwürfe von verschiedenen Gremien. Neben der ISO sind vor allem CCITT (Vereinigung der Postgesellschaften) und ECMA (Vereinigung der europäischen Computerhersteller) an den Normierungsarbeiten beteiligt. In den Schichten 1 bis 5 ist bereits weitgehende Übereinstimmung der Normentwürfe erzielt worden, die Schicht 6 und verschiedene Anwendungen der Schicht 7 sind zur Zeit noch in einer intensiven Diskussionsphase.

Strukturierungsprinzipien

Im ISO-Referenzmodell wird ein Kommunikationssystem in eine Hierarchie von aufeinander aufbauenden Funktionsschichten zerlegt. Der Grundgedanke ist dabei, daß jede Schicht Dienste an die nächsthöhere Schicht liefert und sich dabei auf die Dienstleistungen der nächsttieferen Schicht stützt. Die Leistung einer Schicht ist also die funktionale Differenz zwischen der jeweils höheren und niedrigeren Kommunikationsschicht und wird in den einzelnen Systemen durch Instanzen (Entities) erbracht. Anwendungsinstanzen als Abstraktionen der konkreten Anwendungsprozesse (Programme, Benutzer) sind dabei die Basiselemente des Modells. Eine Instanz der Schicht N wird als (N)-Instanz bezeichnet. Sie kommuniziert unmittelbar mit der Schicht $N+1$ und der Schicht $N-1$ sowie mittelbar mit einer Instanz der gleichen Schicht in einem anderen System (Partnerinstanz). Dieser letzten indirekten Kommunikation geht immer eine direkte Kommunikation mit der Schicht $N-1$ voraus.

Die Instanzen in einer Schicht stehen miteinander über die Dienste der Instanzen der nächsttieferen Schicht in Verbindung. Ein Dienst ist dabei die Fähigkeit der Schicht N, welche den (N+1)-Instanzen zur Verfügung gestellt wird. Die Instanzen der Schicht N fügen ihre Dienste zu den (N-1)-Diensten, die sie von der Schicht $N-1$ zur Verfügung gestellt bekommen, hinzu und bieten diese höherwertigen Dienste wiederum den (N+1)-Instanzen an.

Die Interaktion zwischen dem Benutzer und dem Erbringer eines Dienstes werden durch die Dienstprimitive (Service Primitives) beschrieben. Dem Anfordern (**request**) eines Dienstes durch den Benutzer A folgt die Anzeige (**indication**) beim Benutzer B. Bestimmte Dienste, die bestätigt werden müssen (**confirmed services**), werden von dem Benutzer B beantwortet (**response**) und dem Benutzer A, der den Dienst angefordert hatte, bestätigt (**confirm**).

Die Zusammenarbeit zwischen Instanzen der gleichen Schicht bei der Erfüllung der Funktionen dieser Schicht wird durch das Protokoll der Schicht geregelt. Unter einem Protokoll versteht man einen Satz von Regeln zur Sicherstellung einer sinnvollen Kommunikation zwischen zwei zusammenarbeitenden Instanzen.

Im Hinblick auf den Gegenstand dieses Diskussionsbeitrages erscheint es sinnvoll, lediglich auf die anwendungsorientierten Schichten 5 bis 7 näher einzugehen. Der interessierte Leser findet weitere Einzelheiten in [GGHST85, GKSST85, Tane81].

Die Kommunikationssteuerungsschicht (Session Layer, Schicht 5)

Die Kommunikationssteuerungsschicht synchronisiert die Kommunikation zwischen zwei Partnerinstanzen. Sie stellt den höheren Instanzen Sprachmittel zur Verfügung, um eine Sitzung (Kommunikationsbeziehung, Session) zu eröffnen, durchzuführen, zu steuern und zu beenden. Diese Sprachmittel dienen der Synchronisation, d.h. der Feststellung und Aufrechterhaltung von Übereinstimmungen während der Kommunikation zweier Anwendungsinstanzen.

Die Darstellungsschicht (Presentation Layer, Schicht 6)

Außer geregelten 'Umgangsformen', die in den Schichten 1 bis 5 festgelegt werden, ist es erforderlich, daß die kommunizierenden Anwendungsinstanzen die gleiche 'Sprache' sprechen [ISO85a, ISO85b, ISO86e, ISO86f]. Um dies zu ermöglichen, hat die Darstellungsschicht die Aufgabe, Daten, die zwischen offenen Systemen ausgetauscht werden, gemäß einer vereinbarten Syntax zu codieren. Die Benutzerprozesse verhandeln vor der Datenübertragungsphase einen gemeinsamen Begriffsvorrat und eine gemeinsame Syntax für die Darstellung der auszutauschenden Daten. Durch das Festlegen einer abstrakten Transfersyntax einigen sich die beiden Anwendungsinstanzen über die Datentypen und die Strukturierung der Daten. Diese abstrakte Transfersyntax wird durch die Menge aller Datentypdefinitionen für Anwendungs-Protokolldateneinheiten gebildet, jedoch ohne die Festlegung der bitweisen Codierung von Daten. Durch die Angabe eines Namens, der eine bestimmte Syntax definiert und der sowohl der Anwendungs- als auch der Darstellungsschicht bekannt ist, wird eine abstrakte Transfersyntax ausgewählt. Die Abbildung der Elemente der abstrakten Transfersyntax auf eine bitweise Codierung geschieht mit Hilfe der konkreten Transfersyntax. Da es zu einer abstrakten Syntax mehrere konkreten Syntaxen geben kann, ist eine der Hauptaufgaben der Schicht 6 das Aushandeln einer konkreten Transfersyntax. Das Ergebnis der Verhandlung zwischen den Anwendungs- und Darstellungsinstanzen ist eine abstrakte und eine konkrete Transfersyntax, welche als Darstellungskontext bezeichnet werden. Um diese Vereinbarungen, d.h. eine Verständigung überhaupt zu ermöglichen, bevor man sich auf eine gemeinsame Sprache geeinigt hat, existiert ein Default-Kontext, der implizit immer definiert ist. Neben diesen Darstellungsdiensten (Services), gibt es weitere, die die Synchronisationsdienste der Kommunikationssteuerungsschicht nach oben zur Anwendung hin durchreichen.

Die Anwendungsschicht (Application Layer, Schicht 7)

Die Anwendungschicht ist für den Informationsaustausch zwischen Anwendungsprozessen verantwortlich. Da die Standardisierung der Schicht 7 noch nicht abgeschlossen ist, gibt es zur Zeit verschiedene Bestrebungen um Normierungsansätze. Dabei hat es sich gezeigt, daß Anwendungssysteme in Rechnernetzen viele Grundprobleme gemeinsam haben, wie z.B. die Synchronisation paralleler Prozesse oder das Zurücksetzen im Fehlerfall. Daher erscheint es sinnvoll, allgemein verwendbare Dienstelemente (Common Application Service Elements - **CASE**) der Anwendungsschicht als Grundkomponenten zur Verfügung zu stellen. An diesen allgemeinen Dienstelementen, die eine Teilschicht innerhalb der Anwendungsschicht darstellen, arbeitet derzeit ein ISO-Ausschuß. Auf diesen Komponenten basieren dann spezielle Anwendungen wie z.B. der RDA (Remote Database Access - **RDA**). Diese speziell auf eine Anwendungskategorie zugeschnittenen Dienste, die Gebrauch von den generischen CASE-Diensten machen und die die obere Schnittstelle der Schicht 7 bilden (siehe Abbildung 2), nennt man anwendungsspezifische Dienste (Specific Application Service Elements - **SASE**).

Die **allgemein verwendbaren Dienstelemente (CASE)** stellen einen Grundvorrat an Diensten dar, die zur Implemetierung verschiedener Anwendungen verwendet werden können. Da ihre Verwendung für den RDA sinnvoll ist, gehen wir im folgenden näher darauf ein. CASE umfaßt zunächst zwei Gruppen von Diensten:

1. Association Control Service Elements (ACSE)
2. Commitment, Concurrency und Recovery (CCR)

Die Beschränkung auf nur diese zwei Dienstgruppen ist von der ISO vorgenommen. Sinnvoll wäre es jedoch, alle generischen Dienstelemente, also alle Dienste, die erst durch ihre jeweiligen Benutzer eine Semantik erhalten, CASE zuzuordnen. Im folgenden gehen wir zunächst auf die von der ISO unter CASE zusammengefassten Dienste, danach auf weitere Grunddienste der Ebene 7 ein.

Die **Association Control Service Elements (ACSE)** haben den Zweck, Anwendungs-Beziehungen zu verwalten. Sie beinhalten Dienste zum Auf- und Abbau einer Anwendungsbeziehung (Assoziation). Eine Assoziation ist die Beziehung zweier Anwendungsinstanzen, die durch den Austausch von Informationen, in diesem Falle ACSE-Anwendungs-Protokolldateneinheiten (**APDUs**), geschaffen wird. Eine Assoziation kann sich über mehrere Verbindungen erstrecken. Sie kann unterbrochen und wiederaufgesetzt werden. Die Protokollmaschine der Anwendungsbeziehung (Association Control Protocol Maschine - **ACPM**) und die Benutzer ihrer Dienste kommunizieren mit Hilfe der in dem internationalen Standard ISO 8649/2 [ISO86a] definierten Primitive. Jedem Aufruf der ACPM wird eine einzelne Anwendungs-Beziehung zugewiesen. Es werden drei ACSE-Dienste unterschieden :

1. Aufbau einer Anwendungs-Beziehung (A_ASSOCIATE)
   Mit dem Aufbau einer Anwendungs-Beziehung werden Vereinbarungen darüber getroffen, welche Dienstklassen benutzt werden und welche Assoziationseigenschaften für diese Anwendungsbeziehung verfügbar sein sollen. Gleichzeitig wird auf der darunterliegenden Darstellungsebene eine Verbindung errichtet.

2. regulärer Abbau einer Anwendungs-Beziehung (A_RELEASE)
   Dieser Dienst kann von jeder beteiligten Anwendungsinstanz aufgerufen werden, um eine Anwendungs-Beziehung zu einer Partnerinstanz ohne Informationsverlust bei der Datenübertragung zu beenden.

3. Nicht regulärer Abbau einer Anwendungs-Beziehung (A_ABORT, A_P_ABORT)
   Bei unerwarteten Ereignissen kann die Anwendungs-Beziehung zu jedem Zeitpunkt von einer Anwendungsinstanz, einer ACPM oder vom Erbringer der Darstellungsdienste aufgelöst werden. Der Empfänger in der Partnerinstanz wird über das Auflösen der Beziehung (**abnormal release**) informiert, hat aber keine Möglichkeit, der Auflösung entgegenzuwirken.

Die **CCR-Dienste** haben den Sinn, die Kommunikation mehrerer verteilter Anwendungsinstanzen zu koordinieren [ISO86c, ISO86d]. Sie ermöglichen einer Anwendung eine atomare Sichtweise ihrer Kommunikation mit einem oder mehreren Partnern. Mit Hilfe der CCR-Dienste ist jedoch lediglich das Senden verschiedener Nachrichten von einer Anwendungsinstanz zu einer anderen möglich. Die Realisierung von Koordinierungs- und Buchhaltungsfunktionen liegt in der Verantwortung des Benutzers der CCR-Dienste.

In dem Modell, das den CCR-Diensten zugrunde liegt, kooperieren n (n≥2) Anwendungsinstanzen mit Hilfe von paarweisen Anwendungsbeziehungen, um eine CCR-Transaktion auszuführen. Eine CCR-

Transaktion (Atomic Action) ist eine Folge von Operationen, die von einer verteilten Anwendung durchgeführt wird, ohne von anderen externen CCR-Transaktionen beeinflußt zu werden. Es werden entweder alle Aufgaben einer CCR-Transaktion komplett abgeschlossen, oder es wird der Anfangszustand wieder hergestellt. Falls es eine Anwendung erfordert, kann jede an der CCR-Transaktion beteiligte Anwendungsinstanz weitere Instanzen hinzuziehen. Die kontrollierende Instanz wird als Vorgesetzte (Superior), die Kontrollierte als Untergebene (Subordinate) bezeichnet. Die Instanz, die die gesamten Aktivitäten einer CCR-Transaktion kontrolliert, wird Master-Instanz genannt. Die Knoten des CCR-Transaktionsbaumes repräsentieren die beteiligten Anwendungsinstanzen, die Kanten stellen die Vorgesetzte/Untergebene-Beziehungen dar.

Das wesentliche Merkmal der **Commitment**-Funktion ist darin zu sehen, daß eine Masterinstanz Transaktionen einrichten und von einem oder mehreren Untergeordneten Zustimmungen bzw. Zurückweisungen anfordern kann. Abhängig von der Antwort der Untergeordneten wird eine Transaktion erfolgreich abgeschlossen (COMMIT) oder zurückgesetzt (ROLLBACK).

Concurrency bedeutet, daß Mechanismen bereitgestellt werden, mit deren Hilfe mehrere zeitlich sich überlappende Transaktionen nach außen hin genauso erscheinen wie eine sequentielle, also eine serialisierte Folge dieser Transaktionen.

Die **Recovery**-Funktion beinhaltet die Fähigkeit, die einmal gemachte, bestätigte Änderungen auch nach Systemfehlern bestehen läßt. Eine Transaktion, die nicht erfolgreich abgeschlossen werden konnte, darf keinerlei Auswirkung zeigen.

Neben diesen ACSE- und CCR-Diensten gibt es noch eine weitere Gruppe von Dienstelementen, die ihrer Funktionalität nach ebenfalls allgemeine Dienstelemente sind, obwohl sie bei der ISO nicht als Teil von CASE behandelt werden. Dazu gehört der **Remote Operations Service (ROS)** [ISO86g, ECMA85b], der eine Möglichkeit bietet, externe Operationsaufrufe und -resultate zu übermitteln. Eine seiner grundlegenden Eigenschaften ist es, den Aufruf von OSI-Diensten räumlich und logisch von der Ausführung in den zugeordneten Anwendungsinstanzen zu trennen. In seiner Funktionalität ist ROS mit dem Fernaufruf von Prozeduren (Remote Procedure Call) vergleichbar.

Um entfernte Operationen aufrufen zu können, müssen zwei ROS-Benutzer eine ROS-Assoziation etablieren. Nach dem Aufbau einer solchen Assoziation kann ein ROS-Benutzer von einem anderen ROS-Benutzer die Ausführung von Operationen anfordern bzw. für diesen Operationen ausführen. Jeder ROS-Benutzer kann seinem Gegenüber, von dem der Wunsch zur Ausführung einer bestimmten Operation ausging, das Ergebnis, eine Fehlermeldung oder eine Zurückweisungsnachricht zurückschicken.

Eine ROS-Assoziation wird unter Verwendung der **BIND**-Prozedur errichtet, aufgelöst wird sie durch den Aufruf der **UNBIND**-Prozedur. Mit Hilfe der **OPERATION**-Prozedur wird eine entfernte Instanz mit der Ausführung einer gewünschten Operation beauftragt. Für den Initiator einer Operation ist es nicht notwendig, daß er auf ein Ergebnis wartet, bevor er eine andere Operation nachfrägt.

Die folgende Abbildung verdeutlicht noch einmal das Zusammenwirken der eingeführten Bestandteile der Anwendungsschicht. Die allgemein verwendbaren Dienstelemente CCR und ACSE, sowie ROS stellen darüberliegenden Benutzern einen Grundvorrat an Diensten zur Verfügung. Diese Liste von CASE Dienstgruppen ist nicht vollständig. Sie soll bespielhaften Charakter haben. Darüber, an der oberen Schnittstelle der Schicht 7 angesiedelt, liegen die anwendungsspezifischen SASE-Dienste (wie z.B. RDA, FTAM oder VTP), welche von den generischen CASE-Diensten Gebrauch machen. Was dieses Bild nicht darstellt, ist die Aufrufstruktur der Komponenten der Schicht 7. Hier herrscht innerhalb der Normungsgremien noch Unklarheit.

Die Dienstschnittstelle dieser oberen Elemente der Schicht 7 ist für menschliche Benutzer noch ungeeignet. Das darüberliegende eigentliche Anwendungsprogramm wird zwar von einigen Verwaltungsaufgaben befreit und verfügt über mächtige Sprachmittel, um mit seinen Partnern zu kommunizieren; aber es muß jedoch, abhängig von seiner Funktionalität, verschiedene Verwaltungs- und Buchhaltungsfunktionen realisieren, welche nicht von den ISO-Schichten bereitgestellt werden.

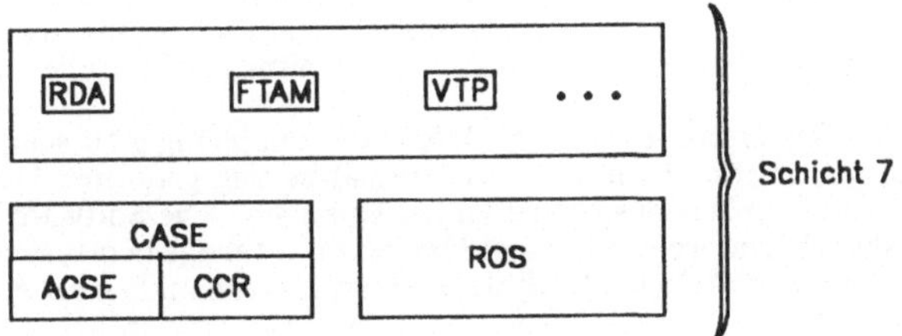

RDA : Remote Database Access
FTAM : File Transfer, Access and Management
VTP : Virtual Terminal Protocol

Abbildung 2. Modell der Anwendungsschicht

4. Datenbank-Fernzugriff in offenen Systemen

Es gibt eine Fülle von Möglichkeiten, von einem Bildschirmarbeitsplatz auf eine Datenbank zuzugreifen. Beispiele hierfür sind Zugriffe über Terminalnetze, über Netze zwischen autonomen Rechnern und über verteilte Datenbanken [Effels87]. Hier soll der Fall betrachtet werden, in dem in einem offenen Netz aus autonomen Rechnern das Anwendungsprogramm auf einem Rechner und das Datenverwaltungssystem auf einem anderen Rechner implementiert ist. Sämtliche Ein- und Ausgaben gehen an ein Anwendungsprogramm, das den Benutzer bei der Bearbeitung seines Problemes unterstützt (siehe Abbildung 3). Als weitere Komponente existiert ein Datenbanksystem auf einem entfernten Rechner, der sich in Hard- und Software von dem abfragenden Rechner unterscheiden kann. Deshalb ist ein offenes Kommunikationssystem erforderlich, das dem abfragenden System zudem noch eine eigene Verarbeitung von lokalen Daten erlaubt.

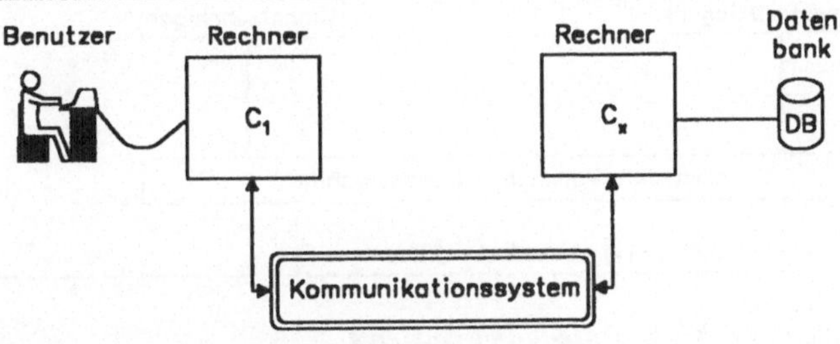

Abbildung 3. Einfache Darstellung eines Datenbank-Fernzugriffs

4.1. Funktionalität des Fernzugriffs

Bei einem Zugriff auf entfernte Datenbanken übernehmen die beiden kommunizierenden Partnerinstanzen unterschiedliche Funktionen (asymmetrisches Protokoll).

Abbildung 4. Kommunizierende RDA-Instanzen

Auf der Seite des Abfragenden (Client) befindet sich ein Anwendungsprogramm das Daten abfrägt, manipuliert, etc., welche der Server zur Verfügung stellt. Im RDA wird also eine spezielle Inter-Programm-Kommunikation realisiert

An der RDA-Dienstschnittstelle stehen dem Benutzer Dienste zur Verfügung, die an Datenbankstandards orientierte Datenabfrage- und Manipulationsdienste und darüber hinaus Dienste enthalten, welche den Kommunikationsablauf strukturieren und die Commitment-Kontrolle regeln.

Um vom Typ der auf der Serverseite benutzten Datenbank unabhängig zu sein, unterstützt das RDA Protokoll zunächst nur generische, dann als deren Spezialisierung genormte Datenbank-Abfragesprachen, an die sich beide Kommunikationspartner zu halten haben. Die Software des Benutzerprozesses muß daher einen Teil der üblicherweise in einem Datenbank-Managementsystem angesiedelten Funktionalität übernehmen. Das syntaktische Analysieren eines Datenbankbefehls geschieht bereits im Benutzerprozeß.

Auf der Datenbankseite übersetzt der Serverprozeß die empfangene RDA-Nachricht in Datenmanipulations-Prozeduraufrufe des Datenbank-Kontrollsystems (DBCS). Falls die benutzte Datenbank die durch das RDA Protokoll unterstützte Datenbanksprache (DBL) versteht, kann eventuell das nochmalige Analysieren des Kommandos, das bereits auf der Client-Seite geschehen ist, übergangen werden. Andernfalls muß noch eine Übersetzung des Datenbankkommandos in ausführbaren Code durchgeführt werden.

Das folgende Bild zeigt die Benutzung eines RDA-Dienstes beim Zugriff auf entfernte Datenbanken:

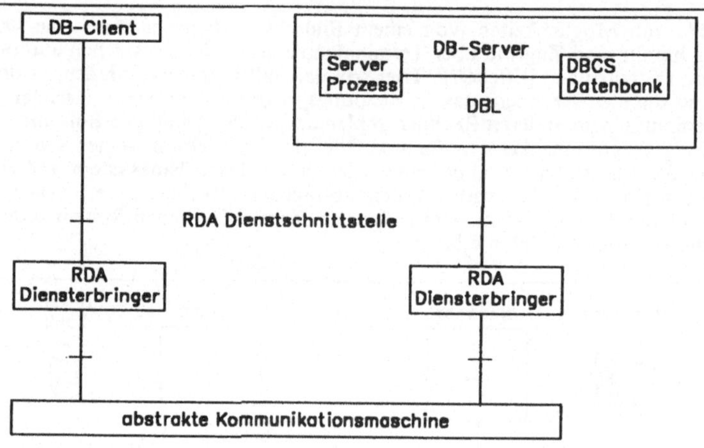

Abbildung 5. Zugriff zu einer entfernten Datenbank über RDA

Verteilte Datenbanken und Multi-Datenbank-Systeme

In einer verteilten Datenbank ist der Datenbestand über mehrere einzelne Datenbanken verteilt, die alle ihr eigenes Datenbank-Managementsystem besitzen. Der zusammenführende Überbau wird durch ein verteiltes Datenbank-Managementsystem (DDBMS) gebildet.

Ein Benutzer der RDA-Dienste merkt nicht, ob sich in dem Server-Element eine einzelne Datenbank oder eine verteilte Datenbank befindet, da die Koordination der verschiedenen Datenbanken vor ihm verborgen, durch das DDBMS erledigt wird. Die Kommunikation über RDA mit einer verteilten Datenbank unterscheidet sich also nicht von der mit einer einzelnen Datenbank.

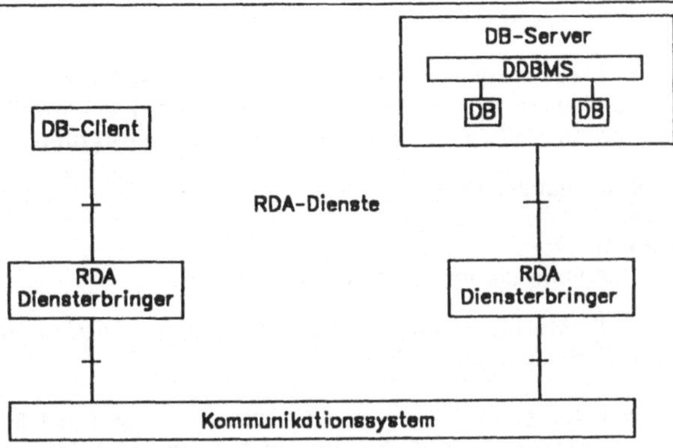

Abbildung 6. Verteilte Datenbank mit einer Verbindung

Falls dagegen der Datenbank-Benutzer zu mehreren isolierten Datenbanken verschiedene Verbindungen über RDA unterhält, fällt das korrekte Abwickeln eines 2-Phasen-Commit-Mechanismus zusätzlich in seinen Verantwortungsbereich. Dies setzt natürlich voraus, daß die benutzten Datenbanken eine solche Prozedur unterstützen.

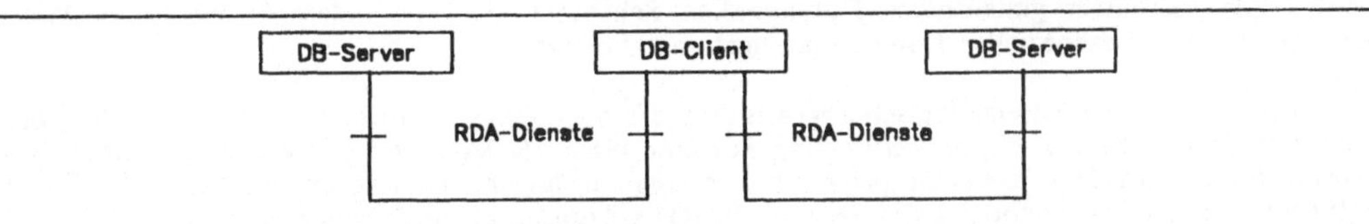

Abbildung 7. Verteilte Datenbank mit mehrfachen Verbindungen

4.2. Einordnung des RDA in das ISO-Referenzmodell

Wie aus den bisherigen Kapiteln ersichtlich wurde, zählt der Datenbank-Fernzugriff zu den typischen Anwendungen auf dem Gebiet der Kommunikation in offenen Systemen. Da die Standardisierungsarbeiten an der Schicht 7 bis heute noch nicht abgeschlossen sind, gibt es auch für den RDA noch keinen vorliegenden internationalen Standard. In diesem Kapitel sollen nun alternative Entwicklungsvorschläge für einen RDA aufgezeigt werden.

Bei der Standardisierung der höheren Schichten fiel auf, daß verschiedene Anwendungssysteme immer wieder auf bestimmte Grundfunktionen aufbauen. Dies hatte auf dem Weg zur Standardisierung von Schicht 7 eine Zweiteilung zur Folge. Auf der einen Seite wird die Anwendungsschicht bei bestimmten Anwendungen - wie die übrigen Schichten auch - als eine Einheit angesehen, d.h. für die Normung der Schicht 7 gilt für die jeweiligen Anwendungen jeweils ein einziger, die ganze Anwendung umfassender internationaler Standard. Die zweite Entwicklungsrichtung schlägt den Weg ein, Schicht 7 in mehrere Teile aufzuspalten, wobei für jeden Teil ein Standard vorgesehen ist. Demnach stützen sich spezielle Anwendungen auf mehrere Teilstandards der Ebene 7. Der Vorteil dieser Entwicklung ist darin zu sehen, daß allgemein verwendbare Grundfunktionen (wie z.B. ACSE, CCR,ROS) in den verschiedensten Anwendungssystemen immer wieder verwendet werden können und nur einmal realisiert werden müssen.

Allerdings stößt man bei diesem Ansatz auf das Problem, daß diese Bausteine unabhängig voneinander spezifiziert wurden und ein übergeordneter Rahmen dafür fehlt. Falls man mehrere Komponenten der Schicht 7 benutzt, ist nicht nur eine Abhängigkeit zwischen dem Abfrageprozeß (hier: RDA) und den anderen Teilen der Schicht 7 vorhanden, sondern müssen diese Teile auch untereinander Informationen austauschen. Da es aber sehr viele Anordnungspermutationen der verschiedenen Komponenten der Schicht 7 gibt, kann man zur Zeit (noch?) keinen allgemeinen Rahmen für eine Architektur der Schicht 7 angeben, sondern muß sich für jede Anwendung einen speziellen Überbau konstruieren.

4.3. Dienste und Protokoll des RDA

Die vom RDA angebotenen **Dienste** sollen es einem Client-Prozeß ermöglichen, auf Daten in entfernten Datenbanken zuzugreifen und diese zu manipulieren und einem Server-Prozeß, auf Abfragen zu reagieren. Eine RDA-Dienstschnittstelle muß mindestens folgende Dienstgruppen anbieten:

- Verbindungs-/Assoziationsmanagement
- Ressourcenmanagement
- Transaktionsmanagement
- Datenabfrage- und Datenmanipulations-Anweisungen

Darüberhinaus ist es sinnvoll, Mechanismen bzw. zur Anweisungswiederholung, d.h. zum Speichern und Abrufen von Datenbankbefehlen, anzubieten.

Eine **Assoziation** ist eine vereinbarte Beziehung zwischen dem abfragenden Client und dem antwortenden Server, die, im Gegensatz zu einer Verbindung in tieferen Schichten, nicht ohne das Einverständnis beider Kommunikationspartner beendet werden kann. Falls aufgrund eines Fehlers in einer tieferen Schicht eine Verbindung abgebrochen wird, existiert die Assoziation weiter. Es ist dann eine neue Verbindung herzustellen, um die Assoziation fortzusetzen.

Unter **Ressourcenmanagement** versteht man einerseits die Verfügbarkeit von Informationen über die interne Struktur der Datenbank, die vom Typ des verwendeten Datenbanksystems abhängen, wie z.B. Tabellen- oder Tupelnamen. Andererseits muß der Zugriff auf Ressourcen der Datenbank geregelt werden. Als Ressourcen gelten ganze Datenbanken, Schemata oder eine andere Auswahl von Daten, die wiederum von der speziellen Datenbankumgebung abhängt.

Eine **RDA-Transaktion** ist eine logisch abgeschlossene Einheit eines vom Client ausgehenden Abfrageprozesses. Jeder Client darf pro Verbindung nur eine offene RDA-Transaktion besitzen. Ein Server kann mehrere RDA-Transaktionen gleichzeitig unterhalten, falls er mehrere Benutzer hat. In diesem Fall liegt es in der Verantwortung des Servers, die RDA-Transaktionen zu serialisieren.

Dienste zur **Datenabfrage und -manipulation**, initiiert vom Client, enthalten eine Anforderung einer Datenbankaktion, um Daten abzufragen oder um Dateninhalte zu ändern. Der Server antwortet darauf entweder mit dem Ergebnis oder einer Fehlermeldung.

Neben der Spezifikation der mit den oben umrissenen Diensten verbundenen Parametern, ist auch eine Festlegung der Darstellung von Werten in Datenbankkommandos (**Datenrepräsentation**), wie z.B. Aufrufparameter oder Ergebnisse, notwendig. Das einfachste Verfahren zum Verschicken von Anfragen wäre eine eindeutige Übertragung als Zeichenkette. Das macht allerdings im allgemeinen Probleme wegen maschinenabhängigen Zeichensätzen und wegen Dialekten von Datenbanksprachen. Da man beim RDA international standardisierte und damit syntaktisch festgelegte Abfragesprachen benutzt, ist es möglich, einen Parser auf der Seite des Anwendungsprogramms vorzusehen, inkorrekte Anfragen lokal abzuweisen und korrekte Anfragen in einer optimierten Transfer-Darstellung zu übertragen.

Dieser Ansatz wird in den RDA-Vorschlägen der ECMA verfolgt, wobei die Sprache SQL in der Notation ASN.1 der ISO [ISO86e,ISO86f] als abstrakte Syntax aufgeschrieben wurde und für den Transfer die 'Basic Encoding Rules for ASN.1' verwendet wurden. Der SQL-Standard in ASN.1 ist als Beispiel für eine Spezialisierung einer generalisierten Datenbank-Sprachspezifikation, welche vom RDA angeboten wird, anzusehen. Die Lösung des Problems der Übertragung von Werten innerhalb eines Datenbankbefehls (z.B. variable Argumente, Ergebnisse) geschieht durch die Vorgabe einer eindeutigen Codierung dieser Werte.

Die **Protokoll**spezifikation des RDA legt die erlaubten Inhalte der ausgetauschten Nachrichten fest, und sie beschreibt das erwartete Verhalten der beiden Partnerinstanzen. Die Asymmetrie der beiden RDA-Benutzer (Client und Server) spiegelt sich in zwei verschiedenen Protokollmaschinen wieder. Außerdem beschreibt das Protokoll die Anbindung des RDA an die Dienste der tieferen Kommunikationsschichten.

Ein weiterer wichtiger Aspekt, der durch ein Protokoll üblicherweise mit Zustandsübergangsdiagrammen beschrieben wird, ist das Verhalten im Fehlerfall.

4.4. Stand der Normung

Bei der Realisierung eines Standards für Zugriffe auf entfernte Datenbanken werden in der Vereinigung der Europäischen Computerhersteller (ECMA) zur Zeit zwei Alternativen diskutiert. Der ältere der beiden Vorschläge wurde im Jahr 1985 durch das Technische Komittee 22 der ECMA vorgestellt. Die letzte Fassung dieser Version steht als 'Remote Database Access Service and Protocol', Technischer Report (TR 30) zur Verfügung [ECMA85a].

Dieser Normungsvorschlag benutzt direkt die Dienste der Darstellungsschicht (Schicht 6) und setzt eine Kommunikationssteuerungsschicht voraus, die die Dienste des 'Basic Synchronized Subset' (BSS) und den 'Full-duplex'-Datenaustausch unterstützt.

Die Dienstschnittstelle dieses RDA Normungsvorschlags bietet folgende Möglichkeiten:

- Einzelne und gruppierte Datenbankanweisungen
- Lesen und Schreiben von umfangreichen Datenmengen (Bulk Transfer)
- Commitment Kontrolle
- Transaktionsverwaltung
- Definition und Ausführung von 'Makros'

Gruppierte Datenbankanweisungen erlauben es, eine Folge von Dienstaufrufen zusammenzufassen, ohne auf die jeweilige Antwort warten zu müssen. Im normalen, synchronen Betrieb muß die Clientseite das Eintreffen der Serverantwort abwarten.

Unter Makro versteht man in diesem Zusammenhang eine benutzerdefinierte Folge von Datenbankkommandos, welche mit Hilfe einer eindeutigen Kennung referiert werden kann.

Die zur Verfügung stehenden Dienste und ihre Beziehungen untereinander lassen sich in dem folgenden vereinfachten Bild erklären:

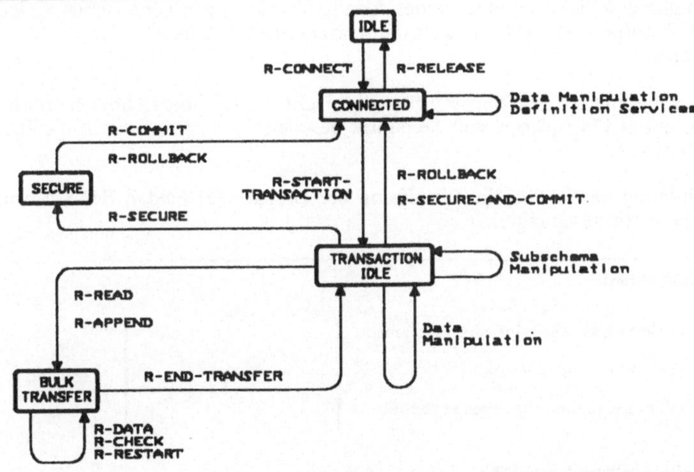

Abbildung 8.   Zustandsdiagramm der RDA Dienste gemäß erstem ECMA-Vorschlag (ohne Fehlerbehandlung)

Aus dem Initialzustand IDLE heraus, wird mit dem Dienst R-CONNECT (R steht als Kennzeichnung für RDA) eine Verbindung etabliert. Dabei werden eine Assoziationskennung, um eventuell eine frühere Assoziation fortzuführen, und die für den Verbindungsaufbau der Darstellungsschicht notwendigen Parameter angegeben. Eine Verbindung wird mit R-RELEASE abgebaut, mit der Angabe, ob die Assozation weiter bestehen soll.

In dem CONNECTED Zustand können mit Daten-Manipulations und -Definitions-Diensten temporäre Tabellen, Cursor und Makros definiert werden, die für die Dauer einer Assoziation, also nicht nur während einer Transaktion gültig bleiben.

Mit Hilfe des R-START-TRANSACTION Dienstes geht man in den Zustand TRANSACTION IDLE über. In einer so begonnenen Transaktion ist es möglich, Datenbank-Manipulationskommandos mit dem R-RDL-DO Dienst abzusetzen. Als Parameter übergibt man die gewünschte Datenbankanweisung (z.B. SELECT, INSERT, DECLARE CURSOR, etc.) und je nach Anweisungstyp Benutzerdaten. In der Antwort der Datenbank erhält man den Rückgabewert und eventuell die abgefragten Daten. Die Ergebnisdaten können nur einen Tupel des abgefragten Datenbestandes enthalten. Für größere Datenbestände muß man sich des Cursor-Konzeptes bedienen oder mit R-READ bzw. R-APPEND in den BULK-TRANSFER Zustand übergehen. Hier ist es möglich ganze Tabellen mit R-DATA zu übertragen, ohne dazwischenliegende Datenmanipulationskommandos. Die Strukturierung des Kommunikationsablaufes geschieht mit Hilfe des Dienstes R-CHECK, welcher Synchronisationspunkte setzt. Im Fehlerfall kann durch R-RESTART auf einen von beiden Partnern als sicher angesehenen Punkt zurückgesetzt werden. Mit R-END-TRANSFER wird der Massendatentransport beendet und man geht zurück in den TRANSACTION-IDLE-Zustand.

Durch die Subschema-Management-Dienste wird es ermöglicht, Informationen bezüglich der Datenbank-Tabellen, der Datenbank-Sicht, der Benutzerprivilegien und der Makros zu ändern. Subschema-Daten, die die Tabellenstrukturen oder die Datenbank-Sicht definieren, können mit dem aktuellen Normungsvorschlag noch nicht geändert werden. Benutzerprivilegien werden aufgrund einer Autorisierungskennung gewährt. Makros können mit Hilfe der RDA-Dienste erstellt und gelöscht werden.

Eine Transaktion abschließen, d.h. aus dem TRANSACTION IDLE Zustand in den CONNECTED Zustand übergehen, kann man entweder mit einem einphasigen Commit-Mechanismus oder mit einem 2-Phasen-Commit. In beiden Fällen ist es möglich, die Transaktion mit dem R-ROLLBACK Dienst für nichtig zu erlären.

Der **zweite Vorschlag** zur Normung des RDA stammt ebenfalls von dem Technischen Kommittee 22 der ECMA. Er liegt in der Form eines Arbeitsentwurfs vor. Die aktuelle Version 2 vom Dezember 1986 trägt den Titel 'Remote Database Access' [ECMA86].

Der Hauptunterschied zu dem ersten Normungsvorschlag besteht darin, daß hier nicht direkt die Dienste der Darstellungsschicht benutzt werden, sondern daß auf den generischen Anwendungsdiensten von ROS und CCR aufgesetzt wird, die sich dann wiederum der Dienste von ACSE und der Darstellungsschicht bedienen.

Diese Benutzung von generischen Diensten für spezifische Zwecke bezeichnet man als **Spezialisierung**. Das kann sowohl durch Hinzufügen von Semantik geschehen, als auch durch die Einschränkung der zulässigen Wertebereiche.

Die folgende Abbildung beschreibt die Zuordnung der Dienste der beiden RDA-Normungsvorschläge auf tiefere Kommunikationsschichten:

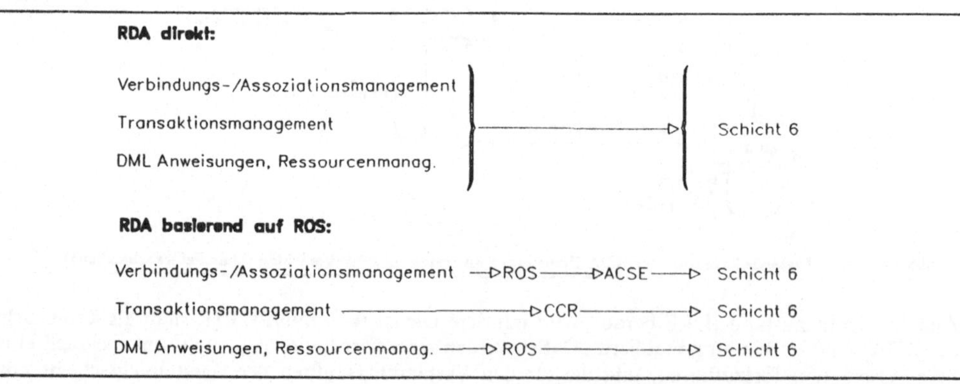

Durch die Benutzung von ROS- und CCR-Diensten wird ein Großteil der Funktionalität in Grundkomponenten der Anwendungsschicht verlagert, die auch als Grundlage für andere Anwendungen benutzbar sind. Das hat den Vorteil, daß die spezifische Aufgabe des RDA-Protokollautomaten sehr einfach wird. Das Protokoll besteht hier nur noch aus der Zuordnung der RDA-Dienste auf die untergelagerten Diensterbringer ROS, CCR und ACSE. Die sich dadurch ergebenden Probleme wegen des

Fehlens eines logischen Rahmens für diese drei untergelagerten Komponenten der Schicht 7 wurden bereits in Kapitel 4.2 erwähnt.

Die Dienste des auf ROS basierenden RDA und deren Beziehungen zueinander zeigt die folgende Abbildung:

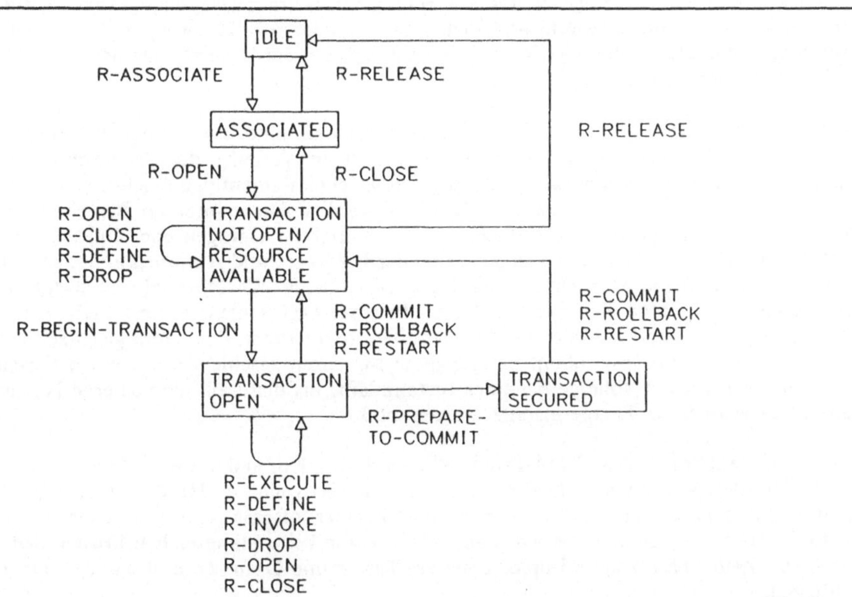

Abbildung 9.   Zustandsdiagramm der RDA-Dienste gemäß zweitem ECMA-Vorschlag (ohne Fehlerbehandlung)

Aus dem Initialzustand IDLE heraus wird mit R-ASSOCIATE eine Assozation zwischen dem Client und dem Server aufgebaut, und man geht in den Zustand ASSOCIATED über. Hier ist es möglich sich zu Datenbank-Ressourcen Zugang zu verschaffen. Mit R-RELASE wird eine Assoziation abgeschlossen und wieder in den verbindungslosen IDLE Zustand zurückgegangen,

Durch das Akquirieren einer ersten Ressource befindet man sich in dem TRANSACTION NOT OPEN / RESOURCE AVAILABLE Zustand. Mit dem R-OPEN Dienst können hier weitere Ressourcen eröffnet, aber auch freigegeben und gesperrt werden. Die Dienste R-DEFINE und R-DROP ermöglichen es, Datenbank-Kommandozeilen zu speichern bzw. zu löschen. Diese können später durch Angabe ihrer Kennung ausgeführt werden.

Eine Transaktion wird mit dem Dienst R-BEGIN-TRANSACTION eröffnet. Man befindet sich dann im Zustand TRANSACTION OPEN in dem zusätzlich das Absetzen von Datenbank-Management-Befehlen erlaubt ist. Diese werden als Einzelkommandos durch den Dienst R-EXECUTE aufgerufen. Außerdem dürfen in diesem Zustand Kommandozeilen gespeichert, ausgeführt und gelöscht und weitere Ressourcen angesprochen werden.

Eine Transaktion wird durch einen 1-Phasen-Commit-Mechanismus oder ein 2-Phasen-Commit (über den Zustand TRANSACTION SECURED) abgeschlossen. Mit dem ROLLBACK Dienst kann die aktuelle Transaktion zurückgesetzt werden; mit R-RESTART ist es möglich, nach einem Fehler den Client und den Server wieder zu synchronisieren.

5. Implementierung eines Prototyps

Ein am ENC realisierter erster Implementierungsansatz basierte auf dem ersten ECMA-Vorschlag. Der aktuelle Ansatz stützt sich auf den zweiten Normungsvorschlag, der die generischen Dienste von ROS, CCR und ACSE benutzt.

Der Übergang auf die zweite Version erfolgte, da diese zwischenzeitlich im Standardisierungsprozeß klarer gewordene Teilkomponenten der Ebene 7 (ROS, CCR, ACSE) integriert und dadurch modularer ist und besser in die ISO-OSI Philosophie paßt. Der letzte Normungsvorschlag ist auch umfassend genug, um einen Prototyp komplett zu entwickeln. Allerdings setzt dies voraus, daß ROS, CCR und ACSE in der vom RDA verwendeten Form zur Verfügung stehen, was zur Zeit noch nicht der Fall ist. Generell ist durch die ständige Weiterentwicklung der Normungsvorschläge eine Prototypimplementierung im ersten Anlauf schwierig und muß immer wieder revidiert werden. Jedoch ist nur durch eine frühzeitige Realisierung des jeweils aktuellen Vorschlages ein Hineintragen der gemachten Erfahrungen in die Normungsgremien möglich.

Eine OSI-Schicht läßt sich aufteilen in eine Protokollmaschine, eine Menge von vorgeschriebenen Prädikaten und Aktionen, einen Wartebereich und einen Verteiler der Programmkontrolle [Pappe86]. Durch die Protokollmaschine wird festgelegt, in welcher Reihenfolge Nachrichten gesendet bzw. empfangen und interne Berechnungen durchgeführt werden. Diese internen Berechnungen geschehen in Prädikaten oder Aktionen, die die Belegung von Variablen abfragen oder ändern. Das Verhalten der Protokollmaschine kann von den Ergebnissen der Prädikate und Aktionen abhängen. Um einen asynchronen Nachrichtenaustausch zu gewährleisten, müssen Wartebereiche angelegt werden, die austauschende Nachrichten zwischenspeichern. In einer OSI-Schicht können sich mehrere Protokollinstanzen befinden, damit z.B. die angebotenen Dienste mehreren Benutzern gleichzeitig zugänglich sind. Die Steuerung der Programmkontrolle für diese Instanzen geschieht durch einen Verteilungsmechanismus, der die Kontrolle solange bei einer Instanz läßt, bis diese auf eine externe Nachricht, sei es von dem Benutzer oder der Partnerinstanz, warten muß.

Zur Implementierung des RDA-Protokolls wird die Kommikationsprotokoll-Beschreibungstechnik PASS (Parallel Activity Specification Scheme) [AFHHK84a, AFHHK84b] benutzt. Eine mit dieser Technik ausgearbeitete Spezifikation kann mittels einer automatischen Code-Generierung sehr schnell in ein Programm umgesetzt werden [Pappe86]. Gerade bei umfangreichen Protokollen erzielt man dadurch eine Zeitersparnis beim Implementieren, Testen und Optimieren, wie auch eine geringere Fehlerhäufigkeit.

Als Grundlage für die Realisierung des RDA auf tieferen Schichten des ISO-OSI Modells steht am ENC eine selbst entwickelte Sessionschicht und ein Implementierungsansatz für die Darstellungsschicht zur Verfügung, jedoch noch keine Realisierung von ROS, CCR und ACSE. Da die hier zu leistende Vorarbeit durch vollständige Implementierung dieser Komponenten eine zu große Verzögerung der RDA-Testimplementierung bedeutet, werden in der ersten Prototypversion diese Teile nur simuliert.

Die Realisierung des RDA geschieht unter dem VM/SP Betriebssystem der IBM in der Programmiersprache PASCAL mit dem PASCAL/VS Compiler und einer selbstentwickelten PASCAL/VS-SQL/DS-Schnittstelle, welche den Zugang zu einer SQL/DS-Datenbank ermöglicht. Mittels eines Testrahmens, zur einfachen Parametereingabe und -änderung, werden die RDA-Dienstprimitive als Prozeduren der RDA-Dienstschnittstelle aufgerufen. Die Programmkontrolle bleibt solange bei dem RDA-Serviceprogramm bis eine Antwort auf die gesendete Nachricht eingetroffen ist oder ein Fehler entdeckt wurde (synchrone Kommunikation). Auf der Clientseite werden gewisse Fehlerbedingungen abgeprüft (z.B. plausible Parameterbelegung oder korrekte Zustandsübergänge) um danach dem Server die RDA-Nachricht zu übermitteln. Bisher geschieht kein Parsing auf der Clientseite und kein Codierung in die vorgeschriebene Transferform. Der Server erhält die RDA-Nachricht als PASCAL-Record und die Datenbankbefehle als Zeichenkette (String). Die Serverseite ist auf einer zweiten virtuellen Maschine des VM/SP Betriebssystems installiert. Der Nachrichtentransfer erfolgt zunächst mittels einer vom Betriebssystem zur Verfügung gestellten Interprozeßkommunikation. Der Server verfügt über mit dem Client übereinstimmende Typdeklarationen und kann so die PASCAL-Records direkt verarbeiten. Die Datenbankkommandos werden über eine selbstentwickelte PASCAL/VS-SQL/DS Schnittstelle dem Datenbanksystem SQL/DS übermittelt. Das Ergebnis wird zusammen mit einer SQL/DS spezifischen Typbeschreibung zum Client geschickt.

Noch nicht realisiert ist die Parsing-Funktion zum Analysieren des Datenbankkommandos sowie das vorgeschriebene Codieren und Decodieren von RDA-Nachrichten (Aufgabe der Darstellungsschicht) und der Werte von Datenbankkommandos (Aufgabe des RDA). Es existiert auch noch keine Anbindung an ein reales offenes Netz.

Schlußbemerkungen

Nach der für das Verständnis erforderlichen Einführung in die Kommunikation in offenen Systemen wurde der Stand der Diskussion über die Anwendungsschicht des ISO-Referenzmodells dargelegt. Darauf aufbauend wurden die Funktionsweise und die Unterschiede zwischen zwei verschiedenen Vorschlägen zur Normung des Fernzugriffs auf Datenbanken erklärt. Ein auf dem aktuellen Normungsvorschlag basierender Implementierungsansatz für einen Prototyp wurde abschließend vorgestellt.

Die bei der Realisierung gewonnenen Erfahrungen werden durch aktive Mitarbeit in die Normungsgremien der ECMA eingebracht. Eine angestrebte Zusammenarbeit mit anderen Herstellern soll später auch zur praktischen Erprobung des Prototyps in einem offenen Netz führen.

Danksagung

Eine wesentliche Grundlage für die hier vorgestellte Arbeit bildeten Diskussionen mit Fachkollegen verschiedener Firmen im Zusammenhang mit der Arbeit des TC 22 der ECMA. Insbesondere danken wir Herrn P. Pistor von der AIM-Gruppe des Wissenschaftlichen Zentrums Heidelberg der IBM für seine Hilfe bei der Interpretation der ECMA-Normenvorschläge. Herrn G. Wulferding danken wir für seine Hilfe bei der Erstellung der Abbildungen.

Literaturverzeichnis

[AFHHK84a] C. Andres, A. Fleischmann, P. Holleczek, U. Hillmer, R. Kummer: Eine Methode zur Beschreibung von verteilten Programmen, angewandt bei der Spezifikation von DFÜ-Protokollen. Regionales Rechenzentrum der Universität Erlangen-Nürnberg, 1984.

[AFHHK84b] C. Andres, A. Fleischmann, P. Holleczek, U. Hillmer, R. Kummer: Die Umsetzung einer Spezifikationsmethode für DFÜ-Systeme in verschiedene Arten von Programmiersprachen. Regionales Rechenzentrum der Universität Erlangen-Nürnberg, 1984.

[CePe84] St. Ceri, G. Pelagatti: Distributed Databases - Principles and Systems. Mc Graw-Hill, 1984.

[ECMA85a] ECMA: Remote Database Access Service and Protocol, Technical Report 30, December 1985.

[ECMA85b] ECMA: Remote Operations - Concepts, Notation and Connection-Oriented Mappings. ECMA Technical Report 31, December 1985.

[ECMA86] ECMA: Remote Database Access, Second Working Draft for a Standard, December 1986.

[Effels87] W. Effelsberg: Datenbankzugriff in Rechnernetzen, Neue Entwicklungen bei Datenbanksystemen, erscheint in Informationstechnologie, 1987.

[EfFl86] W. Effelsberg, A. Fleischmann: Das ISO-Referenzmodell für Offene Systeme und seine sieben Schichten, Informatik Spektrum, 1986.

[ELRS86] H. Eckhardt, W. Lamersdorf, K. Reinhardt, J.W. Schmidt: Datenbankprogrammierung in Rechnernetzen. GI-Jahrestagung, Berlin, Springer Verlag, 1986.

[GGHST85] E. Giese, K. Görgen, E. Hinsch, G. Schulze, K. Truöl: Dienste und Protokolle in Kommunikationssystemen, Springer Verlag Berlin (Heidelberg, New York, Tokio), 1985.

[GKSST85] G. Görgen, H. Koch, G. Schulze, B. Struif, K. Truöl: Grundlagen der Kommunikationstechnologie; ISO-Architektur offener Kommunikationssysteme. Springer Verlag Berlin, 1985.

[Heil86] H.-L. Heil: Datenbankzugriff in heterogenen Systemen - Remote Database Access. Diplomarbeit, Universität Heidelberg, Dezember 1986.

[IEEE83] Proceedings of the IEEE, Vol. 71, No. 12, December 1983.

[ISO84] ISO: International Standard 7498. Open Systems Interconnection - Basic Reference Model, 1984

[ISO85a] ISO: International Standard 8822. Open Systems Interconnection - Connection Oriented Presentation Service Definition, June 1985.

[ISO85b] ISO: International Standard 8823. Open Systems Interconnection - Connection Oriented Presentation Protocol Specification, June 1985.

[ISO86a] ISO: International Standard 8649/2. Open Systems Interconnection - Service Definition for Common Application Service Elements - Part 2 : Association Control, 1986.

[ISO86b] ISO: International Standard 8650/2. Open Systems Interconnection - Protocol Specification for Common Application Service Elements - Part 2 : Association Control, 1986.

[ISO86c] ISO: International Standard 8649/3. Open Systems Interconnection - Definition of Common Application Service Elements - Part 3: Commitment, Concurrency and Recovery, 1985.

[ISO86d] ISO: International Standard 8650/3. Open Systems Interconnection - Specification of Protocols for Common Application Service Elements - Part 3: Commitment, Concurrency and Recovery, 1985.

[ISO86e] ISO DIS 8824: Specification of Abstract Syntax Notation One (ASN.1), May 1986.

[ISO86f] ISO DIS 8825: Basic Encoding Rules for Abstract Syntax Notation One

[ISO86g] ISO TC97/SC18/WG4/N356/1,2: Message Oriented Text Interchange Systems, Remote Operation Service (ROS), Part 1: Concepts and Model, Part 2: Basic ROS, January 1986.

[Pappe86] Anwendung einer Implementierungstechnik für Kommunikationsprotokolle auf das ISO-Kommunikationssteuerungs-Protokoll. Diplomarbeit, Universität Karlsruhe, März 1986.

[Tane81] A. Tanenbaum: Computer Networks. Prentice Hall, Englewood Cliffs, 1981.

**Anforderungen an ein arbeitsplatzorientiertes
Datenhaltungssystem**

A. Reuter, F. Haberhauer, P. Peinl, H. Zeller
Universität Stuttgart, Institiut für Informatik
Azenbergstr. 12
D-7000 Stuttgart 1

D. Weber, A. Speicher, K. Friedlein, J. Renschler
DATEV eG
Paumgartnerstr. 6-14
D-8500 Nürnberg 80

Zusammenfassung: Durch die zunehmende Verbreitung von PCs stellt sich die
Frage, wie verteilte Verarbeitungsformen in bislang zentralisierte Anwendungen integriert werden können. An einem Beispiel wird gezeigt, daß
Lösungskonzepte, wie sie für DDBMS, Workstation-DBMS u. ä. entwickelt worden sind, nicht unmittelbar übernommen werden können. Die Gründe hierfür
sind insbesondere die Notwendigkeit eines schrittweisen Übergangs auf die
neuen Verarbeitungsformen, die weiträumige Verteilung der PCs und deren
hohe Betriebsunsicherheit.

Abstract: The increasing availability of PC's leads to the question, how to
integrate distributed processing into centralized applications. An example
shows that existing solutions, which have been developed for DDBMSs,
Workstation-DBMSs, etc., are not readily applicable. The reasons are the
necessity of proceeding incrementally, the distribution of the PCs over a wide
area and their low degree of data security and stability.

1. Einleitung

Mit der breiten Verfügbarkeit leistungsstarker Arbeitsplatzrechner und PCs ist in den letzten
Jahren die Einbindung solcher Geräte in große verteilte Anwendungssysteme auf rasch wach-
sendes Interesse gestoßen. Viele Beiträge zur ersten BTW-Konferenz [BT85] haben sich mehr
oder weniger explizit mit arbeitsplatzorientierten Architekturen befaßt; die Untersuchungen
zum Gebiet Büroautomation sind stark geprägt durch die Probleme der Verlagerung
mächtiger Betriebsmittel an den Platz des Endbenutzers, und auch bei CAD-Systemen steht
die Rolle der dedizierten Workstations im Vordergrund. Dabei ist interessant zu beobachten,
daß ein großer Teil der Arbeiten zu diesem Themengebiet sich mit der Gestaltung von
Benutzerschnittstellen und Interaktionsformen befaßt. Auch zum Problem anwendungsspezifischer (semantischer) Datenmodelle und ihrer Unterstützung durch entsprechend
erweiterte Datenbanksysteme gibt es eine große Zahl von Beiträgen. So wird etwa die
Behandlung komplexer Objekte ebenso für notwendig erachtet wie die Einbeziehung neuer
Datentypen (Text, digitale Bilder, Voice) und die Verwaltung von Versionen. Diese Fragen sind
zweifellos wichtig für den Entwurf jeglicher endbenutzerorientierter Systeme, doch es gibt
noch eine Reihe anderer, die vergleichsweise wenig Beachtung fanden, wie z. B.:

- Wie können PCs und Arbeitsplatzrechner als Komponenten in einem System arbeiten, das insgesamt denselben Qualitäts- und Zuverlässigkeitsanforderungen genügen muß wie konventionelle, zentralisierte Anwendungen?

- Welche Datenverwaltungs- und Synchronisationsprimitive sind in einem System mit vielfacher Replikation der Daten angemessen?

- Welche Kommunikationsprotokolle eignen sich für weiträumig verteilte Anwendungen, die *nicht* auf einem fast permanent verfügbaren Netzwerk beruhen?

- Welche Konsistenzdefinitionen und Zustandsübergangseinheiten sind in solchen Umgebungen angemessen?

Meist wird implizit unterstellt, daß die für verteilte Datenbanksysteme entwickelten Konzepte entweder unmittelbar übernommen werden können, oder durch geringfügige Modifikationen auf die Bedürfnisse von Workstation-DBMS übertragbar sind. Das Ziel dieser Arbeit ist es, an einer sehr großen Anwendung bei der DATEV eG (Datenverarbeitungsorganisation des steuerberatenden Berufes in der Bundesrepublik Deutschland, eingetragene Genossenschaft), die viele für andere verteilte Systeme charakteristische Merkmale aufweist, deutlich zu machen, daß diese Annahme nicht gerechtfertigt ist und gerade verteilte Systeme auf der Basis von PCs auch im Bereich der Basis-Software neuartige Lösungen erfordern.

2. Beschreibung der Anwendungsumgebung

Zum besseren Verständnis der Anforderungen und Randbedingungen für den Entwurf einer geeigneten verteilten Systemarchitektur ist es erforderlich, zunächst kurz auf die Anwendungsumgebung selbst, ihre Eigenschaften und die Erwartungen der Benutzer bezüglich der angebotenen Dienstleistungen einzugehen. Dabei werden eine Reihe sehr spezifischer Begriffe, Regelungen und Prozeduren eingeführt, die ihren Grund in den technischen, organisatorischen und strategischen Gegebenheiten dieser speziellen Anwendung haben. Dies sollte jedoch nicht zu dem Schluß verleiten, daß alle Konsequenzen, die in diesem Papier in Hinblick auf die technischen Lösungskonzepte vorgeschlagen werden, nur für diesen Kontext gültig sind. Es wird sich herausstellen, daß ähnliche Randbedingungen auch bei anderen großräumig verteilten Anwendungen zu finden sind und dort entsprechende Anforderungen an eine Systemarchitektur gestellt werden müssen. Die Anwendung bei der DATEV dient also für diese Diskussion als ein prototypisches Beispiel für eine sehr viel größere Klasse ähnlich strukturierter Anwendungen.

2.1. Gegenwärtige Verarbeitungsformen

Die DATEV betreibt ein Service-Rechenzentrum, das für rund 27.000 Steuerberater in ganz Deutschland EDV-Dienstleistungen und PC-Software aus dem Bereich der steuerberatenden Berufe anbietet. Das Angebot umfaßt eine große Zahl von Verarbeitungen und Auswertungen; den größten Anteil am Gesamtaufkommen haben die Programme zur Finanzbuchhaltung und zum Rechnungswesen, die Einkommen- und Lohnsteuer-Berechnung sowie die Lohn- und Gehaltsbuchführung. In einem typischen Verarbeitungszyklus werden die Auswertungsaufträge mit den dazugehörenden Daten an das Rechenzentrum (RZ) geschickt, dort in Batchläufen verarbeitet und die Ergebnisse in Form von Listen, Mikrofiches o. ä. per Post zurückgeschickt. An Spitzentagen entstehen bis zu 40.000 Einzelsendungen mit Auswertungsergebnissen. Die Einreichungswege für Aufträge können nach der Übermittlungsdauer in zwei Kategorien aufgeteilt werden:

- Postversand von Datenträgern unterschiedlichster Form (Disketten, Magnetbandkassetten, Klarschriftbelege, Lochstreifen usw.)

- Übertragung der Daten- und Auftragssätze auf Telefonleitungen, und zwar entweder gesteuert durch ein entsprechendes Gerät in der Kanzlei des Steuerberaters oder durch einen vom Rechenzentrum initiierten Abruf während der Nacht von einem dafür vorbereiteten PC in der Kanzlei.

Daneben gibt es für einige Teilanwendungen die Möglichkeit des quasi-interaktiven Betriebes von einem Terminal beim Steuerberater aus, doch erlaubt dies nur eingeschränkte Funktionalität und das Arbeiten auf Kopien, die erst durch den jeweils nächsten BatchVerarbeitungslauf aktualisiert werden. Insgesamt ist aber die Kopplung zwischen Endbenutzer und RZ eher lose und die Zeit für die Übermittlung von Anforderungen und Ergebnissen verglichen mit interaktiven Auskunftssystemen lang.

Die wichtigste Garantie (aus der Sicht des Anwenders) bei allen Verarbeitungen liegt darin, daß sämtliche Dateien, die vom Rechenzentrum erfolgreich verarbeitet werden, vollständig kontrolliert, gesichert und über sehr lange Zeiträume wiederherstellbar sind. Diese hohe Qualität der Daten und die Verantwortung des Dienstleistungs-Anbieters dafür ist ein Aspekt, der bei allen folgenden Erörterungen stets berücksichtigt werden muß.

Zur Zeit sind neben zahlreichen Terminals ca. 13.000 PCs in den Steuerberater-Büros installiert, die über eine spezielle Kommunikations-Software mit dem Rechenzentrum Daten austauschen können. Damit lassen sich im wesentlichen die oben skizzierten Interaktionsformen, der Datentransfer und der Dialogbetrieb realisieren. Außerdem werden einige lokale Anwendungen für den PC angeboten, die allerdings ohne Synchronisation mit dem RZ auf redundanten Kopien von (möglicherweise nicht mehr aktuellen) Daten ablaufen.

2.2. Zukünftige technische Randbedingungen

An der Art der Kommunikation zwischen PC und RZ wird sich in naher Zukunft nichts wesentliches ändern; sie wird weiter über ein auf Standleitungen basierendes Netzwerk der DATEV erfolgen, das vom Büro des Beraters bis zum nächsten Netzzugangsknoten langsame Wählleitungen benutzt. Ändern wird sich dagegen die Zahl und die Mächtigkeit der PCs; in ca. 2 Jahren werden mehr als 30.000 PCs im Einsatz sein, die meisten davon mit mindestens 640 KB Speicher, 20 MB Harddisk und weiterer Peripherie. Auch die Installation von LANs in einigen größeren Kanzleien ist abzusehen.

Die naheliegende Frage ist, wie die Leistungsfähigkeit solcher Geräte eingesetzt werden kann, um kürzere Antwortzeiten bei den Verarbeitungsvorgängen, höhere Aktualität der Daten vor Ort und evtl. eine neue Qualität von Anwendungen zu erreichen.

2.3. Angestrebte Nutzungsformen

Es ist klar, daß PCs der genannten Art als Datenerfassungsgeräte bzw. Terminalemulatoren überdimensioniert wären. Vielmehr muß es möglich sein, sämtliche verfügbaren Anwendungen, die z. Zt. im Rechenzentrum ablaufen können, direkt vom PC aus anzustoßen oder aber - je nach Anwendungstyp - sie sogar direkt vor Ort auszuführen. In diesem Fall wäre der PC ein aktiver Knoten in dem Gesamtsystem und das RZ eine nur mehr nachvollziehende Instanz. Bei dieser Forderung an das, was möglich sein soll, müssen aber auch die Invarianten deutlich gesehen werden:

- Auch für Daten und Verarbeitungen vor Ort behält die DATEV als Betreiber des ganzen verteilten Systems die Verantwortung - bei im übrigen unveränderten Qualitätsmaßstäben.

- Die PCs werden nicht wie herkömmliche Rechner administriert. Die Benutzer wollen wegen der Einführung solcher Geräte nicht mit anwendungsfremden technischen Aufgaben belastet werden. Das heißt auch, daß Dinge wie präventive Sicherung, Archivierung von Datenträgern u. ä. nicht unterstellt werden könnnen. PCs sind - das wird zu wenig beachtet - aus technischer Sicht sehr unzuverlässige Geräte; das gilt auch für ihre Externspeicher.

- Alle bisher existierenden Zugangs- und Verarbeitungsformen müssen weiter unterstützt werden.

Wir werden in den folgenden Abschnitten untersuchen, was der Stand der Forschung auf dem Gebiet der verteilten Systeme für Problemstellungen dieser Art anzubieten hat und welche Lösungskonzepte tatsächlich brauchbar sind.

3. Spezifische Eigenschaften der Anwendung mit Auswirkungen auf die Systemarchitektur

Die fundierte Beantwortung der Frage, inwieweit die herkömmlichen, auf dem Gebiet der verteilten Systeme entwickelten Konzepte und die dort vorgeschlagenen Lösungsansätze auch für das von der DATEV geplante arbeitsplatzorientierte Datenhaltungssystem nützlich sind bzw. darauf angewendet werden können, setzt die Kenntnis einiger sehr spezieller Eigenschaften der Anwendung voraus, die über die im vorangehenden Abschnitt gemachten summarischen Angaben hinausgeht. Hier sollen insbesondere vier Aspekte etwas deutlicher herausgestellt werden, die große Auswirkungen auf denkbare Systemarchitekturen haben. Dabei handelt es sich

- um die Eigenarten der logischen und der physischen Organisation und Verteilung der Daten sowie die typischen Verarbeitungsmuster der geplanten Anwendungen,

- die Besonderheiten der sehr losen Kopplung zwischen RZ und PC,

- die Nutzung zusätzlicher Kommunikationswege zwischen Benutzer und RZ neben der Verbindung PC-RZ und

- die bedeutende Rolle, die der Integration neuer Anwendungen in vorgegebene, kurzfristig unveränderbare Verarbeitungsabläufe aufgrund organisatorischer, ökonomischer und technischer Randbedingungen zukommt.

3.1. Partitionierung und Replikation der Daten

Während für typische kommerzielle Anwendungen zentralisierter oder verteilter Datenhaltungssysteme üblicherweise vielfältige wechselseitige Abhängigkeiten sehr unterschiedlicher Datenelemente unterstellt werden, die ihren Ausdruck in einer Vielzahl von Integritätsbedingungen finden, sind die bei der DATEV verwalteten Daten und die darauf ablaufenden Verarbeitungsvorgänge durch eine natürliche Partitionierung gekennzeichnet. Der Datenbestand zerfällt in disjunkte Teilmengen, die jeweils die einem Steuerberater zugeordneten Daten umfassen. Innerhalb der einem Steuerberater zuzurechnenden Daten bilden die die einzelnen Mandanten charakterisierenden Daten ebenfalls disjunkte Teilmengen, so daß sich zumindest eine zweistufige Hierarchie ergibt. Daher sind auch keine beraterübergreifenden und mandantenübergreifenden Integritätsbedingungen zu garantieren, und es werden auch nur wenige statistische, beraterübergreifende Auswertungsmöglichkeiten angeboten, letzteres allein schon aus Gründen des Daten- und des Wettbewerbsschutzes. Das vereinfacht notwendige Konsistenzprüfungen und eröffnet die Möglichkeit, eventuell einfachere und spezialisierte Synchronisationsverfahren einzusetzen. Allerdings treten Integritätsbedingungen an anderer Stelle auf. So müssen bei der Durchführung mandantenbezogener Auswertungen passend zu den jeweiligen Daten umfangreiche Regelwerke (z.B. Vorschriften des Einkommensteuerrechts in Abhängigkeit vom Rechnungsjahr) interpretiert werden, die in Form von globalen Metadaten vorliegen. Zwar bietet sich aufgrund der vorher geschilderten natürlichen Datenhierarchie der Mandant bzw. der Steuerberater als Einheit der Replikation zwischen RZ und PC an, jedoch scheidet die vollständige Verlagerung des Funktionsumfangs der Anwendungen, was die erforderlichen Integritätskontrollen angeht, aus mehreren Gründen aus. Einerseits würde dadurch die Komplexität der PC-Software beträchtlich erhöht. Andererseits beanspruchen die zur Konsistenzprüfung erforderlichen vollständigen Regelwerke nicht unerheblichen Speicherplatz, wobei auf eine PC-eigene Kopie aus den im nächsten Punkt geschilderten Gründen (keine permanente Verbindung zwischen RZ und PC) nicht verzichtet werden kann. Darüber hinaus müssen sämtliche Konsistenzprüfungen ohnehin bei der Übernahme der Änderungen in den zentralen Datenbestand des RZ wiederholt werden, da das RZ als letztendlicher und einziger Garant der Datenintegrität fungiert und der PC als sehr unzuverlässiges Gerät angesehen wird. In einem Konsistenzmodell für ein derartiges Anwendungssystem muß also unter anderem festgelegt werden, wie beim Einbringen einer Änderung in den globalen Datenbestand zu reagieren ist, die zwar alle lokalen Konsistenzbedingungen erfüllt, jedoch gegen eine oder mehrere globale verstößt.

3.2. Lose Verbindung zwischen RZ und PC

Die gegenwärtige Form der Verbindung zwischen RZ und PC ist vor allem durch zwei Randbedingungen gekennzeichnet, die auch bei zukünftigen Systemerweiterungen bestehen bleiben werden. Zum einen besitzt der PC gegenüber dem RZ einen hohen Grad an Autonomie, und zum anderen wird die Datenübertragung zwischen PC und RZ weitgehend ungesichert abgewickelt. Letzteres fällt aber im Vergleich dazu, daß die vor Ort gehaltenen Daten ebenfalls unsicher sind, weniger ins Gewicht, da der Steuerberater im Fehlerfalle lediglich die gesamte Übertragung wiederholen muß. Die Autonomie des PC, eine speziell aus der Sicht des Benutzers unverzichtbare Systemeigenschaft, kommt vor allem dadurch zum Ausdruck, daß Verbindungen zum RZ nur selten und für relativ kurze Zeit aufrechterhalten werden. Typischerweise wird die Verbindung auf Veranlassung des PC zur Übertragung tagsüber erfaßter Datenbestände ans RZ aufgebaut und vom RZ zur Rückübertragung von Berechnungsergebnissen, vorzugsweise nachts. Zwar sind beim Übergang auf das arbeitsplatzorientierte Datenhaltungssystem mehrere Anschaltungen pro Tag für den Steuerberater im Prinzip tragbar, jedoch ohne den Gedanken der Autonomie aufzugeben. Das bedeutet, daß etwa im Hinblick auf Synchronisation und Recovery sämtliche Protokolle und Verfahren ausscheiden, die eine ständige Verbindung zwischen den Beteiligten voraussetzen. Als weitere Konsequenz der weitgehenden Autonomie des PC ergibt sich die mangelnde Eignung von Protokollen, deren korrekte Funktionsweise auf der Annahme der Erreichbarkeit des PC zu bestimmten Zeitpunkten (etwa nach einem festgelegten maximalen Zeitintervall) beruht. Obwohl die technischen Vorrichtungen zum Aufbau der Verbindung auf Initiative des RZ prinzipiell vorhanden sind, ist zumindest die physikalische Verbindung des PC mit den Datenübertragungseinrichtungen Grundvoraussetzung für das Zustandekommen einer Verbindung. Im Falle von Reparaturarbeiten, Bedienungsfehlern oder betrieblich bedingten

Ausfallzeiten ist gerade diese Voraussetzung jedoch für teilweise recht lange Zeitspannen nicht erfüllt. Desgleichen ist bei der Konzipierung von Protokollen zwischen dem RZ und dem PC die mangelnde Übertragungssicherheit zu berücksichtigen. So ist für die Kommunikation des PC mit der Kopfstelle des DATEV-Datennetzes, die über gewöhnliche Wählleitungen abgewickelt wird, keinerlei Sicherung vorgesehen, zwischen den Kopfstellen des DATEV-Datennetzes und den Zentralrechnern wird dagegen ein End-to-end-Protokoll unterstützt. Entsprechende Sicherungsfunktionen für das arbeitsplatzorientierte Datenhaltungssystem könnten etwa durch geeignete Funktionen in den Kopfstellen des DATEV-Datennetzes bereitgestellt werden.

3.3. Weitere Kommunikationswege

Ein weiterer wesentlicher Unterschied des DATEV-Datenverarbeitungsverbundes zu den üblicherweise für verteilte Systeme ins Auge gefaßten Kommunikationsstrukturen ist die Fülle der unterschiedlichen Kommunikationsmedien und Kommunikationswege. Kennzeichnend für das geplante arbeitsplatzorientierte Datenhaltungssystem ist die Koexistenz zumindest dreier wesentlicher Kommunikationsformen. Bisher werden zum einen sogenannte Batch-Einreichungen unterstützt. Das sind entweder über DFÜ oder physischen Datenträgeraustausch (das Spektrum reicht hier vom Lochstreifen bis zur Magnetcassette) angelieferte Aufträge, die gesammelt und zu festgelegten Zeitpunkten mehrmals am Tage im Stapelbetrieb verarbeitet werden. Zum anderen werden Änderungen mit Hilfe sogenannter Dialoganwendungen, in denen der PC als Terminal betrieben wird, unmittelbar in die Datenbestände eingebracht. Durch diese Verarbeitungsweise treten unter Umständen erhebliche Unterschiede zwischen dem Zeitpunkt der Veranlassung der Änderung beim Benutzer und der Ankunft bzw. der Bearbeitung der Änderungsanforderung beim RZ auf, die oftmals zu Umkehrungen in der Reihenfolge führen. Das Konsistenzmodell ist anwendungsabhängig. Es gibt beispielsweise Anwendungen, bei denen im Falle von Konflikten immer die durch Dialoganwendungen veranlaßten Änderungen den Vorzug erhalten. Bei der Einführung des neuen arbeitsplatzorientierten Datenhaltungssystems sollen die beiden bestehenden Verarbeitungsformen mit ihrer vollen Funktionalität beibehalten werden, wodurch allerdings die potentielle Anzahl der Abweichungen der benutzerseitigen Änderungsreihenfolgen von den tatsächlichen Ausführungen im RZ stark ansteigt. Das schwierigste und noch nicht vollständig geklärte Problem besteht in der Beschreibung der wünschenswerten Reihenfolgen durch ein entsprechendes Konsistenzmodell und der Erzwingung dieser Reihenfolgen durch geeignete Synchronisationsmaßnahmen.

3.4. Fester Verarbeitungstakt im RZ

Die wohl striktesten Randbedingungen bei der Entwicklung des arbeitsplatzorientierten Datenhaltungssystems für die DATEV werden durch die bestehende Ablauforganisation bei der Abwicklung des RZ-Betriebes gesetzt. Aufgrund der existierenden Fülle von unterschiedlichen Anwendungen, des umfangreichen zu bewältigenden Datenvolumens und der teilweise recht harten Zeitrestriktionen wurde im Laufe der Jahre ein eingespielter sogenannter "Datenfahrplan" entwickelt, der die Zeitpunkte des Ablaufs aller von der DATEV unterstützten Batch-Anwendungen verbindlich über längere Zeiträume hinweg regelt. Der "Datenfahrplan" ist allen Benutzern bekannt und garantiert ihnen, daß alle bis zu einem bestimmten Zeitpunkt eingegangenen Batch-Einreichungen mit dem angekündigten Batch-Lauf verarbeitet werden. Alle Batch-Einreichungen werden in einer Vorverarbeitung anwendungsspezifischen Warteschlangen zugeordnet, wobei unter Umständen an dieser Stelle Korrekturen der Eingabereihenfolge vorgenommen werden. Aus ökonomischen, technischen und organisatorischen Gründen heraus ist die beschriebene Abwicklungsform zumindest mittelfristig als Konstante anzusehen. Die Änderungsanforderungen des arbeitsplatzorientierten Datenhaltungssystems müssen außerdem de facto ohne wesentliche Modifikation der Anwendungsprogramme in die bestehende Ablauforganisation integriert werden. Der einzig gangbare Weg dazu ist die Generierung entsprechender Batch-Einreichungen, die in die entsprechenden anwendungsspezifischen Eingabewarteschlangen eingereiht werden. Durch geeignete Strategien läßt sich dabei implizit eine Synchronisation der verschiedenen Änderungen im Sinne einer dem Konsistenzmodell entsprechenden Reihung erzwingen.

4. Eignung existierender Systemkonzepte

Die bisherigen Ausführungen haben gezeigt, daß die geplanten Anwendungen der DATEV in ein existierendes Verarbeitungsschema integriert werden müssen, wobei einige zusätzliche Randbedingungen auftreten. Der erstgenannte Umstand führt dazu, daß kein existierendes Datenbanksystem, sei es zentralisiert oder verteilt, ohne erhebliche Modifikationen das gestellte Problem lösen kann. Das bedeutet natürlich nicht, daß die in "marktüblichen" DBMS und DDBMS verwendeten Konzepte für den geschilderten Fall völlig unbrauchbar wären. Solche Konzepte können entweder selbst implementiert oder über ein - entsprechend angepaßtes - Standard-Datenbanksystem eingebracht werden. Beide Wege sind nur mit einem klaren Konzept und mit wohldefinierten Schnittstellen zwischen Anwenderprogrammen, Standard-Software und selbsterstellter Systemsoftware gangbar. Die folgenden drei Abschnitte sollen zeigen, welche Konzepte aus zentralisierten, verteilten und Workstation-orientierten Datenbanksystemen anwendbar sind und wie sie integriert werden können.

4.1. Strikt zentralisierter Betrieb

Diese Verarbeitungsform ist im derzeitigen Betrieb vorherrschend. Einige Anwendungen beim Steuerberater verwenden dessen PC nur als Ein-/Ausgabegerät ohne lokale Intelligenz. Diese Betriebsart eignet sich besonders für Anfragen in großen Datenbeständen (Steuerrechts-Datenbank) und für rechenintensive oder sehr komplexe Programme. Die "normale" DATEV-PC-Anwendung zeichnet sich dagegen durch viele kleine Dialogschritte aus, zwischen denen nur wenig gerechnet und nur auf eine kleine Menge von Daten zugegriffen wird. Eine Verarbeitung vor Ort ist diesem Problem viel angemessener und bringt dem Benutzer kürzere Antwortzeiten. Aus der Sicht des Benutzers ist also eine Aufteilung der Arbeit zwischen Rechenzentrum und PC wünschenswert, die Ressource PC steht ihm, wann immer sie gebraucht wird, exclusiv zur Verfügung.

Für einen zentralisierten Betrieb spricht die Verantwortung des Rechenzentrums für die Sicherheit der Daten. Die Auslagerung von Datenbeständen auf den PC bringt für das Rechenzentrum die Notwendigkeit, mit einem unzuverlässigen Partner zu kooperieren und es ist fraglich, ob dies aus zentraler Sicht den Vorteil einer Lastverteilung nicht wieder zunichte macht.

Ein anderes Bild ergibt sich bei der Betrachtung der Praktikabilität und der Realisierbarkeit einer zentralisierten Datenverarbeitung mit einigen zig-tausend Terminals. Der dazu notwendige Aufwand ist beim angestrebten Ziel sicher nicht gerechtfertigt, denn im Gegensatz zu Flugbuchungssystemen o. ä. ist aus der Sicht der Anwendung keine Kommunikation, kein Abgleich der Datenbestände mit konkurrierenden Benutzern notwendig; lediglich die

Anwendungen eines Steuerberaters, die gleichzeitig laufen, müssen sich gegen unbeabsichtigte - und im Normalfall auch nicht vorkommende - Konflikte synchronisieren. Beim zentralisierten Betrieb ist es eher so, daß die Aktivitäten der Benutzer durch zu restriktive Synchronisationsmaßnahmen eingeschränkt werden. Verschiedene Steuerberater werden im allgemeinen auf verschiedenen Daten arbeiten und nicht miteinander in Konflikt kommen. Da also Zahl und Art der potentiellen Konflikte stark begrenzt sind, sollte bei der vorgegebenen Anzahl von Terminals eine verteilte Lösung, die den Benutzer nicht zu stark an das RZ koppelt und eine der Anwendung angepaßte Synchronisationsmethode verwendet, gefunden werden. Auf die Brauchbarkeit der üblichen Synchronisations- und Recoverykonzepte für zentralisierte und verteilte Datenbanksysteme wird im nächsten Abschnitt eingegangen.

4.2. Verteilte DBMS

Ohne Berücksichtigung der beschriebenen Randbedingungen wäre ein verteiltes Datenbanksystem sicher eine geeignete Lösung. Allerdings beruhen alle einschlägigen Implementierungen auf folgenden Grundannahmen bezüglich der Betriebsumgebung:

- Das Kommunikationsnetz ist nur in Ausnahmefällen nicht verfügbar (hier ist es genau umgekehrt, Kommunikation ist nur zu bestimmten, seltenen Zeitpunkten möglich).

- Eine Menge von Benutzern greift auf sich teilweise überlappende Datenbestände zu; zumindest ein Teil der Daten wird an mehreren Orten gebraucht (hier sind die meisten Daten privat und werden nur am PC bzw. an den PCs des Beraters sowie im RZ verarbeitet).

- Alle beteiligten Rechner haben lokale Recoverystrategien und können Daten sicher speichern (hier werden die PCs als unzuverlässig angesehen, nur im RZ sind die Daten langfristig sicher).

Die dargestellten Abweichungen führen dazu, daß verschiedene Varianten von Kommunikations-, Sperr- und Recoveryprotokollen nicht oder nur in ineffizienter Weise einsetzbar sind. Auch von der Anzahl der Knoten her ist die DATEV-Anwendung für derzeitige DDBMS noch nicht zu realisieren. Wie sich noch im Abschnitt 5 herausstellen wird, ist das Transaktionskonzept in diesem Fall nicht angemessen (ganz abgesehen davon, daß es bei der Integration eines DDBMS in den bestehenden, Stapel-orientierten RZ-Betrieb ohnehin nicht realisierbar wäre). Ein nach dem Stand der Wissenschaft gebautes, verteiltes Datenbanksystem verfügt über Kontrollstrukturen wie Sperrtabellen, Listen der verfügbaren Knoten, Wait-for-Graphen zur Deadlockerkennung usw., deren Umfang von der Zahl der beteiligten Knoten und von der verwalteten Datenmenge abhängt. Solche Tabellen können bei der DATEV-Anwendung nur dann sinnvoll eingesetzt werden, wenn

- sicher zu speichernde Tabellen nicht auf den PCs stehen müssen,

- der Aufwand für Algorithmen auf den Kontrollstrukturen höchstens linear mit der Anzahl der Knoten ansteigt,

- die Menge der Kontrollinformationen sowohl auf den PCs als auch im Zentralrechner vernünftige Größen annimmt,

- der Austausch der Kontrollinformationen auf dem gegebenen Wählnetz möglich ist (Zeit- und Mengenbedingungen).

4.3. Workstation-DBMS

Zentralisierte und verteilte Datenbanksysteme berücksichtigen offensichtlich zu wenig die besondere Art der Verteilung von Daten, Nachrichtenverkehr und Verantwortlichkeit für die Datensicherung im Netz. In den letzten Jahren sind einige Prototypen sogenannter *Arbeitsplatz-orientierter* Datenbank- und Dateiverwaltungssysteme entstanden [Br85, Di85, Sa85, Sp85], die darauf ausgerichtet sind, viele PCs mit überwiegend privaten Daten so zu verwalten, daß sie zeitweise auch ohne Kommunikation über das Netz betrieben werden können. Solche Systeme übertragen jedoch dem PC-Benutzer einige Verantwortlichkeiten, so daß dieser möglichst wenig in der freien Handhabung seiner Daten eingeschränkt wird. Ein interessantes Beispiel ist ein an der Carnegie-Mellon-Universität entwickeltes Dateiverwaltungssystem [Sa85], das für den universitätsinternen Einsatz und eine Knotenzahl von 5.000 Workstations entwickelt wurde. Es sorgt für eine sichere Speicherung von Dateien, für die Möglichkeit, von allen Rechnern aus auf bestimmte Dateien zugreifen zu können (Mobilität der Benutzer) und für ausreichenden Datenschutz. Dazu sind die Workstations durch ein lokales Netz miteinander verbunden und zu *Clustern* zusammengefaßt; zu jedem Cluster existiert ein Cluster-Server, der die einzige sichere Komponente des Systems ist. Will eine Workstation eine Datei lesen oder bearbeiten, so fordert sie von dem Cluster-Server, der der Datei zugeordnet ist, das Lese- oder Schreibrecht an. Existiert noch kein lokales Duplikat der aktuellen Version, dann überträgt der Cluster-Server die Datei als ganzes zum anfordernden Rechner. Alle weiteren Operationen bis zum Schließen der Datei erfolgen lokal.

Auch bei der DATEV ist dieses Verarbeitungsmuster anzutreffen: eine Menge von Datensätzen wird vom RZ geladen, lokal bearbeitet und dann zurückgesandt. Es handelt sich allerdings um Daten mit komplizierterer Struktur und um schmalbandige Kommunikationsverbindungen, so daß das Sperrgranulat möglicherweise nicht mit den übertragenen Objekten übereinstimmen kann. Durch die Verantwortung des RZ für Sicherheit und Korrektheit können RZ und PC nicht unsynchronisiert laufen. Während im System der Carnegie-Mellon-Universität die Verarbeitung nur an einer Stelle, nämlich auf einer Workstation, stattfindet, können bei der DATEV durchaus mehrere Instanzen Änderungen auf den Daten vornehmen. Die Synchronisationskomponente muß deshalb ein breites Spektrum unterschiedlicher Abläufe koordinieren können. Das geschilderte Beispiel kommt den gestellten Anforderungen zwar schon näher als die bisher vorgestellten Konzepte, es hat aber auch Eigenschaften, die mit den Gegebenheiten unverträglich sind. Das liegt neben den genannten Gründen auch an der Notwendigkeit eines inkrementellen Vorgehens, das ein offenes System erfordert, mit dem die Synchronisation zur Batch-Verarbeitung erfolgen kann. Natürlich müssen die Schnittstellen des offenen Systems einen blockierungsfreien Betrieb der Batchprogramme gewährleisten.

5. Lösungsansätze

Zwei wesentliche Teilprobleme, die sich bei der Integration von Verbundanwendungen in die bestehende Umgebung ergeben, sind

- die Definition eines Konsistenzmodells und

- der Entwurf eines Synchronisationsverfahrens.

Für beide Probleme konnte noch keine abschließende Lösung gefunden werden. Im folgenden werden die speziellen Anforderungen erörtert, die an Lösungen gestellt werden.

5.1. Datenqualität

Im Hinblick auf eine Konsistenzdefinition für die vorgestellte Umgebung erscheint es sinnvoll, verschiedene Qualitäten von Daten zu unterscheiden.

- *Wiederherstellbarkeit* (Recovery-Aspekt):

  In bezug auf die Datensicherheit ist der PC als sehr unsicher einzustufen, während das RZ als beliebig sicher betrachtet werden kann.

  Qualitätsstufen:

  W: wiederherstellbar.

  ¬W: nicht wiederherstellbar.

- *Konsistenzgrad* (Aspekt der semantischen Integrität):

  Die Prüfung semantischer Integritätsbedingungen muß unter Umständen in mehreren Schritten erfolgen. PC-Anwendungen können manchmal nur eine Teilmenge aller Bedingungen (die sog. lokalen Integritätsbedingungen) prüfen, während andere (globale) im RZ geprüft werden müssen, da ihre Prüfung auf dem PC zu teuer ist (weil dazu z.B. große Datenmengen benötigt werden).

  Qualitätsstufen:

  KI: keine Integritätsbedingungen geprüft.

  LI: lokale Integritätsbedingungen geprüft.

  GI: globale Integritätsbedingungen geprüft.

- *Aktualitätsgrad* (Aspekt der Ablaufintegrität):

  Die Verarbeitung im RZ ist durch einen starren Verarbeitungstakt gekennzeichnet. Bearbeitungsaufträge werden jeweils über eine gewisse Zeitspanne angesammelt und dann in einem Batchlauf abgearbeitet. Häufig können dann Änderungen auf Daten, von denen Replikate auf PCs existieren, dort wegen fehlender Kommunikationsmöglichkeiten nicht sofort nachvollzogen werden.

  Qualitätsstufen:

  NV: (noch) vorläufige Version: ein neu erzeugtes Datenobjekt oder eine modifizierte Version eines bereits vorhandenen, bevor durch einen Batchlauf eine identische Version in den zentralen RZ-Bestand eingebracht ist.

  AV: aktuelle Version: eine Version, die mit der im zentralen RZ-Bestand vorhandenen identisch ist.

  VV: veraltete Version: eine ehemals aktuelle Version eines Datenobjektes, für das es eine neue aktuelle Version gibt.

Betrachtet man nun die Kombination dieser Qualitäts-Kategorien, so kann jede Version eines Datenobjektes einem von neun Zuständen zugeordnet werden (von theoretisch 18; davon sind einige aber nicht sinnvoll interpretierbar). In Abb. 1 sind für eine typische DATEV-Anwendung die zwischen diesen Zuständen möglichen Übergänge dargestellt.

Neu erfaßte oder geänderte Daten haben zunächst die niedrigste Qualitätsstufe (¬W|KI|NV). Durch eine PC-Anwendung können die Daten abhängig davon, ob die lokalen Integritätsbedingungen eine echte Teilmenge der globalen sind, in den Zustand (¬W|LI|NV) oder (¬W|GI|NV) gebracht werden. Durch die Übertragung der Daten ins RZ werden sie zunächst wiederherstellbar. Der Zustand (W|KI|NV) ergibt sich, wenn eine Funktion zur Sicherung ungeprüfter Daten im RZ angeboten wird. Beim nächsten Batchlauf müssen dann evtl. globale Integritätsbedingungen geprüft werden, bevor eine neue aktuelle Version

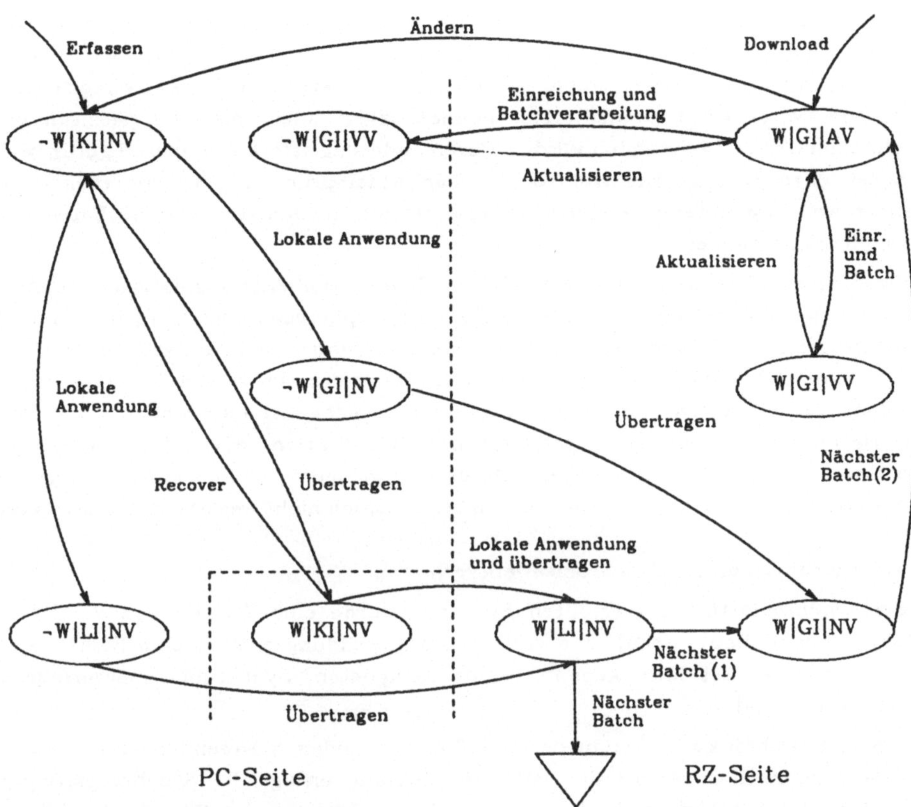

Abb. 1: Objektzustands-Übergänge eines auf einem PC gehaltenen Replikats

erzeugt werden kann. Problematisch sind diejenigen Zustände, die veraltete Versionen enthalten. Übergänge in solche Zustände erfolgen, falls sie nicht durch Synchronisationsmaßnahmen verhindert werden, ohne daß eine Kommunikation stattfindet, z.B. wenn auf einem PC eine lokale Version vorhanden ist und die Version im RZ durch eine Einreichung, die dort mit der Post eintrifft, geändert wird. Durch geeignete Aktualisierungsmaßnahmen ist dann sicherzustellen, daß diese Zustände wieder verlassen werden können.

5.2. Anforderungen an eine Konsistenzdefinition

Das Transaktions-Paradigma als Beschreibungsmodell und Implementierungskonzept des ununterbrechbaren Übergangs zwischen konsistenten Datenbankzuständen und als Einheit der Recovery erweist sich in der vorliegenden Umgebung als nicht angemessen. Konsistenz und Wiederherstellbarkeit der Daten sind hier nicht so strikt miteinander verbunden wie in herkömmlichen Datenbanksystemen. Zeitliche Ablaufordnungen werden als Bestandteil der Gesamtanwendung verstanden und können daher in den Konsistenzbegriff mit eingehen (nicht jede serielle Ausführungsfolge ist ein in diesem Sinne konsistenter Schedule).

Anwender haben ein von Fall zu Fall verschiedenes und insgesamt wohl widersprüchliches Verständnis vom Vorhandensein von Replikaten. Lokal auf dem PC verfügbare Datensätze können z.B. als "Spielkopien" aufgefaßt werden, bei denen die Rückwirkungsfreiheit von Änderungen vorausgesetzt wird. Sie können aber auch als "Repräsentanten" der tatsächlichen Objekte verstanden werden, deren Änderung sofort und überall gültig sein muß. Die Konsistenzdefinition muß frei von solchen Widersprüchen sein. Sie muß aber dem Anwender wohl die unterschiedlichen Qualitätsstufen, in denen sich seine Daten befinden können, deutlich machen.

Ein allgemeineres Beschreibungsmodell, das das Transaktions-Paradigma sogar als Spezialfall enthält, ist das Konzept der Kontrollbereiche (engl. "spheres of control") [Bj73],[Da78]. Dieses Konzept erlaubt es, auch Abläufe in informationsverarbeitenden Systemen zu beschreiben, in denen neben Verarbeitungsinstanzen in Rechnern (Prozessen, Transaktionen usw.) auch Menschen als aktive Komponenten auftreten. Solche Abläufe sind z.B. die manuelle Kompensation einer bereits abgeschlossenen Transaktion oder das Einreichen von Datenträgern mit der Post. Es erwies sich als sehr geeignet zur Diskussion verschiedenster Konsistenzaspekte. Aus Platzgründen kann hierauf jedoch nicht weiter eingegangen werden.

5.3. Anforderungen an ein Synchronisationsverfahren

Für die Synchronisation in verteilten Systemen wurde eine Vielzahl von Verfahren vorgeschlagen [Be81, Da81, Ce85]. Die vorliegende Anwendung enthält eine Reihe von Randbedingungen, die bei der Auswahl eines geeigneten Synchronisationsverfahrens zu berücksichtigen sind.

Eine starke Einschränkung besteht darin, daß an vorhandenen Anwendungen keine größeren Änderungen möglich sind. Bei der Batchverarbeitung erfolgt die Synchronisation durch organisatorische Maßnahmen; für diese Zwecke eine sicherlich sehr effiziente Vorgehensweise, die allerdings die Integration verteilter Anwendungen sehr erschwert. Eine Möglichkeit zur Integration eines Synchronisationsverfahrens in diese Batchanwendungen besteht in der Vorplanung einer konsistenten Ausführungsfolge durch Sortieren der Verarbeitungaufträge.

Das System besteht aus unterschiedlich leistungsfähigen Knoten (PCs vs. RZ), die über ein sternförmiges Kommunikationssystem miteinander verbunden sind, in dem Verbindungen zwischen den Knoten nicht permanent bestehen und dessen Kapazität beschränkt ist. Daneben gibt es auch noch andere Einreichungswege. Diese sind bei der Synchronisation zu berücksichtigen. Daten werden teilweise redundant gehalten, wobei das RZ von den meisten Daten eine Kopie hält und Replikate in der Regel nur auf jeweils einem PC vorhanden sind.

Eine für den Entwurf eines Synchronisationsverfahrens wesentliche Erkenntnis ist, daß das RZ und die PCs keine gleichrangigen Instanzen sind. Das RZ ist z.B. vom PC aus im Normalfall jederzeit erreichbar, die Umkehrung gilt hingegen nicht (vgl. 3.2).

Wichtige Teilaspekte sind

- *das Synchronisationsgranulat:* Die Anzahl der echten Konflikte ist i.a. sehr gering. Die meisten Anwendungen fügen Daten ein oder erzeugen Auswertungen. Wird ein zu grobes Granulat gewählt, ergeben sich viele Pseudokonflikte.

- *das Synchronisationsintervall:* Unter einer Operation wird im folgenden das Lesen, Ändern oder Einfügen eines logischen Datensatzes verstanden. Die Synchronisation kann für jede Operation einzeln oder aber für mehrere aufeinander folgende Operationen gemeinsam erfolgen. Die beiden Alternativen unterscheiden sich im

Kommunikationsaufwand. Bleiben nach einem Download auf einen PC die Daten im RZ solange gesperrt bis sie explizit wieder freigegeben werden, können dazwischen Operationen ohne zusätzlichen Synchronisationsaufwand ablaufen.

- *der Synchronisationszeitpunkt:* Die Synchronisation kann vor oder nach der zu synchronisierenden Operation durchgeführt werden (Sperrverfahren vs. optimistische Protokolle). Bei optimistischen Protokollen wird auf Konflikte mit Rücksetzungen reagiert. Rücksetzen und vor allem Wiederholen mehrerer Operationen sind beim PC schwierig, andererseits sind bei anderen Einreichungswegen Synchronisationsmaßnahmen vor der Operation, nämlich dem Erzeugen des Verarbeitungsauftrages, nicht möglich.

- *die Konfliktlösungsstrategie:* Auch Einreichungen, die auf anderen Wegen ins RZ gelangen, müssen in die Synchronisation mit einbezogen werden. Die Reihenfolge der Ankunft im RZ gibt hier keine Verarbeitungsreihenfolge vor. Einreichungen, die zwischen zwei Batchläufen eintreffen, gelten zunächst als gleichzeitig. Denkbar sind Zeitmarkenverfahren, die versuchen, Einreichungen, die auf verschiedenen Wegen ins RZ gelangen, in eine definierte Reihenfolge zu bringen. Dabei ist allerdings zu berücksichtigen, daß die Laufzeiten sehr unterschiedlich sind und der Anwender bei seinen Konsistenzbetrachtungen vom Absendedatum ausgeht. Es können auch pragmatische Strategien eingesetzt werden. Man kann z.B. - wie teilweise implementiert - Änderungen grundsätzlich vor Auswertungen ausführen oder dem PC eine höhere Priorität als anderen Einreichungswegen zuordnen.

- *Verantwortliche Instanz* (RZ oder/und PC): Hier gilt es, die unterschiedliche Zuverlässigkeit zu berücksichtigen. Verwaltungsinformation, die auf einem PC gehalten wird, kann verloren gehen.

Aus der Besonderheit der losen Kopplung mit nur gelegentlichen Verbindungen ergibt sich die Notwendigkeit, Nachrichten, die für gerade nicht verfügbare PCs bestimmt sind, zu puffern. Diese müssen vom PC beim Einschalten oder beim Aufruf bestimmter Verbundanwendungen abgerufen werden.

6. Zusammenfassung

Das vorliegende Papier hat dokumentiert, daß die Probleme bei der Umstellung einer großen, weiträumigen Anwendung auf verteilte Verarbeitungsformen durch Lösungskonzepte, wie sie durch verteilte Datenbanksysteme, Workstation-DBMS u. ä. entwickelt worden sind, nicht angemessen gelöst werden können. Die Gründe hierfür waren im wesentlichen:

- die Notwendigkeit des inkrementellen Vorgehens, d. h. der Integration bestehender Lösungen mit den neuen Betriebsformen; dieses Problem dürfte sich in vielen Bereichen in naher Zukunft als die eigentliche Herausforderung erweisen.

- die Tatsache, daß ein verteiltes System auf einem Kommunikationssystem aufgebaut werden muß, in dem eine intakte Verbindung zwischen den aktiven Komponenten nicht der Normalfall ist.

- die Benutzung von PCs mit einer sehr hohen Betriebsunsicherheit bei gleichzeitiger Forderung nach extrem hoher Qualität der Verarbeitung und Sicherheit der Ergebnisse.

Gerade der letzte Aspekt verdient noch eine Vielzahl weiterer Untersuchungen. Wir haben uns hier absichtlich auf die Probleme der physischen Datensicherung bei Verarbeitung über den PC beschränkt. Schwierigkeiten treten aber auch dadurch auf, daß es bei heutiger PC-Software ohne weiteres möglich ist, daß ein Benutzer Daten, die eigentlich vom Gesamtsystem kontrolliert und synchronisiert werden müssen, über die Sprachschnittstelle seines lokalen DBMS manipuliert - oder gar über den Editor. Beides führt zu nicht feststellbaren Inkonsistenzen. Solche u. U. versehentlichen Falschänderungen zu verhindern, würde erhebliche Modifikationen an PC-Betriebssystem, Datenbanksystem usw. erfordern. Die Überlegungen hierzu stehen sicher erst am Anfang.

7. Literatur

[Be81]   *Bernstein, P.A., Goodman, N.:* Concurrency Control in Distributed Systems, Computing Surveys, Vol. 13, No. 2, 1981, pp. 185-221

[Bj73]   *Bjork, L.A.:* Recovery Scenario for a DB/DC System, in: Proc. ACM 73 Nat. Conf., Atlanta, 1973, pp. 142-146

[Br85]   *Brägger, R.P., Diener, A., Dudler, A.:* The Centralized Action Scheduler of a Federative Database Server, in: Computing 85, pp. 107-115

[BT85]   Datenbanksysteme für Büro, Technik und Wissenschaft, GI-Fachtagung, März 1985, Proceedings

[Ce85]   *Ceri, S., Pelagatti, G.:* Distributed Databases, Principles and Systems, 1985

[Da78]   *Davies, C.T.:* Data Processing Spheres of Control, IBM Systems Journal, Vol. 17, No. 2, 1978, pp. 179-198

[Da81]   *Dadam, P.:* Synchronisation in verteilten Datenbanken: Ein Überblick, Informatik Spektrum, Vol. 4, 1981, pp. 175-184,261-270

[Di85]   *Diener, A., Brägger, R., Dudler, A., Zehnder, C.:* Replicating and Allocating Data in a Distributed Database System for Workstations, in: Proc. 1985 ACM SIGSMALL Symposium on Small Systems, May 1985

[Sa85]   *Satyanarayanan, M. et. al.:* The ITC Distributed File System: Principles and Design, in: Proc. 10th ACM Symposium on Operating System Principles, Dec. 1985, pp. 35-50

[Sp85]   *Spector, A. et. al.:* Distributed Transactions for Reliable Systems, Carnegie-Mellon University, Report CMU-CS-85-117

Konzept eines Filing and Retrieval Services für die Ablage von Dokumenten in Bürokommunikationssystemen

Wolfgang Schubert, SIEMENS AG, K D AP 14,

Otto-Hahn-Ring 6, D-8000 München 83

Zusammenfassung:
Die Entwicklungen in der Datenverarbeitung konzentrieren sich seit einiger Zeit verstärkt auf die Anwender in der Bürowelt, um die Arbeit im Büro durch Automatisierung zu erleichtern. Die Anwender sollen aber ihre vom manuellen Büro her gewohnte Arbeitsweise soweit wie möglich beibehalten können. Die Systeme sollen untereinander integrierbar und von verschiedenen Dialogstationen aus gleichermaßen benutzbar sein. Eine zentrale Bedeutung hat das elektronische Ablegen (Filing) und Wiederauffinden (Retrieval) von erzeugten und empfangenen Dokumenten. Im vorliegenden Papier wird ein 'Document Filing and Retrieval Service' (DFR) beschrieben, der diese Anforderungen erfüllen kann. Dieser Service ist Bestandteil der Siemens-Netzarchitektur für Büro-Automatisierung (SBA).

Abstract:
Developments in data processing in the last serveral years are focusing on users in the office environment to make the working process in the office easier by automation. But as far as possible users should be able to continue with their working method as they are accustomed in the manual office. It should be possible to mutually integrate systems and to interact with them by any workstation. Great importance in this area has Filing and Retrieval of created or received documents. This paper contains a description of a 'Document Filing and Retrieval Service' (DFR) that could satisfy these requirements. This service is part of the Siemens Network Architecture for Office Automation (SBA).

1. Einleitung

Dokumente, die in den Büros erzeugt werden, können beliebigen Inhalt haben (Briefe, Protokolle, Rechnungen, etc.) und beliebig aufbewahrt werden (Akten, Schränke, Körbe, etc.) Diese im manuellen Büro geläufige Situation ist bei der Automatisierung zu bedenken. Wie soll die Komponente eines Bürokommunikationssystems gestaltet werden, die die Ablage von Dokumenten unterstützt? Wie soll sie technisch in ein Datenverarbeitungssystem integriert werden? Wie unterscheidet sie sich von anderen Speicherungssystemen wie Datenbank und Information-Retrieval-Systeme? Diese Fragen werden nachfolgend anhand des Konzepts eines Document Filing und Retrieval Service beantwortet. In der Kürze der Darstellung kann nur eine grobe Skizze des DFR vermittelt werden. Die Aspekte Administration und Archivierung wurden ganz ausgeklammert. Das Konzept wurde als Basis eines OSI-fähigen DFR in die internationale Standardisierung eingebracht /DFR86/. Weiterführende Informationen sind den Veröffentlichungen zur Siemens-Netzarchitektur für Büro-Automatisierung nach internationalen Standards für offene Netze zu entnehmen /SBA86/.

2. Objekte der Bürowelt

Ergebnisse der Büroarbeit werden in erster Linie in Dokumenten erfaßt. Dokumente im allgemeinen Verständnis sind Papiere, die Texte, Daten, Grafik und Bilder enthalten. In einem Bürokommunikationssystem kommt aufgrund der Speichermedien die Sprache als "Inhalt" von Dokumenten hinzu. Dokumente können in dieser Umgebung aber auch beliebige digitalisierte Informationen enthalten, z.B. auch Programme in Source- oder Object-Code.

Daraus entstehen die Anforderungen an einen für Bürokommunikationssysteme einzuführenden Document Filing und Retrieval-Service, auch Ablage-Service genannt, der die Dokumente verwalten soll. Der Service soll für alle Formen von Dokumenten und Ablageobjekten offen sein und diese Objekte inhaltlich und strukturell nicht festlegen.

3. Struktur des Filing and Retrieval Service

3.1 Datenmodell

Der DFR speichert und bearbeitet Objekte. Ein Objekt ist entweder elementar oder strukturiert. Elementare Objekte sind Dokumente, die beliebige Information enthalten können. Strukturierte Objekte sind Ordner, die Hinweise auf weitere Objekte (Ordner oder Dokumente) enthalten. Durch die Schachtelung von Ordnern enthält der DFR hierarchische Baumstrukturen mit Ordnern als Knoten und Dokumenten als Blätter.

Sollen dem Anwender eines Bürokommunikationssystems außer Ordnern und Dokumenten weitere Datenobjekte, wie z.B. Schränke, Schreibtische, Papierkörbe oder Briefe, Protokolle, Rechnungen, etc.,angeboten werden, so ist dies über das Attribut 'type' möglich, das die Interpretation des Objekts aus Anwendersicht enthält. Diese Objekt-Typen bleiben dem DFR jedoch unbekannt.Im folgenden Bild ist eine mögliche Struktur einer Ablage aus Anwendersicht dargestellt.

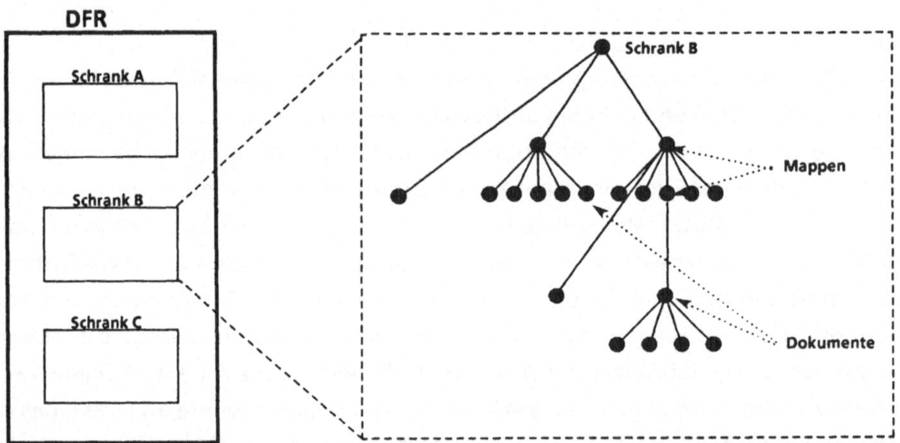

Beispiel einerAblage-Struktur aus Anwendersicht

Jedes Objekt besteht aus einem Inhalt (Content) und Eigenschaften (Attribute). Der Content enthält die Nutzinformation des Anwenders (Texte, Grafiken, Tabellen, etc.). Attribute sind zusätzliche Informationen, die den Inhalt des Objekts beschreiben. Einige Attribute haben Bedeutung für die Arbeitsweise des DFR und werden als interpretierte Attribute bezeichnet. Andere Attribute haben nur Bedeutung für den Benutzer insbesondere für die Suche (Retrieval), diese Attribute werden als nicht-interpretierte Attribute bezeichnet.

Interpretierte Attribute können die Arbeitsweise des DFR beeinflussen und können umgekehrt vom DFR implizit geändert werden. Beispiele sind: name, version, created by, ordering, modified by.

Nicht-interpretierte Attribute können durch den Benutzer definiert werden. Nichtinterpretierte Attribute werden vom DFR nicht inhaltlich überprüft. Der DFR speichert diese Attribute und stellt sie dem Aufrufer auf Anforderung zur Verfügung. Beispiele dafür sind: Autor, Erstellungsdatum, Betreff, Thema, Status (vorläufig/entgültig), Wiedervorlagedatum. Nicht-interpretierte Attribute können in der <descriptorList> zusammengefaßt werden und von einem Ordner per <defaultDescriptorList>auf die Children vererbt werden.

3.2 Systemmodell

Im Bürosystem ist der DFR neben anderen Anwendungen wie Post, Drucken, etc., zu sehen, die gemeinsam oder getrennt installiert werden. Die Systemintegration wirft hier Probleme auf, die weitreichende Überschneidungen mit Problemstellungen aus der Technik der Datenbanksysteme (DBS) wie Query, Transaktionen, Sperren, Zugriffsrechte, Sicherung, etc. haben. Demnach ist der DFR ein Non-Standard-DBS oder ein Office-DBS oder basiert auf einem DBS-Kernsystem /InfS86, InfF85, IBM84, MAD86/.

4. Operationen

Für die Bearbeitung von Ordern und Dokumenten werden entsprechende Operationen bereitgestellt, wie z.B. **Create, Replace, Copy, Move, Delete, List, Find, Retrieve**.

4.1 Zugriffsberechtigungen

Der DFR muß sicherstellen, daß kein unerlaubter oder inkonsistenter Zugriff auf Objekte stattfindet. Dies wird durch Zugriffsrechte gewährleistet:

Lock :: = INTEGER {share (0), exclusive (1), none (2)}

Access :: = INTEGER {read (0), write(1), owner (2), add (3), remove (4)}

Jedes Objekt der Ablage besitzt eine Liste von Zugriffsberechtigungen , die die berechtigten Anwender und ihre Zugriffsrechte ausweist. Die Access-Liste wird beim Erzeugen des Objekts angelegt und kann nur von der Berechtigung "owner" verändert werden. Sie wird bei jedem Zugriff überprüft. Auf ein Objekt kann nur zugegriffen werden, wenn auch die Zugriffsberechtigungen für die in der Hierarchie übergeordneten Objekte vorhanden sind. Locks werden zum Zeitpunkt des Zugriffs auf Objekte vom Anwender gesetzt.

4.2 Retrieval

Die Suche nach Dokumenten in Büro-Umgebungen zeichnet sich durch eine Reihe von Besonderheiten aus, die hier kurz genannt werden: Gesucht wird in der Ablage in der Regel nach einem bekannten Dokument; der Suchende hat bereits eine Vorstellung von seinem Suchobjekt, zumeist weil er es schon gesehen hat, bevor es abgelegt wurde. Die Ablage ist in sich strukturiert. Diese Kriterien können bei der Suche mit verwendet werden, z.B. Suche in Schrank, Akte oder auf dem Schreibtisch. Die zu erwartenden Ergebnismengen sind wahrscheinlich nicht so umfangreich wie in Information Retrieval Systemen, so daß linguistische Methoden nur eingeschränkt erforderlich sind.

Die in einer Suche anwendbaren Operatoren sind z.B.: **< $\leq$ = $\neq$ $\geq$ > v and not matches wildcard specifier '*' and '#'**.

Der Anwender kann zwei Wege der Suche beschreiten, zum einen entlang der Ablagehierarchie durch Sichtung der Inhaltsverzeichnisse der Objekte, zum anderen in (Teil-) Bäumen durch Suchfragen über den Attributen. Dadurch ist der DFR nicht auf hierarchische Strukturen beschränkt.

Ergebnisse von Suchfragen können in der Ablagestruktur als "virtuelle" Ordner abgelegt werden.

6. Abgrenzung DFR / IRS / DBS

In der folgenden Gegenüberstellung werden die Systeme verglichen:

DFR - Document Filing and Retrieval Service
IRS - Information Retrieval System
DBS - Datenbank System

	DFR	IRS	DBS
Inhalt der Dokumente	transparent	interpretiert	interpretiert
Struktur der Dokumente	transparent	variabel	definiert
Hierarchie	ja	nein	ja/nein
Veränderungen der Hierarchie	ja	nein	nein
DDL/Schema	nein	nein	ja
Attribute als Schlüssel variabler Länge	ja	ja	nein
Attribute - Felder	n Attribute	n Attribute	1 Attribut
Relation	ohne Feldzuordnung	mit/ohne Feldzuordnung	= 1 Feld
freie Attribute	ja	ja	nein
Thesaurus	nein	ja	nein
Stopwortliste	nein	ja	nein
Linguistik	ja	ja	nein
Flexion	ja	ja	nein
Wortstellung	nein	ja	nein
Ähnlichkeit	nein	ja	nein
Mehrsprachigkeit	ja	ja.	nein
Ranking	nein	ja	nein
Feldauswahl im Ergebnis	nein	bedingt	ja

Es zeigt sich, daß drei unterschiedliche Anwendungsbereiche zu unterstützen sind. Wie im Abschnitt 'Systemmodell' angeschnitten, existieren gleiche Problemstellungen in verschiedenen Systemen, die zu gleichen Konstruktionsprinzipien aber nicht zu einer Lösung für alle Systeme führen.

7. Client-Service Modell

Grundlage der DFR-Architektur ist das Client - Server Modell /FDOA86/. Dies ermöglicht eine Aufteilung in Workstations, die Clients und lokale persönliche Ablagen enthalten und Servern, die den Service mit zentralen gemeinsamen Ablagen enthalten. Dadurch ist die Verfügbarkeit der Bürofunktionen unabhängig vom Abschalten/Ausfall einzelner Workstations, erst der Ausfall eines Servers verringert den Gesamtservicegrad des Systems (dies ist zum Teil durch die Installation von redundanten Systemen vermeidbar).

Client und Server können durchaus auf demselben Rechnersystem installiert werden. Client und Server kommunizieren dann direkt. Im anderen Fall kommunizieren Client und Server über das DFR Access Protocol auf der Basis des Remote Operation Service (ROS) /ROS86/.

Auf der Workstation kann ein Anwender eine nur ihr/ihm persönlich zugängliche Ablage einrichten. In diese Ablage (Schreibtisch) können alle Objekte übertragen werden, die nicht im Zugriff anderer Anwender sein sollen.

Die zentrale Ablage, die allen Anwendern gemäß ihren Berechtigungen zugänglich ist, kann bedarfsgerecht für Gruppen, Abteilungen, Bereiche, etc. im Netz des Bürokommunikationssystems installiert werden.

8. Anwenderschnittstelle

Die Abbildung der Leistungen des DFR auf eine Anwenderschnittstelle mit grafischer oder zeichenorientierter Oberfläche ist Angelegenheit der speziellen Büroanwendungen, die auf dem DFR aufsetzen. Der DFR präjudiziert weder die Wahl der Objekte, noch deren Darstellung für den Anwender im Büro.

Literaturverzeichnis

/DFR86/   Document Filing and Retrieval Application, Proposal, 1986, ISO/TC97/SC18/WG4-N498/N524; ECMA/TC32-TG5/86/83

/FDOA86/   Framework for Distributed Office Applications, Draft 1986,ISO/TC97/SC18/WG4/N504; ECMA TC32-TG5/86/114

/IMB84/   D.M.Choy, et al: A Database Management System for Office Systems and advanced Workstations, IBM Research Report RJ4318, 6/4/86

/InfS86/   K.Küspert (Heidelberg) in Informatik Spektrum (1986)9:184-185

/InfF85/   A.Blaser, P.Pistor, (Hrsg.):Proc. GI-Fachtagung, Karlsruhe, März 1985, Informatik-Fachberichte, Band 94

/MAD86/   B.Mitschang, MAD - ein Datenmodell zur Verwaltung von komplexen Objekten,SFB124, Report 20/85, Universität Kaiserslautern, FB Informatik, 1986

/ROS86/   Remote Operation Services, CCITT X.409, ISO DP 9072 MOTIS, ECMA TR/31

/SBA86/   Siemens Informationsschrift 1986, Bestell-Nr. U2965-J-Z74-1

Objekt- und Kommunikationsmanagement im multimedialen Büroinformationssystem MuBIS

R. Cordes, R. Buck-Emden, M. Hofmann, H. Langendörfer

Institut für Betriebssyteme und Rechnerverbund
Technische Universität Braunschweig
Bültenweg 74/75
3300 Braunschweig

1. Motivation

Die Entwicklung multimedialer Büroinformationssysteme mit dem Ziel der integrierten Verarbeitung von Text-, Graphik-, Bild- und Sprachinformationen sowie formatierter Daten wird derzeit an verschiedenen Forschungsstätten vorangetrieben (/GiTs86/, /GKLSZ86/, /LCB86/, /LBC86/, /OMAKN86/).

Spezielle Probleme sind hierbei die adäquate Speicherung und Wiedergewinnung multimedialer Objekte (Dokumente), die Einbeziehung laser-optischer Plattenspeichertechnologien sowie die Integration in bestehende Anwendungen.

2. Dekomponierte Dokumentenverwaltung in MuBIS

In dem von uns vorgestellten Konzept eines Bürosystems (Fig. 1) zur Unterstützung multimedialer Informationsverarbeitung /LBC86/ lehnen wir uns an eine spezielle Dokumentenarchitektur (ECMA-101 /ECMA85/) an und nehmen eine Dekomposition multimedialer Dokumente in Komponenten vor.

Die Vorteile einer solchen Dekomposition sind u.a. eine einmalige Speicherung von Bausteinen, die in vielen Dokumenten vorkommen. Damit ist eine redundanzfreie bzw. -ärmere Speicherung von unterschiedlichen Dokumentenversionen oder Dokumenten mit unterschiedlichen Zugriffsrechten (Multi-Besitz) möglich. Ferner wird ein gezielter Zugriff auf Dokumentenkomponenten unterstützt, um so unterschiedliche Komponenten mit dedizierten Werkzeugen bearbeiten zu können.

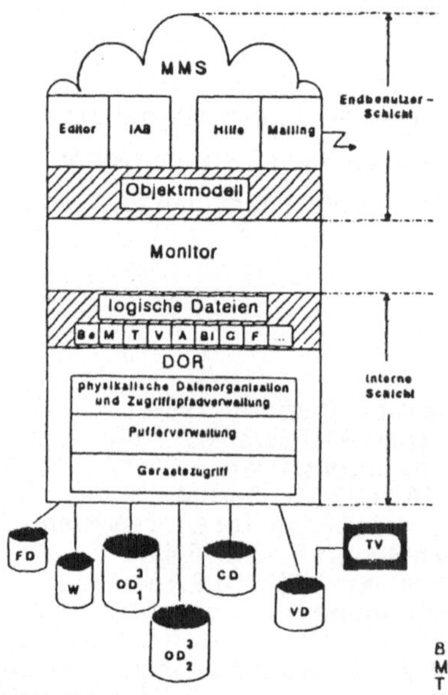

Be	: Beschreibungssatze	FD	: Floppy Disk
M	: Methodenkomponente	W	: Winchester
T	: Textkomponente	OD³	: Optical Digital Data Disk
V	: Videokomponente	CD	: CD-ROM
A	: Audiokomponente	VD	: Video Disk
Bi	: Bitmap-Komponente		
G	: Graphikkomponente		
F	: Formatierte Daten		

: Schnittstelle
MMS: Mensch-Machine-Schnittstelle
IAB : Indexierung und Anfragebearbeitung

Fig. 1

Die von uns vorgenommene Dokumententeilung gewährleistet auch eine gezielte Unterstützung unterschiedlicher Bearbeitungsmodi von Dokumenten; wir unterscheiden in unserem System zwischen **Archivierungs-** und **Bearbeitungsmodus**. Im Archivierungsmodus befindliche Dokumente können dabei nicht mehr verändert werden.

In den meisten Bürosystemen findet man diese Unterscheidung nicht; ebenso ist häufig ein unstrukturiertes Dokument die kleinste zugreifbare Einheit.

Folgende wesentlichen Funktionalitäten gilt es zu berücksichtigen, wenn man mit einer verteilten Dokumentenspeicherung arbeitet:

- Attributgestützte Dekomposition und Auswahl von Speichermedien
  bei der Speicherung eines Dokuments.
- Aufbereitung von Dokumenten bei Suchaufträgen.
- Transfer von Dokumentenkomponenten zwischen
  unterschiedlichen Systemmoduln.

Diese Funktionalitäten sind in MuBIS in einer zentralen Systemkomponente – **dem Monitor** – angesiedelt, der dabei auf einem speziellen Objektmodell operiert. In diesem Modell werden die Dokumente folgendermaßen dargestellt (Fig. 2):

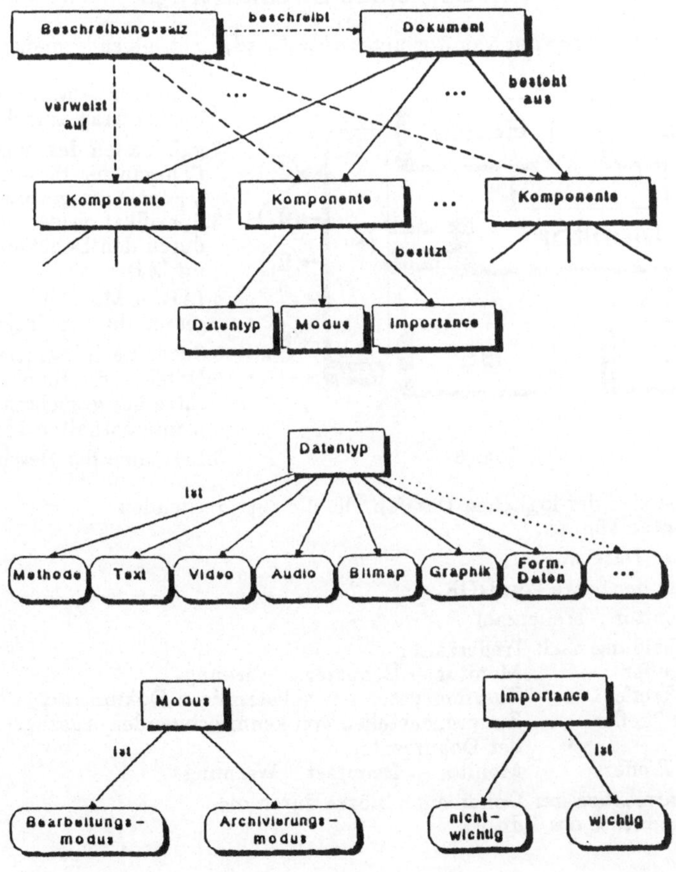

Fig. 2

Die *Dokumenteninhalte* werden in *Komponenten* gleichen Typs aufgeteilt. Der Typ bestimmt sich aus dem Datentyp des Inhalts, seiner Wichtigkeit (importance) für das Dokument sowie dem Modus des Inhalts (Archivierungs- bzw. Bearbeitungsmodus). Der *Komponententyp* beeinflußt wesentlich den physikalischen Speicherungsort der Komponenten.

Weitere Kennzeichen und Attribute von Dokumentenkomponenten (z.B. Deskriptoren und Datumsangaben) werden im *Beschreibungssatz* gespeichert. Mit Hilfe der Beschreibungssätze vollzieht sich das Retrieval der Dokumente. Die Beschreibungssätze sind in logischen Dateien gespeichert.

Für den Monitor befinden sich die Komponenten virtuell im *Komponentenpool*. Der Monitor holt beim Retrieval die einzelnen Komponenten eines Dokumentes , fügt sie wieder zusammen und übergibt sie zur Darstellung der Layoutkomponente des Editors.

Neben der Objektverwaltung übernimmt der Monitor die Kommunikation zwischen den unterschiedlichen Systemkomponenten (Editor, IAB-Komponente, DOR und Hilfesystem) und unterstützt deren Synchronisation. Ferner werden unterschiedliche individuelle Benutzerumgebungen unterstützt sowie die Verbindung zu existierenden Betriebs- und Dateisystemen vorgenommen.

3. Beispiel: Bearbeitung eines Suchauftrags

Ein Suchauftrag, der vom Monitor unterstützt wird, sieht folgendermaßen aus (Fig. 3):

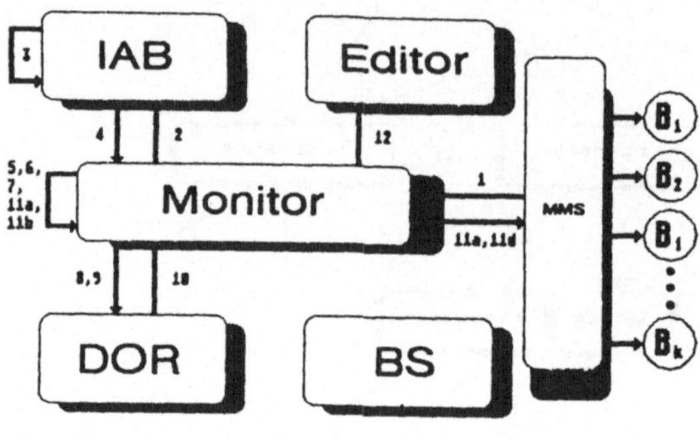

1. Benutzer → Monitor
   Suchauftrag anmelden
2. ggf. Laden des IAB
   (Thesaurus, Bereitstellen
   j+der Anfragesprache)
3. Spezifikation der Anfrage
   durch den Benutzer
   im IAB
4. IAB → Monitor :
   search-doc (Anfrage)
5. Suche nach logischen
   Dateien, die Beschreibungssätze der gesuchten Dokumente enthalten können.

Fig. 3

6. Erkennen der Beschreibungsstruktur.

7. Zusammenstellen der logischen Dateien, die die entsprechenden Sätze enthalten können.
8. Öffnen dieser Dateien.
9. Anforderung der Sätze von DOR.
10. DOR → Monitor : Trefferzahl
11. Fallunterscheidung nach Trefferzahl :
    a) keine Treffer   :   Monitor → Benutzer : Warnung
    b) wenige Treffer   :   Zusammensten der vollständigen Dokumente.
    c) mehrere Treffer   :   Zusammenstellen von kennzeichnenden Auszügen.
       der Dokumente.
    d) zuviele Treffer   :   Monitor → Benutzer : Warnung.
12. ggf. Sichtbarmachen der Dokumentenblöcke durch die Layoutkomponente des Editors.

4. Stand des Projektes und zukünftige Perspektiven

Auf der CeBIT–Messe im März 1987 in Hannover ist eine Prototypversion MuBIS–Pro präsentiert worden /BCL87/ . Dieses System ist in C und Assembler unter einem DOS–Betriebssystem auf einem Rechner des Typs Nixdorf PWS–D entwickelt und implementiert worden. Da
dieses Betriebssystem Restriktionen aufweist (z.B. kein Multi–Tasking erlaubt) ist für 1987/88
eine Portierung und anschließende Weiterentwicklung auf einem UNIX–Rechner geplant.

5. Literatur

/BCL86/   R.Buck-Emden, R.Cordes, H.Langendörfer
Optische Speichertechnologien für moderne
Büroinformationssysteme
in: /Schu86/ pp. 222 – 232

/BCL87/   R.Buck-Emden, R.Cordes, H.Langendörfer
MuBIS-Pro
Prototyp eines multimedialen Büroinformationssystem
für die CeBIT '87
Informatik-Bericht 8701 Techn. Universität Braunschweig 1987

/CBL86/   R.Cordes, R.Buck-Emden, H.Langendörfer
Benutzergestützte Gestaltung von
Büroinformationssystemen
in: /Schu86/ pp. 577 – 587

/ECMA85/   ECMA-101
Office Document Architechture (ODA)
September 1985

/GiTs86/   S.Gibbs, D.Tsichritzis
Document Presentation and Query Formulation
in Muse
in: Proc. 1986-ACM Conference on Research and Development
in Information Retrieval
Pisa, Sept. 1986, pp. 23 – 31

/GKLSZ86/   H.P. Godbersen, G.Köhler, Ch.Lewin, J.Seib, G.Zschocke
Bearbeitung, Verwaltung und Versand von Dokumenten
in: Proc. GI-Jahrestagung 86, Berlin, Okt. 1986
Band II, Springer IFB 127, 1986, pp. 118 – 128

/LBC86/   H.Langendörfer, R.Buck-Emden, R.Cordes
MuBIS – Konzept eines multimedialen Büroinformationssystem
in: Proc. GI-Jahrestagung 86, Berlin, Okt. 1986
Band II, Springer IFB 127, 1986, pp. 104 – 117

/LCB86/   H. Langendörfer, R.Cordes, R.Buck-Emden
Multimedia Filing and Retrieval Based On Optical and
Magnetic Mass-Storage Technologies
in: Proc. Euromicro 86, Venedig, Sept.1986, pp. 505 – 512

/OMAKN86/   M.Okta, M.Maekawa, T.Avano, K.Kawachiga, Y.Noguchi
Multimediate Information Processing based on a
general media model
in: Proc. IFIP 86, Dublin, Sept.1986,
North-Holland, 1986, pp. 957 – 962

/Schu86/   A.Schulz (Ed.)
            Die Zukunft der Informationssysteme –
            Lehren der 80er Jahren
            Proc. GI/ÖGI/SI Fachtagung, Linz, Sept.1986,
            Springer 1986

THERSYST,
eine Faktendatenbank für Thermophysikalische Eigenschaften

Klaus Löffler, Roland Rühle
Rechenzentrum Universität Stuttgart - Abteilung Anwendungssysteme

Januar 1987

1 Einführung

Die schnelle Verfügbarkeit von Information hat einen immer größeren Einfluß auf die Wettbewerbsfähigkeit von Unternehmen. Am Anfang konnten die Literaturdatenbanken die Wünsche der Benutzer noch erfüllen, aber zunehmend werden nicht nur Literaturzitate erwartet, sondern die Daten selbst. Das Ergebnis einer Recherche soll direkt von Rechenprogrammen verwendet werden können. Die Anforderungen der Benutzer führten zu einer neuen Klasse von Datenbanken, den Faktendatenbanken. THERSYST, eine Faktendatenbank für thermophysikalische Eigenschaften, ist ein Vertreter dieser Klasse.

2 Design

Die thermophysikalischen Eigenschaften fester Stoffe hängen von vielen Einflußgrößen ab. Um dem Benutzer eine Interpretation der Messwerte zu ermöglichen, müssen alle Einflußgrößen erfaßt und gespeichert werden.

Am Ende der Designphase lag eine Beschreibung der Materialdaten als NF2-Relation [SCHE82] mit vier Unterrelationen und 158 Attributen vor. Für die Materialdaten bot sich eine NF2-Relation an, da die Daten von Natur aus hierarchisch strukturiert sind. Zu einem Material kann es mehrere konkrete Ausprägungen geben, an denen mit verschiedenen Apparaten verschiedene Eigenschaften gemessen worden sein können.

Als Attributtypen kommen Integer, Real, Character, Text, Intervall, Aufzählung, Menge, Vektor und Funktion vor. Die Werte von Attributen, die eine physikalische Größe darstellen, bestehen aus einem Zahlenwert und einer physikalischen Einheit.

3 Implementierung

Die Implementierung von THERSYST basiert auf dem Softwaresystem RSYST [RÜH75]. Die Realisierungsmöglichkeit mit einem relationalen Datenbanksystem wurde untersucht und ist im nächsten Kapitel beschrieben. Die Entscheidung für RSYST fiel wegen seiner Verfügbarkeit und wegen seiner vielfältigen Manipulationsmöglichkeiten der Daten.

Die NF2-Relation konnte mit RSYST einfach nachgebildet werden. Auf die Subtupel kann über ein Minidirectory [DEP85] direkt zugegriffen werden. Zur Abfrage wurde eine Untermenge von SQL implementiert. Als Ergebnis einer Abfrage bekommt der Benutzer die qualifizierten NF2-Tupel in seine Arbeitsdatenbasis kopiert. Er kann darauf weitere Abfragen und alle RSYST-Moduln anwenden.

Zur Optimierung eine Abfrage während der Auswertung wird der direkte Zugriff auf die Subtupel ausgenutzt. Mittels dreiwertiger Logik wird so früh wie möglich entschieden, ob ein Eintrag qualifiziert oder nicht qualifiziert ist. Nur wenn keine Entscheidung möglich ist, wird ein weiteres Subtupel gelesen.

Funktionen werden tabelliert und in der Datenbank als Vektoren dargestellt.

4 Realisierung mit Oracle

THERSYST kann mit einigem Aufwand auch mit einem relationalen Datenbanksystem (untersucht wurde Oracle) realisiert werden. Die Hierarchie kann durch Normalisieren problemlos aufgelöst werden. Schwierigkeiten bereiten die Datentypen Text, Intervall, Menge und Vektor.

Zeichenketten können bei Oracle nur 255 Zeichen lang sein. Texte müssen deshalb in mehrere Zeilen aufgebrochen werden. Für jede Zeile ist ein Attribut vorzusehen. Intervalle sind als obere und untere Schranke darzustellt werden. Für jede Menge ist eine obere Schranke n der Kardinalität festzulegen. Es sind n Attribute je Menge anzulegen. Vektoren können als "long" realisiert werden, wenn die Werte nicht in Abfragen verwendet werden sollen. Die Realisierung mit Oracle erfordert 5 Relationen mit 252 Attributen.

Abfragen in der Oracle-Datenbank mit SQL sind dem Benutzer kaum zuzumuten. Bei jeder Abfrage muß der Join zwischen den fünf Relationen explizit angegeben werden. Abfragen in Texten sind nicht möglich. Operationen mit Intervallen müssen in Operationen mit den Schranken umgeformt werden. Statt "Wert in Menge" muß der Benutzer "Wert = Elem1 or Wert = Elem2 or ..." schreiben. Die Werte von Vektoren sind nicht abfragbar.

Eine brauchbare Lösung ist ein Dialogprogramm, das die Abfragen, die der Benutzer auf der NF2-Relation formuliert, versteht, und in SQL übersetzt. Das Abfrageproramm für die RSYST-Implementierung kann leicht dafür abgewandelt werden.

5 Zusammenfassung

Die Realisierung von THERSYST warf eine Reihe von Problemen auf, die gelöst werden mußten. Für die Behandlung von Wertebereichen und der physikalischen Einheiten in der Datenbank wurden Konzepte erarbeitet. Die Ablage abstrakter Datentypen zur Darstellung algebraisch definierter Funktionen ist in Arbeit.

Literatur

[DEP85]   Deppisch, U., Günauer, J., Walch, G.: Speicherungsstrukturen und Adressierungstechniken für komplexe Objekte des NF2-Relationenmodells

[RÜH75]   Rühle, R.: RSYST I-III, Experience and Further Development. In: Atomkernenergie, Bd. 26 (1975)

[SCHE82] Data structures for an integrated data base management and information retrieval system, Proc. of Very Large Data Bases, Saratoga 1982

<u>RELATIONALE DATENBASIS ALS KERN FÜR EIN INTEGRIERTES</u>
<u>INTERAKTIVES INFORMATIONSSYSTEM</u>

I. Mistrik
Gesellschaft für Information und Dokumentation mbH
Tiergartenstr. 17, D-6900 Heidelberg 1

<u>Zusammenfassung</u>

Informationsvermittler im weiteren Sinne benötigen Informations- und Kommunikationssysteme, die ihren individuellen Bedürfnissen eng angepaßt sind. Konzipiert und realisiert wurde der Prototyp eines Systems für dezentrale Informationsvermittlung und
-verarbeitung. Mit ihm können lokal gehaltene Informationsbestände aufgebaut und verarbeitet werden. Es gestattet Online-Zugriff auf externe Datenbasen. Das System zeichnet sich durch hohe Qualitätsmerkmale aus: maximale Portabilität auf Rechneranlagen
verschiedener Hersteller; weitgehende Kompatibilität mit fremden Systemen; eine Erweiterung des Funktionsspektrums ist leicht möglich; das System ist benutzerfreund-
lich. Auf diese Qualitätsmerkmale wird das System phasenweise unter "Reale-Welt-Be-
dingungen" getestet. Im Zuge des iterativen Gesamtdesigns: Gegenseitiges feed-back
mit laufendem Software-Transfer der neuesten System-Versionen sowie mit zusätzlichen
Anforderungsspezifikationen.

1. <u>Einführung</u>

Zur Informationsvermittlung und -verarbeitung am Arbeitsplatz werden von Kleincompu-
tern unterstützte Informations- und Kommunikationssysteme benötigt, die den individuellen Bedürfnissen (funktionale, leicht bedienbar und effizient) ihrer Benutzer
leicht anpaßbar sind. Hierzu müssen folgende Grundforderungen erfüllt sein:
- Der Informationsvermittler soll einerseits zu externen Datenbanken im Dialog zugreifen und die recherchierten Daten verarbeiten können, andererseits mit der gleichen Art von Systemen bei internen Datenbanken im lokalen Netzwerk kommunizieren
  können (Kommunikationssystem);
- Es muß ein technisches Instrumentarium vorhanden sein, um eigene Datenbanken dezen-
  tral aufbauen zu können (Generalized Database Management System);
- Dem Informationsvermittler sollen computerunterstützte methodische Hilfsmittel in
  Form einer Methodenbank zur Verfügung stehen, z.B. statistische Verfahren und Ge-
  wichtungsalgorithmen (Methoden-, Modell- und Problembank);
- Der Informationsvermittler soll durch eine eigene problemorientierte Informations-
  bank aktiv unterstützt werden (Dictionary/Directory/Referral);
- Die Kommunikation mit externen und internen Datenbasen, die eigenerstellten Daten-

banken, die methodischen Hilfsmittel und die Informationsbank sollten integriert
sein.

In Bezug auf o.g. Anforderungen wurde ein portables Softwarepaket entwickelt, das es
gestattet, maßgeschneiderte Informations- und Dokumentationssysteme (IuD-Systeme) speziell auf Minicomputern und PC's verschiedener Hersteller aufzubauen. Das Softwaresystem liegt in PASCAL-p-Code vor und ist auf alle Rechner übertragbar, für die p-Code
Prozessoren (Interpreter oder Compiler) verfügbar sind. Im Kern enthält das System
ein relationales Datenbankmanagementsystem. Die Datendefinition und -manipulation ist
SQL-kompatibel. Die Datenbasis ist bezüglich des Aufbaues und der Anzahl der Relationen, der Tupel und der Attribute nicht eingeschränkt, so daß Objekte mit beliebigen
Wertebereichen (einschließlich z.B. voller Texte) definiert werden können. Dies ermöglicht es, mit dem System insbesondere IuD-Systeme (z.B. Information Retrieval Systeme)
aufzubauen. Ein spezieller Maskeneditor gestattet die auf beliebige Anwendungen zugeschnittene Definition und Realisierung des Mensch-Maschine-Dialogs: die Benutzerführung kann damit individuell und aufgabenbezogen gestaltet werden. Ferner wird auf
größtmögliche Modularität des Software-Aufbaues ebenso Wert gelegt, wie auf einheitliche Benutzer-Schnittstellen und auf die Möglichkeit, genormte Datenaustauschformate
zu erzeugen.

Das System ist von anderen Datenbanksystemen bzw. Dokumentationssystemen abzugrenzen
durch die folgenden, gemeinsam vorliegenden Merkmale:

- Portabilität (für Minicomputer und PC's verschiedener Typen);
- voll-relationales Datenbankmanagement;
- keine Einschränkungen bezüglich der Datenobjekte;
- alle IuD-Funktionen (insbesondere ausgefeilte Druckaufbereitung);
- maßgeschneiderter Aufbau nicht nur der Datenbank, sondern auch des Benutzerdialogs
  möglich.

Bei der Entwicklung wurde vor allem auf die Realisierung eines Satzes von generischen
Funktionen zur Realisierung von IuD-Funktionen besonderer Wert gelegt. Außerdem wurden
Software-Entwicklungsverfahren eingesetzt, die Weiterentwicklung, Verbesserung und
Wartung optimal gewährleisten sollen. Augenmerk wurde auf die Entwicklung von Pilot-
anwendungen gelegt: schon während der letzten Phase der Entwicklung sind ausgewählte
Demonstrations- und Testinstallationen durchgeführt worden. Derzeit ist ein - noch
nicht marktreifer - Softwareprototyp verfügbar sowie einige Pilotinstallationen für
Anwendungen im IuD-Bereich.

2. Systembeschreibung

2.1 Struktur

Abbildung 1 zeigt die verschiedenen Schichten und wesentlichen Schnittstellen des Systems.

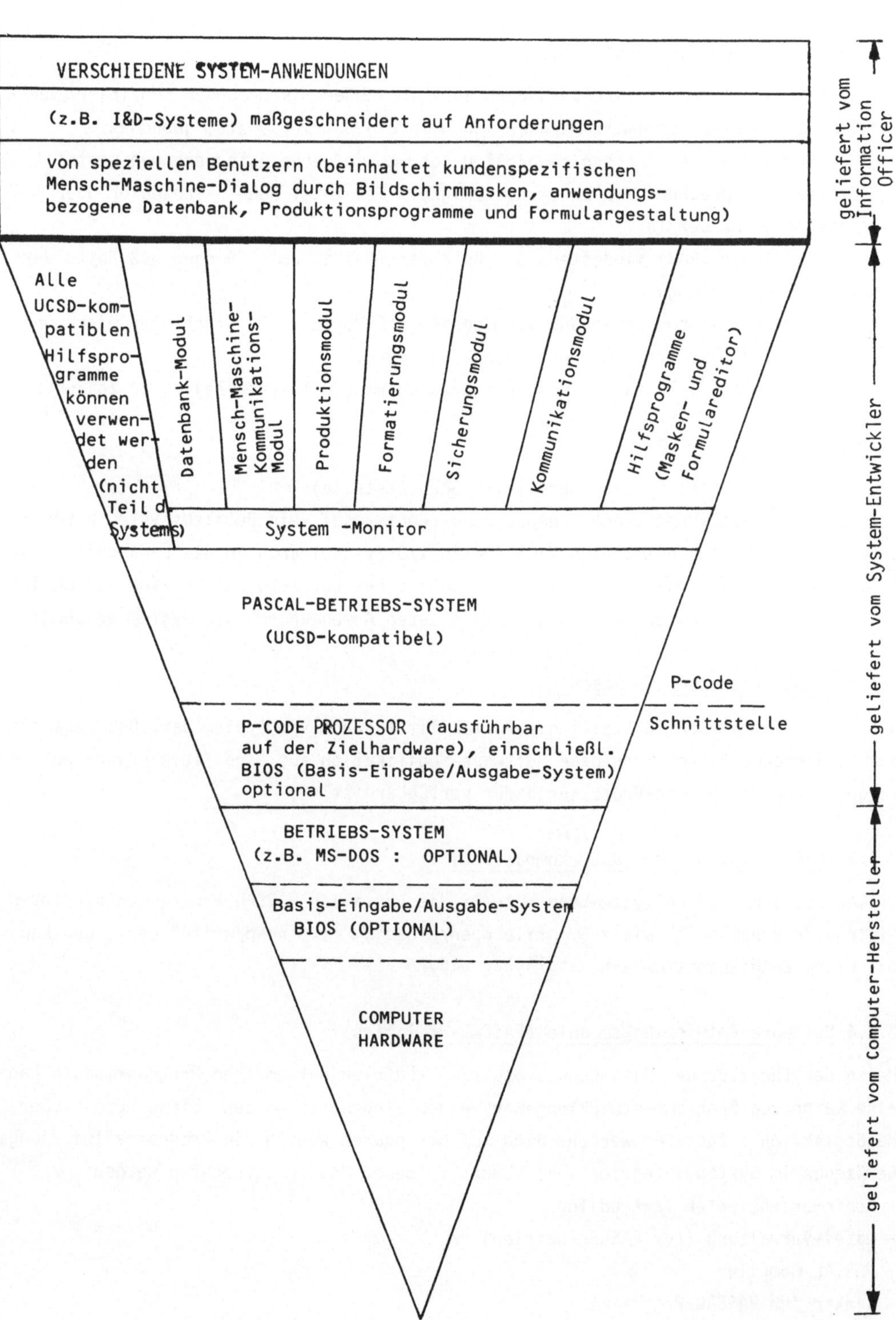

Abb. 1 : Die Systemebenen

2.1.1 Hardware und Betriebssystem

Das System ist allgemein zur Ausführung auf Mini- oder Mikrorechner konzipiert und
dabei weder an eine bestimmte Hardware noch an ein Betriebssystem gebunden.
An die Hardware werden für den sinnvollen Betrieb folgende Anforderungen gestellt:
- Prozessor entsprechend der Leistungsfähigkeit des Intel 8088 -Prozessor oder lei-
  stungsfähigerer Geräte;
- Arbeitsspeicher (RAM) mindestens 3 x 64 Kbyte (Ausbau auf 256 oder 512 Kbyte ver-
  bessert die Leistung);
- Massenspeicher anwendungsabhängig, mindestens 5 Mbyte (z.B. Winchester Disk) und
  1 Floppy Disk (zum Programm- und Daten-Transfer);
- Terminal mit ASCII-Tastatur, Monochrombildschirm (80 Zeichen/Zeile, 24 Zeilen/Sei-
  te);
- V-24 Schnittstelle;
- Drucker (mit serieller oder paralleler Schnittstelle).

Grundsätzlich ist außer einem Ladeprogramm (Bootstrap) kein Betriebssystem unbedingt
erforderlich, da das notwendige BIOS (Basic I/O-System) auch in die p-Maschine (vgl.
2.1.2.) eingefügt werden kann. Die Verwendung eines Betriebssystems kann jedoch die
Flexibilität (z.B. Datenschnittstelle zu anderen Anwendungen) vom System erhöhen.

2.1.2 p-Code-Prozessor (p-Maschine)

Die p-Code-Schnittstelle stellt die Portabilitätsebene vom System dar. Das gesamte
darüberliegende System kann ohne Software-Modifikation auf eine Zielhardware portiert
werden, wenn ein p-Code-Prozessor dafür verfügbar ist.

2.1.3 PASCAL-System-Kern (UCSD-kompatibel)

Dieser residente Pascalsystemkern enthält die von allen PASCAL Programmen benutzten
"intrinsic functions", wie z.B. "file open/close", "file read/write" usw., und kann
mit einem Betriebssystemkern verglichen werden.

2.1.4 Software-Entwicklungsmodule (PASCAL-Utilities)

Neben den für z.B. den Datenbankaufbau bzw. -betrieb notwendigen Programmmoduln kann
eine Reihe von Programmentwicklungswerkzeugen eingesetzt werden. Diese können über
Menüselektion aufgerufen werden. Sind auf besonderen Wunsch die Programmentwicklungs-
werkzeuge im System integriert, so können folgende Moduln aufberufen werden:
- Schirmorientierter Text-Editor
- Datei-Verwaltung (für PASCAL-Dateien)
- PASCAL-Compiler
- Linker für PASCAL-Programme
- Laden und Starten von p-Code-Programmen.

2.1.5 Systemmonitor und Speicherverwaltung

Mit dem Systemmonitor-Modul wird die Kommunikation aller übrigen Systemmodule, z.B.
d s Datenbankmoduls (DBM) und des Ein/Ausgabe-Moduls (EAM) realisiert. Er beinhaltet
außerdem das Fehlerdiagnostiksystem und die System-Massenspeicherverwaltung (einschließlich RAM-Disk). Diese ist grundsätzlich unabhängig von den Datenverwaltungen eingesetz-
ter Betriebssysteme (z.B. MS-DOS); die Grundfunktionen Speicheranforderung, Speicher-
freigabe, Lese- und Schreiboperationen werden als PASCAL-Anweisungen zur Verfügung gestellt; Systemdateien und Freispeicher werden hier verwaltet. In einer Konfigurations-
datei sind die physischen Daten der Massenspeicher festgehalten.

2.1.6 System-Datenbankmodul (DBM)

Der System-DBM ist nach dem Relationalen Datenbankmodell implementiert. Er besteht aus
zwei Teilen mit zwei internen und einer externen Schnittstelle (Abb. 2).

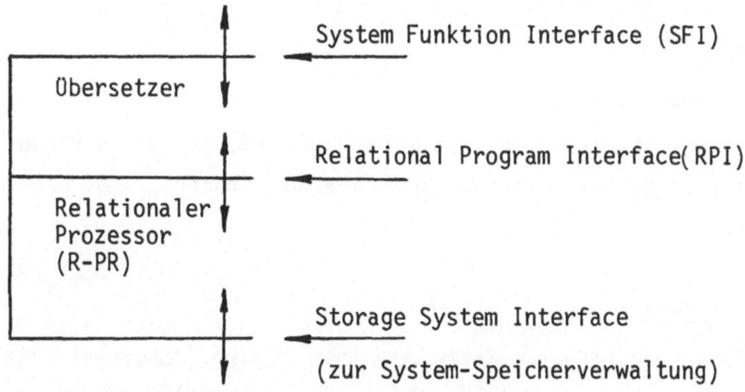

Abb. 2: System-Datenbankmodul

Der Relationale Prozessor ist das Kernstück des DBMs, er stellt das RPI mit etwa 40
Befehlen, wie z.B. Relationsdefinition, Privilegienvergabe, Einfügen/Löschen, Prüfen
auf Duplikate u. dgl. zur Verfügung.

Die über die externe Funktionsschnittstelle (SFI) an den DBM gestellten Anforderungen
werden im Übersetzer in der RPI-Struktur transformiert. Das SFI stellt keine spezielle
Datenbanksprache dar; sondern benötigt "Auftragsblöcke", bestehend aus Systemfunktion
und dazugehörenden Parametern. Diese Auftragsblöcke werden entweder vom System-Ein-
Ausgabe-Modul auf Grund des Benutzerdialogs erzeugt, oder können von anderen System-
Prozessoren intern übergeben werden.

2.1.7 System-Ein-Ausgabe-Modul (EAM)

Der System-EAM wirkt an der Benutzerschnittstelle des Systems und ermöglicht das interaktive Arbeiten mit anderen Moduln, z.B. dem DBM. Jeder Benutzerdialog wird dabei
mit Hilfe von Masken (vom Benutzer vordefinierte Schirmbilder) realisiert, die in Mas-

kenbibliotheken zur Verwendung bereitgehalten werden. Der EAM enthält einen Feldeditor zum Ausfüllen der Masken. Man unterscheidet Steuerfelder, die den Dialog regeln sowie Datenfelder, die z.B. an den DBM weitergegeben werden. Im EAM werden alle Dialogfunktionen (z.B. Default-Werte, Plausibilitätsprüfungen, Prüfung des Wertevorrats, Kontrolle bei Eingabezwang, Anzeige von Hilfstexten) verwaltet. Der EAM dient ebenfalls zur dialogorientierten Datenausgabe (z.B. von Retrievalergebnissen) und ist bei Datenänderungen wirksam.

2.1.8 System-"Produktionsmodul"

In Relationen können anwendungsspezifische "Produktionsprogramme (d.s. spezielle Tabellen) abgelegt werden, die eine Aufbereitung von auszugebenden Daten (nach einer Abfrage) z.B. Sortierung, Beschränkung der Ausgabemenge, Einfügen von Konstanten u. dgl., vornehmen. Der Produktionsmodul übernimmt die Produktionsprogramme zusammen mit den selektierten Daten, bereitet diese auf, und übergibt sie dem EAM oder dem Formularverarbeitungsmodul.

2.1.9 System-Formularverarbeitung

Der Modul bereitet Ausgabedaten seitenmäßig in bestimmter Form auf, die durch vordefinierte Formulare gegeben ist (z.B. für Seitenüberschriften und -numerierung, Randausgleich, Einrücken, Fettdruck).

2.1.10 Backup, Recovery und Restart

In der derzeit verfügbaren Fassung der System-Software können Kopien ("Backups") der Datenbasis auf austauschbaren Speichermedien (z.B. floppy disks) erstellt werden, die bei Bedarf mittels eines Wiederherstellungsprogrammes (Recovery) den Neuaufbau des Systems gestatten und das System wiederstarten (Restart). Versionskontrolle ist dabei vorgesehen.

2.1.11 Kommunikations-Modul

Derzeit ist unter dem System die Durchschaltung zu anderen Datenbanksystemen über eine V-24-Schnittstelle möglich. Geplant ist die Erweiterung dieses Moduls zur Realisierung von Mehrbenutzerbetrieb und zur Organisation des Informationsflusses in (lokalen) Netzen von System-Rechnern. Darüberhinaus befindet sich auch eine Logbandprozedur in Planung.

2.1.12 Werkzeuge zur Erstellung von Anwendungen

Im Systemkonzept hat die maßgeschneiderte Erstellung beliebiger Informations- und Dokumentationssysteme eine zentrale Bedeutung. Folgende Hilfsprogramme (Utilities) zum Aufbau von Anwendungen sind verfügbar:
- Maskenerstellung, -pflege und -verwaltung;

- Erstellung, Pflege und Verwaltung von "Produktionsprogrammen";
- Beschreibung der Hardware-Konfiguration;
- Anpassung an die technischen Eigenschaften von Peripheriegeräten (z.B. Bildschirm-
  gerät), Drucker).

2.2 Funktionen

Da nicht "nur" ein relationales Datenbank-Managementsystem darstellt, sondern viel-
fältige Anwendungsmöglichkeiten, vor allem für Dokumentationssysteme, bietet, sind
seine Funktionen zu gliedern in:
- Datenbankfunktionen,
- Funktionen zum Aufbau von IuD-Systemen,
- Benutzerorientierte Funktionen.

2.2.1 Datenbankfunktionen

Die relationale Datenbasis, der Kern von System enthält beliebig viele Relationen mit
beliebig vielen Tupeln, deren Struktur nicht eingeschränkt ist. Die Manipulation ist
kompatibel zu SQL, folgende Operationen sind unterstützt:
- Erstellen von Relationen;
- Löschen von Relationen;
- Einfügen, Löschen, Umbenennung von Attributen;
- Einfügen, Löschen von Tupeln;
- Verbinden (join) von Relationen;
- Projektion und Auswahl mittels der Query-Operation (2 Schachtelungstiefen möglich)
  FINDE (Attribut(e))
  AUS (Relation(en))
  MIT (Qualifikation);
- Aufbau, Löschen, Verändern und Query von Views (=Sichten), d.s. dynamisch definierte
  Relationen;
- Definition von Schlüsselattributen (256 je Relation möglich);
- Vergabe und Entzug von Zugriffsrechten zu Relationen oder Views (Lesen, Einfügen,
  Löschen, Ändern, Erweitern, Weitergeben).

2.2.2 Funktionen des Applikationsaufbaues (Information-Officer-Funktionen)

Um das System als IuD-System für genau spezifizierte Anwendungen einsetzen zu können,
werden für diese von einem "Information Officer" als benutzerrelevanten Funktionen definiert. Dies beinhaltet den Aufbau
- der Schirmbilder (Masken) für die Steuerung des Benutzerdialogs für alle Benutzer-
  funktionen (z.B. Dateneingabe, - ausgabe, usw.);
- der Verknüpfungen der Masken über menügeführte Auswahl;

- der Datenbank (der einzelnen Relationen) und ihrer primären und sekundären Schlüsse
  (Aufbau von Zugriffspfaden);
- von Sichten (Views), d.s. dynamische Verbindungen von Relationen;
- von "Produktionsprogrammen" für die Auswahl von Informationen und von Formularen fü
  die Gestaltung der gedruckten Ausgabe.

In vorgesehenen Erweiterungen vom System werden auf dieser Ebene ferner die Anpassung
an verschiedene Hardwarekonfigurationen, z.B. RAM- und Disk-Größen, Betriebssystemva-
rianten, nationale Tastaturen u. dgl. durchgeführt.

2.2.3 Benutzerorientierte Funktionen

Diese werden beim Aufbau jeder Anwendung neu definiert. Da das System besonders auf
IuD-Applikationen ausgelegt ist, können bibliographische Daten bzw. Textdaten als auc
numerische Werte verarbeitet werden. Testinstallationen für das sog. Common Communication Format und das Reference Manual zeigten, daß komplexe bibliographische Regelwerke so aufbereitet werden können, daß eine optimale Benutzerführung angeboten werden kann. Datenfelder können auf Inhalte abgeprüft werden (z.B. Standard-Abkürzungen
für Länder- und Sprachcodes, Wertebereiche für Zahlen). Durch geeignete Steuerungen
der Dialogmasken werden die Fehlermöglichkeiten für Benutzer auf ein Minimum reduziert.

3. Die Systemebenen

3.1 Benutzerebene (externes Schema)

Diese Ebene, mit dem externen Schema des Datenbanksystems vergleichbar, enthält alle
vom Information-Officer jeweils definierten Funktionen. Dabei wird neben den Maßge-
schneiderten Datenbankstrukturen auch der Benutzerdialog und die Ausgabeaufbereitung
anwendungsbezogen gestaltet.

3.2 Information Officer Ebene (konzeptionelles Schema)

Für die Information Officer stellt sich das System als voll relationales Datenbanksystem dar, das mit einer Teilmenge von SQL kompatibel ist und keine Einschränkungen be
züglich Anzahl, Art und Verknüpfung der zu speichernden Objekte aufweist. Alle Funkti
nen werden über Menüsteuerung am Bildschirm ausgewählt und ebenso mit Parametern ver-
sorgt.

3.3 Implementierung (internes Schema)

Die Verwaltung der Relationen der System-Datenbank erfolgt über ein eigenes, betriebs-
systemunabhängiges Dateiverwaltungssystem. Die einzelnen Objekte (Tupel) sind als Sätze variabler Länge abgelegt, die ebenso wie die Information über den freien Massenspeicher nur vom System zugänglich sind. Ein rascher Datenzugriff erfolgt über sortierte
Schlüsselbäume (B (14,14)-Bäume), je Relation sind maximal 256 Schlüsselattribute möglich. Der Aufbau der Zugriffspfade kann wahlweise schritthaltend (bei jeder Änderung
der Datenbank) erfolgen, oder für eine Reihe von Modifikationen gemeinsam durchgeführt
werden. Für jedes Attribut kann auch ein Schlüssel für (rechts- und/oder links-) maskierte Suche gebildet werden.

Literatur

Mistrik, I. und Kerschhackel, G. The (IV+V)-System Software Package.
In: Proceedings of the Second International Conference on the Application of
Microcomputers in Information, Documentation and Libraries,
K.-D. Lehmann and H. Strohl-Goebel (eds.), North-Holland, Amsterdam, 1987.

Implementation Aspects of a Natural Language Understanding System
in a PROLOG/DB Environment

R. Studer
IBM Deutschland GmbH
Bereich Wissenschaft/LILOG
Postfach 80 08 80
7000 Stuttgart 80

B. Walter
RWTH Aachen
Lehrstuhl für Informatik III
Ahornstr. 55
5100 Aachen

Abstract:
LILOG is a project for exploring linguistic and logic methods for an automatic understanding of German texts and for an adequate representation of the acquired knowledge. In order to maintain knowledge bases of realistic size database technology will be used. This paper discusses some of the problems, that occur when an existing database system (SQL/DS) is used for representing the various types of knowledge. Additionally, the design of a rapid prototype PROLOG/SQL System will be presented, which supports the exploration of various mapping and access schemes and considers the fact that the used knowledge representation methods will most certainly evolve during the course of the project.

INTRODUCTION
The purpose of the LILOG project is to explore linguistic and logic methods for understanding German texts and for adequately representing the acquired knowledge. Various knowledge bases are needed for supporting text analysis and for representing the application knowledge:

A dictionary supports the recognition and classification of single words. Due to [Uszk86] a suitable dictionary would consist of three parts:

1. The traditional word dictionary that contains an entry for each word. Each entry contains the word itself (usually in its base form) plus lexical information about morphology, syntax and semantics of the word. The lexical information can be given explicitly or by means of references.
2. A collection of templates. A template is a structured set of lexical information items. If many words share a certain lexical information, then this information is extracted and stored in the template collection.
3. A collection of rules. These are the usual grammatical rules that are needed for constructing sentences out of words. Since not any rule can be used in conjunction with any word, rules can be regarded as a special kind of template.

This dictionary combines the traditional word dictionary with the representation of the grammatical rules. As a consequence the entries are structured like trees and not like ordinary tuples as in most traditional dictionaries.

An intermediate knowledge base is needed for storing the acquired knowledge during the analysis of a text. E.g. so-called Discourse Representation Structures (DRS) [Guen86] could be used as a basis for that purpose. A DRS is a tree-structured construct, that may contain other DRS (for a discussion of DRS see [Guen86]).

The application knowledge itself is stored in a knowledge base that consists of two subbases. These subbases are merely distinguished because of their differing approaches to the structural representation of knowledge, semantically they are treated as one knowledge base:

1. The tabular knowledge base includes all items that can be tabulated. A knowledge item can be tabulated if there is a sufficient number of other knowledge items with the same syntactical and semantical structure. Structural identical items are collected in types. A suitable representation method could be any method that uses a schema of generic concepts, that

describe the various types and the relationships between types. In principle this is the method used in data base systems. In the following semantic networks will be considered in more details.
2. The conditionally tabular knowledge base includes all other knowledge items. An item can be tabulated conditionally it there is not a sufficient number of other items with the same semantical structure. However, since any item can be represented as a tree structure and any tree can be represented in a relation (e.g. by having one entry for each path from one node to another one) tabulation can be achieved by means of syntactical properties.

One purpose of this paper is to show that the use of knowledge base objects differs from the use of traditional database objects. This will first be shown by discussing semantic networks, which can be mapped directly to relational structures ("tabular knowledge"). As a representative of less structured representation objects PROLOG trees will be discussed which also can be mapped to relational structures but without the feature that the relations directly reflect the semantics of the original objects ("conditionally tabular knowledge"). A second purpose of this paper is to describe our approach to provide an early implementation tool for the various kinds of representation methods needed in a linguistic knowledge-based system. Our approach was guided by the requirements to provide a tool that makes use of the usual quality assurance services of a commercial database system (SQL/DS), the necessity to support different representation methods (which may evolve over time) and the necessity to collect more information about the usage of the objects representing linguistic and application oriented knowledge.

SEMANTIC NETWORKS

Many knowledge-based systems use a semantic network formalism for representing knowledge. Although the various approaches are slightly different when considered in detail some basic features may be identified:

- One type of nodes represents generic concepts describing a set of things (being part of the slice of reality at hand) having similar characteristic features.
- One type of links defines subsumption (generalization) relationships between generic concepts.
- A second type of links defines two-place relationships being interpreted as generalized attribute descriptions.

The subsequent investigation of the characteristic features of semantic networks which have to be considered when developing DB-support for this kind of knowledge representation formalisms is based on the specific formalism used within KL-ONE ([BrSc85]) for representing terminological knowledge.

Let us first discuss the example semantic network shown in figure 1 which corresponds to an example described in [Kolb85]. "LIVING BEING", "PERSON", ... are examples of generic concepts. Between these generic concepts several subsumption relationships are defined. E.g. "LIVING BEING" subsumes the generic concepts "PERSON" and "ANIMAL". "COURT" is an example of a relationship, called generic role, defined between two generic concepts. By defining the number restriction (1,NIL) we specify (i) that a knight has to court at least one princess and (ii) that there exists no upper bound for the number of princesses a knight may court.

When considering the relationship "FIGHT" defined between "PERSON" and "DANGEROUS ANIMAL" on the one hand and between "KNIGHT" and "DRAGON" on the other hand we can see an example of a restriction relation: roles being inherited from superconcepts to subconcepts may be restricted in two ways:

- A value restriction may be specified for further restricting the potential fillers of a role. In our example the fillers of the "FIGHT"-relationship defined for "KNIGHT" are restricted to dragons with "DRAGON" being a subconcept of "DANGEROUS ANIMAL".
- A number restriction may be specified for further restricting the minimum and maximum number of role fillers. E.g. we could have specified that a knight may fight exactly one dragon by restricting the number restriction (1,NIL) (defined for "KNIGHT") to (1,1).

"Siegfried" is an example for an individual concept describing one individual. The link between "Siegfried" and "KNIGHT" specifies that "Siegfried" individuates the generic concept "KNIGHT". Individual concepts inherit generic roles defined for the corresponding generic concepts as individual roles, i.e. the relationship between "Siegfried" and "Gwendolyn" is a "court"-relationship (as indicated by the satisfies link) (we do not discuss the "particularize"-mechanism (see [BrSc85])).

Having these modeling concepts provided by KL-ONE in mind the following characteristic features of semantic network formalisms have to be considered when developing a DB-support for these formalisms:

1. The semantic net is composed of a lot of different generic concepts.
2. There exist a lot of generic roles between the generic concepts.
3. Subconcepts inherit role descriptions from their superconcepts. These role descriptions may be modified within the subconcept definition. In the same way individual concepts inherit role descriptions from their corresponding generic concepts.
4. Any piece of knowledge being part of the semantic network may be used as the starting point for "navigating" in the network in order to collect further pieces of knowledge, i.e. we do not have specific entry nodes for accessing knowledge stored in a semantic network.

Actually, when investigating feature (iv) in more detail the following typical retrieval access patterns for semantic networks may be identified:

1. Given a generic concept C select all superconcepts of C. This access pattern identifies a subnet of the semantic network having C as its root. Collecting all descriptive information for C would be an example for using such an access pattern.
2. Given a generic concept C select all generic roles of C. In order to generate the answer for that access pattern one has to select the role subnet emerging from C plus the role subnets emerging from superconcepts of C. Actually, an arbitrarily complex subnet is identified by this pattern.
3. Given a generic concept C select all individual concepts of C. Thus a subtree is identified having C as its root and the "individuates"-links as its arcs.
4. Given a generic role select all generic concepts being used as role domain and role range, respectively. Since in general all generic concepts may be used in a role definition arbitrary nodes of the semantic network may be selected by this access pattern.
5. Given an individual concept ic select its corresponding generic concept. Thus one "simply" (see below) has to move up the "individuates"-link from ic to its generic concept. Access pattern of this type are relevant e.g. in a natural language processing environment in order to determine the type of an object being identified within a sentence.
6. Given an individual concept ic select all the roles it participates in. This access pattern identifies the subnet emerging from ic using the "individual role"-links. For collecting all attribute descriptions of an individual concept such an access pattern is required.

By analyzing these access patterns we can see that these patterns are identifying rather differently structured subparts of the semantic network. Thus we need a very flexible DB-support mechanism in order to be able to handle these access patterns efficiently.

Actually, up to now there do not exist a lot of proposals for providing DB-support for semantic network formalisms (see [Sche86]) or for (the closely related) frame based formalisms (see [AbWi86]). Whereas a mapping of a frame formalism to first normal form relations is described in [AbWi86], we find an outline of a mapping of KL-ONE concepts to NF-2 relations (see e.g. [ScSc86]) in [Sche86].

Basically, the approach described in [Sche86] may be characterized as follows:

- Each generic concept is mapped to a NF-2 relation with roles being represented by the (complex) attributes of the relation. Roles are stored redundantly, i.e. all inherited roles are explicitly stored for each generic concept. In addition, the subsumption relationships between concepts are recorded.
- Furthermore, a meta relation is used in order to describe the schema of the NF-2 relations.

With respect to the characteristic features described above this approach results in a DB consisting of a lot of relations (see feature (i)) each having many attributes (see feature (ii)). Considering the access patterns defined above we can see that the patterns (1) - (4) are well handled by this approach. In order to handle pattern (1) one has to compute the transitive closure of the subsumption relationships (see e.g. [Baye85]). Query pattern (2) can be answered directly since roles are stored redundantly. Of course, this is only feasible if the role definitions are rather static - a requirement usually met in a natural language processing environment.

However, access patterns (5) and (6) do not fit into such an approach which is totally oriented towards accessing the semantic network by using generic concepts or generic roles as the starting point, i.e. a request for selecting descriptive information about an individual concept without knowing the corresponding generic concept is handled absolutely inefficiently since no information is available in which relation an individual concept may be found.

In [Börn86] an approach has been developed for storing KL-ONE semantic networks in the AIM-prototype DBMS [Dada86] supporting extended NF-2 relations. The schema design used in [Börn86] (see also [BöSt87]) is based on the requirement (iv) defined above that generic concepts/roles as well as individual concepts/roles should be usable as the starting point for accessing further knowledge.

The basic idea of this approach may be characterized as follows:

- Two relations "Concepts" and "Roles" are used for storing information about concepts and roles, respectively.
- The "Concepts"-relation specifies for each generic concept its name, all corresponding individual concepts and all superconcepts.
- The "Roles"-relation specifies for each generic role the generic concepts used as its domain and range, respectively, as well as its corresponding individual concepts.

This schema design heavily depends on using lists as complex attributes for storing information about individuals. Thus instead of e.g. using tuples of a NF-2 relation (describing a generic concept) for representing the corresponding individual concepts (see [Sche86]), a complex list attribute within a tuple of the "Concepts"-relation is used for storing the individual concepts defined for a generic concept. This is a feasible approach since the costs for accessing elements of a list attribute within the NF-2 model are comparable to the costs for accessing tuples within a relation.

PROLOG STRUCTURES

A knowledge base usually consists of facts representing "basic" knowledge and rules for deducing further facts not explicitly included in the basic knowledge. If PROLOG is used in a straightforward way for representing knowledge, then the knowledge base consists of horn clauses, each of which either represents a fact or a rule. Knowledge retrieval and deduction must follow PROLOG's backtracking strategy [ClMe84].

If PROLOG is used more generally as an implementation language for some knowledge representation technique KX, then the facts and rules of KX are implemented by PROLOG structures, i.e. as tree or list structures. If this approach is used, then there is no general restriction to horn clauses and backtracking. Trees representing KX facts and KX rules can occur as arguments in user provided predicates as well as in PROLOG's built-in predicates. Nearly any PROLOG implementation includes special built-in predicates that allow the input and output of arguments as well as their manipulation (sometimes input and output can only be done by transferring whole clauses). However, the I/O- techniques of usual PROLOG implementations do not support the qualified retrieval of clauses and structures. Only files or devices can be specified but no qualification criteria may be defined that each retrieved term should fulfill.

In many realistic applications the required knowledge base will be too large to be completely included in the PROLOG program, it may even be too large to be paged in and paged out sequentially. So techniques are needed that support a qualified retrieval of knowledge representation items. For this purpose it is necessary to know which kind of information the PROLOG program can provide as a qualification criterion.

If PROLOG is used in a straightforward way for representing knowledge, then backtracking is used to find clauses that match a certain pattern. Such a pattern includes at least a predicate name and the number of arguments that should be associated with this predicate, additionally values may be given for some of the arguments. A clause matches a given pattern if the name, the number of arguments and the arguments itself of its leftmost predicate match. An argument of a clause matches the argument of a given pattern if it either has the same value or if it is a variable. However, the problem is, that the given pattern is only known to the PROLOG interpreter and not to the PROLOG program, hence, this pattern cannot be used as a qualification criteria for retrieving further clauses.

If PROLOG is used as an implementation tool then there is no problem in providing a search pattern for retrieving further KX items. However, if besides backward chaining also forward chaining is used, one might not just look for the leftmost predicate but rather for a predicate at an arbitrary position in the representing tree structure.

In the LILOG project PROLOG is taken as an implementation method for other representation methods. However, at this stage of the project no final selection of a representation method is possible. Only some candidate methods do exist and are used as starting points for the development of more suitable methods. Furthermore, also about the candidate methods there are several open questions, e.g. concerning their usage:

■ If several items match a certain pattern, are they usually all needed?

- If an item matches a certain pattern, is always the complete structure needed or is it sometimes sufficient to have parts of it?
- Are sets of items sometimes needed in a special ordering?

In order to be able to collect more information about the potential usage of the candidate methods and in order to support a wide variety of knowledge objects it has been decided to built a general server for the storage, retrieval and manipulation of the various knowledge representation structures to be implemented in PROLOG. SQL/DS has been selected as the basic vehicle for implementing this server. As mentioned above, any structure can be represented as a tree and any tree can be mapped to a relation, thus the basic principle is to build a front-end to SQL/DS that enables the retrieval and manipulation of tree structures stored in relational form. The front-end to SQL/DS also serves as a back-end to PROLOG supporting not only the storage and retrieval of PROLOG structures but also providing the usual quality assurance mechanisms of a database system, like failure recovery, transaction processing, authorization, etc.

Therefore the following functions will be included in the front-end to SQL/DS:

- Generation of SQL statements for a given search criterion.
- Mapping of PROLOG structures to tuples of a relation and vice versa.
- Set oriented as well as one-at-a-time transfer of the retrieved structures.
- Collecting statistics about the usage of the various knowledge base items.
- Ability to provide complete structures as well as arbitrary substructures.

In the remainder of this chapter the general mapping of tree structures to relations will be demonstrated and the generation of adequate SQL statements will be discussed. For this purpose the following knowledge base item will be taken as an example:

```
likes (gwendolyn, X)  <=
       knight (X) AND ( courts (X, gwendolyn) OR fights (X, Y) AND dragon (Y))
```

This item represents a rule with the meaning "Gwendolyn likes those who are knights and court Gwendolyn or fight dragons". In fact this item could be represented by PROLOG rules, however, if backward and forward chaining is needed, this item must be implemented as a structure that can be manipulated by PROLOG. Using a tree like representation the above item can be given as

```
  <=--.---likes--r--gwendolyn
      |          L--X
      L--AND----r--knight-----X
                L--OR------r--courts--r--X
                          |          L--gwendolyn
                          L--AND-----r--fights--r--X
                          |          |          L--Y
                          L--dragon-----Y
```

In principle a tree can be mapped to a relation in various ways. However, since our intention is to have the smallest possible number of relations for representing trees of arbitrary size and structure, only two mapping schemes seem to be suitable:

- Any tree is represented by a string of variable length. SQL/DS allows attribute values of up to 32K of characters, however, access paths are only supported for attributes with values that do not exceed 255 characters. Of course 255 would be an unrealistic limit. An advantage would be, that the string could directly reflect the PROLOG notation of structures, such that no complex mapping procedures would be required.

- Any direct path between two nodes is represented as a tuple, consisting of a
  start and a destination node. This mapping approach allows to represent all
  structures in one relation as well as to use the standard indexing methods of
  SQL/DS for supporting a quick access. Of course, the necessary assembling and
  disassembling of the tree structures requires an additional amount of code
  and time, however, arbitrary subtrees can be handled as well.

In order to achieve a high degree of flexibility, a hybrid approach has been
chosen. One relation is used for storing the complete structures in one tuple
each, a second relation is used for storing direct paths. We will first describe
these two relations and then discuss the advantages of this approach.

The first relation TREE consists of two attributes, ID and PROLOG_NOT. ID is a
unique identifier and hence the primary key of TREE, PROLOG_NOT represents the
structure in PROLOG notation. An Index over ID provides a fast access to the
PROLOG notations for a given tree.

The second relation PATH consists of seven attributes:

PATH (PR_NAME,PR_ID,NO_ARGS,ARG,POS,ARG_TYPE,TREE_ID)

Direct paths always lead from some predicate name to an argument, arguments can
be values, variables or predicate names. PR_NAME reflects the predicate name at
the starting node of the represented direct path and ARG reflects the argument at
the end of this path. Since predicates can occur more than once in a tree (e.g.
likes (john, mary) <= likes (mary, john)), an identification (PR_ID) is needed to
indicate which arguments belong to the same predicate, such an identifier must be
unique within the corresponding tree. NO_ARGS gives the number of arguments,
which is an important search criterion for instance during backtracking. In most
predicates it is important to know the position of an argument (e.g. it makes a
difference whether "john likes mary" or "mary likes john", but it is the same to
say "john is married with mary" and "mary is married with john"). The position
is given in POS (POS=0 means that the position is arbitrary). In ARG_TYPE the
type of the argument is given, C for value (constant), V for variable and a
number for predicate, since there might be several predicates with same name,
this number serves not only for identifying the argument as being a predicate but
also for identifying the proper incarnation of those predicates with a matching
name. Further reasons for introducing this attribute will be made clear below,
when the matching problem is discussed. Finally TREE_ID identifies the tree to
which the described path belongs. PATH includes indexes for the attributes PRED
and ARG.

In order to show that this a suitable mapping we will now discuss an example
which also makes clear how searching in a knowledge base might differ from
searching in a database. Assume, that our knowledge base includes the rule given
above:
    likes (gwendolyn, X) <=
        knight (X) AND (courts (X, gwendolyn) OR fights (X, Y) AND dragon (Y))

Then the two relations will include the following entries:

PATH	PR_NAME	PR_ID	NO_ARGS	ARG	POS	ARG_TYPE	TREE_ID
	<=	1	2	likes	1	1	7
	<=	1	2	AND	2	1	7
	likes	1	2	gwendolyn	1	C	7
	likes	1	2	X	2	V	7
	AND	1	2	knight	0	1	7
	AND	1	2	OR	0	1	7
	knight	1	1	X	0	V	7
	OR	1	2	courts	0	1	7
	OR	1	2	AND	0	2	7
	courts	1	2	X	1	V	7
	courts	1	2	gwendolyn	2	C	7
	AND	2	2	fights	0	1	7
	AND	2	2	dragon	0	1	7
	fights	1	2	X	1	V	7
	fights	1	2	Y	2	V	7
	dragon	1	1	Y	0	V	7

TREE	ID	PROLOG_NOT
	7	implies (likes (gwendolyn,X), and (knight (X), or (courts (X,gwendolyn), and (fights (X,Y), dragon (Y))))))

Now assume that the following question is issued against the above knowledge base:
"What will knight siegfried achieve, if he fights a dragon?"

Since our intention is to avoid a sequential search of the relations, we need some qualification criteria that can be used as a filter in the search performed by SQL/DS. Assume, that during the analysis of the question the system has determined that "knight", "fights" and "dragon" are predicates, that "siegfried" is a value such that knight (siegfried) is true (the discussions in the chapter on semantical networks show, that such a determination is not always that easy). Thus possible search conditions are (siegfried), knight (), knight (siegfried), fights (), and dragon (). The pattern "knight ()" is not really needed, since it is included in the pattern "knight (siegfried)", which is matched by any structure that includes the predicate knight with an argument that is either a variable or the value "siegfried". A further question is whether the pattern "(siegfried)" is needed, it seems as if it is sufficient to know all the relevant predicates. However, as discussed in the section on semantic networks, sometimes it might be of interest to search for predicates that include certain values as arguments.

Now the question is how to apply these qualification patterns. At first we must be aware, that per definition our search will not be limited to backtracking, hence, we have to look for matching parts at all positions of a structure. Second, there is no guarantee, that all the above pattern will be matched by just one structure, for instance the above rule could also be given by the following two rules:

1) likes (gwendolyn, X) <=
   knight (X) AND (courts (X, gwendolyn) OR dragonfighter (X))

    2) dragonfighter (X) <= fights (X, Y) AND dragon (Y)

Hence, any qualification pattern might be matched by a different knowledge representation item.

At the current stage of the project it is planned to support the following search patterns:

- Predicate names (e.g.: pred()).
- Predicate names with the number of arguments (e.g.: foo()5 for a predicate with five arguments).
- Predicate names with a specification of some of the arguments (e.g.: pred(abc,xyz) for a predicate with the arguments "abc" and/or "xyz" or variables as arguments, pred(abc,xyz)4 if the total number of arguments is four).
- Predicate names with a specification of some of the arguments and specification of the position of the arguments (e.g. foo(,abc,,xyz) for a predicate with 4 arguments and value "abc" (or a variable) at the second position and value "xyz" (or a variable) at the fourth position.

The generation of SQL-statements for a given search pattern will be done using templates. For instance TREE is always accessed via a set of values of TREE_ID extracted from relation PATH. Thus the following template can be used: SELECT PROLOG_NOT FROM TREE WHERE TREE_ID IN (SELECT DISTINCT TREE_ID FROM PATH WHERE .....).

The advantages of our approach to build a front-end to SQL/DS as a rapid prototype for acquiring more information about the usage of knowledge representation structures are the following:

- Tree structures can be stored independent of their depth and independent of the semantics of their nodes.
- Only two relations are used for storage, hence templates can be used for an easy generation of SQL structures.
- Through the double representation of each tree (as a complete tree in PROLOG notation in TREE and as a complete set of its direct paths in PATH) it is possible to deliver complete trees or arbitrary subtrees (by assembling the pieces stored in PATH). PATH enables the front end to use arbitrary search conditions, TREE avoids the expensive reassembling if the complete structure is needed.
- Longer paths can be assembled recursively in the front end. So the front end can be used as a vehicle to test certain kinds of recursive operators.
- SQL/DS provides its full power of quality assurance mechanisms such as failure recovery, transaction processing, authorization etc., services like transaction commit can be used by the front end through the host language interface of SQL.
- Since the used PROLOG version as well as SQL provide interfaces to various languages, the front end can either be implemented in PROLOG or some other language.
- The front end can be used as an intermediate buffer and deliver either sets of structures or single items.
- The usage of the knowledge representation items can be monitored from within the front-end (some points of interest have been mentioned at the beginning of this chapter). Thus all needed data about user profiles and access characteristics can be collected.
- Due to its simplicity the front-end can easily be adapted to new versions of the used knowledge representation methods.

Surely, the suggested implementation will not be very efficient, but the main objective of rapid prototyping is to learn and to collect information for finally building a more sophisticated system.

CONCLUSION

It has been argued that objects in knowledge base systems will be used in a different way than objects in traditional database systems. Semantic networks and PROLOG trees were used as examples.

A front end to a SQL database system has been described that supports the storage of tree structured objects in a relational database system. The purpose of this front end is to serve as a rapid prototype that supports various types of knowledge representation objects and to collect more information about the potential characteristics of knowledge base users and of access patterns.

REFERENCES

[AbWi86]   Abarbanel, R.M.; Williams, M.D.: A Relational Representation for Knowledge Bases, in: Proc. 1st Int. Conf. on Expert Data Base Systems, Charleston, 1986

[Baye85]   Bayer, R.: Query Evaluation and Recursion in Deductive Data Bases, Techn. University of München, Tech. Report TUM-18503

[BöSt87]   Börner, St.; Studer, R.: An Approach to Manage Large Inheritance Networks, IBM Germany, LILOG-Report No. 8, 1987

[BrSc85]   Brachman, R.J.; Schmolze, J.G.: An Overview of the KL-ONE Knowledge Representation System, in: Cognitive Science 9, 2 (April 1985)

[Börn87]   Börner, St.: Data Base Support for Knowledge-Based Systems, Master Thesis, Univ. of Karlsruhe, 1987

[ClMe84]   Clocksin, W.F., Mellish, C.S.: Programming in Prolog, 2nd edition, Springer Verlag (1984)

[Dada86]   Dadam, P. et al.: A DBMS Prototype to Support Extended NF-2 Relations: An Integrated View on Flat Tables and Hierarchies, in: Proc. ACM SIGMOD Conf., Washington, 1986

[Guen86]   Guenthner, F. et al.: A Theory for the Representation of Knowledge, in: IBM J. of Res. a. Development 30, 1 (January 1986), 39-56

[Kolb85]   Kolb, H.-P.: Implementation Aspects of the Discourse Representation Theory, University of Tübingen, Forschungsstelle für natürlich-sprachliche Systeme, FNS-Manuscript 85-1, 1985 (in German)

[Sche86]   Schek, H.-J.: Complex and Molecular Objects, Frames and KL-ONE Concepts, Non-First-Normal-Form-Relations: A Comparison, unpublished manuscript (in German)

[ScSc86]   Schek, H.-J.; Scholl, M.: The Relational Model with Relation-Valued Attributes, in: Information Systems 11, 2 (1986)

[USZK86]   Uszkoreit, H.: Syntactic and Semantic Generalizations within a Structured Lexicon, in: Rollinger et al. (eds): Proc. GWAI-86 und 2. österreichische Artificial Intelligence Tagung, Ottenstein, 1986, Informatik-Fachberichte 124, Springer Verlag (in German)

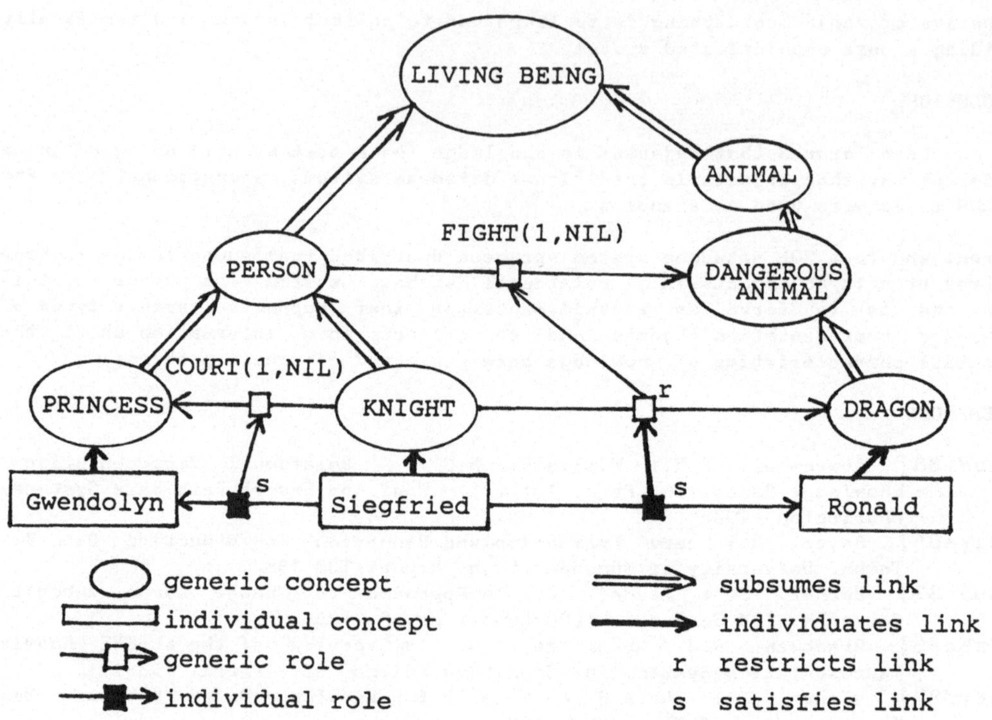

Fig. 1: A KL-ONE semantic network (terminological knowledge)

Wissensbanken zur Softwareentwicklung und -wartung

Matthias Jarke, Thomas Rose

Universität Passau

Postfach 25 40

D-8390 Passau

Gerhard Ritter, Joachim W. Schmidt, Ingrid Wetzel

Universität Frankfurt

Postfach 11 19 32

D-6000 Frankfurt

Zusammenfassung *Im ESPRIT-Projekt DAIDA werden Entwicklung und Wartung von Software als Evolution einer heterogenen Wissensbank aufgefaßt, welche aus Anforderungsanalysen, Spezifikationen, Entwürfen und Datenbank-Programmen sowie aus einer prozeßorientierten Dokumentation von deren Zusammenhängen besteht. Ein globales KBMS für das Management solcher Wissensbanken mit Anwendung auf die Datenbankprogrammierung in DBPL wird beschrieben.*

Abstract *ESPRIT project DAIDA views software development and maintenance as the evolution of a heterogeneous knowledge base consisting of requirements analyses, specifications, designs, and database programs, as well as a process-oriented documentation of their relationships. A global KBMS to manage this knowledge base is described and illustrated by an application to database programming in DBPL.*

1 Einleitung

Das ESPRIT-Projekt DAIDA (Development of Advanced Interactive Data-Intensive Applications) [1] zielt darauf ab, eine integrierte Architektur von Sprachen, Werkzeugen und Umgebungen für Entwurf und Wartung datenintensiver Anwendungen anzubieten [Jark 86]. Der Entwurfsprozeß für diese eingeschränkte Klasse von Systemen wird auf drei Ebenen unterstützt: (a) Anforderungsanalyse und funktionale Spezifikation in der System Modelling Language (SML), einer Fortentwicklung der Conceptual Modelling Language CML [BoGM 84], (b) Systementwurf in der TAXIS Design Language (TDL), einem nichtprozeduralen Dialekt der Sprache TAXIS [MyBW 80] und (c) Implementierungsentwurf und Realisierung in der Datenbankprogrammiersprache DBPL [MaRS 84]. Die Übergänge zwischen den einzelnen Stufen sollen durch regelbasierte *mapping assistants* unterstützt werden.

---

[1] Das ESPRIT-Projekt DAIDA wird von der EG gefördert. Am Projekt beteiligt sind Belgian Institute of Management (Belgien), BP Research Center (Großbritannien), Cretan Computer Institute (Griechenland), Groupe Francaise d'Informatique (Frankreich), Scientific Computer Systems, Universität Frankfurt und Universität Passau (Deutschland).

Eine solche Architektur gestattet zunächst nur die Softwareentwicklung nach der Methode des strukturierten Entwerfens. Nicht speziell unterstützt ist die Wartung der entstandenen Entwürfe und Softwaresysteme bei Korrekturen und Änderungen in der Anforderungsanalyse. Vielmehr muß bei jeder Änderung ein entsprechender Teil des Entwicklungsprozesses top-down wiederholt werden.

Um dieses Problem zu umgehen, wird in DAIDA eine neue Interpretation des Entwurfs eingeführt. Nicht nur die Entwicklungsumgebung mit ihren Werkzeugen wird als Wissensbank aufgefaßt, sondern das zu entwickelnde Softwaresystem selbst mit seinen Anforderungsanalysen, Spezifikationen, Entwürfen und Programmen wird als Wissensbasis angesehen. Diese sich dynamisch verändernde Wissensbasis wird aus begründeten Entwurfsentscheidungen aufgebaut. Ohne die Begründung von Entwurfsentscheidungen erscheint die Dokumentation von Entscheidungszusammenhängen nicht hinreichend für eine integrierte Entwicklungs- und Wartungsunterstützung.

Im Folgenden sollen die Auswirkungen dieser Interpretation auf die Architektur eines globalen Wissensbankmanagementsystems (GKBMS) für Softwareentwicklung und -wartung dargestellt werden. In Abschnitt 2 wird kurz die DAIDA-Gesamtumgebung skizziert, um einen Kontext für die Beschreibung des GKBMS in Abschnitt 3 zu schaffen. Abschließend werden die Anforderungen an *mapping assistants* am Beispiel der Abbildung von Spezifikationen in TDL nach Datenbankprogrammen in DBPL illustriert.

2 Wissensbanken in der DAIDA Architektur

Die drei Ebenen der Softwareentwicklung (Anforderungsanalyse und funktionale Spezifikation, Systementwurf, Implementierung) zusammen mit ihren unterschiedlichen Entwurfssprachen bilden die Grundlage der DAIDA-Architektur. DAIDA geht bewußt von existierenden Sprachen aus und ergänzt diese nur soweit nötig. Bei der Auswahl wurde auf eine gemeinsame Grundphilosophie geachtet. Alle drei Sprachen arbeiten auf der Grundlage typisierter strukturierter Objekte und prädikativer Bedingungen und Regeln. Unterschiede resultieren aus der speziellen Rolle der Sprachen im System.

Werden dabei die Entwurfsmodelle der einzelnen Ebenen als (lokale) Wissensbasen angesehen, so ergeben sich folgende Überlegungen hinsichtlich der DAIDA-Architektur:

- Parallele Entwicklung auf den einzelnen Ebenen erfordert Bereitstellung von ebenenspezifischen Entwurfsmethoden und Werkzeugen, die die Entwicklung einer lokalen Wissensbasis im Hinblick auf die Faktoren Konsistenz, Vollständigkeit, Validität und Verminderung von Redundanz unterstützen. Vor allem Theorembeweiser und Prototyping-Werkzeuge spielen hier eine Rolle.

- Ein top-down-Entwicklungsprozeß kann durch Abbildungsregeln unterstützt werden, die von sogenannten *mapping assistants* in der lokalen Umgebung bereitgestellt werden. Die Inanspruchnahme der regelbasierten Abbildung ist allerdings nicht zwingend. Darüberhinaus sollte der Modellierer die Möglichkeit erhalten, vom System bereitgestellten Standardlösungen zu folgen, Standardregeln selbst aufzustellen oder in Einzelanwendungen nach eigenen Spezialregeln zu verfahren.

- Korrekturen in Entwurfsentscheidungen mit ihren Folgeänderungen auf jeweils tieferen Ebenen werden zentral durch die Dokumentation von Entwurfsobjekten aller Ebenen und deren Abhängigkeiten kontrolliert. Diese Überwachung der Abfolge von Entwurfsentscheidungen im Entwicklungsprozeß kann wiederum unterstützend in die aktuelle Entwicklung einfließen, zum einen dadurch, daß der Aufwand einer Änderung abgeschätzt werden kann, zum anderen durch die Bereitstellung neuer Abbildungsregeln.

Abbildung 1 zeigt die DAIDA-Gesamtarchitektur.

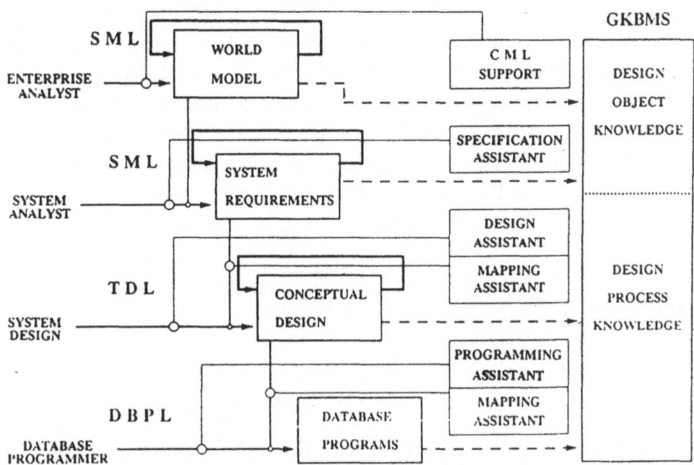

Abbildung 1: DAIDA-Architektur

3 Das GKBMS

Die Gesamtheit der im vorigen Abschnitt angesprochenen Komponenten stellt eine komplexe, heterogen repräsentierte Wissensbasis dar. Um diese Wissensbasis zu verwalten, enthält die DAIDA-Architektur ein globales Wissensbank-Managementsystem (GKBMS), das konzeptionell aus einer Entwurfsobjektbank und einer Prozeßwissensbank besteht. Die *Entwurfsobjektbank* ist im wesentlichen eine Softwaredatenbank [EcSc 86]; als Wissensrepräsentationssprache wird ein spezieller Dialekt von CML verwendet, welcher Sprachkonzepte der Ebenen (a) bis (c) durch vorgegebene Metaklassen und Hierarchien von Entwurfsobjekten modelliert. Längerfristig ist vorgesehen, diese Hierarchie flexibel zu gestalten, wobei das GKBMS neue Objekttypen und Veränderungen der Hierarchien durch Beobachten des Entwurfsprozesses in Kombination mit Terminologievorgaben des Benutzers lernen soll [DhJa 86].

Die *Prozeßwissensbank* besteht aus zwei Teilen. *Entwurfsregeln* sind jeweils für bestimmte Typen oder Klassen von Entwurfsobjekten formuliert und formen in ihrer Gesamtheit ein *Expertensystem* für die Entwurfsunterstützung im DAIDA-Anwendungsbereich. *Entwurfsentscheidungen* und ihre Begründungen werden zur späteren Wiederverwendung bei der Softwarewartung gespeichert. Die Begründung oder *Rechtfertigung* einer Entwurfsentscheidung besteht aus dem zu rechtfertigenden Objekt, aus der angewendeten Entwurfsregel, aus einer Liste von rechtfertigenden Objekten, die die Anwendung dieser Entwurfsregel ausgelöst haben, und aus der Kategorie der Entwurfsentscheidung. Ähnlich der Vorgehensweise bei der Versionsverwaltung in

Entwurfsdatenbanken [KaAC 86] erfolgt die Kategorisierung entlang dreier Dimensionen: Verfeinerung/Spezialisierung innerhalb einer Sprachebene, Abbildung von einer Ebene zur anderen und extern begründete Erweiterungen oder Änderungen. Die Entwicklung des globalen Wissensbankmanagementsystems erfolgt in mehreren Schritten.

3.1 Entwurfsobjekte und Entwurfsbeziehungen

Im ersten Schritt werden Entwurfsobjekte und Entwurfsbeziehungen abstrakt dargestellt, um so von einer lokalen Umgebung indirekt auch die Quelltexte aller anderen Ebenen partiell erschließen zu können. Basierend auf der Darstellung dieser Entwurfsobjekte werden Entwurfsbeziehungen eingeführt, die Abhängigkeiten zwischen Entwurfsobjekten einer oder mehrerer Ebenen ausdrücken. Diese in der Anfangsphase zunächst manuell erzeugten Beziehungen sind nach den oben genannten Kategorien klassifiziert [KaAC 86]. In einem fortgeschrittenen Projektstadium ist vorgesehen, neben den Entwurfsobjekten auch deren Beziehungen auf und zwischen den einzelnen Ebenen mittels Entwicklungswerkzeugen bestimmen zu lassen.

3.2 Entwurfsregeln

Im nächsten Schritt wird mit der Einführung von allgemeinen Regeln eine verfeinerte Darstellung für Entscheidungsobjekte (Typisierungshierarchie) angestrebt.

Neben dieser Strukturierung des Wissens über Entwurfsobjekte (und der Aufstellung von Regeln in den *mapping assistants*) wird das GKBMS um die Begründung von Entwurfsentscheidungen erweitert. Bisher drücken Entwurfsbeziehungen lediglich einen Zusammenhang zwischen zwei Entwurfsobjekten aus. Diese manuell eingegebenen Beziehungen werden nun durch die Dokumentation der Anwendung von Entwurfsregeln teilweise ersetzt. Die Dokumentation dieser regelbasierten Entwicklungsschritte wird vom GKBMS als begründete Entwurfsentscheidung angesehen. Hierbei teilen die Entwicklungswerkzeuge des Gesamtsystems die Entwurfsregeln dem GKBMS lediglich mit. Die Entscheidung über die (semantische und kontextabhängige) Anwendbarkeit einer Entwurfsregel liegt zunächst in der Verantwortung der Entwicklungswerkzeuge. Bei Entwurfsentscheidungen, die auf keinen allgemeinen Regeln basieren, ist nun eine textuelle Begründung erforderlich.

Für ein Objekt werden diejenigen Entwurfsobjekte, die es entsprechend der Entwurfsregeln rechtfertigen, als listenartige Attributwerte aufgeführt. Derartig referenzierte Entwurfsobjekte sind im Sinne eines allgemeinen *set of support* von *belief maintenance* Mechanismen zu verstehen [Doyl 79]. Die Integration von Prozeßwissen in die Entwurfsobjektbank wird in CML durch Metaklassen und Kategorisierung von Objektattributen ermöglicht. Durch spezielle Metaklassendeklarationen werden die Objektattribute einer Klasse mit allgemein formulierbaren Bedingungen versehen, die für alle Instanzen erfüllt sein müssen.

Entwicklungsprozesse werden somit als Deduktionsprozesse angesehen, wobei Entwurfsregeln mit Deduktionsregeln zu vergleichen sind. Erklärungstechniken können auf das globale Wissensbankmanagementsystem übertragen werden, um die Betrachtung früherer Entwürfe, die Berücksichtigung analoger Entwicklungen und die Korrektur durch andere Entwickler im Rahmen einer Inspektion zu unterstützen.

Mit *belief maintenance* Mechanismen können in diesem Stadium des globalen KBMS Wartungsarbeiten unterstützt werden. Änderungen in den Umgebungsanforderungen, Spezifikationen und Programmen führen zunächst zu veränderten Entwurfsobjekten. Über die gerechtfertigten Entwurfsentscheidungen können diejenigen Entwurfsobjekte markiert werden, die direkt oder indirekt von der Änderung betroffen sein könnten. In Einzelfällen können auch durch analoge Regelanwendungen konkrete Vorschläge für Folgeänderungen erzeugt werden.

3.3 Entwurfsintegrität und Regelerwerb

Während das globale KBMS bisher nur als passives Werkzeug verwendet wird, das den Entwicklungsprozeß dokumentiert und auf Anforderung diese Dokumentation bereitstellt, wird es auf dieser Stufe aktiv tätig. Anforderungsanalysen und Spezifikationen zusammen mit den Entwurfsregeln werden als Integritätsbedingungen für die tiefer liegenden Ebenen des Entwurfsprozesses interpretiert. Hierfür ist die bisher objekt-orientierte Repräsentation um prädikative Formulierungen zu erweitern. Ausgehend von diesen prädikativen Formulierungen kann die Integritätserhaltung vorgeschlagener Änderungen durch Theorembeweiser überprüft werden.

Unabhängig von der Erweiterung um prädikative Formulierungen wird auf der letzten Stufe der Wissenserwerb angestrebt. Gedacht ist an Lernalgorithmen, die durch Beobachten der Prozeßwissensbank neue Typen von Entwurfsobjekten und die für diese Typen gültigen Entwurfsregeln ermitteln [DhJa 86]. Im Dialog mit dem Benutzer werden diese Entwurfsregeln in das Typsystem der Entwurfsobjektbank integriert, um bei nachfolgenden Entwicklungen unmittelbar benutzt zu werden.

3.4 Ein Beispiel : Abbildung TDL-Spezifikation - DBPL-Programm

Anhand der Probleme bei der Abbildung von der TDL-Ebene zur DBPL-Ebene kann man veranschaulichen, welche Art von Regeln ausdrückbar sein müssen.

Das Ergebnis der Entwurfsphase im Softwareentwicklungsprozess ist ein TDL-Programm, das das Softwaresystem durch eine *Generalisierungshierarchie* von Objekt- und Transaktionsklassen beschreibt. Die Transaktionskörper enthalten eine *prädikative Spezifikation* der Aktionen in Form von *preconditions*, *postconditions* und *goals*. Ferner können innerhalb eines TDL-Programms Langzeitaktivitäten durch sogenannte *scripts* beschrieben werden; *scripts* sind spezielle Petrinetze, welche beschreiben, wann und unter welchen Bedingungen Transaktionen aktiviert werden können.

Die erwünschte Unterstützung des DBPL-Programmierers durch den *mapping assistant*, der zwischen der TDL- und der DBPL-Ebene lokalisiert ist, erfordert somit drei Grundfunktionen :

- Abbildung der prädikativen Spezifikation einer TDL-Transaktion in prozeduralen DBPL-Code (*mapping in the small*);

- Abbildung der Objekt- und Transaktionshierarchien von TDL in eine modulare DBPL-Programmstruktur (*mapping in the large*);

- Abbildung der *scripts* in ein organisiertes System interagierender DBPL-Module (*mapping in the extreme*).

Man erkennt eine hierarchisch organisierte Struktur von Aufgabenstellungen. Die Abbildungsunterstützung wird zwar vom GKBMS als Regelsystem verstanden; intern ist jedoch eine Implementierung vorgesehen, bei der mit starker graphischer Unterstützung dem DBPL-Programmierer jeweils mehrere alternative Abbildungen bzw. Rahmen für manuelle Ergänzung angeboten werden. Die vom Programmierer gewählte Alternative wird für das GKBMS in eine abstrakte Regelform umgesetzt. In ähnlicher Form werden auch die übrigen *mapping assistants* entworfen, wobei bei der Abbildung von SML nach TDL vor allem die Umsetzung der SML-Zeitmodellierung in *scripts* und Transaktionen im Vordergrund steht.

4 Ausblick

Zusammenfassend kann gesagt werden, daß das GKBMS eine Meta-Wissensbank zum Management der Gesamt-Wissensbank "Softwaresystem" verwaltet.

In den ersten Projektstufen liefert diese Meta-Wissensbank im wesentlichen Dokumentationsunterstützung, und das GKBMS wirkt als passives Kommunikationsmedium zwischen Entwicklern. Hierauf und auf ergänzendem allgemeinen Regelwissen aufbauend, werden anschließend aktive Kontrollfunktionen, insbesondere bei der Integritätsprüfung und der Änderungsfortpflanzung übernommen. Schließlich kann das GKBMS noch als analysierender Beobachter des Softwareentwicklungsprozesses auftreten und die Entwickler bei der Regelerstellung selbst unterstützen. Der Wissensbankmanagementansatz erweist sich damit als eine langfristig vielversprechende Konzeption zur verbesserten Datenbanksoftwareentwicklung, die allerdings noch erhebliche Forschungsfortschritte im Detail erfordert.

Referenzen

[BoGM 84] Borgida, A., Greenspan, S., Mylopoulos, J., Vassiliou, Y.: Knowledge Representation in Databases and Software Engineering: the CML Language, Cretan Computer Science Institute, 1984

[DhJa 86] Dhar, V., Jarke, M.: Dependency-directed Reasoning and Learning in Systems Maintenance Support, erscheint in *IEEE Transaction on Software Engineering*

[Doyl 79] Doyle, J.: A Truth Maintenance System, *Artificial Intelligence*, 12, 1979

[EcSc 86] Eckhardt, H., Schmidt, J.W.:Softwaremoduln als typisierte Datenbankobjekte, Universität Frankfurt, 1986

[Jark 86] Jarke, M. et al: DAIDA Global Design Report, Frankfurt, 1986

[KaAC 86] Katz, R.H., Anwarrudin, M., Chang, E.: Organizing a design database across time, in Brodie, M., Mylopoulos, J.: *On Knowledge Base Management Systems*, Springer, New York, 1986, pp. 287-295

[MaRS 84] Mall, M., Reimer, M., Schmidt, J.W.: Data selection, sharing, and access control in a relational scenario, in Brodie, M., Mylopoulos, J., Schmidt, J.W., *On Conceptual Modelling. Perspectives from Artificial Intelligence, Databases, and Programming Languages*, Springer, New York, 1984, pp. 411-436

[MyBW 80] Mylopoulos, J.; Bernstein, P. A.; Wong, H. K. T.: A language facility for designing database-intensive applications, *ACM Transactions on Database Systems*, Vol. 5, No. 2, June 1980, pp. 185-207

CONCEPTUAL DESIGN FOR AN INTEGRATED INFORMATION RETRIEVAL/
DATA BASE MANAGEMENT SYSTEM[*]
Vijay V. Raghavan and Lawrence V. Saxton
Department of Computer Science, University of Regina

Regina, Saskatchewan S4S 0A2, CANADA

1. Introduction

Data base management systems (DBMS) are designed to represent and manipulate objects or events of the real world, as well as associations between these entities. The major objective of a data base system is to provide an enterprise with a facility for the centralized control of its operational data in order to reduce the amount of redundancy in the stored data, avoid inconsistency in the stored data, share the stored data among users, enforce standards, apply security restrictions, and maintain data integrity.

DBMSs are widely used nowadays in many application systems needed in businesses, government agencies and professional offices. The DBMS has become one of the major components of today's information systems. Most of today's DBMSs are very sophisticated and provide many and varied data management facilities. However, the facilities provided by DBMSs are not catching up with the increase in requirements of today's information systems. For example, there is increasing pressure from management to have information systems that support unstructured decision making and weighted evaluations, and provide ranking facilities in cases where there are overwhelming amounts of information. Many researchers have attempted to use Artificial Intelligence (AI) for achieving certain kinds of improvement. Another direction for achieving such improvement is to adopt proven methods from Information Retrieval.

The discipline of information retrieval deals with the organizing, structuring, retrieving and displaying of bibliographic information [5]. In this context, documents or document surrogates (eg. abstracts) are analyzed and a representation for each document is generated. The simplest, and the most common, representation consists of describing each document by a set of keywords or a vector in which each element corresponds to the importance of a particular keyword to the document. These document representations are very much like the records in a DBMS environment and they have to be organized on storage devices to enable efficient search and retrieval. However, an IRS places more emphasis on imprecise concepts and the efficiency of the search rather than on the controls which are obtained from the architecture of the DBMS. The documents should or should not be retrieved for any given user query on the basis of their relevance to the query. A document is relevant if, with respect to a specific query, the user judges that it has the information he wants; it is non-relevant otherwise.

A document may or may not be relevant to a user query depending on many variables of the document (style of writing, comprehensiveness, quality, et cetera) as well as numerous user characteristics (previous knowledge, the reason for the search, et cetera). The influence of all these factors on the decision of whether a certain document is relevant to a given request is quite involved and cannot be exactly represented in the choice of keywords or descriptors. In this sense, the descriptors used to represent the content of a document are not precise [2]. Therefore, it is recognized that an IRS cannot precisely select only and all relevant documents. Rather, it is suggested that the system should adopt a method that facilitates the ranking of documents in the order of their estimated relevance to a user query. More details of an IRS can be seen in [5].

The abilities of IRSs in handling imprecisely described objects and relations, handling imprecise user queries, and ranking of responses from overwhelming amounts of information according to their relevance should add an interesting dimension to the data base management system. It is believed that the integration of a DBMS and an IRS would significantly increase the usefulness and flexibility of today's information systems.

In the past few years, a number of studies which consider the problem of integrating data base management systems and information retrieval systems have appeared in the literature. All of them use a DBMS either as a foundation or a part of the system to solve the integration problem, because certain controls, such as identifying data dependencies and avoiding data redundancy, are easier to maintain in a DBMS environment or with the help of a DBMS component.

[*]This research was supported in part by grants from the Natural Sciences and Engineering Research Council of Canada.

These studies can be summarized into three different categories from the point of view of the system architecture: the standard DBMS approach, the extended DBMS approach and the integrated approach. The standard DBMS approach views information retrieval as an application system on top of a standard DBMS. The extended DBMS approach represents a situation where the facilities of the DBMS are extended to accommodate the information retrieval user's needs. Generally speaking, the extension is handled by a higher level layer that provides user oriented objects and operations. The integrated approach proposes to provide IRS and DBMS facilities by an appropriate interfacing of systems or facilities from existing IRSs and DBMSs.

This paper is organized in the following manner: We introduce the software architecture for the integrated system and describe its capabilities in section 2. In section 3, we identify an extended conceptual model that is adequate to capture the characteristics of the integrated system's database. The extended conceptual model includes the concepts of 'generalization' and 'aggregation'. In section 4, we provide a discussion of the conceptual schema design by means of an example. Finally, in the last section, we provide conclusions and further research areas.

2. An architecture of the integrated system

As discussed, it is desirable to develop an integrated system that provides a generalized retrieval facility. Given the integrated system, IRS and DBMS are two special cases and the integrated system should have the capabilities to perform both DB-type and IR-type searches. Thus, when the user can be sure of what he wants and he is also able to specify it precisely in term of facts stored in the data base, the DB-search facility provided by the integrated system would be used. In contrast, if the user wants to develop a ranked list according to some imprecisely specified concept (corresponding to the user need), the integrated system could employ the IR-search facility. In other words, the problem is the integration of IR and DBM systems.

The problem can be studied with different kinds of objectives in mind, and depending on the objectives identified, the approach to integration may be different. It is natural to require that the integrated system to provide the facilities that either of its components is expected to provide by itself. In achieving this, the approach we adopt is such that there is minimal redundancy; that is, there are not several software components performing essentially the same functions. It is also considered important to ensure that the implementation be achieved without great amounts of effort and the processing overhead associated with standard information retrieval or DBMS queries, as a consequence of using the integrated system be as little as necessary.

We now identify the essential features of the IR/DBMS architecture we have adopted. At the most general level, there are three components: a *common interface*, a *DBMS component*, and an *IR component*. The DBMS component may be an off-the-shelf data base management package. As far as the integrated system is concerned, the DBMS has the responsibility for providing data structuring capabilities and access methods. It is also important for the DBMS to offer view definition facilities. By having special purpose external views defined, certain special requirements associated with the formulation of IR-type queries can be facilitated.

The IR component is also, in many ways, standard. The major difference is that the file management activities, which would normally be a part of any IRS, have now been delegated to a DBMS. Of particular importance, clearly, is the *IR model*. Here again, it is not required that the IR model be of a particular type (e.g. probabilistic model, fuzzy set model, et cetera). The aim is to keep the framework general enough to accommodate any kind of IR model, or even several, since different models may best suit different kinds of applications.

The other part of the IR component is the *IR/DB interface*. This part is responsible for presenting intermediate results from the DBMS, with respect to an IR-type query, to the IR model in a suitable format. This component also mediates the transfer of any other data that the IR model requires to carry out its functions.

The final component is the common interface consisting of a *user interface* and a *preprocessor*. The user interface essentially provides a common entry point for all types of queries. If the query pertains to DB-type of usage, it is directly passed on to the DBMS. If, on the other hand, the query corresponds to IR-type usage, it is handled by the preprocessor. In this case, the preprocessor would determine certain specifications in the query as being relevant to the IR model, and the others are passed on to the DBMS. It is also possible that feedback is provided by the user and it is to be used by the IR model for refining the output. In that case, the preprocessor would also be responsible for passing on such feedback information to the IR model.

From the description above, it is seen that the integration requires the specification and design of two additional modules: the common interface and the IR/DB interface. The common interface will be handled by a preprocessor. This preprocessor can be made quite simple since we demonstrate that the extension to the query language needed, to handle IR-type queries, is minor. Furthermore, the framework is very flexible in that the replacement of an IR model with a different one or the exchanging of one DBMS with another is accommodated by providing a suitable IR/DBMS interface. Although the development of the software components to achieve the integration is straight forward, since data base restructuring, conversion of data to new formats, et cetera, can be very costly, we feel that the adoption of a different DBMS is much harder than providing a different option for the IR model.

3. The Extended Conceptual Model

The procedure to design the integrated system data base is in a general sense similar to the procedure to design a data base in the data base environment and can be divided into the following phases: requirement formulation and analysis; conceptual design; implementation design; and physical design. More details on these topics can be seen in [1].

The requirements formulation and analysis involves the establishment of the organization's objectives, the derivation of specific data base requirements from those objectives or directly from management and nonmanagement personnel, and the documentation of those requirements in a form that is agreeable to both end users and the data base designer. The conceptual design phase concerns itself with the description and synthesis of diverse users' information requirements into a data base. This phase results in the creation of a high level representation of the database needed to meet the user requirements. The issues pertaining to the conceptual design stage are the primary focus of this section.

In traditional information retrieval, the data base of document representations has a fairly simple structure. In other words, complexities such as having many types of files or relations that are interconnected to each other by relationships are not a concern. Whenever a search is made, the objects (or, entities) that are to be ranked vis-a-vis a user query are always documents. But in the more general context of the integrated system, the IR-type queries may not have implicitly specified target objects. Thus, the specification of the objects to be ranked must be explicit. Since IR-type searches should not be blindly made on any group of objects, applications of this kind must be systematically studied and planned for as a part of system requirements analysis and design. Similarly, there may be other such target objects vis-a-vis other kinds of decision needs. After identifying the objects with respect to which such searches are appropriate, it is also necessary to ensure that asuitable IR model is adopted.

As a part of the above process of planning, it is suggested that certain special user (external) views be predefined. Then, the IR-type queries can make explicit references to such views and attributes contained therein. Furthermore, the views provided may involve objects, depending on user needs, at varying levels of abstractions. Thus, several views may be made available and these views may be semantically related to each other. It is desired that such connections be maintained and made available to users for reference.

One of the major criticisms of the data base systems is that the principal data models, such as the relational, the hierarchical and the network model, limit the user in representing the objects and relations of the real world. Especially, the data bases represented in relational data models are made up of (first normal form) tables of records which could cause a great deal of difficulty in directly representing objects and relationships with a hierarchical structure.

A particular approach to data abstraction that has been found useful, to capture more semantic meaning, is the conceptual model proposed by Smith and Smith [6]. The two mechanisms provided for definition of abstract objects are generalization and aggregation. *Generalization* is an abstraction in which a set of similar objects is regarded as a generic object. For example, "vehicle" might be a generalization of "air vehicle", "land vehicle" and "water vehicle". *Aggregation* forms an object as a relationship between other objects. For example, a relationship among "courses", "semesters", "instructors" and "classroom" might be abstracted as the object "class".

When generalization and aggregation are repeatedly applied to objects, hierarchies of objects are formed. For example, "land vehicle" might in turn generalize "road vehicle" and "rail vehicle". "Class" might itself participate in a relationship among "class", "student" and "grade" known as "enrollment". These ideas and others such as "object relativity" and "attribute inheritance" are very useful in properly identifying views to be used for IR-type queries. This approach makes the representation of the hierarchical structure of the objects and relationships possible and easier. With the extended semantic capability, the information retrieval users' needs can be satisfied by accessing one or more of the external views of the integrated system. Depending on the views identified in the user query, the system can know on what entities the ranking may be performed.

The conceptual model of data at this level is referred to as the *extended conceptual model*. Rather than treating this extended conceptual model as an alternative to the relational, the hierarchical and the network data models, we propose that this extended conceptual model should be implemented as a higher level layer to the existing data base. This would give the flexibility to the system designer in choosing the DBMS system to be the component of the integrated system. Since the disposing of the existing DBMS system could be very expensive, the approach suggested represents a way of minimizing the cost of change provided such a change becomes necessary. Considering the increasing popularity of relational database management systems in the academic and commercial environments and the difficulties associated with changing the DBMS component of the integrated system, we suggest the adoption of a relational DBMS is worthwhile. A particular implementation, which we described in [4], actually uses INGRES as the DBMS component.

Because of the adoption of the extended conceptual model, the design of the data base is different from *regular* data base design. In the requirements formulation and analysis phase, the requirements of the information retrieval users have to be formulated and analyzed on the same basis as those of the data base users. In the conceptual design phase, the extended conceptual model is derived and the weak multi-valued dependencies, besides the functional and multi-valued dependencies, have to be analyzed. The strong connection between the extended conceptual model and non-first-normal-form relations makes it clear that weak multi-valued dependencies play a critcal role in the conceptual design phase. The following rules have been identified as a means of safeguarding the consistency and integrity of the data in this context.

Rule 1. For a given hierarchical representation of objects or relations, the hierarchical structure can be reflected by allowing the value of the attributes to become the name of a relation, if this value happens to be a subcategory of a kind and a generic name of a group of objects.

Given these aspects (allowing generalization and aggregation, and the value of the attributes be the name of a relation), maintaining the consistency of the data base and the accuracy of the retrieved information could be a problem. To solve this problem, a weak multi-valued dependency rule in decomposing relations or designing the basic relations is proposed.

Definition 1. Let R be a relation schema and let X, Y, Z be subsets of R such that $Z = R-X-Y$. A *weak multi-valued dependency*, written $X \rightarrow w \rightarrow Y$, is a template dependency consisting of a hypothesis of three rows s, t, u and a conclusion row v such that: 1) $s[X] = t[X] = u[X] = v[X]$; 2) $s[Y] = t[Y]$; 3) $s[Z] = u[Z]$; 4) $v[Y] = u[Y]$; 5) $v[Z] = t[Z]$.

In [3], weak multivalued dependencies are shown to be an extension of multivalued dependencies. Thus, all functional and multivalued dependencies are weak multivalued dependencies. As well, NEST is introduced as an operator which takes a relation and nests or aggregates it over equal data values in some attributes of the relation. UNNEST, the inverse of NEST, takes a relation with nested attributes and disaggregates the relation. Thomas [7] shows that UNNESTs commute if and only if there is a corresponding weak multivalued dependency. That is, one could get different results depending upon the order in which the operators are executed. In order, to maintain integrity then we apply the following rule.

Rule 2. Allow disaggregation/decomposition only if the weak multi-valued dependency holds.

In the conceptual database design for the integrated system, before the basic relations or views are set up, the weak multi-valued dependency rule will be examined. The relations can only be decomposed or the views can only be set up, if the weak multi-valued dependency holds. In other words, this rule will allow the UNNEST operation or disaggregation to take place only if the weak multi-valued dependency holds between these attributes. Normally, the retrieval process involves some aggregation or NEST operations.

4. Example Design

The example used in this section is drawn from a personnel information system. This proposed system should be able to do the following functions: 1) provide adequate information about the current situation of the available personnel resources; 2) help management choose the best candidates for projects; 3) allow employees to choose projects which may help them develop skills; 4) provide comparison figures between budgeted and actual manhours spent in the project; 5) provide historical records of the projects.

During the requirements analysis, the designer would identify the required attributes and the dependencies. In our case, we identify attributes **emp#**, **assigned-hours** (for each of the next 6 months), **unassigned-hours** (for each of the next 6 months), **job-title, age, salary, sex, languages-known** (natural or programming identified by **language-type**), **language-experience, child-name, child-age,** for each employee. The **emp#** attribute functionally determines **assigned-hours, unassigned-hours, job-title, salary, age, sex, languages-known**. It also multivalued determines **language-type** and **child-name** and **child-age** attributes.

After examining the result of applying rule 2 to our database, we define 4 basic relations (in 3rd normal form). These are: empinfo1 containing attributes **emp#, assigned-hours, unassigned-hours, job-title, salary, age** and **sex**; empinfo2 containing attributes **emp#, language-known,** and **language-experience**; langtype containing attributes **language-known,** and **language-type**; and empinfo3 containing attributes **emp#, child-name** and **child-age**.

The **languages-known** attribute would be identified via rule 1 as one on which we will allow specific values to be the name of a relation as it would form a hierarchy. We might also identify **child-name** as a hierarchic element but its usage in this case is deemed unnecessary. In order to handle the generalization implicit in the **language** attribute, we would define a user view which identifies all employees who know programming languages using the **language-type** attribute. We would in addition identify all employees knowing foreign languages. From rule 1, we would then define a user view for each specific value of the attribute **languages-known** (for example, "PASCAL" or "FRENCH"), that would be used in the queries. This would provide a list of all employees who know the specific language.

As noted previously, what the IR/DB interface receives from the DBMS is determined by the semantics of the data and query details. For the **language** attribute, the user may elect a specific view he wishes to employ in a query. The preprocessor could be set up to modify the query depending on the specific value of the **language** attribute specified in order to take advantage of what is passed. If the user employs the view with "PASCAL" as its name, the preprocessor would not modify the query. But if the user employs "PASCAL" as the attribute value but selects the view corresponding to those who know a programming language, the preprocessor could modify the query to include those who know any programming language as well, with more importance attached to those who know "PASCAL" than to those knowing other languages. If the user employs the database level (the broadest level), the preprocessor could generalize to those knowing any language as well as those knowing a programming language. This would give three differentiations of importance in this application. In general, the choice of view that corresponds to a broader class means that the attribute value specified indicates that the value need not be very strictly satisfied.

In order, to provide answers to queries of type 2 (choosing the best candidates), we need to provide user views **job-title and salary,** in addition to the views on programming already defined. As well, for queries of types 1 and 4, we identify a view for the **assigned-hours** and **unassigned-hours** of the employees.

Finally, in order to aid the user, in our running system, we have added a set of conceptual tables that are displayed to the user. These tables include a list of the views available and a list of the dependencies.

5. Conclusions

The need for more powerful database systems to aid in Decision Support Systems leads to the development of a simple integrated information retrieval/database management system. Our approach is to use commercially available systems to which is added a common interface. In order to extend, the basic relational database to allow information retrieval functions, we introduce the Extended Conceptual Model. This can be defined following simple rules and the use of the external view facilities of the relational database system, which provide for the definition of aggregations and generalizations. An actual working system has been developed at the University of Regina. It has shown the possibilities implicit in the approach.

Several outstanding research problems remain to be examined. We currently have defined a common language based on a simple extension of the query language of the DBMS. A more complete language needs to be developed that can be shown to provide all of the possible uses (for example, allowing a NEST or AGGREGATE function). We also would like to experiment with different Information Retrieval Systems to determine their respective properties for solving the problems of Decision Support. In particular, adaptive information retrieval systems and levelled information retrieval systems both need to be evaluated for their use in developing expert systems.

References

[1] C.J. Date, *An Introduction to Database Systems*, Addison-Wesley Publishing Co, 1978.

[2] J.S. Deogun, V.V. Raghavan, "A Generalized Retrieval System: Formulation and Implications for the Sciences", in *The Role of Data in Scientific Progress*, ed. P.S. Glaser, Elsevier Science Publishers B.V., 1985, 513-516.

[3] P.C. Fischer, D. van Gucht, "Weak Multivalued Dependencies", *Proceedings of the third ACM SIGACT-SIGMOD Symposium on Principles of Database Systems*, April 1984, 266-274.

[4] V.V. Raghavan, L.V. Saxton, S.K.M. Wong, S. Ting, "A Unified Architecture for the Integration of Data Base Management and Information Retrieval Systems", *Proceedings of the IFIP 10th World Computer Congress*, 1986, 1049-1054.

[5] G. Salton, M. McGill, *Introduction to Modern Information Retrieval*, McGraw-Hill, 1983.

[6] J.M. Smith, D.C.P. Smith, "Data Abstraction: Aggregation and Generalization", *ACM Transactions on Database Systems*, 1977, 105-133.

[7] S.J. Thomas, "A Non-First-Normal-Form Relational Database model", *PhD Dissertation*, Vanderbilt University, 1983.

BAUSTEINE ZU EINER WISSENSBASIERTEN BESCHREIBUNGSSPRACHE FÜR INTELLIGENTE BÜROINFORMATIONS- UND KOMMUNIKATIONSSYSTEME

Fabian Glasen
SFB221/B3
Universität Konstanz

1. Einleitung

Es wird gezeigt, wie verschiedene wissensbasierte Formalismen als Bausteine in eine auf einem Aktormodell basierende Beschreibungssprache für intelligente Büroinformations- und Kommunikationssysteme (BIKOS) integriert werden können.

Ausgangspunkt ist die Vorstellung, daß Büroarbeit im wesentlichen informationsverarbeitende Arbeit ist, die in hohem und steigendem Maß arbeitsteilig organisiert ist und bei zunehmender Komplexität und Ausdifferenzierung derselben auch sein muß. Dies führt dazu, daß innerhalb von Verwaltungsbehörden und sonstigen Organisationen zunehmend mehr spezialisierte Arbeitsplätze entstehen, die ihre Funktionalität im Gesamtsystem nur entfalten können, wenn sie in sachlicher, zeitlicher und personeller Hinsicht aufeinander abgestimmt sind.

Die Fortschritte auf dem Gebiet der wissensbasierten Informationsverarbeitung und die neuen Kommunikationstechnologien führen zu der Annahme, daß in Zukunft in vielen Büroumgebungen die Arbeit in Kooperation mit einem Computersystem gemacht wird, in dem die Bildschirmarbeitsplätze intelligent und kommunikationsfähig sind.

Vor diesem Hintergrund ist das hier verfolgte Ziel, die durch DB-Systeme entstandenen Möglichkeiten zur Integration der Datenhaltung zu ergänzen um Konzepte zur Integration der Informationsverarbeitung. Dies insbesondere als Reaktion auf die Tendenz, im Büro zunehmend verteilte Datenverarbeitung einzusetzen. Neben der Automatisierung von Routinetätigkeiten und der Unterstützung von Sachbearbeitern bei isolierten, arbeitsplatzspezifischen Tätigkeiten bedarf es deshalb Formalismen zur Beschreibung von Kooperation und Koordination, um so den durch Arbeitsteilung entstandenen Disfunktionalitäten besser begegnen zu können. Die wissensbasierte Natur der intendierten Sprache soll es ermöglichen, auch schwach strukturierte Aspekte von Büroarbeit zu beschreiben.

2. Aktormodell

Der Ausdruck "Aktormodell" wird hier in dem Sinne verwendet wie in der Büromodellierung (AIELLO 1984), (BRACCHI/PERNICCI 1984). Er charakterisiert Büromodelle, die die Informationsverarbeitung durch das regelgeleitete Zusammenwirken mehrerer Aktoren beschreiben. Aktoren im hier gemeinten Sinn sind wissensbasierte, lernfähige "Experten", die gesteuert durch spezifische Koordinations- und Kooperationsregeln zusammen mit anderen Aktoren die Ziele des Gesamtsystems verfolgen (HO/HONG/KUO 1986). Ein Aktormodell erfordert ein formales Konzept zur Beschreibung der Aktoren und eine formale Sprache zur Kommunikation. Beide Bausteine sind nicht voneinander unabhängig, sondern in vielerlei Weise aufeinander abzustimmen. In der vorliegenden Arbeit wird ausgehend von der Vorstellung, daß Büros relativ deutlich eingrenzbare, zusammenhängende Systeme kooperativer Arbeit darstellen, aus Effizienzüberlegungen zusätzlich ein einheitliches Konzept zur Beschreibung des inneren Aufbaus aller involvierten Aktoren gefordert, sowohl hinsichtlich der Verwendung gleicher Wissensrepräsentationssprachen als auch hinsichtlich der bedeutungsinvarianten Verwendung von Namen für bzw. durch alle beteiligten Aktoren.

2.1 Kommunikation

Kommunikation erfolgt situationsspezifisch synchron oder asynchron, gezielt oder ungezielt durch höherere, anwendungsnahe, kontextunabhängige, wissensbasierte Kommunikationsprotokolle. Die Semantik der Kommunikationsprotokolle definiert sich aus dem vernünftigen Zusammenwirken von Generierungskomponente beim Sender und Interpretationskomponente beim Empfänger. Da Kommunikationsaktionen auf die Wissensinhalte der einzelnen Aktoren Bezug nehmen, ist es notwendig, sie an die Wissensrepräsentation anzubinden. Kommunikationsaktionen werden als spezifische Aktionen modelliert (ROSENSCHEIN 1982), damit sie von einem Planer wie andere Aktionen verwendet werden können. Jede Kommunikationsaktion enthält ein prototypisches Kommunikationsprotokoll, das zur Durchführungszeit der Aktion entsprechend instantiiert und aktiviert wird.

2.2 Bausteine eines Aktors

2.2.1 Nachrichteninterpreter/ Nachrichtengenerierer

Der Kommunikationsintertpreter eines Aktors wird aktiv, wenn bei ihm eine Nachricht eingeht. Er speichert die Tatsachen, daß dieses Ereignis eingetreten ist, daß die Nachricht durch eine Sendeaktion ausgelöst wurde, daß der Sender weiß, daß die Aktion angestoßen wurde und seinerseits davon ausgeht, daß die Nachricht angekommen ist.
Da Nachrichten nicht nur Information übermitteln, sondern Aktionen sind, muß die Reaktion auf die verschiedenen Typen von Kommunikationsaktionen feststehen. Neben "Fragen", "Antworten", "Mitteilen", "Antrag stellen" "Vertrag abschließen", "Befehlen", "Bitten" sind je nach den Eigentümlichkeiten der betrachteten Welt Kommunikationsaktionstypen und entsprechende Verfahrensregeln festzulegen. Für den Fall einer Mitteilung einer Proposition "Prop" durch Aktor "Sender" könnte der Nachrichteninterpreter z.B. u.a. folgende Regeln verwenden:

        glaubwürdig(Sender) ==> ADD(FACT(Sender,Prop)).
        glaubwürdig(Sender,Prop) AND kompetent(Sender,Prop) ==> ADD(Prop).

Die Generierung von Kommunikationsprotokollen geschieht im Rahmen von zielorientiert entworfenen Plänen innerhalb elementarer Kommunikationsaktionen zur Ausführungszeit. Kommunikationsaktionen sind meist in Dialogaktpläne (KOBSA 1985) eingebettet.

2.2.2 Wissensrepräsentation

Anforderungen an die Gestaltung der Wissensrepräsentation ergeben sich u.a. aus dem verwendeten Kommunikationsmodell. Ungezielte Kommunikation, wie sie z.B, im Rahmen des verteilten Problemlösens von (DAVIS/SMITH 1981) vorgeschlagen wurde, stellt keine besonderen Anforderungen an die Wissensrepräsentation der Aktoren.
Um hingegen gezielte Kommunikation sinnvoll durchführen zu können, benötigen die Aktoren Wissen über Fertigkeiten, Verpflichtungen, Auslastung, Verfügbarkeit, Zuständigkeiten, eingegangene Verträge, übernommene Rollen, Ziele, Strategien und über Wissen der anderen Aktoren. Um dies zu ermöglichen wird die von (KONOLIDGE 1982) und (ALLEN 1984) großteils homogen vorgeschlagene prädikatenlogische Repräsentationssprache insbesondere mit der dort vorgenommenen Unterscheidung in Objektsprache (OL) und Metasprache (ML) zugrundegelegt. Das Rahmenmodell von Konolidge wird benutzt zur Modellierung der Vorstellungen über die Vorstellungen anderer Aktoren. Zusätzlich wird das Modell angereichert durch die von Allen vorgeschlagene Zeitlogik und durch Konzepte zur Darstellung unsicheren Wissens. In der ML können Propositionen mit Wahrscheinlichkeiten und Ziele mit Bewertungen verknüpft werden, ohne daß sich daraus syntaktisch zusätzliche Darstellungsprobleme ergeben.

Jeder involvierte Aktor repräsentiert Vorstellungen über das Faktenwissen, die Zielstruktur, die dazugehörigen Pläne, einen Simulator, ein Deduktionssystem sowie über ein Planungssystem für alle anderen ihm bekannten Aktoren, indem die entsprechenden Aktoren vermittels spezieller Prädikate mit den entsprechenden Objekten z.B. Propositionen verknüpft werden. Die Darstellung der Fakten, Ziele, Beweise und Pläne eines anderen Aktoren "B" in einem Aktoren "A" geschieht durch folgende vier metasprachliche Prädikate (Konolidge/Nilsson 1980):

Fakten:	FACT(B,'Prop').
Ziele:	GOAL(B,'Prop').
Beweise:	ISPROOF(B,'Beweis').
Pläne:	ISPLAN (B,'Plan').

Das Wissen eines Aktors über das Wissen anderer Aktoren ist i.a. unvollständig und nur teilweise richtig. Dies ergibt sich insbesondere aus der Tatsache, daß sich das Wissen jedes Aktors permanent ändert. Eine verwendete Regel ist z.B., daß ein Aktor "X", wenn er "P" weiß, auch weiß, daß er "P" weiß.

$$FACT(X,'P') ==> FACT(X,'FACT(X,P)').$$

Das Prädikat "ZIEL(Prop)" bedeutet, daß der Aktor, in dessen Wissensbasis das Prädikat vorkommt, die Proposition "Prop" als Ziel verfolgt. Ferner soll die Formel

$$ES\_GIBT\ X\ FACT(B,'BESITZT(B,X)').$$

repräsentiert in A bedeuten, daß B ein ihm bekanntes Objekt besitzt, während A dieses Objekt nicht kennen muß. Für alle Objekte (Formeln, Beweise, Pläne) X bezeichnet 'X' den Namen von X. Die Einführung von Namen für diese Objekte ist nötig, da die Metasprache als Prädikatenlogik erster Stufe funktionieren soll, und die Prädikatenlogik an Argumentstellen von Prädikaten nur Terme zuläßt. Für Vorschläge zum Umgang mit diesen Ausdrücken siehe z.B. (MOORE 1977), (HAAS 1986), (PERLIS 1985). Durch Einführung einer Hierarchie von Sprachstufen gelingt es, "belief nesting", also Vorstellungen eines anderen über Vorstellungen eines anderen etc. zu repräsentieren. Die Sprache ist bislang insofern unbefriedigend, als die Modellierung der Zeit durch den "situation calculus" für BIKOS nicht hinreichend ist. Darin sind keine Synchronisationsmechanismen beschreibbar, die die Dauer oder die Überlappung von Ereignissen, speziell von Aktionen, in die Koordinationsplanung miteinbeziehen. Dies ist für die Büromodellierung aber notwendig, z.B. kann ein Kreditantrag für eine Existenzgründung nur gestellt werden, wenn die Existenzgründung noch nicht zu lange zurückliegt, und ein größerer Finanzierungsantrag ist kurz vor Ablauf eines Projektes nicht mehr sinnvoll.

Wissensbasierte Modellierung von Zeit

Das hier berücksichtigte Zeitmodell folgt den Axiomatisierungen, die (ALLEN 1984) und (VILAIN 1982) im Rahmen der Prädikatenlogik vorgeschlagen haben.
Das zugrundegelegte Zeitmodell basiert auf Zeitintervallen, Zeitpunkten und Beziehungen zwischen diesen "Zeitobjekten". Grundlage des Modells ist die Vorstellung, daß Propositionen i.a. für einen bestimmten Zeitraum Bestand haben, und Ereignisse einen bestimmten Zeitraum dauern. Das grundlegende Prädikat ist:

$$"HOLDS(p,t)" .$$

Es bedeutet: Die Proposition "p" gilt während des gesamten Zeitintervalls "t". Für Ereignisse werden zwei Prädikate mit unterschiedlicher Bedeutung eingeführt: "OCCUR(e,t)" und "OCCURING(p,t)" .
"OCCUR(e,t)" ist wahr genau dann, wenn das Ereignis "e" mit dem Zeitintervall "t" zusammenfällt. Insbesondere darf es kein Teilintervall t' von t geben, für das gilt "OCCUR(e,t')". Formalisiert:

$$OCCUR(e,t)\ AND\ IN(t',t) ==> NOT\ OCCUR(e,t') .$$

"OCCURING(e,t)" ist wahr, wenn das Ereignis "e" irgendwann im Intervall "t" vorkommt. Formalisiert:

$$OCCURING(e,t) ==> ES\_GIBT\ t'\ IN(t',t)\ AND\ OCCURING(e,t').$$

Diese Ausdrücke sind in der ML syntaktisch repräsentierbar. Hierzu werden nicht Aktoren mit Propositionen, sondern Zeitintervalle mit Ereignissen bzw. mit Propositionen verknüpft. Dies erfordert nur die Hinzunahme neuer Sorten für Ereignisse, Zeitintervalle und Zeitpunkte. Ein Zeitintervall wird als wohlgeordnete Menge von Zeitpunkten, also als zusammenhängende Teilmenge einer unendlichen linearen Zeitachse verstanden. Der Anfangspunkt eines Intervalls wird als dem Intervall zugehörig angesehen, während der Endpunkt nur die obere Grenze des Intervalls bezeichnet ohne selbst dem Intervall anzugehören. Dadurch wird erreicht, daß das MEET- Prädikat im gleichen Sinn wie bei (ALLEN 1984) möglich ist.

Die Zeichen "X, Y, Z, T, t" (eventuell mit Index) bezeichnen im folgenden Zeitintervalle. Für jedes Intervall "X" bezeichnet a(X) den Anfangs- und e(X) den Endpunkt von "X". Zeitintervalle können in folgenden Relationen zueinander stehen:

$$
\begin{array}{lll}
\text{BEFORE(X,Y)} & : <==> & e(X) < a(Y). \\
\text{EQUAL(X,Y)} & : <==> & a(X) = a(Y) \text{ AND } e(X) = e(Y). \\
\text{MEETS(X,Y)} & : <==> & e(X) = a(Y). \\
\text{OVERLAPS(X,Y)} & : <==> & e(X) > a(Y) \text{ AND } a(X) < a(Y) \text{ AND } e(X) < e(Y). \\
\text{DURING(X,Y)} & : <==> & a(X) > a(Y) \text{ AND } e(X) < e(Y). \\
\text{STARTS(X,Y)} & : <==> & a(X) = a(Y) \text{ AND } e(X) < e(Y). \\
\text{FINISHES(X,Y)} & : <==> & a(X) > a(Y) \text{ AND } e(X) = e(Y). \\
\end{array}
$$

Weitere Beziehungen können auf der Grundlage dieser Beziehungen definiert werden z.B.:

IN(t1,t2) :<==> DURING(t1,t2) OR STARTS(t1,t2) OR FINISHES(t1,t2).

Bisher wurde nur erklärt, wann eine Elementaraussage während eines Zeitintervalls gilt, nun soll dies für zusammengesetze Aussagen definiert werden:

$$
\begin{array}{lll}
\text{HOLDS('(p AND q)',t)} & <==> & \text{HOLDS(p,t) AND HOLDS(q,t).} \\
\text{HOLDS('NOT(P)',T)} & <==> & \text{ALLE t (IN(t,T) ==> NOT HOLDS(p,t)).} \\
\text{HOLDS('(p OR q)',t)} & <==> & \text{HOLDS('NOT((NOT(p) AND NOT(q)))',t).} \\
\end{array}
$$

Da in der ML eine Hierarchie von Sprachebenen vorgesehen ist, ist es möglich die beiden von Allen vorgeschlagenen Prädikate "BELIEVES(A,p,Tp,Tb)", das bedeutet: Aktor "A" glaubt während Tb, daß Proposition "p" während Tp gültig ist, und "IS_GOAL_OF(a,goal,gtime,t)", das genau dann wahr ist, wenn im Zeitraum "t" Aktor "a" das Ziel "goal" für den Zeitraum "gtime" hat, durch äquivalente Formeln, die auf bekannte Prädikate aufbauen, zu rekonstruieren:

$$
\begin{array}{lll}
\text{BELIEVES(a,p,Tp,Tb)} & <==> & \text{HOLDS('FACT(a,'HOLDS('p',Tp)')',Tb).} \\
\text{IS\_GOAL\_OF(agent,goal,gtime,t)} & <==> & \text{HOLDS('GOAL(agent,'HOLDS('goal',gtime)')',t).} \\
\end{array}
$$

Frames

Die Hinzunahme eines Framedatenmodells motiviert sich besonders aus der Natürlichkeit und Übersichtlichkeit der Darstellung von für die Bürowelt ontologisch wichtiger Objekte (z.B. Verträge). Frames im Framedatenmodell werden spezifiziert durch den Framenamen, die zugehörigen Slots und die Mengen der erlaubten und realen Sloteinträge. Slots können terminal oder non-terminal sein. Die Relationen zwischen den Frames z.B. die "is_a" Relation, definieren sich aus den Eigenschaften der Frames. Die Konsistenz des Modells wird durch eine Reihe von modellabhängigen Integritätsregeln sichergestellt (REIMER/HAHN 1984).

Verträge

Im Rahmen der Existenzgründungsverwaltung durchgeführte empirische Arbeiten (WOLF/KUHLEN/HENSLER 1986) stützen die Annahme von (FIKES 1982), daß Verträge in Büros eine wichtige Rolle spielen. Z.B. ist ein Kreditantrag i.a. ein geäußerter Wunsch nach einem Vertrag mit einer Bank, durch den die Bank sich verpflichtet, den Kredit als Vorleistung an den Antragsteller auszuzahlen, und dieser sich dazu verpflichtet in bestimmten Zeiträumen Zinsen und Tilgung zu bezahlen. Ein Vertrag selbst läßt sich durch folgenden Frame-Prototyp charakterisieren.

```
Vertrag:
(vertragspartner1          typ      aktor,
leistung1                  typ      sachverhalt,
vertragspartner2           typ      aktor,
leistung2                  typ      sachverhalt,
abschlußzeitpunkt          typ      zeitpunkt,
Nachweis                   typ      dokument).
```

Hinsichtlich der Erarbeitung eines Planers für verteiltes Problemlösen, der auf der bereitgestellten Wissensrepräsentation fußt, legt der untersuchte Arbeitsplatz bei der Bürgschaftsbank (BB) es nahe, ihn als "supervisor" Prozeß anzusehen, der andere Experten gezielt als Wissensressourcen nutzt. Zur Delegation von Teilaufgaben an andere Aktoren, macht der Supervisor Gebrauch von Verträgen zwischen der BB und diesen Aktoren über die Delegationsmöglichkeit entsprechender Arbeiten. Verträge müssen nicht nur repräsentiert werden, sondern zu ihrem Abschluß, ihrer Einhaltung und zur Kontrolle ihrer Einhaltung durch die Vertragspartner gehören zusätzlich eine Reihe von Verfahrensregeln.

Unsicheres Wissen

Obwohl bereits in der Prädikatenlogik erster Stufe Möglichkeiten bestehen, unsicheres Wissen auszudrücken; z.B. "ES_GIBT x P(x)" drückt aus, daß es ein Objekt "x" gibt, für das "P(x)" gilt, ohne daß bekannt sein muß, um welches Objekt es sich dabei konkret handelt und wieviele Objekte "P(x)" erfüllen, ist es zur Beschreibung von Verwaltungen nötig, Beschreibungsmittel bereitzustellen, die es ermöglichen, Aussagen mit Wahrscheinlichkeiten bzw. Ziele mit Bewertungen zu versehen. "W_FACT('p',w)" bedeutet, daß Proposition "p" mit Wahrscheinlichkeit "w" ($0 <= w <= 1$) gilt, "W_ZIEL('p',w)", daß "p" mit der Gewichtung "w" gewünscht wird. Neben der numerischen Behandlung von Unsicherheit soll auch "default-reasoning" zur Anwendung kommen.

2.2.3 Planer

Zur Beschreibung des verteilten Problemlösens mit Hilfe eines Supervisors sind die Formalismen von (ROSENSCHEIN 1982) und (GEORGEFF 1983) geeignet. Ausgangspunkt sind "STRIPS-Assumption" und "situation calculus". Ein Aktor, der Supervisor, entwirft einen Plan, der von einer Gruppe von Aktoren ausgeführt wird, indem der Supervisor jede Teilaufgabe an einen geeigneten Aktor delegiert. Hierzu werden vier Kommunikationsaktionen benutzt, wobei "REQUEST" und "INFORM" illokutionäre Akte bezeichnen und "CAUSE_TO_WANT" und "CONVINCE" perlokutionäre Akte. In der von Rosenschein benutzten Unterscheidung sind die illokutionären Akte unverbindliche Nachrichten, die es dem Empfänger erlauben, zu tun was er will, d.h. er reagiert in Abhängigkeit von seinen "privaten" Dispositionen, speziell in Abhängigkeit von der aktuellen Situation, in der er sich befindet, während die perlokutionären Akte den Empfänger verpflichten, entsprechend darauf zu reagieren. Die Modellierung eines "eigenen Willens" innerhalb der Aktoren geschieht durch das Prädikat

"WILL_PERFORM(a,op)",

das in jeder Precondition jeder Aktion auftaucht und erfüllt sein muß, damit die Aktion "op" von Aktor "a" ausgeführt wird. Will ein Aktor1, daß ein Aktor2 eine Aktion "op" durchführt, so muß er versuchen, das Prädikat "WILL_PERFORM(Aktor2,op)" bei Aktor2 wahr zu machen. Eine hinreichende Bedingungen für die Gültigkeit von "WILL_PERFORM(..)" lautet:

(HASCAP(A,Op) AND GOAL(A,Op)) ==> WILL_PERFORM(A,Op).

Es soll unterschieden werden, ob ein Aktor die Fertigkeit, das Recht oder die Pflicht hat, eine Aktion auszuführen. Dies wird entsprechend durch die Prädikate "DARF(a,akt)", "KANN(a,akt)" im Sinne von "hat die Fertigkeit" und "MUß(a.akt)" formalisiert. Zusätzlich zu dem Prädikat "HASCAP(a,akt)", das Auskunft darüber gibt, ob ein Aktor eine Aktion ausführen kann/darf, soll noch das Prädikat "CAP_PROP(a,prop)" eingeführt werden, das die Information repräsentiert, ob ein Aktor "a" ein Ziel "prop" erfolgreich verfolgen kann, wobei "prop" ein Element von ML oder OL ist. Folgende Regeln werden verwendet:

```
MUß(a,akt)        ==>    HASCAP(a,akt).
HASCAP(a,akt)     <==>   DARF(a,akt) AND KANN(a,akt).
MUß(a,op)         ==>    WILL_PERFORM(a,op).
```

Da gleichzeitig mehrere Akteure in der Welt aktiv sind, besteht Unsicherheit darüber, ob die einzelnen Schritte der Pläne der verschiedenen Akteure zur Durchführungszeit ohne gegenseitige Störung durchführbar sind. Ein Vorschlag zur Lösung dieser Schwierigkeit stammt von (GEORGEFF 1983). Zusätzlich zu "pre-" und "post-conditions" werden für Aktionen noch "during conditions" eingeführt, die angeben, welche Bedingungen während der Durchführung einer Aktion gelten (müssen). Bei paralleler Ausführung zweier Pläne kann es zu Störungen kommen, wenn instantiierte Formeln der "pre-", "post-", oder "during-conditions" zweier elementarer Aktionen, die ihrerseits zu verschiedenen Plänen gehören, sich widersprechen. Tritt eine solche Inkonsistenz auf, muß dafür gesorgt werden, daß die beiden kritischen Aktionen nicht parallel ausgeführt werden, sondern eine der beiden Aktionen solange wartet, bis die sie charakterisierenden Formeln wieder mit den Formeln der nachfolgenden Aktionen der anderen parallel laufenden Pläne widerspruchsfrei sind. Es kann vorkommen, daß solch ein Abwarten umsonst ist, daß die kritische Aktion und damit der Plan, in dem sie enthalten ist, nicht zur Ausführung kommen kann. In diesem Fall wird versucht, die ursprünglich zuerst durchgeführte Aktion zurückzustellen und zunächst den zuerst zurückgestellten Plan auszuführen, um auf diese Weise doch noch beide Pläne zu realisieren. Treten zur Durchführungszeit paralleler Pläne vorher analysierte, für die Parallelität kritische Punkte auf, sendet der betreffende Aktor dem Supervisor eine entsprechende Nachricht, woraufhin dieser nur einem Aktor erlaubt, die kritische Aktion durchzuführen, während er es den anderen verbietet. Andere Aktoren müssen dann die Ausführung kritischer Aktionen solange zurückstellen, bis der Supervisor ihnen die Ausführung erlaubt. Der Supervisor seinerseits macht die Erteilung dieses Rechtes davon abhängig, ob der "erste" Aktor ihm mitteilt, daß er die kritische "Region" in seiner Planausführung verlassen hat.

Aktionen

Aktionen werden als Frames dargestellt. Der Prototyp für Aktionen sieht folgendermaßen aus:

```
Aktion:
(PREC      typ      set of proposition,
 ADD       typ      set of proposition,
 DELETE    typ      set of proposition,
 DURING    typ      set of proposition,
 AKT       typ      {Halbordnung von Aktionen;Kommunikationsprotokoll;nil},
 KOSTEN    typ      integer,
 RESS      typ      set of ressource,
 ZEIT      typ      integer, { durchschnittliche Zeitdauer } ).
```

Die Slots (PREC) "precondition", (ADD/DELETE) "postcondition" und (DURING) "duringcondition" haben die übliche Bedeutung.

RESS(ourcen)

Für die Planung der Koordination der Aktoren werden zusätzlich noch die Ressourcen angegeben, die zur Durchführung der Aktion benötigt werden. Die benutzten Ressourcen werden für den entsprechenden Zeitraum als gesperrt markiert und sind insofern Preconditions, als ihre Verfügbarkeit Bedingung für die Durchführung der Aktion ist. Neben der zeitweiligen Nutzung von Ressourcen (z.B. Maschinen) können Aktionen Ressourcen auch konsumieren (z.B. Papier). Die Beschaffung von Ressourcen ist oft planungsbedürftig.

ZEIT

Es soll die durchschnittliche Zeitdauer, die eine Aktion braucht, angegeben werden. Bei zusammengesetzen Aktionen kann man zur Berechnung von oberen bzw. unteren Schranken für die Durchführungszeit Methoden der Netzplantechnik zur Anwendung bringen. Instantiierten Aktionen als Teilhandlungen in größeren Plänen, lassen sich reale Zeitintervalle zuordnen, in denen sie durchgeführt werden sollen. Diese Zeitintervalle lassen sich aus dem Anfangspunkt der Aktion und aus den angegebenen Zeitparametern errechnen. Es wird davon ausgegangen, daß selbst wenn die Dauer von Aktionen im vorhinein auch ungefähr angegeben werden könnte, solche Schätzungen keine hinreichend verläßliche Information dafür sind, ob die Aktion zu einem entsprechenden Zeitpunkt auch abgeschlossen ist. Hierüber soll nur der Aktor, der die Aktion durchführt, verläßlich Auskunft geben können.

AKT(ion)

Die Hinzunahme dieses Slots motiviert sich hauptsächlich aus dem Wunsch, Aktionen hierarschich beschreiben zu können, sodaß zusammengesetzte Aktionen z. B. Büroprozeduren auch explizit beschrieben werden können. Elementare Aktionen haben im "AKT" Slot als Wert "nil", Kommunikationsaktionen, das zugehörige Kommunikationsprotokoll und in jedem anderen Fall enhält der AKT-Slot eine partielle Ordnung von Aktionen. Darüberhinaus ist zu denken an prozedurale Aktionen, die auch "loops" und Bedingungen in der Beschreibung haben.

3. Schluß

Solche zum Teil nur syntaktischen Konzepte zur Modellierung von "multi-agent" Situationen unter starker Berücksichtigung von Zeitaspekten und unsicherem Wissen, bedürfen noch einer Reihe von Präzisierungen insbesondere Regeln zum prozeduralen Umgang mit den Wissensfragmenten. Besonders die Hinzunahme von Wahrscheinlichkeiten für Propositionen und Bewertungen für Ziele erhöht die Schwierigkeiten, aus dem bislang rein syntaktisch integrierten Bausteinen einen abgerundeten, semantisch eindeutigen, insbesondere mit verallgemeinerungsfähigen Auswertungsverfahren (Inferenzen) angereicherten, für die Entwicklung von BIKOS brauchbaren Wissensrepräsentationsformalismus zu machen. Es ist plausibel, daß die angegebenen Bausteine im Rahmen der Entwicklung unterschiedlicher Typen von BIKOS integriert verwendet werden können, aber erst eine genauere Beschreibung des Systems, in dem sie verwendet werden sollen, und eine genauere Bestimmung des Zwecks, dem sie dort dienen sollen, liefert die Grundlage für eine weitere Spezifikation der Bausteine und deren Integration.

Literatur:

Aiello, Luigia/Nardi, Daniele/Panti, Maurizio, (1984): Modeling the office structure: a first step towards the office
    expert system, in: SIGOA; 5, (1), pp. 25-32.
Allen, James, (1984): Towards a general theory of action and time, in: Artificial Intelligence; 23, pp. 123 - 154.
Bracchi, Giampio/Pernici, Barbara, (1984): The design requirements of office systems, in: ACM TOOIS; Vol.2, No. 2, pp.
    151 --170.
Davis, Randall/Smith, Reid, (1981): Negotiation as a metaphor for distributed problem solving, Artificial Intellligence;
    20, pp. 63 - 109.
Fikes, Richard, (1982): A commitment-based framework for describing informal cooperative work, in: Cognitive Science; 6,
    pp. 331-347.
Georgeff, Michael, (1983): Communication and interaction in multi-agent planning, in: AAAI-83, pp. 125 - 129.
Haas, Andrew, (1986): A syntactic theory of belief and action, in: Artificial Intelligence; Vol. 28,pp. 245 - 292.
Ho Cheng-Seen/Hong Yang-Chang/Kuo Te-Son, (1986): A society model for office information systems, in: ACM TOOIS; Vol.4,
    No. 2, pp. 104 - 131.
Kobsa, Alfred, (1985): Benutzermodellierung in Dialogsystemen, Informatik Fachberichte 115, Springer, Berlin
Konolidge, Kurt/Nilsson, Nils, (1980): Multiple-Agent Planning Systems, in: AAAI 1980, pp. 138 - 142.
Konolige, Kurt, (1982): A first-order formalisation of knowledge and action for a multi-agent planning system, in:
    Hayes, J.E./Michie, Donald/Pao, Y-H (Eds.), (1982): Machine Intelligence 10, ELLIS HORWOOD, Chichester, pp. 41- 72.
Moore, R.C., (1977): Reasoning about Knowledge and Action, in: IJCAI-77, pp. 223 -227.
Perlis, Donald, (1985): Languages with self-reference I: Foundations, in: Artificial Intelligence; Vol. 25, pp. 301 -
    322.
Reimer, Ulrich/Hahn, Udo, (1984): On formal semantic properties of a frame data model, Universität Konstanz,
    Informationswissenschaft, TOPIC 13/84.
Rosenschein, Jeffrey, (1982): Synchronization of multi-agent plans, in: AAAI- 82, pp. 115-119.
Vilain, Marc, (1982): A system for reasoning about time, in: AAAI 82, pp. 197 - 201.
Wolf, Michael/ Kuhlen, Rainer/ Hensler, Siegfried (1986): Management der Existenzgründungsverwaltung in Baden-Würtemberg
    ; Universität Konstanz, SFB221/B3-2/86.

Anforderungen an DB-Systeme aus Sicht der
MESSAGE HANDLING - Welt

Hans-Jürgen Auth
Danet GmbH
Otto-Röhm-Straße 71, D-6100 Darmstadt

Inhalt

- Einleitung
- Systemstruktur
- Anforderungen an die Datendefinition (DDL)
- Anforderungen an die Datenmanipulation (DML)
- Anforderungen an die Betriebssystemeinbettung
- Literatur

Einleitung

Im Zuge der Einführung eines Message Handling-Dienstes im DFN
(Deutsches Forschungsnetz) werden derzeit für verschiedene
Zielsysteme MHSs (Message Handling Systems) gemäß CCITT X.400 ff.
entwickelt. In unserem Hause wird ein solches Produkt für die
Systeme
UNIX Sys V (MUNIX)
UNIX bsd 4.2
unter Mitwirkung der GMD implementiert. Wesentliche Komponenten
werden dabei durch die Einbindung eines existierenden relationalen
DB-Systems unterstützt. Bei der Analyse einiger der in der UNIX-Welt
verfügbaren Datenbanken kristallisierten sich bestimmte Anforderungen
heraus, deren Realisierung teilweise relativ einfach (aus Sicht des
Verfassers) in existierende Systeme aufwärts kompatibel einzubringen
wären. Basis der folgenden Bemerkungen ist das relationale
Datenmodell mit SQL als Datendefinitions- und
Datenmanipulationssprache (DDL + DML).

Systemstruktur

Das zu implementierende System realisiert komplett den in [X401]
empfohlenen Dienst-Basisumfang sowie als Erweiterungen das in
[DFNM] spezifizierte sog. Referenzkonzept und die sog.
Gruppenkommunikation. Das Referenzkonzept erlaubt es dem Benutzer,
im Sinne dieses Konzeptes "äquivalente" Nachrichten als solche zu
erkennen. Die Gruppenkommunikation ermöglicht die Einrichtung von
Benutzergruppen unterschiedlicher Berechtigungen und die
Kommunikation innerhalb derselben. Das System besteht aus folgenden
Hauptkomponenten

- Message Transfer Agent MTA
  Die Message Transfer Agents steuern die Übermittlung elektronischer
  Mitteilungen. MTAs kommunizieren untereinander über das Protokoll
  P1 [X411] (im Aufbau dem eines Briefumschlags im normalen
  Postverkehr vergleichbar).

- User Agent UA (lokal und remote)
  Die User Agents steuern die Kommunikation mit dem Endbenutzer. Der
  lokale UA ist zusammen mit dem MTA auf einem Rechner implementiert;
  der remote UA läuft auf einem vom MTA verschiedenen Rechner und
  kommuniziert mit dem MTA über das Protokoll P3 bzw. P3+ [X420].
  UAs kommunizieren untereinander über das Protokoll P2 [X420]
  (vergleichbar der Struktur eines Briefes im normalen Postverkehr).
  Die eingebettete Datenbank unterstützt den UA bei der Verwaltung
  und Wiederauffindung von Nachrichten, Dokumenten und Texten.

- Reliable Transfer Server RTS
  Der Reliable Transfer Server stellt die 'zuverlässige' Übertragung
  sicher und setzt auf der ISO-Schicht 6 (Darstellung) auf.

- Directory Service Agent DSA
  Der DSA speichert die für den Message Handling Betrieb erforderlichen Daten, insbesondere
                        O/R - Namen
                     X.121 - Adressen
                    Routing - Informationen
  und stellt diese den Komponenten UA (Endbenutzer) und MTA zur
  Verfügung [Xds1]. Die eingebettete Datenbank unterstützt den DSA
  bei der Verwaltung und Wiederauffindung der in ihm gehaltenen
  Informationen.

Anforderungen an die Datendefinition (DDL)

Als Beispiel für die Komplexität der durch die Protokolle und 'functional standards' [A311] definierten Datenstrukturen wird hier der
                  Originator/Recipient Name (O/R-Name)
exemplarisch vorgestellt (unvollständig):


```
ORName ::= [APPLICATION 0] IMPLICIT SEQUENCE {
  StandardAttributeList,
  DomainDefinedAttributeList OPTIONAL }

StandardAttributeList ::= SEQUENCE {
  CountryName OPTIONAL,
  AdministrationDomainName OPTIONAL,
  [0] IMPLICIT X121Address OPTIONAL,
  [1] IMPLICIT TerminalID OPTIONAL,
  [2] PrivateDomainName OPTIONAL,
  [3] IMPLICIT OrganizationName OPTIONAL,
  [4] IMPLICIT UniqueUAIdentifier OPTIONAL,
  [5] IMPLICIT PersonalName OPTIONAL,
  [6] IMPLICIT SEQUENCE OF OrganizationalUnit OPTIONAL }

UniqueUAIdentifier ::= NumericString

PersonalName :== SET {                    (max length of values of sub-
                                           elements: 32 characters    )
     surName PrintableString,
     givenName PrintableString OPTIONAL,
     initials PrintableString OPTIONAL,
     generationQualifier PrintableString OPTIONAL }

OrganizationalUnit ::= PrintableString    (max length: 32 characters
                                           max 4 occurences          )
```

Aus der Definition dieser Datenstruktur einschließlich ihrer
Randbedingungen lassen sich die folgenden Anforderungen an ein
unterstützendes Datenbanksystem formulieren:

- Definition eigener Zeichensätze (character sets)
  Im MHS-Kontext sind folgende Zeichensätze vordefiniert:

```
                          IA5String        [T.50]
                          NumericString    [X409]
                          PrintableString  [X409]
                          OctetString      [X409]
                          T.61String       [T.61]
                          VideotexString   [T100]
```

  In den zwei letzten Fällen werden im allgemeinen mehr als ein Byte
  zur Darstellung eines Zeichens verwandt; die ersten vier können
  jedoch relativ einfach unterstützt werden. Denkbar ist beispielsweise folgendes SQL-Sprachkonstrukt:

```
        CREATE TABLE table-name (
            ...
            char-field CHAR[number] [SET IS "hex-sequence"]
            ...              )
```

- Definition einer Maximalzahl von Ausprägungen (occurences) bestimmter Objekttypen
  Hierfür ist folgende Spracherweiterung denkbar:

```
        CREATE INDEX index-name ON table-name (
            column1, column2, ... columnj
            [MAX OCCURENCES OF (
            column1, column2, ... columni) IS number] )
```

- Definition einer maximalen Feldlänge (ggfs. einschließlich einer
  optionalen Überlaufmöglichkeit)

- systematische Behandlung optionaler Felder (null values)

<u>Anforderungen an die Datenmanipulation (DML)</u>

Als weiteres Beispiel einer P2 - Datenstruktur sei hier die
   Interpersonal Message - User Agent Protocol Data Unit (IM-UAPDU)
skizziert:


```
IM-UAPDU ::= SEQUENCE { Heading, Body }

Body ::= SEQUENCE OF BodyPart

BodyPart ::= CHOICE { ...
   [9] IMPLICIT ForwardedIPMessage,
              ...                        }

ForwardedIPMessage ::= SEQUENCE {
   SET { ... },
   IM-UAPDU }
```


Neben einer allgemeinen Forderung nach mächtigen Operatoren zur
Verarbeitung komplexer Datenstrukturen (bspw. Vergleich von
O/R-Namen), die allerdings wohl ein neues Datenmodell voraussetzen,
erscheint uns eine SQL-Spracherweiterung vordringlich, die es

erlaubt, in Relationen abgelegte rekursive bzw. Baumstrukturen
wiederzugewinnen.
Das in [ORAC] definierte Sprachkonstrukt

```
SELECT select-fields
CONNECT BY select-field = select-field
START WITH predicate
```

müsste noch eine Möglichkeit enthalten, anzugeben, wie ein Baum
aufgebaut werden soll, bspw.

```
[DEPTH | NODEPTH]
```

womit 'depth first'-Suche ein- oder ausgeschaltet werden kann.

Anforderungen an die Betriebssystemeinbettung

Hier ist vordringlich eine "maximale" Dynamik bezüglich Wachstum und
Schrumpfung der eingebetteten Datenbank zu fordern, um sie für
unterschiedliche MHS-Umgebungen konfigurierbar zu machen und den
MHS-Benutzer von ihm in der Regel unbekannten
DB-Administratortätigkeiten weitgehend zu entlasten. Insbesondere
sollte Spleicherplatz dynamisch (ohne manuellen Eingriff) allokiert
werden und es sollten "beliebig viele" records (Tupel) erlaubt sein.

Literatur

[A311]   CEN/CENELEC A/311
         MHS functional standard for a UA+MTA accessing to an ADMD
         (Paris 1986)

[DFNM]   Deutsches Forschungsnetz -DFN-
         Das MHS im DFN - Spezifikationen zur Realisierung
         (Berlin 1985)

[ORAC]   Oracle Corporation
         ORACLE Quick Reference Version 4.0 1984

[T.50]   CCITT Recommendation T.50
         International alphabet No. 5

[T.61]   CCITT Recommendation T.61
         Character repertoire and coded character sets for the
         international teletex service

[T100]   CCITT Recommendation T.100
         International information exchange for interactive
         videotex

[X401]   MESSAGE HANDLING SYSTEMS Recommendation X.401
         BASIC SERVICE ELEMENTS AND OPTIONAL USER FACILITIES
         (Malaga-Torremolinos 1984)

[X409]   MESSAGE HANDLING SYSTEMS Recommendation X.409
         PRESENTATION TRANSFER SYNTAX AND NOTATION
         (Malaga-Torremolinos 1984)

[X411] MESSAGE HANDLING SYSTEMS Recommendation X.411
        MESSAGE TRANSFER LAYER
        (Malaga-Torremolinos 1984)

[X420] MESSAGE HANDLING SYSTEMS Recommendation X.420
        INTERPERSONAL MESSAGING USER AGENT LAYER
        (Malaga-Torremolinos 1984)

[Xds1] ISO/CCITT Directory Convergence Document #1
        The Directory - Overwiew of Concepts, Models and Services
        (Melbourne 1986)

Ein Echtzeitdatenbank-Server im Automatisierungsnetz – Anforderungen und Lösungsansätze auf Multi-Computer-Basis

Günter von Bültzingsloewen, Rolf-Peter Liedtke,
Klaus Dittrich

Forschungszentrum Informatik
an der Universität Karlsruhe
7500 Karlsruhe

Martin Nollau

Siemens AG
8520 Erlangen

1   Datenhaltung in der Prozeßautomatisierung

Von einem Echtzeit-Datenhaltungssystem wird verlangt, daß es Ergebnisse bereitstellt, solange deren Berechnungsgrundlagen noch gelten, daß die Antwortzeit vorhersagbar ist und daß ein prioritätsgesteuerter Mehrbenutzerbetrieb möglich ist. In der Vergangenheit wurde die Datenhaltung ebenso wie die übrigen Automatisierungsaufgaben zentral auf den Prozeßrechnern selbst durchgeführt. Aus Effizienzgründen wurden hierzu fast ausschließlich Dateiverwaltungssysteme eingesetzt.

Preiswert gewordene Mikroprozessoren ermöglichen inzwischen leistungsstärkere dezentrale Automatisierungssysteme, bei denen dedizierte Rechner für verschiedene Aufgaben (Meßwerterfassung, Steuerung, Bedienung, Überwachung) in einem lokalen Netz kooperieren. Solche Konfigurationen eignen sich für ein breites Spektrum von Automatisierungsaufgaben, wobei sich bezüglich der Datenhaltung jedoch bis zu einem gewissen Grad einheitliche Anforderungen ergeben.

Dazu gehört das bereits genannte Echtzeitverhalten, das insbesondere im prozeßnahen Bereich vielfach zur Forderung nach sehr kurzen Antwortzeiten und hohem Durchsatz führt. Aufgrund wechselnder Belastung sind Leistungsreserven erforderlich, um jederzeit die gewünschten Eigenschaften zu gewährleisten. Da die Datenhaltung eine elementare Voraussetzung für die Funktionsfähigkeit des Gesamtsystems darstellt, muß sie ausfallsicher sein. Gestiegene Anforderungen an die Funktionalität der Datenhaltung, wie Datenunabhängigkeit, flexible Auswertungsmöglichkeiten auch durch Ad-hoc-Anfragen, Mehrbenutzersynchronisation und Recovery durch das Datenhaltungssystem selbst, verlangen schließlich nach dem Einsatz von Datenbanklösungen anstelle einfacher Dateisysteme.

Insgesamt ergibt sich damit die Forderung nach einem Datenbank-Server, der ebenfalls als dedizierter Rechner die Abwicklung der Datenhaltungsaufgaben in einem verteilten Automatisierungssystem übernimmt. Dieser muß so leistungsfähig sein, daß die Leistungsanforderungen trotz des höheren Aufwands durch den Einsatz von Datenbankmechanismen erfüllt werden können. Obwohl eine Reihe einheitlicher Merkmale bei der Datenhaltung in Automatisierungssystemen vorhanden ist, ergeben sich im Einzelfall recht unterschiedliche Anforderungen bezüglich Datenvolumen, Durchsatz, Antwortzeit und Ausfallsicherheit. Daher müssen sowohl Hard- als auch Software des Datenbank-Servers flexibel konfigurierbar sein, damit für jede Anwendung eine wirtschaftliche Lösung angeboten werden kann.

Entwicklungen im Bereich der Datenbankmaschinen einerseits und der Hochleistungsdatenbanksysteme andererseits zeigen Möglichkeiten auf, wie zumindest die geforderte Leistungsfähigkeit erreicht werden kann, ohne jedoch die übrigen Anforderungen zu berücksichtigen. Ein genauerer Überblick hierüber wird in [BLDi86] gegeben. Im folgenden Beitrag werden die zentralen Konzepte skizziert, auf denen die Entwicklung eines Echtzeitdatenbank-Servers basiert, der den geschilderten Anforderungen gerecht werden soll. Dieses Vorhaben wird am Forschungszentrum Informatik an der Universität Karlsruhe im Rahmen des KARDAMOM-Projekts durchgeführt, das von der Siemens AG, Erlangen, gefördert wird. Eine ausführlichere Darstellung findet sich ebenfalls in [BLDi86], wo auch die relevante Literatur angegeben ist.

2 Konzepte für den Datenbank-Server

Ausgangspunkt der folgenden Überlegungen ist, daß der *Einsatz von Mehrrechnersystemen* spezifische Möglichkeiten eröffnet, den genannten Anforderungen gerecht zu werden, sofern geeignete Konzepte für die Datenbankverwaltungs-Software diese entsprechend nutzen können. Grundgedanke dabei ist zunächst, das Datenbankverwaltungssystem in *Teilfunktionen* zu zerlegen, die auf die einzelnen Komponenten eines Mehrmikrorechnersystems verteilt werden. Primäres Ziel ist, auf diese Weise eine *Parallelverarbeitung innerhalb von Transaktionen* zu erreichen und damit die Antwortzeit einzelner Transaktionen zu minimieren. Des weiteren können natürlich auch Teiloperationen verschiedener Transaktionen parallel bearbeitet werden, so daß ebenso eine Steigerung des Durchsatzes möglich ist.

Die beschriebene Vorgehensweise kommt auch weiteren der oben aufgezählten Anforderungen entgegen. So wird es möglich, ein Datenbanksystem auf die konkreten Anforderungen einer bestimmten Anwendung zuzuschneiden, indem die Anzahl der Rechnerkomponenten entsprechend gewählt wird und nur die Datenbankfunktionen verwendet werden, die für die Anwendung tatsächlich benötigt werden (Konfigurierbarkeit). Der Einsatz von Standardrechnerkomponenten erlaubt zudem, daß bei Rechnerausfällen nach ggf. erforderlicher Neuverteilung die betroffenen Funktionen durch andere Rechner ausgeführt werden (Rekonfiguration). Damit ist eine wesentliche Voraussetzung für die Ausfallsicherheit geschaffen.

Die Verarbeitung von Transaktionen durch die einzelnen Funktionseinheiten erfolgt strikt mengenorientiert, um den Kommunikationsaufwand gering zu halten. Die *Anwendung des Datenflußprinzips*, das heißt desjenigen Operationsprinzips, bei dem die Auswahl eines auszuführenden Befehls nicht explizit durch entsprechende Kontrollstrukturen eines Programms, sondern implizit aufgrund des Vorliegens der benötigten Operanden erfolgt, erlaubt eine Koordinierung der Funktionseinheiten mit geringem Aufwand und hohem Grad an Verarbeitungsparallelität. *Datenfilterung*, das heißt die Durchführung von Selektion und Projektion direkt an der Plattenschnittstelle, und ein darauf aufbauender *mengenorientierter Datenbankpuffer* sollen einerseits für eine hinreichend effiziente Schnittstelle zum Hintergrundspeicher sorgen und andererseits erreichen, daß im Puffer nur die tatsächlich benötigten Datenmengen verwaltet werden müssen. Ziel ist dabei, alle Operationen möglichst vollständig im Hauptspeicher — und damit entsprechend schnell — ausführen zu können, wenn erst einmal alle benötigten Daten dort eingelagert wurden.

Aus der Entscheidung, im Datenbankpuffer nur die von den Funktionskomponenten tatsächlich benötigten Tupelmengen zu verwalten folgt, daß wir zwischen physischen und logischen Datenobjekten unterscheiden müssen. Unter *physischen Objekten* verstehen wir Basisrelationen, das heißt die aktuellen und vollständigen Darstellungen der im Datenbankschema definierten Relationen. Tupelmengen, die Operanden oder Ergebnisse von Teilfunktionen sind, bezeichnen wir als *logische Datenobjekte* oder *Teilrelationen*. Aus dieser Unterscheidung folgt die erste grobe Unterteilung des Datenbankverwaltungssystems in eine logische Komponente DBMS$_{log}$, die auf logischen Objekten arbeitende Funktionskomponenten enthält, und eine physische Komponente DBMS$_{phys}$, die Funktionen zur Abbildung zwischen logischen und physischen Objekten realisiert (vergl. Abb.1). Verbindungsglied zwischen beiden Komponenten und gleichzeitig Medium, das den Datenfluß realisiert, ist der mengenorientierte Datenbankpuffer.

Da Hardware-Konfiguration und Software eines solchen Datenbanksystems eng aufeinander abgestimmt sein müssen, kommt nur eine Realisierung in Form eines dedizierten Datenbankrechners in Frage, der als Backend zum Automatisierungssystem dient. Die Schnittstelle zum Host ist ebenfalls mengenorientiert, um auch hier für eine effiziente Kommunikation zu sorgen. Der Übergang zu einer Eintupelverarbeitung findet erst im Rahmen der Einbettung der von SQL abgeleiteten Datenbanksprache in eine Wirtssprache statt.

2.1 Das physische Datenbanksystem

Aufgabe der physischen Datenbankkomponente ist einerseits die Erzeugung logischer Objekte aus physischen, beispielsweise durch die Anwendung von Filteroperationen. Andererseits sind logische Objekte, die durch Einfüge- oder Änderungsoperationen erzeugt wurden, in die entsprechenden Basisrelationen einzubringen. Da Basisrelationen in erster Linie auf Sekundärspeichermedien abgelegt sind, hat das DBMS$_{phys}$ mithin die Aufgaben, den Sekundärspeicherplatz zu verwalten und Sekun-

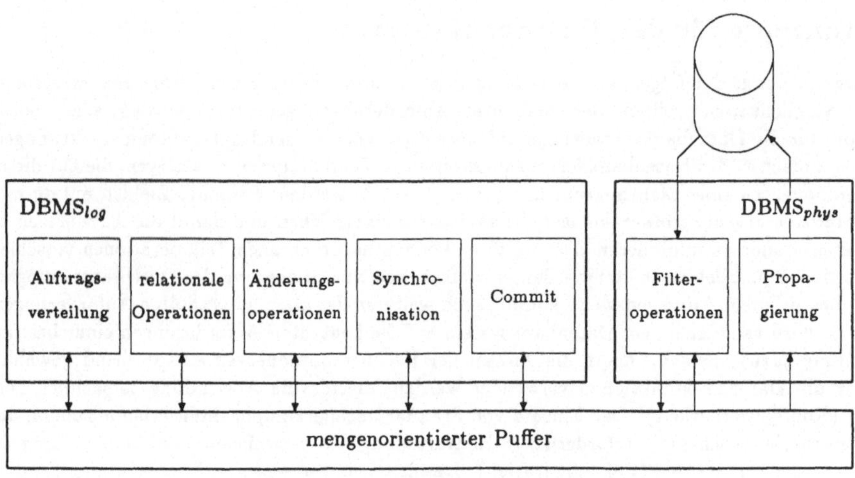

Abb. 1: Architektur des Datenbankverwaltungssystems

därspeicherzugriffe durchzuführen. Lesende Sekundärspeicherzugriffe werden durch Filteroperationen realisiert. Schreibende Zugriffe bestehen im Einbringen von Änderungen in Basisrelationen (d.h. Propagierung). Hier muß zwangsweise seitenorientiert vorgegangen werden, da es sich um Sekundärspeicheroperationen handelt. Es muß also jeweils ein Übergang zwischen mengenorientierter und seitenorientierter Darstellung bewerkstelligt werden.

Transaktionen existieren nur auf der Ebene des $DBMS_{log}$. Operationen des $DBMS_{phys}$ werden zwar von dort aus angestoßen, jedoch laufen diese Operationen selbst nicht im Rahmen von Transaktionen ab. Damit sind insbesondere Operationen zum Einbringen von Änderungen in die Datenbasis nicht in die Transaktionen, die die Änderungen verursachen, eingebunden. Auf diese Weise wird eine völlig autonome Arbeitsweise des $DBMS_{phys}$ ermöglicht, die durch den Einsatz optimierender Zugriffsstrategien auf den Sekundärspeicher einen effizienten Zugriff auf Basisrelationen unterstützt. Voraussetzung dafür ist einerseits die Beschränkung der Synchronisation auf logische Objekte, was im Rahmen der hier vorgeschlagenen Architektur ohnehin sinnvoll ist. Andererseits muß eine Recoverymethode verwendet werden, die das Einbringen von Änderungen auch noch nach dem Commit-Zeitpunkt erlaubt (¬FORCE).

2.2 Das logische Datenbanksystem

In der logischen Datenbankkomponente werden alle Funktionskomponenten, die mit logischen Objekten (Tupelmengen, Teilrelationen) arbeiten, zusammengefaßt. Hierzu gehören die Anwendung relationaler Operationen auf Teilrelationen, die vom $DBMS_{phys}$ erzeugt wurden, und Änderungsoperationen. Unter Änderungsoperationen verstehen wir nicht nur die Veränderung von Werten bereits in der Datenbasis existierender Tupel, sondern ebenfalls Einfüge- und Löschoperationen. Eine weitere wesentliche Funktionskomponente des $DBMS_{log}$ ist die Auftragsverteilung, die die einzelnen Teilaufgaben einer Transaktion den jeweiligen Funktionskomponenten zuweist, damit sie anschließend datenflußgesteuert verarbeitet werden können. Nach den Überlegungen im vorangegangenen Abschnitt gehören auch Synchronisation und Commit-Verarbeitung ins $DBMS_{log}$. Damit ist die gesamte Transaktionsverwaltung im logischen System enthalten, das physische System beschränkt sich auf die autonome Verwaltung des Sekundärspeichers und die Zugriffe darauf.

2.3 Der mengenorientierte Datenbankpuffer

Wie schon erläutert, sind in unserer Architektur logische Objekte die Einheiten der Pufferverwaltung anstelle der in konventionellen Systemen üblichen Seiten. Entsprechend differenzierter lassen sich die Funktionen eines derartigen Puffers beschreiben:

- Anstatt Seiten, auf denen sich referenzierte Tupel befinden, sind Teilrelationen, die Operanden bzw. Ergebnisse der verschiedenen Funktionskomponenten sind, zu verwalten.

- Um eine möglichst einheitliche Organisation des gesamten Hauptspeichers zu erzielen, ist es sinnvoll, auch die lokalen Verwaltungsdaten der einzelnen Funktionskomponenten innerhalb des mengenorientierten Datenbankpuffers abzulegen.

- Die hauptspeicherresidente Speicherung von Basisrelationen oder Teilen davon, die im betrachteten Anwendungsbereich für einen ausreichend effizienten Zugriff auf Basisrelationen notwendig sein kann, sollte ebenfalls zu den Aufgaben des Puffers gehören, da auch Basisrelationen und erst recht Teilmengen davon als Mengen aufgefaßt und entsprechend repräsentiert werden können.

- Die Konzeption des Datenbankrechners als datenflußgesteuertes Mehrrechnersystem erfordert schließlich ein Speicher- und Kommunikationsmedium, mittels dessen der Datenfluß realisiert wird. Die Funktion des Speichermediums haben wir dem Puffer bereits dadurch zugewiesen, daß wir die Verwaltung von Operanden und Ergebnissen der einzelnen Funktionskomponenten als seine Aufgabe identifiziert haben. Stattet man ihn zusätzlich mit Fähigkeiten zur Übertragung von Operanden zwischen verschiedenen Funktionskomponenten, d.h. zwischen Prozessen, die auf dem gleichen oder aber auf verschiedenen Prozessoren ablaufen, aus, so kann er auch die Kommunikationsfunktion übernehmen. Damit läßt sich erreichen, daß der mengenorientierte Datenbankpuffer im Sinne unserer Architektur für alle Funktionskomponenten sowohl des $DBMS_{phys}$ als auch des $DBMS_{log}$ eine einheitliche Schnittstelle zur Ablage und zum Austausch beliebiger in Form von Mengen vorliegender Datenobjekte anbietet.

2.4 Datenflußsteuerung

Voraussetzung für die datenflußgesteuerte Anfragebearbeitung ist, daß die Anfragen in ein Datenflußprogramm transformiert werden. Dies ist ein azyklischer, gerichteter Graph, dessen Knoten Operationen des Programms darstellen, und dessen Kanten die Übergabe eines Ergebnisses (einer Teilrelation) von einer Operationsausführung an eine Folgeoperation beschreiben. Ein Operatorbaum der relationalen Algebra läßt sich also direkt als Datenflußprogramm auffassen.

Aufgabe der Datenflußsteuerung ist nun einerseits die Zuordnung von Operationen zu Funktionskomponenten, die diese bearbeiten können. Andererseits muß für jede Operation die Auslösungsregel überwacht werden, die angibt, welche Operanden vorliegen müssen, damit die Operation bearbeitet werden kann. Die datenflußgesteuerte Bearbeitung wird mit Hilfe der folgenden Komponenten realisiert:

- Die Grundlage der Bearbeitung bilden die Funktionskomponenten, welche die in einem Datenflußprogramm enthaltenen Operationen abwickeln können. Sie werden in Form von Prozessen realisiert, die bei einer speziellen Konfiguration auf bestimmte physische Prozessoren abgebildet werden, wobei es sowohl möglich ist, daß eine Komponente auf mehreren Prozessoren verfügbar ist, als auch, daß auf einen Prozessor mehrere Komponenten abgebildet sind.

- Steuerbausteine überwachen die Auslösungsregel für die Operationen der gerade bearbeiteten Datenflußprogramme. Auf jedem physischen Prozessor ist ein Steuerbaustein vorhanden, dem die dort angesiedelten Funktionskomponenten sowie eine Anzahl von Operationen der zu einem Zeitpunkt zu bearbeitenden Datenflußprogramme zugeordnet sind. Sobald für eine Operation die Auslösungsregel erfüllt ist, kann sie einschließlich der Operanden einer freien Funktionskomponente zur Bearbeitung übergeben werden. Ist die Bearbeitung der Operation beendet, wird den Steuerbausteinen, die die Folgeoperationen überwachen, mitgeteilt, daß die entsprechenden Operanden vorliegen.

- Die Auftragsverteilung nimmt Datenflußprogramme zur Bearbeitung entgegen und ordnet jede der in diesen enthaltenen Operationen einem Prozessor, das heißt genauer dem Steuerbaustein des gewählten Prozessors zu. Dabei kann die Struktur des Datenflußprogramms noch durch Zusammenfassung aufeinanderfolgender Operationen, Node Splitting und Pipelining modifiziert werden, um den in der jeweiligen Situation optimalen Parallelitätsgrad zu erreichen.

3 Ausblick

Bei der Realisierung des Datenbank-Servers gehen wir schrittweise vor. Eine prototypische Realisierung des physischen Systems zusammen mit einer einfachen Schemaverwaltung und einem dem Aufgabenumfang des physischen Systems entsprechenden Schnittstellenübersetzer liegt bereits vor. Gegenwärtig wird ein Einprozessorsystem mit dem vollständigen Funktionsumfang gemäß der vorgestellten Architektur im Detail konzipiert und implementiert. Darauf wird das angestrebte Mehrrechnersystem folgen, das abschließend um Mechanismen zur Erzielung von Fehlertoleranz und Zuverlässigkeit ergänzt werden wird.

4 Literatur

[BLDi86] G. v. Bültzingsloewen, R.-P. Liedtke, K.R. Dittrich: Softwarearchitektur eines Datenbankrechners für die Prozeßautomatisierung. FZI-Publikation, Forschungszentrum Informatik an der Universität Karlsruhe, in Vorbereitung

Zu zentralen Design-Entscheidungen beim Entwurf der Datenbank POINTE/PVS

G. Greiter

Softlab GmbH, Zamdorfer Str. 120, 8000 München 80

K u r z f a s s u n g . Praktische Erfahrungen ebenso wie systematische Untersuchungen (etwa [1]) zeigen, daß klassische Datenbanken zur Verwaltung von Software - ja sogar für Ingenieuranwendungen ganz allgemein - i.a. nur schlecht oder gar nicht geeignet sind.

In Erkenntnis dieses Mangels versucht man seit einigen Jahren Datenbanken zu bauen, die hier besseres leisten. Dies gilt insbesondere für das wichtige Gebiet der Verwaltung von Software.

Eines der zu diesem Zweck entstandenen innovativen System ist die Datenbank PVS - der Kern der Software-Produktionsumgebung POINTE des Verbandes "Deutscher Maschinen und Anlagenbau e.V." (VDMA).

Im Folgenden soll klar werden, wie sie sich unter Gesichtspunkten der Datenmodellierung in das Spektrum heute angedachter nicht klassischer Datenbanken einordnet.

1   Zum Stand der Technik auf dem Gebiet der Datenmodellierung

Klassische Datenbanksysteme - und hierzu rechne ich auch die voll relationalen -
wurden entwickelt vor allem in Hinblick auf kommerzielle Anwendungen. Sie sind
gut dazu geeignet große und sehr große Mengen einheitlich strukturierter Datensätze zu verwalten.

Bei Ingenieuranwendungen jedoch - denken wir an das Beispiel der Entwicklung und
Wartung von Software - stehen Daten im Vordergrund, die sich nicht in das starre
Schema einiger weniger Datensatz-Strukturen zwängen lassen: Jedes Programm, jeder Software-Baustein hat ganz individuelle Struktur. Diese Struktur wird zudem
häufig modifiziert und muß gerade auch deswegen besonders sorgfältig beschrieben
und verwaltet werden (Stichwort "Configuration Management").

Dies alles ist der Grund, warum in der Vergangenheit eine erste Generation sogenannter "Projektbibliotheken" entstand. Es sind dies Datenbanken, die - anders
als die klassischen - nicht den Begriff der "Relation" in den Vordergrund stellen, sondern stattdessen lieber den Begriff "Objekt". (Dateien, Programme, ganze
Programmsysteme, Versionen davon - all das sind Beispiele solcher Objekte.)

Bald jedoch wurde klar, daß man eigentlich beides braucht: Eine Möglichkeit,
Objekte abzuspeichern u n d Beziehungen zwischen diesen Objekten.

Mehr noch: In zunehmendem Maße wurde klar, daß der Begriff "Objekt" selbst einer
genaueren Betrachtung bedarf - dies einfach deswegen, weil die Nützlichkeit der
neuen Datenbanken extrem stark davon abhängt,

- wie dort Datentyp "Objekt" definiert ist,
- welche Teile eines Objekts selbst wieder Objekt sind (Unterobjekte)
  und
- inwieweit die Datenbank ihrem Anwender gestattet, auf Wunsch von der
  Struktur der Objekte abstrahieren zu können.

Bislang sind bei der Entwicklung geeigneter Datenmodelle drei Stoßrichtungen zu
erkennen und streng voneinander zu unterscheiden:

    (1)   die Richtung hin zu möglichst allgemeiner Struktur (ER-Modell)
    (2)   die Richtung hin zu mehr dedizierter, besonders nützlicher Struktur
    (3)   die Richtung hin zu methodisch orientierten Datenmodellen

zu (1): Das sicher bekannteste Modell, welches in Richtung (1) geht, ist das Entity-Relationship-Modell (ER-Modell). Jeder nach ihm geformte Datenbestand ist ein Netz, dessen Knoten man "entities" nennt und dessen Kanten Beziehungen zwischen eben diesen "entities" darstellen.

Schlimmster Nachteil des ER-Modells: Unvorsichtige Erweiterung eines Datennetzes durch Definition weiterer Typen, Knoten und Kanten kann den Datenbestand extrem unübersichtlich werden lassen - bis hin zur Unbrauchbarkeit.

zu (2): Diese Richtung - bekannt als "semantische Datenmodellierung" - trägt der Tatsache Rechnung, daß man im konkreten Fall

- eben n i c h t am allgemeinst möglichen Modell interessiert sein
  wird, sondern stattdessen

- am nützlichsten Kompromiß zwischen Allgemeinheit und notwendiger
  Hinwendung zur Klasse beabsichtigter Anwendungen.

zu (3): Methodisch orientiert Datenbanken verschreiben sich bedingungslos einer ganz bestimmten anwendungstechnischen Methode. Extrem methodisch orientiert sind

- die Datenbasen der Smalltalk-Systeme: Ihr Datenmodell ist ausgerichtet
  auf die Bedürfnisse - und auf den ganz speziellen Objektbegriff - der
  Programmiersprache Smalltalk.

- die Datenbasen regelbasierter Expertensysteme.

2   Der mit POINTE/PVS gewählte neue Weg und einige Konsequenzen daraus

Software-Produktionsumgebungen können nur dann universell einsetzbar sein, wenn sie offen sind für verschiedenste Methoden - für klassische, oft eingesetzte ebenso wie für neuere, noch nicht so oft verwendete, und auch für solche, die vielleicht erst heute oder morgen entstehen.

Da alle in der Produktionsumgebung arbeitenden Werkzeuge auf der gemeinsamen Datenbasis operieren, muß jene - mehr noch als die Umgebung als Ganzes - offen sein für neue Methoden.

PVS ausschließlich methodisch zu orientieren war schon allein aus diesem Grund nicht möglich. Das andere Extrem - PVS allein am ER-Modell zu orientieren - war als Alternative ebenfalls zu verwerfen: Einfach deswegen,

- weil das semantisch neutrale ER-Modell den Anwender zu wenig führt,
- weil es ihm, was die recht schwierige Datenmodellierung betrifft, keinerlei Arbeit abnimmt und
- weil das ER-Modell wirklich p r a k t i k a b l e n Transaktionsschutz unmöglich macht (negative Beispiele existieren).

Blieb als einzig noch möglicher Weg die oben charakterisierte Richtung (2). Um zu vermeiden, daß man die Mächtigkeit des PVS-Datenmodells begrenzt - durch welchen Kompromiß auch immer - wurde entschieden, daß das PVS-Datenmodell sich zusammensetzen soll aus

- mit vordefinierter Semantik versehener P r i m ä r s t r u k u r und
- vom Benutzer frei hinzudefinierbarer S e k u n d ä r s t r u k t u r .

Vorteile dieses Vorgehens:

- Die Primärstruktur ist streng hierarchisch und kann daher dazu dienen, einen brauchbaren Begriff "Subobjekt" zu definieren. Er erlaubt garantiert verklemmungsfreie Transaktionen und hat den Vorteil, daß vom Benutzer aufgebaute Datenbankinhalte stets klar gegliedert bleiben (einschließlich der an ihnen sitzenden Zugriffsrechte).

- Vordefinierte Semantik des Datenmodells ist grundsätzlich an die Primärstruktur gebunden. Hierdurch bekommt der Benutzer die Freiheit, alle Semantik der Sekundärstruktur selbst zu bestimmen.

- Erweitern der Sekundärstruktur geschieht durch Definition neuer Relationstypen. Solch neue Relationen dürfen Beziehungen zwischen ganz beliebigen Objekten erlauben. Jede Beziehung kann "Kommentare" tragen (Attribute).

Damit ist mit Sekundärstruktur - im Prinzip jedenfalls - alles modellierbar, was im ER-Modell möglich ist. Dennoch braucht man, der Primärstruktur wegen, die Nachteile jenes Modells n i c h t mit in Kauf zu nehmen.

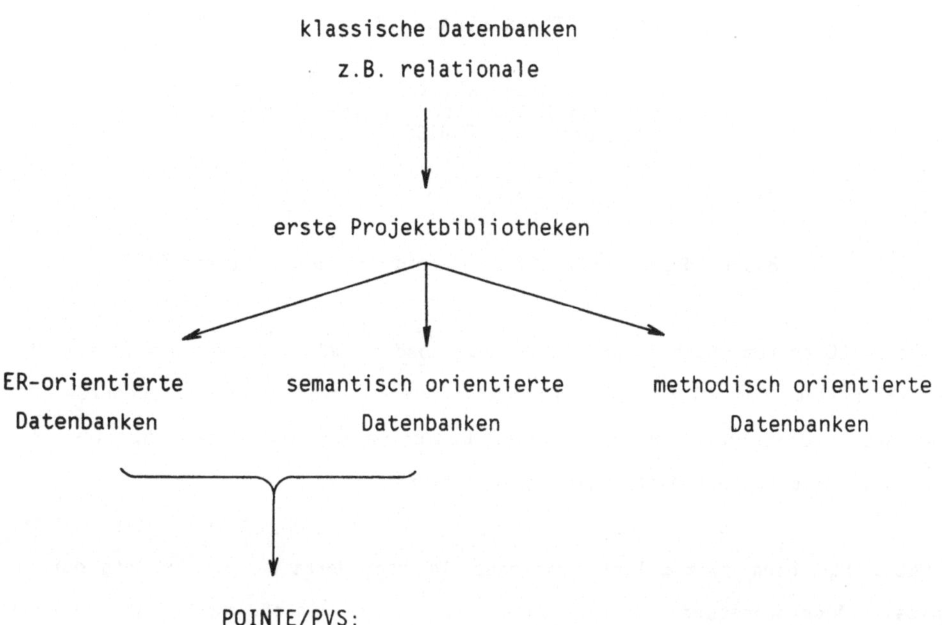

Bild: Einordnung der Datenbank POINTE/PVS

Literatur

[1] P.C. Lockeman u.a.: Database Requirements of Engineering Applications - an
     Analysis. FZI-Publikation 3, Forschungszentrum Informatik, Karlsruhe, 1985.

DISTRIBUTED TRANSACTIONS WITHOUT MASTER/SLAVE HIERARCHY

Irmtraut and Klaus D. Günther
Gesellschaft für Mathematik und Datenverarbeitung
Rheinstr. 75, D-6100 Darmstadt

1. Basic Ideas of the Office Procedure Support System DISCO

The DISCO system which is presently developed at GMD is a programming and run time support system for **DIS**tributed **C**ommunication-oriented **O**ffice procedures. DISCO comprises a distributed **O**bject-**R**elated **C**ommunication and **U**pkeep **S**ervice "ORCUS", which will also support distributed transactions.

ORCUS has been particularly designed in consideration of the long duration of typical office procedures (days or weeks) and in view of the fact that the component processes of a distributed office procedure run cannot be kept running all the time. They will usually run only when (and only as long as) a person wants to deal with the corresponding sub-task of the office procedure.

For this reason ORCUS stores the (complex) data objects that are exchanged between component processes on non-volatile storage and guarantees their integrity even if local systems or communication links crash during an office procedure run. The producer process assigns an identifier to the object which is unique within the entire procedure run and which is used by the consumer processes to request objects from its (unique) local ORCUS process (in an order which may deviate from the original production order).

So the primary task of ORCUS is to distribute the data objects that are submitted by the component processes of distributed office procedures to the local systems where the potential consumer processes reside (which always belong to the same office procedure run), to store the objects there on disk and to deliver them to the consumer processes on demand, even repeatedly. A particular advantage of this "object buffering" service of ORCUS is that it facilitates the "isolated" restart of component processes after crashes, provided they did not just participate in a transaction. (A more detailed account of the DISCO design will be given in a separate paper (cf. [3]).)

2. The non-hierarchic organization of distributed transactions in DISCO

DISCO will support a decentralized commit protocol for distributed transactions which is insensitive against "blocking" in case of crashes. DISCO will neither support nested nor "long" transactions. DISCO will presume the availability of local database systems each of which supports a local two-phase commit protocol.

The problems of "long transactions" will to some extent be deminished when in a future stage of the project the distributed implementation of the logic programming language PLOP (cf. [2]) will be started on the basis of DISCO. PLOP takes a "version/history-oriented" view of database updates. It provides a more sophisticated procedure of interleaving complex read and write operations, and we expect that in this way the problems of "long" transactions will be greatly reduced.

DISCO provides neither a central "transaction manager" nor a hierarchic master/slave structure for distributed transactions. Any component process of an office procedure run may at any time tell ORCUS that it is now willing to enter a certain transaction. The latter is specified by an identifier which is unique within the office procedure run.

We believe that the absence of any hierarchic or other control structure facilitates the task of the applications programmer and the task to construct a distributed commit protocol which is insensitive against "blocking" in case of crashes.

A component process can enter only one transaction at a time and must abort or commit the current transaction before a new one may be entered. Aborting a transaction implies that ORCUS deletes all data objects that have been submitted for distribution by component processes of the transaction. Data objects that are directed to consumer processes which do not participate in the transaction are not delivered by ORCUS before the transaction has committed.

ORCUS continuously observes the message exchange between component processes and assumes that a process will enter a certain transaction if a data object has been directed to it by a component process that has already entered the transaction and that does not explicitly specify that the object "leaves the transaction". We assume, of course, that all participants of a transaction are connected to one another by data exchange during the transaction in such a way that "isolated" sub-groups" of component processes do not occur. So ORCUS knows always which processes have to participate in the final commit protocol of a transaction.

3. The "majority consensus" transaction commit protocol

The final commit protocol of a transaction is carried out by the local ORCUS processes (one per local system), not directly by the component processes. The latter tell their local ORCUS process when they want to commit or to abort the transaction. The local ORCUSes use a broadcast procedure to exchange the messages of the commit protocol. (Optimizations are possible in order to reduce the number of messages and connections.)

A local ORCUS process enters the "majority consensus" part of the commit protocol if another ORCUS does not answer within a certain time during the commit phase of a transaction (due to a crash of the communication link or of the remote ORCUS, for instance).

The basic idea of the majority consensus procedure is that a majority of transaction participants (i.e., component processes of the office procedure run) may decide to commit or to abort in such crash cases while the others have to follow this decision when they are "up" (or reachable) again. So the majority is not blocked (for hours or days!) till the technical faults have been repaired and the transaction can be terminated in a consistent manner. (It is known from [6] that a strictly non-blocking commit protocol cannot exist under realistic assumptions about the communication links. Cf. also the paper [4], which refers to somewhat different assumptions and goals, however.)

For each component process participating in a transaction commit protocol a corresponding sequential automaton is managed (in principle) by ORCUS whose state/transition diagram is shown on the following page. (A number of optimizations and simplifications are possible, however, in a real implementation.)

State/transition diagram of the "majority consensus" commit protocol

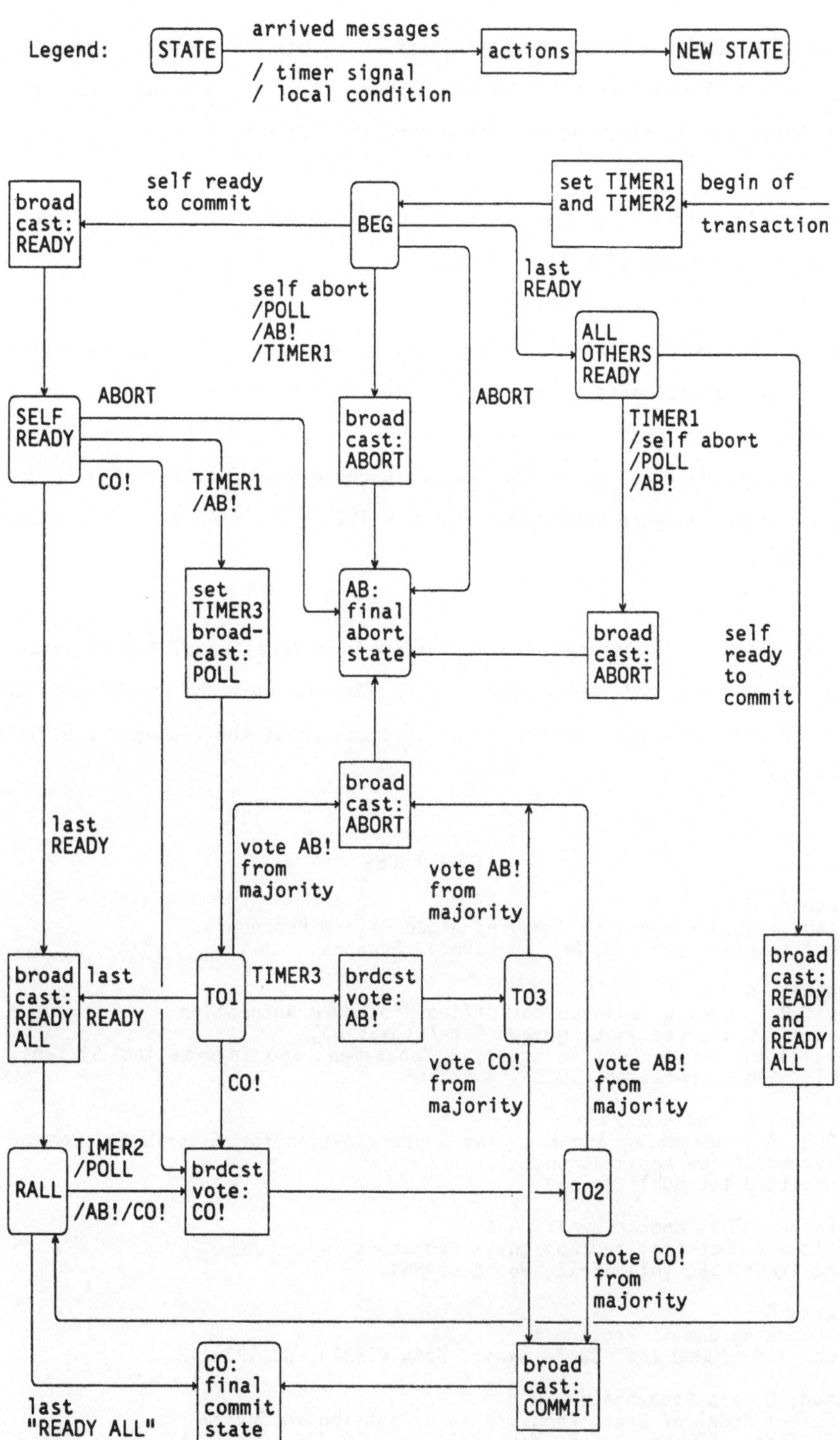

Remarks on the diagram:

• Arrival of a COMMIT message causes transition to the final commit state CO in any case, arrival of ABORT entails the final abort state AB. Some of these transitions (and others, too,) have been ommitted from the diagram.

• The second commit phase (exchange of READY ALL messages) is essential for the prevention of "blocking" (cf. [5], [6]).

• The protocol requires maximally two broadcast messages to be sent by every participant if all participants of the transaction are reachable in the commit phase of a transaction (typical state sequence BEG - SELF READY - RALL - CO). Maximally four messages are required if the "majority consensus" procedure has to be entered (typical state sequence BEG - SELF READY - TO1 - TO3 - AB or BEG - SELF READY - RALL - TO2 - CO).

• The definition of "majority" can be varied in several ways. A mathematical proof can be given that all participants will finally come to consistent decisions (abort or commit) under reasonable assumptions about the recovery capabilities of the system.

REFERENCES

[1] Günther, K.D.:
     Database Requirements of Computer-Aided Office Procedures,
     Arbeitspapiere der GMD, No. 54 (1983), 6 pages.

[2] Günther, K.D.:
     Logic Programming Tailored for Office Procedure Automation,
     in S.-K. Chang (ed.): Languages for Automation,
     Vol. II of the series: Advances in Management and Information Systems, Plenum
     Publishing Corporation (1985), pp.27-66.

[3] Günther, I. and K.D.:
     DISCO: A Programming and Run Time Support System for Distributed Communication-
     Oriented Office Applications,
     (submitted for publication).

[4] Lakshman, T.V. and Agrawala, A.K.:
     Efficient Decentralized Consensus Protocols,
     IEEE Trans. SE, Vol. SE-12, No. 5 (1986).

[5] Skeen, D.:
     Nonblocking Commit Protocols,
     Proc. ACM SIGMOD Int. Conf. Manag. Data (1981), pp.133-142.

[6] Skeen, D. and Stonebraker, M.:
     A Formal Model of Crash Recovery in a Distributed System,
     IEEE Trans. SE, Vol. SE-9 (May 1983), pp.219-228.

<u>PROSPECT: Ein System zur effizienten Bearbeitung komplexer</u>
<u>Transaktionen durch Parallelverarbeitung</u>

Andreas Reuter
Institut für Informatik
Universität Stuttgart

1. Zielsetzung

Das Forschungsprojekt PROSPECT (PRocessor Organizations Supporting
Parallel Execution in Complex Transactions) hat das Ziel, die Möglichkeiten zur Unterstützung sog. komplexer DB-Transaktionen durch Hard-
und Software-Architekturen zu untersuchen, welche die parallele Abarbeitung von Teilschritten innerhalb einer solchen Transaktion in effizienter Weise erlauben. Ähnliche Konzepte werden an anderen Stellen
unter dem Schlagwort "Nested Transactions" untersucht [Beer86],
[Moss82], [Spec83], [Weik85], doch stehen in den genannten Arbeiten
gänzlich andere Fragestellungen im Vordergrund. Zum Teil werden geschachtelte Transaktionen als Mittel zur Implementierung von Verar-
beitungseinheiten in verteilten Systemen betrachtet, wobei meist die -
in solchen Umgebungen auch plausible - Annahme zugrunde liegt, daß
verschiedene Teil-Transaktionen auch auf verschiedenen Knoten oder
doch zumindest auf disjunkten Partitionen der Daten operieren. Andere
Arbeiten untersuchen geschachtelte Transaktionen als Strukturierungs-
einheiten für Systeme mit strikt definierten Abstraktionsschichten,
insbesondere die aus solchen Anforderungen resultierenden Synchroni-
sations- und Recovery-Algorithmen.

Im PROSPECT-Projekt geht es dagegen weder um Teil-Transaktions-Struk-
turen, die durch Abstraktionsschichten induziert werden, noch um solche, die sich aus topologischen Netz-Strukturen bzw. Datenpartitionen
ergeben. Die Teilschritte innerhalb einer Transaktion sind in erster
Linie Ausführungseinheiten für parallelisierbare Aktionen in dem Algorithmus, dessen Abarbeitung Gegenstand der umschließenden Transaktion
ist. Da ein großer Teil der potentiellen algorithmischen Parallelität
nur auf der Ebene der Anwendungsprogramme erkennbar und ausdrückbar
ist, müssen die Teilschritte innerhalb einer Transaktion als benenn-
bare Konstrukte an der DML-Schnittstelle zugänglich sein. Da sie ihrer

Natur nach asynchron ausgeführt werden, sind auch entsprechende Synchronisationsmethoden mit der Anwendungsprogramm-Umgebung erforderlich, doch wollen wir darauf nicht näher eingehen.

2. Das Konzept kooperierender Aktionen

Wir wollen im folgenden kurz skizzieren, welche Eigenschaften Ausführungseinheiten innerhalb einer Transaktion aufweisen müssen, die als Mittel zur Organisation algorithmischer Parallelität brauchbar sein sollen. Betrachten wir die geschachtelte Transaktion in Bild 1.

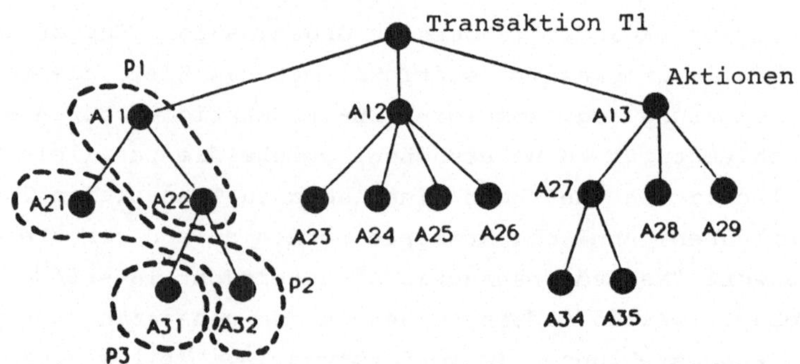

Bild 1: Struktur einer in asynchron, parallel ablaufende Aktionen
gegliederte Transaktion

Eine solche komplexe Transaktion gliedert sich (abhängig vom Grad der algorithmischen Parallelität) in eine Reihe von asynchron ablaufenden Aktionen, die ihrerseits wieder parallelisierbare Komponenten enthalten können, usw. Wir bezeichnen die nachgeordneten Konstrukte deswegen nicht als Sub-Transaktionen, wie dies in den anderen Veröffentlichungen meist getan wird, da sie auf Grund ihrer Nutzung praktisch keine der Eigenschaften einer normalen Transaktion aufweisen: Sie sind (aus globaler Sicht) nicht konsistenzerhaltend, sie sind nicht dauerhaft (sondern abhängig vom Schicksal der übergeordneten Ausführungseinheit), sie laufen nicht isoliert ab (darauf wird anschließend noch eingegangen), sie sind auch nicht atomar, sondern bestenfalls rücksetzbar - was ja nicht dasselbe ist. Wesentlich ist aber die Feststellung, daß die Aktionen nicht (wie Transaktionen in einem konventionellen DBMS) konkurrieren, sondern als Ausführungseinheiten parallelisierbarer Teilschritte zur Erreichung des Gesamtergebnisses <u>kooperieren</u>. Das bedeutet, daß verschiedene Aktionen nicht notwendigerweise auf verschiedenen Daten bzw. verschiedenen Abstraktionsebenen arbeiten. Sie werden vielmehr zu einem großen Teil gemeinsame Daten benutzen und auch dieselben Daten ändern, ohne daß dies ein Konflikt im klassischen Sinn ist. Drei Beispiele mögen diese Art gemeinsamer Datennutzung illustrieren:

- Bei deduktiven Anfragen kann dasselbe Prädikat von mehreren Aktionen auf verschiedenen Wegen abgeleitet werden, oder - was noch wichtiger ist - von einer Aktion teilweise abgeleitete Prädikate können von anderen ergänzt werden.

- Bei der Stücklistenauflösung (ein sehr altes Beispiel für komplexe Transaktionen) kann eine Komponentenbeziehung auf verschiedenen Wegen benutzt werden, und jeder trägt zu der existierenden Beziehung inkrementell die entlang des jeweiligen Weges akkumulierte Menge bei.

- Bei CAD-Anwendungen können im Zuge der parallelen Umformung der CSG-Darstellung in eine Begrenzungsflächen-Darstellung einige Kanten mehrfach durch unterschiedliche Aktionen berechnet werden. Das Problem wird hier noch weiter kompliziert durch die Tatsache, daß die auf unterschiedlichen Wegen berechneten Exemplare derselben Kante geringfügig voneinander abweichende Parameter haben werden (im Rahmen der Rechengenauigkeit) und überhaupt auf einmal als dieselbe Kante identifiziert werden müssen.

Zur Unterstützung derartiger Verarbeitungsformen wird eine Reihe von Primitiven für die Verwaltung von Aktionsbäumen gem. Bild 1 benötigt, die entscheidend über die normalerweise diskutierten Primitive zum Starten, Beenden und Rücksetzen abhängiger Aktionen hinausgehen. Die wichtigsten darunter sind:

a) Synchronisierungsmethoden für die Kooperation paralleler Aktionen
   Hierunter fallen alle Synchronisierungsverfahren, die die oben genannten Fälle gleichzeitigen lesenden und schreibenden Zugriffs auf dieselben Daten ermöglichen. Derartige Synchronsierungsprotokolle erfordern natürlich auch entsprechend modifizierte Recovery-Protokolle; darauf kann hier nicht näher eingegangen werden.

b) Inhaltsbezogene Adressierungsmechanismen für Aktionen
   Bei der Ausnutzung algorithmischer Parallelität in der beschriebenen Weise ergibt sich häufig die Notwendigkeit, aus einer bestimmten Aktion heraus festzustellen, ob ein (Teil-)Resultat durch eine andere Aktion schon berechnet wurde bzw. wird. Gegebenenfalls kann dann die anfragende Aktion das Ergebnis der anderen übernehmen. Um dies zu ermöglichen, müssen Primitive bereitgestellt werden, die einen Zugriff auf den jeweiligen Aktionsbaum der in Bearbeitung be-

findlichen Transaktion über Prädikate erlauben und einen Austausch
von Teilergebnissen bewirken.

Es ist klar, daß all diese Methoden stark von den bisher für geschachtelte Transaktionen vorgeschlagenen Sperr-Vererbungs-Strategien abwei-
chen.

3. Lastbalancierung

Ein weiterer sehr wichtiger Aspekt im Zusammenhang mit transaktions-
intensiver Parallelität ist die dynamische Verteilung der Ausführungseinheiten in den physischen Betriebsmitteln (Prozessoren). Abhängig
von der Lastsituation ist zu entscheiden,
- wieviele komplexe (konkurrierende) Transaktionen gleichzeitig laufen
  sollen, und
- wieviele parallelisierbare Aktionen innerhalb einer Transaktion
  gleichzeitig laufen sollen.
Nehmen wir an, es sei die in Bild 1 skizzierte Situation zustande ge-
kommen, mit der Verteilung der Aktionen A11, A21, A22, A31, A32 auf
die Prozessoren P1, P2 und P3. Wenn diese nun relativ stark belastet
sind, und ein Prozessor P4 wird durch Beendigung einer anderen Transaktion frei, dann kann es die optimale Balancierungsmaßnahme sein, den
gesamten Aktionsbaum mit A11 als Wurzel auf P4 zu verlagern - wohlge-
merkt: im laufenden Betrieb.

Um dies zu ermöglichen, sind weitere Primitive erforderlich, die auf
der Schicht der Anwendungsprogramme nicht mehr sichtbar sind. Sie sind
in einer Art "Meta-Betriebssystem" angesiedelt, dessen Aufgabe die dynamische (und auch modifizierbare) Zuordnung von Aktionen zu Prozessen
und Prozessen zu Prozessoren unter der Berücksichtigung von Lastbedin-
gungen ist. Die wesentlichen Parameter dabei sind die Anforderungen
physischer Betriebsmittel und die Lokalität auf den Daten.

Bild 2 faßt diese Aspekte in der Übersicht zusammen.

4. Ausblick

Die oben geschilderten Fragestellungen und Lösungsansätze werden an
größeren Prototyp-Implementierungen aus den Gebieten "Deduktive Datenbanken" und "CAD" untersucht. In einer späteren Phase sollen noch die

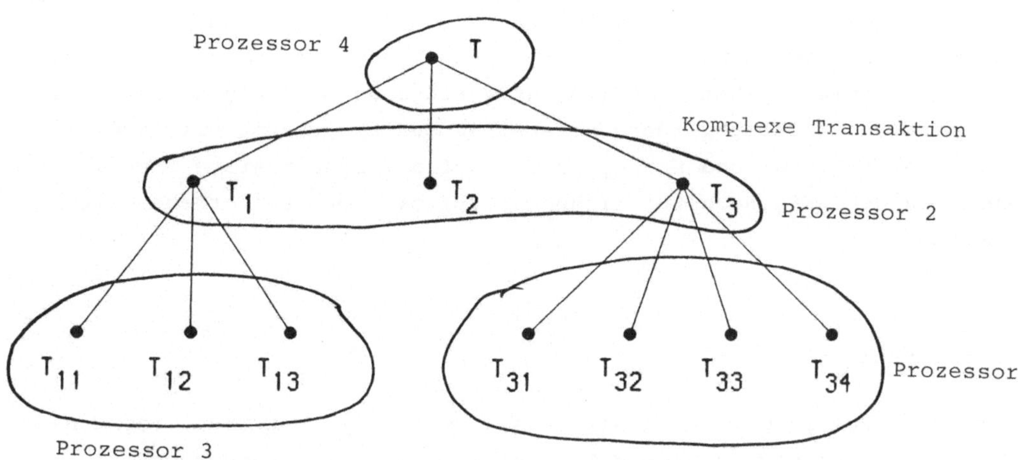

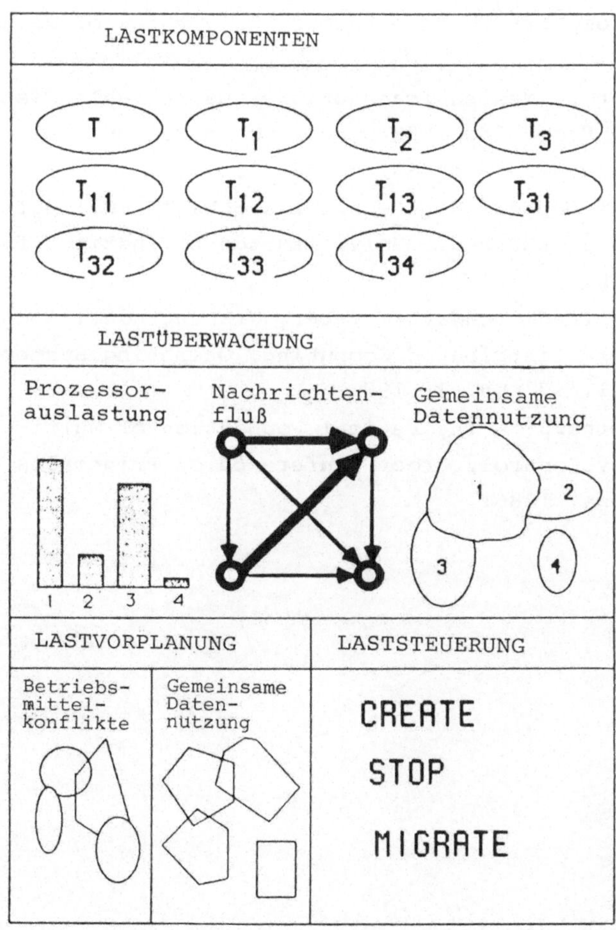

Bild 2: Dynamische Lastbalancierung für parallele Aktionen innerhalb komplexer Transaktionen

Anwendungsgebiete "Fertigungssteuerung" und "Finite Elemente" hinzukommen. Als Entwicklungssystem steht eine Tandem Mehrprozessoranlage
mit dem Betriebssystem Guardian zur Verfügung. Das Projekt läuft am
Institut für Informatik der Universität Stuttgart seit Mai 1986. Nach
der Einarbeitungs- und Konzeptphase laufen zur Zeit erste Probeimple-
mentierungen. Einen ausführlichen Überblick über das Vorhaben gibt
[Reut86].

5. Literatur

[Beer86]   Beeri, C.; Bernstein, P.A.; Goodman, N.: A Model for Con-
           currency in Nested Transactions Systems. Research Report,
           Dept. of Computer Science, Hebrew University of Jerusalem,
           1986.

[Moss82]   Moss, Eliot B: Nested Transactions and Reliable Distributed
           Computing, Proc. 2nd IEEE Symposium on Reliability of Dis-
           tributed Software and DBS, S. 33-39, 1982.

[Reut86]   Reuter, A.; Duppel, N.; Peinl, P.; Schiele, G.; Zeller, H.:
           An Outlook on PROSPECT, Univ. Stuttgart, Institut für Infor-
           matik, 1986.

[Spec83]   Spector, Alfred; Schwartz, Peter: Transactions: A Construct
           for Reliable Distributed Computing, Operating Systems
           Review, Vol. 17, No. 2, 1983.

[Weik85]   Weikum, Gerhard: A Theoretical Foundation of Multi-level
           Concurrency Control, Proc. Conference on Principles of Data-
           base Systems, 1986.

A STORAGE STRUCTURE FOR
UNNORMALIZED RELATIONAL DATABASES

Anand Deshpande
Dirk Van Gucht

Computer Science Department
Indiana University
Bloomington, IN 47405,USA
deshpand@indiana.CSNET
vgucht@indiana.CSNET

Abstract

The purpose of this paper is to define a storage structure for unnormalized relational databases. In particular, we define a combination of two data structures: conventional record-list structures and a tree storing all the atomic values present in the tuples and sub-tuples of the database. This storage structure allows for efficient execution of updates and queries expressed in the extended relational algebra of the unnormalized relational database model.

1. Introduction

The original relational database model proposed by Codd permitted complex structures to be entries in a component of a tuple [Cod1]. However, Codd recommended that only atomic data values be permitted (the so called *first normal form* (1NF) assumption). One of the earliest suggestions that 1NF was too restrictive for the management of scientific and engineering data, "form models" for office systems, textual data and historical data came from Makinouchi in 1977 [Mak]. While his treatment was fairly informal, he showed that relaxing the 1NF restriction could more faithfully model such database applications.

Jaeschke and Schek introduced the NEST and UNNEST operators to restructure relations from 1NF to unnormalized form [JS]. Thomas and Fischer generalized the model to allow multi-level, multi-attribute nesting and unnesting [FT,Tho,TF]. This led to the so called unnormalized relational database model (URDM). More recently, Schek, Schek and Scholl, and Van Gucht described a similar model [Sch,SS,V]. Roth et.al. [RKS, RKB] addressed the problem of providing non-procedural data manipulation languages for the URDM. Dadam et.al. [DKA] and Deshpande and Van Gucht [DV1] started with the implementation of DBMS based on the URDM.

The purpose of this paper is to define a storage structure for unnormalized relational databases. In particular, we define a combination of two data structures: conventional record-list structures and a tree structure storing all the atomic values present in the tuples and sub-tuples of the database. Our scheme is similar to the one proposed by Missikoff [Mis] for the relational model. The proposed storage structure allows for efficient execution of updates and queries expressed in the extended relational algebra of the URDM. (It should be noted that Dadam et.al. [DKA] independently proposed similar data structures).

2. The Unnormalized Relational Database Model

In this section, we briefly describe an adaptation of the unnormalized relational database model of Thomas and Fischer [TF].

The data description language defines a database as a set of unnormalized relational structures, i.e., a component of a tuple in such a structure can be an atomic value or an unnormalized relational structure. This is in contrast with the classical relational model where a database is defined as a set of normalized (or flat) relations. The mechanism used for manipulating structures is the extended relational algebra: it consists of the following operators:

a) the classical relational operators extended to structures: union ($\cup$), difference ($-$), selection (σ), projection (Π), and join ($\times$);

b) two restructuring operators: NEST (ν) and UNNEST (μ).

Example 1 : In Figure 1.a , we show the (flat) structure s_1 defined over the scheme (PARENT CHILD)* . In Figure 1.b, we show the structure $s_2 = \nu_{CHILD}(s_1)$ (the scheme of s_2 is denoted by (PARENT CHILD*)*). The UNNEST operator is the inverse operator of the NEST operator . Hence $s_1 = \mu_{CHILD*}(s_2)$

PARENT	CHILD
p_1	c_1
p_1	c_2
p_1	c_3
p_2	c_1
p_2	c_2
p_3	c_3
p_4	c_4
p_5	c_4

Figure 1.a : Structure s_1.

PARENT	CHILD*
p_1	c_1 c_2 c_3
p_2	c_3 c_2
p_3	c_3
p_4	c_4
p_5	c_4

Figure 1.b : Structure s_2.

For more information on the extended relational algebra, we refer to [FT, FSTV, KTT, RKS, Sch, SS, Tho, TF, V, VF1, VF2].

Constraints on unnormalized relational structures are specified in a way similar to that in the classical relational model, namely, in the form of data dependencies. Since we are working with structures, however, the dependencies have to be generalized so that they can deal with sets and atomic values rather than just atomic values. The definitions of dependencies for the URDM are straightforward generalizations of the classical ones. Let S be a scheme and X and Y subsets of S. Then $X \rightarrow Y$ denotes a *functional dependency* (FD). The set X is a *key* for S if and only if S satisfies the FD $X \rightarrow S$. Other dependencies can be generalized in a similar fashion [FSTV].

3. Non-Procedural Query Languages for the URDM

It is well known that Codd's relational algebra is equivalent to the (first-order) relational calculus [Cod2]. This led to the development of non-procedural query languages, such as QUEL, SEQUEL, and QBE.

The extended relational algebra is a data manipulation language for the unnormalized relational model. Roth et.al. [RKS] describe a calculus which is at least as powerful as the extended relational algebra. Various other researchers have dealt with similar issues [Jac,KV,OMO].

Recently, researchers have developed extensions of QUEL, SQL, and QBE-like languages to manipulate unnormalized structures. Examples are: the generalized QBE data manipulation language based on database logic [JW], the GEM database language of Zaniolo [Zan], SQL/NF by Roth, Korth and Batory [RKB] which includes explicit constructs for the ν and μ operators, an SQL like query interface by Pistor and Traunmueller [PT], the algebras of Abiteboul and Bidoit [AB] and Roth et.al. [RKS] for hierarchical structures. Calculi for Complex Objects have been proposed by Bancilhon and Khoshafian [BK] and by Abiteboul and Hull [AH]. A Prolog like language for the URDM was recently proposed by Deshpande and Van Gucht [DV2].

4. A Storage Structure for the URDM

In this section, we describe a data structure that can be used to efficiently perform the operations of the URDM. Our implementation strategy for unnormalized structures consists of two separate but closely coupled data-structures:
a. Record-List Structures (*RECLIST*) and
b. The Value-Driven Indexing Structure (*VALTREE*).

4.1 The Record-List Structure

Each unnormalized relational structure is stored as a Record-List Structure based on the Modula-2/Pascal record and linked list data types: the record type corresponds to aggregation, while the linked list corresponds to association or set formation.

Example 2: In Figure 2.a, we show the structure t defined over the scheme (FATHER (SON SON-HOBBY*)* FATHER-HOBBY*)*.

4.2 A Notation for Tuple and Component Identification

Before describing the value-driven indexing structure, we introduce a notation for identifying tuples and their components. Suppose, we have a database D, consisting of a finite set of structures { $r, s, t, \ldots$ }. The notation for the identification of tuples and their components uses these relation names tagged with subscripts and superscripts. The subscripts take us down the tuples and the superscripts take us across the components.

Example 3: We will illustrate how our notation maps to the (FATHER (SON SON-HOBBY*)* FATHER-HOBBY*)* structure of Example 2. Thus, for structure t of Figure 2.a the tuples would be identified as t_1 and t_2. Each tuple is made up of three components: a FATHER component, a SON-NODE component and FATHER-HOBBY component. Thus, the first tuple t_1 has three components t_1^a, t_1^b and t_1^c. Notice that the superscripts a, b, c correspond to the labels given to the corresponding record fields in the record-list structure (see Figure 2.b). Each of these components is either an atomic value or a structure. In our example t_1^a is an atomic value, whereas t_1^b and t_1^c are structures. The structures t_1^b and t_1^c consists of sub-tuples, so we need to descend one level. The tuples of the structure t_1^b are identified as t_{11}^b and t_{12}^b. The identifiers for the components of the tuple t_{11}^b are t_{11}^{ba} and t_{11}^{bb} corresponding to the SON and SON-HOBBY components. In Figure 3, the notation is illustrated on the structure of Example 2.

An interesting feature of this notation is that once we get a tuple or component identifier, we can trace which tuples or sub-tuples the tuple or component identifier belongs to by going through the superscript strings and the subscript strings.

4.3 The Value-Driven Indexing Scheme

Traditionaly, Relational Databases use indexing techniques to improve access time. Typically, indexes are built on all or some of the attributes. A value of the index maps to a list of tuple-identifiers of tuples that contain the value of the indexed attribute. Our approach to indexing for the URDM follows the domain based approach suggested by Missikoff for relational databases [Mis]. In Missikoff's approach, an atomic value maps to a list of tuple identifiers of tuples in **all** relations in the database which contain that value. We generalize this approach by mapping a value to a list of all tuple identifiers of tuples in **all structures and sub-structures** in the database which contain that value. Hence, given an atomic value, we are able to determine directly which tuples or sub-tuples the value is stored in.

FATHER	SON-NODE		FATHER-HOBBY*
	SON	SON-HOBBY*	
Jones	Eric	Stamps Reading	Music
	Mark	Hockey	Reading
Miller	Henry	Soccer Tennis	Football
	Bill	Football	

Figure 2.a The (FATHER (SON SON-HOBBY)* FATHER-HOBBY*)* structure t and Figure 2.b: The corresponding *REC-LIST* structure.

```
father: POINTER TO father-node;
father-node = RECORD
          a :father: name;
          b : son-list:son;
          c :father-hobby-list:hobby;
          d : link:father;
          END;
son: POINTER TO son-node;
son-node = RECORD
          a : son: name;
          b : son-hobby-list:hobby;
          c :link:son;
          END;
hobby:POINTER TO hobby-node;
hobby-node = RECORD
          a :hobby:hobbyname;
          b :link:hobby;
          END;
```

Figure 3 : The tuple-identifiers for the (FATHER (SON SON-HOBBY*)* FATHER-HOBBY*)* structure

Unlike the conventional database scheme where we have a separate tree for each indexed attribute, our scheme has only one tree *VALTREE* that spans over all the atomic values of the database.

We now describe the *VALTREE* in more detail. *VALTREE* is made up of five different levels. The topmost level is called the *DOMAIN LEVEL*. This level separates the non-compatible domains into separate sub-trees. The second level, the *VALUE LEVEL*, stores all the atomic values of the database. The third level is the *ATTRIBUTE LEVEL*. At this level, we store all the attributes that a particular value of the *VALUE LEVEL* belongs to. As the same attribute may belong to more than one structure, we have the fourth level called the *STRUCTURE LEVEL*. The fifth and the lowest level stores all the component identifiers of the atomic values and is called the *IDENTIFIER LEVEL*.

Example 4: In Figure 4, we show parts of the *VALTREE* for the structure t of Example 2.

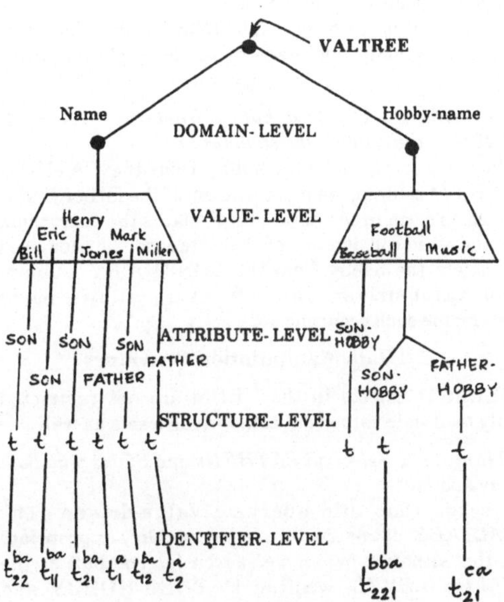

Figure 4: The *VALTREE* for Structure t

5. Implementation of URDM Operators

Our aim is to design a Database Management System based on the URDM. To accomplish our goal, we must at least be able to perform all of the standard data manipulation commands (INSERT and DELETE) and all extended relational algebra operators (SELECT, PROJECT, JOIN, NEST and UNNEST). In this section, we show how we can implement the extended relational algebra operators and the data manipulation operators of the URDM in terms of our storage scheme. Due to space contraints, we can only illustrate, by using characteristic examples, how our storage scheme is put to use in the implementation of the URDM.

5.1 Database Maintenance Operators

INSERT:

Example 5: *Insert the tuple* $<PARENT = p_3$, $CHILD^* = \{c_5\}>$ *in the structure* s_2. (Figure 1.b).
In this structure, the PARENT attribute is the key attribute, hence we first check if p_3 is already in the database. This check can be done by looking up the value p_3 in the *VALTREE* data structure. If the value p_3 is found, we add the child c_5 to the already existing set of children. This is done in *RECLIST*, and then the corresponding identifier of the tuple to which c_5 was inserted must be added to the *VALTREE*. If p_3 is not found, both p_3 and c_5 must be appropriately inserted into the *RECLIST* of t and the *VALTREE*.

DELETE: The strategy for deletion is very similar to that for insertion. To delete a tuple from the database, we need to find the location of the tuple in the *RECLIST* structure. We find the location for the tuple by looking up the key-value in the *VALTREE*. We delete a value from the *VALTREE* if the value to be deleted has only one element in the tuple-identifier list.

Example 6 : *Delete a hobby from the FATHER-HOBBY* attribute of the structure t.*
When we try to delete a hobby from the FATHER-HOBBY* column, we must find out if the father is also listed as a son in the database. If that is the case, then, to maintain consistency of the database, we also need to delete the hobby from the SON-HOBBY column. Our value-driven data structure allows us to determine such occurences directly.

5. 2 Data Manipulation Operators

SELECT: Selects in the URDM are not restricted only to atomic values but could involve sets as well.

Example 7: *Select all FATHERs and SONs who both play Football.*
Observe that this query is value-driven. The *VALTREE* data-structure is particularly appropriate in this situation When we search for Football at the *VALUE LEVEL*, we find FATHER-HOBBY and SON-HOBBY attributes at the *ATTRIBUTE LEVEL* if there are fathers **and** sons who play football. The intersection of the lists of tuple-identifiers under these attributes gives the list of desired tuple-identifiers.

Example 8: *Select all father and son pairs with the same hobbies.*
Here we traverse the *RECLIST* and select the tuples with identical FATHER-HOBBY* and SON-HOBBY* components.

Observe that in Example 7 we use the *VALTREE* but in Example 8 we use only the *RECLIST* structure

The reason for the different strategies is that the first example is value-driven, hence the *VALTREE* is appropriate. In the second example, however, we need to examine all the values and so we use the *RECLIST* structure.

JOIN : Joins are anticipated to occcur less frequently in the URDM since unnormalized databases store some joins implicitly. If a join operation has to be performed, our value driven data structure is well suited for the operation.

According to the strategy proposed by Missikoff [Mis], we traverse through the *VALTREE* and get lists for each value appearing in both structures under the common attribute. We then combine tuples identified by the two lists. A similar strategy would apply when the structures are unnormalized. Clearly, traversing through the *VALTREE* could be expensive if the number of values in the domain subtree is much larger than the number of tuples in the structure.

PROJECT: Project is not a value driven operation and hence we do not use *VALTREE*. Instead, we use *RECLIST* and follow the links for the projected attributes. If we have to project an element that is embedded in a sub-tuple, we may have to traverse the links in more than one record structures.

NEST : Nest is a value driven operation and hence is well suited for our value-driven data-structure.

Example 9: Consider the structures s_1 and s_2 of Figure 1.a and Figure 1.b. (Recall $s_2 = v_{CHILD}(s_1)$).
To perform this NEST operation, we go through the *VALTREE* and extract all the identifiers corresponding to values under the PARENT attribute. Using these identifiers and the RECLIST, we can easily determine the child values that correspond to a parent value.

Nesting on complex structures is fairly complex and involves a combination of both the *VALTREE* and the *RECLIST* structures. However, it has been shown by Van Gucht [V] that for hierarchical structures, i.e. , the structures most commonly used in the context of unnormalized databases, such complex nests can be reduced to simple nest and join operations.

UNNEST : This is not a value driven operation. Here we just go through all the tuples in the *RECLIST* and write the values at the top level for each value that it points to. Thus for the (FATHER (SON SON-HOBBY*)* FATHER-HOBBY*)* structure, unnesting on the FATHER-HOBBY* results in going through the father node and repeating the father's name for each value of hobby.

5.3 Trade-offs and Complexities of Operations

1. In the *VALTREE* we have split the tree into five distinct levels. This has been done for generality and convenience. It is possible to merge two layers into one. For instance we could merge the *STRUCTURE LEVEL* and the *ATTRIBUTE LEVEL* by naming each attributes of the database distinctly This would reduce our search by a level.

2. We store **all** values of the database in the *VALTREE*. In some applications this may not be required as some of the fields would very rarely or never be used as the pivot attribute, i.e., Select, Nest or Join attribute, in extended relational algebra expressions. For example in some structures, text fields like remarks are stored just for reference purposes and would not be used as pivot attributes. Certain other fields like logical attributes and attributes like sex may not be stored in the tree as we do not really gain much by having a list of all those tuples with value Male.

3. The SELECT operation, in this approach, is of a logarithmic order in the number of atomic values in the largest (active) domain of the database if a B-Tree is used as the *VALUE LEVEL* data-structure of the *VALTREE*. In case we do multiple selects or set selects we make multiple accesses to the *VALTREE*.

4. The JOIN and NEST operations are performed by traversing through all values of the pivot domain in the *VALUE LEVEL* of the *VALTREE*. The complexity of this operation is linear in the number of values in the *VALUE LEVEL* (for that domain) of the *VALTREE*.

5. The PROJECT and UNNEST operators require us to go through all tuples of the database in the *RECLIST* and hence require linear time in the size of the structure if no duplicates are eliminated.

6. Discussion

In this section, we discuss how our storage structure is suitable to effectively handle some other important DBMS issues.

6.1 Partioning and Parallelism

Unnormalized structures inherently partition the data horizontally. Another level of partitioning of the data occurs in the *VALTREE*. For instance, the tuples in a structure are partitioned according to the values they have. We can effectively set up locks at each value level thereby allowing us to use concurrent processes to perform our operations. When we are performing an update we need to lock only the concerned values and do not need to lock the entire database. This approach lets us localize in memory our most active and interacting processes. Furthermore, efficient partitioning of the database allows us to perform numerous operations in parallel.

6.2 Integrity Checking

When we perform an insert or delete we have to check if all the integrity constraints have been satisfied. This checking is based on a value-driven approach. For instance, when we say that A→B, we mean that when the values of attribute A match in two tuples they must match in values of B. This can be checked by looking for the value A in our *VALTREE*. We get a list of identifiers. We pick one identifier and then using the *RECLIST* find one value for B. Now we can go to the value tree and extract the list of identifiers

that correspond to B. The integrity constraint is satisfied if the list of identifiers associated with the B-value is a super-set of the list of tuple-identifiers of the A-value

6.3 Logic Programming Interface

We strongly believe that query optimization should take into account heuristics and constraints. There are numerous advantages to coupling logic programming with relational databases[Ker]. Similar advantages can be exploited by coupling URDMs with logic [BK]. Deshpande and Van Gucht [DV2] have recently come up with a logic for the URDM. An important feature of this logic is that it allows us to compute transitive closures.Transitive closures can be handled effectively by this data structure.

Example 10 : Let us consider the manager subordinate example. Let us say we pick the chairman who has 10 subordinates. Each of the subordinates in turn have some subordinates and so on. We can build a hierarchy tree by going through all the employees. To handle this example in our scheme, we first select the chairman. Now as the chairman is the manager of the 10 subordinates, his name must appear as the manager attribute of those ten tuples. We get the tuple identifiers for all the subordinates as soon as we search for the chairman in the value-driven tree. Once we have the tuple identifiers for each of the subordinate tuples we can extract the names of the subordinates from the *RECLIST* structure. Once we have the names of the subordinates at the first level, we can,possibly in parallel, search all their subordinates in a similar manner.

7. Acknowlededements

We would like to thank Prof. Ed Robertson and Kevin Richardson for their valuable suggestions. Kevin Richardson has been working on a Modula-2 implementation for the storage structure.

8. References

[AB] S. Abiteboul, N. Bidoit, "Non First Normal Form Relations to Represent Hierarchically Organized Data", Proc. Third ACM SIGACT-SIGMOD Symposium on Principles of Database Systems, 1984, 191-200.

[AH] S. Abiteboul, R. Hull , 'Restructuring of Semantic Database Objects and Office Forms", Int'l Conf. on Database Theory, Rome Sept. 1986.

[BRS] F. Bancilhon, P. Richard, M. Scholl, "On Line Processing of Compacted Relations", Proc. 8th Int'l Conf. on Very Large Data Bases, 1982, 263-269.

[BK] F. Bancilhon, S. Khoshafian, "A Calculus for Complex Objects" Proc. Fifth ACM SIGACT-SIGMOD Symposium on Principles of Database Systems, 1986, 53-59.

[Cod1] E.F. Codd, "A relational Model for Large Shared Data Banks", Comm. ACM 13,6 (June 1970), 377-387.

[Cod2] E.F. Codd, "Relational Completeness of Database Sublanguages", in *Database Systems*, R. Rustin, ed . Prentice-Hall, Englewood Cliffs, 1972.

[DKA] P. Dadam, K. Kuespert, F. Andersen, H. Blanken, R. Erbe, J. Guenauer, V. Lum, P. Pistor, G. Walch, "A DBMS Prototype to Support Extended NF2 Relations: An Integrated View on Flat Tables and Hierarchies", Proc. ACM SIGMOD Int'l Conf. on Management of Data, 1986, 356-366.

[DV1] A. Deshpande, D. Van Gucht, "A storage structure for unnormalized relations". A detailed version of this paper.

[DV2] A. Deshpande, D. Van Gucht, "A logic for unnormalized databases", a manuscript.

[Dat] C.J. Date, An Introduction to Database Systems, Vol 1, Addison-Wesley Publishing Company, 1985.

[FSTV] P.C. Fischer, L.V. Saxton, S.J. Thomas, D. Van Gucht, "Interactions Between Dependencies and Nested Relational Structures", J. Computer System Sciences 31 (1985), to appear.

[FT] P.C. Fischer, S.J. Thomas, "Operators for Non-First-Normal Form Relations", Proc. IEEE Computer Software and Applications Conference, 1983, 464-475.

[FVT] P.C. Fischer, D. Van Gucht, S.J. Thomas, "Some Principles and Uses of Nested Relational Structures", Technical Report CS-84-20, Vanderbilt University, 1984.

[HM] M. Hammer, D. McLeod, "Database Description with SDM: A Semantic Database Model", ACM Transactions on Database Systems, 6, 3 (September 1981), 351-386.

[HR] S. Heiler, A. Rosenthal, "G-WHIZ, A Visual Interface for the Functional Model with Recursion", Proc. 11th Int'l Conf. on Very Large Data Bases, 1985, 203-218.

[Jac] B.E. Jacobs, "On Database Logic", Journal of the ACM 29, 2 (April 1982), 333-362.

[JW] B.E. Jacobs, C. Walczak, "A Generalized Query By Example Data Manipulation Language Based on Database Logic", IEEE Transactions on Software Engineering SE-9, 1 (January 1983), 40-57.

[JS] G. Jaeschke, H.-J. Schek, "Remarks on the the Algebra on Non First Normal Form Relations", Proc. ACM SIGACT-SIGMOD Symposium on Principles of Database Systems, 1982, 124-138.

[Ker] L. Kerschberg ed., Expert Database Systems - Proceedings from the First International Workshop, Benjamin/Cummings Publishing Company, Inc. 1986.

[KM] R. King, D. McLeod, "Semantic database models", in Principles of Database Design, S.B. Yao, Ed. 1985, 115-150.

[Kor] H.F. Korth, "Extending the Scope of Relational Languages" IEEE Software (January 1986).

[KTT] Y. Kambayashi, K. Tanaka, K. Takeda, "Synthesis of Unnormalized Relations Incorporating More Meaning", Information Sciences 29 (1983), 201-247.

[KV] G.M. Kuper, M.Y. Vardi, "A New Approach to Database Logic", Proc. Third SCM SIGACT-SIGMOD Symposium on the Principles of Database Systems, 1984, 86-96.

[Mak] A. Makinouchi, "A Consideration of Normal Form of Not-Necessarily-Normalized Relations in the Relational Data Model", Proc. 5th Int'l Conf. on Very Large Data Bases, 1977, 447-453.

[Mis] M. Missikoff, "A Domain Based Internal Schema for Relational Database Machines", Proc. ACM SIGMOD Int'l Conf. on Management of Data, 1982, 215-224.

[OMO] G. Ozsoyoglu, V. Matos, Z.M. Ozsoyoglu, "Extending Relational Algebra and Relational Calculus for Set-Valued Attributes and Aggregate Functions", Tech. Report, Case Western Reserve University, 1983.

[OY] Z.M. Ozsoyoglu, L.Y. Yuan, "A Normal form for Nested Relations", Proc. Fourth ACM SIGACT-SIGMOD Symposium on Principles of Database Systems, 1985, 251-260.

[PT] P. Pistor, R. Traunmueller, "A database language for Sets, Lists and Tables", Information Systems Vol. 11, No. 4, pp. 323-336, 1986.

[RKB] M.A. Roth, H.F. Roth, D.S. Batory, "SQL/NF: A Query Language for $\neg$1NF Relational Databases", Tech. Report TR-84-36, University of Texas at Austin, 1984.

[RKS] M.A. Roth, H.F. Korth, A. Silberschatz, "Theory of Non-First-Normal-Form Relational\break Databases", Tech. Report TR-84-36 (Revised January 1986), University of Texas at Austin, 1984.

[Sch] H.J. Schek, "Towards a Basic Relational NF^2 Algebra Processor", Proc. of the International Conference of Data Organization, Kyoto, Japan, 1985, 173-182.

[SP] H.-J. Schek, P. Pistor, "Data Structures for an Integrated Data Base Management and Information Retrieval System", Proc. 8th Int'l Conf. on Very Large Data Bases, Mexico, 1982, 197-207.

[SS] H.-J. Schek, M.H. Scholl, "An Algebra for the Relational Model with Relation-Valued Attributes", TR DVSI-1984-T1, Technical University of Darmstadt, West Germany, 1984.

[Tho] S.J. Thomas, "A Non-First-Normal Form Relational Database Model", Ph.D. Dissertation, Vanderbilt University, 1983.

[TF] S.J. Thomas, P.C. Fischer, "Nested Relational Structures", Theory of Databases, P.C. Kanellakis, Ed., JAI Press, 1985, to appear.

[Ull] J.D. Ullman, Principles of Database Systems, Computer Science Press, 1980.

[V] D. Van Gucht, "Theory of Unnormalized Relational Structures", Ph.D. Dissertation, Vanderbilt University, 1985.

[VF1] D. Van Gucht, P.C. Fischer, "Some Classes of Multilevel Relational Structures", Proc. of the Fifth ACM SIGACT-SIGMOD Symposium on Principles of Database Systems, 1986, 60-69.

[VF2] D. Van Gucht, P.C. Fischer, "High Level Data Manipulation Languages for Unnormalized Relational Database Models", Tech. Report, Indiana University, 1986.

[Zan] C. Zaniolo, "The Database Language GEM", Proc. ACM SIGMOD Conference, 1983, 207-218.

**Ein Adressierungskonzept zur Unterstützung der
objekt-orientierten Verarbeitung in PRIMA**

Andrea Sikeler
Universität Kaiserslautern, Fachbereich Informatik
Erwin-Schrödinger-Straße
D-6750 Kaiserslautern

Einleitung

PRIMA (Prototyp-Implementierung des Molekül-Atom-Datenmodells) bildet den Kern eines Non-Standard-Datenbanksystems (NDBS) /Mi84/, der an seiner Schnittstelle mit dem Molekül-Atom-Datenmodell (MAD-Modell /Mi87/) ein allgemeines, an die Anforderungen der neuen Anwendungen aus Büro, Technik und Wissenschaften angepaßtes Datenmodell zur Verfügung stellt. Kennzeichnend für dieses Datenmodell ist die Möglichkeit, komplexe Objekte ("Moleküle"), die dynamisch aus Elementarbausteinen ("Atomen") aufgebaut werden können, auf eine einfache Art und Weise zu verarbeiten. Eine der wesentlichen Anforderungen an PRIMA ist damit eine effiziente Unterstützung dieser dynamischen Molekülbildung. Dieser Anforderung wird vor allem durch ein geeignetes Architekturkonzept Rechnung getragen, das für das gesamte NDBS zu einem 7-Schichten-Modell führt /HR85/. Für die Betrachtung des Adressierungskonzepts genügt jedoch eine grobe Dreiteilung von PRIMA in das Datensystem, das Zugriffssystem und das Speichersystem (Bild 1).

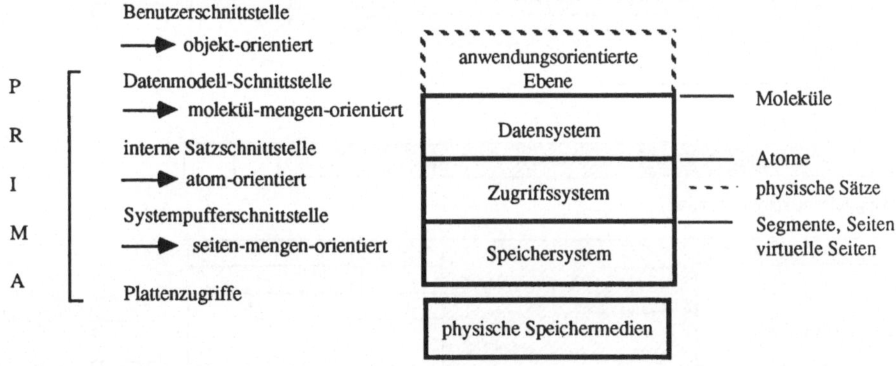

Bild 1: Schichtenarchitektur von PRIMA

Architektur von PRIMA

Das *Speichersystem* /Si87a/ ist wie in herkömmlichen Datenbanksystemen (DBS) für die Verwaltung des Systempuffers und dessen Abbildung auf die externen Speichermedien verantwortlich. Dazu stellt es an seiner Schnittstelle zunächst in Seiten gleicher Größe aufgeteilte Segmente zur Verfügung, wobei zwischen verschiedenen Seitengrößen gewählt werden kann. Außerdem bietet es die Möglichkeit, innerhalb eines Segments mehrere Seiten zu einer sog. virtuellen Seite zusammenzufassen, wodurch im Prinzip beliebig große "Behälter" realisiert werden. Durch einen erweiterten Funktionsumfang unterstützt das Speichersystem zudem eine mengen-orientierte Verarbeitung auf Seitenebene.

Darauf aufsetzend bietet das *Zugriffssystem* /Si87b/ eine rein atom-orientierte Schnittstelle, vergleichbar mit der Schnittstelle des Research Storage Systems (RSS) im Datenbanksystem SYSTEM R /As76/. Dabei werden neben den Operationen für die Direktverarbeitung einzelner Atome verschiedene Scan-Operationen angeboten, die es erlauben, sowohl homogone als auch heterogene Atom-Mengen in geeigneter Weise zu verarbeiten. Ein Teil dieser Scan-Operationen ist jedoch nur bedingt einsetzbar, da sie spezielle Speicherungsstrukturen voraussetzen, die nur durch eigens dafür vorgesehene Lastkontrollanweisungen /Mi87/ erzeugt werden können. Zu diesen Speicherungsstrukturen gehören neben verschiedenen Zugriffspfadstrukturen (B*-Baum, Grid-File, usw.) hauptsächlich Sortierordnungen und sogenannte Atom-Cluster.

Eine Sortierordnung führt zur physisch sequentiellen Speicherung einer homogenen Atom-Menge (genauer eines Atom-Typs /Mi87/) nach einem vorgegebenen Sortierkriterium. Sie unterstützt damit eine schnelle sortierte Verarbeitung dieser Atom-Menge (Sort-Scan). Ein Sort-Scan ist jedoch auch ohne Sortierordnung möglich, da in diesem Fall temporär für die Dauer der Scan-Operation eine entsprechende Sortierordnung erzeugt wird.

Ein Atom-Cluster dagegen stellt eine Möglichkeit dar, Atome aus verschiedenen Atom-Typen (festgelegt durch den Atom-Cluster-Typ /Si87b/) physisch benachbart zu speichern. Jeder Atom-Cluster wird durch ein sog. charakteristisches Atom, das im Prinzip nur aus Verweisen (Adressen) auf die zum Atom-Cluster gehörenden Atome besteht, definiert (Bild 2a). Atom-Cluster realisieren damit (im Gegensatz zu den NF^2-Tupeln in /De85/) im Prinzip nur eine zweistufige Hierarchie. Die interne Struktur, die durch die Referenz-Attribute /Mi87/ gebildet wird, ist nicht von Interesse. Dies zeigen auch die beiden Scan-Operationen, die auf Atom-Clustern zulässig sind. Sie unterstützen lediglich die sequentielle Verarbeitung aller charakteristischen Atome eines Atom-Cluster-Typs bzw. innerhalb eines Atom-Clusters die sequentielle Verarbeitung aller Atome eines Atom-Typs. Bezüglich der Modifikationsoperationen dagegen können Atom-Cluster wie "normale" Atome behandelt werden /Si87b/.

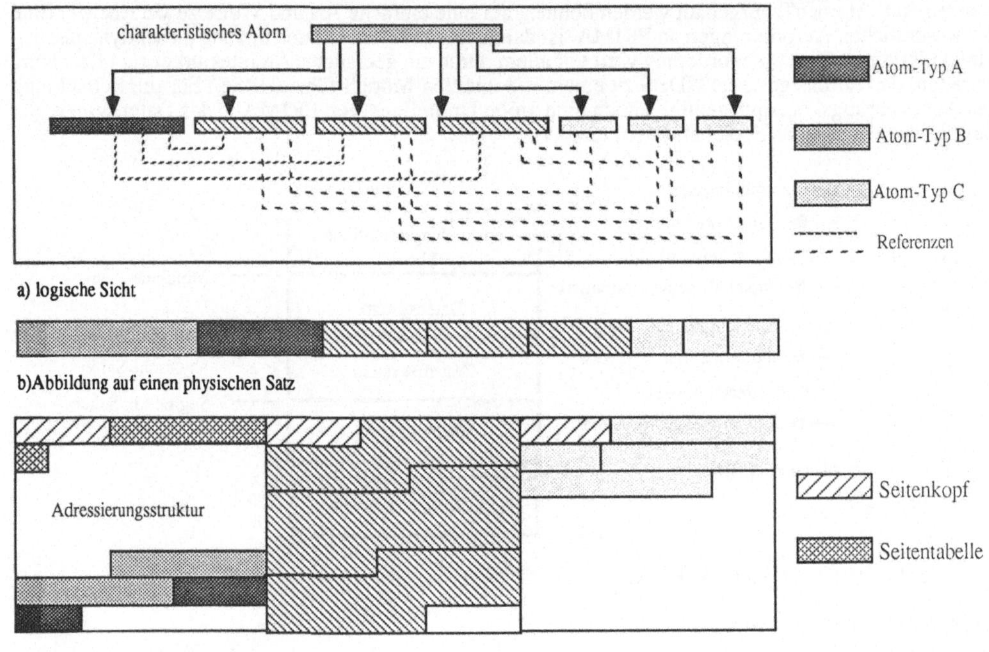

Bild 2: Beispiel für einen Atom-Cluster

Jede dieser speziellen Speicherungsstrukturen, zu denen auch Partitionen zur getrennten Speicherung verschiedener Atom-Teile gehören, führt bei der Abbildung eines Atoms auf die Behälter des Speichersystems zu einiger Redundanz. Um diese Redundanz nach außen hin zu verbergen, werden innerhalb des Zugriffssystems sog. physische Sätze als variabel lange Byte-Strings, die physisch sequentiell in einer Seite oder einer virtuellen Seite gespeichert werden, eingeführt. Abhängig von der zugrundeliegenden Speicherungsstruktur entspricht ein physischer Satz dann entweder einem Atom-Teil (Partition), einem gesamten Atom (Sortierordnung) oder einem Atom-Cluster (siehe Bild 2b). Dieses Vorgehen führt somit zu einer n:m-Beziehung zwischen Atomen und physischen Sätzen.

Die Schnittstelle des *Datensystems* als der obersten Schicht von PRIMA bildet - wie bereits angesprochen - das MAD-Modell mit seiner molekül-mengen-orientierten Sprache SQL* /Mi87/. Das Datensystem übernimmt damit die eigentliche dynamische Molekülbildung. Dazu werden die zu einem Molekül gehörenden Atome einzeln beim Zugriffssystem angefordert - entweder direkt oder über entsprechende Scan-Operationen.

Durch das Adressierungskonzept von PRIMA wird nun festgelegt, wie die verschiedenen Objekte des Datensystems und des Zugriffssystems, d.h. wie Moleküle, Atome und physische Sätze, adressiert werden und wie diese verschiedenen Adressen aufeinander abgebildet werden.

Adressierung von Atomen

PRIMA ordnet jedem Atom beim Einspeichern automatisch eine sog. logische Adresse als Wert des IDENTIFIER-Attributs /Mi87/ zu. Diese logische Adresse ermöglicht es, das Atom eindeutig zu identifizieren. Der Aufbau einer logischen Adresse orientiert sich dabei an dem IDENTIFIER-Typ in /Lo84/, d.h., eine logische Adresse besteht aus einer Kennung für den Atom-Typ und aus einer Kennung für das Atom:

Atom-Typ-Kennung	Atom-Kennung

Dadurch ist eine logische Adresse nicht nur systemweit eindeutig und leicht wiederzuverwenden, sondern auch, was wesentlich wichtiger ist, unabhängig von jeglichen Speicherungsstrukturen /Si85/.

Adressierung von Molekülen

Jedes Molekül besitzt ein ausgezeichnetes Atom, das sog. Anker- oder Wurzel-Atom, das dieses Molekül eindeutig identifiziert. Ausgehend von diesem Anker-Atom können über die entsprechenden Referenz-Attribute /Mi87/, die ebenfalls mit Hilfe der logischen Adressen realisiert werden, rekursiv alle zum Molekül gehörenden Atome ermittelt werden. Für die Adressierung von Molekülen reicht also ebenfalls das Konzept der logischen Adressen aus. Für die interne Verarbeitung von Molekülen, die ja nur im Hauptspeicher erfolgt, muß noch genauer untersucht werden, ob es nicht sinnvoll ist, diese logischen Adressen durch Pointer-Strukturen und/oder eine Art MAP-TABLE /Lo84/ zu ergänzen.

Adressierung von physischen Sätzen

Ein physischer Satz muß innerhalb der durch das Speichersystem zur Verfügung gestellten Behälter lokalisiert werden können. Dazu muß die zugehörige physische Adresse Informationen über das Segment und die Seite bzw. die virtuelle Seite enthalten, in der der entsprechende physische Satz abgespeichert ist /Hä78/. Aufgrund der internen Verarbeitung im Zugriffssystem /Si87b/ muß aus der physischen Adresse außerdem ersichtlich sein, zu welcher Speicherungsstruktur der betreffende physische Satz gehört. In PRIMA wurde deshalb folgender Aufbau für eine physische Adresse gewählt /Si85/:

Segment-Kennung	Informationsteil	Seiten-Kennung/ virtuelle Seiten-Kennung	Struktur-Kennung

Dabei kann dem Informationsteil entnommen werden, ob es sich bei der nachfolgenden Kennung um eine Seiten-Kennung oder um eine virtuelle Seiten-Kennung handelt und zu welchem Speicherungsstruktur-Typ (Partition usw.) der physische Satz gehört. Durch diesen Aufbau einer physischen Adresse wird das Konzept der virtuellen Seite in adäquater Weise unterstützt. Außerdem ist die physische Adresse damit stabil gegenüber einer Verschiebung des zugehörigen physischen Satzes innerhalb einer Seite bzw. virtuellen Seite.

Die Frage ist nun noch, wie eine logische Adresse auf die zugehörigen physischen Adressen abgebildet werden kann und wie für eine physische Adresse die zugeordneten logischen Adressen bestimmt werden können.

Abbildung logische auf physische Adressen

Bei der Abbildung einer logischen Adresse auf die zugehörigen physischen Adressen ist besonders zu beachten, daß aufgrund der zusätzlichen Speicherungsstrukturen jedem Atom variabel viele physische Sätze zugeordnet sein können. Daher wird zunächst für jede logische Adresse eine sog. Adreßliste angelegt, auf die über ein geeignetes Adreßabbildungsverfahren zugegriffen wird /Si85/. Die Adreßliste besteht aus einer logischen Adresse, einer Längeninformation und einer der Längeninformation entsprechenden Anzahl physischer Adressen:

logische Adresse	Längeninformation	physische Adresse	....	physische Adresse

Für das Adreßabbildungsverfahren gibt es verschiedene Möglichkeiten (Bild 3), wobei ihre Eignung für

PRIMA davon abhängig ist, wie direkt das Verfahren ist (Anzahl Seitenzugriffe) und wieviel Reorganisationsaufwand notwendig ist.

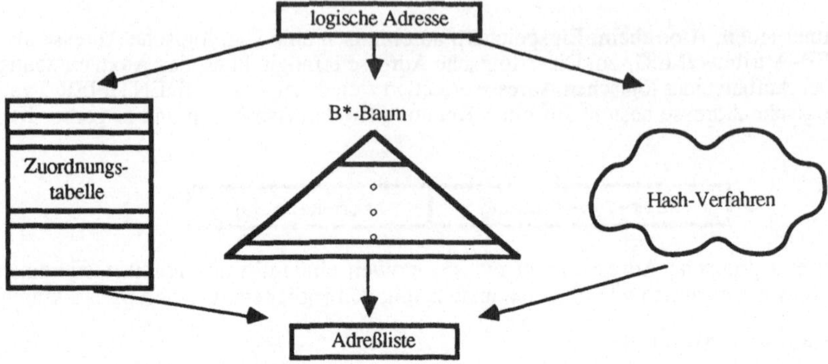

Bild 3: Alternativen für Adreßabbildungsverfahren in PRIMA

Das erste Verfahren sieht ähnlich wie im Netzwerkmodell den Einsatz einer Zuordnungstabelle /Hä78/ vor, wobei die logische Adresse zur Berechnung des entsprechenden Tabelleneintrags, der einen Verweis auf die zugehörige Adreßliste enthält, verwendet wird. Das bedeutet, daß insgesamt zwei Seitenzugriffe notwendig sind, um die einer logischen Adresse zugeordneten physischen Adressen zu erhalten. Außerdem ist die Zuordnungstabelle eine relativ statische Struktur, die unter Umständen Reorganisationen notwendig macht.

Dieser Reorganisationsaufwand wird beim zweiten Verfahren, bei dem die Zuordnungstabelle durch einen B*-Baum /BMc72/ ersetzt wird, vermieden. Allerdings wird die Zahl der Seitenzugriffe für das Bestimmen der physischen Adressen unter Umständen wesentlich höher - nämlich entsprechend der Höhe des Baums.

Ein wesentlich besseres Zugriffsverhalten - im Mittel nur ein Seitenzugriff - zeigt dagegen das dritte Verfahren, bei dem anstelle der Zuordnungstabelle bzw. des B*-Baums ein Hash-Verfahren verwendet wird. Um Reorganisationen zu vermeiden, kommt dabei aber nur ein dynamisches Hash-Verfahren - wie etwa das Lineare Virtuelle Hashing (LVH, /Li80/) - in Frage.

Welches dieser drei Verfahren für den Einsatz in PRIMA am besten geeignet ist, wird derzeit im Rahmen einer Diplomarbeit /Wi87/ noch genauer untersucht. Bisherige Überlegungen /Si85/ sprechen für den Einsatz des Hash-Verfahrens.

Abbildung physische auf logische Adressen

Die Abbildung einer physischen Adresse auf die zugehörigen logischen Adressen ist implizit in jedem physischen Satz enthalten. Entspricht der physische Satz einem Atom-Teil oder einem vollständigen Atom, steht der Wert des IDENTIFIER-Attributs, d.h. die logische Adresse, am Anfang dieses physischen Satzes. Entspricht der physische Satz einem Atom-Cluster, enthält das charakteristische Atom, das den Anfang dieses physischen Satzes bildet (Bild 2b), alle logischen Adressen der zum Atom-Cluster gehörenden Atome.

Bei einem Atom-Cluster besteht jedoch zusätzlich noch das Problem, innerhalb des entsprechenden physischen Satzes ein bestimmtes Atom zu lokalisieren. Da das sequentielle Durchlaufen des gesamten physischen Satzes in Abhängigkeit von der Größe des Atom-Clusters sehr aufwendig werden kann, wird dazu eine zusätzliche Adressierungsstruktur eingeführt. Der Aufbau dieser Adressierungsstruktur ist davon abhängig, wie der entsprechende physische Satz auf die Behälter des Speichersystems abgebildet werden kann. Paßt der physische Satz in eine einzige Seite, ist keine zusätzliche Adressierungsstruktur notwendig, da innerhalb einer Seite immer sequentiell gesucht werden kann. Belegt der physische Satz eine virtuelle Seite, können zwei Fälle unterschieden werden. Kann der physische Satz so abgebildet werden, daß die Atome eines Atom-Typs jeweils in eine einzige Seite passen (Bild 2c), so genügt eine einfache Tabelle, die für jeden Atom-Typ einen Verweis auf die entsprechende Seite enthält. Sind dagegen die Atome eines Atom-Typs über mehrere Seiten verteilt, muß für diesen Atom-Typ zusätzlich eine Tabelle angelegt werden, die für jedes Atom einen Verweis auf die entsprechende Seite enthält. Dieses Vorgehen muß jedoch noch genauer untersucht werden, bevor es in PRIMA tatsächlich realisiert wird.

Schlußbemerkung

Im Gegensatz zu anderen Adressierungsverfahren, wie etwa dem hierarchische TID-Konzept im DAS-DBS oder dem Minidirectory-Konzept im AIM-Projekt /DPG85/, ist das in PRIMA realisierte Konzept relativ einfach. Die Ursache dafür liegt vor allem in der unterschiedlichen Vorgehensweise bei der Abbildung der entsprechenden Datenmodellobjekte auf die Behälter des Speichersystems. In beiden Systemen werden komplexe NF^2-Tupel, d.h. beliebig hierarchisch strukturierte Tupel, direkt auf Segmente und Seiten abgebildet /De85/, während in PRIMA nur elementare Atome bzw. mit den Atom-Clustern zweistufige Hierarchien abgebildet werden. Die auf den NF^2-Tupeln zulässigen Operationen sind zudem um einiges komplexer als die Operationen auf Atomen und Atom-Clustern, wodurch wesentlich höhere Anforderungen an ein entsprechendes Adressierungskonzept gestellt werden.

DANKSAGUNG

Ich danke Herrn Prof. Dr. T. Härder für die Anregung, mich mit diesem Thema zu befassen, sowie für seine hilfreichen Anmerkungen in der Entstehungsphase dieser Arbeit. Bei meinen Kollegen Herrn Dr. K. Meyer-Wegener und Herrn B. Mitschang möchte ich mich für das sorgfältige Korrekturlesen des Manuskripts bedanken sowie bei den Referenten für die hilfreichen Anmerkungen und Verbesserungsvorschläge.

Literaturverzeichnis

As76   Astrahan, M.M.; et al.: SYSTEM R: A Relational Approach to Database Management, in: ACM Transactions on Database Systems, Vol. 1, No. 2, June 1976, S. 97-137.

BMc72   Bayer, R.; McCreight, E.M.: Organization and Maintenance of Large Ordered Indexes, in: Acta Informatica, Vol. 1, No. 3, 1971, S. 173-189.

De85   Deppisch, U.; et al.: Ein Subsystem zur stabilen Speicherung versionenbehafteter, hierarchisch strukturierter Tupel, in: Proceedings der GI-Fachtagung Datenbanksysteme für Büro, Technik und Wissenschaft, Karlsruhe, ed.: A. Blaser, P. Pistor, Informatik- Fachberichte Nr. 94, Springer-Verlag, Berlin Heidelberg New York Tokyo, 1985, S. 421-440.

DPG85   Deppisch, U.; Günauer, J.; Walch, G.: Speicherungsstrukturen und Adressierungstechniken für komplexe Objekte des NF2-Relationenmodells, in: Proceedings der GI-Fachtagung Datenbanksysteme für Büro, Technik und Wissenschaft, Karlsruhe, ed.: A. Blaser, P. Pistor, Informatik-Fachberichte Nr. 94, Springer-Verlag, Berlin Heidelberg New York Tokyo, 1985, S. 441-459.

Hä78   Härder, T.: Implementierung von Datenbanksystemen, Carl Hanser Verlag, München, 1978.

HR85   Härder, T.; Reuter, A.: Architektur von Datenbanksystemen für Non-Standard- Anwendungen, in: Proceedings der GI-Fachtagung Datenbanksysteme für Büro, Technik und Wissenschaft, Karlsruhe, ed.: A. Blaser, P. Pistor, Informatik-Fachberichte Nr. 94, Springer-Verlag, Berlin Heidelberg New York Tokyo, 1985, S. 253-286.

Li80   Litwin, W.: Linear Hashing: A New Algorithm For Files And Tables Adressing, in: Proceedings of the International Conference on Data Bases, Aberdeen, ed.: S.M. Deen, P. Hammersley, British Computer Society Workshop Series, HeydenVerlag, London Philadelphia Rheine, 1980, S. 260-276.

Lo84   Lorie, R.; et al.: Supporting Complex Objects in a Relational System for Engineering Databases, in: Query Processing in Database Systems, ed.: Kim, W., Reiner, D.S., Batory, D.S., Springer-Verlag, Berlin Heidelberg New York Tokyo, 1984, S. 145-155.

Mi84   Mitschang, B.: Überlegungen zur Architektur von Datenbanksystemen für Ingenieursanwendungen, in: Proceedings der 14. GI-Jahrestagung, Braunschweig, ed.: H.-D. Ehrich, Informatik-Fachberichte Nr. 88, Springer-Verlag, Berlin Heidelberg New York Tokyo, 1984, S. 318-334.

Mi87   Mitschang, B.: MAD - Ein Datenmodell für den Kern eines Non-Standard-Datenbanksystems, in diesem Tagungsband.

Si85   Sikeler, A.: Adressierungstechniken an der Satzschnittstelle des Speicherservers, Forschungsbericht des SFB 124, Nr. 24/85, Universität Kaiserslautern, 1985.

Si87a   Sikeler, A.: The Buffer Manager of the NDBS PRIMA (Arbeitstitel), Forschungsbericht des SFB 124, Universität Kaiserslautern, in Vorbereitung.

Si87b   Sikeler, A.: Die Schnittstelle der Satz- und Zugriffspfadverwaltung des NDBS PRIMA (Arbeitstitel), Forschungsbericht des SFB 124, Universität Kaiserslautern, in Vorbereitung.

Wi86   Wintzheimer, V.: Vergleich verschiedener Verfahren zur Adreßabbildung in einem Non-Standard-Datenbanksystem (Arbeitstitel), Diplomarbeit, 1986, in Vorbereitung.